Graziella Fava Vizziello, neuropsichiatra infantile, è professore di Psicopatologia dello sviluppo alle Università di Padova e di Milano Bicocca, direttore del Master su Genitorialità e Sviluppo dell'Università di Padova, e vicepresidente dell'Associazione Europea di Psicopatologia del Bambino e dell'Adolescente. È autrice e curatrice di numerosi testi tradotti in più lingue, tra i quali L'eccezione e la regola *(1994) e il* Manuale di psicopatologia dello sviluppo *(2003); ricordiamo inoltre, con Daniel Stern,* Dalle cure materne all'interpretazione *(1992); con Maria Bet e Graziella Sandonà,* Il bambino che regalò un arcobaleno *(1990); con Giuseppe Disnan,* La consulenza clinica psicologica *(2001); con Giuseppe Disnan e Maria Rita Colucci,* Genitori psicotici *(1991). Da molti anni si occupa della teoria dell'attaccamento, alla base della ricerca clinica presentata in questo volume.*

Alessandra Simonelli, psicologa, è ricercatore in Psicologia dinamica presso la Facoltà di Psicologia dell'Università di Bologna dove insegna Teorie e tecniche del colloquio psicologico. Insegna, inoltre, Psicopatologia dello sviluppo presso la Facoltà di Psicologia dell'Università di Padova. Tra le sue pubblicazioni più recenti ricordiamo Il colloquio psicologico *(2001), con Paola Bastianoni, e* L'attaccamento: teoria e metodi di valutazione *(2002), con Vincenzo Calvo.*

PROGRAMMA DI PSICOLOGIA PSICHIATRIA PSICOTERAPIA

fondato da Pier Francesco Galli

Kris Gli scritti di psicoanalisi
Lacôte L'inconscio
Lai Conversazionalismo: le straordinarie avventure del soggetto grammaticale
Lai Gruppi di apprendimento
Lai Il momento sociale della psicoanalisi
Lai La conversazione immateriale
Lai Le parole del primo colloquio
Lai Un sogno di Freud
Langs Follia e cura
Langs Guida alla psicoterapia: un'introduzione all'approccio comunicativo
Langs La tecnica della psicoterapia psicoanalitica
Laufer e Laufer Adolescenza e breakdown evolutivo
Lebovici e Weil-Halpern (a cura di) Psicopatologia della prima infanzia:
vol. 1 Il mondo del neonato
vol. 2 Disturbi relazionali e patologie organiche
vol. 3 Il bambino, la famiglia e le istituzioni
Lidz Famiglia e problemi di adattamento
Loch Premesse e meccanismi del processo psicoanalitico
Loewald La sublimazione: ricerche di psicoanalisi teorica
Lopez La psicoanalisi della persona
Lopez e Corbella Libertà e amore
Loriedo e Vella Il paradosso e il sistema familiare
Luborsky Princìpi di psicoterapia psicoanalitica: manuale per il trattamento supportivo-espressivo
Mahler Le psicosi infantili
Mahler, Pine e Bergman La nascita psicologica del bambino
Mannoni Il bambino ritardato e la madre
Marty e altri L'indagine psicosomatica
Massucco Costa e Fonzi Psicologia del linguaggio
McGurk (a cura di) Lo sviluppo sociale del bambino
Medioli Cavara Il disegno nell'età evolutiva: esercitazioni psicodiagnostiche
Meerwein Psicologia e oncologia
Meltzer (a cura di) Esplorazioni sull'autismo
Menninger Teoria della tecnica psicoanalitica
Meyer e Chesser La terapia comportamentale
Mitchell Gli orientamenti relazionali in psicoanalisi: per un modello integrato
Mitchell Influenza e autonomia in psicoanalisi
Mitchell Speranza e timore in psicoanalisi
Mitchell e Aron (a cura di) Psicoanalisi relazionale:
vol. 1 L'intersoggettività nell'esperienza clinica
Mitchell e Black L'esperienza della psicoanalisi: storia del pensiero psicoanalitico moderno
Modell Amore oggettuale e realtà
Money-Kyrle Scritti 1927-1977
Morgenthaler Tecnica: dialettica della prassi psicoanalitica
Moscovici Psicologia delle minoranze attive
Murphy Sommario di psicologia
Musatti Trattato di psicoanalisi
Nagera Sessualità femminile e complesso edipico
Nagera (a cura di) I concetti fondamentali della psicoanalisi:
vol. 1 Pulsioni e teoria della libido
vol. 2 Teoria del sogno
vol. 3 Metapsicologia, angoscia e altri argomenti
Nathan Princìpi di etnopsicoanalisi
Nicolaïdis La rappresentazione: dall'oggetto referente alla rappresentazione simbolica
Nicoletti Analisi quantitativa e programmi di ricerca
Oliverio Ferraris Il significato del disegno infantile
Olivetti Belardinelli La costruzione della realtà
Pearson (a cura di) Manuale di psicoanalisi del bambino e dell'adolescente
Piaget L'equilibrazione delle strutture cognitive
Pine Teoria evolutiva e processo clinico
Pribram e Gill Freud neurologo: studio sul 'Progetto di una psicologia'
Pulver La simbologia della scrittura
Raimbault Pediatri e psicoanalisti: esperienze cliniche
Rapaport Struttura della teoria psicoanalitica
Rapaport e altri Reattivi psicodiagnostici
Redl Il trattamento psicologico del bambino
Redl e Wineman Bambini che odiano:
vol. 1 Aggressività e disturbi del comportamento
vol. 2 Tecniche di trattamento del bambino aggressivo
Reich, Brunswick, Abraham e altri Letture di psicoanalisi (a cura di R. Fliess)
Resnik Il teatro del sogno
Resnik L'esperienza psicotica
Rogers e Kinget Psicoterapia e relazioni umane
Rosenfeld Comunicazione e interpretazione
Sameroff e Emde (a cura di) I disturbi delle relazioni nella prima infanzia
Sandler L'analisi delle difese: conversazioni con Anna Freud
Sandler La ricerca in psicoanalisi:
vol. 1 Il Super-io, l'ideale dell'Io e altri scritti
vol. 2 Verso un nuovo modello concettuale
Sandler (a cura di) Proiezione, identificazione, identificazione proiettiva
Sandler e altri Il paziente e l'analista
Sandler e altri La tecnica della psicoanalisi infantile
Scabini (a cura di) Psicologia sociale
Scabini Psicologia sociale della famiglia: sviluppo dei legami e trasformazioni sociali
Schafer L'interpretazione psicoanalitica del Rorschach
Schinaia Pedofilia pedofilie: la psicoanalisi e il mondo del pedofilo
Searles Il controtransfert
Searles Il paziente borderline
Searles Scritti sulla schizofrenia
Semeonoff (a cura di) Metodi di valutazione della personalità
Shapiro La personalità nevrotica
Sharpe L'analisi dei sogni
Shepherd La matrice sociale della psichiatria
Slavson I gruppi per genitori: l'orientamento centrato sul bambino
Slavson e Schiffer Psicoterapie di gruppo per bambini
Stanghellini e Ballerini Ossessione e rivelazione
Stegagno (a cura di) Psicofisiologia:
vol. 1 Indicatori fisiologici del comportamento umano
vol. 2 Correlati fisiologici dei processi cognitivi e del comportamento
Steiner I rifugi della mente
Stern Il mondo interpersonale del bambino
Stern La costellazione materna: il trattamento psicoterapeutico della coppia madre-bambino
Stierlin Dalla psicoanalisi alla terapia della famiglia
Stierlin La famiglia e i disturbi psicosociali
Stolorow e Atwood I contesti dell'essere: le basi intersoggettive della vita psichica
Tansella (a cura di) L'approccio epidemiologico in psichiatria
Tauber e Green L'esperienza prelogica
Thompson (Clara) Psicoanalisi interpersonale
Ugazio Storie permesse, storie proibite: polarità semantiche familiari e psicopatologie
Vernon (a cura di) Esperimenti sulla percezione visiva:
vol. 1 Forma Spazio Costanza
vol. 2 Aspetti dinamici e funzione della personalità
Wachtel La comunicazione terapeutica
Waldinger e Gunderson I risultati della psicoterapia con i pazienti borderline
Wallon L'evoluzione psicologica del bambino
Warren e Jahoda (a cura di) Gli atteggiamenti
Weiss Come funziona la psicoterapia
Winnicott 'Piggle': una bambina
Wright, Taylor e altri Introduzione alla psicologia sperimentale
Yalom Teoria e pratica della psicoterapia di gruppo
Yorke, Wiseberg e Freeman Sviluppo e psicopatologia: studi di psichiatria psicoanalitica
Zetzel e Meissner Psichiatria psicoanalitica

GRAZIELLA FAVA VIZZIELLO
ALESSANDRA SIMONELLI

ADOZIONE E CAMBIAMENTO

Con la collaborazione di:

Maria Elisa Antonioli, Giovanni Barbiero, Barbara Bergamo, Silvia Casari, Maria Rita Colucci, Antonia D'Alessandro, Samantha De Noni, Giuseppe Disnan, Bianca Frigoli, Francesca Garufi, Tatiana Parma, Sara Pasquato, Alessandro Sironi, Angela Spano, Silvia Valentini, Marcella Valzorio, Bianca Rosa Volpe, Mario Zerilli, Zdenka Zouharová

BOLLATI BORINGHIERI

Prima edizione gennaio 2004

Stampato in Italia dalla Tipografia Gravinese di Torino
ISBN 88-339-5709-8

Indice

I collaboratori

MARIA ELISA ANTONIOLI, psicologa psicoterapeuta. Lavora in Consultorio familiare nell'area della genitorialità naturale e adottiva: ha partecipato a diverse ricerche in collaborazione con l'Università di Padova. Ha elaborato progetti in ambito regionale e locale.

GIOVANNI BARBIERO, psicologo. Tra le sue pubblicazioni, con Graziella Fava Vizziello, *Processi di cambiamento nella psicopatologia del bambino e dell'adolescente* e *Farsi e disfarsi del disturbo mentale*.

MARIA RITA COLUCCI, psicologa psicoterapeuta, Unità Operativa di Psicologia di Trento. Collabora con l'Università di Padova e con la Scuola di Specializzazione in Psicoterapia CERP di Trento.

ANTONIA D'ALESSANDRO, psicologa. Partecipa al progetto di ricerca «La prospettiva contestuale dell'attaccamento nello studio della genitorialità» presso l'Università di Padova.

GIUSEPPE DISNAN, psicologo psicoterapeuta. Tra i suoi lavori, *Genitori psicotici*, con Graziella Fava Vizziello e Maria Rita Colucci, e *La consulenza clinica psicologica*, con Graziella Fava Vizziello.

BIANCA FRIGOLI, laureata in Servizio sociale. È stata per vent'anni assistente sociale in Consultorio familiare, dove si è occupata dei processi di attaccamento nell'affido familiare e nell'adozione. Attualmente è responsabile di una struttura per l'accoglienza di mamme in difficoltà.

SARA PASQUATO, psicologa. Svolge attività di ricerca sulla genitorialità e sulla triade.

ALESSANDRO SIRONI, psicologo. Partecipa al progetto di ricerca «La prospettiva contestuale dell'attaccamento nello studio della genitorialità» presso l'Università di Padova.

MARCELLA VALZORIO, psicologa. Lavora presso il Consultorio familiare, con interessi di ricerca sui processi di attaccamento.

BIANCA ROSA VOLPE, psicologa psicoterapeuta. Lavora nei Servizi materno-infantili territoriali e ospedalieri. Ha svolto per la Regione Veneto ricerche sui processi di lavoro dei consultori familiari, sull'affido familiare e sull'adozione, pubblicando numerosi lavori sulla psicologia della gravidanza e della genitorialità in collaborazione con l'Università di Padova. Dirige l'Ufficio del Pubblico Tutore della Regione Veneto.

MARIO ZERILLI, psicologo, direttore del Servizio Promozione familiare della ULSS 3. Ha scritto numerosi lavori soprattutto a carattere epidemiologico sulla qualità della vita e sull'abuso.

ZDENKA ZOUHAROVÁ, laureata in Psicologia clinica all'Università di Padova. Conduce i corsi di preparazione per genitori aspiranti all'adozione internazionale presso la ASL di Bologna.

Introduzione

Fino a pochi anni fa, gli articoli e libri relativi al diritto di avere una progenie a cui trasmettere il proprio nome e le proprie sostanze e, più tardi, quelli relativi al diritto del bambino ad avere una famiglia, insieme alla produzione letteraria sulla bontà e perfidia umana, hanno costituito il principale riferimento scritto per chi si occupava di adozione

Negli anni ottanta-novanta, un'esplosione di produzione scientifica sulle metodologie di studio psicosociale e, più tardi, sui risultati di follow-up o, perlomeno, di studi catamnestici segue alla graduale professionalizzazione degli operatori dei consultori familiari (nati alla fine degli anni settanta), ai quali erano state affidate la valutazione dell'idoneità dei genitori e la presa in carico dell'affido preadottivo. Importanti motivazioni a questa produzione sono costituite anche da una serie di problematiche, tra cui la presenza di famiglie che vorrebbero «restituire» il bambino perché non si sentono in grado di continuare l'adozione, i primi disastri adottivi arrivati ai nuovi Servizi territoriali dell'età evolutiva ma, soprattutto, il grande *aumento* della richiesta di adozioni che accompagna il decremento delle nascite e l'aumento dell'infertilità e della sterilità.

Gli anni novanta portano una grande messe di lavori internazionali e italiani sulla genitorialità come funzione relativamente autonoma della persona e della famiglia, che si esplica in modi diversi a seconda del figlio e del suo momento evolutivo. Ciò ripropone il problema della valutazione, sulla base di criteri unificati e «scientifici», della genitorialità delle coppie che richiedono l'idoneità, e il problema, mai risolto, dell'abbinamento tra genitori e figli.

Mentre ancora si hanno difficoltà a chiarire che cosa rende una persona o una coppia un «buon genitore naturale», si incominciano a pubblicare e a diffondere studi, questionari, interviste e test per la valutazione della genitorialità adottiva nel processo del suo farsi, spesso visto (a torto o a ragione) come appesantito dal lutto del bambino mai concepito, dalla mancanza dell'esperienza corporea-cenestesica della gravidanza e dell'attesa, dalle sfide ricattatorie dei bambini adottati in cerca di una «prova di amore».

Il fiorire di un mercato illegale di bambini parallelo al sistema ufficiale di abbinamenti, le differenti posizioni assunte spesso dal Tribunale per i Minori e dai Servizi territoriali rispetto a idoneità controverse, l'arrivo di bambini provenienti da zone in cui le carenze sono state particolarmente dolorose e, di conseguenza, più difficili da colmare, tutto ciò sembra rafforzare la necessità della scientificità delle scelte e del lavoro di sostegno alle adozioni.

Dall'altra parte, associazioni costituite soprattutto da genitori adottivi sostengono l'assoluta naturalezza della genitorialità adottiva e, pertanto, auspicano la scomparsa di ogni tipo di valutazione: posizione certo discutibile, ma in sé non assurda, visto che non si chiede l'idoneità ai genitori biologici.

Questo libro, che nasce da una collaborazione ventennale tra Servizi territoriali di Padova e di Monselice – e, successivamente, della Provincia di Brescia –, Servizi di Igiene mentale e Facoltà di Psicologia dell'Università di Padova, si propone di comprendere meglio e di valutare i numerosi fattori in gioco nei risultati delle adozioni, e di identificare alcune linee proponibili nel difficilissimo compito degli operatori che seguono le adozioni.

Da una prima richiesta fatta dall'Università a un consultorio familiare di iniziare uno studio longitudinale sulla maternità con donne al terzo e settimo mese della gravidanza, utilizzando tra l'altro un'intervista sulla valutazione delle rappresentazioni materne in questo particolare periodo (Intervista Mate-R, Fava Vizziello e Invernizzi, 1997), è nata la proposta di applicare la stessa metodologia di studio alle coppie che richiedevano e ottenevano l'idoneità, per vedere quali erano le differenze del percorso in presenza del solo bambino rappresentato e desiderato. Da qui, a utilizzare l'intervista Ad-Mate-R (Fava Vizziello, Antonioli e Volpe, 1994) nella valutazione dell'idoneità all'adozione e accorgersi che, alla cieca, aveva capacità discriminatorie tra le diverse coppie che ricalcavano quelle dei clinici più esperti coinvolti nella valutazione, il passo è stato breve. L'intervista Ad-Mate-R, eccezionale strumento nella valutazione in senso longitudinale dell'evoluzione del mondo rappresentazionale dei genitori e ottimo strumento clinico per cominciare ad affrontare con la coppia, in tempi brevi, problematiche temporaneamente accantonate, permette di monitorare il cambiamento del mondo interno anche quando il bambino è nato o è arrivato da un Paese lontano, e di cogliere il cambiamento, mentre possiamo vederne le ricadute sull'interazione e sulla relazione genitori-bambino.

È ciò che abbiamo fatto col passare degli anni, allargando il lavoro alla popolazione generale, alla coppia, e seguendo le coppie che chiedevano l'idoneità fino alla fine dell'affido preadottivo, come la legge consentiva.

Abbiamo sviluppato tecniche relativamente semplici di osservazione e lettura dell'interazione e della relazione genitori-bambino attraverso momenti osservativi attuati, quando possibile, grazie a metodi strutturati che ci consentissero la raccolta di dati confrontabili con altri gruppi di soggetti e con altre ricerche condotte con metodologie simili. Negli anni novanta, abbiamo cominciato a utilizzare la Adult Attachment Interview (AAI) di George, Kaplan e Main (1985) e la Strange Situation Procedure (SSP) di Ainsworth, Blehar e altri (1978) nella popolazione generale, con grandi perplessità sugli aspetti funzionali e deontologici del loro uso con i genitori adottivi. La AAI, strumento complesso, usata come intervista semistrutturata, fornisce senza dubbio in un'ora un'enorme quantità di informazioni che qualsiasi clinico può utilizzare, se è entrato nello spirito della nuova semeiotica narrativa della genitorialità. Il suo uso, invece, come oggi viene preconizzato da Main e Goldwyn (1994) e da Crittenden (1999), con trascrizione verbatim, un training lunghissimo e costoso, ore e ore di codifiche per ogni intervista, è un lusso impossibile per i Servizi territoriali nella loro globalità. L'applicazione di questo strumento a casistiche numerose, possibile grazie al volontariato obbligato degli studenti (che ne ricavano le tesi di laurea) nelle trascrizioni, ci ha insegnato molte cose, anche grazie al supporto continuo di Patricia Crittenden, sui limiti dei legami tanto indagati tra attaccamento e psicopatologia, sulla predittività molto relativa dello strumento rispetto all'adattamento della persona e, soprattutto, rispetto allo svolgimento del ruolo genitoriale; parallelamente, è emersa la notevolissima capacità di questo strumento di evidenziare il livello di risoluzione dei conflitti pregressi nello studio dell'*hic et nunc* della narrazione. Per questo l'abbiamo utilizzato nella catamnesi a distanza delle famiglie adottive, recuperando una serie preziosissima di informazioni evolutive e cliniche, valide per gli adottivi, ma anche per tutti gli adolescenti e i loro genitori.

La domanda centrale della nostra catamnesi è: come è possibile che ragazzi che hanno avuto un'esistenza così infelice e traumatica nei primi anni di vita (talora fino a dieci anni), attraverso la semplice azione educativa delle famiglie adottive, con pochissimo o nullo sostegno dei Servizi, senza interventi psicoterapeutici, abbiano oggi una buona qualità di vita?

Che cosa, nella *discontinuità* della genitorialità adottiva rispetto a quella biologica, ha permesso questi cambiamenti?

Ma ancora di più, quali sono i limiti tra educazione e terapia e in quali casi dobbiamo ricorrere alla terapia, mentre in altri l'approccio elettivo è l'educazione?

Nella semeiotica della lettura della psicopatologia applicata da Patricia Crittenden alla Adult Attachment Interview, che poco ha in comune con gli altri manuali diagnostici, come il *DSM-IV* o l'*ICD-10*, ritroviamo le tappe e i processi che hanno permesso a questi ragazzi di superare i traumi, costruendo un equilibrio continuamente riorganizzantesi tra genitori adottivi e biologici. Poca rispondenza è emersa tra la qualità del modello di attaccamento dei genitori e quella dei figli adottati, così come valutata dalla AAI: altre sono state le vie del processo che hanno permesso e permettono ancora oggi a questi ragazzi e giovani adulti di convivere con un passato pesantissimo ricordandolo o dimenticandolo. Ci sono apparse, a una rilettura diversa (qualitativa) delle AAI, le infinite risorse e modalità dell'essere umano nel gestire le difficoltà attraverso un'organizzazione del tempo, dello spazio, dell'aggressività, della regola, della contrapposizione tra le figure genitoriali. Abbiamo allora riletto con chi aveva lavorato sul campo e raccolto preziosissimo materiale informativo i processi che erano avvenuti, la partecipazione o la mancanza di partecipazione dei Servizi in tali processi, il controtransfert degli operatori, la forza positiva e distruttiva dell'organizzazione dei Servizi. Abbiamo meglio compreso che i risultati brillanti degli adottati della nostra catamnesi riguardavano il 70 per cento delle famiglie che avevano aderito alla ricerca, mentre il 30 per cento delle famiglie, che non avevamo potuto rivedere, avevano avuto storie ben più tristi. Quasi certamente avrebbero avuto bisogno dei Servizi in maniera diversa: forse la loro storia sarebbe stata ugualmente difficile, forse lo sarebbe stata meno.

Le nostre proposte sono ancora relativamente povere, ma la continuità e la competenza degli operatori con cui abbiamo collaborato è comunque garanzia di lavoro su un terreno sufficientemente solido.

Abbiamo utilizzato la doppia lettura delle AAI (secondo i metodi di Main e Goldwyn e di Crittenden) sfruttandone i differenti angoli visuali. La ricchezza clinica della metodologia di Crittenden risulterà chiara nel capitolo 23, che sarà però anche il capitolo più opinabile, come tutto ciò che di nuovo si presenta.

Il lavoro di ricerca che sta alla base di questo libro è stato continuativo per quindici anni e si è avvalso dell'attività di moltissimi studenti o neolaureati che si sono entusiasmati e hanno svolto interessanti tesi di cui riportiamo i titoli in Bibliografia, ma i cui nomi non figurano sempre tra coloro che hanno collaborato ai diversi capitoli, perché ogni frase su una AAI o su uno studio longitudinale richiede un tale lavoro preparatorio che avremmo potuto fare un libro solo con i nomi di tutti i giovani che vi hanno partecipato.

Neppure figurano tutti gli operatori, psicologi e assistenti sociali dei Servizi che ci hanno aiutato e hanno lavorato giorno dopo giorno con noi. Questa è una *excusatio non petita*, e quindi sospetta, ma è soprattutto la cartina di tornasole di quanto il tema sia scottante e ricco, visto che tutte queste persone si sono interessate.

Il libro è scritto per gli studenti che affrontano il tema complesso della genitorialità e dei suoi rapporti con la personalità e con la psicopatologia. Il centro del discorso resta comunque quello del cambiamento, delle sue radici, delle sue direzioni, del suo farsi e, in questo senso, può interessare qualsiasi terapeuta senza pregiudizi e le persone impegnate in professioni di aiuto. Le associazioni e i gruppi di esperti in adozioni che le Regioni stanno organizzando possono trovare nel testo idee e metodologie di confronto e una ragguardevole raccolta di strumenti utilizzabili da più Servizi e quindi confrontabili.

Nella *prima parte* è riportato un quadro generale dello stato dell'arte, a cui hanno contribuito soprattutto persone con una lunghissima esperienza territoriale e con competenza legislativa.

Nella *seconda parte* vengono riportati e descritti ampiamente una serie di strumenti rivelatisi ottimi nel lavoro clinico e di ricerca o, comunque, impiegati attualmente su larga scala sia in ambito universitario, sia nel contesto dei Servizi.

Nella *terza parte* vengono descritte metodologie e ricerche sopratttutto svolte tramite il colloquio, l'osservazione e l'intervista Ad-Mate-R (Fava Vizziello, Antonioli e Volpe, 1994) al momento dell'adozione e durante l'affido preadottivo.

Nella *quarta parte*, prendendo spunto dal contenuto narrativo delle AAI, approfondiremo la qualità di vita e le differenze nei vissuti degli adottati.

Nella *quinta parte*, dopo un attento studio dei cambiamenti istituzionali dei follow-up degli adottivi, viene riportato tutto il problema della vita delle famiglie adottive e dei cambiamenti avvenuti nei loro componenti, sulla base di uno studio qualitativo e quantitativo di quaranta adolescenti o giovani adulti adottati nell'infanzia. Questa è la sintesi finale, che studia in particolare il cambiamento delle famiglie, e rappresenta il tentativo di una riformulazione dei rapporti fra terapia ed educazione che va al di là dei problemi dell'adozione.

Ringraziamenti A tutte le persone che hanno partecipato alla ricerca, e in particolare ai Servizi territoriali del Comprensorio di Chiari, ai Consultori familiari di Monselice e di Padova, che tanto si sono impegnati nel lungo lavoro di ricostruzione storica delle molte situazioni considerate, al paziente e intelligente lavoro dei laureandi e dei giovani ricercatori, e ai clinici sperimentati che si sono appassionati alle vite complesse degli adottati e delle loro famiglie va il nostro ringraziamento per un lavoro che altrimenti non sarebbe stato possibile. Inoltre, a Patricia M. Crittenden, che sta suggerendo modalità di studio nuove della narrativa, che ogni giorno di più rivelano la loro pregnanza.

Adozione e cambiamento

Parte prima

Verso l'adozione: percorsi, prospettive, significato e funzione dei cambiamenti legislativi e culturali

Capitolo 1

L'iter adottivo: dalla disponibilità alla dichiarazione di idoneità

Maria Elisa Antonioli, Graziella Fava Vizziello e Bianca Rosa Volpe

Il contesto socioculturale dell'adozione nazionale e internazionale: il bambino sconosciuto

La Convenzione dell'ONU sui Diritti del fanciullo sottoscritta a New York il 20 novembre 1989 è il frutto politico di un'estensione sempre maggiore della concezione puerocentrica, variamente attualizzata nei diversi Stati. L'atteggiamento culturale dei Paesi economicamente sviluppati, e anche di quelli sottosviluppati, sembra condividere nell'ambito del diritto la visione di un'infanzia differenziata dalla vita adulta, a causa di condizioni di fragilità del bambino, che porta a enfatizzare i diritti dell'infanzia; di fatto, tuttavia, la realtà socioculturale dei vari Paesi mostra una costellazione di rappresentazioni e atteggiamenti profondamente diversi nei confronti dell'infanzia.

Nella pratica clinica dell'adozione emergono proprio le profonde difficoltà, e talvolta l'impossibilità, di un bambino anagraficamente tale a transitare da una situazione in cui la sua infanzia non è riconosciuta come *differente dall'adultità* o in cui mancano le risorse minimali necessarie alla sua crescita e/o il bambino ha dovuto assumersi il peso della propria sopravvivenza fisica e psichica, a una situazione sociale in cui viene data per scontata un'infanzia ben differenziata, forse troppo coccolata e dipendente dal mondo adulto.

Se consideriamo le problematiche che preludono a uno stato giuridico di adottabilità, spesso troviamo un'incapacità dei genitori di *pensare* il bambino e per il bambino, di *differenziarlo* da loro in quanto adulti e, quindi, di *trattarlo come tale* o peggio, di pensarlo *come un oggetto materiale*. La mancanza di cure e la trascuratezza, il maltrattamento, l'abuso sessuale e l'abbandono conclamato sono comportamenti che si inscrivono nel confuso, doloroso mondo interno di una persona e/o di una coppia dagli incerti confini. Ci troviamo così di fronte, nel migliore dei casi, a genitori bisognosi dell'aiuto del figlio ma, più spesso, gestori forzati o sfruttatori di un bambino molto poco differenziato da sé, se non addirittura oggetto senza vita propria.

L'immaginario delle coppie che si rendono disponibili all'adozione e che ben differenziano tra mondo dell'infanzia e mondo dell'adulto, ha una profonda difficoltà a includere questa rappresentazione di una *non-infanzia* o *parziale infanzia* dei bambini adottati. Paradossalmente, chi si occupa di adozione si trova a operare in un ambito socioculturale in cui il mondo rappresentativo della coppia deve, a sua volta, transitare da uno spazio socioculturale e psicoaffettivo dove l'infanzia e l'adolescenza sono riconosciute e prolungate nel tempo, a uno spazio lontano, diverso e sconosciuto.

Questo transito è un'avventura, di cui è molto difficile prevedere gli esiti.

La letteratura sui processi psicoaffettivi dell'adozione e la pratica clinica ci hanno mostrato negli anni come l'adozione sia l'incontro di due *mancanze:* per il bambino, la mancanza dei genitori e della famiglia, per la coppia quella del figlio. Ma può essere anche l'incontro di due *non-riconoscimenti della differenza dopo il transito:* per il bambino il mancato riconoscimento dell'altro come differente da ciò che ha esperito e interiorizzato (oggetto cattivo o parzialmente cattivo), per i genitori adottivi il mancato riconoscimento del bambino come differente da quello atteso e immaginato, che molto spesso sottende un oggetto cattivo o parzialmente cattivo.

Uno degli aspetti che stupiscono i colleghi stranieri nelle adozioni internazionali effettuate in Italia è il numero di bambini stranieri adottati in età avanzata, nonostante ci sia un numero di bambini italiani grandicelli in stato di adottabilità, per i quali è difficile trovare una famiglia disponibile. Sembrerebbe che per le coppie adottive il non sapere dell'altro, lo sconosciuto, si presti da un lato a mantenere le fantasie strutturate su processi di idealizzazione di un *bel bambino* (buono, affamato, bisognoso di cure, che ha bisogno di amore e che anche se ha otto anni è ancora piccolo), dall'altro a negare che il bambino in ogni caso abbia interiorizzato una mancanza o, meglio, un oggetto cattivo, o a trincerarsi in anticipo, di fronte al temuto insuccesso, sui precedenti *lontani* del piccolo straniero. Il bambino italiano grande, istituzionalizzato, difficilmente può essere idealizzato, mentre lo stesso bambino proveniente da un Paese lontano di altro livello socioeconomico, di altra lingua, cultura ed etnia si presta facilmente al mantenimento delle proprie fantasie-desideri, collocando in un *altrove* gli aspetti dolorosi e traumatici della sua storia. Si scotomizzano così le parti sentite come intollerabili e si evitano i timori suscitati dal confronto sentito come possibile, dall'eventualità che i «veri genitori» si facciano vivi e, non ultima, dalla possibilità che il bambino stesso consideri il ritorno alla sua famiglia di origine come un obiettivo realizzabile.

Ma la stessa idealizzazione-negazione viene attuata socialmente quando parliamo di diritti dei bambini e dello sfruttamento minorile del lavoro. Nei Paesi poveri, generalmente caratterizzati da un'alta natalità e da famiglie numerose, viene chiesto al bambino, già a partire dai quattro-cinque anni, di adultizzarsi e di contribuire al mantenimento della famiglia, assumendosi mansioni di accudimento dei fratellini, di collaborazione nelle faccende domestiche e di lavoro nei campi o nelle fabbriche. Questi bambini arrivano in adozione, quindi, con un'adultità che nel nostro contesto socioculturale è definita precoce, ma che nei Paesi dai quali provengono è considerata semplicemente una condizione di normalità, con conseguenze evolutive profondamente diverse nelle due situazioni.

In Italia, un Paese attento ai diritti dell'infanzia, l'organizzazione giudiziaria, pur riconoscendo la specificità del bambino attraverso la stessa esistenza di un Tribunale per i Minori, nelle procedure utilizza tempi che, se pur inferiori a quelli per gli adulti (otto-dieci anni), sono disperatamente lunghi per un bambino in difficoltà (in media, quattro anni per un giudizio in Corte di Cassazione).

La recente legge N. 149 del 28 maggio 2001, accogliendo la cultura del diritto del bambino a crescere in una famiglia, ha introdotto una serie di correttivi giuridici che dovrebbero portare nel 2006 alla chiusura degli istituti assistenziali per minori e al ricorso ad affidi extrafamiliari, che privilegino l'inserimento del bambino da tutelare in altre famiglie o in comunità familiari.

La legge introduce il limite del tempo entro il quale gli adulti che si occupano di tutelare i bambini devono prendere una decisione, cioè assumere una funzione genitoriale sul piano sociale. La legge chiede, quindi, a tutte le persone che appartengono alle istituzioni deputate alla tutela di approntare progetti di intervento e supporto ai genitori in difficoltà e di definire le criticità presenti per giungere in tempi brevi a trattamenti delle disfunzioni familiari o, se ciò risulta impossibile, ad avviare le procedure di adottabilità. A questo proposito una ricerca di Hodges e Tizard (1989) mostra che ragazzi adottati dopo una più o meno prolungata istituzionalizzazione durante l'infanzia hanno maggiori problematiche sociali ed emotive, rispetto a quelli di un gruppo di controllo non adottati, ma meno problemi dei ragazzi rimasti in istituto o ricollocati nelle famiglie naturali o in affido familiare. L'istituzionalizzazione dei bambini in difficoltà, di per sé, sembra implicare un ulteriore rischio psicologico per il minore, perlomeno negli istituti tradizionali e se ci riferiamo ai minori nel loro insieme. Questo non significa che istituzionalizzazioni limitate nel tempo e ben gestite in gruppi famiglia con educatori competenti non possano, in casi particolari, essere preferibili a ogni altra soluzione e permettere anche di non prendere decisioni affrettate, dando tempo al gruppo familiare e ai Servizi di elaborare un progetto e garantendo contemporaneamente la tutela del bambino.

In Italia, le prime esperienze di adozione internazionale sono nate sulla spinta di una solidarietà internazionale, in particolare nei confronti di Paesi come la Corea e il Vietnam, allora in guerra.

Gli eventi bellici, con i loro effetti disgreganti e distruttivi del tessuto sociale e familiare, hanno sempre prodotto un considerevole numero di bambini orfani o abbandonati, che hanno indotto flussi di adozioni transculturali, razionalmente motivate come atti di solidarietà.

In effetti, la *colpa* culturale dei vincitori rispetto al vinto, o di chi appartiene allo stesso universo culturale nei confronti dei Paesi vinti, struttura risposte culturali che portano all'adozione di bambini appartenenti ai Paesi distrutti. Questo senso di colpa s'innesca facilmente nelle coppie che vogliono adottare e *ne copre altri più personali*, in un intenso gioco delle diverse colpe: quella legata alla sterilità, quella congiunta al rifiuto di concepire un figlio proprio (nei casi di non-sterilità), quella collegata all'impossibilità di separarsi come coppia, quella connessa alle fantasie contro i propri genitori, vissuti inconsciamente come coloro che non permettono di avere figli, e la colpa per l'invidia nei confronti delle coppie fertili.

Questa realtà porta i professionisti dell'adozione a operare in una doppia identità conflittuale: come membri della stessa società che attiva azioni di adozione-solidarietà, e come professionisti che devono valutare il conflitto psicologico di ogni coppia per essere in grado di aiutarla a elaborare le colpe nell'interesse di una funzione genitoriale più scevra da pesi morti sottesi. Per esempio, molte volte al rientro in Italia con il bambino emerge il vissuto colpevole dei genitori adottivi di averlo *depredato, spogliato della sua nicchia culturale*.

L'antropologo Walter Harrison collega l'adozione internazionale all'esperienza dell'etnia Kipsigis del Kenia, emblematica dei meccanismi del sistema relazionale che i gruppi diversi possono instaurare attraverso il sistema adottivo. Tra i Kipsigis non è consentita l'adozione di membri della stessa tribù, probabilmente non solo come effetto incontrollato delle razzie tribali, che portava le diverse tribù ad allevare i figli delle altre, ma anche perché tale scambio serviva a contenere le aggressioni, le rivalità e le guerre attraverso un'azione di meticciato, di mescolamento, di reciproco *melting-pot* di elementi etnici, razziali e culturali. Questa forma di adozione smentirebbe il pregiudizio sulla necessità di mantenere inalterata l'identità originaria del minore, nella convinzione che ogni bambino, oltre a un'identità di tipo legale, erediti alla nascita dai propri genitori anche un'identità etnica, religiosa, linguistica.

Tra gli argomenti di critica alle adozioni postbelliche, è centrale quello che si tratti di un'ulteriore prova di forza e di potere, per cui dopo aver esaurito tutte le risorse, si toglie a questi Paesi in profonda crisi anche l'unica ricchezza rimasta, i bambini. Forse ancora peggiore è stata in Argentina l'appropriazione dei figli dei desaparecidos da parte dei militari al potere, con le conseguenze inumane, pur comprensibili, cui assistiamo oggi, per cui i nipoti, ritrovati dopo molti anni dai nonni, non vogliono neppure conoscere le proprie origini (Vecchione, 1995).

Il clima politico sta cambiando a favore di un aiuto in loco alle popolazioni colpite, mentre il processo di mescolamento sta andando avanti prevalentemente per altre vie.

Il tema delle origini e del segreto

Fino agli anni novanta, in letteratura il tema del segreto sulle origini del bambino e del suo disvelamento da parte delle istituzioni e dei genitori adottivi è stato oggetto sul piano giuridico, sociale e psicologico di un intenso dibattito culturale, che ha trovato una sua definizione recente in una serie di atti legislativi sia nazionali che internazionali:

Legge 476/1998, art. 37, commi 2 e 3: «Il Tribunale per i Minori che ha emesso i provvedimenti indicati dagli artt. 35 e 36 e la Commissione conservano le informazioni acquisite sull'origine del minore, sull'identità dei suoi genitori naturali e sull'anamnesi sanitaria del minore e della sua famiglia di origine.»

Raccomandazione dell'Assemblea Parlamentare del Consiglio d'Europa N. 1443 (2000): «Assicurare il diritto dei bambini adottati a sapere delle proprie origini al più tardi al raggiungimento della maggiore età ed eliminare dalla legislazione nazionale ogni clausola contraria.»

Legge 149/2001, art. 24 (modifica art. 28 L.184/98), comma 4: «Le informazioni concernenti l'identità dei genitori biologici possono essere fornite ai genitori adottivi, quali esercenti la potestà dei genitori, su autorizzazione del Tribunale per i Minori, solo se sussistono gravi e comprovati motivi. Il Tribunale accerta che l'informazione sia preceduta e accompagnata da una adeguata preparazione e assistenza del minore. Le informazioni possono essere fornite anche al responsabile di una struttura ospedaliera o di un presidio sanitario, ove ricorrano i presupposti della necessità e dell'urgenza o vi sia grave pericolo per la salute del minore»; comma 5: «L'adottato, raggiunta l'età dei venticinque anni, può accedere a informazioni che riguardano la sua origine e l'identità dei propri genitori biologici. Può farlo anche raggiunta la maggiore età, se sussistono gravi e comprovati motivi attinenti alla sua salute psicofisica. L'istanza deve essere presentata al Tribunale per i Minori del luogo di residenza»; comma 7: «L'accesso alle informazioni non è consentito se l'adottato non è stato riconosciuto alla nascita dalla madre naturale e qualora anche uno solo dei genitori biologici abbia dichiarato di non voler essere nominato o abbia manifestato il consenso all'adozione a condizione di rimanere anonimo.»

L'attuale cambiamento culturale può suggerire che l'aspetto sacrale del segreto sulle origini fosse legato alla necessità degli adulti di sentirsi garantiti come genitori in una società a famiglia chiusa, evitando angosce persecutorie legate alle colpe in gioco, mentre il sempre maggior riconoscimento del bambino come soggetto di diritti implica la necessità di dare risposta a domande che si possono porre sul piano di realtà.

D'altra parte, il profondo cambiamento della struttura familiare ha modificato anche i vissuti rispetto all'esclusività della genitorialità.

Dal punto di vista psicologico, conosciamo i disagi psichici fondati sul mantenimento di segreti così come il tragico mito sul segreto delle origini dello stesso Edipo, ma conosciamo anche i drammi del non poter rimuovere o dimenticare: vogliamo dire che ogni affermazione assoluta e manichea in questo campo rischia di ritorcersi contro la famiglia nel suo insieme e, quindi, anche contro l'adottato. Non possiamo vivere come contrapposti l'interesse dell'adottato e quello degli adottanti: siamo di fronte a complessi sistemi familiari all'interno di ognuno dei quali la tolleranza al segreto e alla rimozione è diversa secondo il momento del ciclo di vita, le risorse e le debolezze in campo.

Nel nostro lavoro clinico abbiamo frequentemente osservato come sia difficile per i genitori adottivi affrontare il tema delle origini del figlio, anche se da sempre si è parlato apertamente in famiglia della sua condizione adottiva. La criticità si annuncia spesso con la socializzazione scolastica, in cui il tema della nascita viene, molte volte, introdotto a livello didattico come propedeutico allo studio della storia. In questa fase ai bambini viene chiesto di portare il dossier fotografico della propria storia. La domanda dei bambini adottivi, «da dove vengo?», frequentemente viene tradotta in una *richiesta geografica o antropologica*: «Da che Paese vengo, con quale lingua, usi e abitudini?»; questa sorta di razionalizzazione in realtà sembra nascondere una richiesta ben più profonda: «Da quale pancia arrivo?»

La nostra esperienza ci ha mostrato che negli anni le coppie candidate all'adozione, nell'80 per cento circa dei casi sterili o infertili, quando giungono allo studio psicosociale pre-adozione prevalentemente non hanno affrontato le problematiche psicoaffettive legate alla genitorialità, come funzione autonoma che influisce su tutta l'organizzazione della personalità in modi diversi a seconda del momento di vita, della relazione di coppia e del momento in cui l'infertilità o la sterilità trovano sufficiente spazio nella mente della coppia, uno spazio tale da portarla a dichiarare la propria disponibilità all'adozione.

La richiesta di adottare può costituire talvolta un tentativo di affrontare l'impossibilità di generare, con la relativa rabbia per una condizione non meritata sia quando la causa viene attribuita a sé stessi, sia quando viene assegnata al partner, sia infine quando viene ripartita tra i due. In questo caso il ricorso all'adozione sembra esprimere il bisogno di poter chiudere un capitolo doloroso (spesso anche fisicamente), cercando di evitare il lutto, attraverso la ricerca di un bambino che riempia al più presto il *vuoto dolente*. Ma anche quando i partner hanno a lungo elaborato il problema della propria genitorialità, vi è frequentemente la richiesta di concludere velocemente l'iter adottivo, per la fatica psicologica insita nell'affrontare una valutazione, che tocca il mondo psicoaffettivo, in un contesto giudiziario (Natali, Bari e Carau, 1985).

Il tempo delle coppie che si apprestano all'adozione non corrisponde quasi mai a quello dei tecnici, il cui lavoro si pone in un terreno conflittuale tra le istanze culturali e quelle professionali.

Possiamo quindi comprendere come, una volta legalizzata l'adozione, per la nuova famiglia sia difficile l'elaborazione del doppio lutto: nel bambino, quello di essere stato abbandonato; nella coppia adottiva, quello di non aver potuto (per ragioni sia biologiche sia psicologiche) concepire questo figlio.

La recente legislazione sull'adozione prevede che i Servizi sociosanitari e gli Enti autorizzati informino, preparino, conoscano e sostengano le coppie che si rendono disponibili all'adozione. Ma, nel contempo, le stesse leggi impongono limiti stretti di tempo, dal momento che dalla presentazione di disponibilità al recepimento della relazione sullo studio di coppia da parte del Tribunale per i Minori non dovrebbero essere superati i quattro mesi. I tempi stabiliti, che a molti professionisti sembrano la negazione della necessità di un tempo del pensiero e dell'elaborazione, riflettono l'attuale clima culturale, in cui è ampiamente diffusa un'idea che Esteve chiama *«la follia dell'istantaneità»*, cioè l'illusione di poter fare molte cose in poco tempo, non tanto con l'idea di lottare per la vita, ma eliminando la morte: cioè l'incapacità di sopravvivere alla propria morte attraverso la progenie.

Dal conflitto e dalla frustrazione alla disponibilità (secondo la legge) all'adozione

Quando una coppia arriva a fare domanda di disponibilità all'adozione (come previsto dalla legge) ha precedentemente affrontato un percorso al suo interno per arrivare alla decisione condivisa di adottare. Possiamo pensare che questo percorso parta dall'esistenza di una frustrazione, che probabilmente ha generato una crisi importante nella coppia. Facciamo riferimento in particolare al fatto che la maggior parte delle domande di adozione (dal 73% riportato in AA.VV., 1995, all'84% riportato in Dell'Antonio, 1994b) sono presentate da coppie con problemi di sterilità o infertilità. L'esperienza clinica nell'ambito dell'adozione ha evidenziato come l'impossibilità di generare comporti talvolta stati di sofferenza, conflitti interni alla coppia e inevitabili frustrazioni, fino all'arrendersi alla limitazione biologica. Tale resa non è semplice, tanto è vero che più volte ci è capitato di incontrare coppie che contemporaneamente alla richiesta di adozione continuavano i tentativi di fecondazione assistita.

L'adozione non è l'unica alternativa alla sterilità: l'esperienza ha evidenziato come alcune coppie decidano di non sapere chi dei due è sterile e accettino questa condizione, altre affrontino la diagnosi di sterilità e, dopo diversi tentativi di cura, decidano di fermarsi. Altre coppie si separano, altre ancora hanno figli extraconiugali con o senza il beneplacito del partner.

Le coppie sterili che si candidano all'adozione mostrano frequentemente il vissuto dell'adozione come unica alternativa alla sterilità. Culturalmente assistiamo a un'interessante prospettiva: all'orizzonte della fecondazione assistita c'è sempre un bambino biologico o adottabile. Più volte, infatti, le coppie che chiedono l'adozione, ma anche donne o coppie che chiedono una consultazione psicologica per altri motivi, riportano il consiglio sia di sanitari che di conoscenti di «provare a fare domanda di adozione, così si può rimanere incinta!».

Chi si propone all'adozione, e ha problemi di sterilità o infertilità diagnosticata o supposta, pare appartenere a una popolazione specifica di persone che credono coscientemente di poter risolvere il problema con l'adozione, oppure la stessa decisione di adottare sembra essere già una risoluzione della loro problematica riproduttiva.

Parte delle coppie sterili che si candidano all'adozione, spesso dopo molti anni di convivenza particolarmente simbiotica e divenuta nel tempo routinaria, al momento dello studio psicosociale presentano grandi difficoltà a elaborare uno spazio triadico. Come mostrano gli ultimi lavori di Fivaz-Depeursinge e Corboz-Warnéry (1999), la genitorialità è il risultato dell'incontro-scontro-collusione tra le genitorialità paterna e materna.

Ci siamo poste il problema di come e se sia possibile, all'interno di un mandato del Tribunale per i Minori, essenzialmente valutativo, aprire uno spazio psicologico che favorisca un processo di elaborazione.

Un primo effetto di tale prospettiva di intervento ha prodotto una continua attenzione a una metodologia dello studio di coppia finalizzato a spazi elaborativi individuali e di coppia sulle problematiche sottese alla disponibilità all'adozione. Ciò è stato fatto anche con l'uso di tecniche psicologiche di ricerca come l'intervista Ad-Mate-R (Fava Vizziello, Antonioli e Volpe, 1994), utilizzate al fine di facilitare la mobilizzazione psichica della coppia (Galli e Volpe, 1990).

Dalla disponibilità alla dichiarazione di idoneità

La legge attuale sull'adozione internazionale (N. 476/98) chiede di presentare una *domanda di dichiarazione di disponibilità all'adozione*, modificando la precedente dicitura che parlava di *domanda di adozione*.

Moro (2000) a tale proposito osserva: «È bene che le molte coppie che giustamente desiderano questa fecondità nell'affetto si rendano conto che lo sperequato rapporto tra domande di adozione e bambini disponibili rende inevitabile che molte aspettative non potranno essere esaudite; che, giustamente, la legge, dando la prevalenza all'interesse del minore, prevede solo il diritto del bambino a trovare una coppia in grado, meglio di altre, di rispondere alle sue particolari esigenze, per cui le offerte di disponibilità dovranno necessariamente essere valutate sulla base dei bisogni dell'adottando e non sulla base di meri criteri di anzianità della richiesta; che l'esclusione delle coppie più anziane e del singolo dalla possibilità di adottare non è un'assurda e ingiustificata violenza del perfido legislatore.»

Il concetto di *disponibilità* ha il senso di «essere dotato» e di «essere sensibile e aperto a esperienze nuove». Non a caso il legislatore ha previsto interventi di informazione e preparazione della coppia sull'adozione prima di dichiarare l'idoneità.

L'idoneità costituisce quindi il riconoscimento di un'autentica disponibilità dichiarata.

In un'ottica sia psicologica che sociologica, possiamo vedere come la legge collochi la coppia disponibile allo stesso livello o a un livello quasi simmetrico a quello del bambino in stato di adottabilità. Sia l'uno che l'altro quindi, in questa posizione simmetrica, vengono a essere soggetti:

a un'azione di tutela: il bambino, ovviamente, non ha la capacità di autogestirsi la situazione di abbandono, e non sempre è adottabile (in ciò interviene lo Stato); la coppia adottiva non è in grado di accedere autonomamente all'affiliazione legale, e per questo si rivolge alle istituzioni preposte;

a un'azione di guida: sia il bambino che la coppia devono essere preparati e accompagnati all'adozione per la realizzazione di un bisogno. Questa dipendenza dall'istituzione crea negli adulti un sentimento diffuso di *essere come bambini*, riattivando l'angoscia di castrazione. La difficoltà di rielaborare questa angoscia produce un senso di persecutorietà nei confronti dell'istituzione («il perfido legislatore»), perché questa dipendenza della coppia, non riconosciuta, è vissuta come una ferita narcisistica che provoca un dolore spesso intollerabile.

La legge introduce un'attenzione all'informazione e alla preparazione all'adozione nell'intento di dare uno spazio di riflessione che permetta alla coppia di raggiungere la consapevolezza del significato e della realtà dell'adozione di un bambino italiano o straniero.

La diffusa persecutorietà riguardo alle procedure dell'adozione (spesso oggetto di attenzione dei mass media), sentita sia come frutto dell'impreparazione dei Servizi sociosanitari (informazioni non adeguate alle coppie, una preparazione all'adozione poco incisiva, perlopiù a vantaggio di una funzione osservativa-giudicante) e di una prassi lenta degli stessi organi giudiziari oltre che di una selezione vissuta come ingiustificata, non viene risolta, secondo noi, dall'attuale percorso adottivo, che rischia invece di rafforzare l'idea del diritto a un bambino.

Nella legge attuale è sottesa inoltre una componente pseudopsicologica molto diffusa: *se sei informato, se conosci e discuti tutti i problemi, li risolvi*. Si avalla cioè l'idea che, se la coppia segue l'iter previsto per legge, realizzerà facilmente il suo desiderio e che, per eliminare le angosce sottese, sia sufficiente dare un bambino alla coppia, preparata e informata.

Prevedere che non tutti possono adottare e che non tutto nel bambino adottivo potrà essere riparato, tanto meno cancellato, riedita il traumatismo legato all'angoscia di castrazione: lo *Stato nonno del bambino adottivo* decide che può anche non darlo al *figlio cittadino*.

Alla luce della nuova normativa, quale tipo di percorso sociale e psicologico può favorire l'attuale compito istituzionale?

La genitorialità adottiva rappresenta una variante di quella biologica, con cui ha in comune *tutta l'evoluzione fino al momento del concepimento*. Insistiamo sulla processualità della funzione genitoriale (Fava Vizziello, 2003), perché la letteratura tende a focalizzare le difficoltà di accudimento del genitore adottivo sul mancato lutto della sterilità, quando spesso l'infertilità è piuttosto conseguenza di un difficile processo genitoriale, che viene reso ancora più difficile per la presenza degli ostacoli al concepimento o viene comunque modificato dalla decisione di un'adozione. In effetti la genitorialità è una funzione autonoma processuale che si manifesta fin dal primo anno di vita del bambino con comportamenti di accudimento nei riguardi della madre da parte del bambino, come ad esempio il tentativo di imboccarla, perché il bambino comprende che la madre ha bisogni che lui può soddisfare. A questo atto, seguono infinite prove ed esercizi nel gioco, nella fantasia, nella realtà, attraverso l'imitazione e l'identificazione con la genitorialità degli adulti, fino a quando è possibile cominciare a pensare il concepimento o addirittura a concepire o a non concepire per forza o per motivi ideali, utilizzando la propria genitorialità in professioni di aiuto o ai fini di un'adozione.

Numerosissimi fattori entrano in gioco nello sviluppo di questa funzione autonoma che ha tanta importanza nella vita di ognuno e che talvolta non può realizzarsi nel concepimento proprio perché qualcosa ha funzionato male durante lo sviluppo, creando difficoltà a catena. Poi, a contatto con il bambino reale, nato o adottato, ognuno ritrova in sé stesso particolari capacità in risposta ai suoi bisogni, capacità adeguate in certi momenti e non in altri, talvolta riattivando nel proprio corpo Gestalten di arcaiche rappresentazioni percettive, talaltra utilizzando il metapensiero, altre volte ancora elaborando le proprie rappresentazioni del bambino e/o della coppia.

È per questo che diventa giocoforza pensare a interventi di sostegno psicosociale puntuali, focalizzati, nel momento in cui si presenti il bisogno, che potrà essere espresso solo in una situazione di fiducia in un Servizio, più comunemente in un operatore.

Ci sembra interessante segnalare un'iniziativa del 2001 della Regione Veneto che, dopo aver effettuato una ricerca sui Servizi consultoriali rispetto agli obiettivi e alla tipologia degli interventi nell'ambito dell'adozione, nell'obiettivo di applicare la recente legislazione sull'adozione, ha messo a punto un progetto di raccordo interistituzionale – Tribunale per i Minori, Enti autorizzati e Servizi sociosanitari – atto a favorire per le coppie che desiderano adottare l'accesso a spazi di riflessione ed elaborazione delle problematiche dell'adozione prima della dichiarazione di disponibilità. Tale orientamento è stato ispirato dalla necessità di aprire uno spazio istituzionale al di fuori di un iter finalizzato al giudizio da parte degli operatori psicosociali. Il modello proposto riconosce l'importanza di individuare una fase di riflessione e pensiero, libera da vincoli temporali e da condizionamenti di giudizio e superegoici, in cui le persone possano liberamente essere accolte e possano trovare le modalità più idonee per affrontare ed elaborare i problemi che loro stesse decidono di affrontare. Questo orientamento permette di rispettare la necessità di un'intimità della scelta e di una decisione più matura e consapevole alla dichiarazione di disponibilità.

La letteratura sull'intervento psicologico e sociale nell'ambito dello studio di coppia preadottivo negli ultimi dieci anni ha spesso sottolineato la conflittualità dei molteplici compiti: sostenere, preparare-mobilizzare; valutare, controllare-esaminare, e la conseguente complessità della loro realizzazione.

Tale compito va al di là di una fase informativa, in realtà molto utile, ma solo a condizione di aver già creato uno spazio relazionale che permetta alla coppia di richiedere e recepire informazioni, cosa questa non ovvia. In effetti, la coppia si trova in una situazione perversa, in quanto dichiara la propria disponibilità ad avere un figlio e non richiede di essere esaminata nel proprio psichismo, nella relazione diadica e triadica, nella relazione di ciascuno con il proprio corpo, con quello del partner, del figlio eventuale, nella concezione del passato e del futuro.

Vecchione (1995) sottolinea che l'ascolto partecipe deve favorire la creazione di uno spazio di relazione dove possano trovare accoglienza sentimenti di rabbia, paura, angoscia, dubbio e incertezza, attraverso una riduzione delle difese che consenta alla coppia di sperimentare la dimensione emotiva e creativa del rapporto con l'altro, mettendo in gioco le proprie risorse.

Riteniamo che le premesse per questo spazio interno possano essere poste solo in un contesto istituzionale svincolato da istanze superegoiche, quindi differenziato dallo studio per l'idoneità all'adozione.

Il successivo studio psicologico e sociale, qualora la coppia decida di rendersi disponibile all'adozione, potrà allora assumere il senso di conoscere la tappa evolutiva del processo di maturazione della futura genitorialità e di individuare con la coppia gli aspetti che favoriscono l'adozione futura e le criticità che possono implicare nel tempo il rischio di un fallimento adottivo o di una intensa sofferenza di uno o più membri del neo-nucleo adottivo.

Lo studio quindi potrà snodarsi nel tempo al fine di poter osservare se esiste un terreno psicologico e sociale adeguato alla futura genitorialità.

Nel capitolo 21 si è evidenziato come, sia in Italia che all'estero, la ricerca sia stata sempre focalizzata sul benessere o malessere del bambino adottato nella sua crescita, ma mai sugli altri componenti del nucleo familiare. Il termine *fallimento adottivo* sembra riferirsi esplicitamente alle situazioni di restituzione del bambino ai Servizi sociali dopo l'adozione, o di rilevante peggioramento delle condizioni dello stato psicoaffettivo del bambino, ma non viene riferito al vissuto familiare di una meta mancata.

L'esperienza clinica evidenzia (Galli e Viero, 2001) come l'«adozione pericolosa» possa attivare in tempi relativamente brevi una considerevole sofferenza con patologia psichica di un membro della famiglia adottiva, o una rilevante disfunzione di coppia nei genitori adottivi, o l'insorgenza di una patologia organica grave nell'immediato post-adozione in uno degli adottanti o nel bambino.

In letteratura si parla di rischio di fallimento adottivo, ma cosa si intende per rischio?

Il *rischio* è l'eventualità di subire un danno nel corso di un evento, la percentuale di casi in cui quel determinato danno può realizzarsi. Quando questa eventualità si avvicina al 100 per cento, allora siamo in situazione di pericolo. Il rischio è inevitabile nel corso della vita umana, mentre il pericolo, cioè una situazione o un motivo cui sono associati uno o più elementi capaci di compromettere gravemente la stabilità o la sicurezza, è da evitare.

Forse c'è da chiedersi quando, come e perché un'adozione può divenire un pericolo per il bambino, o per la coppia e la famiglia adottiva.

Il compito di far crescere figli adottivi è molto più profondo e difficile che allevare un figlio biologico; talvolta può divenire un compito impossibile, o perché i genitori non sono in grado di tollerare il dolore e le frustrazioni, o perché il bambino non può sviluppare un legame di attaccamento.

Allora l'idoneità viene a costituirsi come un giudizio che introduce un limite all'idealizzazione individuale e sociale tanto spesso espressa nell'affermazione: «Una persona idonea deve accogliere qualsiasi bambino.» In effetti è probabile, visto che la genitorialità è una funzione relazionale, che ogni coppia sia particolarmente adatta a un determinato bambino in un determinato momento del proprio sviluppo e di quello del bambino, ma sufficientemente buona anche in altri momenti con altri bambini, e di età diverse, e forse totalmente inidonea con un altro bambino in altre situazioni.

La capacità di riconoscere il limite oltre il quale si passa dal rischio al pericolo è essenziale per tutelare sia il bambino sia l'adulto da una futura sofferenza intollerabile. Se pensiamo ai bisogni dei bambini adottivi, tanto più se gravemente deprivati e carenziati, diventa evidente che la funzione genitoriale adottiva si colora intensamente di una funzione terapeutica.

Assumersi la funzione di poter pensare, insieme alla coppia, ai limiti del progetto adottivo significa preparare la valigia con il necessario per partire verso questa speciale avventura della vita, limitando al massimo le situazioni di pericolo.

Capitolo 2

Lo studio psicologico e sociale delle coppie disponibili all'adozione

Maria Elisa Antonioli e Bianca Rosa Volpe

Perché?

Perché nell'adozione di un bambino italiano o straniero è richiesta agli operatori una conoscenza psicologica e sociale della coppia che si dichiara disponibile? È un quesito che appartiene costantemente al percorso professionale di chi si dedica alle problematiche dell'adozione, e che presenta intensi risvolti emozionali, con diatribe culturali fondate sul diritto delle persone a poter adottare senza alcuna limitazione o sul diritto dei bambini abbandonati a essere accolti da una famiglia adeguata alle loro necessità e ai loro problemi.

Ma la questione del perché e del come condurre lo studio psicologico e sociale è oggetto di dibattito anche tra i professionisti incaricati di espletarlo.

La nostra storia professionale ci suggerisce alcune riflessioni che possono essere condivise con coloro che cominciano oggi a occuparsi di adozione.

Venticinque anni fa, nel passaggio dalla vecchia legge sull'adozione semplice e speciale N. 431/1967 alla nuova legge N. 184/1983, ci trovavamo di fronte a un mandato istituzionale totalmente nuovo, con una valigia piena di teorie ma senza pratica. Intenso era il disagio di fronte al compito richiesto dal Tribunale per i Minori di studiare e valutare le coppie che desideravano adottare un bambino, e conflittuale con quello svolto con coppie e famiglie nei percorsi nascita. A ciò si associavano poi l'esperienza con il disagio psicologico e sociale di bambini appartenenti a famiglie multiproblematiche e i conseguenti interventi psicologici e sociali volti a tutelare il legame genitori-figli e a favorire la risoluzione di difficoltà relazionali, talvolta molto rilevanti e in alcuni casi incurabili. Di fronte a genitorialità inadeguate, a figli non desiderati, rifiutati, maltrattati, trascurati, le coppie adottive ci apparivano colorate di rosee prospettive, se non altro per il fatto che erano portatrici del desiderio di un bambino e di essere genitori.

I professionisti oscillavano tra l'opportunità di rispondere al Tribunale per i Minori esprimendo un parere sulla coppia, oppure descriverla e lasciare che il Tribunale «facesse la sua parte», cioè giudicasse!

Questa era anche l'espressione di un senso di impotenza e difficoltà nel sapere che cosa fosse una buona genitorialità adottiva e, di conseguenza, nel definirne i fattori imprescindibili. Se gli aspiranti genitori avevano vissuti persecutori nei nostri riguardi, certo anche noi ne avevamo nei confronti del Tribunale per i Minori. Le nostre prime relazioni psicologiche e sociali erano più prodotti di slalom a sfondo sociologico che frutto di conoscenze psicologiche della coppia in funzione dei suoi compiti genitoriali.

Queste relazioni erano anche il frutto di una difficoltà legata al senso di intrusività che ci rimandava il fatto di chiedere alla coppia di parlarci di sé e della propria intimità in base a una richiesta che proveniva, a sua volta, dall'Autorità giudiziaria.

Negli anni è accaduto qualcosa di molto significativo e determinante rispetto alla nostra pratica professionale nell'ambito dell'adozione: durante i primi affidi preadottivi, di bambini sia italiani che stranieri, abbiamo incominciato a «vedere i bambini» e a «osservare le neo-famiglie adottive».

Ci siamo trovate più volte di fronte a coppie che ci erano apparse formate da persone equilibrate, ben adattate socialmente, desiderose di un figlio, disposte a dedicarsi a un bambino, e che improvvisamente dopo la luna di miele delle prime settimane, di fronte a un bambino che si rivelava sempre più lontano da quello del desiderio, mostravano sorprendenti difficoltà. Alcune sembravano poter divenire coppie genitoriali assumendo ruoli iperpedagogici, altre delegavano precocemente e massicciamente la cura del bambino ad altri: la scuola, l'asilo nido, la baby sitter. Altre ancora si comportavano di fronte alle difficoltà, «inimmaginabili precedentemente», con rigidità, intolleranza alla frustrazione, ricerca di colpe altrui, incapaci a trovare soluzioni nuove a bisogni molto intensi e complessi. Abbiamo visto bambini gravemente carenziati e deprivati anche di pochi mesi e/o con ritardi evolutivi, talvolta con gravi disturbi psichici e con malattie fisiche; raramente abbiamo incontrato bambini con pochi problemi, e generalmente questi erano neonati.

La letteratura psicologica sull'andamento delle adozioni (vedi oltre, pp. 37-44), nel tentativo di comprendere meglio i numerosi fattori in gioco e di trovare forse delle linee guida per il difficile lavoro di seguire le adozioni, sottolinea la costante presenza di problemi psicologici, psicoaffettivi, cognitivi e sanitari nei bambini adottati oltre i sei mesi di età, e la loro complessità e rilevanza, in particolare quando vi siano stati precedenti affidi o passaggi di mano del bambino e/o prolungate istituzionalizzazioni.

L'esperienza con le famiglie adottive e i loro bambini ci ha condotte a un desiderio di conoscenza e studio-ricerca che ha trovato il suo alveo istituzionale nella costante collaborazione con la Facoltà di Psicologia dell'Università di Padova. La ricerca si è protratta per molti anni e si è focalizzata, sia sul piano clinico sia su quello empirico, proprio sulle funzioni genitoriali adottive e sui fattori psicologici che facilitano la nascita e la crescita di una famiglia adottiva, e sulle indicazioni per un adeguato abbinamento tra famiglia e bambino. Un compito ambizioso, se si pensa all'impossibilità, nell'adozione internazionale, di un adeguato abbinamento; soprattutto prima della Convenzione dell'Aia e della sua ratifica da parte dell'Italia, gli abbinamenti venivamo effettuati in modo casuale, a volte basandosi sul buonsenso di chi se ne occupava, ma spesso sulle regole della roulette, viste le obiettive difficoltà in cui si trovano a operare i professionisti dei Paesi stranieri. Anche oggi parlare di abbinamento sembra una fantasia degli addetti ai lavori, più che una necessità fondata sui bisogni specifici del bambino e dei genitori.

Gli anni della ricerca ci hanno portate a cercare soluzioni metodologiche per lo studio psicologico e sociale che da una parte ci permettessero di conoscere le coppie e le loro problematiche e dall'altra potessero favorire nelle coppie un processo di elaborazione sulla genitorialità adottiva.

L'aumento progressivo del numero delle coppie adottive sterili o infertili ha implicato una particolare attenzione al rapporto tra genitorialità e generatività e alle problematiche sottese, depressive o psicosomatiche, di una sofferenza psicologica legata all'infertilità/sterilità.

Così abbiamo progressivamente sentito la necessità di rispondere a un doppio compito: da una parte accogliere e affrontare la sofferenza di persone uscite da lunghi periodi di «cure inutili» e profondamente ferite dal fallimento procreativo, e dall'altra poter vedere con loro il passaggio dalla prospettiva di una genitorialità biologica a una genitorialità riparativa o idealizzata. Questo percorso, irto di molte difficoltà e anche di fallimenti (ad esempio, quando una coppia non tollerava i risultati di questo lavoro e ricorreva in Corte d'Appello dopo aver ricevuto una non-idoneità da parte del Tribunale per i Minori), ci è parso l'unico modo di uscire dall'impasse di uno studio con aspetti di giudizio e quindi a priori molto persecutorio, assumendo un ruolo istituzionale riparativo e potenzialmente fecondo. In questo modo è avvenuto il transito da un compito esecutivo, caratterizzato da descrittività, a uno di osservazione partecipante, inserendo il nostro intervento in un processo verso un obiettivo condiviso: poter comprendere insieme a ogni coppia le risorse e i limiti del suo progetto adottivo, individuando le problematiche che, se non affrontate, potevano implicare un elevato rischio futuro di sofferenza sia individuale che di coppia e quindi della futura famiglia adottiva.

Modelli di studio psicologico e sociale

La letteratura italiana sull'adozione si è a lungo soffermata sui contenuti psicologici e sociali dell'adozione, ma presenta sporadici e discontinui contributi sulla metodologia dell'intervento.

Tabella 2.1
Contributi significativi sullo studio psicologico e sociale nell'adozione

Autori	Anno	Obiettivi dello studio	Metodologia	Aree
Soulé, Noël e Bouchard	1967	Relazione medico-psicologica come completamento delle inchieste sociali e amministrative, funzionale alla selezione e all'abbinamento, e alla prevenzione dell'ulteriore sofferenza di genitori e bambini	Dopo la domanda: primo colloquio informativo sull'iter dell'adozione somministrazione di un questionario su notizie anamnestiche e sulle motivazioni e il tipo di disponibilità Inchiesta del Servizio sociale: colloqui presso il Servizio visite domiciliari contatti con la famiglia, i datori di lavoro ecc. Due o più colloqui al Consultorio di Neuropsichiatria infantile (separatamente e congiuntamente con la coppia) Invio di una relazione al Servizio amministrativo	Motivazioni Desideri e preferenze Informazioni La sterilità Infanzia degli adottati e rapporti con i genitori L'ereditarietà Posizione della famiglia rispetto al bambino adottivo Disponibilità a bambini grandicelli o con handicap
AA.VV., «Prospettive Sociali e Sanitarie»	1984	Conoscere le famiglie disponibili per un miglior abbinamento Preparare le famiglie all'adozione	Colloqui individuali psicologici e sociali presso le Unità Locali Attivazione di gruppi di discussione per automaturazione e autoselezione	
Santi	1984	Prevedere l'influenza dell'integrazione di un minore nell'ambito del sistema familiare della coppia adottiva	Incontri con il gruppo familiare Approfondimenti individuali Utilizzo dell'ecomappa Genogramma	Come la famiglia affronta il ciclo vitale e le tappe evolutive Rigidità del sistema familiare e suoi confini Relazione tra famiglia nucleare e famiglia estesa Motivazioni all'adozione Ruolo del figlio adottivo nel sistema familiare

Autori	Anno	Obiettivi dello studio	Metodologia	Aree
Castelfranchi e Persichetti	1989		Colloqui individuali e di coppia Interviste strutturate, ritmicità degli incontri al fine di una valutazione di processo Visita domiciliare	Storia individuale e di coppia Vissuti sulle figure genitoriali Tipologia delle relazioni con l'ambiente sociale Tratti di personalità Eventi traumatici significativi Storia di coppia, clima emotivo e adattamento reciproco di coppia Motivazione all'adozione La sterilità Vissuti e aspettative sul bambino e sua rappresentazione Motivazioni interne all'adozione Rappresentazione delle origini del bambino; la rivelazione Tipologia di relazione della coppia con gli operatori Vissuti emozionali transferali e controtransferali
Morall Colajanni e Castelfranchi	1992	Individuare la coppia maggiormente in grado di rispondere alle esigenze del minore	Colloqui individuali e di coppia, sociali e psicologici Visita domiciliare	Maturità personale Capacità mentale ad accogliere Funzionamento equilibrato di coppia Elaborazione del vissuto di sterilità Storia individuale Storia di coppia Storia della domanda di adozione; desiderio di genitorialità Modi di affrontare le frustrazioni Tipologia delle relazioni sociali e contesto ambientale Rappresentazioni sulle origini del bambino
Grimaldi	1996	Valutare i processi psicologici della coppia per affiancare, aiutare e integrare mancanze complementari (bambini, genitori) e quindi tendere a ricomporre le carenze	Consulenza psicologica	Processo sotteso alla motivazione Elaborazione delle cause della motivazione Infertilità Storia individuale e di coppia Rappresentazione della genitorialità Aspettative dal matrimonio: aspetti complementari Stile di vita, dinamiche di coppia Prospettive di vita con e senza figli Flessibilità della coppia Solidità emotiva di fronte alle difficoltà Rappresentazione del bambino Rappresentazione dell'inserimento di un bambino nella propria vita a seconda dell'età Rappresentazione delle origini del bambino

È possibile che tale esiguità sia correlata alle differenti realtà istituzionali deputate all'adozione nelle varie regioni italiane. Negli ultimi venticinque anni in alcune regioni del Nord Italia lo studio psicologico e sociale è stato prevalentemente svolto da équipe consultoriali all'interno delle Aziende sociosanitarie.

Quando e dove queste équipe sono diventate solo sanitarie, sono state modificate, in genere con aggregazione sul compito di psicologi e assistenti sociali di differenti Servizi ed Enti. In altre regioni lo studio è stato svolto da una équipe incaricata dallo stesso Tribunale per i Minori che svolgeva per tutta la regione questa attività, in altre ancora lo studio veniva svolto solo dal Servizio sociale dei diversi Comuni.

Una riflessione sulla metodologia nasce generalmente da un lavoro continuo nel tempo delle stesse persone all'interno dello stesso assetto organizzativo istituzionale, preferibilmente con una supervisione esterna.

Nel 1967 la rivista «Maternità e Infanzia» pubblica un numero monotematico su «La selezione dei genitori adottivi», traduzione dello studio di Soulé, Noël e Bouchard. In questo lavoro vengono affrontati alcuni problemi specifici: la rilevanza di una valutazione sociale integrata da un'attenta valutazione psicologica, e soprattutto le modalità e i contenuti dello studio della coppia. Gli autori individuano chiaramente le tematiche da affrontare: la sterilità, le motivazioni, il bambino immaginario, le aspettative e le problematiche della coppia.

Molti lavori sono rivolti a operatori e genitori indifferentemente, e pertanto tendono a focalizzare le aree tematiche da affrontare durante l'iter adottivo. Ben pochi si sono occupati di come affrontare lo studio psicologico e sociale della coppia, come lavorare con coppie sempre più provate dalle cure fallite connesse alla sterilità, che si rivolgono all'adozione come ultima spiaggia. Ancor meno numerosi sono i contributi sui vissuti dei professionisti durante lo studio di coppia e sull'influenza di tali vissuti sulla metodologia.

La tabella 2.1 mostra alcuni contributi significativi sullo studio psicologico e sociale nell'adozione.

È interessante osservare come negli anni sia stata mantenuta dai professionisti a orientamento psicodinamico una metodologia basata sullo studio individuale e di coppia, con particolare attenzione ai processi della genitorialità, mentre da parte dei professionisti a orientamento sistemico il lavoro si è orientato prevalentemente sul gruppo famiglia/coppia. Ci sembra interessante il contributo di Santi (1984), che propone una metodologia funzionale a uno studio che consideri i processi di cambiamento e l'evoluzione del gruppo famiglia rispetto alle problematiche adottive, una sorta di studio-consulenza attiva con la funzione di analisi dei rischi di collasso del sistema familiare nell'adozione, ma anche un lavoro con funzioni preparatorie.

Questo orientamento a dare spazi elaborativi durante lo studio psicologico e sociale appare più presente nei contributi recenti, in modo particolare nel lavoro di Farri Monaco e Peila Castellani (1994).

Lo studio psicologico della coppia aspirante all'adozione: aspetti psicodinamici e clinici delle funzioni genitoriali adottive

Lo studio psicologico e sociale delle coppie, alla luce delle esperienze di adozione sia italiana che straniera, assume sempre più, a nostro parere, il compito di un'approfondita conoscenza della coppia in funzione delle risorse sia sociali che psicologiche che può attivare per soddisfare i bisogni fondamentali di un bambino in qualità di genitori e per affrontare le problematiche di un figlio adottivo in qualità di genitori adottivi.

Brazelton e Greenspan (2001), in una rassegna delle pratiche di allevamento e delle cure dedicate ai bambini nella società occidentale, hanno individuato come bisogni irrinunciabili per l'esistenza psicofisica e per lo sviluppo del bambino:

a) il bisogno di sviluppare costanti relazioni di accudimento;
b) il bisogno di protezione fisica e sicurezza;
c) il bisogno di esperienze modellate sulle differenze individuali;
d) il bisogno di esperienze appropriate al grado di sviluppo del bambino;
e) il bisogno di definire dei limiti, di fornire una struttura e delle aspettative;
f) il bisogno di comunità stabili e di supporto e di continuità culturale.

I bambini che vengono adottati non hanno potuto ottenere il soddisfacimento di molti di questi bisogni perché hanno avuto esperienze di abbandono: la separazione dalla madre e da altre figure genitoriali/familiari, il distacco da altri membri del «gruppo istituzione», affidi multipli (quindi separazioni anche ripetute), precoce deprivazione, abuso e maltrattamento.

I bambini precocemente abbandonati sviluppano una dissintonia relazionale ed emozionale tra mondo interno e mondo esterno per l'assenza di cure adeguate, con un vissuto e una rappresentazione distorti e confusi dell'oggetto genitoriale, e problemi nel controllare gli impulsi e nell'affidarsi agli altri. La precocità della deprivazione influenza lo sviluppo psicofisico, producendo deficit a carico delle competenze linguistiche, affettive e sociali. Se poi il bambino sperimenta nella prima infanzia la violenza, il maltrattamento e/o l'abuso, oltre alle difficoltà nel controllo dell'impulsività può riprodurre relazioni emozionali sia con il mondo esterno che con quello interno basate sull'aggressività. La presenza di genitori carenzianti fa crescere un senso confuso di sé, disorientamento, e in alcuni casi un intenso ritiro dal mondo.

L'esperienza dell'istituzionalizzazione, specialmente nei bambini provenienti dai Paesi dell'Est, dove le carenze sono state più vistose da ogni punto di vista, è particolarmente significativa nel manifestare la distruttività presente nel mondo fisico e psichico del bambino laddove l'istituzionalizzazione è sinonimo di pseudo-cura, in cui gli adulti si limitano a dare lo stretto necessario.

I bambini arrivano quindi in adozione portando con sé ancora insoddisfatti la maggior parte dei bisogni irrinunciabili per un valido sviluppo psicologico; oltre a ciò, con la presenza di bisogni specifici che richiedono genitori particolarmente attrezzati sul piano psicoaffettivo e sociale.

Ci pare particolarmente fecondo il modello teorico della genitorialità adottiva proposto da Esteve (2001). Tale modello, a partire dalla posizione di Brazelton e Greenspan (2001) e dal modello delle funzioni genitoriali secondo Meltzer e Harris (1983), focalizza alcuni aspetti dei bisogni specifici dei bambini abbandonati e le funzioni genitoriali necessarie per farvi fronte con una valenza riparativa (tab. 2.2).

Questo schema permette una riflessione sul significato sulle funzioni riparative. Secondo Esteve le vere funzioni riparative dei genitori adottivi si possono attuare solo quando questi possono sentire che i loro limiti, le loro incapacità di comprensione, la loro ignoranza possono provocare un danno al bambino.

Ciò implica una capacità di evoluzione depressiva da parte del genitore adottivo, il sentirsi responsabile dei problemi del bambino. Se ciò non avviene, il terzo, cioè il genitore biologico, diviene un fantasma onnipresente e costante, fino a incarnarsi nel desiderio del figlio adottivo, particolarmente in adolescenza, di conoscere il genitore fantasmato e responsabile di tutto.

Lo studio psicologico diviene quindi fecondo se contribuisce a un'evoluzione depressiva che permetta alla coppia di separarsi da un desiderio irrealizzabile, «concepire il bambino del desiderio» e poter poi sentire che la persistenza di tale desiderio può diventare una minaccia e un danno per il figlio su cui viene proiettato. Questo aspetto è molto difficile da vivere coscientemente, perché adottare un bambino abbandonato significa diventare genitore di un bambino che ha subìto un danno provocato da altri. Mettiamo l'accento sul termine «danno provocato da altri», perché quando ci si occupa di bambini adottati generalmente l'altro adulto, l'altro istituto, l'altro Stato sono portatori di danno, mentre noi (professionisti compresi) tendiamo ad assumerci un ruolo idealizzato negando i possibili danni del «dopo», quelli che si fanno a un bambino, ad esempio, sradicandolo dal suo humus bio-socio-culturale.

Ma come occuparsi di una coppia che chiede di adottare?

Se prendiamo in esame le linee guida prodotte da alcune Regioni (Toscana e Marche) dopo l'applicazione della legge 194 del 2001, osserviamo la produzione di lunghi elenchi di aspetti della coppia che è necessario conoscere: personalità, storia individuale e di coppia, tipo di relazione di coppia, vita sociale e lavorativa, relazioni con le famiglie d'origine, motivazioni della coppia all'adozione, presenza di eventuali figli e di parenti e amici, rilevanza sociale dei pregiudizi razziali nel contesto di riferimento, i Servizi per l'infanzia presenti nel territorio di residenza, il bambino immaginario... Un elenco molto dettagliato di una falsa «pseudo-conoscenza». Ci rendiamo conto della provocatorietà di questa affermazione, perché noi stesse siamo state per anni fautrici di questi

Tabella 2.2

Bisogni irrinunciabili dei bambini (modello di Brazelton e Greenspan, 2001)	Bisogni ulteriori dei bambini abbandonati	Le funzioni genitoriali (modello di Meltzer e Harris, 1983)	Le funzioni genitoriali riparative
Bisogno di sviluppare costanti relazioni di accudimento	Bisogno di sviluppare una nuova relazione di attaccamento	Generare amore e speranza	Essere capaci di sviluppare una relazione di attaccamento con un bambino non generato dalla coppia e pertanto estraneo
Bisogno di protezione fisica	Bisogno di aggredire	Generare amore	Amare anche con il corpo
Bisogno di esperienze modellate sulle differenze individuali	Bisogno di odiare le differenze individuali	Pensare-contenere	Sentire la differenza come un dono
Bisogno di esperienze appropriate al grado di sviluppo	Bisogno di esperienze regressive transitorie in funzione dei bisogni del neo-attaccamento e della necessità di rivisitare i bisogni evolutivi insoddisfatti	Contenere la sofferenza depressiva Pensare	Plasticità individuale e di coppia nel tollerare le oscillazioni evolutive e antievolutive del bambino deprivato e reso carenziato da altri
Bisogno di definire dei limiti, di fornire una struttura e delle aspettative	Bisogno di sentire ansia per rompere i limiti familiari per il nuovo confronto amoroso Bisogno di esprimere odio	Contenere la sofferenza depressiva Non suscitare odio	Capacità di tollerare la frustrazione e di costruire aspettative su un figlio che potrebbe solo in parte riparare alle carenze pregresse
Bisogno di comunità stabili di supporto e di continuità culturale	Bisogno di avere una sola comunità di appartenenza e non due	Infondere speranza, non creare confusione	Capacità di prestare una particolare attenzione, nei primi anni dell'adozione, alla stabilità familiare e sociale di riferimento del bambino
Bisogno di salvaguardare il futuro della comunità di appartenenza		Pensare Non creare confusione	Salvaguardare il futuro della comunità di appartenenza senza tradimento della comunità di origine
		Non seminare disperazione	Capacità di tollerare il «non sapere» riguardo a una storia sia sociale che interna del bambino
		Non trasmettere ansia persecutoria	Capacità di contenere ed elaborare il lutto primario

elenchi, della necessità di sapere, di conoscere, convinte di poter scoprire tutto il possibile, laddove sarebbe arrivato un bambino con una storia che non si sarebbe mai potuta veramente «sapere».

La confusione creatasi in questi anni sullo studio psicologico e sociale, inteso come un sapere degli esperti scisso dal sapere della coppia, ha reiterato un rapporto di potere e non di sapere con la coppia.

Noi stesse proponiamo alla coppia questo modello di studio psicosociale, che abbiamo elaborato con molta attenzione, ma pensiamo che tutto ciò che non viene condiviso con la coppia, anche dolorosamente, non abbia alcuna funzione riparatrice.

Pensiamo che la conoscenza psicologica dell'assetto difensivo individuale e di coppia sia funzionale al lavoro da proporre e condurre con la coppia. È necessario poter condurre i colloqui sapendo affrontare le difese che la coppia utilizza per proteggersi dalle intense sofferenze sottese e per potere, nel tempo, arrivare, insieme alla coppia, a una conoscenza tollerabile.

Nel modello proposto le funzioni genitoriali si pongono come livello di osservazione nell'interazione con la coppia; all'interno di esso si individuano gli assi di osservazione indicati nella tabella 2.3.

Di seguito analizziamo in modo più ampio ognuna delle variabili individuate.

Essere capaci di sviluppare una relazione di attaccamento con un bambino non generato dalla coppia e pertanto estraneo

Questo aspetto è sviluppato nel capitolo 12, dove è oggetto di particolare attenzione l'aspetto dell'estraneità nel prendersi cura di un bambino deprivato. Per questa fase di conoscenza e valutazione delle coppie il ricorso a un'attenta anamnesi sui momenti di crisi di passaggio e di separazione nella vita indivi-

Tabella 2.3
Variabili di osservazione nello studio psicosociale della coppia

Capacità di sviluppare una relazione di attaccamento con un bambino non generato dalla coppia e pertanto estraneo
Amare anche con il corpo
Sentire la differenza come un dono
Plasticità individuale e di coppia nel tollerare le oscillazioni evolutive e antievolutive del bambino deprivato e reso carenziato da altri
Capacità di tollerare la frustrazione e di costruire aspettative su un figlio che potrebbe solo in parte riparare alle carenze pregresse
Capacità di prestare particolare attenzione, nei primi anni dell'adozione, alla stabilità familiare e sociale di riferimento del bambino
Capacità di salvaguardare il futuro della comunità di appartenenza senza tradire la comunità di origine
Capacità di tollerare il «non sapere» riguardo alla storia sociale e a quella interna del bambino
Capacità di contenere ed elaborare il lutto primario

duale e di coppia può offrire alcuni spunti sulla qualità dell'attaccamento. La Adult Attachment Interview (AAI, George, Kaplan e Main, 1985) si costituisce come uno strumento raffinato e attento alla valutazione del tipo di attaccamento possibile, ma il suo utilizzo è molto difficile senza un'attenta specifica formazione e senza la disponibilità di un lungo tempo di elaborazione.

Amare anche con il corpo

Amare comporta entusiasmo, rinnovamento e piacere, oltre al dolore del lutto a cui tanto abbiamo fatto riferimento, e anche una familiarità di contatto corporeo, che si sviluppa nel tempo con lo sconosciuto. Il contatto corporeo deve quindi diventare, se già non lo è, piacevole, necessariamente rispettoso dell'altro, e quindi non intrusivo, o comunque meno che con un figlio biologico. L'erotizzazione, al contrario, che è la ricerca della propria eccitazione sessuale e di quella dell'altro, è intrusiva, confusiva e manipolatoria. Può provenire tanto dai genitori quanto dal bambino. Per esempio, oggi è molto comune l'uso del massaggio infantile nei «percorsi nascita», una tecnica utilizzata per facilitare il contatto della madre con il bambino, ma abbiamo osservato nella pratica consultoriale alcuni casi che sfociavano nell'uso erotizzante di questa pratica tra la mamma e il bambino. Non a caso, in molte popolazioni primitive, il massaggio non è svolto dalla madre, bensì ritualmente da una donna che lo fa per professione. In alcune culture, come quelle nordafricane e mediorientali, il contatto corporeo è molto diffuso nella prassi relazionale madre-bambino, e a volte i genitori adottivi possono vivere alcune richieste e manifestazioni di contatto da parte del bambino come un'attività provocatoria.

Come affrontare con la coppia un aspetto così intimo della relazione con il bambino? Pensiamo che per la coppia potersi confrontare, prima dell'adozione, con altri genitori adottivi, e in particolare poter incontrare bambini adottati e altre famiglie, siano esperienze-occasioni per poter pensare insieme a loro come gli adulti comunicano con il loro corpo e come lo fanno i bambini, e cosa accade con i bambini adottivi nei primi tempi, anche rispetto alla loro intimità sessuale.

L'invito a interrogarsi sul vivere in un'altra realtà culturale e su come affrontare il passaggio tra un mondo e un altro, tra una cultura e un'altra, tra un mondo non verbale e un altro, su come un bambino può esperire tale transito, permette di aiutare la coppia a identificarsi con lo sconosciuto e a cercare soluzioni originali e appropriate.

Sentire la differenza come un dono

Nella nostra cultura esiste già un atteggiamento di curiosità e valorizzazione dei tratti somatici diversi dai nostri, che ritroviamo espresso linguisticamente nel termine «esotico», che ha una connotazione positiva. Vivere un proprio figlio adottivo anche nella sua peculiarità di dono esotico e avere la capacità di trasformare attraverso le modalità tipiche dell'infanzia – il gioco, il racconto e la fiaba – le sue caratteristiche fisiche diverse in una risorsa per affrontare i vari eventi della vita, ha una profonda valenza riparativa.

L'estraneo diviene quindi apportatore di nuove risorse, e può essere dentro il gruppo un elemento potenziante e non minacciante.

Durante lo studio la curiosità, la capacità di sorprendersi di fronte al «non sapere», il cercare di conoscere, il guardare alla diversità con amorosa curiosità, sono un terreno fertile perché un bambino adottivo possa essere anche un dono.

Plasticità individuale e di coppia nel tollerare le oscillazioni evolutive e antievolutive del bambino deprivato e reso carenziato da altri

Quando parliamo di plasticità individuale facciamo riferimento a una risorsa psicologica che è il frutto della personalità e del tipo di funzionamento difensivo individuale rispetto alle diverse tipologie di conflitto con il mondo interno ed esterno.

La plasticità di coppia è una caratteristica psicologica, espressione delle motivazioni profonde sottese al legame tra i partner. Talvolta la relazione si costituisce come un patto sotterraneo tra i due partner per mantenere inalterati nel tempo i rispettivi funzionamenti psichici e nuclei patologici. In questi casi la coppia si costituisce come una monade che nel tempo appare immobile, mummificata nei suoi funzionamenti. Se ciascuno dei partner usa gli stessi meccanismi difensivi rispetto alle angosce individuali, sarà portato a chiedere a un terzo di occupare uno spazio su cui proiettare le proprie parti disfunzionanti.

Altre volte il legame si costituisce come un patto, sempre sotterraneo, affinché i nuclei psicopatologici di uno non trovino nell'altro un riverbero simmetrico. In questo caso la possibilità che l'uno possa trovare nell'altro risorse diverse dalle proprie permette alla coppia di rigiocare alternativamente e attivamente le singole problematiche interne e di funzionare, anche creativamente, sia verso i rispettivi mondi interni sia verso un terzo.

La plasticità, individuale e di coppia, è quindi una condizione fondamentale per poter accedere a una funzione genitoriale riparativa, necessaria per poter tollerare le oscillazioni evolutive e antievolutive del bambino deprivato e carenziato, continue e intense soprattutto nei primi anni dell'adozione. I genitori adottivi sanno come sia difficile dover continuamente decidere se e quanto soddisfare i bisogni regressivi del bambino, perché possa non solo vivere e creare un nuovo attaccamento, ma anche rivivere e ricondividere con i genitori adottivi i suoi precedenti vissuti emozionali negativi; d'altra parte, è anche difficile decidere di aspettare, per permettere al bambino di apprendere dall'esperienza ed evolvere in base alle sue risorse.

È un compito molto delicato e complesso, che richiede empatia e capacità di percepire i movimenti emozionali del bambino e le sue richieste. Sappiamo come per i bambini sia necessario ri-crescere, cioè poter rivivere emozionalmente alcune tappe significative della vita precedente e poter travasare nei genitori le angosce e i vissuti che permangono magmaticamente nel loro mondo interno. Poterli rivivere significa poter dare loro un senso emozionale e potersi sentire contenuti nella mente e nel cuore dei genitori adottivi.

La relazione che si sviluppa con la coppia durante lo studio è permeata intensamente dalla presenza o meno di una sua plasticità. I silenzi, i tempi pensati, le emozioni sottese, la capacità di cambiare nel tempo attraverso piccole crisi nella comunicazione, il saper affrontare la conflittualità, il proprio immaginario e le proprie rappresentazioni, essendo capaci di modificarle nel tempo, sono alcuni elementi della plasticità. La sua assenza solitamente permea la relazione di noia, di vuoti mentali, di faticose comunicazioni, dell'impossibilità di affrontare l'apparente deserto affettivo e l'eccessiva «razionalità» del discorso.

Essere capaci di tollerare la frustrazione e di costruire aspettative su un figlio che potrebbe solo in parte riparare alle carenze pregresse

I processi di idealizzazione insiti in ogni attesa di un figlio sono destinati a scontrarsi con il dato di realtà alla sua nascita. La capacità di inserire quel neonato nel proprio percorso di vita individuale e familiare, attraverso il riconoscimento in lui di parti di sé, dà origine al processo di filiazione, al sentimento d'amore verso quel bambino estraneo, riconoscendolo come proprio figlio.

Nell'adozione questo processo incontra molti più ostacoli, sia per il maggiore senso di estraneità che il figlio adottivo rimanda, sia per le difficoltà reali che porta con sé, spesso tanto lontane dalle aspettative dei genitori.

La capacità dei genitori adottivi di porsi limiti fin dall'attesa del bambino risulta nel tempo sempre più importante, soprattutto se il bambino ha subìto esperienze traumatiche che solo in parte potrà superare. Forse mai.

Di esperienza più frequente sono le difficoltà scolastiche, in parte collegate alle privazioni di stimoli e di opportunità e alla grande diversità ed estraneità del «nuovo mondo» rispetto al precedente (pensiamo solo ai suoni della lingua, ma anche agli odori, ai gusti, ai colori, alle caratteristiche somatiche delle persone con cui il bambino viveva ecc.), ma anche dovute a un'inibizione del pensiero, spesso presente in questi bambini come modalità difensiva di fronte all'emergere delle angosce del loro mondo interno così frammentato.

Essere capaci di dare particolare attenzione, nei primi anni dell'adozione, alla stabilità familiare e sociale di riferimento del bambino

Le relazioni stabili di supporto e di continuità favoriscono relazioni di attaccamento sicuro: questo risulta quindi già incrinato in ogni bambino adottivo, in quanto la sua storia è sempre segnata dalla profonda ferita dell'abbandono, a volte ripetuto.

Al suo arrivo in famiglia il bambino, costretto a lasciare il suo habitat fisico e affettivo, ha bisogno di affrontare internamente la separazione da un ambiente conosciuto, per quanto povero, carenziato, maltrattante, a cui si era dovuto adattare come unica realtà esistenziale per lui. Catapultato in un mondo senza punti di riferimento, né percettivi né relazionali, quindi estraneo e sconosciuto, con grandi disponibilità affettive che però lui ancora non ha sperimentato e non conosce, ha bisogno di tempi di inserimento graduali. I bambini spesso non hanno potuto formarsi un oggetto interno sufficientemente buono, e possono aver perso la capacità di stringere nuovi legami.

I genitori adottivi possono interpretare queste difficoltà come rifiuto dei loro sforzi. È difficile comprendere che, pur dando tutto il loro amore, possono non ricevere in cambio dal bambino i segni di attaccamento che sperano: si sentono delusi e feriti per non sentirsi genitori quando finalmente hanno il figlio. È importante che i genitori conoscano e tollerino questa fase, per non allontanarsi dal bambino e dargli il tempo di interiorizzare la relazione con loro.

Risulta particolarmente importante che il bambino possa sperimentare relazioni sicure e cure continuative da parte degli adulti che lo accolgono, prioritarie rispetto all'inserimento sociale, scolastico ecc., per potersi fidare e affidare con la sicurezza di non subire un altro abbandono. Come per il neonato sono necessari alcuni mesi per adattarsi alla nuova vita, così il bambino adottivo, pur di età anagraficamente diversa, necessita di una presenza costante di figure di accudimento, a volte per un tempo maggiore, anche se apparentemente non mostra particolare interesse per tale presenza, quando addirittura non vi si oppone.

Appare particolarmente significativa la continuità della vita familiare: la stessa casa e la sua organizzazione spaziale, specialmente la camera che il bambino ha trovato, le relazioni amicali e sociali ecc. Il bambino si sentirà molto rassicurato dalla continuità delle relazioni con la famiglia d'origine, che gli permetterà di vivere come significativo il sentimento di appartenenza e di trasmissione della propria cultura, e in cui entra a far parte in una linea transgenerazionale.

Un altro aspetto particolarmente significativo è la stabilità della coppia genitoriale che, dopo la crisi del passaggio alla vita di famiglia con l'accudimento di un terzo, deve saper intrecciare la propria storia con quella del bambino ed esprimere una flessibilità in cui tutti trovino spazi di condivisione e non siano costretti ad alleanze.

Per il bambino adottivo ogni cambiamento risulta particolarmente destrutturante, perché fa riemergere in lui ricordi di separazione a cui spesso non ha saputo dare significato ma di cui ha sicuramente vissuto l'aspetto doloroso. Ha bisogno di sentire una base sicura su cui, finalmente, poter fare affidamento in ogni momento critico della vita.

Salvaguardare il futuro della comunità di appartenenza senza tradimento della comunità di origine

Il bambino ha bisogno di un senso di appartenenza chiara e forte alla comunità dove sta vivendo, cioè quella della sua famiglia adottiva.

Gli atteggiamenti intensamente volti al Paese di origine del bambino (tante volte per neutralizzare il senso di colpa collegato alla fantasia di furto) possono estraniarlo dalla sua nuova identità sociale.

I genitori possono confondere il rispetto per le origini con la paura di tradire le origini del figlio, senza rendersi conto che il bambino già è stato tradito dalla sua comunità, dalla sua famiglia e anche dal suo Paese, quando hanno acconsentito alla sua adozione all'estero.

Il bambino, quando sviluppa un attaccamento alla coppia adottiva, ha bisogno di sentire che l'attaccamento si prolunga anche alla comunità. Ciò non significa svalorizzare, odiare o rinnegare la cultura di origine del bambino ma permettergli di «transitare» da una cultura a un'altra portandosi la propria valigia culturale. A volte accade nelle adozioni ciò che accade nelle migrazioni: più la persona non è integrata, più viene ricacciata in un ruolo folcloristico e le viene chiesto di presentare gli usi e costumi del suo Paese. Questa è la via per una ghettizzazione. Altrettanto può accadere quando si adotta un bambino proveniente da un Paese lontano e continuamente gli si propone «il ricordo della sua terra».

Perché deve pensare continuamente a ciò che non è più?

Questo non gli impedirà di sentire che la nostra è la sua terra?

Essere capaci di tollerare il «non sapere» di una storia sia sociale che interna del bambino

Parlare della storia passata è possibile, ma è molto difficile poterla vivere e condividere con il figlio adottivo. È strano come molte coppie pensino che quando si viene adottati si possa cancellare il desiderio di sapere, e auspichino che il bambino dimentichi per sempre.

Nella storia di ogni essere umano è comune il desiderio di sapere di sé, della propria infanzia, dell'esperienza pregressa che in parte ognuno ricorda e in parte dimentica, talvolta per sempre. Per il bambino adottivo viene a mancare la memoria trigenerazionale e della rete allargata familiare, quella dei racconti del nonno, degli zii, della mamma e del papà, degli amici di famiglia che gli ricordano ciò che non può ricordare, gli parlano della sua storia dalla pancia della mamma ai primi giorni di vita attraverso i loro stati d'animo, i loro desideri, le loro osservazioni, le immagini delle fotografie commentate insieme, magari a partire da un'ecografia, le immagini dei filmini di famiglia ecc. Questi fili della storia che cominciano da un matrimonio, da una festa, e poi si sviluppano e si intrecciano con le altre storie della famiglia, per il bambino adottivo si perdono nella notte dei tempi. In lui possono essere presenti tracce più o meno consistenti di persone che stavano in istituto, di educatori oppure di compagni di stanza, a volte tracce di ricordi della famiglia di origine, più o meno ammantati di traumatismi, a volte tracce-ricordo solo emozionali, senza una storia, un'immagine che permetta di comprendere e di sapere. Ed ecco quindi che il tessuto familiare trigenerazionale, che tante volte viene in aiuto in vari momenti della vita per colmare i vuoti, per sapere, per ridere insieme o piangere con qualcuno che ha condiviso con noi le esperienze infantili, qui non c'è.

Nello studio di coppia non è molto rilevante sapere i dettagli delle storie personali e di coppia, ma «come la storia viene costruita», per favorire la consapevolezza che il bambino non potrà mai raccontare la propria storia attraverso le memorie della rete familiare, e che invece potrà costruire il proprio racconto attraverso tutti i vissuti attuali della coppia, come eventi prenatali.

Il non sapere è una condizione dell'adozione: non sapere perché si è stati abbandonati, cosa è accaduto... oppure sapere attraverso estranei. Questa mancanza, questo vuoto appare nella relazione con il figlio adottivo in molti momenti. A volte appare con uno sguardo lontano, assente, con un'angoscia inspiegabile in base a ciò che accade nella realtà, con movimenti emozionali senza senso apparente. Il passato estraneo alla relazione genitori adottivi-figlio irrompe talvolta senza poter assumere una forma comprensibile. Questa esperienza implica per la coppia genitoriale un compito molto difficile da realizzare: saper tollerare il non sapere senza rinunciare al comprendere. È un compito dell'esistenza, che appartiene a tutti noi, ma che nell'adozione si ripropone continuamente, richiedendo un'eccezionale saggezza.

Essere capaci di contenere ed elaborare il lutto primario

La gravidanza e il parto permettono alla madre e al bambino di transitare dalla simbiosi biologica alla separazione, vitale perché permette di vivere. Il passaggio implica una situazione di perdita, che comporta sia per la madre che per il bambino il passaggio attraverso un lutto.

La ricerca: dalla sterilità alla genitorialità

Nel lavoro consultoriale, ci siamo poste parallelamente il compito di comprendere sia come si strutturavano le funzioni genitoriali nelle coppie che aspettavano un figlio biologico e in quelle che chiedevano e aspettavano di poter adottare un figlio, sia il ruolo delle rappresentazioni genitoriali del bambino nello strutturare la relazione parentale, e come l'arrivo del bambino venisse a modificarle.

La nostra casistica di quegli anni mostrava che il 78 per cento delle coppie che facevano domanda di adozione erano sterili e il restante 22 per cento avevano figli o esperienze di gravidanze interrotte (infertilità).

La ricerca è nata dalla necessità di conoscere come si strutturassero i processi rappresentativi e come il bambino immaginario risentisse della relazione di coppia e delle problematiche della sterilità. Avevamo osservato clinicamente in molte coppie sterili la presenza di meccanismi di funzionamento arcaici, dove le problematiche inerenti alla sfera della sessualità trovavano più spazio nel linguaggio del soma che in quello mentale.

La ricerca (Fava Vizziello, Antonioli e Volpe, 1994) ha implicato uno studio delle rappresentazioni rispetto al bambino del desiderio, a sé come donna o come uomo, al partner come moglie o come marito, a sé come madre o come padre e al partner come genitore.

Lo studio delle coppie implicava la conoscenza e l'approfondimento delle seguenti aree tematiche:

a) attraverso un'intervista semistrutturata (Ad-Mate-R, *ibid.*), la storia del processo adottivo sia individuale che di coppia, il bambino immaginario in relazione alla famiglia di origine, le capacità elaborative del processo adottivo, i cambiamenti nella relazione di coppia, i cambiamenti nella relazione con i propri genitori, i desideri, le paure, le aspettative per sé come futuro genitore e per il bambino come futuro figlio adottivo;

b) attraverso i colloqui individuali e di coppia sia psicologici che sociali, la valutazione della personalità, il tipo di relazione di coppia, il tipo di elaborazione della sterilità o infertilità, le dinamiche psicologiche sottese alla scelta adottiva, il tipo di relazioni con l'ambiente sociale, l'organizzazione della vita quotidiana e sociale, il tipo di relazione instaurata con gli operatori.

Generalmente lo studio si svolgeva nell'arco di alcuni (3-4) mesi e si concludeva con un'attenta restituzione alla coppia sulle eventuali problematiche emerse rispetto al progetto adottivo e sugli interventi necessari per affrontarle oppure sulla presenza di situazioni che potevano implicare rischi di sofferenza, anche elevata, per la coppia e per la futura famiglia adottiva.

La ricerca ha riguardato lo studio psicologico di trenta coppie, sterili o infertili, che avevano fatto domanda di adozione, afferenti ai due Consultori familiari in cui lavoravamo. Il materiale raccolto è stato analizzato da un punto di vista clinico, consentendoci di effettuare una ripartizione delle coppie partecipanti allo studio, individuate rispetto a una serie di parametri: il tipo di legame tra i partner, il tipo di legame con il mondo esterno e la dinamica nei confronti dell'équipe. I tre sottogruppi sono risultati prevalentemente caratterizzati come segue.

GRUPPO A ($N=11$)

Mobilità psicologica di coppia: bassa. Interna: molti anni di fidanzamento, molti anni di matrimonio prima della domanda adottiva, pur conoscendo la sterilità. Esterna: vita sociale povera o rigidamente stabile, difficoltà di autonomia dalle famiglie di origine anche allargate (tempo libero utilizzato in rapporti con le famiglie).

Funzionamento della coppia. Il legame interno è caratterizzato da valenze simbiotiche o da una tendenza accentuata di uno dei partner ad assumere un ruolo «materno» nei confronti dell'altro.

Tipo di relazione con gli operatori. Sono stereotipati nei ruoli, pertanto c'è poco pensiero di coppia, o non differenziato da quello personale. Tendono a una relazione rigidamente definita o verso l'opposizione o verso l'adesione passiva. Tendono a non sopportare la coppia degli operatori come coppia, facendo alleanze arcaiche con uno dei due: generalmente uno dei due operatori è vissuto come cattivo o persecutorio (la psicologa).

Tipo di relazione con il progetto adottivo. Il progetto non si modifica nel tempo dopo i colloqui.

La sterilità. Non è spesso chiarita dal punto di vista diagnostico e non c'è elaborazione del lutto. In queste coppie ci sono anche casi di infertilità intesi come aborti ripetuti soprattutto nei primi mesi di gravidanza. In entrambi i partner c'è prevalenza di difese arcaiche quali negazione, evitamento, pensiero magico, marcata idealizzazione.

GRUPPO B ($N=7$)

Mobilità di coppia: limitata ad alcune aree. Interna: fidanzamenti non lunghi, se non interrotti e poi ripresi. Esterna: buon funzionamento sociale; spesso esprimono un'immagine di coppia «adeguata e approvabile»; evidenziano tratti di conformismo.

Funzionamento della coppia. Il legame interno può essere caratterizzato da lotte di potere o da una funzione di reciproca protezione rispetto alle parti più fragili del Sé e alle aree individuali di sofferenza psicologica. Le coppie variano da un legame complementare a uno più arcaico che favorisce in certi momenti modalità di funzionamento di tipo simbiotico.

Tipo di relazione con gli operatori. Generalmente sono molto ansiosi, esprimono l'ostilità in modo ambivalente; nel tempo almeno uno dei due partner si mostra più mobile ed elabora psicologicamente molti dei contenuti emersi nel lavoro con l'équipe. Prevalgono meccanismi di pensiero quali proiezione, negazione, coazione, spostamento.

Tipo di relazione con il progetto adottivo. Le difese che la coppia mette in atto generalmente tendono a proteggere i genitori adottivi dall'intensa ostilità inconscia nei confronti del bambino (spesso queste persone sono bravi insegnanti, educatori). Generalmente, rispetto al progetto, uno dei due partner è più trainante e propositivo.

La sterilità. Generalmente è stata indagata, anche se hanno fatto fatica a fare le indagini e ad «andare fino in fondo». Molte coppie si sono sottoposte a più tentativi di inseminazione. Il lutto è parzialmente elaborato; a volte viene rielaborato durante lo studio. Se riescono a elaborare gli aspetti legati alla gravidanza e alla maternità e paternità, può avvenire il concepimento, sia dopo lo studio o dopo l'adozione di un bambino. Sono coppie con diagnosi sia di sterilità che di infertilità.

GRUPPO C ($N=12$)

Mobilità psicologica di coppia: alta o buona. Interna: hanno una «storia di coppia» in cui in genere realizzano altri progetti, come coppia o individuali, prima di giungere al progetto adottivo. Esterna: vita sociale buona ma non esasperata, buona rete familiare con autonomia dalle rispettive famiglie.

Funzione della coppia. Prevale un legame di reciprocità con autonomia individuale e buona integrazione dei ruoli. Le difese sono più evolute: razionalizzazione, spostamento, formazione reattiva, sublimazione.

Tipo di relazione con gli operatori. Nel tempo entrano in una relazione «fertile» con l'istituzione in genere; sentono la reciprocità, ma qualora ci siano difficoltà non mostrano tendenze masochistiche; esprimono più facilmente i limiti e gli aspetti depressivi.

Tipo di relazione con il progetto adottivo. Portano vissuti di ambivalenza, depressione. Il progetto si modifica nel tempo. In genere prima della domanda di adozione hanno avviato cambiamenti (o presupposti) rispetto alla loro organizzazione di vita.

La sterilità. È generalmente diagnosticata in modo chiaro; sono stati fatti tentativi di inseminazione, ma non coattivi. C'è sufficiente elaborazione del lutto.

Questi profili evidenziano una tipologia del legame di coppia, più orientato, nel gruppo A, a dinamiche di funzionamento arcaiche e pregenitali, nel gruppo B a dinamiche centrate prevalentemente sulle aree di evoluzione sessuale anale-genitale, nel gruppo C a dinamiche di funzionamento centrate sulla fase genitale.

Si è proceduto a un confronto crociato fra tutti e tre i gruppi rispetto a tutte le rappresentazioni studiate tramite lo strumento Ad-Mate-R: la rappresentazione del bambino nelle donne, la rappresentazione di sé come donna, la rappresentazione di sé come uomo, la rappresentazione del bambino negli uomini, la rappresentazione di sé come madre, la rappresentazione di sé come padre, per valutare come nei tre gruppi si strutturano le rappresentazioni, e se ci sono differenze che in qualche modo li caratterizzano su alcune dimensioni della rappresentazione. Si è inoltre utilizzato un precedente gruppo di controllo costituito da donne al settimo mese di gravidanza che avevano partecipato alla somministrazione della stessa intervista, e si è proceduto all'analisi delle differenze tra i profili delle rappresentazione del bambino nelle donne sterili della ricerca e nelle donne in gravidanza. L'analisi dei confronti è stata condotta utilizzando le medie dei profili percettivi ottenuti dalle coppie alle scale dell'intervista, alle quali è stato applicato il test del t di Student; in questa sede, tuttavia, non riporteremo i parametri statistici dei risultati ottenuti, ma piuttosto alcune riflessioni sugli aspetti più rilevanti da un punto di vista clinico.

Risultati

La rappresentazione del bambino

La rappresentazione del bambino nelle donne madri adottive confrontata tra i gruppi A e C si differenzia in modo statisticamente significativo per i seguenti aggettivi: *più difficile*, *poco intelligente*, *più distaccato*, *più invadente* e *malato* nel gruppo C. La rappresentazione non si differenzia nel confronto tra i gruppi B e C.

Si differenzia significativamente tra i gruppi A e B per gli aggettivi: *più pacifico*, *più intelligente*, *affettuoso* e *più fiducioso* nel gruppo A.

Il profilo percettivo del gruppo C tende a essere generalmente più vicino a un bambino al quale vengono riconosciute le caratteristiche proprie della sua esperienza di abbandono e deprivazione.

Le coppie del gruppo A portano invece l'immagine di un bambino idealizzato, descritto così come l'avrebbero desiderato nato da loro.

Le coppie del gruppo B portano l'immagine di un bambino parzialmente idealizzato.

La rappresentazione del bambino confrontata negli uomini dei tre gruppi è molto meno differenziata. Si nota una leggera differenza tra i gruppi A e C, nel senso di un bambino più deprivato nel gruppo C.

È interessante sottolineare che le rappresentazioni degli uomini non si differenziano particolarmente nei tre gruppi.

La rappresentazione di sé come donna

Nelle donne madri adottive la rappresentazione di sé come donna tra i gruppi A e C è differente in modo statisticamente significativo nei seguenti aggettivi: *più distaccata*, *più invadente*, *più malata* e *delusa* nel gruppo C, mentre tra i gruppi B e C non ci sono differenze significative.

Anche qui la rappresentazione assume aspetti più depressivi nel gruppo C. Ci sembra particolarmente interessante la rappresentazione di sé come donna nel gruppo A, che spesso nei protocolli appare utilizzare aggettivi in posizione più centrale sulle scale, quasi a volersi poco definire.

La rappresentazione di sé come uomo

Nel confronto tra i gruppi A e C non ci sono differenze significative, come anche nel confronto tra i gruppi B e C.

La rappresentazione di sé come madre

Nel confronto tra i gruppi A e C ci sono differenze statisticamente significative per gli aggettivi: *non affettuosa*, *insoddisfatta* e *ingiusta*, a sfavore del gruppo C.

Tra i gruppi A e B c'è differenza per gli aggettivi: *più sicura* e *giocosa* in A.

Appare generalmente una più marcata idealizzazione della funzione genitoriale nel gruppo A (confermata dai dati clinici).

La rappresentazione di sé come padre

Nel confronto tra i gruppi A e C è *più insicuro* e *impaziente*, e *ingiusto* nel gruppo C.

Nel confronto tra i gruppi A e B, il gruppo A si differenzia significativamente indicando il padre come *più accettante*.

Anche qui si conferma la tendenza a un'idealizzazione del ruolo genitoriale nel gruppo A.

Le rappresentazioni del bambino, di sé come donna e del marito come uomo tra donne sterili/infertili e gravide (7° mese)

Si è inoltre confrontato nell'intero gruppo delle donne sterili o infertili il profilo del bambino con il profilo di sé come donna e del marito come uomo, valutando eventuali correlazioni positive. È emerso come non accada ciò che avviene in gravidanza, dove la donna utilizza come matrici nella costruzione della rappresentazione del bambino le rappresentazioni di sé stessa e del marito. Nel gruppo di ricerca formato da donne sterili e infertili il bambino adottivo non è immaginato in base alla rappresentazione di sé e del proprio partner (non ci sono correlazioni positive).

Il bambino delle donne madri adottive rispetto a quello delle donne gravide è, in misura statisticamente significativa: *più brutto*, *più spento*, *più malato*, *più difficile*, *più passivo*, *più pauroso*.

L'immagine di sé come donna nel gruppo adottivo rispetto a quello delle donne gravide è: *più timida*, *accettante*, *affettuosa* e *non invadente*.

L'immagine di sé come madre adottiva è: *più accettante*, *disponibile*.

Riflessioni conclusive

Una prima importante osservazione emerge dai differenti risultati riscontrati, nei tre gruppi, nelle donne e negli uomini, come se l'intero processo immaginativo della coppia fosse profondamente differenziato in termini di genere sessuale. Il lavoro mentale che la coppia svolge prima e durante il periodo dello studio psicologico è molto più complesso e difficile di quello della coppia in attesa di un figlio naturale, in quanto il bambino non c'è nella realtà corporea della donna, né tanto meno può ancora nascere dalla rappresentazione che ognuno dei genitori ha di sé e del partner, come matrici non solo genetiche ma anche psicologiche.

Eppure sembra che le donne in generale, a seconda delle loro strutture mentali e del tipo di relazione di coppia, tendano a mettersi dentro al processo immaginativo dove il «corpo-gestante mancato» è un fantasma che anche nella sua «presenza-assenza» sembra catalizzare i processi immaginativi. Per gli uomini invece l'immaginario sul bambino è più distante da sé e dal mondo interno individuale e di coppia, e si dinamizza più intensamente con il bambino reale adottivo.

La nostra esperienza clinica ci conferma che subito dopo l'arrivo del bambino adottivo sono in genere le donne che si attivano intensamente e si mettono dentro la relazione; gli uomini proteggono la relazione e, nel tempo, a loro volta vi entrano sempre più, a meno che il bambino, soprattutto se grandicello, per problemi edipici non risolti e/o per maltrattamenti subiti soprattutto con la madre naturale e/o figure sostitutive femminili, non attivi subito intense seduzioni nei confronti del padre adottivo e intense fobie nei confronti della madre adottiva.

Se osserviamo la rappresentazione del bambino così come emerge dalle scale, dalle interviste e dai colloqui, notiamo una chiara differenziazione nei tre gruppi.

Nel gruppo A l'immagine che emerge è quella di un bambino idealizzato, descritto come l'hanno da sempre desiderato, con una connotazione totalmente positiva al limite del reale. È il bambino del desiderio protratto per anni, con cui hanno a lungo convissuto.

Annichiarico (1986) in una ricerca su un gruppo di 48 coppie sterili in attesa di un'inseminazione Fivet, così le descrive: «Queste persone hanno raggiunto una forma di equilibrio di coppia regolato dal figlio fantasma, il quale svolge una funzione omeostatica solo finché rimane al livello fantasmatico, e forse nel momento in cui diventa reale comincia a svolgere un'azione di disturbo (...) tutte queste coppie hanno molti anni di matrimonio alle spalle e hanno vissuto molti anni della loro vita insieme nell'attesa di un figlio che hanno continuato a desiderare anche quando hanno saputo che era impossibile averlo (...) il loro figlio è il loro figlio impossibile.»

Pensiamo quindi che nessun bambino reale potrà trovare spazio adeguato all'interno di queste coppie pseudo-genitoriali, poiché queste coppie corrono il rischio di non potersi separare dal figlio-fantasma per accogliere il bambino reale adottivo e permettergli di diventare il loro figlio.

Le coppie del gruppo B portano l'immagine di un bambino parzialmente idealizzato.

La rappresentazione del bambino nel gruppo C tende invece a essere vicina a un bambino al quale vengono riconosciute le caratteristiche proprie della sua esperienza di abbandono e deprivazione.

Generalmente i tre gruppi confermano che il lavoro mentale delle rappresentazioni è più o meno facilitato dalla struttura di coppia.

Più la coppia è indifferenziata, meno spazio mentale c'è per il terzo, il figlio. Le coppie che presentano un funzionamento più arcaico non possono passare attraverso la depressione conseguente alla mancanza di un bambino da loro procreato, e utilizzano una marcata idealizzazione del bambino.

L'adozione di un bambino, quindi, comporta in ogni caso la necessità di uno spazio mentale individuale e di coppia che possa accoglierlo e riconoscergli una realtà interna. La coppia, attraverso la capacità di mobilizzarsi plasticamente, potrà aiutarlo, nei suoi momenti sia regressivi che evolutivi, a riparare progressivamente le ferite dell'abbandono.

Il gruppo C, che, tra le altre caratteristiche, si dispone più dinamicamente ad accogliere le sofferenze del bambino adottivo, è a nostro parere il tipo di coppia che più facilmente potrà instaurare una relazione «feconda» con il «figlio» adottivo.

Questo bambino immaginario, «fragile, carente nell'affetto, nella salute, triste», diventa frequentemente il bambino sul quale i genitori adottivi proiettano il desiderio di fare qualcosa in più rispetto ai genitori che concepiscono un bambino sano.

Qui si fonda quel processo fondamentale nella relazione adottiva che nasce dalle potenzialità riparatorie dei genitori adottivi.

Un bambino indifeso, che ha bisogno di cure, è il bambino che potrà dipendere per un certo tempo anzitutto dalla madre adottiva, e poi dalla coppia, anche se non è piccolo di età. È quindi il bambino che nella relazione iniziale con i genitori adottivi permette subito di attivare un modello genitoriale che è quello della madre con il neonato e del padre con il bambino nella prima infanzia: una relazione, cioè, di crescita psicologica attraverso la dipendenza affettiva.

Riflessioni per una metodologia dello studio di coppia

La consultazione ai fini della valutazione dell'idoneità adottiva è un compito molto complesso che richiede professionalità e specializzazione, anche alla luce delle nuove esigenze e dei cambiamenti culturali, sociali e legislativi. In un arco di tempo molto breve, quattro mesi, definito per disposizione legislativa, agli operatori è richiesto di delineare il profilo di una futura famiglia e assumersi quindi un'estesa responsabilità verso i bambini e le coppie, ma anche verso le istituzioni. Le procedure amministrative, i colloqui, l'attesa, i viaggi rappresentano per la coppia l'inizio di un processo in cui può cominciare a svilupparsi la genitorialità. In seguito tutto il periodo persisterà nella memoria dei genitori e dunque nella storia del bambino e della sua famiglia.

Certamente le coppie non chiedono di essere sottoposte a una prova da sforzo psicologico, ma un figlio, e la consultazione imposta per legge, con tutti i risvolti transferali e controtransferali che ne derivano, rende molto fragile la motivazione a sottoporsi allo studio. Il lavoro psicologico, se non adeguatamente impostato, può essere vissuto in modo molto persecutorio proprio da quelle coppie che desiderano evitare nella mente ciò che il soma manifesta sintomatologicamente.

Riteniamo importante fin dal primo incontro, dopo aver accolto la domanda della coppia, concordare un vero e proprio «contratto» per definire il senso dello studio e soprattutto le sue implicazione protettive per il bambino e per il futuro stesso della coppia e della famiglia. È altresì molto importante fissare una serie di incontri che abbiano un ritmo costante e permettano quindi alla coppia di potersi proiettare nel tempo e in uno spazio definito. La restituzione di ciò che si comprende, progressiva e centrata sugli aspetti che è necessario affrontare nel percorso adottivo, pone particolare attenzione proprio alle funzioni genitoriali riparative.

Riteniamo che un setting chiaro e predefinito sia un contenitore meno persecutorio, spesso anzi rassicurante, in un contesto individuale, familiare e sociale così pieno di incertezze come è quello dell'adozione.

La restituzione finale sarà quindi frutto di un processo atteso nelle sue conclusioni, laddove ciò sia possibile.

Gli operatori tenderanno a far sì che la coppia sia messa in condizione di potersi interrogare su come affrontare il problema tra desiderio e realtà dell'adozione, quanto e come il bambino adottivo con le sue problematiche possa essere accolto, anche dalla famiglia allargata. I futuri genitori potranno chiedersi su quali risorse interne ed esterne sentono di poter contare per affrontare dinamicamente le funzioni riparative, ma anche quali sono i limiti da dare al proprio progetto adottivo, o se tale progetto sia da rinviare per affrontare prioritariamente alcune problematiche, individuali e/o di coppia, che potrebbero impedire loro di sostenere le difficoltà dell'adozione.

Tutto l'iter di consultazione è un'esperienza emotivamente impegnativa, quasi la rappresentazione simbolica della frustrazione e della difficoltà, e permette agli operatori di osservare le risorse della coppia nell'affrontare situazioni problematiche. Durante tutto l'iter di consultazione la coppia viene accompagnata alla comprensione delle problematiche della genitorialità, in particolare adottiva, e ciò può implicare il prendere contatto con parti di sé dolorose o aspetti della propria vita che riemergono faticosamente dal gioco delle conflittualità adolescenziali o con le figure genitoriali interiorizzate. È molto difficile accompagnare la coppia a comprendere che il figlio adottivo, con i suoi funzionamenti abbandonici, in particolare con l'espressione dell'aggressività rivolta a sé o a loro, potrà rivegliare le loro conflittualità irrisolte, e molte volte toccherà proprio ferite non curate del loro mondo interno, individuale e di coppia.

Riteniamo che la compresenza di due professionisti – assistente sociale e psicologo – permetta di affrontare le problematiche sia del mondo interno che del mondo esterno relative all'adozione nazionale o internazionale, ma anche di osservare, attraverso il gioco delle identificazioni crociate, la coppia in rapporto al terzo, sia come terzo-singola persona che come terzo-coppia.

Nella nostra organizzazione, l'assistente sociale, raccoglie tutte le informazioni sulla vita passata e attuale del singolo e della coppia, soffermandosi soprattutto sulla situazione attuale con riferimento agli aspetti sia familiari che sociali che sono importanti per la vita di un bambino: le relazioni con le famiglie d'origine, lo stile di vita, l'inserimento nell'habitat di riferimento, la situazione lavorativa ed economica, le strutture sociali e sanitarie per l'infanzia presenti nel territorio, l'organizzazione e gestione del tempo libero, i cambiamenti previsti dopo l'arrivo del bambino.

Lo psicologo approfondisce l'evoluzione della storia individuale e di coppia, anche avvalendosi dell'anamnesi sociale, tramite colloqui clinici, individuali e/o di coppia, focalizzati sulle tappe considerate più significative rispetto alle funzioni genitoriali adottive: le separazioni, i lutti, le crisi evolutive, in special modo l'adolescenza, la relazione con i propri genitori, fratelli, nonni, la sessualità. I colloqui clinici sono significativi momenti di incontro in cui ascoltare, dare spazio al pensiero dell'altro e alle proiezioni, attivare una dimensione mentale e relazionale, chiarire il bisogno e i nodi conflittuali, favorire una comunicazione empatica.

Pensiamo che lo studio di coppia vada svolto sia in momenti individuali, dove possa essere conosciuta la persona nella sua individualità, che in momenti di coppia. Riteniamo che la presenza di una coppia professionale possa favorire le dinamiche elaborative della coppia.

Una ricerca condotta nel 1999 dalla Regione Veneto evidenziava come nei Consultori familiari durante gli studi psicologici e sociali dell'adozione fossero utilizzati incontri individuali e di coppia nel 58,65 per cento dei Consultori, e nel 17,30 per cento anche incontri di gruppo. Per il 18,26 per cento dei Consultori gli incontri avvenivano sempre solo in coppia e/o in gruppo.

Lo studio di coppia è inteso a favorire una tutela del bambino rispetto alle qualità specifiche della famiglia adottiva che può accoglierlo, e ha anche una finalità di prevenzione dei fallimenti adottivi o di intense e rilevanti sofferenze della famiglia adottiva, in quanto riferimento fondante dell'abbinamento di un bambino e di una coppia.

Pur sottolineando come prioritario il contesto istituzionale e professionale in cui è inserito lo studio psicologico e sociale di valutazione delle capacità adottive, pensiamo che alcune aree tematiche debbano ricevere una particolare attenzione anche rispetto alle richieste descrittive del rapporto per l'Autorità giudiziaria e per gli Enti autorizzati:

1) Aspetti di struttura di personalità e modalità di gestione dei conflitti e delle situazioni di crisi e di separazione.

2) Modalità per affrontare le situazioni problematiche e stressanti (specialmente la genitorialità e l'iter adottivo).

3) Superamento della rigidità organizzativa della coppia, dei processi di idealizzazione e consapevolezza di sé; possibilità di usare gli aspetti adulti della mente, e in particolare il metapensiero.

4) Recupero della funzionalità somatica e della rappresentazione psichica di sé, nella sua integrazione con le relazioni sociali.

5) Malattie recenti o croniche e morti.

6) Transgenitorialità e ruoli dei nonni.

7) Rete sociale di riferimento e collocazione della coppia/famiglia al suo interno.

8) Inserimento nel contesto socioculturale, con particolare attenzione alla cultura dei bambini, alla tolleranza al diverso, al supporto dei Servizi e al sostegno familiare.

9) Conoscenza psicologica dei figli, se presenti, soprattutto rispetto alla scelta adottiva e alle implicazioni per loro.

10) Capacità d'introspezione e di riflessione, capacità di affrontare e rielaborare esperienze e di sapersi dinamicamente adattare ai cambiamenti.

11) Capacità di assumere il ruolo genitoriale con competenze educative di guida e di responsabilità.

La relazione psicologica e sociale

Un importante momento nello studio di una coppia è la relazione che i professionisti inviano al Tribunale per i Minori, che ha l'incarico di rilasciare l'idoneità all'adozione e che, nel caso dell'adozione internazionale, verrà poi utilizzata dagli Enti autorizzati per l'abbinamento.

La relazione ha quindi due obiettivi principali: evidenziare eventuali controindicazioni all'adozione, fornendone le motivazioni specifiche, e fare una dettagliata descrizione della coppia dal punto di vista sia sociale che psicologico, in modo da favorire l'abbinamento da parte dei Servizi. L'attuale orientamento delle autorità centrali che accolgono le richieste di adozione è quello di poter disporre di due relazioni distinte: quella del Servizio sociale e quella dello psicologo. La tradizione italiana dei Servizi sociali e sociosanitari è caratterizzata da due modalità: due relazioni separate fatte dall'assistente sociale e dallo psicologo, oppure un'unica relazione confermata che integra le parti sociale e psicologica.

Diventa essenziale e prioritaria, in ogni relazione, la descrizione delle modalità con cui si è proceduto allo studio e dei criteri teorici di riferimento.

Ci sembra particolarmente interessante la proposta del Servizio Sociale Internazionale, ma altrettanto quella della Regione Toscana (AA.VV., 2000a; Grimaldi, 1996).

Pensiamo che il problema centrale della relazione sia quello di poter utilizzare un linguaggio che, pur riferendosi ad aspetti dello specifico professionale, non devii verso terminologie che appartengono piuttosto al lavoro clinico e psicoterapeutico, e renda comprensibili anche a non specialisti i contenuti emersi.

Qualche anno fa siamo state chiamate dal Tribunale per i Minori per collaborare con il giudice onorario ad alcuni abbinamenti, in quanto alcune volte avevamo seguito il bambino, altre volte avevamo valutato la coppia. Quell'esperienza ci è stata incredibilmente utile per comprendere come sia importante permettere all'altro di farsi un quadro dettagliato della situazione del minore e delle capacità genitoriali della coppia, al fine di poter pensare a un abbinamento adeguato. Potrebbe essere, a nostro avviso, alla base di un percorso formativo per gli operatori dei Servizi, nell'obiettivo di riuscire a elaborare una relazione comprensibile e giuridicamente corretta.

Il linguaggio non chiaro e i contenuti della relazione non adeguatamente supportati da osservazioni sono frequentemente all'origine di incomprensioni e disfunzioni comunicative tra gli organi giudiziari e l'équipe degli operatori che hanno svolto lo studio.

La grande difficoltà insita in tutto il percorso adottivo sta nella messa in rete di figure professionali differenti (psicologi e assistenti sociali, giudici togati e giudici onorari, consulenti tecnici) e appartenenti a istituzioni diverse (Servizi sociosanitari, Enti autorizzati e Tribunali per i Minori), che si trovano a dover affrontare con compiti differenti aspetti personali della coppia in relazione al progetto genitoriale: gli operatori dei Servizi hanno la funzione di dare limiti e realtà fattibile al progetto, i magistrati devono giudicare se esistono i requisiti per la dichiarazione di idoneità, e i professionisti degli Enti autorizzati hanno la funzione di favorire buoni abbinamenti.

Risulta imprescindibile una preparazione interdisciplinare in cui si raggiunga un linguaggio comprensibile e chiaro che non dia luogo ad alleanze e scissioni ma permetta apertura e confronto di idee, perché la ricerca incrementi competenza e produca cultura. La sfida dell'integrazione di saperi diversi, senza priorità e confusioni o invasioni di campo, è in fondo la rappresentazione dell'ineludibile complessità umana nella ricerca della propria autenticità in un mondo, quello dell'adozione, in cui è fondamentale riuscire a fare i conti con l'estraneo al fine d'inserirlo in un intreccio di storie di pari importanza e dignità, a cui ognuno senta di appartenere.

Capitolo 3

Le scelte per la tutela del minore di fronte alle genitorialità difficili

Graziella Fava Vizziello, Maria Rita Colucci e Giuseppe Disnan

Di fronte alle genitorialità difficili si pone il problema della tutela del minore

La percezione del momento e della gravità dell'inadeguatezza genitoriale è ampiamente determinata dalla situazione di contesto e dalla cultura, così come dalle modalità operative e organizzative dei Servizi. Ciò significa che ampio spazio è dato alla discrezionalità individuale nelle decisioni relative agli interventi e nella valutazione del rischio in cui il bambino viene a trovarsi quando i genitori vivono situazioni problematiche.

Complessa è infatti la valutazione del momento in cui la disfunzionalità genitoriale aumenta rispetto ai problemi di un determinato appuntamento evolutivo del figlio, complesso è l'accertamento della gamma delle modalità di espressione della disfunzione dei genitori e delle possibili figure sostitutive e/o di sostegno.

Molto spesso si viene a conoscere la problematica genitoriale in occasione di agiti o eventi che rendono pubblico un precario andamento familiare già esistente da lungo tempo. Fondamentalmente, facciamo riferimento a due aspetti della genitorialità relativi a traumi fisici o psichici nei confronti del bambino, in genere ripetuti, o a situazioni carenziate di particolare gravità, nuovamente sul piano fisico o psichico.

L'operatore che viene a conoscenza di comportamenti a danno di un minore è inevitabilmente soggetto a modalità ideologiche di lettura della situazione, a valutazioni di ordine morale, a prese di posizione a favore della vittima o presunta tale, a istanze riparatorie immediate e, quindi, a una tendenza impellente all'agito.

Oltre a ciò, la normativa di legge che impone di denunciare qualsiasi situazione in cui il minore è in stato di pericolo si presta a eccessi di zelo, laddove gli eventi traumatici entrano in particolare collusione con problematiche dell'operatore e del Servizio. Queste premesse, solo per dire quanto sia difficile operare in questo campo.

L'adozione può essere vista, a seconda dei casi, come la situazione più adeguata, in quanto sostituendo genitori «buoni» a quelli «cattivi» si eliminerebbe ogni tipo di problema. A questo mito si contrappone il suo opposto, per cui la permanenza nella famiglia naturale sarebbe comunque preferibile a qualsiasi altra scelta, e quindi sarebbe necessario attivare ogni possibile risorsa per supportare la famiglia stessa.

In effetti, siamo davanti a scelte tutt'altro che semplici e risolvibili sul piano dicotomico in tempo breve, nonostante siano definiti con chiarezza gli istituti cui è possibile far ricorso, anche dal punto di vista legale.

La valutazione di totale irrecuperabilità delle capacità genitoriali e il ricorso alla decadenza della patria potestà danno luogo alla dichiarazione dello stato di adottabilità del minore e, conseguentemente, all'adozione.

La presunzione di recuperabilità della genitorialità dà invece luogo al ricorso all'affido familiare o alla collocazione in comunità, ognuna di queste con caratteristiche molto particolari.

La linea di demarcazione tra parziale e totale recuperabilità è estremamente labile.

La valutazione

La valutazione è funzione dei Servizi nell'ottica di un *bilancio delle risorse attuali e del tipo di cambiamento possibile*, e le decisioni conseguenti possono essere amministrative o giudiziarie. Quindi, in tutte le decisioni giudiziarie entra l'istanza del Tribunale per i Minori, la cui logica di funzionamento si è molto modificata in questi ultimi anni ma, spesso, si trova in opposizione con quella dei Servizi e talora con quella dello stesso Tribunale Ordinario.

In particolare, quanto più il Tribunale per i Minori si avvicina all'ottica dei Servizi sociosanitari, tanto più si allontana da quella del Tribunale Ordinario e viceversa, nella misura in cui il primo è più sensibile alla tutela del minore, il secondo a quella degli adulti, che non di rado, in queste circostanze, risultano contrapposte.

Qualsiasi operatore che abbia lavorato in queste situazioni complesse, sulle quali spesso intervengono assistenti sociali, psicologi, psichiatri, neuropsichiatri infantili, giudici, avvocati che fanno capo a istituzioni e Servizi con profonde differenze nell'ideologia e nella prassi, conosce bene i cambiamenti di rotta che caratterizzano il processo valutativo ai fini di un programma di intervento, così come conosce le incoerenze, le sorprese spesso negative, ma talvolta anche positive, da parte dei protagonisti della situazione.

Cercheremo, quindi, di evidenziare elementi e fattori che devono essere presi in considerazione, ma puntualizzando fin da ora che:

a) la loro sintesi può essere profondamente diversa a seconda della situazione contestuale in cui ci si trova a operare;

b) abbiamo sempre la necessità di prendere in considerazione sia la situazione di rischio sia il suo rapporto con l'eventuale situazione di tutela, non solo nei parametri di realtà, ma anche negli aspetti più profondi di possibilità di lutto rispetto alla separazione dai genitori disfunzionali;
c) il tempo necessario per orientarsi in queste valutazioni può essere molto variabile, in quanto la parte essenziale di esse consiste nel riconoscere le possibilità di un cambiamento, nonostante gli eventi prodottisi, ma soprattutto la loro pubblicizzazione, che in genere induce un totale cambiamento della rete relazionale di tutta quanta la famiglia a rischio.

La segnalazione alla magistratura minorile, spesso con una sorprendente discrepanza tra la gravità della segnalazione e il suo contenuto (episodio di abbandono, trascuratezza scolastica, sospetto abuso sessuale, quadro pediatrico sospetto ecc.), è solo il detonatore rispetto all'effettiva gravità della situazione del minore in rapporto ai genitori e dell'urgenza dei provvedimenti.

La valutazione in questi casi non è mai solo individuale, ma è prevalentemente su funzioni relazionali. Non può venire peraltro eseguita attraverso l'esame psicologico e/o psichiatrico tradizionale del genitore in quanto persona. La funzione genitoriale è la risultante dell'intersecarsi della capacità di accudire, proteggere, amare del singolo genitore, con quelle corrispettive dell'eventuale partner, con la qualità della relazione di coppia, con i fattori di contesto, con le caratteristiche stesse del bambino: e tutto ciò va considerato in modo unitario e proiettato nel futuro.

L'aspetto della futurizzazione evolutiva di tutta la situazione è, senza dubbio, uno dei compiti più difficili per gli operatori, in quanto, in genere, queste famiglie vivono nel presente, in cui fanno agiti continui, oppure in situazioni di investimenti reciproci talmente poveri da non dare spazio alla costruzione, da parte dell'operatore, di possibili organizzazioni di sviluppo. Possono arrivare per i problemi più svariati, come una non-frequenza o un insuccesso scolastico, una trascuratezza nell'igiene e nell'abbigliamento segnalata, in genere, da personale educativo, per un cambiamento della presenza in famiglia di uno dei genitori, per un ricovero del caregiver in comunità terapeutica o in Servizi sanitari, per forme vere e proprie di abbandono o di maltrattamento.

L'iter valutativo può avvenire su richiesta del Tribunale per i Minori o per iniziativa dei genitori, e implica sempre un allargamento dello studio a tutti coloro che realmente o potenzialmente si occupano del minore, alla loro disponibilità a continuare a farlo e alle modalità con cui svolgono questa funzione, da soli o in sinergia con altre persone del nucleo familiare.

Tale iter ha come obiettivo specifico quello di rispondere a un quesito concernente il recupero delle capacità genitoriali e le condizioni in cui questo risulta possibile; in rapporto a tale risposta si definiscono gli istituti da attivare e la loro eventuale successione nel tempo. Anche questo abbinamento non è, peraltro, automatico, ma tiene conto di condizioni e valutazioni di vario

genere. Per parlare di *recuperabilità* dobbiamo appellarci a un insieme di criteri e di limiti che sono molto diversi caso per caso, ma comunque legati alla presenza di alcune risorse nei genitori:
a) riconoscimento dell'esistenza del problema;
b) sentirsi personalmente implicati nel problema stesso;
c) essere in grado di compiere, in relazione al processo della valutazione progressiva, cambiamenti anche minimi che riescano a stabilizzarsi;
d) capacità di stabilire un legame di alleanza con almeno uno degli operatori, in una relazione di sostegno-dipendenza-controllo;
e) capacità di percepire lo svolgersi di un processo anche in presenza di blocchi, fallimenti e/o regressioni temporanee, in presenza di tempi adeguati di elaborazione e grazie alla trasformazione di una relazione spesso inizialmente persecutoria o rivendicante con il Servizio, in una sufficientemente collaborativa.

Resta inteso che la valutazione delle capacità genitoriali non può in alcun modo prescindere dalle caratteristiche e dai bisogni di quel bambino, che può richiedere la messa in atto di competenze, risorse e disponibilità che non sono immediatamente accessibili a ogni genitore.

L'adozione italiana riguarda quei minori per i quali il recupero della relazione con la famiglia di origine non è ritenuto possibile.

Distinguiamo la tutela perinatale del bambino dai provvedimenti nelle altre età.

Ci troviamo infatti in una fase in cui la relazione genitore-bambino è maggiormente organizzata sul piano fantasmatico rispetto al piano di realtà e in cui, pur nella facilità di ambivalenze e ripensamenti, vi può essere un rifiuto attivo (abbandono, non-riconoscimento legale, tentativo di infanticidio) o passivo (negligenza o maltrattamento) verso il bambino. In queste situazioni, il ricorso alla dichiarazione di stato di adottabilità del bambino è spesso una *misura d'urgenza*, ma implica ugualmente la necessità di una presa in carico del genitore per favorire, nonostante tutto, il livello di elaborazione possibile di quanto è avvenuto, al fine di dimensionare i possibili effetti su successive gravidanze.

Più tempo trascorre dalla nascita, più decisioni di questo genere diventano difficili da prendere e richiedono un'elaborazione maggiore, per i legami che si sono stabiliti e per l'interrelazione del bambino con la famiglia.

Questo rifiuto può essere legato talvolta alla gravità della situazione psicofisica del bambino, che sgomenta i genitori, i quali possono richiedere di non attuare misure terapeutiche particolari nei suoi confronti, oppure a particolari condizioni di immaturità o difficoltà di genitori tossicodipendenti o deliranti o, più semplicemente, a intollerabili attacchi alla propria identità per situazioni socioculturali.

La pesante esibizione del rifiuto passivo è invece da collegare a genitorialità di tipo narcisistico perverso, o gravemente depressivo, fortemente instabili e incapaci di mantenere un legame (Fava Vizziello, Disnan e Colucci, 1991). In queste situazioni manca spesso la coscienza del problema, e si rischia di ricadere nello stereotipo dei Servizi che portano via i bambini. Comunque, resta spesso negli operatori il dubbio che avrebbero potuto fare qualcosa di più o di diverso per facilitare un processo di attaccamento.

Queste situazioni si pongono, in particolare, per le madri o per i genitori tossicodipendenti, potenzialmente in grado di gestire i figli, spesso molto desiderati, ma eccessivamente idealizzati per le loro qualità terapeutiche verso i genitori stessi. Dato il fiorire di comunità terapeutiche di accoglienza madre-bambino o genitori-bambino, la valutazione della recuperabilità di genitori ancora in fase di tossicodipendenza attiva non è né semplice né sicura (vedi Fava Vizziello e Stocco, 1997). In diverse situazioni viene deciso di far convivere i genitori con il bambino, e dopo qualche tempo ci si accorge delle difficoltà di gestione del bambino da parte talora della madre talora del padre, e si è obbligati a fare un difficilissimo lavoro di allontanamento, dopo aver investito e spinto nel senso della creazione del legame. Questo è un indice di quanto non sempre sia possibile valutare e decidere a priori l'iter, e nella nostra esperienza abbiamo avuto sorprese in positivo e in negativo. Ciò ci porta a pensare che, quando si intraprendono percorsi del genere, è necessario che vengano messe a disposizione del bambino figure di riferimento che possano vicariare o integrare la disponibilità dei genitori naturali, e la fattibilità del programma dev'essere valutata sulla base di queste presenze più che sulle nostre sole capacità predittive della recuperabilità genitoriale.

Altre indicazioni per l'adozione in fase tardiva sono più limitate a situazioni di gravità rilevante, sia per la disgregazione del nucleo familiare, con la permanenza come caregiver di un genitore totalmente inadeguato, sia per decessi.

Si tratta quindi in ogni caso di accompagnare il minore nell'elaborazione di un lutto fantasmatico e/o reale, fino a quando le risorse di attaccamento e identificazione sono ancora attive e rendono possibile la costruzione di legami genitoriali alternativi.

Quale sia il limite di questa età è di difficile definizione. Certamente, come vedremo nei capitoli 21-23, legami sufficientemente buoni si sono stabiliti fino ai dodici-tredici anni in adozioni internazionali. Ciò nonostante, con le adozioni di bambini italiani si pone un problema di opportunità rispetto all'istituto a cui far riferimento, e in particolare ci si chiede se, restando nella stessa cultura e avendo a disposizione collegi, comunità o focolari, non sia preferibile, già verso la fine della fase di latenza, la scelta di ambienti meno costrittivi rispetto alla rimessa in questione dell'elaborazione del lutto dei genitori biologici. Questi affidi alla comunità avrebbero allora la funzione di aiutare a modificare il mondo interno del ragazzo attraverso la nuova rete di interazioni con coetanei, prima ancora che con adulti significativi, dando al minore una scelta più vasta rispetto alle possibili strade da percorrere per elaborare lutti e traumi e raggiungere un proprio equilibrio.

Queste comunità di accoglienza del minore, talvolta comunità di accoglienza di urgenza del minore con uno dei due genitori, in genere la madre, hanno comunque la funzione fondamentale di lasciare un tempo per la valutazione prima dell'ingresso in un programma condiviso.

Naturalmente, la proposta di un affido familiare o extrafamiliare, parziale o totale, è sempre presente anche di fronte alle genitorialità più inadeguate, verso le quali alcuni operatori hanno la sensazione di potere svolgere un lavoro terapeutico-educativo che possa permettere una ripresa della relazione con il bambino. Fondamentale è che si sia in grado di fare un progetto anche temporale della durata dell'affido a questo scopo e delle condizioni attraverso le quali sostenerlo, spesso estremamente dispendiose, sia in termini puramente economici, sia in termini di difficoltà di intervento, per i rischi di pericolosi agiti, di incidenti di percorso, di grave aggressività nei riguardi degli operatori stessi e, soprattutto, di perdita di una finalizzazione organizzata dell'intervento.

Caratteristico di queste situazioni di affido, parziali o totali, è il precario equilibrio che viene a stabilirsi, in quanto sono due i nuclei familiari che hanno necessità di modificarsi contemporaneamente, e in qualche modo in maniera sincrona.

In particolare, spesso alla famiglia affidataria viene richiesto un compito ai limiti dell'impossibile: creare legami stabili con un bambino che ha grandi richieste, essere accettante verso i genitori biologici che lo hanno «reso difficile» ed essere, contemporaneamente, disponibile a preparare in tempi relativamente brevi la separazione necessaria.

L'impossibilità, stabilita dalla legge, di trasformare l'affido in adozione diventa particolarmente pesante in quei casi in cui, col tempo, la recuperabilità della famiglia biologica si dimostra inattuabile e il bambino sembra trovare nella famiglia affidataria le risposte ai suoi bisogni.

La rottura ulteriore, richiesta al bambino, dei legami affettivi con la famiglia affidataria diventa un handicap per altri possibili legami futuri.

Parte seconda

Strumenti a disposizione del clinico e del ricercatore

Capitolo 4

La valutazione delle rappresentazioni genitoriali

Graziella Fava Vizziello e Giovanni Barbiero

Da anni, ormai, lo studio degli aspetti più o meno adattativi della funzione genitoriale nel suo farsi a partire dalla gravidanza lungo tutto lo sviluppo del bambino si è dotato di uno strumento particolarmente sensibile che sembra fornire molteplici indicatori per la comprensione e l'intervento sulla dinamicità del mondo interno dei genitori durante l'attesa e nei mesi successivi alla nascita. Tale strumento è un'intervista semistrutturata (intervista Mate-R, Fava Vizziello e Invernizzi, 1997), che viene somministrata separatamente ai genitori in momenti di particolare importanza nello sviluppo delle rappresentazioni legate alla genitorialità; di essa esistono diverse versioni utilizzate dal nostro gruppo di ricerca, anche se in questa sede descriveremo approfonditamente quella ideata per i genitori adottivi (intervista Ad-Mate-R, Fava Vizziello, Antonioli e Volpe, 1994). Si tratta di un'intervista semistrutturata proposta ai genitori separatamente, con una durata di un'ora e mezza circa. L'intervista esplora il modo in cui il genitore organizza la propria esperienza, personale e interattiva, in una struttura narrativa.

1) La prima parte dell'intervista consiste in una serie di domande relative alla rappresentazione del bambino desiderato, di sé come genitore e del/della partner come padre/madre, alla rappresentazione di sé e del/della partner come uomo/donna, del genitore dello stesso sesso in riferimento alla propria infanzia; le somiglianze familiari del bambino, i cambiamenti relazionali, il ruolo di eventi importanti nella storia del percorso adottivo, l'influenza del passato sul presente, desideri e paure riferiti al bambino e a sé come genitore.

2) La seconda parte è un compito grafico in cui vengono chieste ai genitori una serie di descrizioni assegnando un punteggio a una serie di diciassette coppie di aggettivi antitetici presentati su una scala bipolare tipo Likert, con la tecnica del differenziale semantico; è possibile ottenere una sorta di «profilo percettivo» sui diversi aspetti della rappresentazione indagati. Domande aperte e descrizioni percettive consentono uno studio complementare della

genitorialità individuale e di coppia così come si organizza nel momento stesso in cui è vissuta; permettono, soprattutto, di osservare quale «forma» assume la rappresentazione del bambino e di sé come genitore, e se ci sono processi di idealizzazione relativi al partner, ai propri genitori e al bambino. Tutto ciò avviene confrontando in modo veloce e potenzialmente obiettivo rappresentazioni reciproche sul materiale fornito direttamente dalla coppia. Lo strumento consente inoltre l'osservazione della relazione con la famiglia allargata, i movimenti più o meno rigidi e inaspettati e i possibili cambiamenti nel gioco familiare dovuti all'arrivo del bambino.

La lettura e la decodifica dell'intervista Ad-Mate-R sono favorite da un primo training formativo, ma sono originalmente legate all'esperienza degli operatori che decidono di applicarla. La lettura si articola su due livelli:

1) Al *livello rappresentativo* si situano i processi di pensiero consapevoli; i profili percettivi sulle scale bipolari permettono di indagare il grado dell'elaborazione operata dal soggetto sulle proprie rappresentazioni. La lettura a questo livello è basata sulla percezione esplicitata attraverso due tipi di scale, uno riguardante la persona come tale e l'altro riguardante la sua funzione genitoriale.

2) Al *livello narrativo*, attraverso domande aperte vengono maggiormente mobilitate dinamiche proiettive, per quanto socialmente modulate; esso viene studiato *a*) attraverso le dimensioni delle rappresentazioni, libere da contenuto; attraverso l'analisi del «tema narrativo» relativo alla rappresentazione dei genitori del bambino e alla funzione genitoriale. Vengono infatti individuati per ogni soggetto: *a*) il tema verbalizzato dal genitore in riferimento al bambino (esempio: bambino-dono) e a sé come genitore (esempio: madre/non ancora madre); *b*) il tema «controtransferale», sempre in riferimento al bambino e a sé come genitore, come è emerso dalla nostra sintesi clinica in seguito

Tabella 4.1
Profili percettivi

Scale di personalità	
Intervista R-madre	Intervista R-padre
S1) Profilo del bambino	S1) Profilo del bambino
S2) Profilo di sé come donna	S2) Profilo di sé come uomo
S3) Profilo del partner come uomo	S3) Profilo della partner come donna
Scale relative alla funzione genitoriale	
Intervista R-madre	Intervista R-padre
S4) Profilo di sé come madre	S4) Profilo di sé come padre
S5) Profilo del partner come padre	S5) Profilo della partner come madre
S6) Profilo della propria madre	S6) Profilo del proprio padre

alla discussione in gruppo di ogni intervista, cercando di volta in volta un accordo tra gli operatori che non avevano preso parte alla somministrazione dell'intervista e coloro che, avendola somministrata, avevano già delineato i temi. In questo modo si sono identificate quattro modalità di organizzazione dei temi narrativi, che abbiamo chiamato «organizzazioni tematiche» (organizzazione di desiderio, organizzazione di difesa, organizzazione di paura, assenza di organizzazione) e che danno il senso di quale ruolo – ora riparativo, ora conservativo, ora ambivalente, o ancora assente – svolge il bambino desiderato o reale nello psichismo del genitore e nelle dinamiche di coppia, e aiuta gli operatori nel rispondere a domande del tipo: «Chi è la madre che mi trovo di fronte?», «Che cosa rappresenta il bambino per il padre?», «A che cosa potrebbe servire il bambino all'interno della coppia o nella trama con la famiglia d'origine?», e ancora: «Che storia potrebbe portare il genitore tra sette mesi, un anno, due anni, riguardo a sé stesso, al bambino, al partner?» Tutto l'impegno nella lettura dell'intervista deve essere rivolto alla comprensione del cambiamento, più che dei suoi aspetti statici.

Molto interessante è infatti la possibilità di ri-somministrare le scale (in pochi minuti) dopo l'arrivo del bambino o in occasione di una seconda adozione o, ancora, davanti a una sopravvenuta gravidanza biologica.

Nel contesto della supervisione, intesa come momento di formazione, discussione e ripensamento sui casi, oltre che come spazio mentale per decodificare la casistica in arrivo, questo strumento ha suscitato nel gruppo le più svariate reazioni: diffidenza, innamoramento o critica, giungendo infine a un apprezzamento generale dovuto alla facilità di applicazione, oltre che alla grande quantità di informazioni reperite in poco tempo.

Questo approccio allo studio della coppia adottiva permette di riconsiderare l'esperienza accumulata in modo più sistematico; applicando l'intervista a diverse popolazioni, sono possibili interessanti paragoni e diverse comprensioni dei processi della genitorialità.

Riportiamo in Appendice 1 l'intervista nella sua versione Ad-Mate-R.

Capitolo 5

L'osservazione del bambino, dei genitori e dell'interazione

Alessandra Simonelli, Silvia Casari e Samantha De Noni

L'osservazione come metodo privilegiato

L'osservazione del comportamento del bambino e/o delle sue interazioni con uno o più adulti significativi è uno dei metodi elettivi della pratica psicologica, sia quando si svolga in un contesto di ricerca nel quale gli obiettivi di indagine sono quelli legati alla verifica di ipotesi evolutive, sia quando si svolga in ambito clinico, laddove la possibilità di raccogliere informazioni a partire dai comportamenti osservati può costituire un momento importante rispetto alla formulazione di una diagnosi o alla programmazione di un intervento. L'osservazione in campo clinico è comunque costante, in quanto il comportamento corporeo, soprattutto in età evolutiva, costituisce spesso comunicazione privilegiata rispetto a quella verbale, ed è soprattutto nelle modificazioni di ciò che si osserva che si possono cogliere i cambiamenti nell'osservato e/o in noi stessi come osservatori. Spesso l'osservazione a scopo di ricerca e quella clinica sono state contrapposte in quanto appartenenti a interessi e ambiti della psicologia separati e non sempre comunicanti; da diversi anni, tuttavia, si stanno producendo un'osmosi e un'integrazione tra le informazioni ricavabili dal metodo osservativo nella ricerca sullo sviluppo, ormai considerata anch'essa come influenzata dall'osservatore e/o, perlomeno, dal ricercatore che ne stabilisce il setting, e quelle estrapolabili dall'osservazione nel contesto clinico, che notoriamente acquista valore per l'aspetto partecipativo dell'osservatore, il quale utilizza i propri aspetti controtransferali come strumento di lettura complessa e di attribuzione di senso e di valore a quanto osservato (Sullivan, 1954). Nei due casi risulta centrale la possibilità di disporre di informazioni ricavate dalla rilevazione dei comportamenti del bambino in risposta a una stimolazione determinata e/o nel corso dell'interazione con una persona privilegiata. Non è questa la sede per dilungarci nella descrizione della tecnica osservativa, per la quale esistono diversi volumi di riferimento (Bonichini e Axia, 2001;

D'Odorico, 1990; Cassibba e D'Odorico, 2000), anche se riteniamo importante sottolineare alcuni degli aspetti maggiormente utili di tale metodologia, soprattutto quando applicata al campo dell'adozione. In questo settore, infatti, la possibilità di osservare il bambino e di effettuare una valutazione di alcuni aspetti salienti del suo comportamento può costituire una risorsa irrinunciabile sia nel percorso che precede l'incontro del piccolo con i genitori adottivi, sia durante la costruzione del primo legame con loro, sia nei casi fortunati in cui è possibile effettuare incontri di follow-up nei mesi (e più raramente negli anni) successivi all'adozione. A questo proposito, esistono alcune variabili di cui occorre tenere conto ricorrendo alla tecnica osservativa, tra le quali, in primo luogo, gli obiettivi per cui si vogliono approntare una o più sedute e, successivamente, l'età del soggetto, il livello di sviluppo raggiunto, il livello di strutturazione della situazione proposta, il tipo di strumentazione a disposizione dell'osservatore e il grado di partecipazione di quest'ultimo alla situazione osservata, ma soprattutto la richiesta implicita o esplicita da parte degli osservati.

Il primo fondamentale aspetto che occorre tenere sempre presente quando si progetta e si propone una situazione osservativa è l'obiettivo, o meglio gli obiettivi che si intende raggiungere con l'osservazione. In ambito empirico, infatti, il ricercatore ha di solito un quadro di riferimento teorico dal quale attinge delle ipotesi che si propone di verificare, sul bambino o sulla qualità delle sue interazioni, e dispone di una serie di strumenti che può applicare a tale scopo; in ambito clinico la situazione appare sicuramente diversa: in primo luogo, le ipotesi che guidano l'osservazione sono prevalentemente di natura esplorativa. Vale a dire che non ci si prefigge un processo vero e proprio di verifica, quanto piuttosto la possibilità di raccogliere dati sull'andamento di una determinata funzione, dati che solo in seguito potranno essere riorganizzati in senso causale. In altre parole, una o più sedute osservative proposte in ambito clinico hanno l'obiettivo generale di approfondire una conoscenza e di cogliere alcune delle caratteristiche principali del funzionamento psicologico del bambino rispetto a una determinata funzione. D'altra parte, però, questo non implica un atteggiamento di totale «ingenuità» nell'uso della tecnica osservativa: gli obiettivi della valutazione dovrebbero cioè essere chiari e definiti preliminarmente e costituirsi come linee conduttrici rispetto alle quali programmare l'osservazione. Ad esempio, se si vogliono indagare le modalità con cui un bambino di tre anni gestisce le separazioni, anche quotidiane, dalla madre, occorrerà approntare un setting osservativo nell'ambito del quale, accanto a momenti di gioco condiviso, si proponga al genitore di uscire dalla stanza e di lasciare il piccolo da solo: questo può richiedere la preparazione del genitore (occorre spiegargli cosa deve fare), la presenza di una terza persona che possa consolare il bambino se è troppo stressato, la consapevolezza che la condizione di disagio a cui stiamo esponendo il piccolo è veramente utile per comprendere il suo adattamento e impostare un intervento con lui e con la sua famiglia. Per questi importanti motivi non è possibile procedere «a caso», ma occorre avere un quadro delle finalità dell'osservazione sia, in senso restrittivo, rispetto ai dati (cioè alla conoscenza) che ci si propone di raccogliere, sia, in senso più ampio, rispetto al progetto globale su quel bambino e sulla sua famiglia. In campo clinico è comunque importante utilizzare situazioni il più possibile naturalistiche piuttosto che creare sempre nuove situazioni strutturate, che possono far perdere agli osservati la spontaneità del loro atteggiamento.

Per quanto riguarda l'età del soggetto e il livello di sviluppo raggiunto, un buon setting osservativo dovrebbe essere costruito tenendo presenti entrambe queste variabili: una situazione eccessivamente complessa, ansiogena o troppo strutturata potrebbe disturbare a tal punto il piccolo da non consentirgli di mettere in atto i comportamenti che l'osservatore si propone di valutare, siano essi comportamenti evolutivi o interattivi. Parallelamente, quando si conduce un'osservazione su un bambino si dovrebbe avere sempre presente un riferimento teorico ed esperienziale rispetto a quello che è lecito attendersi a quell'età e in quella specifica fase dello sviluppo; un osservatore esperto dovrebbe possedere un'adeguata teoria evolutiva di riferimento rispetto alla quale registrare e valutare i comportamenti messi in atto dal bambino, che costituiscono il focus dell'osservazione. Diversamente, è possibile incorrere in errori di sovra- o sottostima dei dati rilevati: ad esempio, se stiamo conducendo un'osservazione sulla qualità dell'interazione verbale tra il bambino e la madre, dobbiamo avere una chiara conoscenza delle competenze linguistiche e comunicative medie, relative all'età del soggetto, allo scopo di effettuare adeguate considerazioni sui dati raccolti; altrimenti potremmo effettuare una valutazione erronea della variabile alla quale siamo interessati.

Un importante aspetto da tenere in considerazione nella costruzione di una seduta osservativa è il livello di strutturazione della situazione che viene proposta al bambino da solo o con gli adulti di riferimento: in letteratura, infatti, esistono ormai diverse procedure utilizzabili che si pongono su un continuum da situazioni libere a situazioni a media o alta strutturazione. Nelle prime l'osservazione viene condotta senza proporre alcuna consegna al piccolo o alla madre (ad esempio, l'osservatore può registrare lo svolgimento di un pasto o di un momento di gioco libero tra la madre e il figlio), e perlopiù in ambiente naturalistico (ad esempio, a casa del bambino), anche se è possibile proporre una seduta osservativa libera di laboratorio (ad esempio, un'interazione genitore-bambino con la presenza di alcuni giochi). Nelle seconde, invece, l'osservazione viene indirizzata proponendo compiti specifici da svolgere, senza lasciare il soggetto o la diade liberi di manifestare i propri comportamenti naturali (un esempio di questa situazione è la Strange Situation Procedure di Ainsworth, Blehar e altri, 1978, di cui parleremo nel cap. 6): questa condizione è più tipica delle osservazioni condotte in laboratorio (in locali adeguatamente allestiti), ma anche in questo caso non si esclude di poter proporre una situazione altamente strutturata nell'ambiente naturale in cui il bambino vive (ad esempio, alla scuola materna, facendo svolgere ai soggetti alcuni compiti di gioco). Infine, nei casi in cui lavorando in un Servizio pubblico si presentino, come di consueto, i genitori o anche solo la madre con il bambino con la richiesta di una consultazione, lo psicologo può scegliere il grado di strutturazione e il tipo di osservazione da proporre al piccolo e/o alla famiglia in considerazione della sua età, del bisogno manifestato e delle opportunità di conoscere la situazione che le osservazioni possono fornire.

Strettamente legato a questo aspetto è anche il tipo di strumentazione di cui l'osservatore dispone nel condurre la seduta: l'osservazione carta e matita (dove la registrazione dei dati avviene in maniera diretta nell'*hic et nunc* in cui si stanno verificando i comportamenti) è particolarmente adeguata in un contesto naturalistico e poco strutturato, ma può essere applicata anche in sedute di laboratorio molto strutturate (ad esempio, a integrazione dei dati registrati attraverso le griglie di codifica applicabili al materiale così raccolto). Diversamente, le moderne tecniche di videoregistrazione sono maggiormente utilizzabili in contesti di laboratorio, in cui è possibile proporre situazioni non strutturate accanto ad altre a elevata strutturazione; la videoregistrazione tuttavia può anche essere proposta in condizioni naturalistiche: ad esempio, a casa del bambino o alla scuola materna, riprendendo momenti di gioco o di interazione libera. La videoregistrazione, rispetto all'osservazione carta e matita, ha alcuni vantaggi: *a*) in primo luogo, consente all'osservatore di «rivedere» più volte il materiale raccolto e di effettuare una visione microanalitica di quanto si è svolto; *b*) secondariamente, fornisce la possibilità di applicare griglie di codifica del comportamento e/o dell'interazione a seconda dei vari obiettivi che ci si propongono; *c*) consente a diversi professionisti di confrontarsi contestualmente sulle osservazioni effettuate, grazie alla possibilità di rivedere insieme il materiale videoregistrato e di comunicare tra loro in maniera diretta; *d*) parallelamente, l'uso della telecamera può rappresentare un limite rispetto alla spontaneità del bambino e della situazione, così come il fatto di effettuare l'osservazione in un contesto di laboratorio: entrambi questi aspetti possono «costringere» l'espressione del soggetto, impedendo di cogliere alcune delle sue caratteristiche più naturali e descrittive. Viceversa, l'osservazione carta e matita può essere condotta sia in un contesto di laboratorio, sia in un contesto naturalistico e, sebbene non risponda alle esigenze di replicabilità e di confrontabilità sopra descritte per la videoregistrazione, costituisce sicuramente uno strumento irrinunciabile per la conoscenza e la comprensione delle persone: per questo motivo, anche in quei casi in cui è possibile effettuare osservazioni videoregistrate, è comunque auspicabile la possibilità di tracciare alcune considerazioni su quanto osservato, contemporaneamente o anche successivamente alla seduta. Questo materiale può essere ampiamente utilizzato come complemento ai dati raccolti e codificati in maniera maggiormente strutturata. Nel contesto di un intervento sulla diade genitore-bambino o sulla famiglia nel suo insieme, inoltre, i dati ricavati dall'osservazione videoregistrata possono essere utilizzati per sollecitare materiale fantasmatico da rielaborare con il terapeuta e per monitorare attraverso l'osservazione il cambiamento inserito nel sistema familiare stesso (Fava Vizziello, Bricca e Chicconi, 1987). Per quanto riguarda la codifica dei dati osservativi, come anticipato, le procedure strutturate e videoregistrate consentono l'applicazione di schemi o griglie che sono ormai piuttosto diffusi e molti dei quali sono pubblicati in letteratura; anche per quanto riguarda l'osservazione diretta con il metodo carta e matita, l'operatore può utilizzare griglie di registrazione disponibili in letteratura, ma in questo caso è spesso chiamato ad applicare piuttosto uno schema che è soprattutto una traccia mentale attraverso la quale registrare i dati osservati e riflettere su di essi. Questo schema può derivare dall'esperienza personale, dal percorso formativo, dalle conoscenze teoriche e/o tecniche.

Un ulteriore aspetto riguarda il livello di partecipazione dell'osservatore alla seduta: si va infatti da situazioni in cui l'operatore non partecipa in alcun modo all'osservazione (ad esempio, rimanendo in una stanza attigua e osservando la seduta grazie a uno specchio unidirezionale), a situazioni intermedie in cui l'operatore è presente nella stanza ma con un atteggiamento neutro, rispondendo solo nei casi in cui venga richiesto dal soggetto o se ne verifichi la necessità, a situazioni, infine, in cui ha un ruolo attivo partecipando alle attività del bambino (ad esempio, giocando con lui), all'interazione, o dirigendo i comportamenti stessi dei partecipanti (ad esempio, proponendo dei materiali specifici con cui dovranno svolgere dei compiti). Chiaramente le diverse «posizioni» dell'osservatore rispetto all'oggetto osservato generano notevoli differenze nei dati raccolti in ognuna di queste situazioni: per questo motivo sarebbe utile decidere in merito a tale aspetto della metodologia in una fase preliminare, soprattutto in considerazione degli obiettivi dell'osservazione, ma anche delle altre variabili sopra trattate. Ad esempio, se ci si propone di raccogliere dei dati sulle modalità di gioco di un bambino al di sotto dei tre anni in assenza del genitore, sarà opportuno prevedere la presenza di un adulto nella stanza e una sua partecipazione al gioco, sia pure in forma neutra: a questa età i bambini non rimangono volentieri da soli in un luogo che non conoscono, e di conseguenza difficilmente inizieranno un'attività di gioco se sono molto stressati o impauriti dalla situazione. Si potranno quindi prevedere momenti in cui il bambino viene lasciato solo nella stanza ma solo dopo una certa familiarizzazione con l'ambiente e con la situazione, dopo aver verificato che il livello di stress non sia troppo elevato, e comunque per periodi di tempo piuttosto brevi (nell'ordine di 3-5 minuti). Questo è un intervallo di tempo che il bambino percepisce come piuttosto lungo, soprattutto se viene lasciato solo a giocare in un posto nuovo: il rischio è, non solo di far entrare in angoscia il bambino, ma anche di aver creato una condizione che non stimola sufficientemente la sua attenzione, incidendo perciò sulla quantità e sulla qualità del gioco che svolgerà durante l'osservazione.

Un ultimo punto riguarda un aspetto dell'osservazione che può rappresentare un completamento di tutte le tecniche osservative utilizzate: fondamentale è, infatti, la possibilità che l'osservatore registri, durante o alla fine delle sedute, anche alcune annotazioni che riguardano sé stesso nella situazione osservativa, cioè le impressioni, le sensazioni legate alla situazione e anche alle persone o alle interazioni osservate. In altre parole, anche nel corso di un'osservazione è opportuno ascoltare i propri vissuti controtransferali nei confronti dei protagonisti e tenerli in considerazione come elementi utili alla comprensione dei dati raccolti: questo appare ancora più importante quando lo scopo di un'osservazione sia sostanzialmente quello clinico di effettuare una verifica della condizione del bambino e della qualità delle sue interazioni, oppure quello di monitorare un intervento o il percorso evolutivo che il piccolo sta attraversando.

Altri aspetti che occorre pianificare sono il numero e la sequenza delle osservazioni previste alle quali sottoporre il bambino: il numero delle sedute osservative è una variabile da tenere in considerazione, in quanto comporta da parte del piccolo e dei suoi genitori un impegno abbastanza oneroso, e una quantità elevata (o vissuta come tale) di incontri può scoraggiare la famiglia e indurla ad abbandonare l'impresa (questo, ad esempio, è uno dei problemi delle osservazioni di follow-up a scopi di ricerca, in cui gli inviti alla famiglia a continuare gli incontri osservativi con l'andare del tempo vengono elusi, fino al rifiuto esplicito di proseguire). Anche la sequenza delle sedute può costituire un elemento importante: in genere, un procedimento adeguato può essere quello che pone il bambino di fronte a livelli crescenti, ma graduali, di difficoltà rispetto al compito. Ad esempio, se si vuole proporre una seduta di gioco a un bambino molto piccolo (questo è valido anche per bambini più grandi con problemi rispetto ai contesti non familiari o alla separazione dagli adulti conosciuti) sarà opportuno consentirgli di familiarizzarsi almeno un po' con la situazione proponendo una prima osservazione durante la quale può rimanere in compagnia della madre. In un secondo incontro sarà più facile (per l'osservatore) e meno stressante (per il bambino) farlo giocare lasciandolo da solo nella stanza, oppure proporgli dei giochi più strutturati.

Qualunque sia la combinazione di caratteristiche che si adotteranno per condurre l'osservazione, un criterio generalmente opportuno è quello di effettuare la scelta e, di conseguenza, di approntare quanto necessario in una fase precedente allo svolgimento delle sedute con il bambino o con i genitori: questo comporta un lavoro di progettazione e di riflessione su tutti i parametri sopra esposti, e anche di chiarificazione sui diversi aspetti del momento osservativo e sul significato che esso riveste nell'incontro complessivo con il soggetto. È facile, infatti, approntare senza una sufficiente riflessione sedute osservative che potrebbero rivelarsi inadeguate per la persona alla quale sono state proposte, perché magari troppo faticose da affrontare da un punto di vista affettivo, generando difficoltà piuttosto che fornire risorse per la comprensione: ad esempio, nel corso di una consultazione, un bambino potrebbe reagire rifiutandosi di tornare a incontri successivi se la situazione osservativa ha generato in lui eccessiva ansia o difficoltà; parallelamente, l'alleanza con i genitori potrebbe essere compromessa dal disagio manifestato dal figlio (che può sovrapporsi al disagio già esistente che ha condotto la famiglia in consultazione). Inoltre, un'osservazione non progettata e non adeguatamente «pensata» potrebbe rivelarsi povera di informazioni (o più povera di quanto ci si attendesse), non giustificando il dispendio di energie occorso per la sua realizzazione.

Proposte di impiego dell'osservazione nel percorso adottivo

Anche per quanto riguarda il percorso adottivo la possibilità di effettuare delle sedute di osservazione del bambino o dell'interazione costituisce una risorsa di indubbia ricchezza, sebbene con obiettivi differenziati secondo diverse fasi: il percorso preadottivo, l'incontro con i «nuovi genitori», gli incontri di follow-up successivi.

Il percorso che precede l'adozione

La valutazione del bambino nel periodo che precede l'adozione è una questione molto complessa che non affronteremo, proprio per i diversi aspetti che la compongono (è possibile effettuare una valutazione del bambino? secondo quali modalità? l'osservazione è uno strumento adeguato a questo scopo? in che tempi? con quali obiettivi?); riteniamo tuttavia che la possibilità di effettuare delle osservazioni sul piccolo costituisca una risorsa fondamentale rispetto alla creazione del progetto complessivo che lo riguarda, anche se un primo problema a questo proposito riguarda il contesto «reale» entro il quale osservarlo: ossia, dove osservare un bambino nel percorso verso l'adozione? E ancora, il bambino è frutto di un ambiente che va cambiato, oppure è giusto che questo sia preservato? In questa fase, un aspetto centrale da tentare di comprendere è la qualità della condizione psicofisica in cui si trova il bambino, accanto alle risorse di cui dispone per procedere nel corso dello sviluppo e per contrastare le esperienze negative che hanno colpito precocemente il suo percorso evolutivo. I bambini con cui si lavora in questo campo hanno caratteristiche che li differenziano molto gli uni dagli altri; in primo luogo, l'età: non è possibile preventivare un setting osservativo che vada bene per tutti, in quanto le età dei piccoli sono molto disomogenee e, di conseguenza, la valutazione proposta deve essere quasi personalizzata caso per caso. Questo può creare qualche difficoltà negli operatori, che devono impadronirsi di tecniche e competenze a volte talmente specialistiche da risultare di complessa realizzazione nella pratica operativa. In generale, però, la proposta di sedute di gioco libero o semistrutturato (già a partire dai 12 mesi), in cui il bambino può interagire con un adulto (un altro psicologo, che assume un ruolo partecipe ma non direttivo o intrusivo) o anche essere lasciato da solo, si può rivelare una strategia che fornisce all'operatore notevoli vantaggi:

a) può raccogliere una buona quantità di informazioni sul bambino, che riguardano le sue competenze e l'adeguatezza del suo livello di sviluppo, nonché le sue capacità interattive e di adattamento al contesto in cui si trova inserito;

b) può disporre di una procedura di facile applicazione, sia se dispone di attrezzature come telecamere, una stanza-laboratorio ecc., sia se deve approntare un'osservazione carta e matita in assenza di strutture o personale specializzato in questo senso;

c) può costruire, parallelamente alla valutazione, una relazione con il bambino che può passare attraverso il gioco condiviso e la piacevolezza delle attività proposte;

d) può proporre un momento di valutazione non eccessivamente intrusivo, non minaccioso o pauroso per il bambino.

Questi ultimi aspetti sono molto importanti, soprattutto in considerazione del fatto che i bambini con i quali si lavora in quest'ambito hanno spesso avuto esperienza di adulti valutanti in modo severo, di adulti minacciosi, che «fanno paura», che fanno del male. Ad esempio, molti di questi piccoli hanno vissuto l'esperienza della valutazione delle loro capacità e prestazioni a causa del loro scarso rendimento scolastico: questa è una situazione che può generare vissuti di inadeguatezza personale, oltre che un' immagine degli adulti come figure giudicanti, che mettono alla prova il bambino su un terreno che non padroneggia, facendolo sentire incapace, debole, poco compreso. In tal senso, la proposta (anche inconsapevole) di situazioni che generino vissuti analoghi può costituire un ulteriore momento di sofferenza per il piccolo, non fornendo poi all'operatore le informazioni e le conoscenze di cui ha bisogno. Chiaramente, con il crescere dell'età all'osservazione di momenti di gioco libero può essere affiancato l'uso di altre procedure, come quelle di costruzione di storie o come lo Sceno-Test (von Staabs, 1971), di cui parleremo alle pagine 95 sgg. Queste situazioni, di fatto, ampliano la portata dell'osservazione, in quanto consentono un duplice livello di analisi dei dati rilevati:

a) il livello del comportamento osservato: riguarda ciò che il bambino «fa» nel corso della situazione, la qualità delle sue interazioni, la qualità delle emozioni che esprime;

b) il livello dei contenuti espressi: riguarda il tipo di storia che costruisce, la trama, l'utilizzo dei personaggi, i ruoli e le attività di ognuno.

In effetti, i diversi tipi si situazioni possono essere utilizzati anche alternativamente, proponendo al bambino più di una seduta; una possibile combinazione potrebbe essere quella di utilizzare almeno due osservazioni, così organizzate a seconda dell'età dei bambini:

Bambini fino a tre anni Le sedute potranno svolgersi in modo poco strutturato (lasciando cioè il piccolo libero di giocare con materiale adatto all'età).

Durante la *prima osservazione* è più corretto mantenere la presenza di un adulto nella stanza. Se il piccolo ha un adulto di riferimento (ad esempio, un educatore o uno dei genitori affidatari) può essere condotta un'osservazione dell'interazione tra i due; altrimenti, l'adulto può essere un operatore del Servizio (uno psicologo o un educatore), che avrà un ruolo di partecipazione neutra al gioco.

In questo caso anche la *seconda osservazione* può essere strutturata in modo analogo alla prima, con il bambino e l'adulto nella stanza impegnati in una attività di gioco. Potrebbe essere proposto un gioco non completamente libero, per valutare alcune competenze affettive e sociali del bambino. Nei casi in cui sia presente una figura di riferimento, la seconda seduta potrebbe essere orientata a una valutazione delle modalità di separazione e di ricongiungimento del piccolo da essa: in questo caso, è possibile applicare la Strange Situation di Ainsworth, Blehar e altri (1978) nella sua forma completa, oppure proporre una procedura di separazione-ricongiungimento meno legata ai parametri di questa tecnica (che verrà descritta nel cap. 6). Ovviamente è utile accertarsi che tali procedure, che implicano appunto una separazione, non siano eccessivamente ansiogene per bambini che hanno già sperimentato precocemente nella vita situazioni di tal genere particolarmente traumatiche, o che possono non avere completamente chiari i motivi per cui stanno affrontando l'esperienza in questione.

Bambini oltre i tre anni La *prima seduta* può essere costituita da un momento di gioco libero o semistrutturato con l'adulto nella stanza.

Per la *seconda osservazione* strumenti come lo Sceno-Test (von Staabs, 1971) o lo Attachment Story Completion Test (Bretherton, Ridgeway e Cassidy, 1990) sono di indubbia utilità per approfondire non solo gli aspetti comportamentali, ma anche l'espressione dei vissuti, delle emozioni e delle fantasie del bambino rispetto alla propria storia passata, alla condizione attuale e alla prefigurazione del proprio futuro.

Naturalmente l'indicazione di due osservazioni si riferisce a un livello minimo che può essere ampliato a seconda delle possibilità degli operatori e del Servizio. Inoltre, l'osservazione fa parte di un processo più ampio di valutazione del bambino e delle sue relazioni, che può essere condotto anche attraverso altre strumentazioni.

L'incontro con i «nuovi genitori» e i possibili follow-up

Nella fase dell'incontro con i «nuovi genitori», un obiettivo centrale dell'osservazione può essere quello di valutare le prime interazioni e gli abbozzi di relazione tra il bambino e la coppia genitoriale. Diversamente, laddove sia possibile effettuare dei momenti di osservazione a distanza di tempo, almeno nel corso del primo anno di inserimento del bambino all'interno della famiglia adottiva, può essere utile proporre una valutazione della qualità delle interazioni strutturate e delle relazioni reciproche. In questo caso, si può scegliere un numero di sedute superiore a due lungo un intervallo di tempo anche piuttosto ampio, sempre in considerazione dei tempi del caso e del Servizio che se ne fa carico. Poiché il focus dell'osservazione sono le interazioni diadiche e triadiche all'interno della famiglia, le procedure maggiormente utili in questo caso possono essere sedute libere o semistrutturate, in cui il bambino e i genitori vengono lasciati interagire tra loro, magari con la consegna di svolgere un gioco comune (costruire qualcosa, inventare una storia ecc.). Si può anche proporre una situazione in cui il bambino affronta brevi separazioni dalla madre e, successivamente, dal padre, oppure rimane solo a giocare nella stanza. Accanto alle osservazioni libere possono essere utilizzati altri strumenti strutturati tra quelli presentati: ovviamente, la scelta del setting osservativo varierà in considerazione dell'età del bambino e della disponibilità della famiglia, in generale.

Per l'analisi delle sedute esistono molte griglie o check-list di riferimento per la rilevazione dei comportamenti osservati, e con qualche semplice modifica anche lo schema proposto da Fava Vizziello e Calvo (1992) per l'osservazione dello Sceno-Test (vedi Appendice 2) ben si presta a essere applicato a situazioni di interazione genitore (o genitori)-bambino. In alternativa si può procedere con la tecnica dell'osservazione carta e matita.

Dall'osservazione diadica a quella triadica

La famiglia, come sistema che agisce sullo sviluppo del bambino e sulle sue capacità di adattamento, è ormai considerata da molti autori un'unità di studio privilegiata e insostituibile per comprendere importanti aree del funzionamento individuale e relazionale della persona lungo il ciclo della vita. Tuttavia, uno degli aspetti di maggiore difficoltà nell'affrontare tale complessità riguarda l'individuazione di modelli teorici e strumenti di misurazione adeguati alla definizione e alla valutazione dell'oggetto di indagine che ci si è proposti di conoscere. A questo proposito, la maggior parte delle ricerche sullo sviluppo affettivo-relazionale del bambino nel corso della vita si sono basate sulla valutazione della qualità delle interazioni e delle relazioni diadiche che il soggetto costruisce con gli adulti significativi: per di più, questo orientamento ha generato una predilezione dei ricercatori per lo studio delle interazioni e della relazione madre-bambino, contribuendo ad alimentare un importante gap nella conoscenza e nella comprensione della relazione padre-bambino, soprattutto per quanto riguarda la prima infanzia. Inoltre, anche in quei casi in cui, ad esempio, sono state effettuate valutazioni relative a entrambi i genitori, i ricercatori hanno dovuto procedere realizzando misurazioni separate (del bambino con la madre e del bambino con il padre) a causa di una sostanziale carenza di strumenti che potessero consentire di effettuare valutazioni relative almeno alla triade (madre-padre-bambino) come unità globale di studio (anche se la ricerca sulla triade non è che uno dei primi passi nella comprensione del sistema familiare nel suo insieme, che in molti casi è composto da più di tre persone in interazione tra loro). Lo studio della diade come sistema sociale primario ha, comunque, fornito importanti dati riguardo alle competenze interattive del bambino: lo sviluppo della socievolezza, dell'intenzionalità e delle relazioni con gli altri. Uno dei limiti, tuttavia, di tale approccio è quello di effettuare una riduzione del sistema familiare alla somma delle parti di cui è composto, perdendo in tal modo una visione globale della sua intrinseca complessità. Diversamente, rifacendosi alla visione sistemica dello studio e dell'intervento sulla famiglia, Favez, Gertsch Bettens e altri (1992) propongono un modello teorico e una metodologia empirica che si basano sulla centralità della triade familiare (madre-padre-bambino) come unità primaria di comprensione delle capacità relazionali del bambino nel corso dello sviluppo e del funzionamento della famiglia nel suo insieme. In questo senso, le relazioni stabilite all'interno di una triade familiare devono essere considerate come un costrutto specificamente definito e valutabile con metodi adeguati (Fivaz-Depeursinge, Frascarolo e Corboz-Warnéry, 1996). Tale definizione comporta due diverse implicazioni.

Da un punto di vista evolutivo, la triade familiare viene considerata come l'unità primaria entro la quale il bambino sviluppa le proprie competenze affettivo-relazionali. Fin dalla nascita, infatti, l'individuo è immerso in un mondo interpersonale che comprende la presenza di più persone e numerosi scambi interattivi con alcune di loro. In questo senso, l'esperienza del piccolo non comprende un'unica persona significativa (ad esempio, la madre) alla quale riferirsi nella costruzione del proprio mondo relazionale: piuttosto, è almeno la compresenza della madre e del padre nel prendersi cura del figlio a costituire il primo ambiente di cure di cui il bambino fa esperienza ripetuta e continua nei primi mesi di vita. In questo senso, la triade viene definita come un sistema coevolutivo all'interno del quale tutti i componenti costruiscono e modificano reciprocamente le proprie competenze relazionali: non è quindi solo il bambino a «crescere» come essere sociale all'interno della triade, ma anche i due genitori come protagonisti del sistema entro il quale attuano gli scambi interattivi. Per quanto riguarda lo sviluppo, la concettualizzazione di una relazionalità primaria non più legata alla diade (cioè, al fatto di essere in due) ma alla triade (cioè alla presenza di tre persone in interazione) comporta un importante cambiamento di prospettiva teorica, in quanto la dimensione del gruppo, o sistema, modifica la quantità, la natura e i significati dei comportamenti interattivi del bambino. Per di più, come sistema la triade non è riducibile alla somma dei sottosistemi diadici e individuali che la compongono; piuttosto, i differenti elementi del sistema si influenzano reciprocamente e dalla loro cooperazione emerge una nuova proprietà, irriducibile alla somma delle parti (Corboz-Warnéry, Forni e Fivaz-Depeursinge, 1989; Fivaz-Depeursinge, 1989).

Per quanto riguarda la comprensione del funzionamento del sistema familiare, tale concettualizzazione dei processi interattivi triadici si estrinseca nel concetto di alleanza triadica di una famiglia: con il termine alleanza gli autori fanno riferimento al grado di coordinazione dei partner nel raggiungere i loro scopi. Fivaz-Depeursinge e Corboz-Warnéry (1999) sostengono che la famiglia crea un'alleanza di comunicazione che serve da filo rosso per mantenere il suo funzionamento attraverso i cambiamenti provocati dall'ambiente sociale e dallo sviluppo del bambino. In riferimento al pensiero sistemico, l'alleanza è considerata una proprietà emergente dalla triade, proprietà irriducibile alla somma delle parti. L'alleanza triadica può essere definita anche come la capacità di stabilire una cornice che permetta di modificare flessibilmente le regole della sua organizzazione (Corboz-Warnéry e Gertsch Bettens, 1995).

All'interno di questa prospettiva, alcuni ricercatori hanno ideato una procedura osservativa semistrutturata denominata Gioco Triadico di Losanna (LTP, Lausanne Triadic Play; Corboz-Warnéry, Fivaz-Depeursinge e altri, 1993; Fivaz-Depeursinge e Corboz-Warnéry, 1999), che permette di esplorare tutte le configurazioni possibili di una triade padre-madre-bambino e di studiare la dinamica delle interazioni precoci all'interno della famiglia, accanto alle influenze evolutive che questa configurazione interattiva «a tre» può avere sul bambino. Questo metodo di osservazione della famiglia è attualmente l'unico strumento a disposizione per l'osservazione dei tre partner familiari in interazione, e consente di ricavare importanti informazioni sullo sviluppo delle abilità sociali del bambino e, parallelamente, consente la valutazione dell'alleanza familiare, ovvero del livello di coordinazione che i genitori possiedono nel raggiungere degli scopi comuni (vedi Fivaz-Depeursinge e Corboz Warnéry, 1999).

Il Gioco Triadico di Losanna

Il Gioco Triadico di Losanna è una situazione di gioco a tre all'interno della quale i genitori e il loro bambino giocano insieme. Lo scopo del gioco è la condivisione ludica di affetti positivi. La situazione è strutturata in quattro momenti, corrispondenti a quattro triangoli che tre persone in relazione possono formare. Nelle configurazioni «2 + 1» uno dei partner è osservatore degli altri due membri del sistema, mentre nella configurazione «3 insieme» la madre, il padre e il bambino giocano insieme.

La prova dura circa 15 minuti, e i genitori sono lasciati liberi di gestire e di decidere la durata delle singole fasi stabilendo quando interrompersi e passare al momento successivo.

Durante la *prima fase* del gioco uno dei genitori gioca con il figlio mentre l'altro si limita a restare presente, senza intervenire o ricoprire alcun ruolo specifico.

Nella *seconda fase* i genitori invertono i ruoli; colui che aveva interagito con il figlio ora assume la parte di spettatore e viceversa. Durante questa fase di gioco «2 + 1» il genitore in posizione di terzo inquadra la diade costituita dall'altro genitore e dal figlio. Così anche i genitori rivestono dei ruoli complementari.

Durante la *terza fase* del gioco, i due genitori giocano insieme con il bambino. Si trovano in posizione simmetrica e svolgono la stessa funzione di inquadramento del figlio. Questa terza fase esige un cambiamento importante nell'organizzazione tra i genitori, poiché essi devono coordinare le loro azioni. Questo impone loro una negoziazione più complessa, che può suscitare una certa tensione.

Durante la *quarta fase* del gioco, il bambino si trova in posizione di terzo e i genitori conversano tra loro. Questa fase permette di mettere in evidenza le capacità di adattamento del bambino di fronte a una situazione nuova all'interno della quale i genitori non si occupano di lui, essendo tuttavia presenti.

Il Gioco Triadico di Losanna può essere utilizzato con famiglie i cui figli abbiano un'età compresa fra 3 e 24 mesi, adattando il setting osservativo rispetto alle diverse fasi evolutive del bambino. L'osservazione sistemica delle interazioni ha permesso di mettere in evidenza che l'organizzazione familiare attuata durante l'LTP è rivelatrice delle strategie attivate dalla triade durante situazioni di risoluzione di problemi. Queste strategie illustrano particolarmente il modo in cui il sistema definisce e mantiene la propria unità rispetto all'esterno (Fivaz-Depeursinge e Corboz-Warnéry, 1999).

Il setting osservativo

L'LTP viene videoregistrato ed eseguito in un laboratorio che deve essere adeguatamente attrezzato. Al centro della sala (di dimensioni almeno 4 × 4 m) sono disposte due sedie in legno per i genitori, a una distanza uguale dal seggiolino del bambino. Dei segni su un tappeto permettono di mantenere lo stesso triangolo equilatero per tutte le famiglie. Il seggiolino del bambino, per essere adattabile alle sue esigenze posturali e fisiche, è dotato di strati di materiale morbido da aggiungere o togliere. Lo scopo è che il piccolo sia ben sostenuto, ma anche il più libero possibile nei movimenti per favorire la sua disponibilità al gioco. Per lo stesso motivo i genitori possono modificare l'inclinazione della sedia in modo che anch'essa sia adeguata alle capacità posturali del bambino. Infatti, se la sedia è troppo dritta, un bambino di pochi mesi potrebbe incontrare difficoltà a guardare i genitori, dovute allo sforzo richiesto per sollevare la testa. Infine, la sedia del bambino può essere orientata verso un genitore o l'altro. Posizionando il bambino in questo sistema variabile è possibile indicargli ogni volta, secondo le esigenze, quale genitore è disponibile all'interazione con lui. La procedura viene registrata con almeno due videocamere. Una registra l'immagine dei genitori e l'altra un primo piano del bambino. Queste differenti riprese possono essere compresse, e l'immagine della vista del bambino viene inserita all'interno di quella dei genitori, al fine di ottenere una sola immagine che facilita l'analisi della coordinazione tra i differenti membri della famiglia nelle loro interazioni (fig. 5.1).

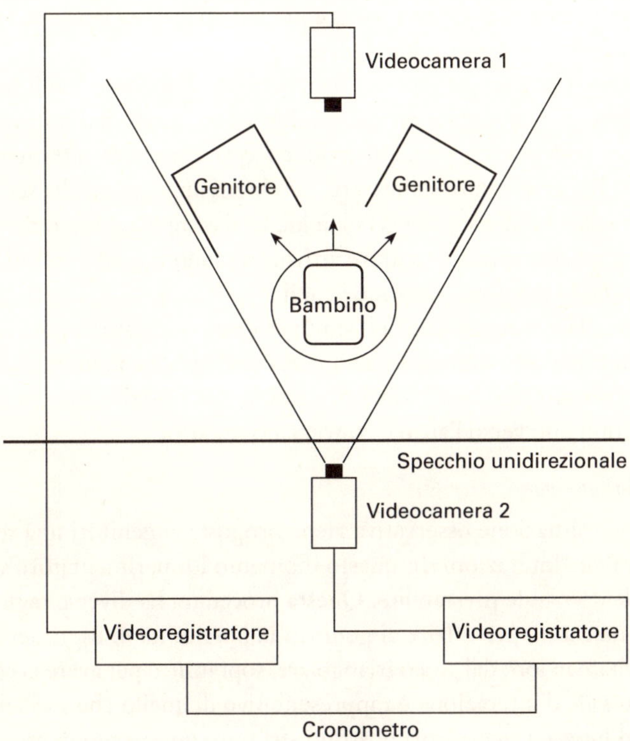

Figura 5.1
Il setting osservativo del Gioco Triadico di Losanna (LTP).

Accoglienza

La famiglia viene inizialmente accolta in un angolo della stanza dove sono posizionate delle sedie e un tavolo, perché possa prendere familiarità con la situazione e con gli operatori. In seguito, uno degli sperimentatori presenta ai genitori il setting. Mostra loro il funzionamento del seggiolino del bambino, l'orientamento e l'inclinazione variabili da cui dipendono la comodità e la disponibilità del bambino all'interazione. Successivamente viene illustrata la consegna ai genitori, e viene richiesto un gioco di imitazione delle posizioni corporee e spaziali che dovranno assumere nelle differenti fasi. Durante questo tempo il bambino rimane in compagnia di un altro operatore in modo che non si affatichi e che i genitori siano liberi di ascoltare la consegna. Questo tipo di apprendimento della situazione consente ai genitori di memorizzare più facilmente i loro ruoli in funzione delle quattro parti del gioco. Dopo questo momento il bambino viene posto sul seggiolino centrale e i genitori iniziano il gioco.

Consegna

Ai genitori viene richiesto di giocare senza oggetti con il bambino come fanno normalmente a casa. Il gioco si svolge in quattro fasi, e i genitori sono liberi di decidere la durata di ogni singola fase.

Durante la prima fase uno dei genitori ha il compito di giocare con il bambino. Orienta verso di sé il seggiolino del bambino e si sporge in avanti verso di lui a una distanza adeguata per un'interazione faccia a faccia. Nel frattempo l'altro genitore si limita a restare seduto con la schiena appoggiata alla sedia e segue la situazione. Se il figlio si volta verso di lui, ha il compito di salutarlo e di dirigere la sua attenzione verso il genitore attivo, voltando il capo verso di lui.

Nella seconda fase i genitori invertono i ruoli.

Durante la terza fase il seggiolino del bambino viene riportato in posizione centrale e i genitori cercano di stabilire un'interazione ludica con lui.

Durante l'ultima fase, è il bambino a trovarsi in una posizione di terzo. I genitori si rivolgono uno verso l'altro e conversano tra loro.

L'intervista semistrutturata

Al termine della situazione osservativa viene proposta ai genitori una revisione congiunta delle interazioni. In questo momento lo sperimentatore sottopone loro delle domande prestabilite. Questa procedura ha diverse ragioni. Innanzitutto, è un modo per offrire ai genitori la possibilità di esprimere le impressioni suscitate in loro dal gioco triangolare, soprattutto per avere la conferma che il loro stile d'interazione è rappresentativo di quello che succede a casa. In secondo luogo, i ricercatori possono sfruttare questo momento per raccogliere alcune informazioni qualitative che potrebbero essere utili al momento dell'analisi dei dati.

I quattro tipi di alleanza

Il modello di codifica dell'alleanza familiare definisce quattro tipi di alleanza, caratterizzati dal grado di coordinazione di ogni triade durante l'LTP. La coordinazione perfetta fra i tre partner non è lo scopo in sé; le differenti alleanze si caratterizzano piuttosto per la flessibilità delle loro regole e la capacità della famiglia di riparare ai propri errori di coordinazione. Al fine di definire la qualità dell'alleanza triadica si valutano le modalità attraverso le quali la famiglia assolve quattro funzioni di comunicazione gerarchizzate tra loro.

1) PARTECIPAZIONE: questa funzione richiede che tutti i partner siano inclusi nel loro gioco. È la funzione più semplice e costante nel tempo, poiché il numero di variabili da coordinare è esiguo. Se questa prima funzione non è soddisfatta, nemmeno le altre potranno esserlo, e l'*alleanza* familiare è detta *disordinata*. La partecipazione dei tre membri della famiglia è una condizione necessaria ma non sufficiente per raggiungere lo scopo principale della procedura, ossia la condivisione ludica di affetti positivi tra i partner.

2) ORGANIZZAZIONE: questa funzione richiede che ciascuno dei partner occupi il proprio ruolo, di partecipante attivo o di semplice spettatore. Questi ruoli cambiano in ogni parte del gioco. La funzione di organizzazione è più complessa della precedente. Se la funzione di partecipazione è soddisfatta ma quella di organizzazione non lo è, l'*alleanza* familiare è detta *collusiva*.

3) ATTENZIONE FOCALE: questa funzione richiede che tutti i membri della famiglia condividano lo stesso focus d'attenzione durante il gioco. All'interno di ciascuna delle quattro parti, hanno luogo numerosi episodi di gioco; per questo motivo la funzione dell'attenzione focale è più complessa delle precedenti. Se le due funzioni precedenti sono soddisfatte, ma i membri della famiglia manifestano difficoltà a condividere un focus comune, l'*alleanza* è detta *moderata*.

4) CONTATTO AFFETTIVO: questa funzione richiede che i tre partner restino in contatto emozionale fra loro per tutta la durata del gioco. È la più complessa delle quattro funzioni sul piano della coordinazione, considerando la quantità di segnali conversazionali ed emozionali differenti emessi durante il gioco. Il contatto affettivo costituisce l'ultima condizione necessaria affinché i partner possano realizzare lo scopo principale del Gioco Triadico, ossia la condivisione ludica di affetti positivi tra i partner. Se le tre funzioni precedenti sono soddisfatte senza che la triade riesca a creare una sufficiente comunione affettiva, l'alleanza è detta moderata. Invece se le quattro funzioni sono soddisfatte, l'*alleanza* è detta *cooperativa*.

Queste quattro funzioni di comunicazione sono valutate a partire dai seguenti livelli d'interazione fisica: il *bacino* (orientamento); il *busto* (orientamento e inclusione); il *capo* e lo *sguardo* (orientamento, inclinazione); le *espressioni* (espressioni facciali, gesti, intonazione della voce, contenuto verbale).

Come le funzioni di comunicazione viste precedentemente, questi quattro livelli fisici mantengono tra di loro un rapporto gerarchico; i livelli inferiori del corpo servono da contesto, data la loro maggiore stabilità, ai livelli superiori.

La funzione di partecipazione viene valutata a ciascuno dei quattro livelli (bacino, torso, capo e sguardo, espressione), quella dell'organizzazione a tre livelli (torso, capo e sguardo, espressione), l'attenzione focale a due livelli (capo e sguardo, espressione) e, infine, quella del contatto affettivo è valutata solo all'ultimo livello (espressione).

Riassumendo, per definire la qualità dell'alleanza triadica si valuta il modo con cui la famiglia riempie le quattro funzioni ai differenti livelli di comunicazione. Possiamo ora distinguere i quattro tipi di alleanza, dalla più funzionale alla più problematica:

L'*alleanza cooperativa (A)*: la famiglia adempie sufficientemente bene alle quattro funzioni di comunicazione per condividere in modo ludico gli affetti positivi durante il gioco.

L'*alleanza moderata (B)*: la famiglia svolge in modo soddisfacente da due a tre di queste funzioni. Manifesta le sue difficoltà, o a livello dell'attenzione focale, o a livello del contatto affettivo. I problemi di coordinazione sono probabilmente legati a una gestione insufficiente dello stress che interviene durante il gioco.

L'*alleanza collusiva (C)*: la famiglia adempie sufficientemente bene alla funzione di partecipazione ma presenta difficoltà di organizzazione dovute a un conflitto coniugale non negoziabile nel quale il bambino è coinvolto.

L'*alleanza disordinata (D)*: la famiglia presenta difficoltà di coordinazione dei livelli di partecipazione. Questo funzionamento patologico si riscontra spesso all'interno di famiglie cliniche, dove uno dei membri presenta dei disturbi psichici.

Le alleanze A e B identificano alleanze funzionali, mentre le alleanze C e D descrivono piuttosto alleanze problematiche.

Alcuni studi condotti dagli autori sembrano indicare che l'alleanza familiare è relativamente stabile durante il primo anno di vita del bambino (Fivaz-Depeursinge e Corboz-Warnéry, 1999). È importante ricordare che questo modello viene proposto sulla base di studi esplorativi di tipo microanalitico.

Limiti e pregi

La procedura osservativa proposta presenta alcuni limiti, tra i quali la necessità di avere a disposizione una stanza appositamente attrezzata e il materiale necessario alla videoregistrazione. Inoltre, il Gioco Triadico di Losanna è ancora poco conosciuto in Italia, e ne sono pubblicati solo alcuni aspetti; di conseguenza la sua applicazione è legata alla presenza di una persona che abbia intrapreso un training per la somministrazione e per la classificazione dei comportamenti osservati. Per contro, l'utilizzo del Gioco Triadico comporta numerosi vantaggi, tra i quali la possibilità di valutare il funzionamento di tutta la famiglia (o almeno di tre dei suoi membri) in un'unica situazione videoregistrata e di breve durata. In particolare, si possono osservare i quattro modi possibili in cui i tre componenti possono interagire, ovvero all'interno delle tre diadi e della triade e nell'alleanza familiare.

Ovviamente, tale metodo contiene in sé anche i pregi e i limiti evidenziati per gli altri strumenti di valutazione basati sull'utilizzo di videoregistrazioni e di situazioni piuttosto strutturate da proporre al bambino o alla sua famiglia.

Informazioni per il clinico

Le quattro parti del Gioco Triadico Le informazioni che si possono ottenere a livello clinico dall'analisi del Gioco Triadico di Losanna riguardano, come detto, le modalità interattive dei tre partner nei quattro modi di essere in relazione tra loro. Più specificamente, si possono osservare le modalità che i genitori utilizzano nel tentativo di coordinarsi per cercare di stabilire un'interazione ludica con il figlio. Questo consente di osservare se all'interno della coppia c'è una buona coordinazione e collaborazione, o se uno dei genitori predomina sull'altro. Per esempio, durante la prima fase possiamo osservare quale dei genitori decide di interagire per primo con il figlio e in quale modo viene presa questa decisione. Ci può essere un genitore che decide di cominciare per primo senza nemmeno consultare il partner, e continua a lungo a giocare con il figlio ignorando la presenza del coniuge; oppure i genitori possono consultarsi, e stabilire di comune accordo chi comincia per primo; successivamente, il genitore attivo può restare in contatto affettivo con il partner attraverso sguardi o sorrisi, esprimendo, in questo modo, considerazione per la presenza dell'altro. Il particolare ruolo che svolge il genitore in posizione di terzo è un ruolo di osservatore partecipante. Egli dovrebbe assumere un atteggiamento empatico, senza interferire, e probabilmente questo richiede un certo distacco dal contesto. Certamente vi sono delle differenze individuali, nella personalità e nello stile, che permettono al genitore di sentirsi più o meno a proprio agio quando riveste uno o l'altro ruolo. Parallelamente entrano in gioco anche le influenze reciproche che si determinano fra i membri della diade e il genitore che è in posizione di terzo. Un gioco diadico armonioso facilita l'empatia non interferente del genitore terzo, mentre un gioco diadico difficoltoso la ostacola (Fivaz-Depeursinge e Corboz-Warnéry, 1999). Le modalità con cui vengono prese queste decisioni rivelano molte cose sulla reale coordinazione dei genitori. L'iniziale esitazione può essere risolta con umorismo, oppure essere rivelatrice del primo sottile indice di tensione fra i genitori, che potrà essere rilevata nella valutazione dell'alleanza familiare.

Per quanto riguarda il bambino, verrà richiesta una certa capacità di adattamento alla novità e alla presenza di persone sconosciute. Questa capacità varia notevolmente in base allo stato emotivo verso gli otto mesi di vita. Quando l'interazione diadica si svolge senza particolari difficoltà da parte di entrambi i partner, l'empatia non interferente del genitore terzo ha un effetto di conferma che facilita il processo diadico e viceversa. Analogamente, le difficoltà della diade a stabilire una soddisfacente interazione di gioco possono indurre il genitore terzo a un'intromissione inopportuna. Per esempio, la stimolazione inadeguata di uno dei genitori e la conseguente riluttanza a giocare da parte del bambino possono provocare un'intromissione del genitore terzo, che disturba il bambino e infastidisce il partner, il quale può vivere sentimenti di inadeguatezza. Solo l'osservazione accurata può rivelare gli effetti che tali schemi di comportamento hanno sulle altre parti.

È importante notare che le caratteristiche fisiche del setting favoriscono l'effetto triangolare. La vicinanza intensifica la sintonia affettiva. Infatti, anche se ciascuno dei genitori è posto in una posizione più frontale rispetto al bambino che rispetto al coniuge, sono sufficientemente vicini da cogliere ciascuno i movimenti dell'altro in visione periferica.

Nella fase di interazione diretta fra i tre, è importante notare che tale processo è più complesso rispetto a quanto si verifica nelle situazioni «2 + 1». Accordare e sintonizzare le azioni dei tre partner richiede un numero maggiore di coordinazioni. Di conseguenza, in questa configurazione è molto più facile che si verifichino delle coordinazioni errate, trattandosi di una situazione più sensibile al disagio e al conflitto tra i partner. La situazione «3 insieme» permette di osservare la cooperazione tra i genitori quando cercano di coinvolgere il bambino, oppure la loro competizione per avere un'interazione esclusiva con il piccolo o, ancora, una confusione totale nella coordinazione delle loro azioni.

Nonostante la natura asimmetrica dell'interazione genitore-figlio, la situazione «3 insieme» fornisce importanti informazioni sull'investimento del bambino rispetto all'interazione con entrambi i genitori. I bambini di almeno dodici settimane sembrano divertirsi in questo contesto complesso, se i genitori manifestano la loro disponibilità congiunta e si orientano alternativamente ciascuno verso l'altro condividendo i loro stati emotivi. Diversamente, i bambini così piccoli manifestano segni di stress se i genitori non sono coordinati o sono in competizione tra loro. La configurazione «3 insieme» sembra pertanto essere la più complessa rispetto al processo familiare, ed è molto significativa da un punto di vista clinico ed evolutivo.

Nell'ultima configurazione, in cui il bambino si trova in posizione di osservatore dei genitori, il processo è più complesso rispetto alle precedenti parti «2 + 1». I bambini molto piccoli di solito dedicano la maggior parte dei loro sforzi al tentativo di autoregolarsi, e possono aver bisogno di un aiuto diretto. Tuttavia, quando i genitori sono impegnati in un'interazione vivace, spesso i bambini assumono un atteggiamento di osservazione, in quanto la scena risulta ai loro occhi molto attraente. Tuttavia i genitori devono continuare a fornire le cure necessarie al benessere del bambino e devono mantenere un atteggiamento empatico con lui. Questa è la parte più sensibile alla dialettica con cui i genitori e il bambino determinano i limiti e negoziano i compiti potenzialmente conflittuali, sempre all'interno di un contesto triangolare.

Le quattro configurazioni del Gioco Triadico di Losanna possono essere considerate come le quattro facce delle interazioni familiari. In questo scenario è presente un ulteriore elemento importante: i momenti di transizione tra le configurazioni.

Le transizioni Il modo in cui i genitori passano da una fase a quella successiva è una caratteristica intrinseca della famiglia. La modalità con cui avvengono le transizioni dalle prime due fasi alla fase «3 insieme» ci dice molto su quanto i genitori sono in grado di coordinarsi per passare da ruoli complementari a ruoli simmetrici. Analogamente la transizione successiva, dalla fase in cui madre e padre sono in interazione reciproca e il bambino li osserva, indica il modo con cui i genitori riescono a gestirsi e e a coordinarsi durante la separazione. Lo scopo della transizione è quello di cambiare configurazione mantenendo tuttavia attiva l'interazione. I genitori sono liberi di cambiare configurazione quando vogliono e, affinché questo avvenga in modo ottimale, dovrebbero comunicarsi di essere pronti per il cambiamento e confermare tale proposta prima di realizzarla. Può avvenire che il genitore con il ruolo di terzo intervenga senza aver avuto l'assenso da parte del genitore in interazione con il piccolo, e che la sua intrusione venga interpretata dall'altro genitore come un'interferenza piuttosto che come una proposta di cambiamento, con le conseguenze che ne derivano non solo per il genitore stesso (da riparazione a ritorsione) ma anche per il bambino (stress e confusione).

La valutazione delle alleanze familiari Il compito richiesto durante il Gioco Triadico spinge i tre partner a lavorare insieme continuamente se vogliono raggiungere lo scopo del gioco a tre, aiutandosi a vicenda nello sviluppare le diverse parti di gioco. Nella visione degli autori, le interazioni fra gli elementi di un sistema (come quello triadico) determinano una proprietà nuova e unica, non riducibile alla somma delle parti del sistema, e che viene mantenuta per tutta l'interazione. Mentre si svolge l'interazione, questa proprietà è rappresentata dalla duplice qualità del lavoro comune e dell'aiuto reciproco.

Ricordiamo che i termini che identificano le diverse qualità delle alleanze familiari sono *cooperazione*, *tensione*, *collusione* e *disturbo*. Le alleanze *cooperative* e quelle *in tensione* sono sufficientemente buone, in quanto l'osservatore ha l'impressione che la famiglia stia lavorando insieme. I genitori appaiono fianco a fianco nel fornire sostegno al bambino, creando un contesto favorevole e protettivo per l'adattamento del bambino e per lo sviluppo della famiglia. Le alleanze *collusive* o *disturbate* appaiono problematiche, in quanto l'osservatore percepisce più ostacoli che cooperazione. Sembra che i genitori agiscano l'uno contro l'altro e intrappolino il bambino in una coalizione deviante, oppure lo stiano escludendo. Le alleanze *disorganizzate* costituiscono un contesto sfavorevole che mette a rischio l'adattamento socio-affettivo del bambino, e non permettono ai genitori di utilizzare in modo efficace le loro capacità parentali spontanee.

La differenza principale tra le alleanze *cooperative* e quelle *in tensione* riguarda il modo in cui la famiglia affronta la collaborazione e l'aiuto reciproco. Nelle alleanze *cooperative* l'armonia prevale sulle difficoltà, e in una situazione in cui il bambino si oppone al gioco del genitore prevarrà comunque l'umorismo. Nelle alleanze *in tensione* sorgono invece ostacoli alla piena armonia, che tuttavia vengono superati, indicando che i partner hanno mantenuto l'obiettivo ed è prevalsa la positività.

La differenza tra le alleanze *collusive* e quelle *disturbate* riguarda invece l'ampiezza del conflitto familiare. La *collusione* fa riferimento a una coalizione tra i genitori che serve a deviare sul bambino il conflitto non negoziato. Questa coalizione può essere evidente o nascosta. Tuttavia il risultato in entrambi i casi è lo stesso. Il bambino è in una posizione di capro espiatorio, la trama del gioco è frammentata, come se il tema fosse la competizione e non il coinvolgimento e il divertimento reciproco. Nelle alleanze *disturbate*, alla collusione si aggiunge l'ambiguità. La trama del gioco può essere caotica o rigida, ma è comunque sconnessa, non si percepiscono obiettivi, e il gioco si conclude con una rottura o una situazione di stallo, con affetti chiaramente negativi.

Possibili impieghi nel campo delle adozioni

Il Gioco Triadico di Losanna è stato utilizzato nella ricerca e nella clinica con famiglie in cui i bambini avevano dai tre ai ventiquattro mesi. Il setting viene modificato per meglio adattarlo alle esigenze fisiche e posturali del bambino, e a ventiquattro mesi del bambino e i genitori si trovano seduti intorno a un tavolo rotondo: questa collocazione favorisce le interazioni a tre. Tale modificazione del setting osservativo in connessione con lo sviluppo del bambino consente di pensare a un impiego di questo strumento con le famiglie adottive:

a) nel corso di eventuali incontri nei primi momenti dell'abbinamento tra il bambino e la coppia genitoriale;

b) nel corso di possibili incontri di follow-up a distanza di alcuni mesi dall'arrivo del bambino nella famiglia, per una valutazione del funzionamento familiare e delle alleanze che si sono costituite nella triade.

Come è chiaro, siamo all'interno di situazioni in cui il percorso adottivo è avvenuto in fasi molto precoci dello sviluppo del bambino, e che consentono, appunto, l'impiego di questo metodo.

D'altra parte, nel corso della valutazione della coppia genitoriale che si propone per l'adozione è possibile utilizzare una versione modificata del Gioco Triadico (il Gioco Triadico Prenatale), costruita originariamente dagli autori per effettuare una valutazione dei genitori e della loro coordinazione senza il bambino: viene solitamente utilizzata a scopi di ricerca, e consente l'osservazione dell'alleanza familiare prima della nascita del figlio. In altre parole, viene proposta a coppie che non sono ancora genitori. Nella valutazione della coppia che intraprende il percorso adottivo potrebbe essere utilizzata per valutare le rappresentazioni agite che i genitori hanno di sé stessi come futuri genitori.

Il Gioco Triadico Prenatale si è rivelato uno strumento molto utile sia per i due partner (che hanno la possibilità di sperimentare una situazione «come se» in cui possono agire comportamenti genitoriali anche in assenza di un bambino reale), sia per i professionisti (che hanno la possibilità di osservare alcune delle dinamiche familiari relative allo svolgimento della funzione genitoriale, prima che questa si sia verificata). Nel corso della somministrazione, i partner sono invitati a recitare le rappresentazioni con le proprie modalità di interazione a tre, all'interno di un gioco triadico che include il loro futuro bambino. Praticamente la procedura viene svolta attraverso l'uso di una bambola (al posto del bambino), che favorisce per i partner la simulazione della situazione triadica: la consegna è quella di intraprendere un gioco con il bambolotto-bambino secondo le quattro interazioni triadiche classicamente proposte dallo strumento. Questa prova è stata pensata come una possibile procedura di valutazione dell'alleanza familiare e del livello di coordinazione dei partner come coppia quando sarà presente il bambino reale. Gli studi finora condotti hanno evidenziato come la qualità dell'alleanza tra i partner, valutata prima della nascita del bambino, sia strettamente legata (cioè predittiva) alla qualità dell'alleanza valutata nel corso dello sviluppo del piccolo. L'impiego di tale metodologia consente perciò di valutare l'effettiva coordinazione tra i partner e il loro modo di rappresentarsi come futuri genitori, e appare quindi particolarmente interessante per il lavoro preadottivo.

Lo Sceno-Test tra narrazione e interazione

Lo Sceno-Test (von Staabs, 1971) è uno strumento utilizzabile sia per l'indagine a scopo diagnostico sia nel trattamento terapeutico, con soggetti in età evolutiva e adulti. Il test, nella sua costruzione e interpretazione, ha radici nel concetto psicoanalitico di proiezione, un meccanismo mediante il quale il soggetto attribuisce sentimenti, atteggiamenti e impulsi propri ad altri o alla realtà esterna. Lo Sceno-Test, per il materiale ad altissimo contenuto simbolico che contiene, è in grado di sollecitare la «messa in scena» da parte dell'individuo di processi profondi difficilmente accessibili al pensiero cosciente, permettendo così l'emergere delle difficoltà interiori e delle problematiche che si trova ad

affrontare: in tal senso, fornisce un'immagine del modo in cui il soggetto vive le proprie esperienze e offre indicazioni rispetto alla sua personalità, in quello specifico quadro transferale e controtransferale, con un tempo e uno spazio definiti. Permette da una parte di ampliare il materiale diagnostico fornendo indicazioni su fatti e circostanze dell'ambiente familiare che nell'anamnesi non sempre emergono, ma che trovano espressione in ciò che il soggetto rappresenta; dall'altra, la rappresentazione messa in atto apre un varco tra le difese dell'individuo e permette l'accesso a sentimenti, emozioni, fantasie e paure inconsci. Infatti, la scena costruita a partire dal materiale fornito può:
a) rappresentare in toto o parzialmente situazioni di realtà, fornendo indicazioni sulla vita e le interazioni reali, desiderate, temute o fantasticate dal soggetto;
b) rappresentare una realtà fantastica, preziosa per conoscere la vita interiore del soggetto con la sua affettività ed emotività.

Il test è nato dallo studio di casi di nevrosi infantile, e solo successivamente è stato usato anche in sede terapeutica. Nei trattamenti in cui si utilizza lo Sceno-Test, il soggetto viene invitato a ripetere la scena giorno dopo giorno: tale ripetizione evidenzia alcuni aspetti dell'evoluzione e dell'elaborazione del soggetto.

Nonostante l'autrice l'abbia pensato e utilizzato anche con persone adulte, in quest'ambito il test verrà considerato limitatamente al suo impiego con bambini e adolescenti.

Il materiale

Il materiale dello Sceno-Test è contenuto in una cassetta portatile suddivisa in scomparti. La parte interna, in ferro, del coperchio smontabile costituisce il piano su cui si svolge il gioco.

Gli elementi essenziali del test sono 16 personaggi con articolazioni snodabili che consentono loro di sedere, stare in piedi, mediante delle calamite collocate sulle piante dei piedi, camminare e assumere posture e atteggiamenti diversi. Le persone sottoposte al test sono molto stimolate dalla flessibilità di questi personaggi a imprimere gesti e posizioni rivelatori di affetti, conflitti e stati d'animo sia propri che di persone significative nella loro vita, dando luogo a una rappresentazione scenica molto efficace. Tali bambole rappresentano otto bambini e otto adulti, di altezza tra i 7 e i 15 cm, diversamente caratterizzati per grandezza, vestiario ed espressione del viso, così da poter rappresentare tutte le figure che popolano il mondo del soggetto.

Ad esempio, tra gli adulti la figura del nonno, rappresentata da un vecchio signore con il viso rugoso e la giacca da casa, può impersonare anche un vecchio zio, un preside o altro. La figura della nonna può rappresentare anche una strega o una fata per il suo abito fiabesco. Le altre figure di adulti hanno abbigliamenti più moderni ma diversi. Le due figure femminili adulte indossano l'una un semplice vestito da casa e l'altra un abito elegante, e possono rappresentare la madre, una zia, l'insegnante, una vicina. La terza donna, vestita da cameriera, può essere usata a volte come madre, specialmente quando questa viene vissuta essenzialmente nella sua funzione domestica, o come commessa o altro. Una delle figure maschili è in abito da passeggio e rappresenta la figura autoritaria, mentre un altro adulto in tenuta più sportiva può essere, ad esempio, un fratello, un giovane, un cugino. La terza figura maschile, in camice bianco tipicamente da medico, può essere anche un vigile, il panettiere, il fornaio, il terapeuta. Tra le figure infantili si trova un neonato, che può essere utilizzato per esprimere il desiderio di un fratellino, ma può anche costituire l'oggetto verso cui si manifesta la gelosia nei confronti di fratelli più piccoli. Inoltre, dà al soggetto la possibilità di esprimere il desiderio di tornare a essere un bambino piccolo oggetto di particolari cure e tenerezze. Gli altri bambini sono di varie età e diversamente vestiti.

Per costruire ambientazioni e interni che ricreino la vita familiare in cui collocare questi personaggi, sono disponibili pezzi da costruzione in legno colorato di varie forme e dimensioni.

Il test è corredato da materiale di vario genere scelto con criteri psicoanalitici; tale materiale, per il suo carattere dinamico e simbolico, favorisce l'espressione dell'atteggiamento affettivo del soggetto verso le figure che i personaggi rappresentano e permette di caratterizzare tali persone con gli atteggiamenti e le tendenze che il soggetto percepisce in loro (von Staabs, 1971).

Materiale aggiuntivo dello Sceno-Test

I *personaggi simbolici* (il pupazzo di neve, lo gnomo, l'angelo): il pupazzo di neve in cartone è utilizzato per rappresentare i giochi invernali, ma anche un'atmosfera genericamente fredda. Se il freddo è percepito irradiarsi da una determinata persona, il pupazzo viene frequentemente messo in relazione con questa. Lo gnomo può entrare in scena come nanetto buono o spiritello maligno, l'angelo come angelo custode o come istanza morale.

Gli *animali*, anch'essi a volte impiegati a simboleggiare qualità, strutture e atteggiamenti. La mucca, di dimensioni superiori a tutti gli altri animali, può essere l'immagine materna, onnipotente, elargitrice, oppure prepotente ed esigente. I sentimenti o atteggiamenti di rabbia o ostilità possono essere rappresentati dal coccodrillo con le fauci aperte, l'astuta volpe o il maschio dell'oca dall'aria aggressiva. Oppure possono essere addomesticati o mansueti, pacificamente insieme in un illusorio mondo magico che il soggetto desidera. Altri animali ancora (la scimmia, il maiale, l'uccello, il cane ecc.) possono essere utilizzati come reali immagini degli animali stessi o con significati simbolici legati alle loro specifiche caratteristiche.

Oggetti della casa (battipanni, poltrona, sedia a sdraio, stoviglie, frutti ecc.): alcuni, come il battipanni, possono entrare in scena intesi nel loro uso comune, oppure portare con sé un simbolismo aggressivo. La poltrona, dall'aspetto rigido e patriarcale, è dove vengono messe a sedere le persone verso cui si intende mostrare il dovuto rispetto o a cui si vuole attribuire superiorità; la sedia a sdraio, invece, è più legata a un aspetto di passività. Altri elementi servono poi a raffigurare la tematica orale, come le stoviglie e i frutti. I frutti sono tagliati e dipinti in modo tale che, se messi diritti, sembrano dei fiori, indicando nel soggetto che li usa in questo modo una propensione alla contemplazione estetica, alla cura e al gusto di adornare. La tematica anale e gli aspetti legati all'educazione alla pulizia possono trovare espressione nell'uso del vasino e del gabinettino della bambola. Anche la tinozza può avere legami con la tendenza la pulizia.

Trenino e automobili: possono rappresentare gli impulsi motori, la volontà di possesso, il desiderio di acquisire dominio e autorità, la tendenza a lasciarsi guidare (limousine) o una maggiore attività (auto da corsa). Spesso tensioni e conflitti interni trovano espressione in violenti scontri automobilistici.

Alberi, fiori e aiuole: spesso servono a ricreare campagne, giardini o boschi realmente visti dal soggetto, ma possono anche evidenziare un particolare amore per la natura o per un mondo idilliaco immaginato, o un desiderio di protezione. Gli alberi sono di diversi tipi: l'abete, che simboleggia anche la festività del Natale, il melo, che offre i suoi frutti, l'albero largo e frondoso su cui possono sistemarsi un uccello, la scimmietta o un bambino, il pioppo, con varie sfumature simboliche.

Il *cartellone pubblicitario*: il contenuto attribuito ai manifesti darà indicazione su gusti e interessi del soggetto, o sul suo desiderio di fare sensazione, e il *catarifrangente*, utilizzato per rappresentare tesori, luci o altro.

La somministrazione

Come il materiale, anche la modalità di somministrazione del test è standardizzata, così da permettere di confrontare i risultati. L'interno del coperchio smontabile, che fornisce il piano su cui viene costruita la scena, va messo davanti al soggetto dal lato più lungo; sulla destra viene posta la scatola con il materiale, con il lato più breve (dove si trovano i personaggi) rivolto verso il soggetto. La suddivisione degli scomparti permette una visuale completa del contenuto. Il materiale e il modo in cui viene presentato hanno un chiaro carattere di invito al gioco, quindi in genere bastano poche parole per dare inizio alla raffigurazione scenica. Soprattutto con i bambini più piccoli, è sufficiente invitarli a costruire a qualcosa sulla superficie messa loro davanti; i soggetti in età scolare e gli adolescenti vengono invitati a rappresentare ciò che viene loro in mente, magari aggiungendo «come un regista che vuol disporre una scena».

Quando il test viene somministrato a bambini, non deve essere ammessa la presenza di persone significative per il bambino, come genitori, parenti o altre persone investite d'autorità, perché impedirebbe agli aspetti interni di esprimersi, mentre la presenza di altre persone «neutre», non legate al soggetto, sembra non disturbare. Durante l'elaborazione della scena l'esaminatore deve evitare accuratamente qualsiasi intervento che possa essere suggestivo, in modo che il soggetto si abbandoni al gioco completamente indisturbato e libero.

Terminata la scena, la si osserva assieme e si chiede al soggetto di raccontare cosa ha costruito, invitandolo a fornire dettagli e chiarimenti, e potrebbe essere utile fare una foto o uno schizzo. Generalmente le scene vengono costruite in circa mezz'ora, talvolta però sono sufficienti 10 minuti; il tempo massimo è di un'ora.

Informazioni per il clinico

L'obiettivo dell'esaminatore che valuta lo Sceno-Test è quello di comprendere il «retroscena», ciò che «sta dietro» la scena costruita dal soggetto, cioè le dinamiche interne e relazionali che hanno animato la rappresentazione. Il manuale propone una serie di variabili su cui focalizzare l'osservazione, distinte su due livelli: l'osservazione generale e il contenuto.

Per quanto riguarda l'*osservazione generale*, vengono definiti alcuni aspetti generali da osservare durante la costruzione della scena da parte del soggetto: innanzitutto, l'espressione del viso e i movimenti, come il soggetto si accosta al materiale, cioè se lo usa per costruire qualcosa o come gioco e basta, se accompagna il gioco con delle parole, se ha preferenze per un determinato materiale o per i personaggi, che materiale prende e poi mette in disparte, se è sicuro e deciso nell'afferrare e piegare i personaggi, o timoroso e titubante. È molto importante osservare, inoltre, quali ruoli e qualità il soggetto affida ai diversi personaggi, caratterizzati anche attraverso il materiale accessorio, e in che modo li mette in relazione tra loro. Un'attenzione particolare va rivolta alle identificazioni del soggetto con personaggi che fanno parte della scena o ne sono volutamente esclusi. Interessante è vedere quali animali fa entrare in scena e quali significati attribuisce loro, così come per le figure simboliche. In Appendice 2 è riportato lo schema elaborato per guidare l'osservazione del soggetto nel corso della prova.

Relativamente agli aspetti di *contenuto della scena*, non sono presenti in letteratura precise note che guidino la comprensione. In fondo, l'interpretazione delle scene richiede un atteggiamento simile a quello adottato dallo psicoanalista di fronte ai sogni, basandosi su commenti spontanei, riferimenti personali ed eventuali associazioni del soggetto. L'autore, tuttavia, in base alla sua esperienza clinica condotta a partire dal 1938 su bambini e adolescenti normali, difficili e nevrotici, ha individuato alcune caratteristiche comuni agli Sceno-Test di soggetti con aspetti psichici simili.

I soggetti con gravi difficoltà di contatto usano spesso solo i pezzi da costruzione; quand'anche animali o, più difficilmente, personaggi sono inclusi nella scena, l'isolamento che il soggetto vive nella realtà può manifestarsi nella situazione di un'unica figura isolata o nella rappresentazione di più personaggi non in comunicazione fra loro.

I sentimenti di tenerezza possono essere espressi attraverso l'utilizzo del tappeto di pelliccia o del cane di peluche.

Le paure spesso si manifestano nella costruzione di mura particolarmente massicce o di spazi molto recintati.

I soggetti con accentuato desiderio di valorizzazione pongono spesso al centro dell'azione scenica i personaggi nei quali si identificano.

Quando il distacco nei confronti di genitori, insegnanti o superiori è sentito con particolare intensità, questi vengono rappresentati non dalle bambole d'età media ma dalle figure più anziane, anche quando l'età reale non giustifica tale scelta. A ciò conducono anche i desideri di avere genitori molto saggi e protettivi, come generalmente vengono immaginati i nonni.

I conflitti con persone vicine al soggetto possono generare impulsi ostili latenti che si manifestano nella scena. Questi possono esprimersi in forma mascherata, quando, ad esempio, il soggetto fa entrare in gioco un colpo del destino che elimina le persone sentite come disturbanti. I bambini più piccoli in genere manifestano il desiderio di eliminare le persone in forme più primitive, come facendo divorare il bebé, vissuto come concorrente, dal coccodrillo. Tuttavia, molto più spesso le aggressioni vengono rappresentate in forma indiretta e più neutrale, utilizzando oggetti (adesempio un battipanni) o animali, nel tentativo di neutralizzare i sensi di colpa.

I bambini che si sentono oppressi dal peso di esigenze eccessive o esigono troppo da sé stessi a volte si rappresentano come adulti.

Tra gli studi effettuati con lo Sceno-Test, è interessante citare il lavoro di Malandain (1990), il quale ha applicato questo strumento su un gruppo di alunni francesi di età compresa tra i sei e i dodici anni (43 maschi e 39 femmine) allo scopo di evidenziare eventuali differenze tra i bambini con buono e scarso rendimento scolastico. I dati raccolti, quindi, in parte interessano questo specifico ambito, ma possono fornire interessanti informazioni utilizzabili anche al di fuori della valutazione scolastica. Riassumiamo qui di seguito i risultati principali della ricerca.

Il 75 per cento degli alunni utilizzano un numero di oggetti compreso tra 16 e 40. Quelli che utilizzano meno oggetti sono le femmine, gli alunni più grandi e i più bravi nel rendimento scolastico; l'autore ipotizza che il numero dagli oggetti utilizzati sia in rapporto alla maturazione, nel senso che un numero maggiore testimonia una propensione più a giocare che a rappresentare.

In media, un terzo degli scolari utilizzano un personaggio simbolico, ma mentre la percentuale degli alunni più giovani e di quelli in difficoltà scolastiche è superiore al 60 per cento, quella degli alunni bravi è del 14 per cento.

L'83 per cento degli alunni utilizzano almeno un personaggio. I più utilizzati sono i personaggi adulti (72%). Le bambine utilizzano i personaggi più dei maschi.

Quasi tutti i protocolli contengono almeno un animale (88%) e un albero; fiori e frutti sono più utilizzati dalle bambine che dai bambini; i fiori sono utilizzati di frequente anche dai bambini che soffrono di enuresi e di encopresi, e ciò induce a ipotizzare un significato particolare attribuito a questo elemento.

Si evidenziano differenze di sesso nei temi messi in scena: gli scenari dei maschi sono più rivolti all'esplorazione dell'esterno, mentre gli scenari femminili rivelano una maggiore attenzione agli interni, e questa differenza si accentua con l'età.

A partire da queste e altre caratteristiche, l'autore ha creato dei profili caratteristici dei vari sottogruppi, a cui rimandiamo per ulteriori approfondimenti. Per fissare senza troppa perdita di tempo e di informazioni la scena rappresentata e le conclusioni che se ne possono trarre, è consigliabile l'applicazione dello schema proposto dall'autore (vedi Appendice 2).

Quando e come utilizzare lo Sceno-Test nel campo delle adozioni

Le informazioni che si ottengono a partire dallo Sceno-Test applicato nel campo delle adozioni possono riguardare due ambiti principali: l'approfondimento della conoscenza del bambino e l'osservazione delle relazioni.

L'indagine sul bambino prima dell'adozione è un tema che non rientra nelle finalità di questo libro, ma è importante ricordare le potenzialità di tale strumento in proposito. Esso, infatti, permette di evidenziare elementi indicativi rispetto allo stadio evolutivo del soggetto, ma soprattutto permette di cogliere dinamiche interne e relazionali che difficilmente trovano espressione se non attraverso la modalità ludica che caratterizza il test. Questo aspetto è di particolare utilità nei casi di adozione internazionale, in cui si conosce poco del bambino e spesso è difficile comunicare per le difficoltà di lingua: il test può permettere di entrare in contatto, anche con una scarsa mediazione verbale, con quanto il bambino si porta dentro delle situazioni relazionali precedenti, con le sue paure e i suoi drammi, ma anche con i suoi desideri. A tal proposito, il test sembra agevolmente utilizzabile anche con bambini di Paesi e razze diversi, che comunque possono esprimere conflitti e rappresentazioni delle proprie situazioni esistenziali.

Ritornando all'obiettivo di fornire strumenti utili agli operatori che lavorano nel campo dell'adozione, è evidente che lo Sceno-Test si presta a essere utilizzato non tanto nel corso dell'iter di valutazione della coppia, quanto piuttosto per il monitoraggio delle trasformazioni che interessano il bambino stesso e le relazioni che si vengono a stabilire nel corso del «tempo» dell'affido preadottivo e dell'adozione. Potrebbe essere interessante, quindi, osservare il bambino con questo strumento più volte in momenti successivi, per cogliere l'evoluzione di tali aspetti.

Limiti e pregi dello strumento

Per molti aspetti lo Sceno-Test è paragonabile ai test proiettivi, ma a differenza di essi permette una comunicazione dei legami affettivi della persona con gli altri e con l'ambiente in un modo immediato e visivo, anche ricorrendo solo parzialmente al mezzo verbale. Infatti nello Sceno-Test non è tassativamente necessaria una chiarificazione con parole: gli affetti si rispecchiano da una parte nell'insieme della scena e dell'ambientazione, dall'altra negli atteggiamenti plastici che vengono impressi in ciascuna delle bambole flessibili, e nei loro reciproci rapporti.

Un altro vantaggio dello strumento è il fatto che il tempo di un colloquio, circa un'ora, è sufficiente alla costruzione della scena da parte del soggetto e al suo eventuale approfondimento. Inoltre, nonostante la sua somministrazione richieda un particolare training e una solida formazione psicoanalitica per la sua piena lettura, fornisce comunque importanti informazioni anche a una lettura limitata agli aspetti descritti.

Il principale limite è rappresentato dalla difficoltà di far costruire le scene ad alcuni bambini: se dalle rappresentazioni si possono ricavare importanti informazioni, dall'assenza della scena è difficile ricavare qualcosa di più che la presenza di forti difese, almeno in quello specifico momento.

Un'altra difficoltà è costituita dalla mancanza di una griglia di codifica puntuale dei contenuti espressi nelle scene e nelle storie dei bambini, senza dubbio difficilmente elaborabile data la natura stessa dello strumento; tale difficoltà limita le possibilità di confrontare bambini diversi. La tabella 5.1 riporta un quadro riassuntivo dei limiti e dei pregi dello Sceno-Test.

Una variante nell'utilizzazione dello Sceno-Test

Un'interessante modifica nella somministrazione dello Sceno-Test è stata proposta da Fava Vizziello e Calvo (1992) per bambini a partire dai tre anni. Tale procedura, che condivide alcune caratteristiche della Strange Situation Procedure (Ainsworth, Blehar e altri, 1978), prevede la suddivisione della somministrazione del test in tre parti, a due delle quali partecipa anche il genitore. Similmente alla Strange Situation, è necessario registrare con almeno una tele-

Tabella 5.1
Lo Sceno-Test: pregi e limiti di utilizzo

Limiti	Pregi
Difficoltà di rappresentazione	Immediatezza dell'espressione ludica
Difficoltà di dare un valore al «retroscena»	Adatto a soggetti di culture diverse
Confronto complesso tra soggetti diversi	Anche in assenza di training specifico, dà importanti informazioni
	Ricchezza delle informazioni

camera le diverse fasi della procedura, e risulta utile la presenza nella stanza di una specchio unidirezionale che permetta agli sperimentatori di osservare il gioco in atto e le reazioni del bambino quando la madre lascia la stanza. La successione e la durata delle tre fasi sono le seguenti.

PRIMA PARTE: *genitore e bambino insieme* In questa parte il bambino e il genitore giocano insieme con il materiale dello Sceno-Test; uno sperimentatore è presente nella stanza, ma interviene solo se espressamente richiesto dalla diade. La prima parte ha inizio nel momento in cui lo sperimentatore apre la scatola del test e finisce quando, su segnalazione dello sperimentatore, dopo 8 minuti la madre lascia la stanza. La consegna che viene data alla diade è quella di costruire una storia utilizzando ciò che preferiscono del contenuto della scatola del test, utilizzando il coperchio per l'ambientazione della loro storia.

SECONDA PARTE: *il bambino rimane con lo sperimentatore dopo la separazione* La seconda parte prevede che la madre lasci la stanza e rientri dopo tre minuti. In questo tempo lo sperimentatore invita il bambino a continuare con lui la storia o il gioco iniziato con il genitore. Ciò che si richiede allo sperimentatore è di supportare il bambino nelle sue scelte di gioco e di stimolarlo se appare particolarmente bisognoso di aiuto o teso per l'assenza della madre. Alternativamente, il bambino può essere lasciato solo nella stanza, purché non si mostri eccessivamente stressato dalla situazione.

TERZA PARTE: *rientro del genitore* La terza parte ha inizio al ritorno del genitore e dura almeno 3 minuti (può essere allungata se lo si ritiene necessario). La consegna data al genitore è di chiedere al bambino di raccontare ciò che si è fatto in sua assenza, com'è proseguito il gioco con lo sperimentatore. Anche in questo caso lo sperimentatore presente interviene solo se sollecitato dalla diade.

Gli autori hanno messo a punto uno schema di codifica dei diversi comportamenti osservati all'interno di questa procedura (vedi Appendice 2). Lo schema è composto da una serie di variabili suddivise in base ai diversi momenti che il bambino si trova ad affrontare nel corso dell'osservazione: l'analisi delle varie parti permette, innanzitutto, di osservare i comportamenti del bambino in una situazione sconosciuta e alla presenza di un estraneo, e di stimolarne le reazioni alla separazione e al ricongiungimento con il genitore. Inoltre, offre la possibilità di osservare le interazioni ludiche tra genitore e figlio, la partecipazione e il coinvolgimento di entrambi, l'equilibrio nell'iniziativa e nella conduzione del gioco e le variazioni nel gioco legate alla presenza o assenza del genitore. Anche l'analisi globale dei 14 minuti di situazione sperimentale si rivela molto interessante, dal momento che fornisce indicazioni sulla sensibilità e/o intrusività materna, e sul generale coinvolgimento, calore e divertimento che si manifestano nella diade durante il gioco. A quanto detto si aggiungono le informazioni che si possono ricavare dall'analisi del contenuto delle storie messe in scena.

Per quanto riguarda i limiti, essi sono simili a quanto evidenziato rispetto alla Strange Situation, e sono di natura prevalentemente tecnica, dal momento che è necessaria una certa strumentazione. D'altra parte, però, lo Sceno-Test permette di ricavare una grande quantità di informazioni relative all'interazione genitore-bambino in un tempo piuttosto breve (14 minuti), e la presenza di una griglia di osservazione con scale relative alle diverse variabili permette il confronto fra soggetti diversi.

Capitolo 6

Metodi osservativi per la valutazione dell'attaccamento nell'infanzia

Alessandra Simonelli

Premessa

Negli ultimi anni la teoria dell'attaccamento si è configurata come un paradigma utilizzato in ambito clinico e di ricerca per la comprensione di alcuni aspetti salienti dello sviluppo affettivo-relazionale del bambino nel contesto di vita in cui si trova inserito. Un nodo centrale di questo approccio riguarda l'evoluzione e il ruolo dell'attaccamento nell'arco di tutta la vita della persona: a livello teorico fu proprio Bowlby (1969/1982, 1973, 1980) a sottolineare come l'attaccamento sia una dimensione rilevante lungo l'intera vita dell'individuo, dall'infanzia all'età adulta. Tale visione ha comportato l'ideazione di metodologie atte alla valutazione dell'attaccamento stesso, in considerazione delle diverse fasi evolutive attraversate dal soggetto, e ha implicato la ricerca di strumenti validi e attendibili per la «misurazione» ma utili, per quanto riguarda la quantità e la qualità delle informazioni che riescono a fornire, soprattutto quando utilizzati in ambito clinico. Proprio in questa prospettiva verranno descritti alcuni dei principali metodi di valutazione dell'attaccamento nell'infanzia, con particolare attenzione a evidenziare le potenzialità e i limiti che ognuno possiede: la caratteristica che li accomuna è che sono tutti strumenti fondati sull'osservazione diretta dei comportamenti di attaccamento del bambino nei confronti della figura di riferimento, grazie alla stimolazione del sistema pericolo-protezione che caratterizza l'attaccamento all'adulto. Nel capitolo 7 saranno invece descritti i metodi che si fondano su una visione rappresentazionale dell'attaccamento, secondo la quale il legame diviene un modello interno di organizzazione dell'esperienza e di motivazione del comportamento.

I comportamenti di attaccamento nell'infanzia

Secondo la teoria dell'attaccamento, i bambini fin dalla nascita hanno la tendenza innata a stringere legami affettivi privilegiati con almeno un'altra persona adulta (più spesso la madre biologica, ma anche altri adulti con funzione di cura) che viene definita figura di attaccamento (Bowlby, 1969/1982). Da un punto di vista evoluzionistico, lo scopo di tale legame è quello di proteggere il piccolo dai pericoli dell'ambiente, che possono essere di varia natura: interni (come le malattie), oppure esterni (come la presenza di un estraneo che spaventa il bambino molto piccolo). Tale obiettivo viene raggiunto grazie ai comportamenti di attaccamento, che hanno lo scopo prevedibile (ovvero la funzione) di favorire la vicinanza fisica del bambino con la figura di attaccamento: possono essere segnali (il pianto, il sorriso, la vocalizzazione ecc.) che stimolano l'avvicinamento da parte dell'adulto, oppure altri comportamenti (come l'accostamento e il mantenimento del contatto fisico).

Con il termine attaccamento ci si riferisce, nel bambino piccolissimo, a specifiche dimensioni interattive che riguardano la regolazione della distanza fisica (e psicologica, in seguito), l'espressione delle emozioni e la ricerca di protezione rispetto al contesto, quindi comportamenti osservabili; più tardi, l'interiorizzazione delle interazioni strutturatesi in relazioni permetterà la costruzione degli *internal working models* (Bowlby, 1973, 1980) o Modelli Operativi Interni cognitivo-affettivi di funzionamento, relativamente stabili nel corso degli anni (vedi Bretherton, Ridgeway e Cassidy, 1990).

I comportamenti di attaccamento si organizzano in un sistema comportamentale che, a partire dal sesto mese di vita, regola omeostaticamente la vicinanza con la figura di riferimento in connessione con le variazioni ambientali in cui la diade si trova inserita. Quando si sente protetto e al sicuro, infatti, il bambino è in grado di disattivare parzialmente il sistema di attaccamento a vantaggio di altri sistemi utili da un punto di vista evolutivo, primo fra tutti il sistema esplorativo; diversamente, in condizioni di pericolo il sistema di attaccamento sarà notevolmente attivato, allo scopo di raggiungere un adeguato livello di prossimità fisica con l'adulto. Questo aspetto rende ragione del valore protettivo accordato alla presenza, per il bambino, di una figura adulta adeguatamente accudente in grado di rispondere alle sue richieste di vicinanza, favorendo perciò in lui la costruzione di un sentimento di sicurezza che gli consentirà di attivare e sperimentare altre situazioni legate all'esplorazione dell'ambiente circostante. In altre parole, quando la condizione di protezione fornita al bambino dall'adulto di riferimento è tale da farlo sentire «sicuro», il bambino non dovrà concentrare le proprie risorse nell'attivazione del sistema di attaccamento, a vantaggio di quello esplorativo: tale situazione sembra supportare lo sviluppo di altri dominii comportamentali, cognitivi e sociali (Bretherton, 1985; van Ijzendoorn, Dijkstra e Bus, 1995). È anche chiaro che ogni bambino ha una sua soglia di bisogni di accudimento oltre la quale non è in grado di sviluppare comportamenti di esplorazione.

La qualità dell'attaccamento è quindi un «indice» relativamente stabile, che descrive alcuni aspetti centrali dello sviluppo affettivo e cognitivo del bambino e delle sue relazioni intime e significative, nonché predittivo rispetto ad altri ambiti dello sviluppo.

Conseguenza di tale aspetto della teoria è il fatto che, nonostante il legame di attaccamento sia biologicamente determinato e universale, esso si sviluppa e si organizza nel singolo individuo con caratteristiche e differenze individuali legate soprattutto alla qualità delle cure ricevute, cioè alla capacità della figura di attaccamento di costruire una condizione di sicurezza per il piccolo.

Questo ci riconduce alle applicazioni cliniche della teoria e dei metodi di valutazione dell'attaccamento, relativamente a bambini per i quali occorra verificare l'adeguatezza degli adulti che se ne prendono cura nel fornire protezione e sicurezza e le eventuali conseguenze delle inadeguatezze riscontrate riguardo a diversi ambiti dell'adattamento. Le implicazioni derivanti saranno esplicitate nella descrizione delle metodologie di valutazione.

La Strange Situation Procedure

La Strange Situation Procedure (SSP, Ainsworth e Wittig, 1969; Ainsworth, Blehar e altri, 1978) è una procedura di laboratorio utilizzata per la valutazione della qualità dell'attaccamento del bambino al genitore durante la prima infanzia, più precisamente nell'intervallo di tempo tra i 12 e i 24 mesi.

Gli episodi della Strange Situation

Nel *primo episodio* (durata: 30 secondi) l'osservatore accompagna la madre e il bambino dentro la stanza e poi esce.
Nel *secondo episodio* (durata: 3 minuti) la madre indirizza il bambino verso i giochi e, in seguito, si siede nella poltrona a lei destinata, lasciando che il piccolo esplori da solo i giocattoli. Trascorsi i primi due minuti cercherà di interessarlo ai giocattoli, solo se il bambino non l'ha già fatto. L'episodio consente di osservare le modalità con cui il bambino sembra in grado di organizzare il comportamento esplorativo in una situazione non familiare, ma resa comunque abbastanza «sicura» dalla presenza della madre nella stanza.
L'inizio del *terzo episodio* (durata: 3 minuti) è segnato dall'ingresso dell'estraneo che va a sedersi nella poltrona. Trascorso il primo minuto, l'estraneo comincia a conversare con la madre e, al terzo minuto, si avvicina al bambino per giocare; nel frattempo, la madre esce dalla stanza dopo aver appoggiato la propria borsa sulla sedia, in modo che il bambino possa vederla. La madre è lasciata libera di

salutare o meno il bambino uscendo. Rispetto all'episodio precedente, l'assenza della madre costituisce un livello superiore di stress emotivo per il bambino: il livello di ansia sperimentato sarà comunque limitato dal fatto di trovarsi in presenza di un adulto che, sebbene sconosciuto, potrà consolarlo. Il piccolo, inoltre, potrà fidarsi di questa persona, dal momento che ha visto la madre conversare piacevolmente con lei. La borsa della madre lasciata sulla sua poltrona ha lo scopo di aiutare il bambino a pensare che la sua uscita sia momentanea.

Nel corso del *quarto episodio* (durata: 3 minuti) l'estraneo cerca di giocare con il bambino, lo consola o prova a distrarlo se piange o protesta per l'uscita della madre dalla stanza. Questo episodio consente di osservare la modalità con cui il bambino si autoconsola o si lascia consolare dall'estraneo e i comportamenti interattivi che indirizza verso di lui. Tale repertorio comportamentale potrà essere confrontato con quanto manifestato dal bambino nel corso del sesto episodio, quando viene lasciato solo nella stanza.

Il rientro della madre[1] dà inizio al *quinto episodio* (durata: 3 minuti o più se il bambino non si è ancora consolato). La madre cerca di consolare il bambino, giocando insieme a lui/lei. Trascorsi tre minuti (o comunque quando il piccolo è abbastanza coinvolto nel gioco) saluta il bambino e lascia la stanza dopo aver nuovamente lasciato la propria borsa sulla sedia. L'episodio evidenzia le modalità con cui il bambino si ricongiunge alla madre dopo la separazione del quarto episodio: tali comportamenti vengono considerati indici centrali per la valutazione della qualità dell'attaccamento.

Nel corso del *sesto episodio* (durata: 3 minuti) il bambino rimane solo nella stanza. Se non riesce a consolarsi e a rimanere da solo, l'episodio viene abbreviato, e l'estraneo rientra immediatamente per calmare il piccolo (evitando livelli eccessivi di angoscia). Il livello di tensione emotiva sperimentato dal piccolo raggiunge il culmine nel corso di questo episodio, consentendo di osservare la reazione alla separazione dalla figura di attaccamento e la possibilità di mettere in atto comportamenti esplorativi quando è lasciato solo.

Il *settimo episodio* (durata: 3 minuti) comincia con il rientro dell'estraneo per calmare il piccolo e interessarlo nuovamente ai giocattoli. Anche in questo caso, l'episodio verrà abbreviato se il bambino non è in grado di calmarsi: l'estraneo proverà a prenderlo in braccio per consolarlo, ma se l'operazione non riesce si farà rientrare il genitore. L'osservazione riguarda le reazioni del bambino al rientro dell'estraneo per confrontarle con quelle messe in atto al rientro della madre (che dovrebbe essere la condizione preferita dal piccolo).

L'*ottavo episodio* (durata: 3 minuti) è caratterizzato dal rientro della madre che prende in braccio il bambino per consolarlo e, una volta che si è calmato, avvia con lui una nuova esplorazione dei giocattoli. L'estraneo lascia la stanza.

La classificazione dei comportamenti di attaccamento

Gli autori prevedono un sistema di classificazione della Strange Situation Procedure che descrive quattro tipologie di attaccamento, basate sull'osservazione di specifiche configurazioni di comportamenti. Le categorie originaria-

[1] Il rientro della madre nella stanza viene segnalato al bambino: la madre lo chiamerà per nome una o due volte quando si trova fuori dalla porta per prepararlo al proprio ingresso e predisporlo al ricongiungimento.

mente descritte da Ainsworth, Blehar e altri (1978) sono: attaccamento sicuro (B), insicuro-evitante (A), insicuro-ambivalente (C); a queste si aggiunge la categoria di attaccamento disorganizzato/disorientato (D), individuata e descritta in seguito da Main e Solomon (1986, 1990). Ciascuna tipologia prevede poi al suo interno un numero differente di sottogruppi.

La tabella 6.1 riporta una descrizione dei comportamenti principali, messi in atto durante la SSP, che definiscono i bambini classificati all'interno delle diverse categorie, rielaborata da Simonelli e Calvo (2002). La scelta di tale descrizione su base comportamentale (piuttosto che le definizioni delle varie categorie già presenti in diversi lavori italiani, vedi Calvo e Fava Vizziello, 1997) è stata guidata dal fatto che appare più chiara per gli obiettivi del presente lavoro e meglio utilizzabile e applicabile in ambito clinico.

Per quanto riguarda la comparsa, cioè la numerosità, di ogni categoria che è lecito attendersi all'interno di un gruppo di bambini italiani della popolazione generale, di solito in letteratura vengono riportati i dati delle ricerche in ambito statunitense o europeo (van Ijzendoorn, Goldberg e altri, 1992), secondo le quali, generalmente, la percentuale media dell'attaccamento sicuro (B) è stimabile fra il 54,9 e il 67 per cento della popolazione (a seconda se venga utilizzato il sistema a 3 o a 4 categorie). In Italia, una nostra recente ricerca sembra indicare che l'attaccamento sicuro (B) è meno frequente, osservabile solo nel 41,9-44,2 per cento della popolazione (Fava Vizziello, Calvo e Simonelli, 2003). Relativamente agli Stati Uniti, l'attaccamento evitante (A) viene osservato in media nel 20,5-22,9 per cento della popolazione, e in Italia in una percentuale superiore, che può raggiungere anche il 39,5 per cento dei casi, se non si considera la categoria disorganizzato/disorientato (D); altrimenti la percentuale scende al 23,3 per cento, non discostandosi dai valori statunitensi. L'attaccamento ambivalente (C) è poco frequente sia nei campioni statunitensi (7,5-12,5%) sia nella nostra ricerca con i bambini italiani (14-16,3%). Infine, l'attaccamento disorganizzato/disorientato (D) è stato osservato nel 14,7 per cento dei bambini appartenenti a campioni non clinici, e nel 20,9 per cento in Italia (va notato che nella nostra ricerca, quasi tutti i bambini disorganizzati avevano una classificazione di tipo evitante, se veniva considerato il sistema a tre categorie).

Cenni sulle caratteristiche psicometriche della SSP

La Strange Situation Procedure, per il suo diffuso impiego, è stata sottoposta a diverse verifiche delle sue caratteristiche psicometriche, ossia degli aspetti di validità e di affidabilità. Le verifiche della validità (ricordiamo che la validità di uno strumento può essere definita come il grado di precisione e di accuratezza con cui esso misura ciò che si propone di misurare) hanno fornito conferme positive: la SSP sembra uno strumento adeguato per la valutazione del costrutto teorico (la qualità dell'attaccamento nel bambino di 12-24 mesi) che

Tabella 6.1
I principali comportamenti messi in atto durante la SSP, che definiscono i bambini classificati all'interno delle diverse categorie di attaccamento

Il bambino con attaccamento sicuro (B)	Il bambino con attaccamento insicuro evitante (A)	Il bambino con attaccamento insicuro ambivalente (C)	Il bambino con attaccamento insicuro disorganizzato/disorientato (D)
Manifesta un corretto bilanciamento tra esplorazione dell'ambiente e attaccamento nei confronti del genitore ovvero tra indipendenza/autonomia e dipendenza. Utilizza il genitore come una «base sicura» a cui fare riferimento quando si sente spaventato e a disagio. Manifesta il desiderio di riavere il genitore dopo la separazione. Saluta il genitore dopo la separazione. Tende a ricercare il contatto fisico e l'interazione con il genitore dopo le separazioni. Manifesta in modo chiaro e aperto i propri bisogni psicologici di conforto e protezione (quindi non manifesta evitamento verso il genitore). Quando ottiene dal genitore contatto fisico e consolazione si dimostra appagato, si lascia consolare e riprende l'esplorazione.	Il bilanciamento tra esplorazione dell'ambiente e attaccamento nei confronti del genitore è spostato a vantaggio dell'esplorazione: il comportamento enfatizza gli aspetti di indipendenza, autonomia e autosufficienza affettiva nei confronti dell'adulto. Il genitore non rappresenta una «base sicura», nel senso che il bambino tende a non fare riferimento all'adulto quando si sente moderatamente spaventato e a disagio. Non manifesta chiaramente e direttamente il desiderio di riavere il genitore dopo la separazione. Tende a non salutare il genitore dopo la separazione, ma minimizza le proprie reazioni affettive, mostrandosi indaffarato e coinvolto nel gioco. Non ricerca il contatto fisico e l'interazione con il genitore dopo le separazioni. Inibisce la manifestazione dei propri bisogni psicologici di conforto e protezione (quindi mostra evitamento verso il genitore).	L'equilibrio tra esplorazione e attaccamento è centrato sull'attaccamento. Non utilizza il genitore come una «base sicura», poiché quando si sente spaventato e a disagio non sembra essere consolato dalla presenza dell'adulto. Manifesta un forte desiderio di riavere il genitore dopo la separazione, saluta il genitore al rientro e tende marcatamente a ricercare il contatto fisico e l'interazione. Appare dipendente e centrato sul genitore, con pochi aspetti di autonomia. Quando ottiene dal genitore contatto fisico e vicinanza tende a non consolarsi; può essere arrabbiato oppure passivo, e non riprende l'esplorazione dell'ambiente.	Ha un comportamento apparentemente simile a quello dei bambini sicuri, evitanti o ambivalenti, ma in alcuni momenti il suo comportamento sembra privo di una strategia coerente nella relazione con il genitore. La mancanza di coerenza nella strategia si può manifestare con momenti di disorganizzazione del comportamento (in cui sono presenti comportamenti tra di loro contraddittori) o momenti di disorientamento (in cui il bambino non sembra del tutto consapevole di quanto succede). I comportamenti disorganizzati o disorientati si verificano solo quando il genitore è presente, e soprattutto nei momenti di riunione dopo la separazione.

Fonte: Simonelli e Calvo (2002).

si propone di misurare. Similmente, il metodo ha dimostrato una buona affidabilità, definita dal fatto che le valutazioni ottenute da un gruppo di soggetti con questo strumento sono coerenti, stabili nel tempo e costanti dopo diverse somministrazioni, in assenza di cambiamenti significativi nella persona o nel contesto in cui vive. Come già accennato, infatti, la SSP può essere applicata ripetutamente al bambino ottenendo valutazioni simili tra le due somministrazioni: unico accorgimento è quello di lasciare intercorrere un intervallo che consenta al piccolo di dimenticare la situazione, allo scopo di mantenerne la caratteristica di «estraneità».

Limiti e pregi

La Strange Situation è una procedura che presenta certamente alcuni limiti: primo fra tutti, il «costo emotivo» richiesto al bambino nell'affrontare la situazione insolita a cui viene sottoposto. Soprattutto, il clinico si trova nella situazione di dover valutare preliminarmente il vantaggio, nei termini della quantità e della qualità delle informazioni acquisite, dell'utilizzo di tale metodologia rispetto al costo, appunto, nei termini di stress e angoscia provocati al bambino. In questa direzione, una considerazione meritano i problemi derivanti dall'applicazione della procedura a bambini che sperimentano quotidianamente episodi di separazione: da una parte, infatti, in questi casi la situazione può generare nel piccolo livelli di forte disagio scarsamente consigliabili per lui/lei (per esempio, basti pensare a bambini che hanno sperimentato periodi di istituzionalizzazione lontani dai genitori). D'altra parte, nei casi in cui i bambini abbiano una lunga esperienza di separazioni giornaliere dal genitore (per esempio bambini già inseriti all'asilo nido o abituati a essere affidati quotidianamente a figure come i nonni o altri adulti, oppure bambini in affido o in adozione) può verificarsi la situazione opposta, ossia che il piccolo manifesti comportamenti di indipendenza interpretabili come caratteristiche di un attaccamento di tipo evitante (A) nei confronti della figura di riferimento, che invece potrebbero essere semplicemente manifestazioni di una maggiore «abitudine» a essere affidato ad adulti estranei o lasciato in luoghi nuovi e poco conosciuti.

Secondariamente, limiti rilevanti nell'utilizzo della procedura sono: il breve intervallo di tempo entro il quale può essere applicata (come anticipato, dai 12 ai 24 mesi del bambino) e l'impossibilità di effettuare rilevazioni ripetute dell'attaccamento nello stesso periodo di tempo. Riguardo al primo punto, una parziale soluzione è stata trovata da diversi autori che stanno mettendo a punto versioni modificate della procedura applicabili a bambini più grandi (vedi oltre) e che forniscono un'utile possibilità di impiego di tale metodologia anche in momenti evolutivi successivi ai 24 mesi di vita, anche se con alcuni problemi e limitazioni. Rispetto alla ripetibilità nel tempo delle osservazioni effettuate con la SSP, Ainsworth, Blehar e altri (1978) suggeriscono di rispettare un intervallo di almeno 6 mesi tra una rilevazione e l'altra. Tale intervallo, però, non consente di confrontare tra loro i diversi legami di attaccamento, poiché durante i mesi trascorsi tra le rilevazioni possono essersi verificati nella vita del bambino e della famiglia eventi non controllabili che potrebbero modificare le valutazioni ottenute (per esempio, la malattia di uno dei genitori). L'impossibilità di replicare le osservazioni nello stesso periodo di tempo costituisce perciò un importante limite del metodo.

Altri limiti di natura più «tecnica» sono la disponibilità di un luogo e di attrezzature adatte e la presenza di una persona formata alla somministrazione e alla codifica della procedura. Quanto al primo aspetto, si è visto fino a che punto gli elementi relativi al setting osservativo vengano considerati importanti in una corretta applicazione del metodo. Secondariamente, la formazione all'utilizzo e alla codifica sono aspetti da non trascurare: i dati osservativi ricavati dalla SSP sono difficilmente «leggibili» e interpretabili, anche a livello clinico, se non rilevati secondo le indicazioni fornite dagli autori e in seguito a un train-ing specifico.

D'altra parte la Strange Situation Procedure ha sicuramente alcuni pregi che ne giustificano e ne supportano l'utilizzo; in primo luogo, ha avuto il merito di aver reso percepibili e misurabili le differenze individuali nel legame di attaccamento, consentendo di approfondire la conoscenza di alcuni aspetti estremamente rilevanti della relazione genitore-bambino anche nei loro elementi di influenza sullo sviluppo cognitivo, affettivo e sociale del piccolo. Secondariamente, tale metodologia si è rivelata molto utile per la sua caratteristica di brevità: una procedura della durata di circa 20-24 minuti, infatti, consente di raccogliere una grande quantità di informazioni sul bambino secondo modalità specifiche difficilmente estrapolabili da altre situazioni osservative. Inoltre, il materiale così raccolto rende tra loro confrontabili le osservazioni condotte su differenti bambini e in differenti momenti. Infine, l'ampia diffusione della metodologia (anche in ambito italiano) consente lo scambio e il confronto tra professionisti diversi che possono consultarsi su tematiche che riguardano un singolo bambino o una famiglia, grazie a un linguaggio comune e condiviso.

Un altro pregio è il fatto che la SSP si è rivelata adeguata a valutare il legame di attaccamento anche in bambini affetti da handicap, purché non compromettenti gravemente le capacità cognitive. Un impiego adeguato della procedura, infatti, richiede che il soggetto abbia acquisito la nozione di permanenza dell'oggetto fisico e della persona che garantisce il suo funzionamento come «situazione estranea e stressante»: deficit cognitivi del bambino che colpiscano tali competenze, perciò, rendono difficilmente applicabile lo strumento e difficilmente individuabili le categorie di valutazione descritte dagli autori. In caso di deficit cognitivo (come per esempio quello che può essere presente in bambini con sindrome di Down) la SSP sembra utilizzabile unicamente per verificare se il bambino ha sviluppato un sistema comportamentale paragonabile a quello di attaccamento, ma non per valutare la qualità del legame, dal momento che questi soggetti hanno modalità di espressione delle emozioni che li differenziano notevolmente dai bambini normodotati. Diversamente, con bambini sordi (con alcuni accorgimenti, per far sì che il bambino si accorga della presenza o dell'assenza della figura di attaccamento nella stanza), con danni neurologici (spina bifida, idrocefalia ecc.), ortopedici o respiratori la Strange Situation si è rivelata uno strumento attendibile e valido, permettendo di riscontrare anche pattern di attaccamento molto simili tra questi soggetti e bambini normodotati (vedi Simonelli e Calvo, 2002). La tabella 6.2 sintetizza i limiti e i pregi della Strange Situation.

Come è possibile osservare, il bilancio relativo all'utilizzo di questa procedura evidenzia la presenza più o meno paritaria di pregi e limiti; è necessario quindi, volta per volta, considerare le finalità del suo impiego. Nella ricerca, infatti, la Strange Situation è una delle metodologie privilegiate per la valutazione dell'attaccamento nella prima infanzia, in quanto, come anticipato, è largamente diffusa e impiegata in ambito internazionale come anche in Italia, possiede buone caratteristiche psicometriche e fornisce dati utilizzabili in diversi contesti. Inoltre, per la prima infanzia, è abbastanza difficile reperire metodi di osservazione del comportamento infantile altrettanto agili ed esplicativi. In questo caso, quindi, i costi sembrano essere ampiamente giustificati dal «ritorno» per il ricercatore. Più controversa appare la questione se ci riferiamo all'utilizzo in ambito clinico: come vedremo più approfonditamente più avanti, la quantità e la qualità delle informazioni ricavate dalla SSP non sono tali da sostenere la necessità di un suo impiego. Altre situazioni osservative e altri metodi di codifica dei comportamenti (magari l'osservazione di un'interazione libera tra madre e bambino o di una seduta di gioco) possono fornire spunti di maggiore ricchezza per la riflessione clinica e quindi presentare un maggiore interesse nell'applicazione a diadi genitore-bambino anche con soggetti molto piccoli.

Tabella 6.2
La Strange Situation Procedure: pregi e limiti di utilizzo

Limiti	Pregi
Costo emotivo per il bambino	Valutazione delle differenze individuali
Intervallo di 12-24 mesi	Brevità di somministrazione e codifica
Ripetibile a distanza di 6 mesi	Numerose informazioni molto specifiche
Esclusione degli eventi di vita	Confronto fra soggetti diversi
Esclusione del contesto allargato	Confronto con altri professionisti
Necessità di personale con training specifico	Utilizzabile con bambini normodotati e con handicap

Un parziale superamento di alcune delle difficoltà legate all'impiego della Strange Situation sembra favorito dall'attuale diffusione e applicazione di un altro strumento di valutazione dell'attaccamento nella prima infanzia, lo Attachment Q-Sort di Waters e Deane (1985), tradotto e reso disponibile in italiano a cura di Cassibba e D'Odorico (2000). Lo strumento si basa sulla tecnica osservativa del Q-Set, secondo cui l'osservatore ha a disposizione una serie di definizioni relative ai comportamenti che si accinge a valutare e che deve ordinare secondo un criterio di somiglianza con essi. Tale metodologia ha il vantaggio di poter essere applicata anche in ambiente naturalistico e non richiede particolari strumentazioni, anche se necessita di un certo allenamento all'osservazione e di una verifica della concordanza tra diversi giudici.

Informazioni per il clinico

Il primo aspetto che riteniamo utile sottolineare è relativo a un equivoco spesso emerso nell'impiego della Strange Situation: diversamente da quanto si potrebbe pensare, tale procedura non fornisce informazioni sulla qualità dell'interazione e/o della relazione che la figura di attaccamento sta costruendo con il bambino: cioè non valuta alcun aspetto dell'adeguatezza, sensibilità o responsività dei comportamenti dell'adulto (anche perché la figura di attaccamento segue istruzioni precise sugli atteggiamenti da tenere nel corso dell'osservazione). La procedura valuta invece comportamenti che sottendono la qualità del legame di attaccamento stabilito dal piccolo nei confronti dell'adulto. In altre parole, il metodo non valuta le modalità relazionali o di accudimento del genitore, ma è rivolto alla valutazione dei comportamenti di attaccamento messi in atto dal bambino con quella particolare figura di riferimento. In questo senso, tale metodo fornisce informazioni utili al clinico ma circoscritte alle modalità comportamentali del bambino nello specifico della relazione di attaccamento. Inoltre, non definisce un criterio diagnostico per il bambino o per la relazione, ma piuttosto identifica differenze individuali fra soggetti rispetto alle loro modalità di manifestazione dei comportamenti di attaccamento nei confronti della figura prescelta per l'esame. Sono possibili diverse considerazioni relativamente alle informazioni ricavate dalla procedura per quei bambini che presentano a 12 mesi di vita uno stile di attaccamento alla madre di tipo disorganizzato/disorientato (D), considerato un indicatore di possibili difficoltà successive a livello dello sviluppo affettivo-relazionale e anche dell'emergere di veri e propri sintomi (Liotti, 1992). Tale modello di attaccamento, infatti, sembra in connessione con un comportamento interattivo del genitore caratterizzato da uno stile spaventato-spaventante nei confronti del piccolo: gli autori sostengono che tali modalità derivano dall'influenza, a livello comportamentale, dell'esperienza di un lutto o di un trauma non risolto vissuta dal genitore. L'incapacità dell'adulto di rielaborare l'evento traumatico o luttuoso si ripercuoterebbe nello stile di interazione con il figlio, una volta divenuto genitore, attraverso modalità per cui gli affetti di paura ancora attivi nel suo mondo rappresentazionale si trasformano in comportamenti che spaventano il bambino, disorganizzandolo. Il piccolo, infatti, si trova in questi casi a gestire una situazione che potremmo definire paradossale, in cui la persona alla quale dovrebbe rivolgersi per trovare protezione rispetto ai pericoli ambientali è, di fatto, la stessa persona che lo spaventa e che, quindi, costituisce per lui/lei un pericolo dal quale difendersi: tale condizione, secondo gli autori, costituisce un fattore di rischio insito nella relazione precoce genitore-bambino che, quando rilevato attraverso la SSP, può condurre il clinico a progettare un intervento mirato alla modificazione di tali aspetti rappresentazionali e comportamentali che possono costituire, per il bambino, un'esperienza generatrice di difficoltà nella costruzione di una strategia relazionale di attaccamento adattativa, in quanto tesa al raggiungimento della protezione (van Ijzendoorn, 1995).

Una possibilità di utilizzo della Strange Situation in un contesto clinico e non troppo strutturato consiste nel proporre alla diade madre-bambino un'attività di gioco condivisa interrotta da una breve separazione a cui può seguire un successivo ricongiungimento, secondo lo schema proposto e utilizzato da Fava Vizziello, Palacio-Espasa e Cassibba (1992). Tale sequenza (interazione-separazione-ricongiungimento) può costituire un utile contesto entro il quale osservare alcune delle modalità di relazione tra genitore e bambino e di gestione dei pericoli affrontati dal piccolo in un ambiente nuovo e poco familiare. Anche in assenza dei raffinati strumenti di videoregistrazione e di codifica necessari per la SSP, questa sorta di procedura abbreviata può contribuire alla comprensione di alcuni aspetti interattivi e relazionali del piccolo nei confronti dell'adulto di riferimento. Un'ansia eccessiva alla separazione, l'impossibilità di essere consolati o la difficoltà del genitore a interagire efficacemente nella situazione proposta sono certamente indicatori importanti e clinicamente significativi in una fase di valutazione del bambino o della famiglia, e in tal modo possono essere facilmente osservati anche in contesti scarsamente strutturati. Inoltre, l'informalità di un'osservazione di questo tipo può consentire a entrambi gli attori, e soprattutto al genitore, di mettere in atto comportamenti più naturali, più simili cioè a quelli che utilizza con il figlio nelle situazioni di vita quotidiana. Anche in questo caso la rilevanza clinica di dati osservativi di tal genere può superare il peso delle informazioni ricavate da procedure standardizzate, a volte non completamente adeguate a cogliere le sfumature e la qualità affettiva della complessità delle relazioni. Naturalmente fa molta differenza se tale procedura viene utilizzata in un setting che permette la videoregistrazione della sequenza, e quindi anche l'applicazione di una griglia di analisi dell'interazione, oppure se ci si trova in un contesto di osservazione carta e matita condotta dallo psicologo. Nel primo caso, può verificarsi che i genitori, pur mantenendo una modalità interattiva relativamente vicina a quella spontanea, tendano a modificare maggiormente i propri comportamenti e a sentirsi sotto esame, data la strutturazione della situazione. Nel secondo caso, è utile ricordare che i fattori controtransferali maggiormente presenti nell'osservazione diretta spesso possono fornire informazioni che, anche se distorte, permettono un avvicinamento più mirato ai problemi.

Metodi osservativi di valutazione dell'attaccamento dopo la prima infanzia

La valutazione dell'attaccamento tramite metodi di osservazione diretta del comportamento, quali la Strange Situation, dopo la prima infanzia presenta alcune difficoltà teoriche e metodologiche alle quali diversi autori stanno portando tentativi di soluzione. Tra le più rilevanti:

1) Lo sviluppo generale del bambino: gli stili di attaccamento che si osservano durante la SSP sono descritti e strettamente collegati al livello di sviluppo affettivo, cognitivo e comportamentale di bambini di circa 12 mesi: in sintesi, non è possibile applicare nella sua forma originaria la procedura proposta da Ainsworth, Blehar e altri (1978) a bambini più grandi, semplicemente perché, con lo sviluppo, i bambini tendono a non manifestare gli stessi comportamenti di attaccamento delle epoche precedenti con la stessa intensità, frequenza e organizzazione (Schneider-Rosen, 1990), o addirittura tendono sistematicamente a modificarli, come ripetutamente sostenuto da Crittenden (1994, 1997a), nel momento in cui hanno a disposizione nuove capacità intellettive-affettive di conoscenza della realtà.

2) Lo sviluppo del sistema di attaccamento. Intorno ai due anni, il bambino diventa capace di:
a) sopportare separazioni più lunghe, protestando di meno e manifestando livelli inferiori di stress (Maccoby e Feldman, 1972; Marvin, 1977);
b) accettare una minore vicinanza all'adulto, meno contatto fisico, utilizzando comportamenti distali (come il salutare o il sorridere a distanza) nella regolazione delle interazioni di attaccamento (Cicchetti, Cummings e altri, 1990);
c) diversificare e ampliare le strategie per regolare il senso di sicurezza e la distanza (fisica e psicologica) rispetto alla figura di attaccamento (*ibid.*);
d) utilizzare una serie di «azioni interiorizzate», non direttamente accessibili all'osservazione (*ibid.*).

3) Le condizioni ambientali: dopo una certa età, tendono a cambiare gli eventi o le situazioni che elicitano l'attivazione del sistema di attaccamento. Questo fatto conduce a dubitare dell'effettiva possibilità che procedure di separazione-riunione, quali la Strange Situation, elicitino anche nel bambino più grande livelli di stress sufficienti a evidenziare l'organizzazione comportamentale del sistema di attaccamento (Schneider-Rosen, 1990).

Queste e altre questioni hanno condotto a due fondamentali linee di pensiero sulla ricerca di metodologie di valutazione dell'attaccamento dopo i 24 mesi.

Da una parte, alcuni autori, pur non negando gli importanti cambiamenti nelle risposte del bambino alla separazione e la necessità di tenerne conto nell'adozione di un metodo, hanno sottolineato l'utilità della Strange Situation, o di procedure similari, anche in età prescolare o nei primi anni delle elementari (Cassidy, 1990; Cicchetti, Cummings e altri, 1990; Crittenden, 1994; Main, Kaplan e Cassidy, 1985; Marvin, 1977; Radke-Yarrow, Cummings e altri, 1985; Schneider-Rosen, 1990). Secondo questo approccio, infatti, le procedure di separazione-riunione fornirebbero importanti informazioni sulle modalità di organizzazione della prossimità e del contatto fra bambino e adulto. Il punto critico rimane, tuttavia, la formulazione di un adeguato schema di codifica appropriato per l'età considerata.

D'altra parte, altri ricercatori stanno lavorando ad approntare procedure diverse per la valutazione dell'attaccamento in questa fascia di età, maggiormente svincolate dall'osservazione diretta del comportamento del bambino e rivolte, invece, agli aspetti rappresentazionali dell'attaccamento, che si ipotizzano già presenti nel piccolo a partire dai 30 mesi.

Presentiamo qui di seguito le metodologie legate all'osservazione del comportamento, e nel capitolo successivo uno dei principali strumenti di valutazione dell'attaccamento attraverso le narrazioni prodotte dal bambino (vedi Simonelli e Calvo, 2002).

Il Cassidy-Marvin System

Il Cassidy-Marvin System è un sistema di codifica sviluppato per identificare, in bambini di tre-quattro anni, le quattro modalità principali di attaccamento osservabili nei bambini di un anno, tramite l'individuazione di comportamenti che manifestano le diverse strategie di attaccamento. L'idea centrale degli autori è che i bambini utilizzino le medesime strategie di attaccamento della prima infanzia, anche se attraverso comportamenti diversi, adeguati al loro livello di sviluppo (Cassidy e Marvin, 1988). Il sistema si focalizza sull'osservazione del comportamento del bambino in situazioni di riunione dopo una separazione dalla figura di attaccamento: può essere applicato sia alla Strange Situation, sia ad altre procedure di separazione e riunione che prevedono momenti più lunghi di lontananza dal genitore. Lo schema di codifica prevede l'individuazione di quattro categorie di attaccamento: sicuro, insicuro evitante, insicuro ambivalente, insicuro disorganizzato-controllante.

Il Miami System

Crittenden (1992) ha proposto una sua classificazione della qualità dell'attaccamento in età prescolare attraverso una versione modificata della Strange Situation, nell'ambito della quale viene richiesto alla madre di gestire gli episodi di

separazione come è solita fare nella vita di tutti i giorni, fornendo al bambino le informazioni da lei ritenute necessarie: in questo modo, viene enfatizzata l'importanza della figura di attaccamento nel decidere le modalità con cui attuare e negoziare la separazione. Per questa ragione è altrettanto importante il comportamento dell'estraneo, che deve offrire la propria presenza per condividere il gioco, per dare conforto o contatto fisico quando richiesti dal bambino, ma non per fornire informazioni che non siano state già date dal genitore. Tali modificazioni consentirebbero di osservare due aspetti dell'attaccamento in questa fase dello sviluppo ritenuti dall'autrice fondamentali:
a) la modalità con cui vengono gestiti la distanza e il contatto fisico;
b) la modalità con cui vengono scambiate le informazioni rilevanti rispetto alla separazione e al ricongiungimento.

Secondo questo punto di vista, infatti, la qualità dell'attaccamento, dopo la prima infanzia, si manifesta principalmente nella gestione dell'intimità psicologica tra i due partner, che si osserva nel comportamento prossemico del bambino, ma anche nella regolazione diadica degli stati interni, nella manifestazione degli affetti, nelle strategie cognitive di processamento dell'informazione e nella negoziazione reciproca. Il sistema di codifica prevede l'identificazione dei seguenti stili di attaccamento: bambini sicuri (integrati), difesi (tipo A), coercitivi (tipo C), difesi/coercitivi (tipo A/C). Prevede, inoltre, molte categorie di attaccamento insicuro che sembrano allontanarsi dalla specificità della definizione dei pattern di attaccamento secondo il modello teorico, per rientrare in un'osservazione comportamentale di forme psicopatologiche non previste sotto questa forma dalle attuali classificazioni internazionali.

Il Main-Cassidy System

Main e Cassidy (1987, 1988) hanno proposto una procedura di separazione-riunione e uno schema di codifica osservativo per la valutazione dell'attaccamento in bambini di età scolare. Si tratta di una procedura osservativa di laboratorio, utilizzata con bambini di circa sei anni, che prevede un'unica separazione del bambino dal genitore della lunghezza di circa un'ora, nel corso della quale il bambino viene sottoposto a una serie di test da parte di uno sperimentatore; segue poi una fase di ricongiungimento con il genitore di tre minuti, durante la quale viene osservato il comportamento dei due partner. Il sistema di classificazione è del tutto analogo a quello di Cassidy e Marvin (1988) per l'età prescolare, salvo il fatto che tiene conto del diverso livello di sviluppo dei bambini; anch'esso prevede quattro categorie principali di attaccamento: sicuro, insicuro evitante, insicuro ambivalente e insicuro controllante.

Limiti e pregi

Le procedure presentate possiedono molti dei limiti già evidenziati per la Strange Situation, cioè, sinteticamente:

a) necessitano di strumentazioni tecniche per la videoregistrazione;
b) necessitano di una formazione specifica, non tanto per la somministrazione quanto per l'analisi dei comportamenti osservati e per l'attribuzione delle categorie di attaccamento descritte;
c) sono piuttosto dispendiosi in termini di tempo sia per il bambino e per la sua famiglia, sia per gli operatori (pensiamo alla procedura che prevede una separazione della durata di un'ora);
d) possono essere piuttosto dispendiosi in termini affettivi per il bambino e per i genitori, soprattutto in quelle situazioni in cui si evidenziano particolari difficoltà proprio nella gestione dei momenti di separazione.

Inoltre, diversamente dalla SSP, sono tutte procedure il cui impiego non è ancora ampiamente diffuso (né in Italia, né in ambito internazionale) e per le quali non esistono molte verifiche delle caratteristiche psicometriche: in particolare, non è ancora chiaro cosa precisamente esse valutino nel comportamento del bambino; questo aspetto viene definito validità di costrutto. In altre parole, non esistono prove che la valutazione proposta da tali situazioni di osservazione e dai sistemi di codifica descritti riguardi proprio il sistema di attaccamento manifestato dal bambino, e non piuttosto aspetti diversi, anche affini, ma non completamente sovrapponentisi. D'altra parte, tutte le procedure presentate possono essere utili strumenti se applicate secondo un approccio clinico svincolato dall'utilizzo dei sistemi di valutazione e di categorizzazione ideati dai diversi autori. Infatti, una lettura clinica di situazioni di separazione tra genitore e bambino fornisce sicuramente una serie ampia e preziosa di informazioni sia in fase diagnostica, sia per l'indicazione di un intervento o nel corso di una presa in carico. Ma come è possibile utilizzare davvero queste procedure, che appaiono proibitive se si lavora in un Servizio pubblico? La risorsa che tutte rappresentano è data dal fatto che propongono una situazione di facile applicazione, ripetibile nel tempo, abbastanza plastica e dinamica da essere modulata per quello specifico bambino, in quel contesto di osservazione e in quella particolare fase del suo percorso evolutivo. In tal senso, è possibile utilizzarle come giochi condivisi con il piccolo o con i suoi genitori all'interno di un percorso diagnostico dove è necessario comprendere di più sui confini e sui limiti entro i quali la separazione e le modalità di essere in relazione tra genitore e bambino si snodano all'interno della famiglia. In questo caso ognuna delle procedure proposte può essere utilizzata e applicata facilmente, accordandosi con la famiglia ed effettuando un'osservazione partecipe di ciò che sta accadendo al bambino con le sue figure di riferimento. La disponibilità di quelle che abbiamo definito più volte come «procedure» fornisce al professionista uno strumento che può essere utilizzato con bambini diversi e con famiglie diverse rimanendo tuttavia invariato: questo consente anche di effettuare riflessioni e comparazioni tra i diversi casi sui quali si sta lavorando, grazie a un contesto stabile entro il quale è stato possibile proporre l'osservazione. Nello stesso modo, la ripetizione nel tempo di tali osservazioni può essere utilizzata in un percorso diagnostico come momento di conoscenza e di comprensione sul caso, ma anche all'interno di una situazione di intervento terapeutico, come monitoraggio rispetto al cambiamento, vero o immaginato, che si sta introducendo nel sistema genitori-bambino. Certamente la videoregistrazione di una procedura osservativa nel corso di un intervento può essere utilizzata anche come materiale di lavoro con il bambino stesso e con i genitori attraverso la condivisione dei dati osservati e del loro significato all'interno del contesto, ma soprattutto può permettere a posteriori una valutazione di modalità di intervento per cui ancora oggi l'unico strumento di misura utilizzato è quello della propria soddisfazione personale, ed eventualmente quella dell'utente e/o dell'équipe.

Possibili impieghi e utilità clinica nel campo delle adozioni

Tutti gli strumenti presentati hanno analogie che li contraddistinguono: si fondano sulla necessità di misurare un costrutto (la qualità del legame di attaccamento); si propongono di farlo attraverso l'osservazione del comportamento del bambino; comportano procedure molto dettagliate sia per quanto riguarda la somministrazione, sia per quanto riguarda la codifica del materiale raccolto; richiedono una notevole formazione specifica; sono reperibili (nella loro forma estesa) quasi unicamente in lingua inglese. Questi aspetti li rendono piuttosto faticosi se utilizzati rigorosamente e seguendo le indicazioni fornite dagli autori. In particolare, la Strange Situation può avere nel campo delle adozioni un utilizzo limitato soprattutto dal fatto che la procedura nella sua forma originaria può essere applicata solo a bambini molto piccoli, solo dopo la costruzione del legame di attaccamento (che implica una relazione di almeno 12 mesi tra il bambino e la figura di attaccamento), solo tenendo presenti le difficoltà di replicazione nel tempo. In conseguenza di questi limiti, risulta prevedibilmente applicabile in situazioni fortunate e rare (per il clinico) in cui si vogliano e si possano effettuare incontri di follow-up con famiglie che hanno adottato bambini in una fase precocissima della vita, più probabilmente neonati o di pochi mesi. Inoltre, il follow-up dovrebbe svolgersi dopo almeno 12 mesi di relazione tra il piccolo e la famiglia. Tale condizione è l'unica a garantire:
a) che il bambino abbia ancora un'età entro la quale la procedura può essere somministrata;
b) che il bambino abbia costruito un legame di attaccamento con almeno uno dei due genitori adottivi.

Come è possibile rilevare da quanto esposto, ci troviamo di fronte a difficoltà abbastanza importanti che, unite agli altri limiti descritti, forse non giustificano l'impiego di questa procedura nell'ambito di studi o di interventi sui bambini adottati e sulle loro famiglie. Probabilmente, altre metodologie osservative o le modificazioni della SSP che abbiamo presentato possono risultare di più facile applicabilità, fornendo anch'esse dati interessanti riguardo allo sviluppo affettivo-relazionale del bambino nel contesto di crescita in cui è stato inserito con l'adozione. D'altra parte, una situazione che ponga il bambino in un contesto «forzato» di separazione ha certamente un'ampia applicabilità clinica e consente la raccolta di molteplici informazioni sul piccolo, sulle modalità relazionali che ha costruito fino a quel momento e sulle sue potenzialità affettive future. In questo senso, proporre un'osservazione della separazione, anche con parametri modificati rispetto alla SSP, può essere una scelta adeguata per individuare nel bambino alcune caratteristiche che potrebbero notevolmente influire sull'abbinamento con i genitori adottivi e sull'adattamento reciproco nella nuova famiglia: ad esempio, un bambino che manifesti estremo disagio di fronte a separazioni anche brevi o al fatto di incontrare adulti sconosciuti o non familiari potrà creare una certa difficoltà nell'incontro con aspiranti genitori che hanno uno stile relazionale basato sull'autonomia o che, lavorando entrambi a tempo pieno, dovranno inserirlo al nido e affidarlo a personale estraneo. Le difficoltà del bambino potrebbero diventare fonte di frustrazione per i genitori, di vergogna di fronte ai familiari o alle istituzioni educative, generando una spirale relazionale che potrebbe ostacolare la creazione del legame e la crescita del nuovo nucleo familiare. Forse, un bambino con queste caratteristiche potrà ambientarsi con minori difficoltà all'interno di un nucleo in cui i genitori possano «diluire» nel tempo l'esperienza della separazione, ad esempio non inserendolo da subito al nido ma attendendo l'età della scuola materna.

Capitolo 7

L'attaccamento come narrazione

Alessandra Simonelli e Alessandro Sironi

L'attaccamento come rappresentazione: la narrazione dell'attaccamento

Da un punto di vista teorico, i metodi narrativi di valutazione dell'attaccamento si basano sul concetto di Modelli Operativi Interni del Sé e delle relazioni di attaccamento (Bowlby, 1973, 1980). Main (1991b, 1995) presenta un'attenta discussione del significato rappresentazionale dell'attaccamento, in cui distingue artefatti rappresentazionali (come ad esempio le trascrizioni di interviste), che costituiscono un aspetto formale, e processi interni di pensiero che, si presume, tali artefatti rappresentano. Come è chiaro, l'interesse è principalmente focalizzato sulle rappresentazioni interne in quanto tali, anche se queste vengono conosciute grazie ai loro artefatti rappresentazionali. Le rappresentazioni hanno un'organizzazione gerarchica, in cui a un livello complesso si situano i processi metarappresentazionali, che comprendono la capacità di pensare al proprio modo di pensare: questa funzione è definita capacità metacognitiva; consente la conoscenza e il controllo dei processi cognitivi e, in senso più specifico, consente la conoscenza e la regolazione del proprio funzionamento cognitivo (Brown, Bransford e altri, 1983; Flavell, 1979). Quest'ultimo aspetto, o monitoraggio metacognitivo, include la pianificazione di attività, il loro controllo e la verifica dei risultati, nonché l'autoregolazione della conoscenza. Tale funzione, consentendo di valutare la fallacia della propria conoscenza, rende possibile assumere come oggetto di riflessione i propri processi cognitivi.

I metodi narrativi di valutazione dell'attaccamento sono costruiti, perciò, con l'obiettivo di porre più volte il soggetto di fronte a processi mentali di tal genere, e la possibilità di classificazione si basa, fondamentalmente, sulla corrispondenza esistente tra l'organizzazione del mondo mentale del soggetto (processi di pensiero delle rappresentazioni) e alcune caratteristiche del linguaggio e del discorso (artefatti rappresentazionali). In altre parole, si presuppone di poter accedere a una valutazione dello «stato della mente rispetto all'attaccamento» (Main e Goldwyn, 1994) sulla base della forma del discorso, trasposizione narrata della «forma della mente» e della struttura del pensiero relativa ai contenuti che si vanno elicitando con gli stimoli narrativi proposti.

La visione rappresentazionale fornisce perciò una definizione dell'attaccamento dopo la prima infanzia in termini di processi di pensiero e di capacità di rielaborazione dell'esperienza passata; le differenze individuali nei modelli di attaccamento vengono, quindi, ridefinite come differenze individuali nei processi rappresentazionali e metarappresentazionali di elaborazione dell'informazione relativa all'attaccamento. Secondo questo punto di vista, i processi mentali dei soggetti sicuri possono venire distinti da quelli dei soggetti insicuri in riferimento alla loro flessibilità e alla facilità con cui è possibile esaminarli. A livello di artefatti rappresentazionali, pertanto, la coerenza generale della narrazione e la capacità di monitoraggio metacognitivo costituiscono gli indici più importanti nella valutazione, in quanto identificano i processi mentali degli individui sicuri, fornendo una definizione della sicurezza nell'età adulta in termini di coerenza del discorso relativo all'attaccamento. Similmente, la sicurezza è definita anche come unitarietà sostanziale delle rappresentazioni di attaccamento, per cui i soggetti coerenti sembrano operare con un modello mentale unitario delle esperienze di attaccamento, comprendente gli aspetti positivi e negativi di esse e i loro effetti. Un ruolo di fondamentale importanza, infine, viene attribuito ai processi di memoria, proprio in virtù del fatto che questi strumenti si basano sulla rievocazione del passato e sull'organizzazione mentale dell'individuo rispetto a esso. Gli autori fanno riferimento alla distinzione operata da Tulving (1972, 1983) tra memoria episodica e memoria semantica, definibili come modalità distinte di codifica e rievocazione dell'esperienza vissuta. La sicurezza nell'adulto è caratterizzata, perciò, anche da una capacità di organizzazione del ricordo in cui gli aspetti generalizzati (semantici) dell'esperienza vengono sostenuti da memorie specifiche di eventi, persone e situazioni affettivamente rilevanti (episodici). In questa direzione, i metodi di valutazione dell'attaccamento dopo la prima infanzia sono particolarmente focalizzati sulla possibilità di comprendere gli aspetti rappresentazionali dell'attaccamento attraverso la creazione di situazioni che stimolino il soggetto a far emergere il proprio funzionamento mentale relativo alle esperienze di attaccamento.

Lo Attachment Story Completion Task

Lo Attachment Story Completion Task (ASCT, Bretherton, Ridgeway e Cassidy, 1990) è una procedura di valutazione delle rappresentazioni mentali di attaccamento, basata sulla somministrazione al bambino di alcune storie. Si tratta di un metodo semplice, realizzabile con materiali facilmente reperibili, che non genera particolare stress al soggetto e può essere somministrato già a partire dai tre anni (*ibid.*) e fino all'età scolare (Greenberg, DeKlyen e altri, 1997).

Lo strumento consiste nella presentazione al bambino di cinque storie (più una breve storia introduttiva) che descrivono altrettante situazioni particolarmente rilevanti rispetto all'attaccamento. Le storie sono presentate dallo sperimentatore utilizzando i componenti di una famiglia di personaggi giocattolo (Playmobil),[1] quindi il bambino viene invitato a completare la storia, muovendo i personaggi e dando loro voce, in seguito alla consegna: «Mostrami e raccontami cosa succede adesso.»

La procedura viene videoregistrata e poi codificata secondo le norme indicate dagli autori (Bretherton, Ridgeway e Cassidy, 1990). La classificazione finale dell'attaccamento viene effettuata sulla base dei diversi aspetti che prevalgono nel complesso delle cinque storie, permettendo di distinguere l'attaccamento sicuro dall'attaccamento insicuro evitante (in cui prevalgono risposte di evitamento delle tematiche) e dall'attaccamento insicuro disorganizzato (in cui prevalgono risposte strane o incoerenti). Rispetto al sistema di codifica va sottolineato un elemento fondamentale: lo strumento non fornisce una classificazione dell'attaccamento del bambino rispetto a una persona specifica (ad esempio la madre), ma valuta la rappresentazione complessiva o generale del bambino rispetto alle relazioni di attaccamento. L'idea di fondo, infatti, è che con lo sviluppo le specifiche rappresentazioni delle diverse figure di attaccamento vengano integrate in un unico modello mentale complessivo dell'attaccamento. In definitiva, lo ASCT si presenta come un metodo particolarmente interessante per la semplicità di somministrazione e per la grande ricchezza dei contenuti che permette di evidenziare; tuttavia, è da considerarsi ancora in fase di «sviluppo» e richiede ulteriori studi di validazione, come suggerito dagli stessi autori.

Una modifica per favorirne l'utilizzo in ambito clinico

La versione italiana di questo strumento già da alcuni anni è stata utilizzata in ricerche in ambito nazionale e si avvale di un numero superiore di storie e di un sistema di codifica parzialmente modificato rispetto all'originale (Calvo, 1992; Fava Vizziello, Pullini e Simonelli, 1997). In particolare, sono in corso alcuni tentativi di rendere tale procedura il più possibile utilizzabile anche in ambito clinico per quanto riguarda sia la somministrazione, sia la codifica e la lettura dei contenuti espressi dal bambino. In questa direzione sono stati proposti due livelli di variazione rispetto al metodo originario:

[1] Le direttive degli autori specificano la disposizione spaziale dei personaggi all'inizio di ogni storia, i dialoghi da rappresentare e i suggerimenti o gli incoraggiamenti da dare al bambino.

a) per quanto riguarda il numero di storie e il tipo di situazioni proposte al bambino: sono state costruite 8 storie (invece di 5), alcune identiche a quelle originali, alcune create ad hoc relativamente ad alcuni temi particolarmente salienti e connessi con le esperienze di attaccamento;
b) per quanto riguarda la codifica: è stato approntato uno schema di analisi dei contenuti espressi dai bambini, che può costituire un'utile guida per l'utilizzo dello strumento anche a scopi non di ricerca.

Descrizione della procedura

Descriviamo dettagliatamente le caratteristiche e l'utilizzo di questo strumento, in quanto riteniamo che possa rappresentare un utile supporto in ambito clinico sia in fase di valutazione del bambino, sia per la progettazione di un intervento con lui e/o con la famiglia.

Il bambino è seduto a un tavolo con lo sperimentatore che gli espone la consegna:

«Adesso faremo insieme un gioco. Inventeremo delle storie e tu mi aiuterai a completarle. Sei pronto?»

Lo sperimentatore presenta i personaggi al bambino, indicandoli con la mano.

Se il soggetto è un maschio: «Ora ti mostro i personaggi: questo è il papà, questa è la mamma, questo è il protagonista, che si chiama Paolo, questo è suo fratello più piccolo, che si chiama Giorgio. Questa è la nonna, questo è il nonno e questo è il loro cane Fido. Ti ricordi chi è questo? E questo?»

Se il soggetto è una femmina: «Ora ti mostro i personaggi: questo è il papà, questa è la mamma, questa è la protagonista, che si chiama Chiara, questa è sua sorella più piccola, che si chiama Anna. Questa è la nonna, questo è il nonno e questo è il loro cane Fido. Ti ricordi chi è questo? E questo?»

Questa indagine dev'essere condotta per tutti i personaggi, per essere sicuri che il bambino abbia compreso tutto quello che è stato presentato e possa cominciare a identificarsi con il protagonista allo scopo di svolgere le storie che gli verranno presentate.

La procedura dovrebbe essere videoregistrata, per consentire l'analisi delle narrazioni prodotte dai bambini o per poter applicare ulteriori schemi di osservazione dei comportamenti messi in atto durante l'interazione con lo sperimentatore; tuttavia, per praticità, è possibile anche audioregistrare semplicemente le storie costruite dal bambino per applicare lo schema di codifica. Lo sperimentatore potrà annotare altri aspetti del comportamento e/o dell'interazione che ritiene importanti ai fini della decodifica del materiale raccolto.

Le storie

Come anticipato, le storie presentate sono in parte tratte dallo strumento originale e in parte create con lo scopo di indagare alcune aree tematiche ritenute salienti per la valutazione di alcuni aspetti della costruzione delle rappresentazioni di attaccamento nel bambino (Fava Vizziello, Pullini e Simonelli, 1997; Simonelli e Rollo, 2002). Per ogni storia è stata evidenziata una tematica prevalente, che dovrebbe elicitare nel bambino la costruzione di una narrazione relativa a una dimensione specifica e saliente dell'attaccamento. Lo sperimentatore, oltre a presentare la consegna, può porre al bambino alcune domande di approfondimento, anche in considerazione del percorso specifico che ha preso la storia da lui narrata; tuttavia è sempre meglio mettere dei limiti sia alla narrazione del piccolo sia all'opportunità di porre un numero eccessivo di domande, che potrebbero travisare il senso della narrazione, non solo trasformando lo strumento e i suoi obiettivi ma anche rendendo difficoltoso il successivo processo di analisi. Presentiamo di seguito la versione messa a punto da Fava Vizziello, Pullini e Simonelli (1997) e da Simonelli e Rollo (2002), e le aree riferite a ogni storia.

1. *Familiarizzazione* È il compleanno di Paolo (Chiara) e la famiglia al completo è riunita intorno al tavolo per mangiare la torta (mettere, insieme al bambino, i personaggi intorno al tavolo).

Come prosegue la festa? Cosa accade ora?

Cantiamo insieme «tanti auguri per Paolo (Chiara)»? (invitare il bambino a cantare anche lui/lei).

2. *Il succo versato* La famiglia ha sete. Mettili intorno al tavolo così che possano bere del succo di frutta (preparare il tavolo con la bottiglia del succo sopra). Fido dice: «Anch'io ho sete» (lo si mette vicino al tavolo con gli altri personaggi). Anche Paolo (Chiara) ha molta sete, ma ha così tanta sete che nella fretta gli scivola la bottiglia e rovescia tutto il succo sul pavimento.

Mostrami e raccontami cosa succede adesso.

Chi pulisce il succo versato? Come si sente Paolo (Chiara) per aver rovesciato il succo sul pavimento? Perché si sente così? Cosa fa il papà? Cosa fa la mamma? Come si sentono il papà e la mamma per il fatto che Paolo (Chiara) ha versato il succo? Succede qualcos'altro?

TEMA INDAGATO: reazioni e comportamenti delle figure di attaccamento di fronte alla violazione delle regole da parte del bambino.

3. *L'incidente* Paolo (Chiara) con tutta la famiglia è al giardino dei giochi. Paolo e Giorgio (Chiara e Anna) stanno giocando a rincorrersi, mentre i genitori e i nonni stanno passeggiando. A un certo punto Paolo (Chiara) non si accorge di un sasso e cade sbucciandosi un ginocchio.

Mostrami e raccontami cosa succede adesso.

Cosa fa Paolo (Chiara)? E suo fratello Giorgio (sua sorella Anna)? Come si sente Paolo (Chiara)? Perché si sente così? A chi chiede aiuto? Cosa fa il papà?

Cosa fa la mamma? Come si sentono il papà e la mamma per il fatto che Paolo (Chiara) è caduto e si è fatto male? Succede qualcos'altro?

TEMA INDAGATO: Disponibilità ed efficacia delle figure di attaccamento nella protezione del bambino di fronte a un incidente che ha provocato un malessere fisico. Grado di fiducia del bambino nella possibilità di rivolgersi alle figure di attaccamento per chiedere e ottenere aiuto.

4. *La malattia* È l'ora di pranzo e Paolo (Chiara) ritorna da scuola con suo fratello Giorgio (sua sorella Anna). Appena entrato in casa, dice: «Non mi sento bene. Mi sembra di avere la febbre alta.»

Mostrami e raccontami cosa succede adesso.

Cosa fa Paolo (Chiara)? E suo fratello Giorgio (sua sorella Anna)? Come si sente Paolo (Chiara)? Perché si sente così? A chi chiede aiuto? Cosa fa il papà? Cosa fa la mamma? Come si sentono il papà e la mamma per il fatto che Paolo (Chiara) ha la febbre alta? Succede qualcos'altro?

TEMA INDAGATO: Disponibilità ed efficacia delle figure di attaccamento nella protezione del bambino di fronte alla malattia fisica. Grado di fiducia del bambino nella possibilità di rivolgersi alle figure di attaccamento per chiedere e ottenere aiuto.

5. *La tristezza* È pomeriggio e Paolo (Chiara) è solo nella sua stanza e sta piangendo.

Mostrami e raccontami cosa succede adesso.

Perché Paolo (Chiara) sta piangendo? Come si sente Paolo (Chiara)? Perché si sente così? A chi chiede aiuto? Cosa fa il papà? Cosa fa la mamma? Come si sentono il papà e la mamma per il fatto che Paolo (Chiara) sta piangendo? Succede qualcos'altro?

TEMA INDAGATO: Capacità delle figura di attaccamento di riconoscere e comprendere un momento di disagio psicologico o affettivo del bambino. Disponibilità ed efficacia nel fornire protezione di fronte a un malessere psicologico. Grado di fiducia del bambino nella possibilità di rivolgersi alle figure di attaccamento per chiedere e ottenere aiuto.

6. *Il sogno* È notte e Paolo (Chiara) sta dormendo. A un certo punto si sveglia di soprassalto con un grido perché ha fatto un brutto sogno.

Mostrami e raccontami cosa succede adesso.

Che cosa ha sognato Paolo (Chiara)? Come si sente Paolo (Chiara)? Perché si sente così? A chi chiede aiuto? Cosa fa il papà? Cosa fa la mamma? Come si sentono il papà e la mamma per il fatto che Paolo (Chiara) è spaventato dal sogno? Succede qualcos'altro?

TEMA INDAGATO: Capacità delle figure di attaccamento di riconoscere e comprendere un momento di disagio dovuto a un evento non reale ma immaginario, come un sogno. Disponibilità ed efficacia nel fornire protezione. Grado di fiducia del bambino nella possibilità di rivolgersi alle figure di attaccamento per chiedere e ottenere aiuto.

7. *Il vicino di casa* Paolo (Chiara) e suo fratello (sua sorella) stanno giocando con la palla in giardino. A un certo punto Paolo (Chiara) fa un lancio più lungo e la palla va a finire sui fiori del vicino. Paolo (Chiara) scavalca il recinto per andarla a riprendere, ma trova il vicino molto arrabbiato che lo sgrida, urlando forte.

Mostrami e raccontami cosa succede adesso.

Cosa fa Paolo (Chiara)? Come si sente Paolo (Chiara)? Perché si sente così? A chi chiede aiuto? Cosa fa il papà? Cosa fa la mamma? Come si sentono il papà e la mamma per il fatto che Paolo (Chiara) ha fatto arrabbiare il vicino?

Succede qualcos'altro?

TEMA INDAGATO: Disponibilità ed efficacia delle figure di attaccamento nel fornire protezione di fronte a una situazione che il bambino può vivere come concretamente e realmente pericolosa. Grado di fiducia del bambino nella possibilità di rivolgersi alle figure di attaccamento per chiedere e ottenere aiuto.

8. *Il viaggio* Mamma e papà stanno per partire per un viaggio e dicono: «Noi partiamo con la macchina, i nonni restano con voi. Ci vediamo domani.»

Mostrami e raccontami cosa succede adesso.

Come si sente Paolo (Chiara) per il fatto che i genitori sono partiti? Perché si sente così? Cosa fanno i bambini mentre i genitori sono via?

Succede qualcos'altro?

TEMA INDAGATO: Modalità di risposta del bambino alla separazione dalle figure di attaccamento. Risposta dei genitori e gestione della separazione.

9. *Il ritorno* È il giorno dopo. La nonna sta guardando dalla finestra e dice: «Vedo l'auto, bambini, il papà e la mamma sono tornati.»

Mostrami e raccontami cosa succede adesso.

Come si sente Paolo (Chiara) per il fatto che i genitori sono tornati? Perché si sente così? Cosa fa il papà? Cosa fa la mamma? Come si sentono il papà e la mamma per il fatto di essere tornati?

Succede qualcos'altro?

TEMA INDAGATO: Modalità di ricongiungimento del bambino dopo la separazione dalle figure di attaccamento. Risposta dei genitori e gestione del ricongiungimento.

Procedimento di codifica delle storie

Il procedimento elaborato per la codifica del materiale raccolto attraverso la somministrazione delle storie si pone in continuità con quello descritto da

Bretherton, Ridgeway e Cassidy (1990), anche se si avvale di alcune modifiche da noi introdotte, in riferimento alle riflessioni suggerite da Main e Goldwyn (1994) per la valutazione dell'attaccamento nell'adulto attraverso la Adult Attachment Interview (George, Kaplan e Main, 1985). La codifica riguarda principalmente due piani della narrazione: il *livello del contenuto*, che comprende gli aspetti maggiormente legati agli avvenimenti che il bambino «fa accadere» nella narrazione, alla connotazione affettiva che attribuisce ai personaggi, al contenuto dei dialoghi e ai comportamenti delle figure di attaccamento. Diversamente, il *livello formale* fa riferimento alle modalità narrative con cui il bambino inizia e porta avanti il racconto.

In particolare, riteniamo che per un impiego clinico di questo strumento sia di grande utilità l'analisi degli aspetti di *contenuto* espressi dal bambino relativamente alle situazioni di vita proposte, che vedono come protagonisti lui e le sue figure primarie di riferimento. Per effettuare questo tipo di «lettura» lo psicologo può affidarsi alla propria sensibilità clinica, alla conoscenza che ha del bambino e della sua storia di vita; tuttavia abbiamo anche identificato una serie di aree di contenuto alle quali si può fare riferimento nella comprensione del materiale prodotto dal piccolo. Queste riguardano aspetti salienti che possono costituire delle linee guida nella valutazione dell'adeguatezza percepita dal bambino relativamente alle proprie figure adulte di accudimento; in altre parole, le modalità di risposta del piccolo su queste aree possono fornirci un indice di quanto si senta protetto, accudito e adeguatamente «al sicuro» con le figure di attaccamento. Le variabili identificate sono le seguenti:

Ricorso alle figure di attaccamento nelle situazioni di pericolo.
Qualità degli affetti espressi dal protagonista.
Comportamenti di protezione.
Comportamenti di cura.
Comportamenti di affetto (baci, carezze, abbracci).
Manifestazioni di rifiuto.
Manifestazioni di inefficacia.
Inversione di ruolo.
Spinta al raggiungimento del successo.
Qualità degli affetti espressi o manifestati dalle figure di attaccamento.
Punizioni.
Maltrattamento e/o abuso.

Per quanto riguarda gli aspetti *formali* della narrazione, Bretherton, Ridgeway e Cassidy (1990) evidenziano diverse variabili di analisi. Sulla base della codifica proposta si sta effettuando uno sforzo di definizione e chiarificazione del tipo di valutazione dell'attaccamento che può essere condotta tramite l'impiego di questa procedura; tuttavia, non esporremo qui le categorie di attaccamento descritte dagli autori, privilegiando un utilizzo qualitativo dei significati che le storie costruite dal bambino possono veicolare relativamente alla sua esperienza di vita e alle sue aspettative sul ruolo degli adulti nel proprio sviluppo.

La Adult Attachment Interview fra ricerca e clinica

La Adult Attachment Interview (AAI) di George, Kaplan e Main (1985) è un'intervista semistrutturata per la valutazione dell'attaccamento in età adulta, sviluppata in parallelo rispetto alla Strange Situation Procedure (Ainsworth, Blehar e altri, 1978; Ainsworth e Wittig, 1969), procedura elettiva per l'assessment del medesimo costrutto nella prima infanzia. Una prima validazione dello strumento, infatti, è stata realizzata tramite l'utilizzo congiunto dei due metodi: i risultati hanno mostrato associazioni statisticamente significative tra le classificazioni dell'attaccamento del bambino con la Strange Situation, a 12 mesi, e il modello di attaccamento del genitore rispetto a quel bambino, evidenziato dalla AAI (Main e Goldwyn, 1984). In base ai risultati ottenuti, gli autori definirono cinque categorie di attaccamento nell'adulto, parallele e corrispondenti ai pattern evidenziati nel bambino (tab. 7.1).

La AAI può essere somministrata sia a soggetti adulti, sia ad adolescenti; il suo utilizzo, complessivamente, è costituito da tre momenti:
1) la somministrazione dell'intervista;
2) la trascrizione parola per parola;
3) il processo di codifica.

La somministrazione dell'intervista

La Adult Attachment Interview presenta alcune caratteristiche che la rendono unica. In primo luogo, il focus delle domande riguarda la rievocazione della storia e delle esperienze di attaccamento del soggetto. Inoltre, presenta sia caratteristiche tipiche delle interviste strutturate, sia caratteristiche dell'intervista clinica. Le domande vengono poste secondo un ordine prestabilito, e sono previsti approfondimenti specifici quando il soggetto non si mostra in grado di rispondere esaurientemente. Nello stesso tempo, l'intervista segue la

Tabella 7.1
Corrispondenza tra le categorie di attaccamento nel bambino e nell'adulto

Adulto	Bambino
Sicuro (F)	Sicuro (B)
Distanziante (Ds)	Ansioso-evitante (A)
Preoccupato-coinvolto (E)	Ansioso-ambivalente (C)
Con lutti o traumi non risolti (U)	Disorganizzato/disorientato (D)

Fonte: Main e Goldwyn (1984).

costruzione del discorso del soggetto, lasciandogli il tempo necessario per riflettere sulle domande e per ampliare a sufficienza gli argomenti. Infine, richiede ricordi e riflessioni sul presente e sul passato del soggetto tramite due modalità distinte: attraverso valutazioni generali dell'esperienza e attraverso la narrazione di specifici episodi biografici.

L'intervista è costruita in modo tale da elicitare il ricordo e la rievocazione di esperienze passate del soggetto, il cui contenuto è strettamente collegato agli assunti di riferimento della teoria dell'attaccamento; in più, una serie di domande «integrative» (Crittenden, 1999) mirano alla comprensione delle capacità di riflessione e di valutazione sulla propria esperienza da parte dell'adulto. Le domande sono centrate, quindi, sulla rievocazione della storia di attaccamento dell'individuo, per cui indagano l'esperienza del soggetto con le figure di riferimento durante l'infanzia, le situazioni di difficoltà in cui la presenza e l'efficacia del genitore sono fondamentali per la protezione e la cura del piccolo e la presenza di eventuali situazioni traumatiche; parallelamente, il soggetto viene invitato a riflettere sulla propria storia e a ripensare alle esperienze passate alla luce delle sue convinzioni e dei vissuti attuali in quanto adulto e genitore.

Il tempo necessario per una corretta somministrazione della AAI varia in funzione della capacità di conduzione e dell'esperienza dell'intervistatore nonché della disponibilità del soggetto a rispondere in modo completo, ampio ed esaustivo alle domande poste, e del suo tipo di attaccamento; la durata media della prova, tuttavia, è di circa un'ora.

La trascrizione

Per quanto concerne il secondo punto, l'intervista viene audioregistrata e, successivamente, trascritta parola per parola secondo le norme indicate dagli autori (Main, 1991a), al fine di consentire l'analisi.

Il processo di codifica

Sulla base delle riflessioni teoriche effettuate, Main e Goldwyn (1994) propongono una valutazione dell'intervista composta di due momenti distinti: in una prima fase, i contenuti e la forma del testo vengono analizzati tramite scale graduate di valutazione; successivamente, l'intervista viene nuovamente analizzata nel suo complesso al fine di assegnare una classificazione finale dell'attaccamento del soggetto. Le scale di valutazione sono di due tipi.

Da un lato, vi sono cinque Scale dell'Esperienza Soggettiva, per valutare le esperienze di attaccamento nell'infanzia così come riportate dal soggetto; l'obiettivo di queste prime scale è un'analisi dei contenuti espressi al fine di ricostruire la storia di vita della persona e il suo background esperienziale rispetto all'attaccamento, e di consentire al giudice un primo quadro della coerenza generale del soggetto.

Le Scale dell'Esperienza Soggettiva

Scala dell'Amorevolezza da parte del genitore: valuta il grado in cui il soggetto nel corso dell'infanzia ha avuto esperienza di figure di attaccamento amorevoli, supportive ed efficaci (soprattutto nei momenti di difficoltà).

Scala del Rifiuto da parte del genitore: valuta il grado in cui il genitore ha rifiutato e/o evitato le espressioni di affetto o di attaccamento del soggetto, nel senso di un rifiuto attivo delle manifestazioni di affetto, della dipendenza e del bisogno di attaccamento.

Scala del Coinvolgimento e Inversione di ruolo: valuta quanto, nell'esperienza del soggetto, il genitore abbia cercato di attirare l'attenzione del bambino, coinvolgendolo nelle sue cure fisiche o psicologiche, oppure rendendo necessaria la presenza del bambino per il mantenimento del suo benessere, fino ai casi estremi in cui il figlio assume per il genitore il ruolo di una figura di attaccamento o di un partner.

Scala della Trascuratezza da parte del genitore: valuta la misura in cui il soggetto riporta l'esperienza di un genitore che, pur presente a livello fisico, risulta incurante, impegnato in altre cose e non coinvolto nelle cure e nell'accudimento del figlio o non disponibile a livello psicologico.

Scala della Spinta al raggiungimento del successo: valuta la misura in cui il soggetto ha sperimentato, nell'infanzia, una spinta da parte dei genitori al raggiungimento di obiettivi troppo ambiziosi rispetto al suo livello di sviluppo o alla sua età. La scala valuta anche il grado in cui il raggiungimento delle mete da parte del soggetto era necessario al mantenimento della relazione con il genitore.

Le Scale dello Stato della Mente

Scala della Coerenza della trascrizione: valuta la misura in cui le parti del discorso risultano chiaramente in relazione tra loro, formano un insieme logico, sono appropriate e adeguate al contesto; quindi:
la capacità di fornire un quadro unificato, fluido e puntuale delle esperienze passate, sulla base anche delle loro connessioni causali;
la capacità, da un punto di vista formale, di attenersi nel discorso alle massime conversazionali di Grice (1975).

Scala dell'Idealizzazione dei genitori: valuta se vi siano discrepanze nella descrizione fornita riguardo ai genitori, nel senso di una raffigurazione positiva a livello generale e semantico, contraddetta da specifiche esperienze negative riportate nel corso dell'intervista.

Scala sull'Insistenza circa l'incapacità di rievocare l'infanzia: si prendono in considerazione l'insistenza del soggetto sulla propria incapacità di ricordare l'infanzia e il grado in cui tale difficoltà dichiarata sembra usata allo scopo di evitare altre domande.

Scala della Rabbia coinvolta e/o coinvolgente: valuta l'espressione di sentimenti di rabbia che emergono a livello formale nel discorso piuttosto che attraverso i contenuti manifesti.

Scala della Passività del discorso: valuta la presenza di indici di passività nella costruzione del pensiero e nello svolgimento della narrazione.

Scala per la Paura della morte del bambino: questa scala si differenzia dalle altre perché valuta le considerazioni dell'adulto sul proprio figlio piuttosto che alcuni aspetti delle relazioni passate con i genitori. L'obiettivo della scala è quello di rilevare nel genitore paure infondate sulla possibile morte del figlio; si sottolinea il fatto che la paura della morte del bambino è immotivata.

Scala per la Svalutazione attiva dell'attaccamento: valuta il processo di distanziamento, screditante e sprezzante delle relazioni o esperienze di attaccamento e della loro importanza, messo in atto dal soggetto.

Scala del Monitoraggio metacognitivo: valuta il monitoraggio dei processi di pensiero e di memoria che ha luogo nel momento stesso dell'intervista. Questi indici sembrano suggerire una particolare consapevolezza da parte del soggetto rispetto ai propri processi di pensiero e di valutazione riguardo all'attaccamento.

Scala della Coerenza della mente: fornisce una valutazione relativa alla coerenza più generale e comprensiva relativa al sistema di pensiero dell'individuo, che coinvolge anche il suo sistema di valori, convinzioni e credenze.

Per ognuna di queste scale vengono assegnate valutazioni separate dell'esperienza del soggetto con la madre e con il padre durante l'infanzia ed, eventualmente, con altre figure di attaccamento significative; ogni scala comprende una graduazione di punteggi su 9 livelli. Le assegnazioni dei punteggi vengono effettuate sulla base dell'analisi dell'intervista nel suo complesso, piuttosto che su singole risposte. In tal senso, è più corretto definire tali scale come relative al comportamento dei genitori durante l'infanzia così come inferito dalla storia narrata dal soggetto (Main, 1995). La tabella 7.2 riporta alcuni esempi di esperienze significative per l'attribuzione del punteggio nelle diverse Scale dell'Esperienza Soggettiva.

Il secondo nucleo è costituito dalle Scale dello Stato della Mente. Si tratta di scale per valutare l'*attuale* stato della mente del soggetto; le scale si riferiscono, direttamente o indirettamente, alle rappresentazioni di esperienze collegate all'attaccamento e all'organizzazione delle informazioni rilevanti rispetto all'attaccamento. Prendono in considerazione: 1) la facilità con cui il soggetto può accedere ai propri ricordi o alle proprie valutazioni; 2) le distorsioni delle informazioni; 3) l'organizzazione complessiva della mente; 4) i sentimenti espressi.

Oltre alle scale appena descritte, vengono applicate due ulteriori scale relative agli Stati della Mente con un Lutto o un Trauma non Risolto, che si riferiscono a situazioni in cui sono presenti: *a*) esperienze non risolte di perdita derivanti dalla morte di figure di attaccamento; *b*) esperienze terrorizzanti e/o di abuso che coinvolgono figure genitoriali, comprendendo abuso fisico e sessuale, minacce e punizioni estreme (Hesse, 1996; Main e Hesse, 1990).

Tabella 7.2
Esempi di esperienze riportate dal soggetto significative per l'attribuzione del punteggio sulle diverse Scale dell'Esperienza Soggettiva

1. Scala dell'Amorevolezza del genitore	2. Scala del Rifiuto da parte del genitore	3. Scala del Coinvolgimento e Inversione di ruolo	4. Scala della Trascuratezza da parte del genitore	5. Scala della Spinta al raggiungimento del successo
Ricordi di contatto fisico affettuoso o di conforto ricevuto.	Il soggetto ricorda che i suoi avvicinamenti al genitore venivano criticati o rifiutati.	Indici di confusione parentale o di incompetenza.	Il genitore era preoccupato del lavoro, della famiglia o delle faccende domestiche.	Ricordi continuativi di ansia rispetto alla pagella.
Ricordi relativi all'aver fatto qualcosa di «cattivo» ed essere stato perdonato dal genitore.	Il genitore si arrabbiava se il bambino si faceva male.	Iperprotezione del bambino da parte del genitore.	Il genitore era incapace di passare del tempo con il bambino oppure non aveva tempo.	Richieste precoci al bambino di svolgere lavori da adulto.
Ricordi di aver fatto qualcosa di sbagliato agli occhi degli insegnanti o di altre autorità e di essere stato sostenuto dal genitore.	Il genitore rideva se il bambino era triste o in difficoltà.	Elicitazione da parte nel bambino di sentimenti di colpa o di inadeguatezza.	Il genitore era sempre impegnato, sempre rivolto ad altro, un maniaco del lavoro.	Eccessivo e troppo precoce incoraggiamento a prendersi cura di sé, tenendo in ordine la casa, facendosi da mangiare.
Ricordi di paure infantili (come gli incubi) e di essere stato confortato e sostenuto.	Il genitore ridicolizzava l'attaccamento del bambino.	Richieste eccessive di vicinanza, attenzione, compagnia.		
		Richieste o elicitazione di comportamenti parentali.		
		Attribuzione al bambino dei ruoli di cui il partner è ritenuto incapace.		

Fonte: Simonelli e Calvo (2002).

Anche per questa seconda serie di scale il punteggio viene graduato su 9 livelli, sulla base dei quali è possibile costruire un profilo complessivo delle caratteristiche dell'intervista, utilizzabile come punto di partenza e come verifica per l'assegnazione della categoria finale di attaccamento. Gli indici individuati dalle scale descrivono caratteristiche costitutive delle diverse organizzazioni mentali relative all'attaccamento. Il focus dell'analisi, quindi, è posto principalmente sulla codifica di frequenza, intensità e contesto in cui essi compaiono nel corso dell'intervista.

Le categorie dell'attaccamento nell'adulto

Un aspetto peculiare, e talvolta criticato, della codifica della AAI riguarda il rapporto tra l'attribuzione dei punteggi alle singole scale appena descritte e l'assegnazione finale della categoria di attaccamento. Gli autori, infatti, considerano le scale come un ausilio rispetto alla classificazione, senza individuare specifiche corrispondenze che permettano, a partire da queste, di giungere in modo automatico alla categoria finale di attaccamento (Main e Goldwyn, 1994). In altre parole, le scale costituiscono una prima traccia per l'analisi della trascrizione, poiché evidenziano e quantificano gli indici significativi di cui tenere conto, ma non implicano una corrispondenza con le categorie generali. La classificazione finale si basa sull'analisi dell'intervista nel suo complesso, in termini di organizzazione mentale del soggetto rispetto all'attaccamento. D'altro canto, poiché le scale sono costruite in modo tale da valutare aspetti intimamente connessi, dal punto di vista teorico, a specifiche categorie di attaccamento, esse costituiscono un utile riferimento nel lavoro di valutazione.

Ogni categoria principale di attaccamento è suddivisa, a sua volta, in sottocategorie più specifiche, che solitamente rimandano ai meccanismi prevalenti all'interno di tale organizzazione mentale. Data la loro complessità, le sottocategorie non verranno descritte qui, anche in considerazione del fatto che esse risultano di importanza minore rispetto alle categorie generali, e vengono utilizzate principalmente a scopo di ricerca o di formazione all'utilizzo dello strumento.

Accanto alla codifica che possiamo definire «canonica» della AAI, stanno fiorendo negli anni nuove possibilità di «lettura» di questa intervista che, come testo narrato, può essere sottoposta a procedure di analisi del contenuto di natura qualitativa, per certi aspetti più applicabile in un contesto clinico. Come descritto, la AAI è un'intervista semistrutturata che presenta anche caratteristiche tipiche del colloquio clinico. Di conseguenza, è possibile raccogliere i diversi elementi presenti nell'intervista secondo una metodologia quale l'*analisi del contenuto*, che consente di mettere a confronto le interviste tra loro in base ai contenuti espressi da ciascun soggetto, indipendentemente dalla categoria di attaccamento assegnata a ciascuna.

L'impiego di tale metodologia è sostenuto dall'accordo dei ricercatori, che considerano il contenuto di un «messaggio» una finestra sulle caratteristiche sottostanti di un individuo o gruppo di individui (Magro, 1995). Infatti l'analisi del contenuto si pone a metà strada tra l'osservazione qualitativa e la valutazione quantitativa (De Lillo, 1971; Chabrol, 1974; Palmade, 1974). Le trascrizioni delle interviste, tuttavia, come ogni altro strumento, costituiscono il materiale «grezzo» che il soggetto mette a disposizione del ricercatore. Questo materiale *non parla da solo*, ma ha bisogno di essere esaminato, ricavandone dei «dati» che devono poi essere sottoposti a un'*analisi qualitativa e/o quantitativa* (Lis e Zennaro, 1997). Di fatto, esiste un'ampia gamma di strategie per effettuare un'analisi del contenuto su testi scritti ricavati da colloqui; in questa sede accenneremo ad alcune di esse.

Un primo procedimento consiste nella classificazione delle informazioni qualitative contenute nei materiali orali e scritti in base alla creazione di misure a livello di scala nominale.

Il primo passaggio consiste, perciò, nella definizione di una griglia di codifica del materiale che si vuole analizzare. Si esamina il materiale raccolto e se ne identificano le categorie o «metatemi» (Schneider, Wheeler e Cox, 1992), sulla base di singole unità di informazione o di temi specifici. Alcuni di questi temi possono evidenziarsi insistentemente in ogni colloquio e quindi presentarsi subito come elementi primari di analisi; altri possono apparire in forma più «nascosta» e avere quindi bisogno di essere sviluppati durante questa fase del lavoro. È di fondamentale importanza sottolineare che le categorie della griglia di codifica non devono necessariamente corrispondere alle domande che costituiscono l'intervista, ma possono essere create in base al «racconto» fatto dall'intervistato: quindi risulta evidente quanto sia necessario che le categorie vengano definite chiaramente e siano adeguate all'oggetto preso in esame.

Dopo aver creato una griglia di codifica e averla testata su alcune interviste, ci si può accorgere che alcune categorie presentano diverse unità di informazione. Di conseguenza è essenziale discutere le relative incertezze tra giudici indipendenti, al fine di trovare un accordo sulla creazione di ulteriori categorie e/o subcategorie per garantire una maggiore oggettività.

Le categorie dell'attaccamento nell'adulto

Attaccamento distanziante (dismissing; ds): questa categoria viene assegnata agli individui che manifestano un tentativo attivo di limitare l'influenza delle esperienze e delle relazioni di attaccamento rispetto alla vita attuale; l'elemento comune è una particolare organizzazione di pensiero che consente loro di mantenere l'attaccamento relativamente disattivato e scollegato dall'esperienza attuale. Questo processo può venire messo in atto sia attraverso l'idealizzazione delle esperienze passate o delle figure di attaccamento, sia attraverso un annullamento del ricordo, sia attraverso una sprezzante svalutazione dell'esperienza e delle figure significative dell'infanzia. L'organizzazione mentale di base sembra connotata da un processo di scissione, in cui il pensiero è impegnato in un lavoro attivo di esclusione del versante affettivo ed emotivo delle esperienze. Nell'infanzia l'esperienza reale di queste persone è stata spesso segnata da carenze di natura affettiva da parte delle figure di attaccamento, sia nei termini di una distanza affettiva, sia attraverso comportamenti di rifiuto da parte dei genitori.

Attaccamento sicuro (free-autonomous; f): i soggetti sicuri appaiono, nel corso dell'intervista, liberi di esplorare i propri pensieri e sentimenti relativi alle aree indagate, fornendo un generale quadro di consapevolezza rispetto ai dati di realtà e ai significati a essi attribuiti. Mostrano una coerente visione della natura delle proprie esperienze con le figure significative dell'infanzia, e soprattutto degli effetti di tali esperienze sul proprio stato attuale della mente. I soggetti sicuri hanno saputo, nel tempo, attribuire nuovi significati all'esperienza passata, distaccandosi da essa e giungendo a poter effettuare riflessioni obiettive e ripensamenti costruttivi per ciò che concerne i legami infantili. In tal senso, è possibile definire questi soggetti come persone che hanno saputo interiorizzare un modello relazionale di sicurezza basato, molto probabilmente, su esperienze positive vissute nell'infanzia, ma anche su un attivo processo di revisione e rielaborazione di tali esperienze, che ha permesso loro di giungere a una visione equilibrata della propria realtà passata, del suo valore evolutivo e della sua importanza nella vita attuale.

Attaccamento coinvolto (entangled-preoccupied; e): questa categoria viene assegnata quando i soggetti esprimono un quadro confuso, non obiettivo della propria esperienza passata, dal quale è possibile dedurre un loro coinvolgimento, un invischiamento, nell'ambito di relazioni all'interno della famiglia che continuano ad agire sull'attuale stato della mente. L'elemento del coinvolgimento ha un ruolo fondamentale nell'intervista di tali soggetti, impedendo loro di effettuare un processo di analisi e di ripensamento obiettivo dell'esperienza; in tal senso, sembra che nei processi mentali di queste persone esista una continua invasione da parte del passato, che si connota soprattutto di elementi affettivi che l'individuo non sembra riuscire a organizzare in un quadro di pensiero logico e coerente. Gli aspetti legati alla sfera cognitiva sembrano perdere consistenza e strutturazione nel corso della narrazione, lasciando il posto a un discorso fortemente intriso di elementi puramente affettivi, sensazioni e emozioni, scarsamente collegati tra loro.

Attaccamento con traumi o lutti non risolti (unresolved; u): questa categoria viene attribuita quando sono presenti indici formali di mancata risoluzione di specifici eventi della storia del soggetto, che possono aver rappresentato momenti di grave disorganizzazione dell'attaccamento, quali gravi lutti, abusi o traumi di altro genere subiti nell'infanzia. Tale categoria si sovrappone alla categoria principale, tra quelle sopra riportate, che più si adatta a una definizione esaustiva dell'intervista nel suo complesso.

Attaccamento non classificabile (cannot be classified; cc): l'intervista viene considerata inclassificabile quando gli elementi del discorso non sono collocabili in nessuna delle categorie precedenti; il soggetto mostra così una notevole o insolita mescolanza di stati mentali, per cui non è evidenziabile alcun singolo stato o alcuna strategia organizzati. Tale eventualità risulta piuttosto rara nei soggetti appartenenti alla popolazione generale.

Una volta creata la tassonomia, è utile testarla con alcune interviste scelte casualmente, tentando di codificare queste ultime attraverso le categorie precedentemente definite, per poter avere a disposizione dati validi e attendibili.

Frasi o proposizioni classificate nelle singole aree della griglia permettono un confronto orizzontale tra diversi protocolli nelle singole categorie prese separatamente. Per conoscere il fenomeno studiato a livello quantitativo è possibile calcolare il numero di volte in cui i soggetti forniscono una specifica risposta (le frequenze) nelle varie categorie e sottocategorie. È importante sottolineare che il numero delle risposte può non essere uguale al numero dei soggetti, poiché lo stesso soggetto talvolta fornisce più di una risposta (Magro, 1995), oppure i soggetti possono addirittura non esprimersi sull'argomento. Le frequenze percentuali così ricavate permettono di procedere all'applicazione di test per la significatività della differenza tra percentuali (per esempio, il test del Chi quadrato). Si giunge infine al riepilogo e poi all'interpretazione dei dati raccolti.

Un'altra procedura per effettuare l'analisi del contenuto consiste nell'individuare a priori le categorie di codifica sulla base delle ipotesi di ricerca, e applicarle al «racconto» del soggetto.

Infine, a partire dagli anni ottanta (Krippendorff, 1980), l'avvento di nuovi software ha reso possibili diversi approcci all'analisi del testo. Fino a quel momento l'approccio principale è stato quello tematico, che consiste nel contare l'occorrenza di parole o frasi all'interno del testo oggetto di studio. Diversamente, questi nuovi approcci all'analisi del contenuto di un testo possono essere classificati in due grandi gruppi: l'approccio semantico e l'approccio network (vedi Popping, 2000).

L'approccio semantico consente di tenere in considerazione non solo singole parole e/o frasi, ma anche le relazioni presenti tra queste all'interno del testo. L'approccio network, oltre a individuare le relazioni tra i concetti, permette di costruire una rete tra i concetti interrelati semanticamente.

L'utilizzo di tali programmi computerizzati offre il vantaggio di poter trattare una notevole quantità di dati, di analizzare il materiale sistematicamente (senza errori) e nello stesso tempo di individuare relazioni e combinazioni difficilmente affrontabili dal singolo ricercatore. Il suo impiego, inoltre, favorisce, rispetto all'analisi condotta manualmente, la riduzione dei problemi di codifica e garantisce maggior precisione e attendibilità. L'applicazione di tali programmi per l'analisi testuale costituisce oggi un terreno ricco di possibilità per affrontare lo studio di alcuni aspetti della Adult Attachment Interview non ancora chiaramente emersi dai sistemi di codifica proposti fino a questo momento; per questo motivo presentiamo un breve prospetto di alcuni dei più utilizzati e disponibili in commercio, che possono stimolare la curiosità e l'attenzione del lettore a questo innovativo approccio alla comprensione delle narrazioni (vedi Bolasco, 1999; Nigel e Lee, 1991) (tab. 7.3).

Tabella 7.3
Programmi computerizzati per l'analisi del contenuto

SPAD-T	Contiene tecniche lessicometriche e di statistica testuale; utilizzabile per *corpora* estesi; consente l'analisi delle concordanze, analisi cronologiche e analisi fattoriale. È adatto soprattutto per l'analisi di domande aperte, e privilegia l'associazione di parole a modalità categoriali.
SPHINX	Offre un *tagging* grammaticale sia per il francese che per l'inglese e permette di costruire liste personalizzate di parole o espressioni.
ALCESTE	Dà la possibilità di svolgere una segmentazione automatica a priori del testo e applica alle unità di contesto trovate procedure di classificazione che portano alla formazione delle classi di enunciati sulle quali è fondata l'analisi del discorso.
HYPERBASE e LEXICO	Programmi contenenti tecniche lessicometriche e di statistica testuale, utilizzabili per *corpora* estesi; consentono l'analisi delle concordanze, analisi cronologiche e analisi fattoriale.
TEXT SMART	Programma per l'analisi di domande aperte; permette l'uso di una lista di parole e la costruzione di un dizionario. Dà in uscita una matrice di dati basata sulla frequenza e sull'occorrenza.
DISCAN	Finalizzato all'analisi reticolare per la costruzione di mappe semantiche.

Fonte: Bolasco (1999); Popping (2000) con modifiche.

Cenni sulle caratteristiche psicometriche della AAI

Nel corso degli anni si è assistito a un fiorire di ricerche che utilizzano la Adult Attachment Interview, tese soprattutto a verificare le sue caratteristiche psicometriche, in particolare la validità e l'affidabilità (vedi Simonelli, 2000).

Per quanto riguarda le caratteristiche di validità, la AAI sembrava possedere una buona validità predittiva relativa all'associazione tra la valutazione dell'attaccamento del genitore e quella dell'attaccamento del figlio nel corso della prima infanzia, in quanto vari studi sembravano evidenziare una concordanza tra la categoria di attaccamento della madre e quella del figlio o tra quelle del padre e del figlio nel corso della prima infanzia del bambino quando queste erano valutate rispettivamente con la Adult Attachment Interview (George, Kaplan e Main, 1985) e con la Strange Situation Procedure di Ainsworth, Blehar e altri (1978); attualmente, tuttavia, tale predittività sembra riscontrarsi solo, e parzialmente, rispetto alla categoria di attaccamento sicuro. Questo costrutto ipersemplificato di trasmissione intergenerazionale dello stile di attaccamento, secondo cui le modalità di attaccamento del genitore, attraverso i comportamenti nei confronti del figlio, divengono uno stile relazionale la cui qualità «passa» a quest'ultimo (van Ijzendoorn, 1995; van Ijzendoorn e Bakermans-Kranenburg, 1997), sembra in realtà reggere sempre meno. Controversa è oggi anche la predittività della valutazione dell'attaccamento attraverso la AAI rispetto alla sensibilità del comportamento genitoriale durante il primo anno di vita del bambino: ossia, la categoria di attaccamento ottenuta dal genitore con questo tipo di valutazione non sembra connessa con la qualità e lo stile delle cure prestate al bambino, così come ipotizzava la teoria (Belsky e Isabella, 1991; Belsky, Campbell e altri, 1996; De Wolff e van Ijzendoorn, 1997).

Similmente, la AAI ha mostrato di possedere buona validità discriminante rispetto a funzioni cognitive quali intelligenza e memoria: in altre parole, lo stile di attaccamento valutato nel soggetto con questo strumento non sembra influenzato dalle sue capacità cognitive e di memoria, o dal suo livello di istruzione. Tale verifica conforta circa il pericolo che individui con elevati livelli di scolarità o con elevate capacità espressive possano risultare sicuri (F) con questo strumento non in virtù della loro organizzazione mentale relativa all'attaccamento ma, più semplicemente, in virtù della loro abilità narrativa o delle loro conoscenze. Meno chiari, tuttavia, sono i rapporti con i dati emersi dalla valutazione dell'adattamento sociale individuale o di caratteristiche di personalità.

Infine, gli aspetti maggiormente controversi riguardano la verifica della validità di costrutto e della validità convergente della AAI. Quanto al primo punto, cioè la verifica del fatto che la AAI valuti esattamente il costrutto teorico che si propone di misurare, esistono difficoltà di definizione teorica che probabilmente sono all'origine dei risultati non chiari emersi da diversi studi; il fermento di ripensamenti e di chiarificazioni assai vivo tra i ricercatori sta, di fatto, contribuendo a complessificare il modello di Bowlby, arricchendolo certamente, ma inserendovi costrutti e variabili che necessitano di ulteriori approfondimenti. Infine, in riferimento alla verifica della validità convergente dello strumento, cioè del fatto che le valutazioni con esso effettuate siano analoghe a quelle effettuate con altri strumenti che si propongono di misurare lo stesso costrutto (ossia, la qualità dell'attaccamento nell'adulto), la principale difficoltà sembra risiedere nella mancanza di strumenti analoghi alla AAI con i quali effettuare confronti di qualche rilievo metodologico. Tra l'altro, facciamo qui riferimento ai numerosi questionari utilizzati negli ultimi anni, i cui costrutti poco hanno a che vedere con ciò che viene misurato dalla AAI.

Considerazioni sulla Adult Attachment Interview

I principali punti di debolezza della AAI ricalcano in qualche modo quelli già esposti a proposito della Strange Situation Procedure (Ainsworth, Blehar e altri, 1978), e in sintesi sono: il dispendio di tempo, di formazione e di impegno per il clinico e/o il ricercatore che vogliano applicare tale metodologia. Ricordiamo che la somministrazione dell'intervista ha una durata di circa un'ora, alla quale vanno aggiunte diverse ore per la trascrizione parola per parola (almeno 10) e altrettante per la codifica; inoltre, nel nostro Paese esistono diverse possibilità di formazione all'impiego della AAI che richiedono training specifici lungo un arco di tempo di almeno due anni. Dalla sua parte, tuttavia, la AAI ha la semplicità con cui è possibile somministrarla, dal momento che sono richiesti un registratore audio e una stanza adatta per colloqui clinici, strumentazioni di cui quasi tutti i Servizi possono agevolmente disporre. Alcuni ricercatori propongono la videoregistrazione dell'intervista allo scopo di studiare anche i comportamenti non verbali del soggetto; tuttavia, tale accorgimento è interessante e utile ma non necessario per una corretta applicazione e codifica dei dati raccolti con lo strumento. D'altra parte, aspetti di utilità dell'intervista sono la possibilità di raccogliere in breve tempo un'ampia serie di informazioni sia sulla storia di vita del soggetto, sia sulle modalità attraverso le quali il soggetto sembra aver organizzato gli eventi del proprio passato in pensieri, emozioni e rappresentazioni narrabili. Questa, di fatto, è la grande risorsa che, in qualche modo, legittima la fatica nell'applicazione dello strumento a vantaggio della raccolta di un ricchissimo materiale utilizzabile a scopi di ricerca o per obiettivi clinici, sia in fase diagnostica sia nel corso di un intervento terapeutico: in particolare, quest'ultimo aspetto costituisce un importante terreno di applicazione della AAI nella valutazione e nella terapia della relazione precoce genitore-bambino, secondo un modello basato sulla rielaborazione da parte del genitore delle proprie rappresentazioni attuali di attaccamento, allo scopo di modificare anche i comportamenti di cura e di attaccamento nei confronti del figlio laddove si rivelino scarsamente adattativi riguardo allo sviluppo del bambino o della loro relazione (van Ijzendoorn e Bakermans-Kranenburg, 1997).

D'altra parte, è utile ricordare sempre che la valutazione effettuata con la AAI non costituisce una sorta di diagnosi di personalità, né fornisce indicazioni sui comportamenti realmente messi in atto dal soggetto nella cura del bambino: lo strumento consente di approfondire la conoscenza delle modalità secondo le quali l'individuo, in un determinato momento della vita (il momento dell'intervista), ha saputo organizzare una rappresentazione mentale della propria esperienza passata relativa alle relazioni significative, alle figure di riferimento più vicine dell'infanzia e al significato che tali esperienze rivestono per lui nel presente. Da qui, non sembra plausibile pensare che tale classificazione costituisca una valutazione anche dei comportamenti del soggetto all'interno delle proprie relazioni significative attuali, come quella con un figlio o con il partner. Similmente, la valutazione della qualità del modello rappresentativo di attaccamento dell'individuo non può essere utilizzata come una misura del complessivo «funzionamento» della persona o della sua personalità: se così fosse, la AAI costituirebbe una sorta di strumento onnicomprensivo per la valutazione della persona. In parte in questa direzione sembrano tuttavia andare gli approfondimenti proposti da Crittenden (1999), che sta effettuando una profonda revisione delle modalità di codifica della AAI e delle categorie di definizione dell'attaccamento nell'adulto (vedi cap. 8): l'arricchimento introdotto da Crittenden nel modello teorico e nel metodo originario proposto dagli autori non deve far dimenticare il rischio di un ampliamento indebito nella definizione del costrutto di attaccamento, pena la compromissione della portata esplicativa dei dati ottenuti attraverso la somministrazione. Su tale base, anche l'impiego clinico dell'intervista può essere di grande interesse, purché non ci si attendano elementi di comprensione dell'individuo e delle sue relazioni.

A questo proposito, l'impiego della Adult Attachment Interview con famiglie con uno o più figli adottivi può essere di varia natura: in primo luogo, ci si possono porre obiettivi di ricerca e ipotesi esplorative riguardo alle dinamiche familiari inerenti l'attaccamento sia all'interno di coppie che richiedono di adottare un bambino, sia all'interno di famiglie che hanno già uno o più figli non biologici (talvolta anche insieme a figli biologici). In questi casi, lo strumento può essere somministrato nella fase dello studio di coppia, nel momento dell'abbinamento tra i genitori adottivi e il bambino, nel corso dell'anno di affido preadottivo oppure, infine, nell'ambito di uno studio di follow-up in un momento successivo a queste fasi (per esempio tre, cinque o dieci anni dopo l'adozione). Secondo l'età del bambino, la AAI può essere proposta solo ai genitori, o anche al piccolo a partire dall'età scolare, periodo in cui alcuni autori hanno riscontrato l'applicabilità di questo strumento in una forma lievemente adattata (Calvo, 1999) o anche, eventualmente, in una forma modificata (Intervista sull'Attaccamento nella Latenza, IAL, di Ammaniti, Candelori e altri, 1990). Ovviamente, gli obiettivi empirici rendono necessario avere a disposizione un gruppo abbastanza consistente di famiglie che andranno rese il più possibile omogenee rispetto a una serie di variabili quali: il numero dei componenti partecipanti (per esempio, entrambi i genitori o uno solo dei due), l'età dei figli adottati, la loro provenienza etnica, geografica e/o religiosa e altri aspetti che andranno individuati e controllati dal ricercatore. Un esempio di questo è l'ampio lavoro di ricerca riportato, che riguarda uno studio di follow-up a distanza di quindici anni dal momento dell'adozione su un gruppo di famiglie tramite l'utilizzo della Adult Attachment Interview somministrata a entrambi i genitori e ai figli biologici e adottati presenti nel nucleo familiare.

Parallelamente, le stesse finalità di comprensione e di approfondimento possono essere perseguite applicando lo strumento a singoli casi o a numeri molto esigui di famiglie, laddove per esempio si vogliano approfondire alcuni aspetti legati a possibili fattori di rischio nello svolgimento della funzione genitoriale in una coppia che fa richiesta di adozione (nel caso in cui le storie di vita dei partner ci pongano in dubbio rispetto a eventi traumatici precocemente accaduti o non risolti o non emersi nel corso di colloqui precedentemente effettuati). Un'altra possibilità riguarda la valutazione di eventuali tematiche relative all'abbinamento tra la coppia e il bambino adottivo: sulla base di alcune delle informazioni emerse dalla AAI è possibile venire a conoscenza di aspetti che possono costituire un'importante risorsa per favorire un adeguato incontro tra i nuovi genitori e il bambino. Sono ipotizzabili altri svariati momenti e modalità di impiego della AAI: per esempio, somministrandola al minore prima dell'incontro con i genitori adottivi, a tutta la famiglia per monitorare l'andamento dell'anno di affido preadottivo, nel corso dell'adozione per costruire percorsi di intervento e di sostegno nei casi in cui l'adozione si sia rivelata problematica o difficoltosa per i genitori o per il bambino, e ancora in altri casi a seconda degli obiettivi che ci si propongono, delle necessità e delle possibilità dell'operatore.

Capitolo 8

L'approccio dinamico-maturativo allo studio dell'attaccamento secondo Patricia M. Crittenden

Graziella Fava Vizziello e Giovanni Barbiero

Come anticipato nel capitolo 7 relativamente alla Adult Attachment Interview (AAI, George, Kaplan e Main, 1985), la proposta di Main e Goldwyn (1994) per la valutazione dello «stato della mente» attuale dell'individuo adulto rispetto alla propria storia ed esperienza di attaccamento nell'infanzia è stata di recente arricchita da una serie di riflessioni teoriche e metodologiche apportate dal lavoro di Crittenden (1999). Di fatto, le codifiche narrative proposte dagli autori si differenziano per diversi punti che, in alcuni casi, possono farle apparire anche contrapposte: entrambi i metodi, tuttavia, rivestono un indubbio interesse per le loro peculiarità e per la visione narrativa dell'attaccamento che forniscono alla ricerca e all'intervento clinico in questo campo e, nel nostro gruppo di lavoro, sono stati spesso utilizzati in maniera complementare. Per una migliore comprensione della diversa lettura della AAI da noi attuata e – in particolare – per una comprensione dei capitoli conclusivi riteniamo opportuno mettere a disposizione le seguenti note.

Il processo di codifica secondo l'approccio dinamico-maturativo proposto da Crittenden (1997a, 1999) unisce alla rigorosa analisi della forma del discorso una ricostruzione della storia reale esperita dal soggetto nel corso dell'infanzia; si concentra cioè sul modo in cui il soggetto utilizza le informazioni desunte dall'esperienza infantile per guidare il proprio comportamento adulto, piuttosto che limitarsi a riscontrare le modalità secondo le quali queste informazioni vengono omesse (come nel caso dei soggetti distanzianti) o confuse (come nel caso dei soggetti coinvolti). Il tipo di utilizzo che il soggetto fa dei cinque sistemi di memoria (procedurale, per immagini, semantica, episodica, di lavoro) viene considerato di importanza cruciale, perché fornisce informazioni su come il soggetto affronta nel presente la propria esperienza passata e risolve le situazioni in cui la sua condizione di sicurezza viene a essere minacciata.

In sintesi:

1) Il codificatore ricostruisce l'esperienza dell'infanzia del soggetto attraverso le informazioni da lui fornite. Vengono mantenute le categorie relative alle Scale dell'Esperienza Soggettiva presenti nel sistema di Main e Goldwyn (1994) e viene aggiunta una valutazione delle situazioni di *pericolo*, di *inganno* e relative alla *sessualità*, a cui il soggetto può essere stato sottoposto nell'infanzia. La tabella 8.1 riporta le categorie attraverso le quali il codificatore può rilevare le esperienze vissute dal soggetto nell'infanzia.

Tabella 8.1

Conforto	Questa categoria fa riferimento alla maniera in cui l'amore dei genitori viene vissuto dal soggetto. I genitori hanno prestato attenzione ai sentimenti del figlio quando era al sicuro ma non a suo agio? Oppure possono essere stati tanto assorbiti da sé stessi o tanto imprevedibili da far sì che il figlio non si sentisse al sicuro?
Protezione	Nel valutare la qualità confortante delle figure di accudimento (categoria precedente), è più importante che il genitore abbia avuto una funzione di protezione quando il soggetto era sofferente o in pericolo, piuttosto che fornire cure fondamentali, ossia nutrimento e vestiario, oppure che sia stato disponibile a giocare o a dare ai figli oggetti materiali.
Pericolo	Vi sono diversi tipi di condizioni fisicamente o psicologicamente pericolose: calamità naturali, malattie fisiche, indisponibilità genitoriale a proteggere, guerra; oppure – su un altro livello – i pericoli causati dai genitori stessi, per esempio la violenza tra partner, il divorzio, gli abusi sui figli, le minacce.
Rifiuto	Nel continuum sono contemplate manifestazioni di rifiuto fisico del figlio – mandandolo a vivere da parenti o non garantendogli le cure minimali –, di rifiuto dei comportamenti di attaccamento non necessari del figlio (coccole, carezze, vicinanza fisica), di rifiuto psicologico, per esempio dicendogli che è nato indesiderato, di rifiuto esclusivamente dei suoi stati affettivi negativi.
Trascuratezza	I genitori troppo impegnati nel lavoro, i genitori depressi, disattenti rispetto ai bisogni del figlio. Il caso estremo è la trascuratezza fisica, spesso in condizioni di povertà.
Coinvolgimento	Si riferisce a genitori che ricercano una vicinanza eccessiva ai figli o che coinvolgono i figli nel sistema di coppia. Questi genitori – poiché cercano di farsi accudire psicologicamente – perdono la capacità di fornire al figlio la giusta protezione. Il figlio si sente ansioso e non confortato, vive sentimenti misti, ha confini sfumati e confusi tra sé e la figura di accudimento.
Inversione di ruolo	Da bambino il soggetto si prendeva cura del genitore: ciò è di importanza cruciale, soprattutto se il soggetto era in pericolo e aveva bisogno di conforto o protezione mentre era lui a fornire tutto ciò al genitore. Nel coinvolgimento (categoria precedente) il figlio è indotto a competere con uno dei genitori per ottenere una vicinanza eccessiva con l'altro; nell'inversione di ruolo, il figlio è indotto a cedere il proprio ruolo di figlio e funziona come figura genitoriale per il genitore.

Insistenza sulle prestazioni	Il genitore esige prestazioni eccessivamente elevate (di qualunque tipo: scolastico, sportivo, artistico, di obbedienza, pulizia, indipendenza ecc.) per accettare il figlio e amarlo o per non fargli del male. Altri aspetti dello sviluppo vengono limitati per consentire la concentrazione sulle mete da raggiungere; dal raggiungimento delle mete il soggetto trae scarsa soddisfazione perché si sente obbligato a fornire quei risultati.
Inganno	L'inganno da parte dei genitori si associa a specifici pattern di attaccamento soprattutto quando è in combinazione con il pericolo. Si ha, ad esempio, quando i genitori dicono ai bambini che saranno premiati o puniti per suscitare un comportamento desiderato, ma a ciò segue ripetutamente una mancata concretizzazione della promessa; in casi più pericolosi, si tratta di far sì che un bambino si senta a suo agio per poi attaccarlo psicologicamente o fisicamente.
Sessualità	Nella AAI, la sessualità è importante quando si intromette senza necessità in discussioni riguardanti altri argomenti o quando diventa una tematica ricorrente di molte risposte.

2) Non necessariamente i soggetti raccontano la propria storia in modo chiaro o veritiero, e perciò il narrato viene analizzato attraverso la forma del discorso per identificare eventuali distorsioni ed errori di pensiero. Nella modalità di processamento dell'informazione è implicata la *memoria procedurale*, il cui funzionamento, secondo quanto indicato da Crittenden (1999), può essere indagato attraverso:

a) le modalità di *gestione del discorso* da parte del soggetto;

Discorso distanziante da sé 1) Tenere per sé parti importanti della storia creando confini rigidi tra passato e presente, tra le persone, tra luoghi pericolosi e luoghi sicuri; uso della forma impersonale e di costruzioni allontananti. 2) Attribuire troppo potere all'intervistatore anticipandone i bisogni, le esigenze e i giudizi: obbedire in maniera esagerata a richieste di poca importanza o addirittura non espresse, scusarsi della propria storia, fornire autovalutazioni negative.
Discorso coinvolgente con l'altro 1) Ricercare la vicinanza dell'intervistatore coinvolgendolo nel racconto. 2) Assunzione di inter-intenzionalità, ricerca della complicità dell'intervistatore (anche rispetto a dispute familiari), di guida o di eccessiva comprensione: intervistatore come «soggetto supposto sapere».
Discorso distanziante dall'altro a causa della convinzione di una pericolosa complicità dell'intervistatore con altri (le autorità, i genitori).

b) le modalità di *comportamento interattivo* nel corso dell'intervista usate nei confronti dell'intervistatore, che vengono distinte nelle seguenti tipologie:

Relazione analitica, attraverso un'associazione «professionale» con l'intervistatore allo scopo di distanziarsi dal Sé.
Relazione evitante: risposte brevi e non cooperanti che precludono le domande di approfondimento.
Relazione cooperante: il soggetto presta attenzione alle domande e vi risponde in maniera consapevole e seguendo la direzione che l'intervistatore propone.

Relazione coinvolgente: il soggetto cerca prove eccessive della comprensione e dell'accettazione, da parte dell'intervistatore, di ciò che dice, o spera che l'intervistatore possa fornire significati di cui il soggetto non è in possesso.
Relazione confrontativa: l'intervistatore viene trattato come se fosse il rappresentante dei genitori e viene attaccato o messo in imbarazzo.
Relazione collusiva: l'intervistatore viene usato come potenziale alleato contro i genitori.
Relazione sottomessa: atteggiamento bisognoso e conciliante verso l'intervistatore per il suo status professionale, utilizzato a scopo manipolatorio per generare una coalizione triangolata contro la famiglia.
Relazione seduttiva: piangere ripetutamente per suscitare conforto, stuzzicare l'intervistatore mettendogli sotto il naso frammenti di informazioni a chiusura di un argomento, soprattutto riguardo alla sessualità.
Relazione spaventosa/sinistra: intrusione nell'intervista di pericoli e violenze inattesi (senza che l'intervistatore sia preparato) o inseriti in un contesto affettivo non appropriato. L'intervistatore può sentirsi così a disagio da esitare a porre alcune domande.

c) l'*espressione spontanea dell'affettività* nel corso dell'intervista, descritta dalle categorie di seguito riportate:

Affetti negativi omessi: silenzio o parole inintelligibili quando il Sé è in pericolo o a disagio. *Falsi affetti positivi* mentre il soggetto nega eventi tristi, di pericolo o di collera (risate non appropriate, indicanti ansia).
Affettività sprezzante verso l'attaccamento e le figure di attaccamento.
Affettività appropriata: gli affetti manifestati (positivi, negativi, umoristici ecc.) sono coerenti con il contenuto delle parole del soggetto.
Affettività disarmante: risate imbarazzate, risatine che accompagnano affermazioni rabbiose o minacciose allo scopo di attenuarne l'effetto e deflettere il soggetto dalla risposta di rabbia.
Affettività inappropriata collerica. 1) Durante l'intervista il soggetto si arrabbia nei confronti di persone del passato. 2) Violazione del confine tra passato e presente, in modo da far sembrare collegate cose in realtà separate. 3) Tentativi di ottenere il sostegno dell'intervistatore. 4) Uso del discorso diretto rivolto a una persona assente. 5) Uso di linguaggio scatologico o espressioni gergali attivanti.
Affettività inappropriata paurosa: durante l'intervista il soggetto si mostra impaurito nei confronti di persone del passato e si sforza di ottenere il sostegno dell'intervistatore. *Umorismo derisorio verso gli altri vs. autodeprecazioni per deridere il Sé*. Con la funzione di creare una gerarchia tra il soggetto e l'altro.
Affettività negativa non verbale attivante: eccessivamente intensa per l'argomento trattato, distraente rispetto alle parole del soggetto; spesso è usata nelle risposte alle domande integrative che abbisognano di riflessione.
Affettività fredda e crudele: manifestata di fronte al coinvolgimento affettivo dell'intervistatore, nella presunzione che i sentimenti altrui vengano manifestati in modo falsificato.

Secondo questo modello, lo stile del discorso (*a*), la tipologia di relazione con l'intervistatore (*b*) e l'affettività espressa (*c*) vengono evidenziati da specifici *marcatori linguistici procedurali*:

1) omissione del Sé dalle frasi, nominalizzazione degli stati affettivi, minimizzazione delle esperienze minacciose, normalizzazione delle situazioni atipiche, pause prima di rispondere, chiarezza nell'ordine temporale e causale («se... allora»), uso di congiunzioni causali, mancate fluenze in riferimento al Sé, alle figure di attaccamento, alle situazioni di pericolo, eloquio telegrafico, scarsità di dettagli;
2) uso del punto di vista altrui, automonitoraggio del discorso, comprese le domande sulle domande, ansia attuale espressa mediante balbettii e pause, eloquio ridondante in uno stile ansioso e torrenziale, diniego del negativo;
3) confusione di persone (uso errato dei pronomi), confusioni di tempo (uso di verbi al presente), comparazione impropria di elementi disparati, pensiero semantico passivo, episodi raccontati sotto forma di dialogo, discorso che scorre in forma di flusso di coscienza, attivazione affettiva apertamente espressa attraverso esclamazioni o affettività non verbale come riso, pianto, urla; linguaggio infantile inducente accudimento oppure aggressivo inducente paura;
4) stati affettivi distorti o omessi.

3) In terzo luogo, l'esperienza del soggetto viene sondata attraverso la *memoria per immagini* o *percettiva* (per esempio il suono di voci arrabbiate, il ritmo tranquillizzante dell'essere tenuti in braccio o cullati, un letto caldo e soffice, un tappeto rosso, una cantina buia e fredda) che, secondo il sistema dinamico-maturativo, fornisce informazioni sul modo in cui il soggetto esprime l'affettività. In quest'analisi è compresa la domanda sul primo ricordo. Le categorie di analisi sono le seguenti:

Immagini di conforto connesse obliquamente: le immagini di conforto vengono sostituite da immagini di luoghi confortanti (ad esempio, descrizione della propria casa invece che della propria madre: «parlami dei tuoi genitori» – «abitavamo in una grande stanza»).
Immagini di pericolo scollegate: 1) Le immagini di sé sembrano fornire lo stato affettivo non riconosciuto. 2) Le immagini sostituiscono persone pericolose o il Sé in pericolo. 3) Le immagini descrivono aspetti del contesto dell'evento pericoloso.
Immagini omesse: vengono eliminate dagli episodi le immagini vivaci e fresche; le descrizioni di eventi induttori di sentimenti sono asciutte.
Immagini integrate: sono immagini «fresh», ovvero non sono cliché, e sono usate per ricreare il contesto degli eventi e comunicare il significato personale che hanno per il soggetto. Inoltre, il loro significato è chiaro per il soggetto (cioè, non sono scollegate dall'evento o dal soggetto).
Immagini intense: risposte somatiche (uditive, cioè discorso diretto, tattili, olfattive, gustative e visive) che rispecchiano paura e vulnerabilità e che spesso precedono la narrazione di eventi («gli uscivano gli occhi dalle orbite»). Talvolta le immagini dominano sugli altri sistemi di memoria, al punto che le frasi semantiche sono scomposte in immagini riferite a occasioni specifiche.
Immagini animate: semplice discorso diretto coinvolgente, in cui il contesto e il tempo sono momentaneamente sospesi; o immagini che «agiscono» come se fossero vive, nel senso che suscitano risposte comportamentali.
Immagini illusorie, in cui eventi non reali, spesso impossibili, sono ritratti in forma immaginativa. Nel caso sia delle immagini animate che di quelle illusorie, spesso diventano più reali del contesto del discorso.

4) In quarto luogo, la *memoria semantica* e quella *episodica* sono sondate con gruppi specifici di domande riguardanti la relazione con i genitori dell'infanzia, con le cinque parole descrittive, con gli episodi usati per convalidare i termini descrittivi, con domande specifiche sulle esperienze minacciose – malattia, rabbia, rifiuto, separazione ecc. – e i relativi episodi (che, a differenza degli episodi richiesti per convalidare i descrittori dei genitori nella prima parte dell'intervista, sono recuperati senza l'ausilio della memoria semantica):

a) categorie della *memoria semantica*:

Responsabilità del Sé: infondata autoattribuzione per le difficoltà di relazione. *Esonero*: le inadeguatezze dei genitori vengono giustificate mediante l'assunzione del loro punto di vista.
Disprezzo dei genitori mentre, di conseguenza, il Sé è visto come buono e forte. *Idealizzazione del passato*: quando non vengono fornite prove episodiche per gli aggettivi positivi o l'uso di superlativi, espressioni eccessivamente positive o avverbi come «molto», «sempre», «mai», «veramente».
Memoria semantica differenziata: il soggetto spiega i cambiamenti nelle persone attraverso contingenze se/allora o se/quando («se era sobrio, era generoso, ma a volte quando era ubriaco poteva essere violento»); spiega gli effetti interattivi; fa distinzioni specifiche per ogni relazione.
Pensiero semantico passivo: mancato raggiungimento di conclusioni semantiche, specialmente se negative; oscillazioni di giudizio («era cattivo, beh non proprio cattivo, era gentile, quasi»); congiunzioni additive appena coordinate («e, allora, cioè»); aggiunta di «una specie di, tipo, circa»; congiunzioni e avverbi all'inizio delle frasi («così, quindi, perché, tipo») e congiunzioni avversative («ma, anche se, comunque»).
Futuro magico idealizzato, in cui il soggetto non articola chiaramente la natura dei problemi da superare ma manifesta una spinta ottimistica non supportata da evidenze concrete o verosimili.
Biasimo riduzionista attraverso superiorità morale o enfasi sulla propria innocenza: torti e ingiustizie del passato sono mantenuti come cause prossimali di sentimenti e comportamenti del presente; forte tema di giustizia, per cui il Sé ha dei diritti e gli altri si comportano in modo scorretto e quindi meritano una punizione
Falsa cognitività: esagerare alcuni aspetti della verità per indurre false conclusioni (soggetti menzogneri); sospettosità sulle intenzioni altrui; trarre in inganno l'intervistatore riguardo all'ordine temporale degli eventi e alle relazioni causali.

b) tipologie di *episodi*:

Episodio di colpa distorto: corrispettivo episodico dell'attribuzione della responsabilità a sé nel registro semantico.
Episodio spostato: il soggetto comincia con un episodio negativo riguardo al Sé/ai genitori; questo episodio cambia, in modo da: 1) attribuire il comportamento negativo a un altro adulto, oppure *b*) attribuire il comportamento del soggetto a un altro bambino.
Punto di vista genitoriale riguardo a eventi negativi, allo scopo di esonerare i genitori da ogni colpa; conseguente attribuzione di responsabilità a sé.

Episodio negativo/Sé forte: il ricordo di episodi negativi viene distorto in modo che il Sé appaia forte, protetto e/o fisicamente assente, quando invece era presente, vulnerabile e danneggiato. Una delle distorsioni cognitive più frequenti è cambiare la persona che ha dato inizio all'evento, in modo che sembri che il Sé non ne abbia vissuto le prevedibili conseguenze.
Mancanza di episodio positivo per giustificare il descrittore positivo; viene dissimulata con una descrizione semantica o con «non ricordo». Indica che il soggetto – durante la rievocazione semantica – ha voluto trovare per forza un aggettivo positivo che non corrisponde a verità.
Episodio interrotto raccontato per sostenere un descrittore positivo ma che viene interrotto (mediante silenzio o digressioni o risvolto positivo) prima della conclusione amorevole-confortante; ciò lascia il dubbio sul suo effettivo verificarsi.
Episodio opposto: 1) L'episodio fornisce evidenze che contraddicono il descrittore. 1) Risvolto positivo (l'episodio portato a conferma del descrittore positivo è negativo, perciò contraddice il termine positivo, ma il soggetto ne trae comunque una conclusione positiva).
Episodio completo: episodio pertinente all'aggettivo; ha un inizio, uno svolgimento e una conclusione; combina l'ordine temporale e causale alla risposta affettiva del soggetto rispetto all'esperienza.
Episodio irrilevante rispetto al descrittore: non lo sostiene né lo smentisce, essendo piuttosto scollegato da esso.
Episodio confuso/circolare: scivolamento da un episodio a un altro con violazione dei confini tra persone, luoghi e tempi: l'unico elemento che unifica i diversi episodi – che si trovano compressi in un'unica unità di rievocazione – è l'intensità dello stato affettivo. Il risultato è una generalizzazione semantica (peraltro con scarsa organizzazione temporale) di contenuti della memoria episodica.
Mancanza di episodio negativo: indica che il soggetto aveva esagerato quando aveva fornito un aggettivo negativo (falsa cognitività) e ora non sa come giustificarlo con un episodio.
Episodio frammentato: gli eventi critici vengono ridotti al loro apice, mentre l'inizio e la conclusione vengono omessi; i risultati sono presentati come imprevedibili, slegati dalla sequenza degli eventi, come immagini sensoriali-affettive. La funzione è quella di omettere gli aspetti positivi del comportamento altrui.
Episodio distorto verso l'innocenza o il biasimo: travisamento delle informazioni soprattutto riguardo a eventi pericolosi: pericoli inspiegati o con vaghi collegamenti temporali e causali, o omessi.

5) Il codificatore valuta infine la *memoria di lavoro* mediante: *a*) le domande integrative alla fine dell'intervista; *b*) i confronti tra le varie parti dell'intervista. Le domande integrative permettono al soggetto di chiarire errori fatti durante l'intervista, di riflettere sul significato degli eventi raccontati e dei propri e altrui contributi all'azione, di identificare i probabili effetti che l'esperienza ha avuto su di lui e il modo in cui ha fatto uso delle informazioni desunte dall'esperienza infantile per guidare il proprio comportamento adulto. Per la capacità integrativa vengono descritte le seguenti categorie:

Metacognizione fallita: le discrepanze vengono notate, ma non viene attribuito loro alcun significato, e il soggetto passa oltre, o assume il punto di vista genitoriale negando il proprio.
Banalità ottimistiche: idee trite e stupide ma inconfutabili perché scontate o risapute per senso comune o per tradizione; lo scopo è quello di escludere ogni elaborazione mentale.
Integrazione accantonata: rifiuto di considerare in modo attento e impegnato le domande integrative. Risposte brevi e superficiali. Oppure il soggetto parla di argomenti irrilevanti.
Riflessività: frasi che contengono sia l'affettività sia la cognitività, che tengono conto dei punti di vista proprio e altrui.
Metacognizione: spesso suscitata da una discrepanza e indicata da una mancata fluenza produttiva (ovvero, una mancata fluenza non trasformativa delle informazioni).
Pseudo-metacognizioni: frasi «prese a prestito» da altri in risposta alle domande integrative poste da un soggetto che non vede alcun bisogno di ulteriori riflessioni. Per l'utilizzo di espressioni gergali e di psicovaniloquio, le pseudometacognizioni si differenziano dalle banalità.
Pensiero magico: lo sforzo metacognitivo viene risolto sbrigativamente attraverso informazioni negative sul passato combinate con l'aspettativa di circostanze ideali per il futuro. Il soggetto non formula con chiarezza la natura dei problemi da superare, e afferma l'esistenza di una soluzione futura senza delineare un possibile processo per raggiungerla.
Razionalizzazioni: forma idealizzata di giustizia riduzionistica al servizio del Sé, che porta a un esonero razionalizzato e automatico di sé, espresso attraverso frasi integrative semplicistiche.

6) L'approccio dinamico-maturativo individua sei strategie di *mancata risoluzione di lutti e traumi*.

Lutto o trauma preoccupato: relativo assorbimento dei processi mentali nell'evento minaccioso.
Lutto o trauma distanziato: viene sminuita l'importanza dell'evento riguardo a sentimenti e influenza per il futuro.
Lutto o trauma spostato: le informazioni sull'evento vengono omesse o distanziate e trasferite a eventi o persone meno minacciosi: ad esempio, un abuso può essere distanziato e comportare invece una preoccupazione spropositata verso il proprio fratello.
Lutto o trauma anticipato: quando *a*) vi è una base per l'anticipazione, per esempio una figura di attaccamento che ha una malattia; *b*) la paura viene esagerata in maniera irrazionale, per esempio temere di perdere il proprio figlio come si era perduto il proprio fratello nell'infanzia. La base per l'anticipazione può essere riconosciuta o meno dal soggetto.
Lutto o trauma vicario: quando il soggetto non ha vissuto direttamente l'evento pericoloso che invece è occorso a una figura significativa; influenza direttamente la relazione e i comportamenti del soggetto.
Lutto o trauma immaginato: «sindrome dei falsi ricordi»; il soggetto ha false credenze su ciò che è accaduto o sui suoi effetti sulla persona; da differenziare dalla falsa cognitività o inganno attivo.

La mancata risoluzione di un lutto o trauma è definita dalla presenza di specifici indicatori:
a) sul versante preoccupato: mancate fluenze, immagini scollegate, immagini che suscitano risposte comportamentali (immagini animate), la convinzione che la persona morta non sia completamente morta o che il trauma possa ancora

essere evitato, confusione temporale passato/presente, confusione di persona, erronea localizzazione del Sé nel luogo dell'evento pericoloso, quando di fatto si era assenti (o viceversa), confusione riguardo alle cause del trauma o della morte, pianto, ragionamento eccessivamente semplificato sulle cause del pericolo e in particolare sulla propria responsabilità nella serie delle cause (pensiero riduzionista) o sulla propria colpa per non averlo evitato (pensiero magico), una credenza irrazionale nell'alta probabilità di ricorrenza dell'evento, soprattutto negli anniversari.

b) sul versante distanziato: estrema brevità, mancanza di affettività, affermazioni esplicite che l'evento non ha avuto importanza per il Sé, erronea convinzione che il Sé abbia causato il pericolo o la morte o che sia colpevole di alcuni aspetti dell'evento, localizzazione del Sé lontano da un evento nel quale si era in effetti presenti.

7) Sono stati inoltre individuati aspetti peculiari dell'esperienza/storia del soggetto e delle caratteristiche della forma del discorso, che Crittenden definisce «modificatori», nel senso che possono modificare qualsiasi configurazione di attaccamento. Si tratta dei modificatori di depressione (Dp), di disorganizzazione (Dx) e «in corso di riorganizzazione» (in R).

a) il modificatore di *depressione (Dp)* – che viene aggiunto alla configurazione di attaccamento – è definito da questi aspetti riscontrati nell'intervista:

Sé come oggetto: descrizione del Sé come vulnerabile o oggetto delle azioni altrui, accompagnata da una forma procedurale distanziante da sé con mancato coinvolgimento dell'intervistatore.
Impotenza/futilità/destino: convinzione che la propria situazione non si possa cambiare, pur desiderandolo; il soggetto dice di essersi comportato in un determinato modo pur non volendo agire così.
Tristezza come conseguenza dell'impotenza/destino.
Locus of control interno: chiarezza riguardo all'evento e ai suoi effetti negativi. L'accettazione della colpa per i risultati deleteri conseguenti a un proprio comportamento può paradossalmente accompagnarsi a pensiero biasimante riduzionista.
Affettività presente ma non usata strategicamente: nei transcript Dp, l'affettività non identifica il pericolo e non provoca così adeguate risposte di congelamento-fuga (strategia A) o lotta (strategia C) né elicita nell'altro risposte di attenzione o di accudimento. L'affettività manifesta semplicemente la vulnerabilità del soggetto al danno, e quindi non ha funzione autoprotettiva.
Mancanza di affettività laddove dovrebbe essere presente: così l'affettività non può avere la funzione di allertare il soggetto al pericolo. In altri casi, l'affettività è presente ma viene usata in modo efficace (cioè elicita risposte specifiche alla sottoconfigurazione) solo contro le minacce lievi, mentre fallisce contro le minacce importanti.

b) il modificatore di *disorganizzazione (Dx)* viene assegnato quando gli elementi del transcript non si adattano a nessuna delle configurazioni semplici, a nessuna delle configurazioni A/C e AC e a nessuna configurazione semplice con modificatori di «Dp» o «in R».

No pattern: impossibilità a costruire una descrizione coerente della storia del soggetto e delle figure di attaccamento.
Nessuna protezione del Sé: non vi è alcuna evidente funzione protettiva nella presentazione degli elementi della strategia, cioè la strategia non protegge il soggetto dal pericolo che il Sé percepisce.
Discorso in conflitto: sembra esserci all'interno del soggetto una lotta riguardo al modo in cui presenta la storia, e i cambiamenti nella storia sembrano ostacolarlo piuttosto che fornire la flessibilità data da strategie multiple e diversificate. Nel discorso, il conflitto appare in forma di intrusioni che vengono negate e/o come discorso autorivolto mirato al controllo di pensieri intrusivi.
Mancanza di connessione tra le varie parti, come se storie diverse fossero discusse in momenti diversi.
Disorganizzazione limitata alla discussione di traumi o lutti.

c) il modificatore «*in riorganizzazione*» *(in R)* viene aggiunto alle configurazioni di attaccamento che stanno modificando la strategia difensiva evitante o preoccupata nella direzione di una configurazione equilibrata. Le caratteristiche della riorganizzazione sono:

Automonitoraggio rispetto alle discrepanze, inesattezze e ricadute nella vecchia configurazione: esse vengono notate dal soggetto, commentate e corrette.
Storia: il codificatore ha l'impressione che l'esperienza del soggetto sostenga la configurazione difensiva e fornisca anche qualche evidenza delle condizioni che hanno facilitato il processo in corso (per esempio, la presenza di una figura alternativa di attaccamento; la morte del genitore che – allora – rende futile la precedente strategia difensiva; distanza temporale dai fatti descritti; distanza geografica dalle persone che rendevano utile la strategia difensiva; diversa condizione di vita; psicoterapia).
Utilizzo consapevole della strategia: il soggetto è consapevole dell'uso delle configurazioni «A» o «C», del fatto che ciò rappresenta una difesa, e conseguentemente di alcuni dei motivi che lo portano a usarle; spesso, la vecchia strategia viene utilizzata solo per i racconti riguardanti situazioni di pericolo, ma poi il soggetto si riprende e si corregge.
Relazione cooperante con l'intervistatore: il soggetto si impegna attivamente nel ripercorrere la propria storia allo scopo di trovare nuovi significati.
Atteggiamento ottimistico (ma non superficiale): il soggetto prende atto del passato e scorge nel futuro le potenzialità di cambiamento (tuttavia, senza pensiero magico).
A/R: distinzione tra apparenza e realtà ossia il riconoscimento che le cose possono non essere come appaiono.

Deve essere inclusa una delle seguenti evidenze:

Cambiamento affermato con prove attraverso l'enunciazione dei passati malintesi, delle attuali versioni ragionevoli dei fatti, dei cambiamenti di punto di vista, delle descrizioni degli sforzi attivi per cambiare. Presenti ma rare le pseudometacognizioni.
Funzionamento riflessivo: 1) Accettazione e uso di nuove informazioni per formulare nuove interpretazioni. 2) Considerazione di punti di vista alternativi. 3) Sforzi attivi di legare il presente e il passato in modo psicologicamente fondato.

Efficacia del Sé o prove concrete di cambiamenti nella vita. *Violazione alle massime di Grice di quantità-modo-rilevanza ma non di qualità*: i soggetti «in R» forniscono delle prove per quanto affermano.
Uso della forma del discorso difensivo e non della sua funzione: possono essere usate frasi torrenziali ma con relazioni causali esatte; c'è una quota di incoerenza che il soggetto progressivamente riduce. In altre parole, è maggiormente la memoria procedurale (e quella per immagini) a risentire ancora della vecchia strategia, mentre la memoria semantica e quella episodica sono adeguate.

8) Il processo di classificazione si conclude con quattro confronti:
a) confronto della valutazione fatta dal codificatore dell'infanzia del soggetto con la valutazione che ne dà il soggetto stesso;
b) confronto della descrizione della relazione con i genitori fornita semanticamente (nei cinque termini descrittivi) con la descrizione fornita episodicamente (negli esempi specifici usati per sostenere ciascun termine descrittivo);
c) confronto degli episodi recuperati usando una strategia di recupero semantico (cioè gli episodi legati ai cinque termini descrittivi semantici) con gli episodi riguardanti le situazioni di pericolo (sofferenza, malattia/dolore, collera, separazione e minaccia), che sono recuperati direttamente dalla memoria episodica;
d) confronto del discorso su situazioni che comportano poco o nessun pericolo con il discorso utilizzato per le situazioni di pericolo sostanziale o situazioni in cui vi sia stato bisogno del genitore come figura di attaccamento.

La funzione fondamentale di questi confronti è di focalizzare l'attenzione del codificatore sull'identificazione di informazioni vere o trasformate.

9) Per l'assegnazione della classificazione sono necessarie evidenze in tre sistemi di memoria.

10) Il numero delle configurazioni è accresciuto rispetto al modello di Main e Goldwyn (1994), perché vi è l'aggiunta dei pattern definiti «ad alto indice», nei quali la sequenza di numeri che segue la lettera identificativa della categoria di attaccamento (indice) va da 3 a 6 per il pattern distanziante (A3-6) e da 3 a 8 per il pattern preoccupato (C3-8). Vi è altresì l'aggiunta dei pattern misti (A/C), che utilizzano diversi tipi di informazione (distanziante e preoccupata) a seconda delle circostanze e/o delle figure di attaccamento.

Il modello dinamico-maturativo delle configurazioni dell'attaccamento in età adulta è circolare e pone i pattern lungo la dimensione «cognitività/affettività» (ascissa), relativa alle fonti di informazione, lungo la dimensione «integrazione/non-integrazione» (ordinata), relativa alla modalità di utilizzo delle informazioni, e lungo le diagonali «cognitività vera/cognitività falsa» e «affettività vera/affettività falsa», relative alla falsificazione o veridicità delle informazioni. Come risulta dalla tabella 8.2,

Tabella 8.2
Configurazioni

Configurazioni di tipo «A» – distanzianti a basso indice	
A1	Idealizzante
A2	Normalizzante
A0	Sprezzante
Configurazioni di tipo «A» – distanzianti ad alto indice	
A3	Accudimento compulsivo
A4	Acquiescenza compulsava
A5	Socialmente o sessualmente promiscuo
A6	Compulsivamente autosufficiente o isolato
Configurazioni di tipo «B» – equilibrati	
B1	Concentrato sul presente, distanziato dal passato
B2	Riformulazione positiva del passato
B3	Confortevolmente equilibrato
B4	Ottimismo per il futuro
B5	Accettazione lamentosa
Configurazioni di tipo «C» – preoccupati a basso indice	
C1	Minacciosamente arrabbiato
C2	Desideroso di conforto in modo disarmante
Configurazioni di tipo «C» – preoccupati ad alto indice	
C3	Aggressivamente arrabbiato
C4	Fintamente indifeso
C5	Punitivamente collerico, ossessionato dalla vendetta
C6	Seduttivo, ossessionato dal soccorso
C7	Nascostamente minaccioso (odio)
C8	Paranoico
Configurazioni di tipo misto	
A/C	Combinazione alternante
AC	Combinazione miscelata

a) le categorie fondamentali rispecchiano la tripartizione di Ainsworth, Blehar e altri (1978) e di Main e Goldwyn (1994). Nel sistema di Main e Goldwyn, le configurazioni di Ainsworth relative alla prima infanzia sono state rinominate nel modo seguente: Ds = A, distanziante; F = B, libero-autonomo; E = C, preoccupato;
b) i sub-pattern A1-2; B1-2-3-4; C1-2 corrispondono ai relativi sub-pattern nel sistema di Main e Goldwyn;
c) il pattern distanziante A0 è l'inverso psicologico della configurazione A1-idealizzante, poiché il processo mediante il quale avviene il distanziamento è il medesimo (meccanismo di scissione buono/cattivo) ma la direzione è opposta:

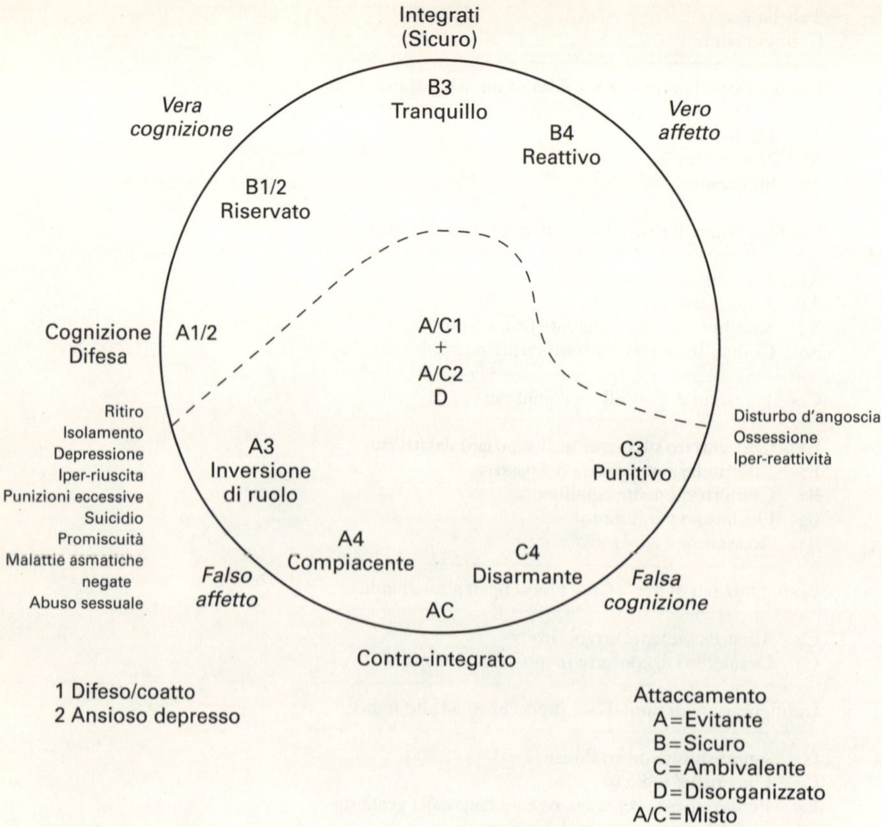

Figura 8.1
Gli stili di attaccamento vengono visti in un continuum a 360°. La linea tratteggiata divide gli stili di attaccamento ancora nella norma da quelli che si possono considerare ad alto rischio, e definisce il tipo di patologia la cui insorgenza si può ipotizzare. Si richiama l'attenzione sugli aspetti veri e falsi della cognizione e degli affetti.
Fonte: Crittenden (1994, 1997a).

gli Ao assegnano caratteristiche negative alla figura di attaccamento (o svalutano sprezzantemente l'importanza dell'attaccamento), mentre assegnano caratteristiche positive/forti al Sé. Tale configurazione si configura, secondo Crittenden, a partire dalla seconda infanzia nei casi in cui il bambino non manifesta comportamenti affiliativi ma non è ancora in grado di ribellarsi o ripudiare attivamente le figure di attaccamento né di essere compulsivamente autosufficiente. Per questo, si ipotizza che questa configurazione sia l'antesignana della sottoconfigurazione Ds2 di Main e Goldwyn;
d) la differenza – dal punto di vista dell'esperienza/storia – tra le classificazioni distanzianti «a basso indice» (A1-2) e le classificazioni distanzianti «ad alto indice» (A3-4-5-6) è la seguente: nelle prime, il genitore rifiuta il comporta-

mento di attaccamento del figlio quando il figlio è al sicuro (per esempio, repressione del pianto di un bambino spaventato o ferito leggermente, rifiuto dei comportamenti di attaccamento non necessari come troppi baci e coccole); nelle classificazioni distanzianti ad alto indice, il genitore rifiuta il comportamento di attaccamento del figlio quando il figlio non è al sicuro sia a causa di azioni pericolose del genitore (maltrattamento, abbandono, abuso ecc.) sia a causa di sue mancate azioni protettive. In entrambi i casi, tuttavia, il rifiuto è prevedibile, e perciò il bambino è in grado di organizzare una strategia protettiva abbastanza efficace per il Sé;

e) le configurazioni C (preoccupate) si differenziano, oltre che rispetto alla collocazione nel modello (basso indice e alto indice), anche per il fatto di essere di indice pari o dispari.

Le sottoconfigurazioni C pari (C2-4-6-8) presentano un gradiente che va dal desiderio di conforto alla vulnerabilità, alla paura, al terrore; i soggetti classificati C dispari (C1-3-5-7) presentano un gradiente di sentimenti crescente che va dalla rabbia, alla collera, all'intimidazione/vendetta, all'odio, a mano a mano che l'indice cresce.

La differenza – dal punto di vista dell'esperienza/storia – tra le classificazioni C «a basso indice» (C1-2) e C «ad alto indice» (C3-4-5-6-7-8) è la seguente: dai racconti dei soggetti preoccupati «a basso indice» emergono storie in cui le circostanze nell'infanzia sono state soltanto imprevedibili (genitori incoerenti, incostanti e imprevedibili); i soggetti preoccupati «ad alto indice» hanno vissuto da bambini circostanze pericolose oppure fuorvianti (per gli inganni dei genitori riguardo ai pericoli).

Perciò, considerando il gradiente dell'intensità rabbia-collera-vendetta-odio *vs.* desiderio di conforto-vulnerabilità-paura (a seconda che siano C dispari o C pari) specifico di ogni sottoconfigurazione C, i soggetti preoccupati «a basso indice» sono incerti e indecisi sui propri sentimenti e oscillano nella manifestazione di questi sentimenti; i soggetti preoccupati «ad alto indice», al contrario, sono assai decisi su quale sentimento usare per guidare il comportamento, e lo usano in maniera massiccia. E precisamente: i C pari (C4-6-8) scelgono un'innocenza talmente esagerata che le loro manipolazioni punitive riescono a sfuggire all'attenzione e a passare per estrema vulnerabilità e miserevolezza; i C dispari (C3-5-7) scelgono la collera e la forza per coprire e negare i propri sentimenti di vulnerabilità e di desiderio di conforto. Quindi, ogni configurazione C dispari ha il rovescio della medaglia della configurazione C pari a cui è accoppiata, perché la strategia collerica è una variante del vissuto disarmante-abbandonico: nel senso che anche i C dispari, pur apparendo collerici verso i genitori, sono vulnerabili senza di loro e ne hanno ricercato la vicinanza, anche se continuavano a venire da loro maltrattati. La funzione delle due strategie (C pari e C dispari) è la medesima: la differenza sta nel fatto che i C-dispari hanno imparato da bambini che la collera suscita l'attenzione delle figure significative, ed è una strategia più efficace che non la vulnerabilità; le cose stanno all'opposto per i C pari.

Capitolo 9

Metodi grafici per la comprensione delle interazioni familiari

Silvia Casari e Alessandra Simonelli

L'attività grafica dell'adulto, come quella del bambino, è una forma di espressione che ben si presta a essere utilizzata in molteplici situazioni di valutazione e/o di intervento a causa, in prima battuta, della semplicità di applicazione a soggetti e in contesti diversi degli strumenti basati sulla produzione di «disegni»: questi hanno il vantaggio di non avere limitazioni di applicazione dovute all'età del bambino e di poter essere utilizzati in modo agile, in quanto esiste un'ampia letteratura sulle modalità di applicazione, di codifica e di interpretazione delle informazioni da essi ricavate. Inoltre, non richiedono necessariamente predisposizioni particolari all'interno dell'istituzione in cui il professionista opera (ad esempio le telecamere, come si è visto, per gli strumenti di valutazione dell'attaccamento). Parallelamente, possono essere impiegati dallo psicologo, oltre che a scopo diagnostico, per entrare in relazione con il bambino e con la sua famiglia, dal momento che non sono eccessivamente intrusivi o disturbanti e non propongono compiti difficili nello svolgimento dei quali il soggetto (o i soggetti) può sentirsi inadeguato o impaurito. Il disegno può anche essere impiegato come un momento di gioco condiviso tra il bambino e lo psicologo, nel corso del quale affrontare alcune tematiche che lo spaventano o, semplicemente, imparare a conoscersi vicendevolmente. Questi momenti possono essere utilizzati come spazi all'interno dei quali i genitori non si sentono esclusi ma sono presenti e partecipi nella comprensione e nella «lettura», ad esempio, di alcune dinamiche del bambino o della famiglia. Infine, la produzione grafica può essere utilizzata nel corso dell'intervento, soprattutto in quei casi in cui il bambino sia talmente piccolo da non padroneggiare pienamente la comunicazione verbale, oppure sia talmente in difficoltà da non poter parlare di ciò che gli sta accadendo, oppure ancora nel contesto degli interventi sulle relazioni genitore-bambino, in cui l'osservazione è il mezzo privilegiato per conoscere e tentare di modificare i circuiti disfunzionali delle interazioni tra il bambino e gli adulti che lo circondano.

Per quanto riguarda l'uso dell'attività grafica in età evolutiva, l'operatore può agevolmente disporre di una produzione spontanea, cioè elaborata dal bambino a casa, a scuola oppure anche in sua presenza, senza che gli vengano fatte specifiche richieste: i disegni così prodotti possono essere considerati a tutti gli effetti una modalità privilegiata attraverso la quale il piccolo esprime il proprio mondo o vissuto interno. In questo senso, possono essere utilizzati a completamento o integrazione di altri momenti di valutazione. Diversamente, i disegni prodotti sulla base di una precisa consegna si configurano come vere e proprie tecniche per l'indagine della personalità o per lo studio della maturità intellettiva del bambino. A questa seconda categoria appartengono una serie di test grafici, tra i quali ricordiamo il Disegno della Figura Umana (Machover, 1949) e il Disegno della Famiglia (Corman, 1967). Entrambi sono stati ampiamente utilizzati in ambito clinico e di ricerca, ed esiste un'approfondita letteratura di riferimento alla quale rimandiamo (vedi Lis, 1998).

Per quanto riguarda l'attività grafica dell'adulto, invece, approfondiremo due strumenti che possono essere applicati individualmente o all'intera famiglia congiuntamente, e che consentono una valutazione dell'interazione tra i componenti del nucleo familiare.

Il Disegno Simbolico dello Spazio di Vita Familiare

Il Symbolic Drawing of the Family Space o Disegno Simbolico dello Spazio di Vita Familiare (DSSVF) è una tecnica grafico-simbolica di tipo proiettivo elaborata da Mostwin verso la fine degli anni settanta, che si presta in modo proficuo allo studio dell'interazione familiare. Descriveremo la tecnica originaria (Mostwin, 1980) integrata con le modifiche apportate da Gilli, Greco e altri (1990).

Lo strumento è semplice nella sua applicazione ed esecuzione: alla famiglia riunita (o a una parte di essa, o ai singoli membri separatamente, secondo gli obiettivi che ci si propongono) viene chiesto di rappresentare, attraverso il simbolismo grafico, le «posizioni» reciproche e le comunicazioni tra le persone che compongono la famiglia, le organizzazioni e gli eventi riconosciuti come significativi dai familiari. Il disegno che ne risulta e i commenti verbali e non verbali che accompagnano l'esecuzione (eventualmente stimolati dall'operatore) sono un materiale utilizzabile per l'indagine, la diagnosi o l'avvio di un intervento terapeutico con il gruppo familiare.

Secondo Gilli, Greco e altri (*ibid.*) le proprietà e le potenzialità del DSSVF sono molteplici:

Come *strumento diagnostico e d'indagine*, permette di:

a) valutare il grado di coesione e congruenza intrafamiliare (Mostwin, 1982) e l'accordo sulle percezioni delle rispettive posizioni e comunicazioni tra i membri della famiglia;

b) rappresentare la configurazione strutturale della famiglia, intesa come sistema che comprende sottosistemi, confini, triangolazioni, gerarchie;
c) valutare i mutamenti nel tempo dell'organizzazione della famiglia, rispetto a uno o più «eventi critici» della storia familiare individuati come cruciali (ad esempio, il matrimonio, l'adozione, l'adolescenza dei figli);
d) contribuire alla conoscenza delle rappresentazioni che ogni membro elabora rispetto a sé stesso, alla propria famiglia e ad altre entità significative.

Come *strumento terapeutico*:
a) permette al terapeuta di ottenere in breve tempo una notevole quantità d'informazioni sul gruppo familiare, consentendo tra l'altro di focalizzare le dinamiche, più o meno adattative, di funzionamento dell'intera famiglia;
b) impegna i membri in un processo di autosservazione, permettendo di allentare alcune resistenze;
c) coinvolge gradualmente i familiari, con la guida del terapeuta, in un processo di comunicazione reciproca che può incidere sulla dinamica familiare.

I presupposti teorici

Da un punto di vista teorico, il Disegno Simbolico dello Spazio di Vita Familiare è uno strumento costruito su presupposti teorici piuttosto ampi, tratti da contributi di diversi autori.

Innanzitutto, si basa sulla possibilità di rappresentare spazialmente la struttura e le relazioni familiari; tale concetto trova i suoi fondamenti nella teoria del campo di Lewin (1951), secondo cui lo spazio vitale è l'insieme dei fatti che determinano il comportamento di un individuo in un certo momento. In altre parole, il comportamento di una persona può essere definito come «funzione del suo spazio vitale», costituito dalla persona stessa e dall'ambiente circostante. Ciò che Lewin descrive per la persona, viene esteso da Mostwin alla famiglia: lo spazio di vita della famiglia è un territorio bio-psico-sociale in cui le persone, l'ambiente fisico e gli eventi emotivamente significativi interagiscono tra loro, creando il clima all'interno del quale l'individuo può crescere ed evolvere (Mostwin, 1980). La famiglia, quindi, è concepita come lo spazio dei significati bio-psico-sociali, e l'ambiente, in modo analogo a quanto sostenuto da Lewin, è inteso come l'insieme degli eventi e dei fenomeni che rivestono significato e rilevanza psicologica per i familiari. In tal senso, tutto questo può essere espresso graficamente nel DSSVF, in cui lo spazio vitale della famiglia si presenta composto da un cerchio che include tutte le persone, gli eventi e le istituzioni che si ritiene facciano parte del nucleo familiare, e dalla zona esterna al cerchio, che rappresenta l'ambiente allargato (Gilli, Greco e altri, 1990).

Un secondo importante contributo teorico, alla base del modello di Mostwin, è la teoria generale dei sistemi (von Bertalanffy, 1968), dal momento che lo «spazio vitale» possiede alcune fondamentali caratteristiche di un sistema, come l'interdipendenza di tutti gli elementi presenti al suo interno e la possibilità di individuare «sottosistemi» e legami con «macrosistemi» più ampi.

Infatti lo spazio di vita della famiglia, concepito come unità del nucleo familiare in stretta interazione con l'ambiente con cui forma un unico «sovrasistema», racchiude al suo interno diversi sottosistemi: il sistema del nucleo familiare ristretto e i vari sottosistemi in cui quest'ultimo può essere a sua volta distinto (ad esempio, la coppia coniugale, il gruppo dei fratelli). Il Disegno Simbolico dello Spazio di Vita Familiare consente di evidenziare questi aspetti graficamente, attraverso la vicinanza dei simboli che rappresentano le varie persone, o mediante le linee di «comunicazione» che stabiliscono le relazioni intercorrenti tra loro.

Tale concettualizzazione della famiglia risente notevolmente anche delle influenze dell'interazionismo simbolico, con riferimento, in particolare, all'opera di George H. Mead (1934), secondo cui l'identità individuale ha una origine relazionale e si costituisce all'interno delle interazioni tra individui che hanno un patrimonio comune di simboli. Ed è proprio nella famiglia che ciascuno entra per la prima volta in questo patrimonio condiviso, avviando così la formazione del proprio Sé. Il DSSVF, grazie alla sua natura proiettiva e al fatto che ha la funzione di attivare nella famiglia una comunicazione tramite segni e simboli tra i suoi componenti, porta alla luce quel territorio comune di aspetti simbolici che caratterizza in modo originale le modalità espressive di ogni nucleo familiare, e a cui attinge ogni persona nella costruzione del Sé (Gilli, Greco e altri, 1990).

Data la rilevanza per la vita dei familiari attribuita all'ambiente, costituito non solo da persone, ma anche da organizzazioni sociali e gruppi informali, è evidente la considerazione per la dimensione sociale che è contenuta nella rete concettuale alla base dello strumento. La famiglia è vista come un sistema concettuale «aperto» all'interno del più ampio sistema della società, le cui interazioni e i cui legami sono così forti che ogni mutamento nel macrosistema sociale influisce sul sottosistema familiare, creando anche disorganizzazioni delle interazioni simboliche tra i vari membri. Strettamente collegata alla dimensione sociale è la dimensione culturale. Ogni sistema sociale, infatti, è caratterizzato da norme, valori, credenze, tradizioni e abitudini condivisi che la famiglia, durante la somministrazione del test, è esplicitamente invitata a rappresentare.

Nonostante l'ampio spazio accordato da tale strumento alla valutazione degli aspetti relazionali della realtà familiare, non manca in esso una dimensione più intrapersonale, che permette di sondare tematiche maggiormente legate al funzionamento dell'Io di ciascun soggetto, come ad esempio le difese che si evidenziano nelle interazioni familiari o sociali.

Il materiale

Come sopra accennato, il metodo prevede diverse modalità di applicazione: può essere somministrato all'intera famiglia riunita, a una parte di essa o ai singoli membri separatamente, a seconda di quello che ci si propone di indagare. Nella nostra descrizione faremo riferimento all'utilizzo collettivo.

Il materiale necessario è il seguente:
1) una lavagna con gessi colorati, oppure un foglio bianco (di circa 50 × 70 cm) con pennarelli di colori diversi; i familiari devono essere orientati tutti nella stessa direzione rispetto al foglio;
2) un foglio per le osservazioni dell'operatore;
3) un registratore o un videoregistratore. Questi strumenti non sono strettamente necessari ma sono indubbiamente auspicabili per esaminare in seguito le sequenze interattive dell'incontro.

Somministrazione

L'operatore disegna un grande cerchio sul foglio e presenta lo strumento in questo modo: «Questo cerchio rappresenta la vostra famiglia, mentre lo spazio circostante è l'ambiente che la circonda; pertanto, ciò che sentite come parte della famiglia lo disegnerete dentro al cerchio, ciò che invece secondo voi fa parte dell'ambiente che la circonda, lo disegnerete nello spazio intorno al cerchio.»

Successivamente saranno fornite le consegne, secondo una scansione temporale del compito in quattro fasi che, per chiarezza, vengono presentate una alla volta:

1) «Segnate voi stessi, usando dei simboli, per esempio un piccolo cerchio o altro. Cominci chi vuole, usando ciascuno sempre lo stesso pennarello.»

Questa consegna, così come le successive, può essere più o meno direttiva ed esplicita a seconda degli obiettivi: ad esempio, le persone possono essere lasciate del tutto libere nella scelta dei simboli grafici con cui rappresentare sé stesse, oppure si possono fornire indicazioni in proposito. Nel DSSVF riportato in figura 9.1, il disegno dei vari membri determina una «spartizione» dello spazio che sembra suggerire l'ipotesi di una ripartizione simile del potere e degli spazi relazionali all'interno della famiglia.

Nel momento di lettura e interpretazione dei risultati, è molto importante ricordare l'ordine di intervento dei familiari, per due motivi: innanzitutto, perché chi prende l'iniziativa e «chi segue chi» sono indici molto importanti per formulare una prima ipotesi di funzionamento familiare; inoltre, è necessario tenere sempre presente che ciascuno, nel collocare il proprio simbolo, «reagisce» alle scelte già operate da chi l'ha preceduto. Infatti, se il familiare A pone il suo simbolo prima di B, la distanza tra i segni che li rappresentano, quale che sia, è un messaggio che informa sulla distanza/prossimità emotiva che B avverte nei confronti di A. Ogni intervento di uno dei familiari, quindi, introduce segni emotivamente significativi rispetto ai quali gli altri dovranno reagire, consapevolmente o meno. Si rende pertanto necessario che l'operatore annoti l'esatta successione degli interventi, o inviti i familiari stessi a contrassegnare con un numero progressivo i simboli, scrivendo poi in calce al foglio il nome della persona rappresentata. È utile che tale numerazione progressiva sia mantenuta anche nelle fasi successive.

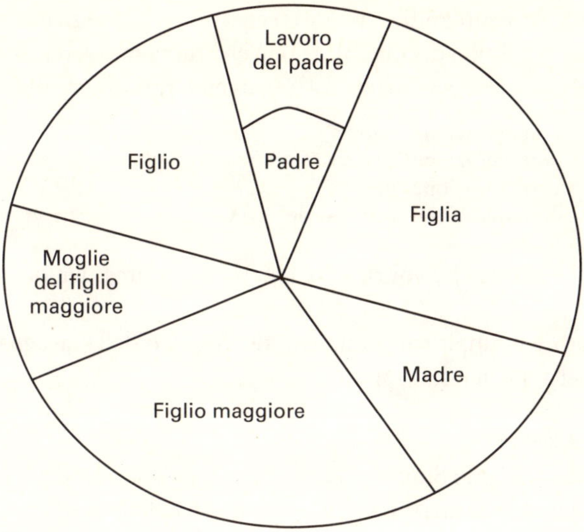

Figura 9.1
Esempio di DSSVF.
Fonte: Gilli, Greco e altri (1990).

2) Quando ciascuno dei familiari ha indicato sé stesso, l'operatore chiede che vengano segnate altre persone percepite come importanti: «Ora, ognuno segni altre persone che considera importanti e significative per sé; possono essere parenti non presenti, amici, conoscenti, vivi o morti che siano.»

3) Si passa, quindi, alla richiesta di individuare eventi della vita familiare particolarmente carichi di emotività. Questi possono essere:
eventi organizzativi (organizzazioni che in quel momento della vita familiare o individuale rivestono un particolare significato, per esempio la scuola, il lavoro, i Servizi sociali ecc.);
eventi psicologici, relativi a: cambiamenti nella composizione strutturale della famiglia e/o nella sua collocazione nell'ambiente («ingressi» di nuove persone nel nucleo familiare attraverso nascite, adozioni, affidi, matrimoni; «uscite» per allontanamenti, separazioni, morte); eventi intrafamiliari connessi a stress (malattie, violenza e abuso, tossicodipendenza); eventi sociali con intensa rilevanza emotiva (condizioni socioeconomiche, culturali, educative, religiose, razziali ecc.); fatti biologici particolari (handicap, malformazioni ecc.).

La consegna può essere la seguente: «Ora segnerete le organizzazioni, i gruppi, le istituzioni con cui avete avuto a che fare, e i fatti, gli eventi che vi hanno arrecato particolare tensione emotiva. Per le organizzazioni usate come simbolo un quadrato, per i fatti emotivi un triangolo.» Tale schema generale può essere adattato in funzione degli obiettivi della somministrazione del test.

4) Quest'ultima fase prevede che i familiari segnino la qualità delle relazioni

che intercorrono tra gli elementi grafici disegnati seguendo la consegna: «Ora, infine, vi chiedo di segnare il tipo di comunicazione che ritenete esserci tra voi stessi e gli altri (con chi volete e con quanti volete), usando questi simboli:

comunicazione "buona"	=
comunicazione "così così"	||
comunicazione "povera"	//
comunicazione "conflittuale";	X

per comunicazione si intende che voi riuscite a parlare con una persona e a essere capiti da lei.»

È utile che l'operatore esemplifichi su un lato del foglio o della lavagna le possibili alternative della qualità dei rapporti.[1]

Quali informazioni sulla famiglia?

L'interpretazione del Disegno Simbolico dello Spazio di Vita Familiare può essere condotta utilizzando informazioni prodotte a due livelli diversi:
un livello *grafico-simbolico*, che comprende la rappresentazione di persone, organizzazioni, fatti emotivi, e delle comunicazioni tra loro;
un livello *relazionale*, che comprende le dimensioni verbali e non verbali emerse nell'incontro.

Anche per quanto riguarda la metodologia di interpretazione si farà riferimento a Gilli, Greco e altri (1990), che propongono due procedure di valutazione diverse ma efficacemente integrabili: una valutazione globale del disegno nel suo insieme, e una valutazione elementistica, basata cioè su un'analisi puntuale dei livelli grafico-simbolico e relazionale.

Valutazione globale

La valutazione globale ha una funzione essenzialmente evocativa di diverse possibilità interpretative, che devono essere poi confermate o falsificate mediante la valutazione elementistica. A questo livello di analisi il focus dell'attenzione è rivolto:
a) alle evidenze grafiche (in termini di figure particolarmente riconoscibili o di qualità del tratto grafico, ad esempio marcato, spezzato, corto) e ai simbolismi che si impongono con particolare evidenza;
b) all'individuazione di un eventuale «centro» grafico-geometrico del disegno e del suo rapporto con il «centro psicologico» dello spazio familiare. Con «centro psicologico» si intende la persona o il sottosistema che costituisce il punto focale e il catalizzatore delle dinamiche familiari, che può essere individuato in

[1] Il numero delle possibili comunicazioni originariamente era tre: «buona», «così così», «povera»; il gruppo di ricerca di Gilli, Greco e altri (1990) ha aggiunto la quarta modalità, «conflittuale», di fronte alle incertezze dei soggetti che non riuscivano a collocare comunicazioni intense ma difficili e conflittuali.

parte osservando la posizione dell'individuo o del sottosistema all'interno del cerchio, ma soprattutto tenendo presenti i reciproci rapporti topologici di tutte le entità designate e le linee grafiche indicanti la qualità delle relazioni. Infatti, mentre secondo Mostwin (1980) la coincidenza tra centro geometrico del cerchio e centro psicologico è quasi costante, per Gilli, Greco e altri (1990) tale corrispondenza non sempre si verifica. Nell'esempio in figura 9.2, il marito (1) è il centro geometrico del disegno, ma è la moglie (2) a essere il centro psicologico, dal momento che attorno a lei si dispongono le altre persone.

Valutazione elementistica

La valutazione elementistica è basata su un'analisi puntuale del livello di produzione grafico-simbolica e del livello relazionale, con l'obiettivo di verificare o falsificare le ipotesi formulate durante la valutazione globale.

La valutazione del *livello di produzione grafico-simbolica* prevede:
a) l'elencazione, la numerazione e la rilevazione della natura dei segni grafici, l'eventuale rilevazione di specifiche forme geometriche e la loro uniformità e variabilità. Tali rilevazioni consentono l'esame della ricchezza o povertà degli

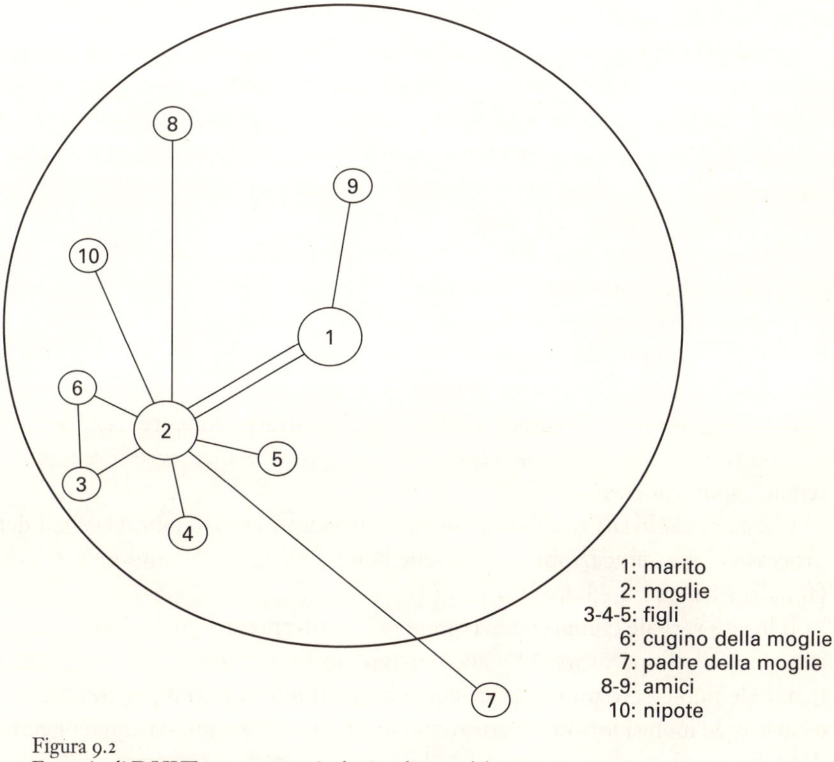

Figura 9.2
Esempio di DSSVF con centro psicologico diverso dal centro geometrico.
Fonte: Gilli, Greco e altri (1990).

elementi (parenti, amici, organizzazioni) che fanno parte dello spazio di vita della famiglia, allo scopo di individuare l'ampiezza della parentela e dell'universo psicologico;
b) l'analisi della distribuzione dei segni grafici rispetto al cerchio disegnato dall'operatore, in termini di vicinanza/lontananza: in tal modo si ottengono informazioni sui confini della famiglia e sui suoi rapporti con l'ambiente;
c) la rilevazione dei rapporti topologici tra gli elementi del disegno, che offre informazioni sulla distanza emotivo-affettiva delle persone, degli enti e degli eventi disegnati, sull'eventuale presenza di sottosistemi (diadi, triadi, tetradi) e sull'inclusione/esclusione di persone significative;
d) l'utilizzazione dei simboli «fatti emotivi e psicologici» e «organizzazioni». Ciò permette di osservare la segnalazione agli altri familiari dell'importanza emotiva per l'individuo di particolari eventi e di ottenere informazioni sulla consapevolezza delle interazioni con il macrosistema sociale;
e) la presenza di simboli chiaramente identificabili e/o convenzionali (ad esempio il sole, i fiori, la casa, torte, bandiere), nel caso la consegna non preveda simboli già codificati o venga in parte non rispettata e interpretata in chiave più libera e personale. L'analisi di questi simboli, che dà alcune indicazioni rispetto all'originalità, al conformismo, alla concretezza/astrattezza del pensiero individuale e familiare, deve affiancarsi alla ricerca dei motivi che hanno eventualmente portato le persone a interpretare liberamente la consegna;
f) l'assenza di persone significative, di cui ad esempio si è parlato durante l'incontro, o la cui rappresentazione grafica è stata sollecitata dalla stessa consegna, che è un segnale importante da considerare e da approfondire eventualmente anche in colloqui successivi;
g) la qualità dei rapporti e delle comunicazioni e la rilevazione delle relazioni che vengono esplicitate oppure omesse;
h) l'ordine con cui vengono disegnati gli elementi grafici, che rispecchia una strategia psicologica che si può adeguatamente interpretare solo con riferimento ad altri indizi. Infatti gli elementi disegnati per primi potrebbero essere i più importanti nella dinamica familiare o, al contrario, fungere da copertura nei confronti di altre persone o eventi, troppo problematici per essere rappresentati esplicitamente.

L'analisi del *livello relazionale* include gli aspetti verbali e non verbali del processo di comunicazione che avviene nell'incontro tra i componenti della famiglia e tra questi e l'operatore.

Il livello verbale comprende i commenti, le interpretazioni, le domande, gli interventi dell'operatore, che accompagnano l'esecuzione grafica. Questo materiale può essere utilizzato sia come fonte di informazioni per completare e chiarire le ipotesi formulate attraverso le altre osservazioni, sia come oggetto di analisi più dettagliate e puntuali, ad esempio l'analisi di contenuto e l'analisi narrativa (Greimas, 1974; Marchese, 1983; Trognon, 1986).

Il livello non verbale si situa come sfondo rispetto al processo di interazione verbale e spesso ne rivela il significato più profondo; è costituito dal clima emotivo nel quale viene eseguita la prova, delle eventuali reazioni emotive ai temi introdotti dai familiari o dall'operatore, e dalle reazioni gestuali di ciascuno dei presenti.

Parte importante di questo livello è anche l'analisi dell'organizzazione delle relazioni tra i familiari impegnati assieme in una situazione di problem-solving. Il disegno, infatti, viene svolto «contemporaneamente» dalla coppia o dalla famiglia e, tranne nella prima fase in cui la consegna richiede a ciascuno di segnare sul foglio il simbolo che lo rappresenta, nelle altre fasi la consegna non specifica come debba essere svolto il compito: se una persona deve disegnare i simboli per tutta la famiglia fungendo da rappresentante, se ciascuno deve segnare i suoi indipendentemente dall'esecuzione degli altri, se possono essere utilizzati i simboli di persone o istituzioni già segnati da altri o se i simboli debbano essere ripetuti. La mancanza di indicazioni implicite rende l'esecuzione del compito ancora più proiettiva.

Ad esempio, alcune famiglie scelgono un «rappresentante» che, in nome di tutti, segna i simboli che vengono proposti dagli altri familiari. Sarebbe interessante rilevare in questi casi se la designazione del rappresentante, la scelta delle persone o degli eventi da segnare e la disposizione grafica dei simboli sia frutto di un processo di contrattazione tra i vari familiari o se esista in un membro della famiglia una tendenza a parlare e a decidere per gli altri.

Gilli, Greco e altri (1990) hanno individuato tre modalità di funzionamento coniugale o familiare.

Nel primo tipo le persone appaiono invischiate nei rapporti e poco autonome, con all'interno potenti meccanismi di controllo per mantenere l'uniformità e far rientrare eventuali diversità. In queste coppie o famiglie esiste una forte tendenza «centripeta» basata sull'imperativo categorico «devi essere uguale».

Nella seconda modalità, al contrario, il gruppo familiare o la coppia lavorano in modo apparentemente autonomo, senza considerare ciò che viene fatto dagli altri, per cui il disegno globale risulta come la somma di tanti DSSVF singoli, spesso con la ripetizione di simboli rappresentanti le stesse realtà. Tale modalità di realizzazione del compito corrisponde a un funzionamento «disimpegnato» con tendenza «centrifuga».

La terza modalità è costituita da un'integrazione equilibrata tra le prime due. In questi casi nell'esecuzione del compito si rilevano sia la presenza di un funzionamento autonomo dei singoli, che sono in grado di esprimere opinioni e giudizi anche diversi dagli altri senza che questo susciti reazioni di paura o di controllo da parte degli altri, sia la capacità del singolo di osservare e a volte di valorizzare le scelte degli altri e adeguarvisi.

Esperienze e possibilità di impiego nell'adozione

Il Disegno Simbolico dello Spazio di Vita Familiare permette di rilevare la rappresentazione che ciascun membro della famiglia ha delle relazioni familiari e la loro qualità, la struttura e l'organizzazione della famiglia, l'apertura o la chiusura verso il mondo sociale esterno, e consente di formulare alcune ipotesi sulle modalità di funzionamento all'interno della famiglia. Per questi motivi, tale strumento potrebbe risultare molto utile all'interno di un approccio «multimetodo» nell'indagine sulle famiglie adottive, in cui l'utilizzo del DSSVF abbia lo scopo di integrare le osservazioni ottenute attraverso altri strumenti (colloqui, questionari, genogramma ecc.) soprattutto rispetto alla qualità delle relazioni tra i familiari e della famiglia con l'ambiente.

In questa prospettiva, un primo ambito di applicazione può essere il momento dello studio psicologico e sociale delle coppie o delle famiglie che intraprendono il percorso adottivo. Innanzitutto, Antonioli e Volpe (comunicazione personale) suggeriscono che tale strumento rappresenti un importante facilitatore della comunicazione, permettendo alle persone di raccontarsi ed esprimersi. Inoltre, l'approfondimento delle tematiche indagate da questo strumento può fornire, in questa fase, importanti spunti di riflessione rispetto al posto che il bambino adottato occuperà nella famiglia e alla qualità del clima relazionale in cui si troverà inserito; inoltre, è interessante osservare il livello d'integrazione sociale dei vari membri della famiglia e le risorse a cui possono attingere nella rete di relazioni che li circonda, per adempiere con successo ai compiti evolutivi che la famiglia adottiva si trova a dover affrontare durante il suo percorso.

Se la somministrazione del DSSVF nel corso del processo conoscitivo della coppia può fornire importanti informazioni sul *nunc*, richiedendo alla famiglia di immergersi nel presente («ora»), allo stesso modo lo strumento può essere utilizzato per richiedere alla famiglia di proiettarsi nel futuro, ipotizzando la situazione familiare che si verificherà tra un certo numero di anni (ad esempio, tra due o tre anni). Generalmente la separazione tra il presente e il futuro è segnata dalla presenza di un evento critico come può esserlo l'attesa di un figlio, l'adozione, la morte di un familiare.

La riflessione clinica e teorica sulle dinamiche familiari ha sottolineato, negli ultimi anni, come qualsiasi evento critico venga assimilato ed elaborato dalla famiglia e dai suoi componenti lungo un arco di tempo durante il quale, sul versante interpersonale, si verifica il susseguirsi di fasi di destrutturazione e ristrutturazione delle relazioni familiari e, sul versante intrapsichico di ciascun membro, il possibile accendersi di una dinamica conflittuale rispetto alle rappresentazioni fondamentali di sé e dell'altro (Greco e Rosnati, 1998). In entrambi i casi ogni evento critico contiene ambiguità ed è occasione di rischio, portando con sé due possibilità: sul versante relazionale, l'evento può dare origine a una dinamica evolutiva delle relazioni, trasformandole nella direzione di modalità più adeguate alle nuove esigenze individuali o familiari, oppure può causare un irrigidimento delle dinamiche relazionali tale da impedire ogni aspetto di cambiamento o novità. Allo stesso modo, sul versante intrapsichico, l'evento critico può portare a una modificazione delle rappresentazioni fondamentali in senso evolutivo, oppure innescare movimenti difensivi tesi a rendere più rigide e inflessibili le rappresentazioni precedenti (*ibid.*). Il risultato finale della «fase critica» è il raggiungimento di un assetto relazionale e intrapsichico che fornisce significato al nuovo evento. Nel caso dell'adozione, questo evento critico rappresenta l'interruzione e la ripresa con altre modalità di un processo che, a partire dalle aspettative e dai bisogni dei protagonisti, anzitutto genitori e bambino adottivi, porta nel tempo la definizione di un assetto relazionale all'interno di coordinate spaziotemporali che disegnano i ruoli reciproci e i percorsi di ciascuno. È proprio questo assetto relazionale che ci permette di comprendere come è avvenuta la costruzione del legame adottivo e se l'evento critico adozione è stato superato in modo costruttivo attraverso l'accettazione del proprio status di famiglia adottiva e il sentirsi genitori a tutti gli effetti (Rosnati, 1998); quindi, risulta importante la possibilità di esplorare le dinamiche relazionali e il loro modificarsi (o cristallizzarsi) di fronte all'evento critico. A questo proposito, il Disegno Simbolico dello Spazio di Vita Familiare può essere utilizzato durante il processo di studio di coppia, sia richiedendo alla famiglia una rappresentazione del presente, sia dando la consegna di immaginarsi la situazione familiare dopo l'arrivo del figlio adottivo. Il fatto di richiedere alla famiglia di proiettarsi nel futuro permette di conoscere la percezione dei diversi membri rispetto alle conseguenze dell'adozione nelle dinamiche relazionali intrafamiliari e tra famiglia e ambiente, e lo «spazio» in cui il bambino adottato verrebbe a collocarsi.

Una seconda modalità di utilizzo del DSSVF è suggerita da Greco e Rosnati (1998) e prevede la somministrazione dopo l'adozione, ad assetto in via di definizione o stabilito, per verificare l'intreccio relazionale percepito dalla famiglia in quel momento. In questo caso è opportuno osservare il legame adottivo all'interno della famiglia, la modificazione delle relazioni provocata dall'adozione, i legami del bambino adottato con tutti gli altri elementi dello spazio di vita, l'organizzazione e il funzionamento della famiglia. Come già accennato, secondo le autrici, il successo di un'adozione è legato al riconoscimento, da parte della famiglia, del suo status di famiglia adottiva, in cui ci sia spazio sia per le differenze e le esperienze precedenti all'adozione, sia per la costruzione di una storia familiare comune.

Un possibile bilancio

La possibilità di interpretare il Disegno Simbolico dello Spazio di Vita Familiare su più livelli (disegno, contenuto verbale, comunicazione non verbale, processo di esecuzione del compito) rappresenta un importante pregio dello strumento, dal momento che garantisce una sorta di verifica «intra-test» (Gilli, Greco e altri, 1990). Ciò, da una parte, permette la costruzione di ipotesi basate su osservazioni di vario tipo; dall'altra, la contraddizione stessa che a volte emerge tra i livelli fornisce le informazioni più interessanti. Per esempio, il livello grafico-simbolico o quello non verbale possono disconfermare il livello verbale, come quando una persona molto nominata nei discorsi viene «dimenticata» del tutto nel disegno.

Un altro pregio dello strumento riguarda la facilità di somministrazione sia rispetto al materiale necessario, sia rispetto al compito proposto, oltre al fatto che permette di ricavare numerose informazioni sull'organizzazione e sulla struttura della famiglia. Non richiede un particolare percorso di formazione da parte di chi lo utilizza, anche se è necessaria la conoscenza dei presupposti teorici su cui sono basate la somministrazione e l'interpretazione.

Un limite è rappresentato dalla mancanza di una codifica definita da criteri stabili, la quale probabilmente limiterebbe la ricchezza di informazioni che lo strumento può fornire, ma permetterebbe una maggiore fedeltà delle interpretazioni.

Il Genogramma

Il Genogramma, una tecnica che vede in Bowen (1979) la sua iniziale concettualizzazione, si basa sull'idea che le radici delle emozioni e dei comportamenti di un individuo sono in gran parte il prodotto del percorso che la sua famiglia ha compiuto nel corso delle generazioni. In quest'ottica, molti comportamenti in apparenza riconducibili al «carattere» delle persone fanno invece riferimento alla cultura e alle dinamiche familiari in cui l'individuo si trova immerso: ne sono un esempio l'ordine della persona o della casa, il modo di gestire le amicizie, il rapporto con il cibo, il modo di celebrare i giorni di festa o di lutto. Questi elementi rimangono presenti dopo che l'individuo si allontana dalla famiglia d'origine, anche se spesso il soggetto non è consapevole di quanto essi pesano sulle sue scelte; l'assenza di consapevolezza è legata al fatto che tali comportamenti o modi di essere costituiscono non *un* modello, ma *l'unico* modello possibile cui conformarsi. In quest'ottica, il Genogramma permette una «rilettura» della propria storia familiare in base alla quale riappropriarsi di elementi rimossi o rimasti in ombra nel contesto delle relazioni con la famiglia d'origine (Montagano e Pazzagli, 2000).

Il Genogramma è una forma dell'albero genealogico, che registra informazioni sui membri della famiglia e sulle loro relazioni nel corso di almeno tre generazioni, in modo da offrire una visione d'insieme dei complessi pattern familiari (McGoldrick e Gerson, 1985). Ma mentre l'albero genealogico fornisce informazioni limitatamente ai legami di parentela che intercorrono tra i membri della famiglia, l'obiettivo del Genogramma è quello di far emergere le relazioni affettive al suo interno. Infatti, ciò che è importante in tale ricostruzione non è tanto la precisione dei dettagli o la perfetta cronologia degli eventi, ma il modo assolutamente personale con cui certi eventi sono ricordati ed entrano a far parte del mondo emozionale e culturale dell'individuo. Una volta decontestualizzati, i ricordi e le immagini dei familiari perderebbero il peso e la dimensione della loro presenza, come le vecchie fotografie di parenti di cui non si ricorda più il nome (Montagano e Pazzagli, 2000).

In una relazione familiare si intrecciano fili non visibili, e la vita in comune tra genitori e figli è la sede di una sorta di «trasmissione psichica» che spesso è molto più forte della «trasmissione del patrimonio di sangue», come più forte dell'eredità genetica è l'eredità che si trasmette attraverso le parole, i gesti, gli oggetti, i suoni, i sapori, le immagini; eredità che trova nella memoria il punto di riferimento. Dal momento che ogni persona può ritenersi il prodotto di un certo passato, è anche necessariamente il prodotto del ricordo di questo passato; ecco quindi che la memoria entra in modo determinante nella definizione di sé (*ibid.*). I propri ricordi, infatti, costituiscono la trama di fondo su cui si basano il concetto di sé e degli altri e la comprensione degli eventi della vita quotidiana.

I presupposti teorici

Fin dai tempi antichi, è consuetudine utilizzare l'albero genealogico come rappresentazione grafica della struttura della famiglia nel corso delle generazioni. L'immagine dell'albero, infatti, si presta bene a simboleggiare il legame tra avi e discendenti, tra il passato (le radici) e il futuro (i germogli), l'unità del ceppo originario e la molteplicità dei rami che da esso partono e crescono. Lo scopo di tale rappresentazione è quello di definire i legami esistenti tra i vari membri della stirpe rispetto al tronco di partenza; quindi, la genealogia cerca di recuperare l'appartenenza, i vincoli di sangue, i ruoli istituzionali (madre, padre, marito, moglie, fratello, sorella ecc.) limitatamente agli aspetti socialmente sanzionati che ogni ruolo porta con sé rispetto ai comportamenti auspicabili, permessi o proibiti che la persona può assumere.

La struttura familiare che appare dal Genogramma, invece, non rispecchia soltanto i ruoli istituzionali dei membri della famiglia ma, superando il concetto di appartenenza attraverso i vincoli di sangue, considera anche l'apporto personale che ogni individuo riversa sul proprio ruolo istituzionale, e inserisce nella storia familiare i cosiddetti «membri parafamiliari» (Montagano e Pazzagli, 2000), cioè le persone che nel ciclo di vita della famiglia hanno rivestito un'importanza affettiva e funzionale.

Il Genogramma si colloca in una prospettiva che è, oltre che strutturale, funzionale e relazionale.

La funzionalità del sistema familiare è «l'insieme delle modalità con le quali il sistema ha gestito, nel corso del tempo, i singoli eventi del ciclo vitale e quegli eventi nodali che hanno determinato importanti cambiamenti nell'esistenza dei singoli membri» (*ibid.*).

Questa funzionalità si manifesta nel corso delle generazioni attraverso le relazioni che intercorrono tra i vari membri della famiglia, ed è messa in luce dalle ripetizioni di certi comportamenti che si evidenziano nella storia familiare, definiti «ridondanze». Rilevare le ridondanze è essenziale: esse ci permettono di comprendere le regole di un sistema, ma anche gli elementi che possono indurre un cambiamento.

Secondo Montagano e Pazzagli, quindi, il Genogramma permette di ottenere un'immagine del sistema familiare attuale, storica ed evolutiva.

La ricostruzione storica, infatti, è connotata da una forte attualità, derivata dal fatto che nella rivisitazione le vicende del passato sono viste in una prospettiva che fa riferimento al presente, cioè al significato che possono avere nel «qui e ora», attraverso i sentimenti, i pensieri, i comportamenti degli individui appartenenti a quel sistema familiare. Da ciò emerge la prospettiva evolutiva: la rilettura in questa chiave della propria storia familiare conduce a una riappropriazione di elementi significativi e al recupero di una più attenta memoria storica, che può permettere all'individuo, divenuto più consapevole, di elaborare per sé, sulla base di tutti gli elementi acquisiti, un migliore progetto di vita.

Il materiale

Il materiale necessario è il seguente:

1) Una lavagna con dei gessi, oppure un foglio bianco (di circa 50 × 70 cm) con alcuni pennarelli.

2) Un foglio per le osservazioni dell'operatore.

Anche per questo strumento potrebbe rivelarsi molto utile registrare o videoregistrare l'incontro per esaminare in seguito i vari momenti.

Somministrazione

Rispetto alle tecniche di somministrazione del Genogramma, si fa riferimento a Montagano e Pazzagli (2000).

Il Genogramma può essere somministrato individualmente, a coppie o a gruppi. Si chiede al soggetto di ricostruire il proprio albero genealogico utilizzando i seguenti simboli: un cerchio per designare le donne, un quadrato per gli uomini, una linea continua per indicare i matrimoni, una linea tratteggiata per le relazioni. Sempre con un cerchio o con un quadrato si indicano i parafamiliari, ma con il simbolo a tratteggio; questi dovranno essere collocati sulla stessa linea della generazione a cui appartengono (ad esempio, un amico fraterno dovrà essere collocato sulla stessa linea dei fratelli). Un tratto perpendicolare tracciato sopra la linea riferita alla relazione indica una rottura o una separazione. Due tratti perpendicolari, un divorzio. La consegna richiede inoltre al soggetto di indicare per ogni persona rappresentata il nome, l'età, il luogo di provenienza e di residenza, la professione, la data di nascita ed eventualmente quelle di matrimonio e di morte. È interessante anche la segnalazione di eventuali soprannomi o nomignoli con cui la persona è solitamente chiamata dalla famiglia.

Oltre a ciò, l'operatore non prescrive nessun ordine di esposizione, né pone altre domande preliminari. Lascia che il soggetto recuperi liberamente gli elementi della sua storia, seguendo associazioni, assonanze e ritmi suoi propri. Il soggetto è inoltre invitato a utilizzare tutto lo spazio e il tempo che vuole, senza limitarlo in alcun modo e senza sollecitarlo ad abbreviare la sua esposizione. È importante, infatti, tener conto del ritmo personale dell'individuo nel dare un quadro completo delle proprie relazioni familiari, compito senza dubbio molto complesso e impegnativo. Non è possibile, quindi, quantificare il tempo necessario a una seduta di Genogramma: anche se in genere sono necessarie due-tre ore a persona, la variabilità individuale è molto alta.

La somministrazione del Genogramma non va comunque pensata come una situazione di sola osservazione da parte dell'operatore; anzi, quanto il protagonista disegna rappresenta soprattutto un punto di partenza e di riferimento a cui attingere per riflettere con la persona, la coppia o il gruppo sulle tematiche di fondo che a mano a mano emergono. Si rimanda a Montagano e Pazzagli (*ibid.*) per alcuni esempi di sedute.

La somministrazione individuale, in gruppo, o in coppia determina delle differenze. Mentre nel Genogramma individuale l'osservazione e la puntualizzazione delle varie tematiche avvengono soltanto da parte dell'operatore, nella somministrazione di gruppo la presenza di persone appartenenti ad altre culture familiari genera una pluralità di esperienze fondamentali nel percorso che ciascuno sta compiendo. Non verrà approfondita in questa sede la somministrazione di gruppo, anche se potenzialmente molto ricca, dal momento che, dal punto di vista delle finalità di questo libro, la somministrazione più consigliata è quella di coppia. In un percorso di coppia, il Genogramma evidenzia innanzitutto le differenze di fondo che sono inevitabilmente presenti tra le «culture familiari» dei coniugi, facendo emergere eventuali problemi legati alla struttura della famiglia di origine. Questo, molto spesso, permette di ridefinire in termini reali eventuali conflitti, rinegoziando il contratto familiare.

Data la particolare funzione dell'operatore in queste sedute, si rende necessario che sia un professionista formato nella psicoterapia.

Quali informazioni sull'individuo e sulla sua famiglia?

Presentiamo qui di seguito i principali concetti interpretativi su cui si basano la riflessione e l'elaborazione dei contenuti del Genogramma costruito secondo Montagano e Pazzagli (2000).

Le foto della memoria Con ciò non si intendono tanto le foto di famiglia che il soggetto può portare alla seduta, ma il ricordo di un gesto, di un'interazione, di un paesaggio o di un oggetto rimasto stabile e presente nella memoria come una «fotografia». Le «foto della memoria» sono sempre profondamente legate al mondo affettivo ed emozionale delle persone e si rivelano preziose e illuminanti.

I miti Il significato originale di *mythos* è «parola, racconto, favola, leggenda», contrapposto nel mondo greco a *logos*, cioè all'enunciazione di fatti razionali e dimostrabili. Scrive Mario Trevi (1972): «Il mito è qualcosa di obiettivato, qualcosa che è già divenuto autonomo, che parla da sé. Qualcosa a cui non si rende giustizia con interpretazioni, spiegazioni, bensì tenendolo presente e lasciando che pronunci da sé il proprio senso.» Il racconto mitico può essere presente anche all'interno delle famiglie e adempiere a più funzioni, come quelle di richiesta e validazione di comportamenti, o coprire un vuoto di realtà con una storia che dia un senso alla propria vita.

I pacchetti Un «pacchetto» è un messaggio, espresso in forma stereotipata, il cui contenuto può essere vario, e ha la caratteristica di riferirsi a un momento importante nella storia della famiglia. Il termine «pacchetto» rimanda a una regola ferrea che caratterizza la sua consegna (che generalmente parte da un membro influente della famiglia): non può essere data nessuna spiegazione realistica rispetto al suo contenuto, al di fuori della formula con cui viene enunciato (Montagano e Pazzagli, 2000). Spesso il contenuto del «pacchetto» è del tutto illogico, se confrontato con i fatti, ma proprio per la regola implicita che ne sta alla base, il confronto non avviene.

Diversamente dal segreto familiare, che crea un silenzio intorno a un fatto o un personaggio in contraddizione con il mito o la «bandiera» familiare, il «pacchetto» è congruente con l'immagine che la famiglia vuole offrire di sé, ma incoerente rispetto alla sua storia reale. Nel corso del Genogramma, il protagonista è costretto ad «aprire il pacchetto» e a coglierne le incongruenze; ciò spesso suscita ricche e proficue riflessioni.

I segreti «Il segreto è un elemento di informazione non trasmesso che ci si sforza coscientemente, volontariamente, di nascondere agli altri, evitando di comunicarne il contenuto» (*ibid.*). Si riferisce generalmente a una «zona d'ombra» presente nella trama della cultura familiare, di cui i membri della famiglia sono a conoscenza, ma su cui esiste un accordo, spesso non esplicitato, di non approfondire, di non far luce. Per coprire il segreto può essere costruito un mito.

I ruoli È stato già osservato che esistono ruoli istituzionali che definiscono i compiti, le responsabilità, i privilegi dei vari membri della famiglia, secondo modelli socialmente accettati. Ma ogni membro della famiglia interpreta il ruolo secondo il proprio modo di concepirlo, a partire dai sentimenti, dalla storia personale e dalla cultura che possiede.

La bandiera La «bandiera del sistema» è la sintesi dei valori nei quali la famiglia si riconosce, una sorta di «divisa» che essa indossa. La «bandiera» ha una funzione che si esplica sia rispetto ai membri del sistema, sia nel rapporto con l'esterno. Da un lato, infatti, chiedendo la «lealtà» dei suoi membri ai valori che la «bandiera» rappresenta, il sistema si assicura l'equilibrio e la coerenza del gruppo; dall'altro, la bandiera definisce la specificità del gruppo familiare nei confronti del mondo esterno.

Le valigie Alla conclusione del Genogramma, Montagano e Pazzagli suggeriscono di chiedere: «Cosa metterebbe nelle sue valigie?» L'operatore spiega che le «valigie» che ognuno porta via dalla casa paterna sono il bagaglio necessario ad affrontare il lungo viaggio della vita. Esse, quindi, contengono necessariamente cose buone e simbolicamente importanti. Inoltre, essendo simboliche, possono contenere qualsiasi cosa: una casa dell'infanzia, giocattoli, oggetti, odori, frasi o parole.

Le valigie rappresentano la parte positivamente utilizzabile del proprio passato: un'eredità che permette alla persona di definirsi a partire dalla propria storia familiare e di recuperarne, rivisitati, gli elementi più costruttivi.

Come ricavare tutte queste informazioni? Montagano e Pazzagli propongono una serie di elementi a cui fare particolare attenzione nel corso della seduta e su cui stimolare la riflessione dei soggetti:

La forma grafica

La forma grafica è essenziale per una prima comprensione del sistema rappresentato dal soggetto. Ogni Genogramma presenta una «scrittura» assolutamente originale, dove sono riportate visivamente le relazioni tra i membri della famiglia, disegnati vicini o lontani, più grandi o più piccoli, in una rete di rapporti spaziali in cui il soggetto costituisce il punto di riferimento. Il creatore del Genogramma passa costantemente dal piano della realtà storica a quello della realtà psichica, così che lo schema che dovrebbe descrivere una genealogia diventa un disegno libero. Per questo nessun Genogramma è simile a un altro, né nell'architettura né nello stile (Lemarie-Arnaud, 1985). All'interno di questo aspetto, è importante osservare anche la sequenza con cui i soggetti sono rappresentati.

La nominazione

Il nome è il primo elemento con cui si definisce sia l'identità di una persona, sia la sua appartenenza a un determinato nucleo familiare. Secondo Sanguineti (1987) «un nome proprio di persona (...) è un forte portatore di indizi e di segnali e gronda di informazioni, ed è tutt'altra cosa di quella etichetta neutra e convenzionale, quale in astratto si suole pretendere assai sovente che sia». In passato esistevano regole piuttosto precise nell'assegnazione dei nomi ai figli, che differivano secondo la cultura di provenienza. In Occidente, ad esempio, era consuetudine che il figlio primogenito assumesse il nome del padre di suo padre, come continuatore della stirpe ed erede del patrimonio, non solo finanziario ma anche simbolico: del nome che si portava era necessario «rendersi degni» difendendone i valori. Tuttavia anche in passato esistevano deroghe a questa regola: infatti, in certi momenti storici il nome del figlio ha costituito per i genitori l'occasione per esprimere la proprio partecipazione a eventi importanti (ad esempio Bixio, Eritrea, Adua) o la propria ideologia (Benito, Ateo, Littorio). Così come vi sono state influenze dalle opere liriche o dalla letteratura.

Recentemente si assiste a un restringersi della rosa delle scelte da parte delle giovani coppie, per un probabile venir meno delle motivazioni religiose, ideologiche o legate alla tradizione familiare.

Un altro elemento importante, che interferisce al momento della nascita, è il ricordo di qualcuno della famiglia morto recentemente, di cui il bambino assume il nome. Ad esempio, i bambini nati nel corso di una guerra o immediatamente dopo hanno spesso ricevuto il nome di un congiunto caduto al fronte, così come i nuovi nati spesso assumono il nome del fratello o della sorella morti prima della loro nascita. Il «figlio sostitutivo» (Montagano e Pazzagli, 2000), che viene a colmare la perdita di un bambino morto, si troverà probabilmente prima o poi, nel corso della vita, ad affrontare il fantasma di questo fratello scomparso. Ne sono due esempi illustri Vincent Van Gogh e Salvador Dalí, entrambi venuti alla luce in questa situazione, ma che hanno dato risposte molto diverse: il primo si sentì tutta la vita perseguitato dal fantasma dell'assente; il secondo dichiarò di essere stato doppiamente amato, «amato dell'amore per lui stesso e dell'amore per l'altro» (*ibid.*).

È importante rilevare anche i «secondi nomi» attribuiti alle persone, cioè i soprannomi, i nomignoli, i vezzeggiativi, o la definizione delle persone attraverso un aggettivo o un sostantivo (ad esempio, in tono scherzoso: «Quel matto di...», o valutazioni morali vere e proprie: «Quel disgraziato»). Questi attributi sono spesso importanti elementi per penetrare nel mondo delle regole e dei valori familiari. Riportiamo un esempio curioso citato da Montagano e Pazzagli: un personaggio definito dal soggetto come «il povero zio Davide» risultò poi essere tutt'altro che povero o sprovveduto; il suo essere «povero» derivava dall'avere sposato nel 1919 una giovane russa emigrata.

Le professioni

La scelta della professione è un elemento molto importante da valutare, collegandosi in modo diretto con la storia della famiglia e con il rapporto personale che ogni membro ha con i valori, i miti e le aspettative della famiglia stessa. È evidente che ciò vale anche nel caso in cui la scelta professionale si configuri come diametralmente opposta a quella auspicata dalla famiglia e reattiva a essa.

Talvolta prendere una determinata strada è una «scelta obbligata», determinata da fattori economici (il possesso da parte della famiglia di uno studio professionale, di un'industria, o altro, e quindi la possibilità di un rapido avviamento); ma spesso, oltre alla convenienza economica per il figlio, si manifesta nel genitore il desiderio di vedere la continuazione del proprio cammino e di essere padre anche, per così dire, «professionalmente». Accade così che a volte, osservando il Genogramma, ci si accorge che una persona è stata incanalata, quasi senza rendersene conto, in una realtà determinata da qualcun altro e già decisa alla sua nascita.

In certe situazioni il figlio entra di buon grado nel cammino che gli è stato aperto, considerandolo come un'ulteriore possibilità di comunicazione con il resto della famiglia; ma spesso avviene quella che Montagano e Pazzagli definiscono una «crisi di rigetto» nei confronti di una programmazione che non ha tenuto conto delle aspirazioni della persona interessata.

Altre volte, invece, ciò che la famiglia progetta per il figlio prevede un mestiere diverso: il figlio diventa così «quello che deve cambiare», il mezzo per riscattarsi da una condizione vissuta come umiliante o subordinata, investito di pesanti responsabilità e di molte speranze (Krüll, 1979).

È quindi importante che l'operatore segua il filo delle professioni nella storia familiare, cogliendo le dinamiche a esse collegate.

Riti e rituali

Con riti familiari si intende il «modo d'essere» che la famiglia manifesta nel corso di momenti collettivi e di riunioni che possono avvenire in occasione di feste religiose o di eventi collegati alla storia familiare. Le modalità di questi riti sono specifiche per ogni gruppo e tendono a ricreare e a vivificare l'unità della famiglia. Scrivono Segalen e Zonabend (1986): «[I riti familiari] offrono l'opportunità di verificare o apprendere i legami che uniscono gli uni agli altri. Si notano le assenze, indizi di conflitti o di sparizioni; ma attraverso i presenti il gruppo esprime la sua unità. Queste cerimonie commemorative o festive mirano a instaurare una continuità, una durata. Per mezzo di esse, il gruppo costantemente si ricostituisce, le principali posizioni familiari sono sempre mantenute.» Il Genogramma permette di raccogliere la descrizione di tali celebrazioni, ma soprattutto trasmette le immagini, gli odori, i sapori e tutte le sensazioni che permettono all'operatore di penetrare nell'atmosfera della famiglia.

I rituali familiari si possono invece ritrovare nei piccoli eventi di tutti i giorni: ad esempio, le modalità del risveglio e della buonanotte, il modo di mangiare a tavola, il modo di considerare gli insuccessi scolastici, l'igiene personale, i modi di esprimere l'affettività.

Lessico familiare

Il lessico familiare è il «modo di esprimersi» specifico della famiglia, riferito non tanto al vocabolario dialettale, quanto piuttosto al significato particolare che alcuni termini assumono per i membri di una stessa famiglia, e ai neologismi che molte volte si creano su iniziativa di qualcuno del gruppo. A volte le persone nei loro racconti utilizzano termini «familiari» senza nemmeno rendersi conto che questi vocaboli non hanno lo stesso significato dato dall'uso corrente, o che sono termini inventati, ad esempio presi a prestito dal linguaggio dei bambini di casa, o riferiti a eventi vissuti dalla famiglia in comune e per questo dotati di quel significato solo per i membri della famiglia.

Compito dell'operatore è quello di evidenziare il significato emozionale e comunicazionale del lessico familiare.

La casa

Ogni famiglia si inserisce in uno spazio, un luogo in cui si svolge la sua vita sociale e domestica e in cui avvengono riti e rituali, che denotano la singolarità del gruppo familiare: «Questo spazio costituisce un luogo di ancoraggio della memoria familiare» (Segalen e Zonabend, 1986).

Spesso il Genogramma evoca i luoghi della vita familiare. Si parla, ad esempio, di case delle vacanze, ricche di ricordi d'infanzia, di stanze chiuse dopo la morte di qualcuno, di cortili, di giardini, di soffitte. A volte cornice dei ricordi è la strada, il quartiere o il paese. Inoltre, i luoghi della memoria sono arricchiti nel corso degli anni dalle suggestioni evocate da oggetti che, al di là del loro valore intrinseco, hanno partecipato alla vita familiare e, in questo senso, sono divenuti importanti testimonianze (Yourcenar, 1982).

Durante la somministrazione del Genogramma, immagini e frammenti emergono in modo discontinuo; l'operatore dovrà cercare il senso che hanno nel contesto, e la continuità che assumono nella vita del protagonista.

Esperienze e possibilità d'impiego nell'adozione

Il Genogramma può essere utilizzato molto proficuamente nel corso dello studio di coppia, adattando, con gli accorgimenti necessari, quanto suggerito da Montagano e Pazzagli (2000) relativamente all'utilizzo della tecnica nella «preparazione alla nascita». Tale strumento, infatti, si rivela una via d'accesso preferenziale alla comprensione della «cultura della nascita» presente nelle due famiglie di origine, intendendo con nascita l'arrivo di un bambino (in questo caso adottato) e la sua crescita, ma può anche fornire elementi rispetto alla «cultura dell'adozione» presente nell'ambiente.

«Un figlio è il prodotto comune di storie diverse» (Cigoli e Galbusera Colombo, 1980). Ognuno dei membri della coppia, infatti, ha dentro di sé la cultura che la propria famiglia d'origine ha costruito intorno alla nascita, alla cura e all'educazione dei bambini; il più delle volte la futura madre o il futuro padre non hanno consapevolezza di quanto questo retroterra familiare influenzi la loro attesa, e quindi in proposito sono acritici. Inoltre, non sempre le esperienze dei due coniugi coincidono.

Spesso i genitori definiscono «naturali» elementi chiaramente culturali, come se la natura avesse depositato nel loro patrimonio genetico certi timori o certi modi di porsi con il figlio; allo stesso modo, non colgono l'influenza dei progetti di ciascuno dei membri della coppia e del contesto culturale sul futuro del bambino.

Il Genogramma della coppia è utilizzato per esplicitare ai coniugi la loro cultura familiare della nascita, per verbalizzare la loro interpretazione delle competenze materne e paterne, le tradizioni educative, le inquietudini di fronte all'evento e i progetti di vita sul figlio. Inoltre, l'utilizzo di questo strumento permette di ottenere un'immagine delle complessità e delle gerarchie presenti nella famiglia d'origine e della posizione del nucleo ristretto all'interno del nucleo allargato.

Una volta messe in luce analogie e differenze, viene attivata la comunicazione sul tema, che permette di pensare alla costruzione di una specifica cultura della coppia legata all'arrivo del bambino e al suo sviluppo. L'importanza di questa riflessione sui progetti e le attese della famiglia d'origine deriva dall'ipotesi che più questi aspetti saranno esplicitati, maggiori possibilità avrà la famiglia di superare le difficoltà legate all'adozione e più profonda sarà la disponibilità nei confronti del figlio adottato.

Può rivelarsi utile che, dopo alcuni incontri di coppia, si programmino incontri di più coppie (massimo quattro), tutte nell'ambito del percorso adottivo. Questo, oltre a permettere un confronto tra le esperienze e attivare uno scambio di opinioni, fornisce la possibilità di strutturare una rete di coppie attorno a una situazione comune che può avere funzioni supportive.

Un possibile bilancio

«Il Genogramma offre la possibilità di far rivivere il proprio passato, di suscitare emozioni, di far emergere elementi rimossi o rimasti in ombra nel contesto delle relazioni con la famiglia d'origine, permettendo la scoperta e la ridefinizione di eventi nodali e dei nessi che li collegano. Dal quadro della famiglia, che si dispiega in modo eccezionalmente completo e complesso dinanzi agli occhi del protagonista, emergono nessi e ridondanze che inducono alla riflessione e fanno sorgere considerazioni nuove; ed ecco verificarsi l'insight (...) e l'inconscio, cacciato dalla porta, entra dalla finestra come un ladro, o come quei mitici messaggeri che nelle tragedie greche giungevano a spiegare come i fili della vicenda fossero stati manovrati dagli Dei» (Montagano e Pazzagli, 2000). La ricchezza che gli incontri sul Genogramma possono apportare è evidente.

Un altro pregio dello strumento riguarda la facilità di somministrazione, sia rispetto al materiale necessario sia rispetto al compito proposto. Si richiede però una buona formazione dell'operatore, preferibilmente nel campo della psicoterapia. Infatti, l'utilizzazione del Genogramma qui presentata si configura non tanto come una tecnica, ma come «espressione di terapia» (*ibid.*).

Anche in questo caso, un limite è rappresentato dalla mancanza di una codifica definita da criteri stabili, la quale, tuttavia, ridurrebbe la quantità e la ricchezza delle informazioni ottenute.

Parte terza

La costruzione di una nuova storia nel tempo dell’adozione

Capitolo 10

Il consultorio segue le adozioni

Bianca Frigoli e Marcella Valzorio

> Questo io ritengo la caratteristica più importante dell'essere genitori, fornire una base sicura da cui un bambino o un adolescente possa partire per affacciarsi nel mondo esterno e a cui possa ritornare sapendo che per certo sarà il benvenuto.
>
> John Bowlby

La denominazione «consultorio» non indica un contenitore preciso e definito o una realtà storica condivisa sul territorio nazionale; qualunque Servizio o insieme di operatori che attuano programmi alquanto diversi definibili come finalizzati al benessere del singolo della coppia e della famiglia possono identificarsi in questa sigla.

La Regione Lombardia ha da poco ridefinito i programmi e gli operatori afferenti al consultorio con un finanziamento voluto per la loro «rivitalizzazione».

Anche nella nostra realtà, quindi, non si è trattato sino a oggi di un'esperienza definita e consolidata, ma di un processo tuttora in atto che cerca di fare propria l'esperienza passata guardando con curiosità e un poco di legittima apprensione al futuro.

La Regione Lombardia ha invitato le ASL a dotarsi di un nuovo modello organizzativo costituendo i Centri adozioni, forniti di un'équipe formata da almeno una psicologa e un'assistente sociale.

Nel territorio della sola regione sono state però sperimentate varie forme di suddivisione della casistica, e molti Comuni avevano delegato la tutela minorile al Servizio sociale della ASL.

La normativa vigente ha spinto molti Enti locali a riorganizzarsi assumendo direttamente operatori sociali.

La situazione si presenta a tutt'oggi a macchia di leopardo, anche se possiamo condividere le indicazioni e le direttive regionali perché «sia assicurata l'unitarietà dell'intervento e l'elevata competenza specialistica rispetto ai compiti e ai tempi assegnati dalla normativa in materia di adozioni».

Non esiste quindi una pregiudiziale alla gestione della tematica da parte dell'uno o dell'altro Ente, ma ciò che è maturato negli anni, soprattutto da parte degli operatori, è la necessità che l'intero percorso sia gestito da personale stabile qualificato e motivato.

Per troppo tempo si è improvvisato, attribuendo un carattere di priorità alle richieste urgenti di tutela e ad altre attività, e relegando il percorso adottivo nella sfera degli interventi praticabili da chiunque con metodologie, tempi e interpretazioni personali di quanto richiesto dal Tribunale per i Minori.

La costituzione delle équipe distrettuali, formate da personale motivato con una lunga esperienza professionale e di settore, ha consentito una programmazione più definita e al tempo stesso articolata di quanto viene proposto alle coppie adottive.

L'adozione internazionale si è sviluppata in Italia a partire dalla fine degli anni sessanta, sull'onda della consapevolezza dei problemi di sviluppo e delle guerre nei Paesi cosiddetti poveri o del Terzo Mondo.

Quindi i primi bambini di colore sono stati adottati da coppie con altri figli spesso appartenenti a un livello socioeconomico medio-alto, attente alle problematiche razziali e ai discorsi legati alla cooperazione internazionale.

Sembrava allora che l'adozione fosse un atto d'amore nei confronti di bambini che, oltre a soffrire la fame, avevano subìto le deprivazioni, i lutti, le sofferenze e i traumi della guerra.

Motivazione etica, senso di responsabilità e disponibilità affettiva sono stati i principali requisiti di queste adozioni.

L'informazione, le adozioni fallite o divenute problematiche per l'intero nucleo familiare, le restituzioni dei minori durante il primo anno di affido preadottivo hanno portato alla formazione di gruppi di studio e di ricerca, di movimenti di opinione all'interno dei Servizi, delle associazioni, dei tribunali, che hanno creato una nuova cultura dell'adozione.

Al centro vi è la tutela di un minore che ha subìto un trauma alla nascita o nei primi anni di vita, e di conseguenza un lutto che può essere superato solo con l'aiuto di genitori consapevoli di questo dolore e in grado di accoglierlo e contenerlo.

Solo attraverso questo passaggio l'accudimento e l'utilizzo delle «parole che curano» possono trasformare il lutto e la perdita nel legame di attaccamento e nella legittimazione del ruolo genitoriale.

È attraverso la rinuncia da parte di chi procrea (per colpa, incapacità, morte, rinuncia) che il ruolo genitoriale sarà attribuito a colui che cresce il bambino.

È indispensabile per il bambino che i suoi genitori abbiano la capacità, a seconda dei momenti evolutivi, di raccontare, raccontarsi, ma anche di tacere l'«origine» della famiglia.

Solo attraverso questo passaggio il bambino troverà la sua legittimazione di appartenenza nella famiglia adottiva, che è privata dell'evento biologico della nascita.

Il rischio del mancato spazio di parola circa le origini può produrre nel bambino una grave scissione, riassumibile nelle domande «di chi sono figlio?», «a chi appartengo?», con conseguenze patologiche sul suo sviluppo evolutivo o delegittimazione dei genitori adottivi e rivendicazione della sua appartenenza ai genitori biologici. Il rischio dell'impossibilità del silenzio, in certi momenti evolutivi, impedisce di rimuovere e di accantonare esperienze inelaborabili, quando invece il farlo costituisce una forza vitale.

La verità narrabile si concretizza in diversi filoni e modalità in cui può essere esplicitata la rinuncia di chi ha procreato e quindi la decadenza dal ruolo genitoriale, dando forma al desiderio di chi non ha potuto generare ma ha deciso di diventare genitore di un bambino nato da altri, e il ruolo del Tribunale per i Minori, che attraverso l'applicazione delle leggi e l'emanazione di un decreto legittima socialmente il poter essere genitori e figli a tutti gli effetti.

Dalla domanda alla risposta

L'iter adottivo L'adozione non intende dare un bambino alla famiglia, ma una famiglia al bambino.

L'arrivo delle richieste adottive al Servizio è da sempre soggetto a un andamento imprevedibile, solo talvolta collegabile a fenomeni che coinvolgono l'opinione pubblica, come ad esempio gli abbandoni spettacolari di neonati o il momento particolarmente cruento di un conflitto.

In una zona rurale come la nostra, diversamente da quanto avviene in città, pare difficile attivare gruppi informativi che precedano la presentazione della richiesta al Tribunale per i Minori e che abbiano anche una funzione di discreta autoselezione.

L'ulteriore centralizzazione dei Servizi adottivi permetterà forse una diversa organizzazione, ma attualmente il primo rapporto con gli operatori della nostra zona ha un carattere spontaneo e informale.

Vengono fornite indicazioni di massima, precisazioni in merito all'iter proposto e alla funzione degli operatori, viene spiegata la differenza fra adozione nazionale e internazionale.

Per chi si presenta totalmente privo di informazioni, viene motivata anche la necessità della presenza costante del futuro padre e del ruolo del Tribunale per i Minori.

Insieme alla legge viene fornito un elenco di testi a carattere divulgativo sul tema dell'adozione.

In seguito alla richiesta di approfondimento da parte del Tribunale per i Minori in merito alla disponibilità all'adozione presentata dagli aspiranti genitori, gli operatori invitano i coniugi a un primo incontro durante il quale, se non è stato già fatto, vengono fornite informazioni riguardo alle disposizioni di legge sull'adozione.

In seguito viene spiegato alla coppia il percorso di lavoro, che consiste in cinque incontri, una visita domiciliare, la stesura della relazione e la restituzione agli aspiranti genitori adottivi di quanto è emerso.

I colloqui vengono gestiti in compresenza dall'assistente sociale e dalla psicologa del consultorio.

Molto spesso la consultazione viene vissuta dalla coppia in modo ansiogeno; i coniugi tendono a dare risposte vaghe e reticenti e sentono l'esigenza di presentarsi nel migliore dei modi.

Il lavoro quindi si connota come un percorso complesso carico di zone d'ombra e di ambivalenze, che se non chiarite rischiano di rendere tutto il percorso difficile e spesso carico di fantasie persecutorie.

Il primo colloquio presenta sempre momenti di difficoltà e di disagio legati all'impatto con l'esperienza sconosciuta imposta, e temuta dalla coppia per le sue implicazioni valutative.

È compito dell'operatore riconoscere questi momenti, contenere le ansie, creare un clima empatico e collaborativo, offrendo agli aspiranti genitori adottivi uno spazio di riflessione sulla loro scelta e sulle capacità genitoriali in essa presenti.

Nell'iter da noi sperimentato, il primo e a volte il secondo colloquio sono dedicati alla storia della coppia; si ripercorre il fidanzamento, l'incontro con le rispettive famiglie di origine, la decisione di sposarsi, i progetti e le aspettative di ognuno nei confronti del matrimonio.

Ampio spazio viene dato ai rapporti familiari dall'inizio del rapporto fino alla condivisione della scelta adottiva.

Ricostruire la mappa familiare è importante per avere una fotografia trigenerazionale della futura famiglia, ma anche per ripercorrere con ciascuno dei coniugi la storia familiare, i legami, le unioni, le nascite, i lutti, le separazioni avvenute nella famiglia di origine.

Questo permette all'équipe di ottenere importanti informazioni sul funzionamento e sull'organizzazione della famiglia, e quindi di formulare delle ipotesi da verificare nel corso dei colloqui.

Si considera l'adesione dei genitori e dei parenti della coppia al progetto adottivo come uno dei punti essenziali per il buon funzionamento dell'adozione. Infatti un bambino adottato, e dunque inizialmente estraneo al contesto in cui viene inserito, ha bisogno di trovare accoglienza, affetto e accettazione per potersi creare uno spazio, una posizione e un ruolo nella scacchiera familiare.

Si ripercorrono poi la storia infantile e gli eventi significativi nelle varie tappe di sviluppo di ciascuno degli aspiranti genitori adottivi, esplicitando la decisione di volere un figlio e il trauma della sterilità o dell'impossibilità di portare a termine una gravidanza.

I racconti riferiti a questo argomento sono forse i più dolorosi e i più carichi di angoscia e di frustrazioni: l'impotenza e il fallimento risultano essere i sentimenti dominanti.

Ogni coppia, poi, per motivi di salute, etici o religiosi, ha stabilito un limite condiviso ai vari tentativi di indagine medico-diagnostica, che possono mettere a dura prova l'equilibrio personale e la solidità della coppia stessa. Nella maggior parte dei casi, la crisi viene superata costruendo nuovi equilibri. L'essere senza figli non è soltanto una situazione negativa; è sempre possibile aprirsi verso l'esterno, alimentare le amicizie, la solidarietà, gli scambi personali.

Tuttavia non si può negare che qualcosa vada perduto. Vi è un desiderio corporeo di maternità e paternità che si appaga soltanto attraverso la procreazione, la cura e l'educazione di un figlio proprio.

L'adozione risponde solo in parte a queste aspirazioni, e pertanto richiede che la coppia abbia preventivamente elaborato il lutto della sterilità, accettando le impossibilità che questa comporta. Solo allora sarà possibile fare proprio, riconoscere come figlio un bambino generato da altri.

Noi riteniamo che solo la chiusura definitiva di un capitolo come quello legato alla possibilità di procreare possa aprirne un altro; le coppie che sono ancora reticenti su questo argomento vengono invitate a ripensare il progetto adottivo e ad approfondire le diagnosi medico-sanitarie se queste non hanno escluso un'eventuale genitorialità biologica.

La questione dell'infertilità e l'elaborazione del lutto di non poter procreare come condizione per poter diventare genitori di un figlio nato da un'altra pancia, è forse la parte più oscura e difficile da trattare, non solo durante le consultazioni ma anche nelle riunioni di équipe, tra colleghi.

Dubbi, domande aperte, emozioni, vissuti personali si mescolano e rimbalzano nelle menti di ognuno di noi, portando alla coscienza pensieri e ricordi ormai dimenticati.

L'intervista Ad-Mate-R

Se nei primi colloqui si è già parlato del progetto adottivo e del bambino fantasticato, quelli successivi sono dedicati all'esemplificazione e alla riflessione su questo progetto.

Lo strumento utilizzato per conoscere le rappresentazioni mentali dei futuri genitori rispetto a sé stessi come individui, come coniugi e come genitori è l'intervista Ad-Mate-R (Fava Vizziello, Antonioli e Volpe, 1994), un'intervista semistrutturata somministrata individualmente ai due membri della coppia e poi rivista con entrambi i coniugi dopo l'esame da parte dell'équipe tecnica degli operatori.

Attraverso le domande dell'intervista viene ripercorso il progetto adottivo: da quando è stato concepito fino ai desideri, alle paure circa il figlio desiderato.

Una parte dell'intervista è dedicata al primo legame di attaccamento, quello con la madre, e a come questo legame può aver influenzato l'evoluzione dell'individuo fino alla scelta di diventare genitore adottivo.

Attraverso l'intervista ciascuno descrive sé stesso sempre in relazione all'altro, utilizzando aggettivi che connotano un continuum da un'estrema idealizzazione fino alla squalifica del partner. Attraverso gli aggettivi vengono descritti eventi che compongono la struttura narrativa dell'intervista, si esplora il vissuto percettivo del bambino ma anche l'età il sesso, l'etnia, le aspettative e i desideri circa l'abbinamento.

Lo strumento permette, attraverso un'attenta lettura, di verificare il grado di coscienza che la coppia ha di sé, la percezione del bambino fantasticato, le aspettative che ciascuno dei coniugi nutre nei confronti dell'altro circa i ruoli genitoriali.

Anche nella descrizione del bambino si ha modo di vedere quanto la coppia sia in sintonia o meno riguardo alla provenienza e all'età.

La discussione dell'intervista con la coppia apre ampi spazi di riflessione e permette considerazioni anche profonde, soprattutto se durante la consultazione si è creato un contesto collaborativo e di fiducia.

La descrizione di sé e dell'altro come persona ma anche come genitore permette a ciascuno di conoscere come viene vissuto dall'altro, di sottolineare le differenze tra la propria e l'altrui percezione.

Il Paese di provenienza del bambino è oggetto di numerose considerazioni e domande aperte; l'opinione dell'équipe è quella di lasciare alla coppia la libertà di esprimere perplessità e dubbi circa la «scelta» di un bambino somaticamente diverso, in quanto si ritiene che un figlio vissuto come «troppo estraneo» e quindi diverso possa non fare scattare quel processo di riconoscimento e attaccamento reciproco che è necessario in una filiazione e genitorialità adottiva.

L'équipe tecnica

È questo un momento estremamente significativo, che va affrontato con il tempo e la tranquillità necessari a dare libero corso a immagini, dubbi, pensieri e valutazioni degli operatori coinvolti.

Comincia a delinearsi una fotografia della coppia adottiva; vengono annotati i tempi e le modalità di compilazione dell'intervista; spesso ci sono momenti di commozione o di alterazione apparentemente immotivati, che diventano oggetto di riflessione.

Si incrociano le domande, sovrapponendo le tabelle relative a sé come persona e a sé come marito e moglie sia nella propria che nell'altrui percezione.

Un'ulteriore sovrapposizione è relativa alle immagini del bambino e della propria madre.

Sono spesso significative le modificazioni nel rapporto di coppia segnalate a partire dalla presentazione della domanda.

Appare in buona evidenza il grado di affinità nel modo di sentire l'altro; spesso la conoscenza reciproca è buona se non buonissima, mentre è facile che il bambino sia scarsamente immaginato o che la fantasia non sia stata per nulla condivisa (io desidero una femmina piccola, non so cosa pensi mia moglie!). Oppure: penso che mia moglie desideri un neonato (la moglie esprime il desiderio di un bimbo di almeno tre anni, perché teme il contatto corporeo con un bambino molto piccolo).

Spesso i coniugi si concedono poca fantasia, quasi a voler esorcizzare la paura che la fantasia non si realizzi se comunicata ad altri (ci penseremo quando saremo dichiarati idonei!). Viene riservata ad altri, all'esterno burocratico, la possibilità di definirli adatti e quindi legittimati a pensarsi come futuri genitori.

Questo e altro materiale raccolto diventa oggetto di riflessione, e gli operatori decidono la scansione e le modalità di questa prima restituzione.

Si delineano già alcune caratteristiche che permetteranno all'équipe di indicare nella relazione al Tribunale per i Minori l'incrocio più proficuo o più sano fra i bisogni della coppia e la sua tolleranza al bambino reale.

Poiché il momento dello studio di coppia non ha una valenza terapeutica, i blocchi rispetto al proprio passato di figlio e di conseguenza al proprio imprinting genitoriale possono solo essere colti e sottolineati stimolandone l'evoluzione. Solo nel momento in cui, al termine dello studio, la situazione apparisse molto dubbia, il rapporto tra i coniugi «ammalato», senza visibili possibilità evolutive, si consiglia di desistere dal progetto adottivo, per evitare l'inserimento nella famiglia di un nuovo membro già carico di problemi e aspettative.

È curioso sottolineare come a volte ciascuno dei coniugi si stupisca davanti alle proprie affermazioni raccolte durante l'intervista, suscitando l'intervento del partner, che giustifica, integra e spiega quanto l'altro non avrebbe saputo esporre.

Questa modalità di «conservazione della coppia» viene ripresa concedendo qualunque tipo di rettifica, ma conferma la validità dello strumento Ad-Mate-R, poiché espone meno gli operatori al rischio di interpretare sulla base di propri appunti o ricordi. Le affermazioni raccolte sono invece materiale obiettivo e inconfutabile su cui è possibile riflettere.

La visita domiciliare

La visita domiciliare conclude di fatto il percorso con la conoscenza del luogo fisico che accoglierà il bambino, lo spazio e le modifiche pensate per lui.

Essendo successiva ad altri percorsi di conoscenza della coppia, la visita domiciliare permette agli operatori di acquisire informazioni che saranno oggetto di esame in ulteriori incontri. Poiché nella Ad-Mate-R viene chiesto ai coniugi di «raccontarsi», potrebbe apparire invadente o segno di poca fiducia verificare preliminarmente la situazione ambientale in una visita durante la quale necessariamente verrebbero toccati argomenti che l'intervista permette di diluire in modo ottimale. Risulta dunque più rispettoso nei confronti dei coniugi attendere che l'empatia con gli operatori si sia consolidata prima di «entrare» nello spazio personale della coppia.

La visita domiciliare è storicamente appannaggio della figura dell'assistente sociale, e aveva perlopiù una funzione di indagine e di controllo. In molti ambiti viene ancora utilizzata solo per queste ragioni o conserva questa funzione come retaggio culturale collettivo anche quando si intende utilizzarla con altri scopi.

La nostra visita avviene al termine di un percorso che diventa sempre più esplicitato; è quindi un entrare nel luogo privato per confermare un'avvenuta alleanza davanti a un caffè, riprendendo argomenti già affrontati e ancora aperti.

Lo spazio destinato al figlio, i cambiamenti progettati nell'alloggio, spesso sono solo una conferma di quanto era stato intuito o raccontato in sede di colloquio.

Anche il coinvolgimento dei nonni, pur considerato importante, non è da noi particolarmente caldeggiato, perché riteniamo che si debbano rispettare i tempi e il privato di ogni coppia, chiamata a volte a difendersi legittimamente da genitori o suoceri invadenti che considerano i coniugi deboli in quanto sterili.

Diverso significato assumerà la visita domiciliare dopo l'arrivo del bambino, quando la fantasia lascerà il posto alla constatazione di quanto effettivamente avviene. È un momento diverso, anche perché oggi la legge non richiede più il ricorso obbligato al Servizio sociale durante l'anno di affido preadottivo, ed è quindi compito degli operatori e conseguenza di un percorso motivare i genitori a mantenere un contatto proficuo e arricchente.

La visita domiciliare è uno strumento delicato, di cui probabilmente si è abusato, sottovalutandone gli effetti; è nostro compito preparare e informare gli aspiranti genitori adottivi circa l'utilità e anche la necessità di questo contatto, che ha il sapore della conoscenza più che dell'indagine.

È nostra opinione che ogni regola che ha una sua giustificazione, per essere davvero utile, debba costituire una traccia e non un vincolo rigido.

La restituzione

La restituzione non è una «risposta», ma la condivisione di un percorso che ha evidenziato luci e ombre, e soprattutto potenzialità e interrogativi ancora aperti.

Il percorso di formazione degli operatori legittima la loro narrazione e interpretazione di quanto hanno osservato.

Non sono rare, né sarebbe possibile altrimenti, le divergenze di opinione, ed è possibile la sensazione di una bocciatura da parte degli aspiranti genitori, ma se nel passato era raccomandabile instaurare con loro una relazione dai toni neutri, oggi i dati obiettivamente più solidi resi accessibili dai nuovi strumenti rendono facile sostenere gli aspiranti genitori adottivi quando li si invita a un ripensamento e a un lavoro di verifica su sé stessi.

Riteniamo infatti che, se è sempre stato relativamente facile cogliere pesanti squilibri di coppia, situazioni di incomunicabilità, divergenze sul piano educativo, non sia altrettanto facile documentare sottili ma pericolosi giochi relazionali che segnalano un desiderio di rivalsa nei confronti della propria storia, spesso segnata da forme di attaccamento malate, distorte o non rielaborate con le figure genitoriali.

L'utilizzo prioritario dell'intervista Ad-Mate-R pone decisamente l'accento su queste tematiche, evidenziando i blocchi ma anche la volontà e la capacità evolutiva.

La reazione manifestata da molte coppie: scusarsi, correggersi, proteggersi, può tradursi in un atteggiamento solo difensivo e quindi nuovamente sterile, ma può anche costituire l'inizio di un processo a catena che non si arresterà neppure dopo l'arrivo del figlio.

La relazione

La relazione che conclude di fatto la prima parte del lavoro con la coppia deve essere sufficientemente articolata e contenere schematicamente:
a) i dati anagrafici dei coniugi; i dati degli ascendenti;
b) la storia individuale e le modalità di presentazione, le attitudini, le caratteristiche personologiche, gli eventuali hobby;
c) i dati riguardanti i coniugi in quanto coppia, le loro capacità relazionali e il grado di apertura verso l'esterno;
d) la motivazione sottesa all'adozione e, se presente, l'elaborazione della sterilità;
e) l'immagine del bambino e dei genitori naturali e le eventuali indicazioni da loro emerse circa la possibilità di inserimento nel contesto familiare e sociale di un bambino piccolo oppure grandicello, di caratteristiche somatiche simili a quelle dei coniugi oppure diverse;
f) le risorse e le capacità della coppia, l'organizzazione lavorativa successiva all'arrivo del bambino e gli eventuali aiuti pensati dentro e fuori la famiglia;
g) la descrizione dell'abitazione, anche in relazione alla possibilità di socializzazione e uso dei servizi esistenti da parte della famiglia e del bambino.

All'inizio della relazione l'équipe precisa quali strumenti di valutazione sono stati utilizzati e riporta fra virgolette alcune dichiarazioni particolarmente esplicative del pensiero del singolo e della coppia.

Vengono inoltre riportate le sovrapposizioni di immagini visibili con l'uso della Ad-Mate-R che si riferiscono alle diverse aree su esposte.

Infine, gli operatori commentano il materiale raccolto ed esprimono un parere complessivo e, qualora lo ritengano opportuno, indicazioni particolareggiate e motivate.

L'esperienza umana e professionale maturata nel corso degli anni ci consente di affermare che una buona relazione deve comprendere aspetti di *scienza*, di *metodo e* di *cuore*; quando uno di questi aspetti non è sufficientemente presente, la relazione si impoverisce e non raggiunge il suo scopo.

L'affido preadottivo

Negli ultimi anni la tematica dell'adozione si è imposta all'attenzione generale sia per una maggior sensibilità verso il mondo del disagio minorile, sia per l'aumento delle coppie sterili.

I mezzi di comunicazione hanno dato molto spazio a questo tema enfatizzando ora un aspetto ora l'altro, troppo spesso sull'onda di giudizi immediati e risposte emotive.

Mai come oggi ci si interroga sulle qualità necessarie per essere un buon genitore, e nonostante la confusione e il disorientamento esistono alcuni criteri imprescindibili su cui costruire il rapporto educativo-affettivo con i figli.

Generare amore infondendo autostima e progettualità, contenere la sofferenza e il dolore, sostenere lo sviluppo di un pensiero critico, sono parametri che caratterizzano il compito genitoriale nella relazione sia con un figlio naturale che con un figlio adottivo

Sulla base di queste premesse e di altri assunti discussi nelle varie équipe di lavoro, gli operatori del nostro consultorio, che da tempo si occupano di richieste di adozione nazionale e internazionale, hanno attivato a partire dal primo semestre 2001 un corso rivolto a un gruppo di genitori che stavano vivendo l'anno di affido preadottivo.

Le motivazioni che hanno portato ad avviare questa esperienza sono state varie, ma due sono le domande costantemente poste da chi si occupa di adozione: cosa significa diventare genitore, e in particolare genitore adottivo? I legami di parentela che si creano nelle famiglie adottive sono in grado di contenere le origini e la nascita non biologica del bambino?

Da queste premesse e da altre ancora è nata l'esigenza di formare un gruppo mirato ad aiutare le coppie a sentirsi legittimate nel loro ruolo genitoriale, ad affrontare il difficile cammino attraverso il quale diventare una famiglia e sancire la «rinascita adottiva del bambino».

Le funzioni indispensabili per realizzare un'adozione sono: la rinuncia da parte dei genitori naturali (per volontà, incapacità o colpa), l'impossibilità di una coppia a generare figli propri, un bambino dichiarato in stato di abbandono, un Tribunale per i Minori che sancisce attraverso un atto legislativo il fatto che il bambino diventa figlio a tutti gli effetti di chi lo cresce.

Dal momento in cui interviene l'atto adottivo, il ruolo genitoriale è attribuito a colui che aiuta il bambino a crescere, attingendo la legittimazione di ruolo dalla rinuncia di colui che lo ha generato.

La metodologia utilizzata è stata indirizzata a creare uno spazio pensante di scambio e confronto, sia utilizzando gli input comunicati dagli operatori, sia mettendo in comune l'esperienza, i vissuti e le aspettative di ognuno.

Ogni coppia ha avuto la possibilità di presentarsi e di presentare il proprio bambino.

È stato molto sottolineato l'aspetto della conoscenza dei genitori di ciascuna coppia e delle loro opinioni circa l'adozione. Inoltre, la storia pregressa del bambino, le origini, la provenienza e le informazioni, possedute o meno, rispetto a chi ha generato il bambino. Si è poi passati ad analizzare le fantasie e le motivazioni che conducono a una rinuncia, con il trauma che questa comporta.

Il gruppo ha toccato il dolore dell'impossibilità a procreare un figlio, quindi il passaggio da questo lutto elaborato nel tempo fino alla maturazione del desiderio di una genitorialità adottiva.

Gli ultimi incontri sono stati dedicati alla co-costruzione della «verità narrabile», che è l'intreccio fra la storia personale del bambino e dei suoi ricordi, la storia adottiva, e la rinuncia di chi lo ha generato.

La lettura in gruppo di queste storie, che diventano poi il «romanzo familiare», è stata un lavoro emozionante e creativo; in poche pagine ogni coppia, utilizzando la matrice della fiaba, è riuscita a produrre un racconto che conteneva i tre punti della verità narrabile.

Questo lavoro di ogni singola coppia, che poi è diventato patrimonio del gruppo, è il primo passo per consentire al bambino di avere un suo spazio all'interno della famiglia.

I genitori sono stati sollecitati a condividere la storia-fiaba con parenti, amici e conoscenti perché l'ambiente di riferimento del bambino potesse riconoscere che quella è la storia della sua vita, dalla nascita al momento in cui è arrivato nella famiglia che per lungo tempo l'ha aspettato e desiderato.

Tra il dire e il fare c'è di mezzo il gruppo dei genitori adottivi

Finalmente ce l'abbiamo fatta! Dopo anni di ripensamenti, progetti e timori abbiamo superato lo scoglio dei permessi e siamo partite adottando il modello di accompagnamento del gruppo presentato dalla dottoressa Guidi.

Sono state invitate otto coppie con dodici bambini adottivi di età compresa fra 1 e 9 anni; tre coppie hanno adottato due fratelli biologici, una invece ha adottato due bambini a distanza di quattro anni.

Delle otto coppie, solo una ha ultimato l'iter adottivo, e per essa il Tribunale per i Minori ha sancito l'adozione da un anno; le altre stanno trascorrendo l'anno di affido preadottivo o sono in dirittura d'arrivo.

Un'eccezione è rappresentata dai genitori di V., in affido a rischio giuridico con la presenza di un figlio naturale di 4 anni.

Si presentano sette coppie, autoescludendosi senza darne informazione i genitori dei due bambini adottati a distanza, il cui secondogenito sta dando per loro stessa ammissione grossi problemi di inserimento familiare e di socializzazione.

Dopo due incontri si ritira la coppia che aveva ultimato l'iter, anche a causa dell'eccessiva distanza dalla nuova residenza, e infine dopo il secondo incontro, che verte sulla sterilità, si ritirano i genitori di V., che motivano la loro scelta con l'imbarazzo che ritengono di causare al gruppo, non tanto a motivo della differente posizione giuridica di V., quanto piuttosto per la condizione di genitori naturali, che ha reso loro impossibile condividere i sentimenti anche molto intensi originati dai racconti di genitori sterili.

Questa autoselezione sarà indicativa per la costituzione del prossimo gruppo; verranno privilegiate coppie con situazioni maggiormente omogenee riguardo al periodo dell'arrivo del bambino, escludendo e, se i numeri lo consentiranno, creando un gruppo ad hoc per i genitori che hanno già figli naturali.

Abbiamo notato o ipotizzato la presenza di sentimenti di invidia, imbarazzo o difficile condivisione, come già ci era stato segnalato in esperienze gestite da altri operatori.

Nonostante i nostri pressanti inviti, non sempre è stata possibile la compresenza di entrambi i genitori, a volte anche a causa dell'età dei bambini; in alcune coppie i genitori si sono alternati, e questo ci ha consentito di verificare, dai racconti di ciascuno dei due, la condivisione a casa delle rispettive esperienze nel gruppo.

Primo incontro: vi racconto l'arrivo del mio bambino

Il ghiaccio da rompere è sempre freddino! Le persone si guardano ammiccando, alcune seggiole vengono volontariamente lasciate vuote, è palpabile la difficoltà a prendere la parola.

Come conduttrici motiviamo la validità assodata del lavoro di gruppo come strumento che contiene e rassicura, permettendo un confronto non ansiogeno grazie alla condivisione del tema trattato.

Motiviamo il numero e la scansione degli incontri (6 ogni tre settimane o un mese) con la necessità di «digerire» alcuni temi fra i quali riteniamo trainante quello della rivelazione al bambino delle sue origini, argomento già accennato nel percorso preadottivo, quando però la sensibilità e capacità di ascolto dei nuovi genitori era rivolta altrove.

Chiediamo loro di presentarsi e presentare il proprio bambino al momento dell'incontro, esprimendo le fantasie cullate per tanto tempo di fronte alla concretezza di quel primo momento.

I racconti, abbastanza simili, sono carichi di emotività a stento trattenuta, ma tendono a ribadire il proprio punto di vista, negando o minimizzando le difficoltà. Agli stimoli in tal senso non viene dato seguito dagli operatori, e i genitori vengono invitati a raccontare l'incontro con la cerchia dei parenti, in particolare con i nonni, visto che tutte le famiglie, tranne una, vivono vicinissime a loro.

Appare più facile il racconto di come il bambino è stato accolto da persone estranee, addirittura incontrate per strada, che hanno espresso commenti non richiesti, spesso vissuti dai genitori adottivi come fastidiosi e invadenti.

Secondo incontro: adesso siamo genitori

Scopo di questo secondo incontro è analizzare insieme come l'idea di una genitorialità biologica sia stata «superata» per lasciare spazio a una gravidanza non di pancia ma di cuore. L'incontro dovrebbe consentire di mettere in comune il vissuto rispetto alla sterilità, così che negli incontri successivi si possa affrontare più liberamente il grosso tema della nuova genitorialità.

Per sollecitare la partecipazione viene proposto un gioco: su un cartellone diviso in tre sezioni ogni coppia indicherà *le tre date fondamentali della propria storia*; quella dell'incontro o fidanzamento, quella del matrimonio e per ultima la «data sospesa», cioè il momento in cui i coniugi hanno preso la decisione di adottare un figlio.

È divertente la definizione della prima data, che a volte differisce di pochi giorni o settimane nel ricordo dei coniugi; precisa, a volte con l'indicazione del giorno esatto, la terza data.

La seconda esercitazione propone un foglio sul quale sono rappresentate quattro immagini; un giardino roccioso, una serra, un bonsai e un fiore da esposizione. Considerando ciascuna di queste immagini la rappresentazione di uno stile educativo, viene chiesto ai membri del gruppo di esporre il proprio, tentando di differenziare anche in questo caso la fantasia del «prima» rispetto alla necessità e alla mediazione del «dopo».

Ciascuna coppia descrive il proprio stile, proponendo ulteriori immagini (non un fiore ma un cavallino bizzarro), oppure attribuendo a quelle proposte dagli operatori significati diametralmente opposti (bonsai come violenza, bonsai come estrema valorizzazione di un piccolo essere).

Al termine, viene data lettura di una lettera tratta da un testo di Ute Auhagen-Stephanos, *La maternità negata*. Il brano, che appare come scritto da una donna sterile, è in realtà il frutto della sintesi di almeno 500 lettere raccolte dall'autrice e sintetizzate in una lettera-tipo.

Dopo un lungo silenzio, con voce rotta dall'emozione, alcune partecipanti hanno ammesso di ritrovarsi completamente nel brano ascoltato, e parlano a ruota libera del loro dolore e della loro frustrazione, tenuti nascosti anche a parenti e amici.

La sollecitazione esplicita è quella di lasciare altro spazio, e quindi si comunica che, nonostante la programmazione, sarà possibile tornare su questo punto così dolente.

Terzo incontro: chi ha fatto il mio bambino

La sollecitazione iniziale è la lettura di due brani, uno di Tagore e l'altro di Susanna Tamaro, che suscitano sensazioni contrapposte rispetto al senso della genitorialità.

Nel ricordare la difficoltà del bambino a conciliare due nascite, quella biologica e quella adottiva, viene chiesto ai genitori di raccontare tutto ciò che sanno, ciò che hanno immaginato rispetto al passato anche breve del loro bambino prima del suo arrivo, ciò che pensano di raccontare e come.

Dapprima vengono elencate su un cartellone le cause a tutti note che possono portare un genitore naturale ad abbandonare la propria creatura:

Incapacità (incuria, maltrattamento).

Morte.

Colpa (abuso, prostituzione).

Rinuncia, abbandono.

Le informazioni certe sono quasi sempre poche, perlopiù raccolte tramite incartamenti e non dalla viva voce di chi si è occupato del bambino fino all'adozione.

I bambini parlano poco; se sollecitati sembrano aderire all'aspettativa di risposta del genitore, facendo sorgere il dubbio di una certa confusione fra realtà e fantasia, attribuibile all'età stessa dei bambini o al bisogno di adesione illustrato da molti autori.

Viene sottolineata l'importanza dei ricordi apparentemente secondari: gli odori, i sapori, le immagini e i colori che hanno determinato lo stile di comunicazione di bambini anche molto piccoli.

Introduciamo quindi il tema del racconto, che, oltre a contenere e valorizzare questi elementi, deve portare a stabilire l'appartenenza a una sola madre, così definita per il ruolo che esercita dopo averlo scelto e desiderato, e non a causa di una condizione fisica magari accidentale.

Rimane la rinuncia a esprimere giudizi di valore, inutili quanto deleteri, nell'idea che all'origine della vita e di una gravidanza si può sempre presupporre un atto d'amore o di coraggio che va salvato per quello che è e che rappresenta.

Quarto incontro: racconto al mio bambino la sua nascita adottiva. La verità narrabile

Gli ultimi incontri hanno come obiettivo la costruzione di una fiaba che utilizza un linguaggio immediatamente fruibile da parte del bambino, pur contenendo la realtà e quindi la verità tanto temuta.

In questi incontri è aumentato, pur rimanendo contenuto, l'apporto didattico, poiché alcuni temi sono stati più sollecitati che affrontati durante lo studio di coppia; inoltre, non tutti i componenti del gruppo avevano conosciuto gli operatori che ne sono i conduttori.

Per qualcuno risulta difficile rinunciare alla fantasia, pur possibile, della madre povera che abbandona per disperazione, accettando la possibilità che a ogni latitudine alcuni figli vengano tenuti mentre altri no, per una rinuncia a un ruolo ritenuto troppo pesante. L'immagine evocata da alcuni potrebbe configurare l'instaurarsi di una sorta di «senso di colpa familiare» per aver fatto mancare il sostegno a chi ne aveva bisogno, sottraendo un figlio alla propria madre legittima.

Secondo la lettura proposta, solo chi esercita il ruolo di madre deve essere considerata «legittima» ed è autorizzata a comportarsi come tale.

Vengono fornite alle coppie le indicazioni per la stesura della fiaba, che dovrà contenere alcuni elementi chiave per un'equa distribuzione dei ruoli: le figure che si sono occupate del bambino, il Tribunale per i Minori che veglia sull'intera vicenda decidendo il meglio per ogni bambino, e infine la dichiarazione di fondo che i genitori hanno immaginato e voluto un bambino «così come lui è realmente».

Per facilitare il compito vengono lette due fiabe frutto di un lavoro personale e del gruppo condotto dalla dottoressa Guidi, e quindi si dà alle coppie un tempo per decidere l'intreccio dei racconti.

Un primo confronto fra i partecipanti chiude l'incontro.

Quinto incontro: le tappe di crescita del mio bambino e la verità narrabile

Il racconto particolareggiato delle tappe evolutive del bambino adottato, oltre a rivelarsi argomento particolarmente gradito ai genitori, permette di integrare la prima presentazione rendendola più vivace e realistica.

Il bambino adesso è reale: cocciuto, a volte capriccioso, spesso incomprensibile.

In varia misura, tutti si interrogano sull'interpretazione dei comportamenti chiedendosi quanto siano attribuibili alle caratteristiche personali e quanto invece siano frutto della storia pregressa, con le deprivazioni e le carenze che ha comportato.

La morte dei genitori, accertata in un caso, possibile in altri, suscita ulteriori interrogativi complessi: è più facile essere genitori adottivi quando si tratta di sostituire una mamma morta? Ci si sente maggiormente legittimati?

Per alcuni bambini è stata ricostruita la presenza di fratelli, in alcuni casi anche conosciuti, che sono stati separati senza che se ne conosca la ragione.

La storia-fiaba deve contenere questi elementi di verità, che possono essere in qualche modo giustificati, e ciò ne favorisce la comprensione e il ricordo.

Viene nuovamente sollecitato il racconto dei legami stabilitisi con i nonni, i quali, se non adeguatamente coinvolti, possono rappresentare un elemento di disturbo invece che di continuità.

Poiché alla figura femminile è stata attribuita una parte centrale, alcuni padri chiedono delucidazioni in merito alla parte da assegnare a sé stessi nel racconto.

Questo interessante spunto offre la possibilità di introdurre il concetto della triangolazione, assegnando al padre il ruolo di «colui che contiene» in un metaforico abbraccio tanto la madre quanto il figlio. La protezione, la norma e il rapporto con il mondo esterno sono alcune delle funzioni attribuibili al padre.

Si inizia la lettura dei primi racconti ultimati, chiedendo a tutti i partecipanti un ascolto attivo, per contribuire a perfezionare la fiaba, facendo attenzione che contenga ognuno degli elementi richiesti e sia armonica nell'insieme.

Sesto incontro: la nostra famiglia... e i nonni, gli amici, la scuola

Già i primi racconti letti avevano stupito per la bellezza delle immagini evocate e le emozioni così ben rappresentate; dopo le opportune modifiche, per la verità di poco conto, anche le nuove fiabe riscuotono un notevole successo.

Nessuno si è sottratto al compito, rivelando originalità e sensibilità notevoli.

La soddisfazione dei partecipanti è palpabile mentre chiediamo, sinceramente sorprese, di poter conservare una copia di ogni fiaba per poterle eventualmente utilizzare.

Pare invece che sia necessario insistere perché la storia sia condivisa, magari letta con i parenti e gli amici, e vada a integrare la presentazione del bambino anche per le maestre.

Notiamo una certa riluttanza a portare l'esperienza fuori dal gruppo, come se il dubbio di non essere compresi o assecondati spingesse a rimandare questa presentazione tornando sul vecchio atteggiamento «è una cosa nostra, possiamo fare a meno dell'approvazione del mondo intero».

Non possiamo concludere questa serie di incontri così produttiva senza ricordare a noi stesse e a tutti i genitori che l'adozione o diviene un percorso socialmente condiviso, perché i figli sono patrimonio di tutti, come quelli naturali, oppure è solo un escamotage per uscire da una forma di sterilità sostituendola con un'altra ancora più pericolosa.

Il clima fra i partecipanti, percepito sempre più caldo a ogni incontro (gruppetti fermi a lungo fuori dalla porta a fine incontro, scambi di numeri telefonici e di inviti), permette ai genitori di offrirci utili consigli sugli argomenti da trattare durante lo studio di coppia e circa la necessità che gli aspiranti genitori adottivi siano accompagnati nel periodo successivo alla dichiarazione di idoneità, quando si deve scegliere l'Ente cui affidarsi, fino all'abbinamento con il bambino.

Naturalmente, essendo in Italia, gli incontri si concludono con una pizza collettiva alla quale finalmente sono ammessi anche i bambini di cui tanto si è parlato.

Considerazioni

Dal punto di vista operativo, l'esperienza consiglia una maggior attenzione nella scelta delle coppie, privilegiando l'omogeneità sia rispetto alla conoscenza pregressa con gli operatori-conduttori, sia rispetto al momento del periodo adottivo.

Gli stimoli utilizzati si sono rivelati positivi, anche se sono parse eccessive le sollecitazioni della seconda serata.

Ci siamo interrogate rispetto a una nostra possibile ansia rispetto al tema della sterilità, ansia forse agita attraverso un'offerta di materiale di discussione superiore a quanto in realtà fosse necessario.

L'analisi di questa esperienza ha dimostrato come la motivazione alla partecipazione sottesa fosse per ogni individuo quella di elaborare la propria scelta adottiva, la difficile accettazione di un'identità parentale senza radici biologiche e l'incertezza dell'attaccamento affettivo del figlio, potenzialmente minacciato dal fantasma dei genitori biologici.

Creare occasioni di incontro e formazione fra genitori adottivi e operatori offre importanti spunti di discussione ed elaborazione; significa agire in senso preventivo sui rapporti di parentela, valorizzando l'adozione come un passaggio tipicamente umano che supera il limite della natura per aprirsi a una nuova dimensione culturale, per diventare uno stile di vita comune a tutti i genitori.

Presentiamo ancora un'altra prova con un gruppo di genitori nel periodo dell'abbinamento, prima dell'arrivo del bambino, quel periodo difficilissimo che corrisponde alla gravidanza.

Siamo tutti in... partenza

Questo progetto, la cui formula è sperimentale, in ragione anche del fatto che non sono conosciute o forse non sono state sufficientemente rese note esperienze simili, contiene in sé alcune domande di fondo.

È piacevole e serve alla coppia essere nuovamente contattata, oppure si tratta di un disturbo in un momento già denso di problemi?

È proponibile in questa fase la «dimensione gruppo» o, in mancanza della ragione comune (il bambino), è da privilegiare il rapporto con la singola coppia?

Ci sono argomenti aperti su cui tornare, ancora legati al passaggio dalla dimensione coppia alla dimensione famiglia, oppure è il momento di guardare al dopo ponendo le basi per la costruzione della «verità narrabile»?

La verifica, che contiene alcune se non tutte le risposte, poggia su questi numeri:
2 incontri dai seguenti titoli: «La lunga attesa, quale associazione?» e «L'abbinamento, bambini di tutti i colori?»;
6 coppie invitate, per un totale di 12 persone;
3 coppie partecipanti, per un totale di 6 persone.

Diversamente dal percorso proposto ai genitori seguiti durante l'affidamento preadottivo per la costruzione della «verità narrabile», si è operata la scelta metodologica di proporre una «traccia leggera», lasciando molto spazio ai desideri e ai bisogni di ciascun componente il gruppo.

Il ruolo dei due operatori è diventato una volta di più quello di «facilitatori della comunicazione», senza un obiettivo prefissato da raggiungere, se non quello di sedare l'ansia attraverso la verbalizzazione dell'esperienza comune.

L'invito rompe il silenzio È necessario soffermarsi sull'autoselezione, che di fatto ha dimezzato il numero dei partecipanti.

Delle tre coppie assenti, una non è stata seguita, nella fase dello studio di coppia, dall'équipe che ha poi formulato il progetto d'accompagnamento.

In mancanza di contatti diretti, non siamo in grado di asserire con certezza che sia questo l'unico motivo del ritiro di questa coppia, ma cogliamo l'occasione per ribadire una volta di più la necessità che l'intero iter adottivo sia seguito da pochi operatori, adeguatamente formati, che possano quindi rappresentare un punto d'appoggio naturale per tutte le difficoltà che normalmente insorgono durante un percorso lungo e non privo di ostacoli.

La seconda coppia ha riferito di «essersi spaventata» dopo i primi approcci con gli Enti autorizzati, e soprattutto davanti alle cifre richieste, considerate al di sopra delle loro possibilità.

Nonostante il parere favorevole all'adozione espresso dall'équipe, siamo indotte a pensare che un grave lutto evidentemente ancora in via d'elaborazione abbia costituito il vero freno per questa coppia, che quindi, nonostante l'idoneità acquisita, ha scelto altri tempi per dare corso a un progetto di genitorialità.

La terza coppia, di alto livello sociale, conosciuta dall'équipe per una seconda domanda adottiva dopo che non era stato dato corso alla prima, ha sempre avuto un atteggiamento rivendicativo verso qualcuno, non ben identificato, che ostacolava i loro progetti. I coniugi hanno addotto motivazioni gentili ma banali per l'impossibilità a aderire all'invito, confermando anche in questo caso l'ipotesi di un freno interno alla coppia che impedisce, di fatto, la realizzazione del progetto adottivo.

Gli incontri Prima serata: le coppie si sono presentate soffermandosi particolarmente sul «punto d'arrivo» dell'iter adottivo.

Hanno raccontato l'incontro o gli incontri con gli Enti cui va affidato l'incarico di abbinarli al bambino immaginato.

È stata descritta la fatica di cercare «l'Ente più adatto», quello che accoglie più serenamente, che non è troppo costoso o comunque documenta con trasparenza i propri introiti.

È come se in breve tempo si fossero trasformati in «addetti ai lavori», dopo aver constatato che la dichiarazione di idoneità è stata solo il punto di partenza e non, come pensavano all'inizio, un punto d'arrivo.

Alcuni Enti ripropongono percorsi di conoscenza simili a quelli già affrontati con il Servizio sociale della ASL, e in tutti sorge legittima l'aspettativa, subito delusa, che i Servizi si parlino e interagiscano valorizzando, di fatto, il cammino già percorso.

Per altri l'incontro con l'Ente ha rappresentato la «doccia fredda», la realtà sbattuta in faccia anche tramite filmati, quasi a voler sancire la fine del sogno e l'inizio della realtà, che può anche essere cruda.

Una coppia ha radicalmente modificato la propria scelta, oggi in favore di un bambino di colore, dopo aver visto le differenti modalità relazionali e di accudimento offerte ai bambini dell'Est. Dopo aver ricevuto queste informazioni, hanno valutato come più pericoloso un periodo di grave deprivazione affettiva e di stimoli, rispetto all'accoglimento di un bimbo di colore. La riflessione ha rimesso in moto la crisi ancora aperta in una coppia nella quale il marito è della stessa opinione appena espressa, mentre la moglie non riesce a identificarsi in un bambino somaticamente così diverso.

È parso importante sottolineare che si tratta di percorsi non necessariamente evolutivi, nei quali è indispensabile un atteggiamento di grande onestà, innanzitutto con sé stessi riguardo ai propri limiti. A nostro avviso, è onesto e legittimo riconoscere la propria difficoltà a identificarsi con un figlio troppo diverso da quello immaginato.

Resta poi la questione, riferita da tutte le coppie, del divario fra il Servizio pubblico e gli Enti autorizzati.

Se pare comprensibile che chi lavora a stretto contatto con bambini in situazioni di estremo bisogno divenga al tempo stesso intransigente e umanamente più disponibile, è pur vero che la differenza fra volontariato, altruismo e genitorialità è necessariamente elevata.

Il bisogno del bambino di trovare una famiglia è prioritario, ed è il primo fra i diritti di un essere umano; tuttavia un'accettazione non sufficientemente profonda, dettata da un desiderio riparatorio e onnipotente, confonde i ruoli, aprendo la strada a conflitti futuri di portata a volte non prevedibile.

Alle conduttrici sono state richieste rassicurazioni in merito alla casistica seguita nel corso degli anni; a fronte di difficoltà iniziali, le famiglie sono riuscite a sviluppare legami solidi e storie complessivamente «normali».

Lo scambio di titoli di libri letti, oltre che di dolci confezionati da una futura mamma, ha chiuso la prima serata.

Seconda serata: il «dopo incontro» in assenza delle operatrici ha evidentemente riscaldato l'atmosfera, e le coppie si salutano calorosamente scherzando fra loro.

È rimandata alle coppie la scelta dell'argomento da trattare.

Inaspettatamente, un futuro papà, che durante lo studio di coppia ha sempre avuto un atteggiamento collaborante e addirittura dimesso, ha affermato di ritenere ingiusto tanto accanimento diagnostico nei confronti di chi vuole adottare, sottolineando ancora una volta la differenza rispetto al modo in cui la società in senso lato si occupa di chi, cosciente o no, decide di «fare» un figlio: nessun esame, nessun controllo, e a volte tanti disastri!

L'argomento, affrontato singolarmente con ogni coppia all'inizio del percorso, rimane evidentemente come «sottofondo emotivo» pronto a riemergere nei momenti di impasse o difficoltà.

Perché devo essere continuamente verificato?

Constatiamo con una certa sorpresa che nessun argomento può essere dichiarato chiuso, e a richiesta questo tema deve senz'altro essere ripreso, modificando semmai il contesto nel quale è inserito.

Ripartendo quindi dalla considerazione che ci troviamo davanti a esperienze genitoriali diverse sia nel vissuto personale che in quello collettivo, prendiamo spunto da una situazione presentatasi la mattina stessa nel momento in cui una giovane coppia è arrivata al consultorio chiedendo informazioni prima di presentare la domanda di adozione.

«Forti della vostra esperienza, che cosa avreste detto loro? Quali i consigli, le raccomandazioni, le strategie di sopravvivenza?»

Questo spunto ha sollecitato in modo positivo le energie del gruppo; ognuno ha ripercorso le proprie difficoltà prima personali e poi di coppia.

È emerso che è necessario aver maturato verso la scelta adottiva una profonda convinzione che affonda le proprie ragioni nell'«archiviazione» della ferita relativa alla «sterilità».

Il racconto è tornato inevitabilmente al tema originario, confermando per l'équipe la necessità di dare spazio a questo argomento fin dai primi incontri con le coppie.

I passi successivi sono stati relativi alla condivisione del proprio progetto con le famiglie allargate, con gli amici e con i colleghi: operazione, anche questa, spesso sottovalutata o scarsamente raccontata durante lo studio di coppia, quasi a voler evitare di riportare commenti non sempre benevoli e intelligenti.

Le coppie consigliano ad altri di fare l'esperienza che loro hanno fatto, ma presentano approfondimenti, riflessioni e interrogativi in misura superiore a quanto ha fatto l'équipe stessa.

La serata si conclude con la valutazione positiva dell'iniziativa e la richiesta di proseguire gli incontri, magari con una cadenza differita nel tempo, così che l'esperienza possa servire effettivamente da accompagnamento alla coppia.

Riflessioni operative

L'équipe ha affrontato il progetto con una buona dose di titubanza, rafforzata dalla constatazione delle assenze al primo incontro.

È stata addirittura proposta un'interruzione dell'esperienza, ma il gruppo ha respinto con forza questa ipotesi.

La volontà di non essere «conduttori» ha posto inizialmente un freno anche all'uso dell'esperienza e del sapere degli operatori, per il timore di prevaricare o limitare lo spazio espressivo del gruppo, ma questa impasse è stata poi superata nel modo descritto.

L'esempio vivo, lontano ma non troppo dalla realtà appena vissuta, è stato la chiave che ha portato alla luce le emozioni del gruppo, permettendo di tornare su argomenti già trattati ma evidentemente ancora aperti.

Relativamente agli interrogativi originari, possiamo oggi supporre che le coppie non abbiano vissuto come disturbante questo momento collettivo di confronto: anzitutto, perché probabilmente si è trattato di una «zona franca», diversamente dai gruppi gestiti da alcuni Enti, che hanno più che mai la funzione di indagare, anche solo allo scopo di formulare il miglior abbinamento possibile. In secondo luogo, perché è impossibile condividere le emozioni di questo periodo al di fuori della coppia, per l'incomprensione di chi, estraneo, fatica a capire la situazione.

È facile ascoltare rassicurazioni o esortazioni alla pazienza poco credibili perché lontane dal groviglio di sentimenti che i futuri ma non ancora genitori stanno vivendo.

Il bambino in realtà accomuna tutti questi «genitori senza pancia» perché è racchiuso nella fantasia o in una fotografia formato tessera, e l'avvicinarsi dell'epilogo tanto atteso dà origine a un clima non meno ansiogeno di quello che si respira durante i corsi di preparazione al parto.

Un ultimo pensiero ritorna al ruolo dell'équipe in tutte le fasi del percorso adottivo, caratterizzate da tensioni o aspettative assai diverse.

Il momento della conoscenza, dello studio di coppia, non è privo di una componente valutativa che sarebbe ingiustificato non ammettere.

Per legge è richiesta una fotografia più istantanea che sofisticata, ma necessariamente gli operatori devono «raccontare» questa coppia, ed è inevitabile porre l'accento su una caratteristica rispetto a un'altra o, in casi dubbi, far trasparire, se non dichiarare a chiare lettere, la mancanza di spazio, anche se temporaneo, per l'arrivo di un figlio.

Non sono pronto adesso! Si tratta pur sempre di una frustrazione da sopportare, giocata in prima persona dagli operatori.

Una volta ottenuta la dichiarazione di idoneità, i coniugi sono pronti ad allearsi con gli operatori che li hanno conosciuti e descritti in modo realistico e positivo, e a più riprese chiedono di essere riaccolti, ascoltati e accompagnati: una funzione che non può essere demandata all'Ente autorizzato, perché questa nuova relazione non è priva di alcuni aspetti ancora legati a una valutazione.

Anche dopo l'arrivo del bambino, pur se non obbligatoriamente, viene richiesto l'accompagnamento, purché sia tempestivo e cominci con i primi problemi legati all'arrivo, anche quelli più banali ma che sono comunque fonte di ansia. Qui il ruolo dell'équipe è un ruolo che potremmo definire «ostetrico», simile alle visite post-parto effettuate dall'ostetrica del consultorio dopo la dimissione della puerpera dall'ospedale.

Indipendentemente dall'età del bambino adottato che arriva, si tocca con mano l'estraneità fisica, linguistica e di abitudini con questo bambino, che non è ancora del tutto il proprio bambino.

Spesso questa sensazione è peggiorata dalla mancanza totale di informazioni, ed è fonte di angoscia per i genitori: «Devo essere felice ma non ci riesco, mi viene da piangere e fatico a spiegarmi il perché!»

Quando si è instaurato con l'équipe un rapporto di fiducia nella continuità, emerge tutta la sincerità dei racconti che ci vengono presentati.

Concludendo, crediamo quindi che i momenti di attenzione da riservare alle coppie adottive siano molti e diversificati: interventi a volte singoli e quando possibile in gruppo, utilizzando al massimo la sensibilità e la creatività degli operatori.

Il gruppo si conferma essere uno strumento meraviglioso che allarga il campo d'azione senza chiudere al singolo, anzi offrendo nuovi e sconosciuti spazi di confronto.

Dal punto di vista operativo, la nostra esperienza di gruppo, anche se breve e limitata a un piccolo numero di persone, è stata molto «istruttiva» sia relativamente agli argomenti da trattare in sede di studio di coppia sia nell'organizzazione di futuri strumenti di sostegno.

Una storia[1]

Mio marito e io ci conosciamo dall'adolescenza: ho imparato a conoscerlo e ad amarlo dopo una profonda delusione con un altro.

[1] Da U. Aughagen-Stephanos, *La maternità negata*, Bollati Boringhieri, Torino 1993.

Mio marito è una persona tranquilla, piena di attenzioni, paziente.
È molto comprensivo nei miei confronti e mi accompagna persino dai medici: ho consultato diversi ginecologi, che però non mi sono stati di alcun aiuto.
Ormai sono un'esperta in questo settore.
Il medico dice di aver esaurito le sue risorse, e che la mia incapacità di concepire costituisce per lui un enigma. Sono perfettamente sana, come dimostrano tutte le analisi a cui mi sono sottoposta.
Per due anni ho registrato la temperatura basale, per scoprire il momento migliore per avere rapporti con mio marito.
Nel frattempo il sesso ha cessato di piacermi, ho rapporti solo durante l'ovulazione e spesso li tollero appena.
Ho preso tantissimi ormoni, e ho fatto anche delle iniezioni, che durante il fine settimana mi praticava mio marito. Ho fatto persino un'insufflazione delle tube e un test postcoitale, da cui è risultata una lieve endometriosi, che però è sparita dopo tre mesi di terapia.
Anche mio marito è sano. All'inizio mi sono sottoposta con gioia a tutti i controlli nella speranza di veder esaudito presto il nostro desiderio.
Nel frattempo divento sempre più scettica e sento che il tempo passa.
Ora infatti ho trent'anni e i bambini devono avere genitori giovani; anche le probabilità di avere un figlio si sono ridotte, aumenta il rischio di avere un figlio handicappato.
Mi resta da tentare solo la fecondazione in provetta, consigliatami dal mio medico come ultima possibilità. Esito a sottopormici, perché nella maggior parte dei casi è inefficace le prime volte.
Non riesco a pensare a nient'altro; abbiamo costruito una casa con due camere per bambini, e abbiamo spazio a sufficienza: i miei fratelli hanno già dei figli, pur essendo più giovani di me.
Li invidio molto, anche se vivono in situazioni critiche. I miei genitori, che vivono nella nostra casa, pur avendo un loro appartamento, non sanno più cosa consigliarci.
Quando vedo per strada una donna incinta o una carrozzina devo allontanare lo sguardo, e quando, poco tempo fa, sono andata a fare visita a mia cognata durante il travaglio, ho pianto amaramente.
Da allora evito le riunioni di famiglia: sono la più vecchia, e avrei voluto essere io a regalare il primo nipotino!
Nella cerchia dei nostri conoscenti nessuno capisce il nostro problema; la maggior parte di loro hanno figli, e ultimamente uno ci ha detto: «Fate un po' più di esercizio!»
Ci invidiano persino, perché siamo indipendenti, possiamo viaggiare liberamente e possiamo permetterci tutto.
Poco tempo fa mia madre mi ha detto che lei avrebbe potuto fare tutti i figli che voleva e che le mie difficoltà dipendono dall'aver preso per lungo tempo la pillola.
I miei suoceri sono più comprensivi, ma anche loro vorrebbero un erede per la loro attività. Anche mio marito vorrebbe dei figli, ma non insiste mai pesantemente; dice di essere felice anche senza bambini; ha un lavoro che lo soddisfa appieno.
Quando mi arriva il mestruo, mi crolla il mondo addosso. Di nuovo tutto inutile! E nonostante i suoi sforzi, mio marito non riesce a consolarmi.
Ho paura di mandare all'aria il nostro rapporto, e non voglio assolutamente, perché lo amo sempre.
Sarei disposta a sottopormi a una psicoterapia, ma non so a chi rivolgermi, e se la spesa sia coperta dall'assistenza mutualistica. Non so nemmeno se la psicoterapia sia sensata o adatta a un caso come il mio.
Per favore mi dia un consiglio.
La ringrazio sin da ora per il suo aiuto.

Distinti saluti

Capitolo 11

E adesso?... Sono in prova?

Maria Elisa Antonioli, Graziella Fava Vizziello, Antonia D'Alessandro,
Sara Pasquato e Angela Spano

> La rosa al piccolo principe: «Devo pur sopportare qualche bruco se voglio conoscere le farfalle, sembra che siano così belle. Se no chi verrà a farmi visita? Tu sarai lontano e delle grosse bestie non ho paura.
> «Ho i miei artigli», e mostrava ingenuamente le sue quattro spine. Poi continuò: «Non indugiare così, è irritante. Hai deciso di partire e allora vattene.» Perché non voleva che io lo vedessi piangere.
> Era un fiore orgoglioso...
>
> Antoine de Saint-Exupéry, *Il piccolo principe*

La legislazione

In seguito all'abbinamento fra una coppia e un bambino, il Tribunale per i Minori prevede un anno di affidamento preadottivo per poter vigilare sull'andamento della relazione prima di pronunciare la dichiarazione definitiva di adozione. Tale funzione è svolta direttamente dal Tribunale stesso o tramite il giudice tutelare e i Servizi locali sociali e consultoriali.

In base all'articolo 19, comma 8, della legge 149/01 sull'adozione, il Tribunale per i Minori è tenuto a convocare gli affidatari e il minore in caso di accertate difficoltà, al fine di valutare le cause che ne sono all'origine. Tale convocazione può avvenire in modo separato per gli affidatari e per il minore, con l'eventuale presenza di uno psicologo. Ove necessario, il Tribunale dispone interventi di sostegno psicologico e sociale, giungendo alla revoca dell'affidamento preadottivo quando si rivelano gravi difficoltà di idonea convivenza (articolo 23 della legge 184/83 sull'adozione).

La legge italiana N. 476 del 31 dicembre 1998 ratifica la Convenzione per la tutela dei minori e la cooperazione in materia di adozione internazionale stilata all'Aia nel 1993, e apporta modifiche alla legge N. 184 del 1983 in tema di adozione di minori stranieri. L'articolo 31 della legge 476/98 prescrive agli aspiranti all'adozione di conferire l'incarico delle procedure a uno degli Enti autorizzati dalla Commissione centrale per le adozioni internazionali.

Le modifiche apportate alla legge 184/83 hanno determinato una ridefinizione dei ruoli e delle competenze dei soggetti coinvolti nel percorso adottivo: il Tribunale per i Minori, gli Enti autorizzati e le Equipe adozioni dei Servizi socio-assistenziali degli Enti locali o associati, anche avvalendosi per quanto di competenza delle Aziende sanitarie locali e ospedaliere.[1]

[1] Protocollo operativo per l'adozione nazionale e internazionale.

In caso di adozione internazionale l'articolo 35, comma 2, della legge 476/98 prevede che, qualora l'adozione sia stata pronunciata nello Stato estero prima dell'arrivo del minore in Italia, il Tribunale debba verificare che nel provvedimento dell'autorità che ha pronunciato l'adozione risulti la sussistenza delle condizioni delle adozioni internazionali. Lo stesso articolo prescrive che, qualora l'adozione debba perfezionarsi dopo l'arrivo del minore in Italia, il Tribunale per i Minori riconosca il provvedimento dell'autorità straniera come affidamento preadottivo e stabilisca la durata del predetto affidamento in un anno, a decorrere dall'inserimento del minore nella nuova famiglia. Nel caso in cui, durante o dopo il periodo di affidamento preadottivo, risulti che la permanenza nella famiglia che lo ha accolto non è conforme all'interesse del minore, il Tribunale è tenuto a revocare l'affidamento preadottivo e a prendere misure alternative per la sua tutela, che possono andare da un nuovo affidamento per l'adozione a un ritorno del minore nel Paese di origine.

Dal momento dell'ingresso in Italia del minore, i genitori affidatari (qualora sia previsto l'anno di affidamento preadottivo), i genitori adottivi (qualora l'adozione sia già decretata dal Paese di origine senza periodo di affidamento preadottivo) possono chiedere ai servizi socio-assistenziali degli Enti locali e/o all'Ente autorizzato di essere accompagnati dal punto di vista psicologico e sociale ai fini di una soddisfacente integrazione familiare e sociale (articolo 34, comma 2, della legge 476/98).

Dopo l'ingresso del minore in famiglia, l'Equipe adozioni del consultorio familiare prosegue la raccolta di informazioni e l'aggiornamento del dossier; svolge attività di conoscenza e di eventuale supporto in collaborazione con altri Servizi delle ALSS secondo linee guida regionali e mantiene contatti con il tutore (se esistente); riferisce al Tribunale per i Minori sull'andamento dell'adozione se è previsto l'anno di affidamento preadottivo o quando necessario; fornisce all'Ente autorizzato informazioni sulle coppie che hanno fatto richiesta di essere seguite affinché l'Ente possa trasmetterle alle autorità centrali dei Paesi di provenienza dei minori; propone un monitoraggio della situazione della neo-famiglia adottiva per i due anni successivi, con l'obiettivo di effettuare un follow-up secondo le linee guida regionali.

I genitori adottivi possono alternativamente rivolgersi all'Ente autorizzato che ha gestito l'abbinamento con il minore e il suo trasferimento in Italia. Quindi, su richiesta degli adottanti, l'Ente autorizzato può svolgere attività di supporto del nucleo adottivo fin dall'ingresso del minore in Italia e per almeno un anno; in questo caso è tenuto a riferire al Tribunale per i Minori sull'andamento dell'inserimento, segnalando le eventuali difficoltà e gli opportuni interventi secondo modalità operative concordate con l'Equipe adozioni; deve infine inoltrare alle autorità centrali dei Paesi di provenienza dei minori relazioni periodiche, richieste alla coppia/famiglia (nel caso queste siano seguite dall'Equipe adozioni, l'Ente richiede all'Equipe adozioni le informazioni necessarie e le trasmette alle autorità straniere).

L'affido preadottivo

L'arrivo del bambino in famiglia comporta una ridefinizione del mondo interattivo, narrativo e rappresentativo della coppia genitoriale, che si trova a passare da una situazione diadica a una triadica. Tale cambiamento si ripercuote sull'organizzazione familiare, sulle dinamiche intra- e interpersonali, sulla distribuzione dei ruoli. Nella convivenza con il bambino e nella concretizzazione del proprio desiderio di essere genitori emergono le motivazioni profonde che hanno spinto alla richiesta di adozione, e si delinea lo spazio psicologico che la coppia è disposta a offrire al bambino.

I genitori devono passare da una condizione in cui l'equilibrio è fondato su un rapporto duale e in cui il desiderio di avere un figlio rimane a livello di fantasia personale e/o di coppia, a una situazione *triadica* reale, che implica la capacità di rinegoziare gli spazi interni ed esterni e di gestire una molteplicità di livelli diversi: relazioni duali padre-madre, padre-bambino, madre-bambino, e relazione triadica padre-madre-bambino. Nell'interazione reale con il bambino emergono a livello manifesto le rappresentazioni profonde che ciascuno dei genitori porta dentro di sé, frutto dell'interiorizzazione delle relazioni stabilite precocemente con le figure significative della propria vita.

A volte, l'ingresso del bambino nella nuova famiglia provoca la crisi di uno o di entrambi i genitori, impreparati o forse non realmente consapevoli delle implicazioni che la realizzazione del proprio desiderio comporta. Questo avviene, ad esempio, quando uno dei coniugi acconsente al desiderio del proprio compagno di avere un figlio, senza sentirne personalmente l'esigenza, sottovalutando l'impatto che l'adozione potrà avere sulla vita familiare. L'arrivo del bambino può essere quindi percepito come un disturbo nella propria vita e come l'arrivo di un rivale, o comunque un ostacolo, nella relazione con il partner. Il partner, a sua volta, percependo tale stato di cose, può reagire allontanandosi dal proprio compagno e trovando nel bambino una più adeguata fonte di gratificazione o, viceversa, ridimensionando il rapporto con il bambino e tenendolo a distanza per non ferire o deludere il compagno. In altri casi, può verificarsi un'incapacità, da parte di uno o di entrambi i partner, a stabilire relazioni diverse da quelle duali, ostacolando quindi il costituirsi di una famiglia. Le caratteristiche specifiche del bambino, il suo adeguarsi o meno alle aspettative dei genitori, la sua propensione verso il padre o la madre con relativa esclusione dell'altro genitore, il modello di relazione che egli stesso ha interiorizzato e che ora propone ai nuovi genitori, sono tutti fattori che svolgono un ruolo importante nel costituirsi della relazione e nell'adattamento reciproco.

In questo senso, l'istituzione dell'anno di affidamento preadottivo si pone quale duplice strumento di tutela che permette da un lato di seguire l'inserimento del bambino nella famiglia adottiva accertandone il benessere, dall'altro di fornire alla coppia un sostegno nelle difficoltà che incontra. Durante quest'anno la coppia e il bambino affrontano il compito della conoscenza e dell'adattamento reciproci. Alle difficoltà obiettive originate dal fatto che si tratta di un incontro fra estranei, ciascuno con un proprio patrimonio di abitudini, stili di vita, modalità relazionali, categorie di interpretazione della realtà e di attribuzione di significato al comportamento dell'altro, si aggiunge il difficile compito di sostituire gradualmente all'Altro immaginato l'Altro reale.

I genitori non si confrontano solo con un bambino concreto, che può anche discostarsi notevolmente dall'immagine del bambino desiderato e atteso, ma anche con il proprio modo di essere genitori. Oltre al bambino, quindi, anche la genitorialità è caricata di fantasie, desideri, proiezioni e timori. L'incontro con il bambino implica un incontro con la realtà e un banco di prova per le proprie capacità, che può riservare sorprese sia positive sia negative.

Per il bambino l'incontro con i genitori adottivi riattiva una serie di ricordi dolorosi, marchiati spesso dal segno dell'abbandono e del rifiuto, quando non addirittura del maltrattamento, che lo portano ad accostarsi alla nuova realtà con aspettative basate su tali esperienze. L'adozione costituisce per lui l'opportunità di sperimentare un rapporto d'amore solo nella misura in cui vi siano una disponibilità effettiva da parte della coppia anziché uno spazio predestinato in modo rigido e in funzione dei bisogni della coppia stessa, una sufficiente capacità relazionale nel bambino e una compatibilità fra le dinamiche profonde della coppia e le esigenze del bambino stesso.

Un bambino in affido preadottivo può avere cambiato più famiglie, essere stato «restituito», e spesso si sente «in prestito» o «in prova», in ogni caso «a tempo».

Da un lato quindi, per la legge, avviene un salto, una cancellazione del passato del bambino che gli permette di dirigersi verso un nuovo e più «facile» futuro percorrendo una strada nuova, dall'altro si apre una voragine incolmabile e inevitabile: il silenzio e/o l'oblio delle origini (Kaneklin Saviane, 1995). Tutti noi, però, sappiamo che per crescere occorre mantenere il filo della propria storia (Prieur, 1998b): senza passato, il futuro non può esistere e il presente sembra immobile e sospeso. Occorre riallacciare le fila del tempo sia per i genitori adottivi sia per il figlio in affido, del quale si sa poco o nulla. Spesso genitori adottivi e figli colludono in questo oblio di un passato troppo doloroso da ricordare.

A dimostrazione di ciò, emergono le difficoltà che la maggior parte dei genitori adottivi hanno nel narrare gli eventi importanti del passato del piccolo, iniziando il racconto dall'incontro con lui, come se fosse nato solo in quel momento. Tutto ciò mostra le loro difficoltà nell'integrare la storia del bambino e le informazioni riguardo alla sua famiglia d'origine. I padri, soprattutto, non riescono a raccontare molti episodi concreti della vita quotidiana del bambino, mentre le madri, quando raccontano della famiglia, sembrano soffermarsi maggiormente su una figura femminile (madre, nonna, sorella), come se tornasse l'imago materno derubata.

Il desiderio dei genitori di negare il passato del piccolo collude spesso con il desiderio del bambino in affido di fare altrettanto. Sono noti i disturbi del tempo vissuto nella maggior parte dei bambini adottati. È per loro difficoltoso e spesso doloroso collegare passato e presente; alcuni ricordano, cancellano, ma sanno. Ogni bambino, soprattutto se segnato da numerosi cambiamenti di abitazione, utilizza fotografie, odori, indirizzi e case come tracce di sé, nella sua memoria e in quella di parenti, amici e coetanei, in un continuo viavai del proprio «romanzo familiare» (Kaneklin Saviane, 1995).

In alcuni casi il bambino può fare riferimenti frequenti alla propria storia passata, inserendo nella narrazione anche elementi di invenzione o esagerazioni, le *bugie*, nella ricerca sia di un punto di riferimento nella nuova situazione che gli garantisca continuità con un passato di cui è l'unico testimone, sia di elementi di valorizzazione di sé e del mondo da cui proviene. La convinzione che il silenzio sia un modo per evitare sofferenze al bambino, oltre a inviare un messaggio contraddittorio in base al quale l'affetto non risulta incondizionato ma legato alla capacità del bambino di adeguarsi all'immagine che i genitori hanno di lui, ha come ulteriore conseguenza quella di lasciarlo solo di fronte a pensieri, emozioni e interrogativi dolorosi. Nei confronti dell'inquietante realtà di un passato non condiviso e sconosciuto, vi può essere una collusione generale che porta a meccanismi di negazione e mantenimento del segreto sull'adozione o su alcuni suoi aspetti, nel tentativo di dimenticare la storia dolorosa che spesso ha fatto incontrare il bambino e i genitori adottivi.

Un altro esito possibile, in prevalenza risultato di meccanismi controfobici, è dato dall'ostentazione e dalla falsa disinvoltura con cui si parla dell'adozione, al fine di esorcizzare il *vuoto relazionale* precedente per poter convivere con il timore di un'ulteriore perdita.

Fra le due parti (genitori e bambino) quella più debole è in genere il bambino, il quale spesso sperimenta un acuto vissuto di impotenza di fronte a tutte le situazioni di perdita e di cambiamento che subisce. Aver perso i genitori, aver vissuto in un istituto (o in una o più famiglie affidatarie), ritrovarsi in una nuova e diversa famiglia che si pone come l'*unica* sua famiglia, esclusivo punto di riferimento in un universo che il bambino ha sperimentato come mutevole e inaffidabile, tutto ciò suscita sentimenti di incertezza e impotenza, a cui il bambino può reagire in modi diversi. Talvolta il doloroso senso di impotenza e di povertà interna, generato dall'assenza di cure e di affetto, gli impedisce di individuare i propri bisogni e suscita in lui il desiderio di distruggere, deprezzare e disprezzare ciò che gli viene offerto. Il timore di un nuovo abbandono si esprime anche attraverso atteggiamenti aggressivi di sfida e minacce di abbandono, volti a mettere alla prova la disponibilità dei genitori e a sperimentare un illusorio senso di controllo sulle decisioni che riguardano la propria vita.

Tali atteggiamenti provocatori si alternano spesso a richieste di rassicurazione e a bisogno di protezione.

In alcuni casi il bambino può giungere ad attuare, attraverso piccoli furti, un tentativo di riappropriarsi di ciò di cui è stato privato sia dai genitori naturali, che non gli hanno saputo garantire affetto e sicurezza, sia da quelli adottivi, che gli hanno sottratto ciò che lo legava al passato (furto di sé stesso, della propria identità, della propria storia e del proprio nome).

Talvolta il piacere di sperimentare cure amorevoli ed esclusive determina un miglioramento delle condizioni psicofisiche del bambino, che in breve tempo cresce fisicamente, comincia a camminare, a parlare. L'esperienza di un atteggiamento di cura e protezione può determinare una regressione dalle abitudini di ordine e autonomia apprese nell'istituto ad atteggiamenti infantili, capricci e richieste di accudimento propri di età inferiori. I genitori, se inizialmente accolgono con piacere tali comportamenti, che permettono loro di colmare in parte ciò che hanno perso delle fasi precedenti di vita del bambino, reagiscono a volte con preoccupazione di fronte al perdurare di tali atteggiamenti regressivi e infantili. Solo un'estrema pazienza, empatia e capacità di adattamento e di comprensione del significato profondo di questi desideri di gratificazione regressiva (fingere di essere il figlio naturale dei genitori adottivi e colmare così la lacuna dell'inizio non condiviso, riappropriarsi di un'infanzia a cui non si aveva avuto diritto) permetteranno al bambino di intraprendere un percorso personalizzato verso un'autonomia reale e non dettata da un necessario adeguamento alle circostanze (come nel caso dell'istituto).

Il mondo rappresentazionale della coppia genitoriale

> Ci sono persone che non possono o non vogliono tenere i bambini nel cuore però li possono fare con la pancia, se la loro pancia funziona.
> Se non li possono tenere nel cuore, quando il bambino nascerà, sarà solo, come soli sono i genitori che hanno un bambino solo nel cuore.
>
> Carini e Guidi (1995)

La necessità che la nascita del bambino avvenga nella «mente» invece che dalla «pancia», e che quindi la relazione tra i genitori adottivi e il figlio si proponga come il superamento del biologico privato per accedere ed estendersi a una dimensione sociale e mentale, implica anche il sorgere di conflitti tra «il desiderio di divenire genitori e la necessità di divenire genitori adottivi» (Farri Monaco e Peila Castellani, 1994).

L'anno di affidamento è vissuto spesso dai genitori adottivi, ma anche dai bambini, come un periodo di prova. La lunga attesa, l'incertezza sull'esito dell'adozione, il dolore conseguente alla scoperta della sterilità e il senso di fallimento che ne consegue, portano la coppia a investire molto su un bambino che rappresenta l'elemento riparatore di tante sofferenze e insoddisfazioni.

Seppur si riscontri l'esistenza di un «nuovo padre», cui è richiesto di sostenere sin dall'inizio della gravidanza la moglie, di partecipare ai corsi di profilassi ostetrica, di assolvere la funzione di mantenimento della famiglia e di essere maggiormente coinvolto nei lavori di casa e nelle cure al bambino, l'attuale figura del padre è messa in crisi da fattori storici, culturali e sociali: industrializzazione, crisi del matrimonio come istituzione sociale, emancipazione femminile, solo per fare degli esempi (Lamb, 1981a,b; Maggioni, 2000a,b; Shapiro, 1989; Zoja, 2000).

Ai padri odierni vengono poste due richieste che generano inevitabili conflittualità: la presenza e la sensibilità nel prendere parte attivamente alla gravidanza e il mostrarsi forti, «uomini», imperturbabili di fronte all'evento nascita (Shapiro, 1989).

La linea di tendenza attualmente più divulgata dalla maggior parte degli esperti non è quella verso la de-differenziazione entro un ruolo unico di genitore e nemmeno verso un'improbabile *révanche* della figura paterna, ma piuttosto quella che indica la conservazione della differenziazione dei ruoli (Lamb, 1981b), sia pure con un potenziamento della maternità: estensione delle competenze della figura materna nel mondo sociale esterno, da accostare ai cambiamenti che hanno interessato la presenza del padre in famiglia e alla sua perdita di influenza quale tramite privilegiato verso l'esterno (Maggioni, 2000b). In conclusione, si può sostenere che seppure i padri di oggi mostrino un coinvolgimento significativo nei lavori di casa e nelle cure al bambino, la loro presenza è tuttora marginale nei momenti significativi della giornata del figlio. Le esperienze quotidiane connesse alla paternità sembrano pertanto essersi modificate meno radicalmente di quanto invece è avvenuto per le pratiche connesse alla maternità, che si sono largamente estese al «sociale esterno»: i giovani padri di oggi possono anche comportarsi per molti aspetti come i loro padri, ma riflettono sulla loro paternità e si confrontano con gli ideali di parità uomo-donna nella vita familiare, con il nuovo concetto di paternità e con le implicazioni dell'essere un uomo (*ibid.*).

Così, è ancora la donna ad assumersi la responsabilità maggiore nella cura del bambino e ad essere la maggiore investitrice nel rapporto con lui. Anche culturalmente, il concetto in base al quale una piena realizzazione dell'identità femminile richiede la maternità porta la donna a vivere il rapporto con il bambino con un forte senso di realizzazione personale. Quella che può essere considerata la soddisfazione per essere riusciti a inserirsi lungo la via transgenerazionale, assicurando una discendenza alla propria famiglia, caratteristica anche della genitorialità naturale, è avvertita in misura minore dai genitori adottivi. L'ambiguità insita nell'essere genitori di un figlio nato da altri impedisce di provare quel senso di orgoglio che segue la nascita di un figlio proprio, e stempera la soddisfazione di essere genitori nella consapevolezza, incarnata dal figlio adottivo, della propria incapacità a procreare.

Nello stesso tempo la condizione di precarietà dell'anno di affidamento preadottivo frena l'investimento dei genitori sul bambino. Tale periodo si costituisce quindi come un momento di crisi e di rielaborazione delle rappresentazioni di sé, del proprio compagno e del bambino.

Allo studio di coppia sia le madri che i padri forniscono una visione pessimistica circa le caratteristiche del bambino, un aspetto che migliora nei momenti successivi all'arrivo del bambino. Tale rappresentazione appare costruita soprattutto su aspetti delle aree emotive e personali, come se fosse più difficile per la madre, ma soprattutto per il padre, «pensare» e «raccontare» un bambino in relazione a sé; e allora si preferisce darne una descrizione. Per i padri abbiamo riscontrato un limite nel fornire elementi descrittivi del bambino: se in merito alle caratteristiche fisiche (età, sesso, mantenimento del nome di battesimo...) non si rilevano particolari difficoltà, emerge chiaramente la difficoltà di immaginarlo nei suoi aspetti emotivi, caratteriali e comportamentali. Dalle narrazioni dei genitori risulta quanto durante l'affido preadottivo il bambino appaia ancora profondamente «altro da sé» e non ancora una «persona intera» (Meneghelli e Scudellaro, 1995).

Sulla base delle ricerche effettuate dal nostro gruppo utilizzando l'intervista Ad-Mate-R (Di Vincenzo, 1997; Dolci, 1996; Fava Vizziello, Antonioli e altri, 1996), nonostante le modificazioni cui va incontro, la rappresentazione del bambino da parte delle madri adottive presenta una *minore mobilità* rispetto a quella delle madri naturali. Nella genitorialità biologica il cambiamento delle rappresentazioni genitoriali riguarda soprattutto e in primo luogo gli aggettivi relazionali: la rappresentazione del bambino si modifica infatti soprattutto lungo l'asse dipendente/indipendente, chiuso/socievole. È questa la ragione fondamentale per cui l'intervento breve e/o mirato a modificare l'interazione permette spesso di far ripartire l'iter relazionale, reso difficile da fattori riguardanti i genitori, il bambino, l'interazione. Nella genitorialità adottiva sembra invece che gli ostacoli maggiori vengano dalla difficoltà dei genitori a distaccarsi dalle rappresentazioni idealizzate (nel bene e/o nel male) del bambino e di sé stessi come genitori durante l'attesa dell'abbinamento. Il primo cambiamento, e quindi il primo sforzo, è quello di modificare la propria visione del bambino e di sé stessi, sia come genitori che come persone. Ciò forse permette di capire anche perché i genitori siano restii a «invasioni» da parte dei Servizi durante il periodo di affido preadottivo, nel quale si giocano profondi cambiamenti che riguardano la loro stessa identità.

Le differenze significative emerse dal confronto longitudinale tra le rappresentazioni che le madri adottive hanno del bambino durante lo studio di coppia e durante l'affido preadottivo (*più bello, più intelligente e vivace, più affettuoso, più allegro*) sono in parte le stesse riscontrate nel campione di madri naturali. Tuttavia, sia le madri che i padri adottivi utilizzano maggiormente la categoria emotivo-affettiva e una maggiore quantità di aggettivi personali nel descrivere il bambino, rispetto ai genitori biologici. La difficoltà di descrivere il bambino in relazione, tipica dello studio di coppia, non migliora durante l'affido preadottivo. La difficoltà materna, in particolare, risiede soprattutto nella parziale incapacità di prendere coscienza del proprio ruolo genitoriale relativamente a quello specifico bambino, causata in buona parte dai problemi incontrati nell'entrare in relazione con il bambino e dall'assenza di condivisione con lui del tempo della gravidanza fisica e dei primi mesi di fusionalità.

Per quanto riguarda i padri, invece, l'utilizzo di descrittori, per il bambino, che rientrano nel piano personale ed emotivo piuttosto che in quello interattivo è da spiegarsi nel differente percorso che gli uomini devono compiere per giungere alla paternità. Il percorso verso la paternità è un percorso più «esterno», ma non per questo meno accidentato di quello della madre: il figlio atteso è, per il futuro padre, un evento discreto e non continuo; il figlio appena nato è una commozione profonda per il neo-padre, che può finalmente riconoscere il bimbo che c'è stato, il bimbo che c'è, il bimbo che ci sarà (Costantini e Esposito, 1996).

Per tale ragione Zoja (2000) sostiene, forse in maniera azzardata, che non c'è differenza tra un padre adottivo e un padre che abbia generato il figlio; nulla vi è di diverso al momento dell'incontro con il figlio: «Anche nel secondo caso, per la gestazione il padre lo ha affidato completamente alla madre, quindi quella che gli viene presentata è per lui una creatura nuova: per la madre il bambino è lo stesso che aveva nella pancia, per il padre lo sperma e il figlio sono due cose diverse.»

La «nascita» si configura quindi come un momento di radicali cambiamenti, che implica un confronto; è un mettere alla prova la propria paternità, un confronto tra le proprie rappresentazioni mentali e la realtà concreta, al di là del fatto, secondo noi, che questa sia adottiva o biologica.

È, infatti, «solo» per un differente percorso iniziale che tra i padri biologici e quelli adottivi si riscontrano differenze significative nell'area emotiva, personale e interattiva al momento della gravidanza e allo studio di coppia. Pur constatando che i padri adottivi hanno una visione più pessimistica rispetto a quelli biologici, si osserva infatti che dopo l'arrivo del bambino i padri non risultano differenti nel descrivere il loro figlio.

La gravidanza psicologica dell'attesa dell'abbinamento sembra rafforzare identità personologiche idealizzate piuttosto che permettere, come nelle situazioni naturali, una prima conoscenza fisica. Già a partire dall'attesa del figlio, esiste spesso per le madri naturali una maggiore facilità a pensare il proprio figlio in termini di relazionalità.

Nel periodo dell'attesa l'immagine del bambino adottivo, per quanto riguarda l'area relazionale, risulta peggiore rispetto a quella del figlio naturale. Il piccolo «fuori dalla pancia» è descritto come *più aggressivo* e *più chiuso* rispetto al futuro figlio biologico. Sempre confrontando i due campioni, il figlio adottivo risulta inoltre *più passivo*, *più timido*, *difficile*, *brutto*, *meno intelligente*, *più distaccato*, *pauroso*, *più malato*. Le caratteristiche che descrivono il «bambino che viene da lontano» fanno riferimento a un figlio vissuto ancora come estraneo e quindi, prudenzialmente, molto diverso rispetto agli investimenti senza riserve delle madri naturali nello stesso periodo.

Durante il periodo successivo all'arrivo del figlio le differenze tra i due campioni di madri diminuiscono.

Nelle madri naturali la rappresentazione del bambino si costruisce nell'interazione con la madre, e molti aggettivi usati per descrivere il bambino si modificano proprio su questo aspetto relazionale, come conseguenza dell'abbandono dei canali percettivi sensoriali usati in gravidanza per percepire il bambino, a favore della costituzione di un campo interattivo reale che pone un limite all'immaginazione e determina un aggiustamento del proprio mondo fantasmatico. La qualità interpersonale che caratterizza le rappresentazioni della madre naturale si manifesta anche nelle modificazioni relative all'identità materna, che risulta riconfermata nella relazione con il bambino, portando a un vissuto di maggiore sicurezza e all'abbandono delle paure e delle fantasie circa la salute del bambino.

Nelle madri adottive, la rappresentazione del bambino migliora come conseguenza del massiccio investimento operato su di lui, mantenendo però proprio nelle situazioni migliori aspetti negativi che testimoniano la consapevolezza delle difficoltà di un bambino necessariamente problematico. Le caratteristiche maggiormente riportate sono l'indipendenza e l'aggressività, probabilmente legate alle caratteristiche reali di un bambino che spesso arriva già grande, con un proprio carattere, esperienze passate e aspetti problematici che rendono impossibile l'atteggiamento di accudimento proprio di una madre con il suo neonato.

Anche per i padri si può riportare quanto appena detto per le madri: le percezioni del bambino migliorano nel corso dell'anno di affido, pur tenendo presenti la realtà di provenienza del bambino, le sue difficoltà e le sue caratteristiche.

Un altro aspetto riportato di frequente è l'invadenza percepita da parte del bambino, che viene a inserirsi nel rapporto diadico della coppia senza la mediazione della gravidanza, introducendo inabituali elementi di triangolazione.

A un anno di vita del bambino, nelle madri naturali diventa centrale il tema dell'indipendenza e della separazione-individuazione di un bambino che, cominciando a camminare, introduce tali aspetti nella relazione. Nella relazione adottiva, invece, si assiste a un percorso inverso in cui il recupero di una dimensione di dipendenza e il favorire nel bambino una regressione che gli permetta di vivere, spesso per la prima volta, precedenti tappe di sviluppo, si costituiscono quali passaggi essenziali, ostacolando l'emancipazione e l'individuazione del bambino. Anche il timore dell'emergere di *fattori ereditari* pericolosi e sconosciuti *ostacola l'incoraggiamento all'autonomia* del bambino da parte dei genitori. Spesso, quindi, comportamenti di autoaffermazione del tutto naturali vengono osservati con preoccupazione e ricondotti a una confusa e inquietante ereditarietà morale negativa.

Lo scadere dell'anno di affido preadottivo determina, sia nelle madri che nei padri adottivi, un uniformarsi della rappresentazione del bambino in termini del tutto positivi di accettazione e non-invadenza. Risulta determinante in questo la presenza incombente del Tribunale per i Minori, chiamato a pronunciarsi sull'esito dell'anno di affido e a rendere effettiva o meno l'adozione. Il riemergere di vissuti d'esame spinge i genitori a presentare una buona immagine del bambino, proiettando in essa i propri aspetti positivi.

Influenze dell'affido sulla coppia

Diversamente dai genitori naturali, in cui la rappresentazione di sé come persona rimane un nucleo stabile nel tempo e frutto di interiorizzazioni precedenti, nei genitori adottivi tale rappresentazione si modifica in seguito alla domanda di adozione, come conseguenza di un miglioramento dell'autostima dopo il duro colpo subìto in seguito alla scoperta della sterilità o per ragioni precedenti tale scoperta e forse anche all'origine di essa, come se l'arrivo del bambino potesse riparare in qualche modo le proprie «parti bloccate» (Carau e Nicolò, 1985). Nonostante il cambiamento positivo, la rappresentazione di sé delle madri adottive rimane velata da elementi depressivi e conflittuali difficilmente elaborabili, mentre nei padri tali elementi sembrano emergere con l'arrivo del bambino a casa, quando viene meno la necessità di mascherarli avvertita durante la valutazione dello studio di coppia e in tutto il periodo di incertezza precedente l'abbinamento.

La madre adottiva, non vivendo il periodo della gravidanza, è privata del primo periodo di relazione con il bambino, dei movimenti fetali. L'incontro con il bambino avviene quindi all'insegna della mancanza di continuità tra il «prima» o «dentro la pancia», e il «dopo» ovvero un bambino «altro da sé».

Quando presente e mal elaborata, la sterilità ha ovviamente conseguenze anche a livello dell'autostima. Per la donna, così come per l'uomo, l'impossibilità di procreare rappresenta una ferita narcisistica del Sé somatico e una ferita della propria identità sociale, non potendo trasmettere il proprio nome e/o la propria eredità a un diretto discendente. Ripetiamo ancora una volta che con le rivoluzionarie modificazioni in atto nelle modalità di concepimento e di crescita di embrioni e feti, sancite anche da nuove norme legislative, l'elaborazione del lutto della sterilità ha perso senza dubbio quel carattere di incombente ipoteca sul bambino che sembrava presentare in passato.

Molti lavori indicano che l'adozione di un bambino compensa la sterilità, ma nello stesso tempo è la testimonianza della ferita narcisistica (Lebovici e Soulé, 1970). In un mondo come quello italiano, dove il generare i bambini è rinviato a età sempre più tarde, lo stereotipo «donna realizzata solo se madre» viene però a cadere.

La rappresentazione del proprio partner appare maggiormente idealizzata nelle coppie adottive rispetto a quelle naturali. Per le donne, l'idealizzazione del partner risponde a un bisogno di sostegno e sicurezza in un momento molto delicato quale quello dell'attesa costituita dalla gravidanza o dallo studio di coppia. In seguito all'arrivo del bambino, però, le madri naturali tendono a un progressivo disinvestimento delle figure che le circondano a favore della diade madre-bambino (Fava Vizziello, 1993). Tale movimento è reso più difficile nella madre adottiva a causa della difficoltà incontrata nello stabilire un legame privilegiato con il bambino, per l'assenza di un legame simbiotico e fusionale, per la mancanza di una netta differenziazione di ruoli fra sé e il marito, per la maggiore somiglianza dei processi materni e paterni durante l'attesa del bambino, per gli ostacoli presenti nell'elaborazione del rapporto con la propria madre, che impediscono una chiara separazione da lei.

Nel padre adottivo si ha un miglioramento percettivo della propria partner, descritta, dopo quattro mesi dall'arrivo del bambino, come più allegra e meno delusa rispetto al momento dello studio di coppia. Senza voler parlare, in senso psicoanalitico stretto, di idealizzazione della partner, questo risultato può rispondere forse a un bisogno di riparazione dell'oggetto d'amore, avvertito come danneggiato dalla sterilità propria o della compagna.

Le difficoltà di relazione del genitore adottivo con il bambino emergono anche nell'immagine che questi ha di sé come madre o padre, rappresentazione molto stabile nel tempo e che si modifica in misura minore rispetto a quella del bambino, indicando una difficoltà ad adeguare sé come genitore a quanto percepito nel bambino. Questo è un processo tipico di tutte le genitorialità difficili (bambini prematuri: Fava Vizziello, Zorzi e Bottos, 1991; genitori tossicodipendenti: Fava Vizziello e Stocco, 1997; genitori psicotici: Fava Vizziello, Disnan e Colucci, 1991), in cui il padre o la madre mantengono a lungo una visione di sé idealizzata nel bene o nel male fino a quando non si sentono sicuri del cambiamento. Si osserva inoltre un'inversione di tendenza rispetto allo studio di coppia, con una diminuzione dell'idealizzazione, da parte della donna, di sé come madre e della relazione adottiva, in seguito alla presa di coscienza degli elementi di realtà legati al bambino.

Nelle madri biologiche si è trovato che la rappresentazione del genitore nasce e si costruisce all'interno della relazione con il bambino, anche attraverso il recupero dell'antica relazione con la propria madre. In questo modo la madre costruisce dentro di sé la propria genitorialità, differenziandola da quella del partner, al quale è affidata una funzione di sostegno.

Per quanto riguarda le madri adottive, invece, l'incontro con un bambino talvolta anche molto carenziato, la difficile elaborazione della sterilità, propria o del marito, l'interiorizzazione di un genitore che non permette di avere figli (Natali, Bari e Carau, 1985), rendono difficile il recupero di tale immagine. Le madri adottive tendono quindi ad allontanare da sé le figure genitoriali per avvicinarsi al proprio partner, che spesso si comporta allo stesso modo con i propri genitori. In questo i genitori adottivi sono probabilmente aiutati anche dall'iter dell'adozione, che coinvolge entrambi altrettanto intensamente, e dall'assenza della gravidanza corporea come tempo privilegiato della donna, che le consentirebbe l'identificazione con la propria madre.

La rappresentazione del proprio compagno come padre appare sorprendentemente simile a quella di sé come madre. È possibile ipotizzare una difficoltà a differenziare il proprio ruolo genitoriale da quello del partner per l'assenza della gravidanza quale fattore discriminante, per il percorso artificiale dell'adozione che accomuna il vissuto dei genitori adottivi, e anche per caratteristiche di personalità e di processo della funzione genitoriale precedente, che ostacolano un'assunzione di ruolo ben definita. L'unico aspetto differenziante riguarda la gravosità percepita nell'esercizio della propria genitorialità, che risulta maggiore nella donna come conseguenza di un suo maggiore coinvolgimento, in termini sia materiali che psicologici, nella relazione con il bambino.

Permane una leggera idealizzazione del marito anche come padre, sempre funzionale alla compensazione di un'immagine più negativa di sé come madre, che però non sfocia in un'iperidealizzazione che non tenga conto degli elementi di realtà emergenti da una relazione difficile con il bambino. Colpisce comunque il fatto che parlando spontaneamente del proprio compagno le madri adottive tendono a descriverlo senza utilizzare mai aggettivi connessi al ruolo genitoriale. È la madre adottiva, quindi, che si lascia maggiormente coinvolgere dalla relazione con il bambino e che elabora in modo più approfondito i cambiamenti e i propri vissuti, riconoscendo ed esprimendo anche emozioni negative.

Il padre adottivo risulta più colpito dall'arrivo del bambino, che innesca una serie di cambiamenti nel suo mondo rappresentazionale, piuttosto che dalla relazione con lui. La rappresentazione del bambino migliora notevolmente dopo il suo arrivo ma poi, nel corso dell'anno di affido, rimane statica, suggerendo che questo sia una conseguenza della minore interazione rispetto alla madre, che vi sia una negazione dei problemi che emergono nella fase iniziale dell'adozione e che, infine, il mantenersi realisticamente legati a una rappresentazione anche un po' idealizzata permetta di far fronte all'instabilità e al continuo cambiamento del bambino. I padri adottivi, a differenza delle madri, presentano una minore difficoltà a costruire la propria immagine di genitore sulla base della dimensione interattiva, come conseguenza del fatto che il bambino adottivo può scegliere la figura maschile come punto di riferimento, basando la sua preferenza sulle esperienze avute in passato con l'una e l'altra figura. In contrasto con tale movimento nella rappresentazione di sé, l'immagine della propria compagna come madre rimane statica, segnalando una difficoltà a pensarla nel suo ruolo genitoriale. Spesso alla moglie viene attribuita una percezione del ruolo materno in termini di gravosità, che coincide con il vissuto delle madri adottive, indicando una consapevolezza, nei padri, del peso che ricade sulle loro compagne.

A questo aggiungiamo la difficoltà di «pensarsi» e di «narrarsi» come genitori. In particolare, è stata rilevata una certa incoerenza tra il profilo percettivo di sé come padre, che nel tempo si muove nell'area genitoriale, e la capacità (difettuale), sempre nel tempo, di narrarsi, e quindi di riorganizzare l'esperienza a un «livello superiore», come genitore. Sembra quindi esservi un blocco all'interno del processo di mentalizzazione della genitorialità.

Rapporto e identificazioni con il genitore del proprio sesso

Il rapporto con il genitore dello stesso sesso, modello per l'assunzione di un ruolo genitoriale nelle coppie naturali, risulta piuttosto problematico nelle coppie adottive.

Mentre nelle madri naturali si assiste al passaggio tra la fase della gravidanza, in cui la futura madre trova un sostegno e una possibilità di scambio con la propria madre, e l'arrivo del bambino, in seguito al quale le madri naturali tendono a estromettere la propria madre dal rapporto esclusivo e fusionale con il bambino, nelle madri adottive si osserva invece un rovesciamento della prospettiva. Durante l'attesa del bambino e nello studio di coppia, la propria madre è sentita molto distante, e viene sottolineata la natura conflittuale del rapporto con lei (forse sarebbe opportuno avviare studi sull'infertilità, collegata a questo tipo di relazione patrilineare). Talvolta la non-approvazione del progetto adottivo da parte della propria madre contribuisce a mantenere tale senso di distanza, che ha però un'origine più lontana nel tempo, rimandando a conflitti e fantasmi precoci. In seguito all'arrivo del bambino si assiste a un riavvicinamento dovuto a una maggiore capacità delle madri adottive di comprendere le difficoltà legate all'assunzione del ruolo genitoriale. Il fatto che la maggior parte di queste madri lavorino rende frequenti le richieste di aiuto fatte alla propria madre per l'accudimento dei figli; questo potrebbe aver inciso sulla ri-sintonizzazione con la propria madre, pur nella consapevolezza di voler essere un genitore diverso. Tuttavia i conflitti più profondi rimangono, impedendo alla madre adottiva di stabilire una linea netta di demarcazione fra sé e la propria madre, passando dal ruolo di figlia a quello di madre. È stata rilevata infatti una differenza significativa, per quanto riguarda la coppia, negli aggettivi «non affettuosa/affettuosa»: la propria madre viene vissuta come meno affettuosa durante il periodo di affido preadottivo, forse a causa del fatto che l'arrivo del bambino sembra ufficializzare l'incapacità procreativa della donna e rafforzare le proiezioni negative sulla propria madre. Emergono ancora conflittualità con il nucleo familiare d'origine, percepito più positivamente nelle aree della responsabilità genitoriale, ma percepito più negativamente nelle persone, perché ritenute responsabili del percorso della maternità adottiva, che comporta anche molti vissuti frustranti.

Rispetto agli uomini, le donne appaiono comunque più coinvolte nel confronto con il passato e con i propri genitori, riconoscono più facilmente l'importanza delle figure significative del loro passato e raccontano in modo più articolato vissuti ed emozioni.

I padri adottivi presentano un'immagine del proprio padre molto idealizzata, cui si accompagna una percezione del proprio genitore come distaccato. Ciò che manca è forse proprio l'interazione su un piano di realtà, che consentirebbe un avvicinamento agli aspetti concreti della relazione. Con l'arrivo del bambino c'è un recupero del rapporto con il proprio padre, percepito come più vicino e più *orgoglioso*. Quest'ultimo aggettivo rimanda in realtà all'immagine di sé e a un miglioramento dell'autostima conseguente all'essersi realizzati come padri, divenendo quindi motivo di orgoglio per il proprio genitore e superando l'autosvalutazione provocata dall'incapacità procreativa. Lo sperimentarsi nel rapporto con il proprio figlio riattiva dinamiche legate al rapporto con il proprio padre, permettendo una parziale elaborazione, un lavoro sul piano di realtà e un'attenuazione dell'idealizzazione, per la possibilità di riprendere il processo di separazione-individuazione, che spesso in questi uomini appare bloccato. Come nelle mogli, comunque, la figura del proprio genitore non è abbastanza positiva ed esente da conflittualità da permettere un'identificazione nell'assunzione del ruolo genitoriale: infatti, vi è una stabilità delle percezioni del proprio padre, con la tendenza a utilizzarlo come contromodello nella formazione della propria identità paterna. Entrambi i partner tendono quindi ad allontanarsi dal proprio genitore dello stesso sesso, prendendosi reciprocamente a modello. Se una coppia è affiatata, poi, saprà comunicare con creatività al bambino il proprio dolore passato, utilizzando un linguaggio che possa essere compreso dal piccolo che sta soffrendo.

I dati riportati nel presente lavoro, dunque, fanno riflettere su quanto sia complesso il percorso dell'adozione, in cui l'anno di affido preadottivo si costituisce come «gravidanza»: le interazioni con questo bambino ne permettono la nascita nella mente dei genitori contemporaneamente al suo inserimento nella loro vita di coppia.

Anche il bambino, dal canto suo, si impegna a costruire la propria appartenenza alla nuova famiglia. Anche questo è un processo piuttosto lungo. Spesso, durante l'affido preadottivo, il piccolo non fa che mettere in atto il suo bisogno di allontanarsi dalla sua «vita precedente». Solo in seguito l'adozione potrà essere elaborata: consentendo il riaffiorare di alcuni ricordi sopiti da tempo, «congelati» nel passato dei genitori adottivi e del bambino, si giungerà talvolta a un'integrazione della realtà precedente con quella attuale. Il bambino, un po' alla volta e con il trascorrere del tempo e delle relazioni attuali, comprenderà quanto il dolore sia caratteristica inscindibile dell'essere umano, costantemente impegnato a mettere insieme i «cocci» della propria esistenza in seguito a ogni perdita (come sembrano fare i «robot» in un recente film di Spielberg, *A.I.: Artificial Intelligence*, uscito nel 2001, abbandonati dagli «umani» che li avevano adottati), ma comprenderà anche che il piacere, la protezione e l'accudimento possono esistere nelle relazioni umane, e troverà il proprio limite tra la realtà e i modi di utilizzare le fantasie per consolarsi di realtà difficili. Non sempre, comunque, ricordare è la soluzione migliore. Rispettare il diritto all'oblio è compito fondamentale e delicato di chiunque si accinga ad avere relazioni di aiuto con famiglie adottive, in quanto devono poter essere allontanati i ricordi macigno dei vari membri della famiglia (lutti, guerre e fame del bambino, traumi fisici e psichici dei genitori). Resta quindi difficile per qualsiasi operatore sapere qual è il limite che bisogna accettare tra ricordare e rimuovere. In un processo adottivo buono, adulti e bambino troveranno via via i limiti tra le cose da ricordare e le cose da congelare per poter costruire una famiglia non perfetta (come tutte) ma possibile.

Dai protagonisti dell'adozione alla famiglia

Fin qui abbiamo parlato dei singoli protagonisti del processo adottivo e del loro importante contributo nella costituzione della neo-famiglia; abbiamo ricordato, inoltre, l'evoluzione della genitorialità della coppia adottiva, dovuta all'arrivo di un bambino, con un proprio bagaglio di conoscenze, una storia e caratteristiche personali, e la sua inevitabile influenza sulla realtà familiare, a cui contribuirà anche negli sviluppi futuri (D'Alessandro, 2002; Fava Vizziello, Antonioli e altri, 1996; Fradelloni, 1997; Battistello, 1996).

Si vuole ora allargare la visuale prospettica, aumentando ulteriormente la complessità del «fenomeno adozione», proiettando le singole figure (madre, padre e bambino adottivo) verso un'immagine di famiglia; questo nella convinzione che la «filiazione» non avvenga nel momento in cui il Tribunale dichiara la legittimità dell'appartenenza, bensì più avanti, nel momento in cui i genitori riescono veramente a sentirsi tali, consentendo a sé stessi di pensarsi e narrarsi come genitori e, abbandonati i fantasmi del passato, propri o del bambino, riuscendo a «ricostruire» il bambino dentro di loro. Per passare da un'interazione a una relazione, gli attori della scena adottiva devono però aggiungere la storia e la memoria: la relazione include la storia delle precedenti interazioni accumulatesi nel passato sotto forma di memoria, che permette aspettative e valutazioni delle interazioni attuali alla luce di quelle pregresse.

Considerando il nucleo familiare come un piccolo gruppo, la costituzione della famiglia rappresenta un salto qualitativo: il passaggio dalla centralità dell'Egoità e della Meità, alla fondazione del Noi, inteso non come somma di singole individualità, quanto piuttosto come fondazione della Noità (Di Maria e Lavanco, 1993).

Capire che cos'è un gruppo, anche minimo come quello familiare, comporta l'interrogarsi sulla natura delle relazioni fra le persone che tale gruppo costituiscono; in altre parole, significa assegnare un senso a tali relazioni, o meglio, cercare di capire quale senso la relazione ha per i protagonisti (Vezzani, 2000).

Se dunque il bambino avrà modo di vivere complessivamente una gamma più vasta e diversificata di esperienze emotive e relazionali con le figure di attaccamento a sua disposizione (ricordando che nell'adozione il rapporto privilegiato non è necessariamente quello con la madre), potrà familiarizzarsi in un ambiente umano estremamente variato, apprenderà a stabilire relazioni di tipo diverso, acquisirà un più ricco repertorio di strumenti con cui leggere la realtà e agire su di essa, divenendo, infine, anche più capace di fronteggiare l'esperienza dell'estraneo e della paura e riuscendo a formarsi una rappresentazione chiara della propria immagine di sé. Se infatti il genitore «non privilegiato» è profondamente coinvolto nella vita del bambino, ed è al tempo stesso portatore di una sua diversità, il bambino potrà fare «dolcemente» esperienza di ciò che è estraneo e insolito e potrà incorporare nel suo sistema di anticipazioni e di rappresentazioni ciò che è «estraneo» come semplicemente «diverso» (Abelin, 1975; Vezzani, 2000).

La funzione genitoriale è stata definita come il superamento dello stato «patologico» di preoccupazione primaria, che porta a una ricostruzione della vita di coppia che includa momenti di autonomia rispetto al figlio. È allora che il ruolo del padre, come quello della madre, viene a configurarsi in una forma definita, acquisendo una sorta di equilibrio tra la naturale preoccupazione per il figlio e altri aspetti della vita (relazione tra i coniugi, lavoro ecc.). Così si può dire che d'ora in poi uno sviluppo adeguato della genitorialità è strettamente congiunto alla capacità di trarre soddisfazioni dai diversi campi di esperienza e dalla capacità di coordinare punti diversi della propria vita.

In conclusione, consapevoli che aumentando la complessità si perde la linearità dei discorsi fin qui fatti, riteniamo indispensabile considerare la triade contemporaneamente come un insieme di individualità e come un tutto.

Conclusioni: osservazioni «praticamente teoriche»

Riflettiamo qui sulle possibili conseguenze che i risultati della nostra ricerca possono avere in un ambito clinico, in ordine all'applicazione di un adeguato intervento, con il presupposto che le modalità di intervento possono essere molteplici, tutte degne di essere presenti nel panorama di chi si prende carico del lavoro con la diade e/o con l'intera famiglia (vedi Fava Vizziello e Stern, 1992).

Anzitutto, appare importante avere degli spazi, strumenti ed équipe professionali per poter «agire» laddove risultano presenti rappresentazioni disturbate, ma anche per chi «semplicemente» vuole essere un «buon genitore» e non solo un «genitore buono», nel tentativo di costruire, ad esempio, uno spazio mentale ancor prima dell'arrivo del bambino, sia naturale che adottivo. Questo al fine non solo della rêverie materna, ma anche di quella dei padri, molto spesso esclusi dai primi momenti di crescita del proprio bambino (Fava Vizziello, Antonioli e altri, 1995).

Soprattutto per i padri adottivi appare fondamentale uno spazio in cui poter accedere alle informazioni e alle problematiche riguardanti il percorso della genitorialità, dell'incontro con un bambino «già vissuto» e con il suo mondo psichico.

Riteniamo inoltre che, sebbene il contributo di ogni partner della triade sia importante, una descrizione non sia sufficiente a «fotografare» il ricco contesto del comportamento infantile. È stato giustamente detto che è necessario «muoversi dietro questi approcci aggiuntivi per catturare il tracciato nel quale la famiglia opera come un piccolo gruppo» (Corboz-Warnéry, Fivaz-Depeursinge e altri, 1993).

Concludendo, possiamo dire che se abbiamo cercato di fornire una panoramica delle coppie aspiranti all'adozione mettendo in rilievo le loro aspettative, le loro ansie e le loro zone che rimangono in ombra, abbiamo anche rilevato che non esiste una coppia perfetta. Non si possono, infatti, trovare dei coniugi in tutto corrispondenti all'immagine che abbiamo di coppia ideale: in ogni coppia si riscontreranno luci e ombre. L'essenziale è allora individuare i punti di forza di ognuna, incoraggiando i membri adulti della famiglia nel ruolo di genitori o di figure di riferimento fondamentali, aumentando le forze e le competenze della famiglia, evidenziandone e mostrandone le interazioni positive, e vedere infine se un determinato minore in stato di abbandono potrebbe inserirsi in modo soddisfacente in quel sistema familiare (Rosnati, 1988; McDonough, 1992).

Una reale comunicazione, una valida relazione affettiva della coppia genitoriale, l'effettiva disponibilità ad accettare l'altro come persona autonoma e a modificare atteggiamenti e posizioni personali in relazione all'evolversi delle situazioni, un effettivo sostegno reciproco nei momenti difficili, risultano essere risorse positive, e vengono anche indicate come risorse valide per permettere ai figli di crescere (Dell'Antonio, 1984).

Capitolo 12

L'abbinamento e l'arrivo a casa: dall'estraneità all'affiliazione

Maria Elisa Antonioli

Molti sono gli autori che, specialmente in questi ultimi anni, hanno elaborato, rifacendosi a modelli teorici diversi, proposte di studio per la valutazione delle capacità genitoriali della coppia. Alla luce della mia esperienza di lavoro con famiglie adottive e della riflessione continua su di essa effettuata all'interno di un gruppo di ricerca dell'Università di Padova, vorrei focalizzare l'attenzione su alcuni indicatori, a mio parere utili ai fini dell'abbinamento, da rilevare nel corso della valutazione.

Nella storia individuale dei due coniugi è importante valutare le capacità di affrontare le difficoltà e tollerare la frustrazione, che ciascuno nel tempo ha mostrato, in relazione alla normale evoluzione del ciclo di vita: curriculum scolastico, storia lavorativa, relazioni amicali e affettive, stato di salute ed eventuale sterilità. Questo permette di conoscere lo spettro di possibilità che il singolo è in grado di mettere in gioco nell'affrontare l'iter adottivo, sempre difficile e faticoso e, soprattutto, il livello di frustrazione che è in grado di tollerare.

Un secondo aspetto fondamentale è la relazione con le proprie figure genitoriali e il grado di riconoscimento delle diverse caratteristiche materne e paterne. La scala di tali rappresentazioni dell'intervista Ad-Mate-R (Fava Vizziello, Antonioli e Volpe, 1994), con le domande collegate, è risultata in questo senso un ottimo strumento di insight, valutando il grado di individuazione che ciascuno dei partner ha raggiunto: è possibile riflettere sulle relazioni passate e presenti e sull'evoluzione del pensiero e la capacità di coglierne gli aspetti sia affettivi che educativi.

Ma l'aspetto più significativo e predittivo è l'intersezione delle storie dei partner e l'analisi del progetto di desiderare un figlio e poi di adottare un bambino. Il confronto, tramite il racconto e la riflessione, delle rappresentazioni del bambino, di sé come genitore e dei propri genitori offre uno spazio molto partecipato in cui ciascuno dei coniugi ri-guarda il proprio mondo interno e lo confronta con quello dell'altro in un'alternanza di nuovo e di conosciuto che permette l'evoluzione del pensiero e la nascita di un progetto più condiviso. Spesso questo spazio fa riaffiorare conflitti mai risolti, sia passati che recenti, che bloccano la comunicazione e irrigidiscono le posizioni, dove l'operatore sente di non trovare spazi e non intravede la possibilità della presenza di un terzo.

In circa vent'anni di lavoro nello stesso Servizio, ho potuto seguire negli anni le vicende di molte famiglie adottive, e questa esperienza, insieme all'attività di ricerca e di approfondimento teorico, mi porta attualmente a considerare come prioritarie per una buona riuscita dell'adozione la capacità dei due partner di entrare ciascuno in contatto empatico con il mondo emotivo dell'altro e la plasticità nel cercare di modulare la propria vita in relazione a questo, integrandolo nel proprio progetto di vita.

Il mondo dei bambini adottivi è estremamente vario, spesso impossibile da conoscere se non dopo l'arrivo del bambino in famiglia, e il rischio nel lavoro di preparazione e valutazione delle coppie è quello di sostituire al bambino idealizzato e perfetto dei genitori l'altrettanto idealizzato bambino carenziato degli operatori.

Se la coppia riesce, nel percorso di formazione e di valutazione delle proprie capacità genitoriali, a ridimensionare le proprie aspettative e a cogliere nella relazione con gli operatori spunti per evolvere nella sua scelta, ponendosi limiti ma anche lasciando spazio alla speranza, possiamo ragionevolmente pensare che riuscirà ad accogliere un bambino anche diverso da quello atteso.

In questo mio percorso professionale nel mondo dell'adozione, hanno acquisito un valore sempre più importante le fasi dell'attesa e dell'abbinamento. Questo periodo è spesso considerato solo nei suoi aspetti formali ed è vissuto dalla coppia in solitudine, quasi in stato di abbandono: ricerca materiale di un bambino per una coppia e di due genitori per un bambino, scarsamente in relazione alle rispettive risorse, esigenze e bisogni. Sempre più ho rilevato la pregnanza di significato della fase di proposta e comunicazione delle informazioni, anche quelle formali e burocratiche, come momento di osservazione e monitoraggio delle reazioni della coppia e del bambino, su cui basare tutti i passaggi che potranno portare all'incontro o alla scelta di un altro abbinamento. Si tratta di momenti fondamentali del processo adottivo, in cui alla coppia viene presentata un'ipotesi relazionale concreta, una modalità attraverso la quale i coniugi possono essere valutati non più in relazione a una serie di parametri psicologici e sociali della genitorialità adottiva, ma più concretamente di fronte a una situazione specifica che può anche attivare angosce profonde, fino al rifiuto. È essenziale, in questa fase dell'abbinamento, cercare di capire quali emozioni, paure, sentimenti ambivalenti ecc. la proposta susciti nella coppia adottiva, che si trova per la prima volta di fronte a un bambino reale, con una storia specifica che entra in risonanza con vissuti emotivi profondi di estrema importanza per la relazione futura. È possibile che la coppia, vedendo il proprio sogno avverarsi, non presti attenzione a eventuali dubbi suscitati dalla proposta e non si conceda la possibilità di riflettere, prendere tempo e/o anche rifiutare nel timore che non si presenti una seconda occasione, o che un rifiuto venga valutato negativamente e precluda per sempre l'adozione. L'intervento in questa fase si colloca come sostegno al processo di chiarificazione e rimessa in moto delle risorse e dei desideri, con un aumento della presa di coscienza anche dei propri limiti.

Riguardo all'importanza di un abbinamento ragionato, già Winnicott (1986) affermava: «In base a uno studio della storia precoce, se la conosciamo, potremmo dire ai genitori adottivi che grado di difficoltà incontreranno e quale sarà la natura dei problemi che si troveranno ad affrontare.»

Ad abbinamento realizzato formalmente e giuridicamente, l'incontro fra il bambino e la coppia solitamente avviene nell'istituto, con la collaborazione e la mediazione dei responsabili dell'istituto stesso, che garantiscono al bambino un processo di accompagnamento nella transizione alla nuova famiglia. La partenza dalla comunità comporta infatti la rottura di un equilibrio e di legami precedenti; si parla a volte di «nascita», ma si tratta di una *rinascita* accompagnata anche da forti sentimenti di lutto e di paura. La presenza accanto al bambino di una persona fidata che sappia capire i suoi vissuti rispetto alle persone che si propongono come nuovi genitori e che gli permetta di comunicare i suoi sentimenti contenendoli, crea le condizioni per un passaggio graduale. I genitori, oltre a essere in due, hanno avuto la possibilità di riflettere, in diverse occasioni, sul loro progetto di adozione, hanno ricevuto alcune garanzie anche legali sull'iter procedurale, hanno potuto valutare l'eventualità di rifiutare l'abbinamento. Il bambino invece è solo di fronte a estranei che gli offrono quella che gli si presenta come l'unica possibilità di avere una famiglia, cui giocoforza deve aderire, ma anche di fronte alla necessità di chiudere con il mondo che è stato il suo fino a quel momento.

Analizzando molte storie, alcuni episodi, apparentemente marginali, hanno assunto un ruolo significativo nell'evoluzione delle storie della famiglia. Nei colloqui di presentazione del bambino ai genitori, per gli operatori si pone il problema della condivisione delle informazioni raccolte. Vi è il pericolo che queste vengano riportate secondo le seguenti modalità:

1) Occultamento della storia del bambino, favorito anche dalla carenza di documentazione (in particolar modo di quella psicologica), con presentazione in alcuni casi di un'immagine idealizzata del bambino e negazione delle obiettive condizioni di deprivazione in cui è cresciuto.

2) Esposizione estremamente idealizzata delle sofferenze, degli abusi e della storia familiare del bambino, il che suscita nei futuri genitori adottivi sentimenti di angoscia e paura.

Nel primo caso vi è il rischio che l'immagine del bambino e della futura relazione adottiva colluda con le fantasie della coppia sul figlio ideale, e quindi non aiuti la coppia a effettuare un esame di realtà, anche solo abbozzato, che è necessario già prima dell'incontro.

Nel secondo caso si rischia di spaventare troppo la coppia, inducendola ad assumere una chiave di interpretazione dei futuri comportamenti del bambino volta a evidenziarne solo e soprattutto gli aspetti negativi, trascurandone le risorse e le potenzialità evolutive, e di deresponsabilizzarla rispetto a possibili difficoltà relazionali, da tenere in conto quale che sia il passato del bambino.

A questo duplice atteggiamento degli operatori, «dire tutto o niente», corrisponde un duplice atteggiamento delle coppie. Da un lato, infatti, ci sono coloro che temono di conoscere la storia del bambino, e in questi casi è possibile osservare un atteggiamento di mera passività di fronte alle informazioni ricevute; dall'altro ci sono coloro che si rifugiano in una richiesta assillante di informazioni per esorcizzare il timore di ricevere un prodotto difettoso, e in parte per rendere più concreta l'immagine del bambino ed entrare in contatto con lui. Spesso si è riscontrato che è particolarmente difficile per il bambino adottato ricostruire internamente la propria storia se niente è stato comunicato nemmeno ai genitori, rimandando al bambino la sensazione di provenire da un luogo vuoto, un nulla. Un elemento di grande aiuto sono i fratelli, che sarebbe opportuno inserire in tutte le fasi del processo adottivo.

Ecco alcune vignette che ben esemplificano la complessità di questi processi.

Anna ha sette anni ed è stata adottata alla nascita; si è ben inserita in famiglia, frequenta la scuola senza particolari difficoltà, ha uno sviluppo psicologico regolare. Sentendo la sorellina adottiva Sara, di cinque anni, arrivata da pochi mesi, raccontare la sua storia precedente con spontaneità e ricchezza di particolari, comincia a chiedere della sua mamma, e non potendo la madre raccontarle nulla di concreto ma solo una storia molto vaga e fantastica, piange e spesso la sera ha crisi di pianto vere e proprie. Al Natale successivo, la famiglia sta insieme molto tempo e il clima è particolarmente ricco di affettività; la situazione diventa per lei insopportabilmente dolorosa: «La la mia mamma starà festeggiando il Natale e piange perché vuole me! E i miei fratelli?» I genitori cercano di consolarla, addolorati e impotenti di fronte alla sua richiesta. A Capodanno, mentre tutte le famiglie allargate sono riunite per il pranzo, Anna annuncia trionfante: «La mia mamma mi ha telefonato dalla casa della montagna; prima non aveva il telefono! (*l'unico dato certo è il luogo di nascita*) e mi ha fatto gli auguri.»

Anna aveva dato una prima traccia su cui proseguire, insieme alla sua famiglia, il suo viaggio.

Maria, di cinque anni, adottata all'età di quindici mesi e proveniente da un paese sudamericano, si è ben inserita in famiglia e frequenta la scuola materna. I genitori, anche accogliendo un suo desiderio, si apprestano a una seconda adozione. Viene loro abbinato un bambino di tre anni, rumeno. All'arrivo in Romania incontrano subito il bambino e con lui vanno a vivere in una stanza d'albergo. Andrea è in uno stato di costante ipereccitazione; per ore, dopo averle scoperte, accende e spegne continuamente le luci; apre e chiude i rubinetti e, se fermato, si agita, urla e batte la testa contro il muro. Il terzo giorno, dopo l'ennesima crisi, la madre si siede affranta piangendo, il padre (di solito una persona forte e controllata) va alla finestra e, con un profondo vissuto di impotenza, si lascia andare al pianto. In quel momento Maria, seduta sul letto, guarda il papà, la mamma e dice: «Non dovete piangere, non è colpa vostra.» Poi si alza, prende per mano Andrea e afferma: «Ce la faremo.»

Questo episodio di riconoscimento del ruolo genitoriale sarà fondamentale durante tutto l'inserimento di Andrea, e Maria sarà per molti mesi l'intermediario privilegiato per stabilire una relazione con questo figlio e rivedere molti passaggi anche della precedente adozione.

Analizzando alcuni fallimenti adottivi, spesso ho ritrovato già presenti, nella fase dell'abbinamento, meccanismi di espulsione o dichiarazioni di inadeguatezza o di scarsa tenuta di entrambi i genitori o di uno di loro.

I signori B. si erano rivolti a un Ente autorizzato particolarmente attivo sul piano della solidarietà e in linea con il loro credo religioso. Desideravano un bambino piccolo, di tre-quattro anni, ma di fronte alla proposta di due fratelli danno la loro disponibilità. Vengono successivamente proposti due bambini di sei e otto anni, russi, compagni di istituto. La signora, già provata dall'iter (se non fosse stato per il marito, lei avrebbe sospeso l'adozione), viene al Servizio e racconta: «Ci hanno detto che se non li prendiamo tutti e due, non ci danno neanche il piccolino.» L'operatore raccoglie la sofferenza della signora ma non la sottesa domanda di aiuto a rinunciare, e si limita a rincuorarla e a dare la disponibilità all'aiuto, sottolineando che con la nuova legge non è più obbligatorio. Gli operatori dell'Ente accelerano le pratiche, e nel giro di pochi giorni concludono l'iter. Il giorno prima di partire il padre telefona «per aggiornare», e chiede consiglio su come comportarsi con la badante russa di sua madre, perché teme che possa carpire ai segreti dei bambini e ostacolare la loro relazione con la nuova famiglia. Informa che hanno già trovato uno specialista per controllare i bambini all'arrivo e chiede a chi può rivolgersi per sapere a quale scuola iscriverli. Vengono date queste informazioni, e si cerca di far intravedere nella badante una risorsa più che un ostacolo. La coppia arriva e riceve i bambini, accompagnati in albergo da un interprete che se ne va quasi subito raccomandando di non uscire perché potrebbero rapire i bambini, e di fare attenzione che i bambini non fuggano. Rimangono un giorno in albergo, i bambini si scatenano, chiusi in quella stanza. La signora è scioccata. Il giorno dopo prendono l'aereo e tornano a casa. Dopo due giorni passano dal Servizio senza i bambini, «per aggiornare sull'andamento». I bambini frequentano un centro estivo. Dopo questo incontro andranno già a iscriverli a scuola (siamo ad agosto); sono sconvolti, hanno perso entrambi tre chili di peso in una settimana.

La coppia non si rivolgerà più al consultorio, che pure li invita, dopo l'arrivo del decreto di adozione, comunicando di avere scelto di portare il bambino più grande a un centro di neuropsichiatria infantile. Purtroppo questi bambini saranno maltrattati, specialmente il più grande, e sarà necessario inviare una segnalazione al Tribunale per i Minori. Si può notare fin dall'inizio della proposta di abbinamento la grande difficoltà della madre a modularsi sui tempi e a tollerare poi le angosce che i bambini mostrano tramite i loro attacchi di sfida iniziali. Il padre, regolatore della conclusione dell'iter, porterà avanti la prassi formale, ma sarà lui che non solo maltratterà i bambini ma lo riferirà senza alcun dubbio né vergogna come unica modalità positiva di entrare in relazione con quei bambini: «Vogliono la guerra, guerra sarà», dirà nell'unico incontro in consultorio su convocazione dopo il decreto. Il fatto che l'Ente abbia «costretto» la coppia ad accogliere quei due bambini, tramite l'attivazione di sensi di colpa e colludendo con le motivazioni etiche, ha impedito loro di aspettare un altro abbinamento e accogliere un solo bambino, per il quale probabilmente avrebbero avuto sufficienti energie fisiche e psicologiche. I genitori hanno designato subito come «gravemente disturbato» il bambino più grande, che è stato *aggiunto* per poter adottare il bambino più piccolo, di età già elevata rispetto a quello che si sentivano di poter accogliere, e porteranno solo lui dallo specialista, che non vedrà mai l'altro bambino. Inoltre, la mancata offerta di un supporto di operatori psicosociali durante l'attesa, pur in presenza di tanto disagio, e la presenza solo di un'interprete al momento dell'incontro hanno fatto sì che i genitori fossero lasciati soli a gestire le angosce che i bambini, catapultati in una situazione altamente ansiogena, hanno chiaramente manifestato, sentendosi in balia di estranei e senza alcun riferimento, con in più l'ostacolo della lingua. Ma anche il consultorio non ha aiutato la coppia a fermarsi, e anzi ha dato per scontato l'abbinamento proposto, rinviando l'aiuto a un momento successivo, sottolineandone però la non-obbligatorietà, e nei fatti prendendo le distanze, poiché la coppia non è stata sollecitata a mettersi in discussione. Un elemento intensamente presente nel percorso di abbinamento, nell'adozione sia nazionale che internazionale, è il senso di persecuzione che i futuri genitori adottivi sperimentano in diversi momenti; in questa coppia è palesemente rappresentato dalla paura verso la badante russa.

Un supporto psicologico, anche di gruppo, nel tempo dell'attesa potrebbe attenuare le fatiche di questi iter spesso incerti e tortuosi, estenuanti.

Fin dal primo incontro, anche solo fantasmatico, si attivano relazioni molto intense. I genitori sono così desiderosi di fare famiglia che funzionano da subito «come se» fossero sempre stati insieme, cercando così di negare l'estraneità e l'innaturalità di questa convivenza.

La stessa relazione di coppia viene messa in crisi, come sempre all'arrivo di un figlio. Inoltre, il bambino adottivo può avvicinarsi in modo differenziato al padre e alla madre: a volte manifesta una preferenza spiccata nei confronti di uno solo dei genitori, ignorando totalmente l'altro e facendolo sentire dolorosamente escluso dalla nuova coppia così formatasi, magari a motivo di esperienze precedenti in famiglia o nell'istituto, o per motivi culturali in cui il valore dei ruoli maschile e femminile è diversificato, o per l'impossibilità ad andare oltre una relazione diadica. Risultano importanti, in questa fase, la tenuta della coppia genitoriale e una plasticità individuale che consenta di entrare in assonanza pur nelle crisi della relazione, tollerando l'eccessiva vicinanza o il rifiuto e l'attacco, e modulando gradualmente un primo abbozzo di relazione. Anche se la coppia difende la propria integrità espellendo il bambino e si ritrae difensivamente sulla propria organizzazione e sulla rappresentazione del bambino rifiutandosi di entrare in relazione con quel figlio, è altamente probabile che si andrà incontro a una crisi familiare.

Gianni viene abbinato a una coppia che ha già una figlia adottiva di cinque anni. Ha due anni, vive in Romania, sta bene ma fin dalla nascita è vissuto sempre in istituto, anzi in diversi istituti. Ha incontrato la famiglia adottiva e con loro è andato subito in albergo. Tenta più volte di scappare, è angosciato, batte la testa contro il muro, cerca di farsi male, spesso si dondola, si rifiuta di dormire nel letto... I genitori chiamano in Italia gli operatori del consultorio che conoscono da anni, perché l'unica risposta avuta dagli operatori dell'istituto è che il bambino è sano, ma se vogliono possono restituirlo e provare con un altro bambino. L'angoscia è forte, ma il pensiero di abbandonare il bambino, vista anche la presenza di Sofia, è ancora più intollerabile. Le numerose telefonate tentano di dare spazio a questi aspetti affettivi, valorizzando le risorse sia individuali che della coppia emerse durante lo studio (il desiderio di un fratellino per Sofia, il fatto che hanno superato diverse difficoltà con la prima adozione, che ci stanno mettendo tanto impegno e cercano aiuto, che noi ci saremo dopo il loro rientro...). Al rientro la situazione continua a essere difficile e faticosa, e la coppia entra in crisi: il padre tornando dal lavoro la sera non accetta i toni esasperati della moglie, che non riesce a seguire i ritmi del bambino. Entrambi sono spaventati da alcuni comportamenti, pensando all'autismo, e si accusano a vicenda di non saper tollerare e accettare Gianni. La psicologa li consiglia di inserire Gianni all'asilo, la mattina, assicurando così alla madre alcune ore per recuperare le energie, e chiede al padre di trovare più tempo per stare in famiglia. L'insegnante, un'anziana suora molto rigida e normativa, non tollera Gianni e chiede ai genitori di trovare un sostegno per lui, definendolo «ingestibile e che mette in pericolo sé e gli altri». I regolari colloqui di sostegno ai genitori, preoccupati e delusi, accanto a colloqui con tutta la famiglia, fanno emergere sempre più un senso di protezione verso Gianni. I genitori si attivano, specialmente il padre, e chiedono la partecipazione della psicologa agli incontri con gli operatori della scuola; ma soprattutto a casa, insieme, trovano modi diversi per stare con il figlio, i cui progressi li rendono più sereni: gradualmente arriva a dormire quasi tutta la notte, mangia anche cibi solidi, non ha più problemi di enuresi, parla quasi correttamente l'italiano... Finito l'anno scolastico si prospettava un cambiamento per Gianni, con il suo pieno inserimento all'asilo, e invece è l'insegnante a essere trasferita per limiti di età, e così Gianni non è costretto a cambiare classe. Trova una nuova insegnante che pian piano lo accoglie ma lo sa anche fermare: Gianni finalmente riesce a stare con i compagni, mangia e resta a tavola fino alla fine del pasto anche se mangia poco, non scappa più dall'aula. Permangono difficoltà di apprendimento e di comportamento, oltre a un livello di autostima molto basso, per cui la famiglia ha valutato la possibilità di fermare ancora per un anno Gianni alla scuola materna: «In fondo – dice il papà, figlio di una maestra – io ho fatto la primina e ho perso un anno di scuola materna, lo faccio recuperare a lui.» I genitori tornano al consultorio ogni tanto per parlare del presente e del futuro e per ricordare: riusciamo anche a sorridere sulla suora che ci ha attivati tutti per proteggere Gianni, e quindi è stata quasi una manna dal cielo!

I genitori sono messi quasi subito alla prova per verificare se stanno riproducendo le modalità abbandoniche dei genitori naturali di Gianni. Non è quindi il genitore attuale il vero obiettivo del comportamento del bambino, ma il genitore naturale, che l'ha messo nella condizione di dover ritrovare legami e sentimenti strappati. Quasi sempre è la madre che si prende cura del bambino e sta con lui molto tempo, diventando l'oggetto privilegiato su cui il bambino proietta la sua angoscia. È sottoposta a un surplus di richieste, spesso intollerabili, intrise di aggressività e di rabbia.

Il bambino invece può aver imparato che per essere amato e accettato, o a volte anche solo sopportato, deve nascondere i suoi bisogni e sentimenti profondi, adattandosi passivamente alle richieste e ai desideri del mondo esterno. In alcuni casi l'assenza di espressione del dolore che si riscontra in bambini piccoli, e che può essere erroneamente interpretata come segno di serenità interiore, può essere sintomo di distacco affettivo, di un'incapacità, magari solo temporanea, di recuperare sentimenti legati a rapporti affettivi significativi. In questi casi il bambino è adesivo, quasi indifferente, e ai genitori può apparire più «facile» perché non li mette in discussione e in fondo permette loro di tenere una distanza senza vissuti di colpa o di inadeguatezza. «Pare sia sempre stato con noi, dorme sempre, sta per ore buono, si dondola un po' ma poi si riaddormenta. È bravissimo, si rifà il letto, si lava i denti, è obbediente, altro che i miei nipotini...», ma saranno proprio il chiedere di essere vestito, il dimenticare di lavarsi la faccia, il diventare più spontaneo e birichino a segnalare che finalmente può permettersi di lasciarsi andare, e che riconosce i nuovi genitori come figure diverse dalle istitutrici, con cui può ripercorrere antiche strade e passare a nuove conquiste.

Negli anni, ho scelto di seguire i nuclei familiari e sostenere le loro relazioni, cercando di far comunicare i mondi interni di ciascuno, perché riescano a incontrarsi e a riconoscersi come parte di un mondo di affetti condivisi. La cura è rivolta al sostegno della loro relazione, fragile e fittizia, frutto di una scelta che non li ha visti attori diretti ma che qualcuno ha considerato la più idonea per il loro benessere. Non propongo quasi mai, perlomeno nei primi anni dell'adozione, una psicoterapia al bambino o alla coppia, ritenendo che l'adozione di un bambino particolarmente deprivato possa essere accostata alla presa in carico di un caso clinico, con un ruolo terapeutico affidato ai genitori, cosa che può funzionare ma richiede, oltre alle necessarie capacità, anche la possibilità di fare in modo che i bisogni del bambino affidato siano compatibili con le risorse di quella specifica coppia. Penso che inserire precocemente un terapeuta nella vita di un bambino adottato possa essere disorientante rispetto alla costruzione del legame con i genitori. Ma anche i genitori possono sentirsi diminuiti nella loro capacità di prendersi cura del figlio, e più fragili, un po' disconfermati, meno capaci di attivarsi facendo affidamento sulle proprie risorse e meno responsabili, delegando al terapeuta molte delle loro competenze. Un bambino adottivo è entrato in contatto con molte figure adulte di riferimento, per molto tempo indifferenziate rispetto ai genitori, con cui da poco ha cominciato a vivere. Spesso l'angoscia che suscita il vissuto di estraneità porta a inserire precocemente i bambini a scuola o nella vita sociale: questa esperienza rassicura sia i genitori, che hanno il tempo di concedersi nuovamente degli spazi per sé come singoli e come coppia, sia i bambini, che rivivono situazioni ed emozioni simili a quelle vissute in istituto, e può rappresentare una tappa evolutiva che permette di avviare la relazione. Ma a volte all'origine di questo inserimento precoce c'è un ostacolo alla relazione, o un'espulsione dal nucleo familiare, una presa di distanza, o la ripresa immediata del lavoro, o un viaggio già programmato per riposare... lasciando il bambino in balia di altri.

Sara ha quattro anni quando arriva in famiglia, dove vive una figlia naturale della coppia, di nove anni. Per il primo mese la madre la lascia con la baby sitter della sorella perché deve concludere alcuni programmi di lavoro e poi, all'inizio dell'estate, prende un congedo di tre mesi approfittandone per andare in campeggio in montagna. Sara non è mai stata in montagna, e in più è disorientata, per cui spesso si perde, non trova la roulotte. Nel frattempo il padre, rimasto in città, organizza i lavori di ristrutturazione della casa. Al rientro Sara non dorme per diverse notti, e la madre pensa di inserirla come la sorella in diverse attività, perché ovviamente lei ha ripreso il suo lavoro di dirigente, e rientra a casa solo la sera per cena. Durante la consulenza, mentre sto parlando con i genitori Sara gioca sul tappeto con una bambola, e sento che le canta una ninnananna. Mi interesso subito e le dico che è molto bella e che forse le piacerebbe che anche la sua mamma gliela cantasse, e forse potrebbe insegnargliela. La signora si irrigidisce e afferma di essere stonata, ma il papà si inserisce e chiede a Sara: «Posso cantarla io?» Sara si alza di scatto, dà la bambola al papà, e comincia la «lezione di canto».

Qui è il padre ad aver colto i bisogni di Sara, e nei colloqui con i soli genitori emergono molti aspetti conflittuali, legati alla loro storia di coppia, che l'arrivo della figlia aveva riattivato, prime fra tutti la sterilità del marito e la confessione che la prima figlia è il frutto di una relazione extraconiugale, un segreto che la coppia aveva mantenuto anche con gli operatori, per cui Sara è *la figlia del marito*. Dopo un anno la coppia è giunta alla separazione, figlie comprese.

Aiutare genitori e bambini a tollerare il senso di estraneità, dopo tanta attesa stressante nella prospettiva di incontrarsi, è un'avventura tra meandri infiniti, con continue salite e rapidi cambiamenti di rotta, in cui però è fondamentale ritrovare sempre la traccia. Un po' come Pollicino, tutti lasciano briciole, segni di riconoscimento che risultano troppo fragili per restare riconoscibili, e il mio intervento con queste famiglie è volto a cercare insieme di sostituirle con sassolini, nella speranza che diventino per loro riferimenti sicuri, pietre miliari che contrassegnino la loro strada.

L'adozione di un neonato è il desiderio più frequente nelle coppie che desiderano adottare un bambino, perché è vissuta come un equivalente della nascita naturale e con uno spazio di estraneità ridotto al minimo, quasi da poter essere annullato. Al bambino e alla sua storia viene lasciato uno spazio ridottissimo, quasi inesistente. Il supporto psicologico a questo tipo di abbinamento risulta invece molto pregnante perché volto a non enfatizzare tali rappresentazioni, dando voce e significato anche ai bisogni e alle emozioni del bambino, pur se neonato, per permettere nel tempo un buon processo di affiliazione.

I colloqui di presentazione del bambino sono un momento in cui predominano gli elementi di realtà, ma la scena è ancora occupata massicciamente da aspettative, fantasie e paure, proprio come al parto del proprio figlio.

Carlo e Alice sono due giovani operai; formano una coppia con una buona intimità affettiva, e con rabbia e delusione avevano scoperto di non poter avere figli propri per una sterilità genetica di Carlo. Dopo i primi colloqui per l'adozione, avevano accettato di sospendere la domanda e di intraprendere un percorso di sostegno, che è stato lungo e faticoso. Avevano ripresentato la domanda e avevano rinunciato all'adozione internazionale, ritenendola troppo difficile per loro.

Quasi allo scadere della seconda domanda, il Tribunale affida loro un bambino abbandonato alla nascita. Arrivano in consultorio con un'enorme carrozzina e iperattrezzati, a mostrarci il bambino: ha quaranta giorni, è sempre rimasto in un reparto di patologia neonatale dell'ospedale dove è nato per motivi organizzativi dipendenti dalla struttura, anche se li hanno rassicurati che sta bene. Hanno incontrato la neuropsichiatra, che ha riferito della presenza di uno strabismo ma di un esame neurologico negativo, dando però un appuntamento per un'ecografia cerebrale di controllo «per tranquillità». Mi avvicino con Alice alla carrozzina mostrandomi desiderosa di vedere il bambino, e Alice mi sussurra: «Secondo lei, guarirà?» Io mi rivolgo al bambino dicendo: «Sai, Paolo, forse pochi ti guardavano in ospedale, erano così occupati, ma ora la tua mamma ti vorrebbe mangiare con gli occhi, perché quando ti guarda è così felice!» «Veramente lo chiamiamo Jacopo, come avevamo pensato per il nostro bambino!» Con grande fatica trattengo la delusione per tanto lavoro che pensavo di aver fatto, ma soprattutto perché mi pare che abbiano rubato a Paolo il suo nome. Sicuramente c'è un momento di imbarazzo, da cui mi riprendo: «Certo che fai fatica, Jacopo, a capire tutto quello che ti succede intorno, perché nessuno ti spiega niente e ti cambiano la culla, c'è una nuova signora che ti dà la pappa e ti coccola, proprio come piace a te, un signore grande che quando ti prende in braccio ti pare di volare, e improvvisamente quando vengono vicino fanno strani suoni, mai sentiti... Jacopo, ma cosa cavolo vuol dire? Tranquillo, tra un po' sentirai che non si cambia più perché hai trovato una mamma e un papà e Jacopo è il tuo bellissimo nome!» Alice mi guarda e aggiunge che l'unica cosa che le hanno detto della storia di Jacopo è che la sua mamma alla nascita non ha neanche voluto vederlo. Io sorrido e dico che forse non poteva, ma ora guarderà lei Jacopo, anche per la sua mamma. Carlo mi sorride. Nell'incontro successivo mi raccontano che la settimana scorsa sono tornati a casa molto sollevati: pensavano che li avrei sgridati, perché avevano sempre garantito che mai avrebbero cambiato nome al bambino. Parliamo di che cosa può essere scattato dentro di loro, e pian piano cominciamo a dare un senso a tutto ciò e a parlare del bambino tanto desiderato e mai nato. E allora Carlo mi racconta che Jacopo non piange mai, non fa quei bei pianti che fanno tutti i bambini. Certo gli amici gli dicono che sono fortunati, lui invece pensa che non va bene, ed emergono fantasie sul ricovero, sul controllo ecografico. Alice mi dice che quando sta con Jacopo gli parla e cerca di catturare il suo sguardo, e sembra più serena, perché il bambino ha nettamente migliorato lo strabismo, che si risolverà nel giro di due mesi. Propongo ai genitori di darsi tutti un tempo, e comunque anche Alice porta ai colloqui l'assenza di un vero pianto di Jacopo. Un giorno mi rivolgo al bambino, che già sta seduto sul seggiolino e giocherella con un mazzo di chiavi di plastica: «Chissà, Jacopo, quanto hai pianto quando eri in quell'ospedale che puzzava di disinfettante, con le infermiere con quei guanti di gomma sulle mani... altro che il profumo di mamma Alice, le sue mani morbide, e poi lì non arrivava nessuno quando tu piangevi perché volevi la pappa, o il ciuccio, e allora hai pensato che non serve...» C'è un silenzio profondo, Carlo dopo un po' cerca il mio sguardo e piange: «Non ci avevo mai pensato... ma come faccio a dirgli che se lui piange io corro e anche Alice...» «Forse Jacopo lo ha già visto, ma non sa se può fidarsi; prima o poi...»

Alice mi racconta entusiasta del gruppo di genitori di bambini da zero a tre anni organizzato dagli educatori del Servizio come proposta territoriale educativa di sostegno alla genitorialità, perché dopo aver comunicato che Jacopo è un figlio adottivo si è sen-

tita come le altre mamme. Le educatrici mi riferiscono che non manca mai all'incontro settimanale e che Jacopo ha avuto un cambiamento eccezionale, è sempre più attivo e si stacca dalla mamma per giocare con gli altri bimbi, tornando ogni tanto da lei che se la spassa a parlare con le altre madri, e guardandola spesso per verificare che ci sia. Non ha mai pianto, neanche quando si è fatto male.
In occasione del primo compleanno di Jacopo, Alice mi invita a partecipare al gruppo: mentre mangiamo la torta Alice fa le foto, e resto sorpresa della dinamicità del bambino e di come interagisca con gli altri, anche adulti. Ai saluti Alice si avvicina e mi dà i confetti del battesimo, avvenuto alcuni mesi prima, invitandomi a leggere il bigliettino: «Jacopo Paolo.» Alzo lo sguardo, incrocio gli occhi di Alice e di Jacopo e sento un'emozione profonda che non ha bisogno di parole. Al gruppo successivo Jacopo, rincorrendo la palla, cade e piange.

Penso che aver aiutato i genitori a entrare in sintonia con le emozioni profonde che portava Jacopo, tanto piccolo ma non una tabula rasa, e a tollerare l'angoscia che rimandava l'assenza di uno sguardo in cui rispecchiarsi, abbia permesso loro di darsi tempo per sentirsi mamma e papà, cui Jacopo sa di potersi rivolgere per essere accolto e riparato. Oltre alla rêverie, ho usato con questi genitori le scale delle rappresentazioni dell'intervista Ad-Mate-R (Fava Vizziello, Antonioli e Volpe, 1994), compilate da loro durante lo studio di valutazione e all'arrivo del bambino. Questo ha permesso loro di confrontare su un materiale da loro stessi prodotto diversità e somiglianze tra le varie rappresentazioni nell'evoluzione della loro relazione con il figlio. Carlo e Alice sono riusciti a confrontare le loro aspettative, e a separarsi dal loro bambino mai nato, inserendo Jacopo nel loro progetto di vita e nella loro storia.

Quasi tutte le coppie si dichiarano disponibili per un «bambino sano», esattamente come i genitori in attesa di un figlio naturale, al massimo tollerando un piccolo *difetto* che nel tempo possa sparire. Spaventa apparentemente meno la malattia psichica (tranne gli addetti ai lavori!), perché di solito è comune l'idea salvifica che basti il loro amore per superare ciò che difensivamente preferiscono considerare dovuto solo alle carenze e/o ai maltrattamenti che il bambino può aver subìto. Un'attenta riflessione sulla storia sanitaria dei due partner (in particolare la storia della sterilità) e delle famiglie d'origine permette di fare una prognosi sulle loro capacità di cura e di contenimento verso il bambino. Persone troppo provate dalla malattia, sia nel passato che attualmente, o che invece negano la dimensione corporea della loro vita relazionale (importante è la vita sessuale della coppia), non potranno aiutare un bambino particolarmente carenziato o con problemi di salute, che richiede particolari cure, ma neanche un neonato, per il quale il corpo è il canale primario di comunicazione e di sviluppo. È frequente il controllo medico immediato dopo l'arrivo del bambino, quasi una richiesta di autorizzazione a «portare in casa» un estraneo, depositario di tanti misteri. A volte i controlli diventano ossessivi di fronte a disturbi, tra l'altro abbastanza frequenti, del sonno e dell'alimentazione, che quasi sempre si risolvono se contenuti e tollerati dai genitori, magari con il sostegno di familiari e amici. Anche il bambino adottivo ha bisogno di trovare, e per un periodo abbastanza lungo, dei «genitori sani ed entusiasti», con tante energie fisiche e psichiche, e a mio parere questo viene spesso sottovalutato nello studio della coppia, in collusione con l'idea che basti conoscere e valutare la loro vita psicologica e la loro disponibilità affettiva.

Per alcuni aspetti, quindi, il bambino adottivo può rispondere in pieno alle aspettative dei genitori, per altri invece li delude; determina sempre sorpresa, e rende necessaria una grande capacità di adattamento. Il figlio sconvolge comunque la vita della coppia, che se aiutata può integrare gli elementi inaspettati che il bambino porta con sé, dando un senso al «qui e ora» in relazione a una storia reciprocamente sconosciuta che sarà ripercorsa avviando quei processi riparativi che la loro relazione potrà attivare.

Anna e Sara sono due bambine bielorusse di sei e otto anni, molto carine, tanto da far esclamare al papà: «Io non ce l'avrei mai fatta a fare due figlie così belle!» La coppia – hanno entrambi circa 45 anni – aveva dato la disponibilità a bambini anche grandicelli; supera con relativa facilità tutto l'iter; entrambi appaiono sereni e contenti delle loro bambine, nonostante siano arrivate con una documentazione molto preoccupante sul loro stato di salute, soprattutto psichico. Mi è chiaro, appena incontro le bambine, che non sono affette da quei gravi disturbi che vedo descritti, e lo verbalizzo; i genitori mi confermano che è stata una strategia che l'istituto ha scelto per favorire l'adozione. Le bambine sono inserite a scuola, imparano con facilità nonostante i problemi di lingua, frequentano due diverse attività sportive. Insomma un gran da fare ma anche una grande soddisfazione sembrano connotare la vita di questa nuova famiglia. Un giorno telefona la madre e chiede un appuntamento con la psicologa perché è successa una cosa molto grave al marito. Il papà arriva molto teso, non ha più quell'aria bonaria e paciosa che sempre aveva mostrato, e con fare circospetto mi dice che le bambine da alcuni giorni quando lui rientra a casa gli vanno incontro come sempre festose e poi «mi mostrano il culetto», e balbetta: «Non sono un pedofilo!» Li rassicuro che non ci sarà nessuna denuncia e li invito a tornare con le figlie, così ne parliamo insieme. Al colloquio con la famiglia usiamo lo Sceno-Test per raccontare una storia, e sono evidenti molte note affettive nelle relazioni tra adulti e bambini e la presenza di tanti bambini e animali. Un signore è messo al centro di tutta la scena, sulla sdraio con una fetta di torta: «È papà – dice Sara. – È un mangione, lo vedi che pancia grossa che ha», aggiunge toccandogli affettuosamente la pancia. Mi inserisco: «Papà vi vuole proprio tanto bene ed è un vero giocherellone, la mamma è una maestra e quindi spesso vi fa fare i compiti! Così a scuola riuscite a imparare tante cose.» La signora sorride mostrando di condividere: «A papà piace proprio tanto giocare con voi, e anche a voi, vero?» Anna, la più piccola e la più vivace ed espansiva, si ferma, mi guarda e mi risponde: «Eh, sì! Vedi, questi sono tutti i bambini del mio istituto; sai, con lui, solo con lui, noi facciamo il gioco delle mutande, è un gioco della Russia, che facevamo in collegio!» Il papà la guarda esterrefatto, si rilassa e le risponde: «A me non piace molto, però forse non lo so fare bene. Sono contento però che abbiate pensato che ero dei vostri! Però possiamo fare dei nostri giochi, solo nostri!» Anna lo guarda e gli dice: «Va beh!», gli salta in braccio e gli fa il solletico: «Lo sai che se non mi fermo ride così tanto che gli viene il singhiozzo!» Sara si intromette: «Questi due sono dei matti», si avvicina alla mamma e si siede nelle sue ginocchia.

I comportamenti a sfondo sessuale che spesso caratterizzano le relazioni di questi bambini carenziati suscitano fantasie e angosce nei genitori. In questo caso, l'aver potuto raccontare tutto questo alla psicologa che li conosce ha permesso di sedare la paura, capire e trovare un senso a ciò che era emerso. Inoltre, è stata fondamentale la buona intesa di coppia, che ha permesso al padre di affrontare l'impasse, sostenuto dalla madre. Sono stati necessari diversi colloqui con questi genitori per rielaborare la paura che i comportamenti delle figlie fossero da collegare a quelle diagnosi, che loro stessi avevano riferito come fasulle, ma che erano tornate alla ribalta nel momento della difficoltà. Anche in questo caso emerge come ogni carta, ogni parola assuma significati e risonanze che vanno molto al di là del dato oggettivo, un po' come i referti, i colloqui con i medici, le ecografie della gravidanza.

Con la nuova legge sull'adozione internazionale i genitori possono *evitare* di rivolgersi ai Servizi, in quanto viene recepito l'atto di adozione del Paese di origine se questo ha firmato la Convenzione dell'Aia. Nel caso lo desiderino possono rivolgersi indifferentemente ai Servizi o agli Enti autorizzati. Tale cambiamento, accolto come un modo di rendere spontanea il più possibile la relazione adottiva, dovrà essere valutato attentamente nel tempo, soprattutto in casi di grave difficoltà di inserimento dei bambini in famiglia. In particolare, sarà da osservare come il grande carico di vissuti emotivi ambivalenti, se non negativi, che possono emergere, si scontri con paure e sensi di colpa, portando a un innalzamento delle difese, per cui la famiglia potrebbe giungere alla richiesta di aiuto in tempi molto dilazionati, con minori possibilità di rielaborazione e con percorsi già segnati da incomprensioni e delusioni.

Tutti i bambini hanno bisogno dei genitori, di qualcuno che sussista quando loro sono detestati e anche detestabili. La *resistenza* dei genitori agli attacchi alla filiazione, che saranno molto più evidenti in adolescenza, è funzione del loro sentimento di sicurezza nel definirsi come «veri genitori» nel presente e nel futuro.

Il processo decisivo nella genitorialità adottiva è la capacità dei genitori di far rientrare il bambino nella loro storia passata familiare, la capacità cioè di ciascuno di loro di rivivere la propria infanzia e la propria storia attraverso il figlio affinché lui se ne appropri ed entri nel «romanzo familiare» con legami sicuri, per meglio staccarsene in futuro.

Capitolo 13

Adozione: uno studio attraverso l'uso dei disegni

Barbara Bergamo e Maria Elisa Antonioli

I test del Disegno della Figura Umana (Machover, 1949) e del Disegno della Famiglia (Corman, 1967) sono strumenti molto utilizzati in ambito clinico e di ricerca; si basano, come molti altri metodi affini, sul concetto psicoanalitico di proiezione, cioè l'idea che il disegno esprima alcuni aspetti del mondo interno della persona relativi a sé o alla propria famiglia, spesso trattenuti o sconosciuti anche dal soggetto per la carica affettiva, aggressiva o conflittuale che contengono. Questo tipo di compito offre la possibilità di rappresentare, attraverso l'attività grafica, la concezione personale dell'idea di sé e della vita familiare, intesa come una mappa che raccoglie le immagini mentali e le disposizioni relazionali della persona e della famiglia. Inoltre, la rappresentazione che il soggetto fa di una famiglia non contiene unicamente l'espressione della famiglia che desidererebbe, ma anche alcuni aspetti «reali» del sistema familiare in cui si trova inserito, come ad esempio alcuni conflitti presenti tra i suoi membri, per varie ragioni non espressi e non esprimibili. In questo senso, il Disegno della Figura Umana e il Disegno della Famiglia possono essere considerati costruzioni in cui convergono, da un lato, le relazioni realmente sperimentate dall'individuo, e dall'altro il flusso delle fantasie legate al mondo interno del soggetto. Di conseguenza, tale compito impegna il soggetto a elaborare una rappresentazione grafica all'interno della quale non può collocarsi una riproduzione della realtà, ma una sua rielaborazione.

Il test del Disegno della Figura Umana consiste nel richiedere al bambino di disegnare un omino come meglio sa fare; a tale semplice consegna fanno seguito contributi interpretativi di duplice natura: da una parte, secondo Goodenough, il Disegno della Figura Umana riflette lo sviluppo e la maturità cognitiva del bambino, un'idea che nasce dagli studi sullo sviluppo delle abilità grafiche nel corso dell'infanzia; dall'altra, la visione di Machover sottolinea che questo tipo di produzione grafica rappresenta, in realtà, l'espressione del Sé in tutti i suoi aspetti affettivi, corporei o ambientali, e come tale dev'essere analizzata. In altre parole, è come se attraverso il disegno di una «persona» raffigurata il bambino, in qualche modo, esprimesse gli aspetti legati alle diverse sfere del Sé. Il contributo di Koppitz si pone invece, in un certo senso, a metà strada tra i due precedenti, in quanto prevede un sistema di valutazione basato su due scale: la prima sugli indicatori dello sviluppo mentale e la seconda sugli indicatori emotivi. L'aspetto interessante è come una richiesta relativamente semplice, piacevole e veloce fatta al bambino possa fornire all'esaminatore informazioni e prospettive esplicative numerose, ricche e clinicamente rilevanti da molteplici punti di vista.

Diamo qui di seguito un esempio dell'utilizzazione del disegno nello studio dello sviluppo del senso di sé nei bambini in affido preadottivo.

Lo studio

È ben noto che l'esperienza del Sé, l'esperienza dell'altro, l'esperienza del Sé con l'altro sono determinanti nello sviluppo psicofisico, dal momento che permettono di sviluppare i processi emotivi e mentali atti a stabilire un solido e integrato senso di sé.

Il bambino adottato ha spesso esperito abbandoni precoci, trascuratezza, cure inadeguate, da cui può derivare una difficoltà a costruire un'adeguata immagine di sé, con gravi ripercussioni sul suo mondo interno relativamente al senso di identità, all'autostima e alla percezione del proprio corpo, in quanto elemento di connotazione del Sé.

Lo studio è compiuto attraverso l'analisi dei disegni di bambini adottati, con l'obiettivo di comprendere i loro vissuti interiori rispetto al passato e alla nuova famiglia, la qualità dei rapporti con il nuovo ambiente e l'immagine di sé. Infatti nel disegno, considerato come tecnica proiettiva, possiamo trovare una rielaborazione della realtà che il bambino vive, su cui vengono proiettati vari aspetti della sua interiorità psichica.

Soggetti e metodi

La ricerca è stata condotta su due gruppi di bambini: 25 in affido preadottivo (10 maschi e 15 femmine) e 25 appartenenti alla popolazione generale (13 maschi e 12 femmine). L'età dei bambini adottivi è compresa tra 4 e 7 anni, mentre l'età dei bambini biologici va da 4 anni e 5 mesi a 6 anni e 3 mesi. I bambini adottati provengono da Paesi diversi: 8 dall'America Meridionale, 6 dalla Russia, 3 dall'Africa e 1 dall'Asia, 7 bambini sono italiani. I bambini del gruppo di controllo sono tutti di nazionalità italiana.

I dati sono stati raccolti in una scuola materna della provincia di Padova per quanto riguarda i bambini biologici, nei consultori familiari della ULSS 17 di Este e della ULSS 20 di Verona per i bambini adottati.

Sono stati utilizzati due test grafici: il test del Disegno della Figura Umana e il Test del Disegno della Famiglia.

Per quanto riguarda il Disegno della Figura Umana la consegna classica è «disegna una persona», ma, considerata l'età dei soggetti, in questa ricerca si è preferito utilizzare la consegna «disegna un ragazzo», espressione suggerita da Machover per bambini molto piccoli. Per il Disegno della Famiglia si è seguita la consegna indicata da Corman.

Per compiere un'analisi del materiale raccolto sono state elaborate due griglie di rilevazione di alcuni indici, relativi soprattutto al livello formale e di contenuto dei disegni, a partire dai lavori sull'argomento già presenti in letteratura (Lis, 1998). L'aspetto grafico non è stato preso in considerazione in questa fase dello studio.

Per quanto riguarda il test del Disegno della Figura Umana sono state prese in considerazione le seguenti variabili di analisi:

A Dimensione della figura rispetto al foglio
B Collocazione del disegno sul foglio
C Presenza di cielo e prato
D Espressione del personaggio
E Testa
F Occhi
G Bocca
H Naso
L Orecchie
M Capelli
N Collo
O Braccia
P Mani
Q Dita
R Abbigliamento
S Omissioni
T Presenza di altri oggetti

Similmente, per l'analisi del test del Disegno della Famiglia sono state prese in considerazione le variabili qui elencate:

A Composizione della famiglia
B Collocazione del bambino in rapporto ai familiari
C Personaggio valorizzato
D Personaggio svalorizzato
E Personaggio aggiunto
F Personaggio omesso
G Personaggi collocati in altri luoghi
H Presenza di altri oggetti

I dati ricavati dall'applicazione delle griglie sono stati analizzati attraverso il calcolo delle frequenze e delle percentuali, che consente di effettuare alcune preliminari considerazioni qualitative sul materiale raccolto (vedi Appendice 3).

Risultati e discussione

Tutti i soggetti hanno eseguito la consegna. Nell'analisi del Disegno della Figura Umana un primo dato piuttosto rilevante riguarda il fatto che i bambini adottivi disegnano la figura umana di dimensioni sproporzionate rispetto al foglio: o troppo piccola, o troppo grande rispetto alla media delle dimensioni (tab. 13.1).

Secondo Oliverio Ferraris (1973), in genere una figura troppo piccola può suggerire una carenza relativa al senso di identità, a una corretta percezione di sé e a una sufficiente autostima; figure esageratemente grandi, che occupano tutto il foglio, ci rimandano al bisogno di questi bambini di affermarsi, di dire al mondo, e a sé stessi, che esistono e che hanno un «loro posto»; si potrebbe supporre che abbiano un tale bisogno di sentirsi totalmente accettati con tutti i difetti che possono avere, che finiscono con l'ostentare ciò che hanno dentro, riempiendo quindi il foglio di «loro stessi». Dai disegni sembra che i bambini adottivi, in questa prima fase di inserimento nel nucleo familiare, oscillino tra il mostrarsi per «farsi vedere e riconoscere» e il nascondersi per «paura di non essere accolti» dalle nuove figure genitoriali, dimostrando come sia ancora fragile il loro processo interno di affiliazione e di appartenenza alla nuova famiglia.

Un altro indice che emerge a una lettura qualitativa dei dati riguarda la presenza del nome del bambino nei disegni. Infatti un'alta percentuale di bambini adottivi sentono la necessità di firmare il proprio disegno, di «scrivere» la propria identità, di lasciare il segno di sé, come se per loro non fosse sufficiente rappresentarsi graficamente ma sentissero la necessità di sottolineare ulteriormente chi sono (tab. 13.2). Molti di questi bambini sono cresciuti in un istituto nel quale dovevano definirsi per nome; quel nome, rappresentando le proprie radici affettive e culturali, inserisce il bambino in una continuità di appartenenza che l'adozione interrompe, e sembra acquisire più senso solo se è scritto. Questo, forse, può essere un elemento di sostegno alla richiesta che gli operatori dei Servizi fanno ai genitori adottivi di mantenere il nome originario del bambino.

Tabella 13.1
Frequenze relative alla dimensione della figura rispetto al foglio (A) nei Disegni della Figura Umana nei gruppi dei figli adottivi e dei figli biologici

	AC (corretta)	AP (piccola)	AG (grande)
Adottivi	7 (28%)	9 (36%)	9 (36%)
Biologici	17 (68%)	3 (12%)	5 (20%)
M adottivi	1 (10%)	5 (50%)	4 (40%)
F adottive	6 (40%)	4 (26,7%)	5 (33,4%)
M biologici	8 (61,5%)	2 (15,4%)	3 (23,1%)
F biologiche	9 (75%)	1 (8,4%)	2 (16,7%)

Tabella 13.2
Frequenze relative alla presenza di altri oggetti (T) nei Disegni della Figura Umana nei gruppi dei figli adottivi e dei figli biologici

		TS					
TN		TL		TF		TCTA	TP
		(sole)		(fiori)		(casa)	
(animali)		(altre persone)		(nome)		(altro)	
Adottivi	7 (28%)	3 (12%)	2 (8%)	1 (4%)	3 (12%)	9 (36%)	8 (32%)
Biologici	12 (48%)	19 (40%)	3 (12%)	6 (24%)	2 (8%)	1 (4%)	6 (24%)
M adottivi	3 (30%)	2 (20%)	0	0	2 (20%)	2 (20%)	4 (40%)
F adottive	4 (26,7%)	1 (6,7%)	2 (13,4%)	1 (6,7%)	1 (6,7%)	7 (46,7%)	4 (26,7%)
M biologici	5 (38,5%)	4 (30,8%)	3 (23,1%)	3 (23,1%)	2 (15,4%)	1 (7,7%)	3 (23,1%)
F biologiche	7 (58,4%)	6 (50%)	0	3 (25%)	0	0	3 (25%)

Un altro aspetto che si può osservare frequentemente nel Disegno della Figura Umana dei bambini adottivi è il bisogno che manifestano di «riempire» completamente il foglio e lo spazio che hanno a disposizione con oggetti di ogni tipo (tab. 13.2). Questo può darci alcune indicazioni sulla loro difficoltà a tollerare il senso di vuoto generato dal ricordo delle carenze subite.

Dall'analisi dei Disegni della Famiglia dei bambini adottivi emerge, in contrasto con quanto riportato in letteratura rispetto alla popolazione generale, che la maggior parte dei bambini dei nostri due gruppi (72%) disegnano la propria famiglia e non una famiglia generica; nel campione di riferimento di Corman, composto da 1200 bambini, solo il 10 per cento circa disegnavano la propria famiglia. Questo potrebbe costituire un ulteriore elemento connotativo della popolazione oggetto di indagine, motivato dalla ricerca di figure di riferimento stabili nella vita attuale. Inoltre, è necessario considerare che l'ingresso in una famiglia, per un bambino in stato di abbandono, è un evento molto desiderato, ma anche senza alternative, per cui il bambino depone le sue fantasie per concentrarsi su ciò che finalmente ha, dedicandogli tutto il suo spazio mentale. Similmente ai figli biologici, i bambini adottivi tendono a disegnare la famiglia completa e con tutti i suoi componenti ravvicinati (tabb. 13.3 e 13.4).

Nei bambini adottivi, però, vi è una tendenza qualitativamente evidente a disegnarsi o vicino alla madre o vicino al padre, e questo dato potrebbe indicare che sviluppano un legame preferenziale con una figura genitoriale specifica piuttosto che con la coppia genitoriale.

I Disegni della Famiglia dei bambini adottivi contengono per il 52 per cento la casa (tab. 13.5), che senza dubbio rappresenta il primo oggetto affettivo del bambino, come base stabile e sicura. La casa simboleggia il rifugio, il calore familiare, il nucleo originario, che per il bambino adottivo diventa spazio per integrarsi e luogo dove finalmente «abitare» protetto dai pericoli esterni.

Tabella 13.3
Frequenze relative alla composizione della famiglia (CAT. A) nei Disegni della Famiglia nei gruppi dei figli adottivi e dei figli biologici

	AC (completa)	AN (non completa)
Adottivi	18 (72%)	7 (28%)
Biologici	18 (72%)	7 (28%)
M adottivi	8 (80%)	2 (20%)
F adottive	10 (66,7%)	5 (33,4%)
M biologici	8 (61,5%)	5 (38,4%)
F biologiche	10 (83,4%)	2 (16,7%)

Tabella 13.4
Frequenze relative alla collocazione del bambino in rapporto ai familiari (B) nei Disegni della Famiglia nei gruppi dei figli adottivi e dei figli biologici

	BR (vicini)	BM (madre)	BI (bambino isolato)	BP (padre)	BA (alt. isolato)
Adottivi	14 (56%)	5 (20%)	6 (24%)	5 (20%)	3 (12%)
Biologici	20 (80%)	1 (4%)	3 (12%)	1 (4%)	1 (4%)
M adottivi	5 (50%)	2 (20%)	2 (20%)	3 (30%)	3 (30%)
F adottive	9 (60%)	3 (20%)	4 (26,7%)	2 (13,4%)	0
M biologici	8 (61,5%)	0	2 (15,4%)	0	1 (7,7%)
F biologiche	11 (91,7%)	1 (8,4%)	1 (8,4%)	1 (8,4%)	0

Tabella 13.5
Frequenze relative alla presenza di altri oggetti (H) nei Disegni della Famiglia nei gruppi dei figli adottivi e dei figli biologici

	HC (casa)	HF (fiori)	HS (sole)
Adottivi	13 (52%)	12 (48%)	6 (24%)
Biologici	3 (12%)	7 (28%)	3 (12%)
M adottivi	4 (40%)	0	5 (50%)
F adottive	9 (60%)	6 (40%)	7 (46,7%)
M biologici	3 (23%)	2 (15,4%)	3 (23,1%)
F biologiche	0	1 (8,4%)	4 (33,4%)

Nello stesso tempo, però, la casa può essere utilizzata per separare, e il bambino può essere rappresentato fuori dalla casa: al suo interno, dice il bambino, ci sono i familiari.

Come già evidenziato nel Disegno della Figura Umana, al di là della consegna, nelle produzioni grafiche di questi bambini compaiono svariati tipi di oggetti: animali, fiori, alberi, mezzi di trasporto (tab. 13.5); i bambini si disegnano in giardino, o all'interno di casa, riportando con fedeltà tutti i particolari di questi spazi. Tale aspetto può essere compreso ipotizzando che il bisogno di sicurezza attivi un comportamento di forte attaccamento agli oggetti della nuova realtà.

Conclusioni

La ricerca evidenzia, innanzitutto, la disponibilità dei bambini a disegnare e la ricchezza di informazioni che i loro disegni possono fornire, aspetti che rendono il metodo del disegno sia un importante strumento nell'indagine in campo adottivo, sia un proficuo stratagemma per «rompere il ghiaccio».

Osservando i Disegni della Figura Umana, gli elementi rilevanti che sembrano caratterizzare i bambini adottivi del nostro gruppo al momento dell'indagine, ossia nei primi mesi di affido preadottivo, sono un'immagine confusa di sé, un'autostima piuttosto bassa e un forte bisogno di sostegno e appoggio per sentirsi accettati e tentare di colmare il vuoto che sentono dentro di loro.

D'altra parte, però, i bambini sono molto concentrati sul presente, come emerge nel Disegno della Famiglia: ciò che disegnano è proprio la loro famiglia adottiva, la nuova casa, simbolo importante della loro speranza di avere finalmente trovato una base stabile e sicura, e gli oggetti del nuovo ambiente, anch'essi molto importanti nella nuova immagine di sé che il bambino va a costruirsi. D'altra parte, l'improvviso eccesso di stimolazioni proposte al bambino dall'ambiente familiare che tanto lo attendeva, determina in lui una forte ambivalenza che si manifesta in molti modi, inducendolo continuamente a un raffronto con il vuoto che si porta dentro.

Parte quarta

Narrazione e qualità delle adozioni

L'analisi qualitativa della AAI, ovvero la ricchezza del contenuto La Adult Attachment Interview, per come è strutturata, si avvicina molto al colloquio clinico. È proprio in virtù di questa somiglianza che abbiamo deciso di rileggere tutte le interviste da una prospettiva diversa e complementare a quella comunemente usata per determinare lo stato della mente rispetto all'attaccamento. Se Main e Crittenden, in diverse proporzioni, si sono concentrate su aspetti prevalentemente formali, noi ci siamo focalizzati sui contenuti, prestando particolare attenzione ai vissuti dei ragazzi circa le loro esperienze pre- e post-adottive e cercando di integrare tali informazioni con quelle sulle modalità di attaccamento nei confronti dei genitori biologici e adottivi.
Abbiamo quindi costruito una *griglia di analisi del contenuto* che ci permettesse di leggere tutte le interviste allo stesso modo e di operare confronti inter- e intrasoggettivi. La traccia iniziale è stata costruita prendendo spunto dalle domande della AAI; successivamente abbiamo definito in modo più chiaro e sistematico i vari punti, cercando di adattarli il più possibile ai contenuti che i soggetti stessi riportavano. La griglia prende in esame quattro grandi aree: rapporto con sé stessi; rapporto con i genitori; rapporto con i fratelli/sorelle; rapporto con altri significativi. Ogni area viene poi analizzata secondo diverse variabili: per ciascuna sono state riportate le frasi espresse in prima battuta dai ragazzi.
Per motivi diversi, occasionali o determinati dalla scelta di precise fasce di età, non è stato possibile svolgere le analisi su tutti i soggetti a nostra disposizione; è comunque rappresentato un campione significativo.

Capitolo 14

C'era una volta un padre: i padri adottivi raccontano

Angela Spano e Graziella Fava Vizziello

Evoluzione del ruolo paterno nel tempo

In questo capitolo prenderemo in considerazione gli aspetti che a noi sembrano caratteristici dei padri adottivi con figli in età adolescenziale, emersi dall'analisi del contenuto di trenta Adult Attachment Interviews di padri, sorteggiate tra quelle considerate nei diversi studi e facenti parte del campione più ampio di genitori adottivi. La griglia dell'*analisi del contenuto* è quella già descritta con alcune specifiche modifiche. Ai dati ottenuti è stata applicata la statistica del Chi quadrato, e si è proceduto successivamente al riepilogo e all'interpretazione dei dati, soprattutto a livello qualitativo.

Da questo lavoro di ricerca emerge una figura paterna molto diversa da quella descritta fino a trent'anni fa, così come mutato appare il ritratto che dell'adolescente è possibile delineare grazie al racconto degli stessi padri.

Per quanto riguarda l'organizzazione familiare descritta da tutti i padri del campione riferendosi alla propria famiglia d'origine, risulta essere quella di tipo *patriarcale*: da bambini i soggetti avevano spesso responsabilità lavorative (molti lavori da 11 anni in poi) e di accudimento anche verso altri fratelli più piccoli o figli di parenti (ad esempio cugini). Anche il rapporto con i fratelli era spesso di accudimento e di rivalità. La madre era la figura che ascoltava ed educava. Il padre invece impartiva le regole, picchiava e lavorava. Predominava la paura di dialogare e di contraddire il padre, con molta soggezione.

I nonni spesso vivevano con il nucleo familiare, ma, rispetto a oggi, avevano un ruolo secondario nell'educazione dei figli.

Per quanto riguarda i rapporti con le singole figure genitoriali, l'altra categoria considerata è quella delle relazioni familiari nell'infanzia.

Relazioni familiari nell'infanzia

Dalle interviste traspare un'idealizzazione più forte di quella che si riscontra nelle madri. Le contraddizioni sono numerose: «Davano regole e qualche scapaccione, però era giusto, però i miei figli non li tocco.» Vengono riportati pochi episodi, e nella maggior parte dei casi si tratta di episodi riferiti spontaneamente; quando invece si chiede ai padri di fornire esempi specifici a sostegno degli aggettivi, o non lo fanno (riferendo solo generalizzazioni semantiche), oppure ne riportano solo alcuni, e per meno della metà degli aggettivi forniti.

Il padre: viene descritto dalla maggior parte come colui che aveva l'autorità, impartiva regole, picchiava ed era severo; non c'era dialogo. Si parla molto di rigidità e di sottomissione e soggezione del figlio. Molti padri sono contraddittori e lo definiscono anche «buono in fondo», disponibile, presente fisicamente e soprattutto «insegnante» (in contrapposizione alla madre, che invece è descritta come culturalmente inferiore), con il quale ci si scontrava sì, ma per crescere.

La madre: si parla di rapporto sereno e buono, protettivo, anche se soprattutto di accudimento e di presenza solo fisica (anche con lei non esisteva molto dialogo); l'affetto e il legame vengono riportati dalla maggior parte, però si aggiunge anche che sono «intuiti», nel senso che non li si manifestava con le coccole, che non si usavano. La madre è anche colei che difendeva dal padre; molti tuttavia la definiscono anche come severa.

Madre/padre, ossia le qualità che il soggetto attribuisce al suo rapporto con entrambi i genitori: ciascuno dei genitori aveva modalità di essere in relazione con il figlio che erano discordanti rispetto all'altro, e la maggior parte dei padri adottivi notano questa discordanza di stile educativo, che si esprimeva perlopiù attraverso le «botte» da parte del padre e il tentativo della madre di proteggere i figli. La maggior parte dei soggetti ricordano di essersi sentiti privilegiati nei confronti di altri fratelli. Quando i padri del campione parlano dei genitori non distinguendo tra padre e madre e attribuiscono alla relazione con loro caratteristiche soprattutto negative.

Rapporto di coppia passato dei genitori: disparità madre/padre, ruoli molto diversi.

Spiegazione del comportamento dei genitori: soprattutto con riferimento a «stile educativo/cultura», «difficoltà economiche», «difficoltà nell'infanzia».

Il *genitore preferito* resta nel 50 per cento del campione la *madre*, nel 24 per cento il *padre*, mentre il 26 per cento dei soggetti riferiscono di avere lo stesso tipo di rapporto con *entrambi*.

Da questi dati risulta chiara la divisione tradizionale dei ruoli materno/paterno: il padre aveva l'onere di orientare verso la società, senza confortare affettivamente, la madre al contrario ascoltava e consolava, ma non si occupava di promuovere nel figlio e nella famiglia un'apertura alla società.

Attualmente invece, con il miglioramento delle condizioni culturali, economiche e tecnologiche, ci sono stati molti cambiamenti sia all'interno sia all'esterno della famiglia. Molti autori sono concordi nell'affermare che all'esterno del nucleo familiare si è verificata una generalizzazione dei ruoli: la donna, con un livello d'istruzione superiore rispetto a un tempo, partecipa quasi quanto il marito alla vita sociale e contribuisce in prima persona al sostentamento e al benessere della famiglia. Questo ha influito molto sulla divisione dei ruoli e sull'evoluzione delle funzioni genitoriali, rendendo comune anche per gli uomini il coinvolgimento affettivo con i figli (Baraldi, 2000).

Oggi, anche se entrambi i genitori portano avanti una doppia carriera, all'esterno e all'interno della casa, i padri continuano a passare *più tempo fuori casa* rispetto alle mogli, le quali non solo continuano a essere il punto di riferimento principale all'interno della famiglia, ma assumono *ruoli che tradizionalmente erano attribuiti al padre*, come l'inserimento nella scuola e nel mondo del lavoro.

Maggioni (2000b) afferma che la *madre* appare oggi capace di misurarsi con *identità nuove* che prima non le appartenevano, mentre il *padre*, anche se non può essere considerato semplice spettatore di un cambiamento non voluto, *fatica a ridefinire un ruolo nuovo* e una nuova identità.

Nascita della vocazione paterna

Data la difficoltà con cui i giovani uomini appartenenti all'attuale generazione avvertono la voce interiore della paternità, a differenza di molte loro coetanee che invece sentono una spinta molto forte verso la maternità, Pietropolli Charmet (2000) si è chiesto in quale fase della vita e a seguito di quale evento nasca nell'uomo il figlio simbolico, con il desiderio di assumersene la responsabilità. È arrivato alla conclusione, discutendo con molti giovani padri che affluivano al suo studio, che la vocazione paterna difficilmente nasce dal nulla ma di solito prende origine all'interno di un'intensa relazione sentimentale con la donna amata. «Ciò spiegherebbe come il nuovo padre nasca sull'onda del sogno materno della donna che ama e con la quale ha un rapporto stabile.» Sembra quindi che la partner aiuti il suo compagno a guarire dal «narcisismo» maschile e lo predisponga ad assumere il ruolo di padre. Il figlio del padre nasce simbolicamente all'interno di valori materni, ed è in questa direzione che fin da subito si muove il desiderio paterno, ispirato più dalla tenerezza e dall'amore che da fantasie falliche e «testardamente virili». L'aspirante padre nasce dunque dalle ceneri rimaste del narcisismo maschile, e questo ha importanti ripercussioni sulla relazione padre-figlio, soprattutto in adolescenza. Forse per questo attualmente i padri si interessano più dei sentimenti dei loro figli e di trasmettere loro amore e affetto, piuttosto che impartire regole, come facevano i loro padri. Sembra essere avvenuta un'evoluzione nei nuclei familiari attuali: dalla famiglia «etica» si è passati, infatti, alla famiglia «affettiva».

Anche recenti studi di Loschi e Vandelli (1999) hanno sottolineato come sia importante che il padre sia in grado di costruire una sua identità maschile che includa anche aspetti femminili; se ha sviluppato la capacità di preoccuparsi, potrà invece maturare, nel corso della gravidanza della sua partner, la preoccupazione paterna primaria. Questo favorisce sentimenti di identificazione con il figlio, permettendo di percepirne bisogni e desideri. In questo periodo, ma anche dopo la nascita del bambino, il padre sembra avere anche la funzione di «alleggerire» e contenere le angosce materne e di fare in modo che madre e figlio non si chiudano in un rapporto esclusivamente duale e simbiotico; nel complesso, sembra avere la funzione di proteggere la nuova famiglia. Può in questo modo promuovere l'attivazione dei processi verso l'indipendenza che garantiscono l'autonomia di entrambi.

I nuovi padri adottivi

Dalla ricerca emerge un profilo di padre non autoritario, comprensivo, disponibile al dialogo e sempre aperto alle nuove esperienze di crescita del figlio. Secondari e ausiliari alla madre, i padri sono pratici, parlano poco di sentimenti e di stati d'animo; chi non è diplomato o anche, a volte, laureato spesso è insicuro perché sente di non avere studiato abbastanza.

Il Sé psichico

I padri ne parlano poco e in maniera superficiale. Chi ne parla si riferisce a timidezza e *insicurezza*, alla paura che si pensi male di lui e alla propensione a «tenersi tutto dentro» e a «sbrigarsela da solo». Probabilmente l'«insicurezza» riferita è conseguenze dell'adolescenza dei figli, una fase molto critica ma che lo diventa ancor di più per questi padri, che spesso devono fronteggiare le rinnovate angosce genetiche dei figli. Gli attuali padri biologici, anche se armati di tutte le buone intenzioni e di pazienza, faticano a rispecchiarsi nell'adolescenza del figlio, lontana anni luce dalle ideologie sessantottine e dalla voglia di «cambiare il mondo» oppure di contrastare le ingiustizie sociali. In particolare, i padri adottivi (e in quattro casi anche biologici) del nostro campione lamentano la «poca iniziativa» dei figli, la cui caratteristica principale non è certo la ribellione che individuava la figura dell'adolescente tradizionale.

Le caratteristiche della gioventù dei nostri tempi impongono anche un adeguamento da parte del padre, che impara il suo ruolo dal figlio e non dai propri genitori, dai quali, nel nostro campione, desidererebbe distinguersi nettamente.

Per quanto riguarda il modo di vedere sé stessi, nei nostri padri adottivi vi è un maggior equilibrio nel descriversi (50% di descrizioni negative e il rimanente 50% di descrizioni positive) rispetto al campione delle madri adottive a cui fa riferimento Zouharová (2001), che tendono a idealizzare sé stesse (la maggior parte si descrivono in modo positivo).

Riguardo al *Sé psichico*, la maggior parte delle madri si descrivono in modo positivo, mentre vi è un maggior equilibrio nelle descrizioni che i padri fanno di sé stessi (quest'ultimo fatto è confermato dai dati della nostra ricerca sui *padri adottivi*: 50% di descrizioni positive e 50% di negative).

Per quanto riguarda la categoria *influenza del passato*, sembra che le esperienze infantili abbiano un peso solo sulla personalità di questi padri, ma non sulle loro scelte di vita. La maggior parte riportano influenze solo *positive* (con differenze non significative tra i diversi pattern di attaccamento), nel senso che dicono che tutto è servito per formare il loro carattere. Molti altri invece riconoscono influenze solo negative del loro passato. Solo una minoranza riporta influenze sia positive sia negative. Solo due soggetti ritengono che il loro passato non sia stato determinante nella formazione della loro personalità.

La maggior parte rimpiangono di non avere studiato più a lungo (anche chi è diplomato) e aggiungono di «aver lavorato tanto nel corso dell'infanzia». Spesso la carriera attuale non viene neanche nominata.

Non si parla di *paure nel passato* (sembra che si vogliano tralasciare) mentre i *timori attuali* sono legati al ruolo genitoriale: alla preoccupazione che il figlio possa frequentare le «cattive compagnie» o che possa «fare incidenti con la macchina».

Per la categoria *modalità di reazione alle difficoltà nell'infanzia*, le più riferite sono «chiusura», «risolvere le cose da soli/arrangiarsi». Il pianto, la modalità solitamente più comune in un bambino, è riferito solo da pochi soggetti.

In particolare, per *lutti e traumi*, molte sono le perdite, ma non vengono nominati i sentimenti al momento dell'evento e neanche i vissuti attuali nel ripensare a essi. Viene riportata una mera cronaca. Esempio (nonni): «Erano vecchi, e si sa...»

Considerando ora l'*atteggiamento verso il futuro*, vi è una tendenza a riferire di desiderare la felicità e la serenità dei figli; soprattutto, però, non si dicono cose specifiche; la maggior parte accennano al desiderio che i figli abbiano un lavoro (generico; un lavoro specifico solo per i Distanzianti, DS), che continuino gli studi, che abbiano una vita serena, felice. Solo un terzo di questi soggetti desiderano che i propri figli si sposino, ma alcuni affermano che anche se non si sposano e sono felici, a loro va bene ugualmente. Colpisce che solo 5 soggetti su 30 esprimano il desiderio che i loro ragazzi abbiano dei *figli in futuro*. Dalla propria infanzia il 50 per cento del campione sostiene di aver imparato solo cose negative (la paura di «farsi usare» dagli altri, i rimpianti per non aver continuato gli studi, comportarsi con i loro figli in modo opposto a come avevano fatto con loro i propri genitori). L'altra metà invece, enfatizza gli aspetti positivi appresi da bambini: il 70 per cento di tali risposte sono state date dai Distanzianti (DS), il 30 per cento dai Sicuri (B), e da nessun Ambivalente (C). All'indipendenza e alla ricchezza accennano solo i DS. Inoltre, si desidera trasmettere ai figli i propri valori (onestà e rispetto); un terzo dei padri del campione vorrebbero che i figli diventassero simili a loro.

Dalle interviste emerge la figura del padre attuale, più interessato ai sentimenti del figlio e alla sua felicità che alla sua obbedienza sociale, più alla sua capacità di esprimersi attraverso lo studio e il lavoro che al suo successo; non parlano di desideri, sogni e progetti che riguardano loro stessi, ma appaiono proiettati solo su quelli dei figli. Non sono particolarmente soddisfatti della propria occupazione e degli studi effettuati, nonostante il livello di istruzione medio-alto che li contraddistingue.

Per quanto riguarda le madri adottive, sono risultate caratterizzate da una maggiore preoccupazione riguardo alla relazione futura con il figlio, rispetto a un campione di controllo formato da madri «biologiche». Nel nostro campione di padri adottivi, invece, non vi è alcun riferimento a tale timore. Comune al campione di madri adottive e a quello di padri adottivi è invece l'*ansia per la fine del ruolo di educatore*, con il desiderio che i figli *siano come loro in futuro*. Inoltre, raffrontando ancora il campione delle madri adottive con quello dei padri adottivi, vi è in entrambi il desiderio di poter controllare sia l'ambiente (ad esempio il timore che il figlio frequenti «cattive compagnie»), sia il ritmo di crescita dell'adolescente.

Questi genitori sembrano voler proteggere i propri figli «dai dolori futuri», non avendo potuto preservarli da quelli passati, ma non parlano con i figli del loro passato preadottivo. In questi nuclei familiari in genere i ragazzi non chiedono nulla dei loro genitori biologici, con la conseguenza che non se ne parla. È un aspetto estremamente importante da considerare: si tende a pensare e a scrivere che bisogna sempre parlare di tutto. A nostro avviso gli enormi cambiamenti positivi che si riscontrano in gran parte dei nostri adottati sono proprio basati sull'accantonamento, la «rimozione» (se vogliamo usare un altro linguaggio) di esperienze inelaborabili: ciò rende necessario fare una differenza tra ciò che è necessario elaborare e integrare per poter sviluppare le capacità di cui abbiamo bisogno per svolgere le funzioni che ci vengono richieste, e ciò che invece non lo è. È evidente che nel corso dello sviluppo continuo di tutto l'arco di vita potremo urtare con nuclei irrisolti e accantonati che potranno impedirci di svolgere bene alcune funzioni, e che dovremo rimettere in gioco: aspetti rappresentativi (ai più diversi livelli fisici e psichici) e narrativi. Questo avviene anche in persone che non hanno alle spalle storie tanto traumatiche. È probabile che molti adottati avranno difficoltà nell'assumere a loro volta la funzione genitoriale, ma non sappiamo se il fatto di parlare in casa della famiglia biologica preservi o peggiori la situazione. Vogliamo dire con questo che il mito del « parlare» come panacea va fortemente rivisto.

Si parla anche poco di progetti specifici che riguardino il futuro; spesso infatti non si supera la soglia dell'augurio che i ragazzi vivano felici e contenti.

Inoltre, continuando con il raffronto tra i due campioni, riguardo alle *separazioni dai figli*, padri e madri si dichiarano «contenti», ma verso i propri ragazzi tendono a essere apprensivi, poiché desiderano porsi come genitori «moderni» e diversi dai loro, e tendono a lasciarli andare.

La reazione maggiormente riferita dal campione è di «preoccupazione» e di «sentirsi tesi». Il 50 per cento di chi ha dato tali risposte, per quanto riguarda lo stile di attaccamento, è stato classificato con «C». Tra i Sicuri che hanno dato tale risposta sono presenti solo pattern B4 e B5. Tuttavia la maggior parte, rispetto alle separazioni, sono preoccupati o tesi, però dicono anche di «avere fiducia».

Per quanto riguarda il timore diffuso nel nostro campione che i figli vengano distolti dalla retta via dalle «cattive compagnie», esso sembra imputabile al fatto che il padre si sente minacciato dal gruppo di pari del figlio perché teme la sua indipendenza e quindi la fine del proprio ruolo genitoriale.

Circa un terzo dei padri del campione non si esprimono riguardo al *fatto adottivo* oppure fanno solo pochissimi cenni ai vissuti legati all'adozione e ai primi tempi. Tuttavia la maggior parte di coloro che ne parlano ricordano tra i momenti più duri dell'adozione le difficoltà iniziali di relazione con il ragazzo (i primi tempi) e le «tribolazioni» per la burocrazia che il processo adottivo comporta. Tra i soggetti il cui attaccamento è stato classificato con A+, C+ e AC sono riportati più di frequente rispetto agli altri l'*angoscia per l'incertezza* di non sapere «se avrebbero dato loro il bambino o no» e il dolore dell'*attesa*.

I ricordi più belli riportati sono per la maggior parte quelli legati al *primo incontro con il bambino* (in assoluto) e alla *telefonata* che li avvisava dell'abbinamento avvenuto.

Inoltre, dai racconti dei padri del campione scopriamo che è più spesso la donna a decidere per l'adozione.

Un'autorità in crisi

Dalle interviste emergono, come già detto, numerose incertezze, e la maggior parte dei soggetti Sicuri desiderano comportarsi in modo esattamente opposto a come si erano comportati i propri genitori per quanto riguarda l'autorità e il modo di esprimere l'affetto. Molti timori e poche regole. I primi riguardano soprattutto le paure di possibili incidenti dei figli e le cattive compagnie, gli amici sconosciuti. Per quanto riguarda le regole, gli Ambivalenti affermano di imporre princìpi flessibili e di preoccuparsi che i «no» vengano detti in modo alternato tra moglie e marito. Nella maggior parte dei nostri casi si parla di regole generiche, e comunque sempre nel rispetto della persona e seguite dal dialogo. Tale caratteristica sembra simile a quella che contraddistingue il «padre amichevole» illustrato da Pietropolli Charmet (2000), ossia il padre che «consiglia» ma che impone pochi «limiti», in modo del tutto diverso dal ruolo del padre tradizionale. Il rischio, ricorda l'autore, è che così facendo sottragga ai ragazzi la responsabilità dei loro errori.

I padri adottivi sembrano impegnati nella trasmissione di valori, anche se non di regole. Questo risultato contrasta parzialmente con quanto afferma l'esigua letteratura sui padri naturali attuali, dei quali si dice che siano interessati a trasmettere affetto e non valori e princìpi. I padri adottivi dunque sembrano, per questo aspetto, più tradizionali degli altri.

Riguardo alla categoria *spiegazione del comportamento dei figli*, le più numerose sono le «attribuzioni al carattere», oppure l'«assenza di spiegazioni» (più del 50% non si esprimono in proposito). Solo una minoranza attribuisce il comportamento del figlio alle «difficoltà dell'infanzia» e all'«ambiente». Probabilmente tali padri tendono a sminuire l'importanza e il peso della dura esperienza infantile di questi ragazzi, così come tendono a sottovalutare l'influenza dell'adozione sulla personalità, per continuare a considerarsi come padri «normali» e non sentirsi diversi dai genitori naturali. Inoltre, negando l'influenza del passato sulla personalità del figlio, respingono anche la possibilità che sulla relazione con il figlio possano pesare fattori che non possono essere modificati e tenuti sotto controllo (come il passato del ragazzo).

La famiglia di oggi

Sottolineiamo che, mentre nella famiglia di un tempo era possibile confidare sull'aiuto e sulla disponibilità dei parenti, nelle famiglie attuali, essendo queste sempre più *isolate* rispetto al passato, cresce la necessità che i padri assumano responsabilità progressivamente maggiori nell'educazione e nella cura dei figli (Baraldi, 2000; Ursino, 2000).

Questo isolamento dei nuclei familiari attuali è rilevato anche dai contenuti delle 30 AAI di padri adottivi della nostra ricerca. Dai racconti dei soggetti intervistati emerge come, per quanto riguarda la loro infanzia, vengano nominate molte persone (nonni, zii, vicini di casa) che però non sembrano rivestire un ruolo centrale nell'organizzazione familiare, mentre quando parlano delle loro relazioni attuali i padri prendono in considerazione solo i propri figli e la famiglia ristretta. Parenti e amici sono nominati molto raramente. Anche riguardo al «tempo libero» non vi è traccia di altri nel racconto di questi padri.

Per quanto riguarda invece le relazioni attuali con i propri genitori, esse sono descritte come migliori di quelle di un tempo: «ora sembra sereno, tranquillo» (riferito a entrambi i genitori). Il padre, rispetto alla madre, sembra essere rivalutato in età adulta, e addirittura descritto in maniera più positiva della madre, che invece nell'infanzia era il genitore preferito. Il rapporto attuale con la *madre* è definito sereno, buono, però non sembra esserci molto dialogo. Quanto al *padre*, attualmente viene riconosciuta una maggior comprensione del suo comportamento rispetto a un tempo («ora comprendo di più mio padre»), maggior dialogo (a differenza che con la madre); ora il padre è «buono», e sembrano essersi invertiti un po' i ruoli: ora è il figlio che si prende cura del padre e gli dà sostegno e protezione durante la malattia. Ora ad alcuni il proprio padre fa tenerezza. I padri del nostro campione tendono, nel presente, a idealizzare la figura del loro padre, mentre nelle descrizioni della madre c'è più equilibrio tra caratteristiche positive e negative.

Identificazione: continui confronti con il genitore dello stesso sesso (negativi) per quanto riguarda il comportamento e l'educazione dei figli. *Si comportano* in modo diverso dai loro genitori (più dialogo e meno regole). Però alcune cose positive riportate sono i consigli dei propri genitori.

Come accade alla madre adottiva, anche il padre adottivo tende adesso a idealizzare il proprio padre, in modo da potersi identificare con una figura positiva e rassicurante che lo aiuti nel suo difficile impegno. Questo dato trova una possibile spiegazione nel fatto che la coppia si trova a doversi rapportare con un figlio non biologicamente proprio che sta attraversando la fase difficile e delicata dell'adolescenza. Risulterebbe dunque di particolare importanza e aiuto per loro potersi identificare con una figura positiva. La maggior parte delle madri adottive descrivono la propria madre come aperta al dialogo, buona, affettuosa e «sempre presente». Con i padri adottivi del nostro campione è successa una cosa curiosa: il proprio padre è descritto, parlando dell'infanzia, in modo abbastanza negativo rispetto alla madre, mentre per quanto riguarda il presente la maggior parte del campione lo idealizza, e i rapporti attuali con lui sono descritti in termini più positivi rispetto a quelli con la figura materna, e questo ci aiuta a comprendere l'importanza degli aspetti dinamico-maturativi nei processi di identificazione, sempre basati sulle necessità dell'L-*moment*, nel caso specifico sul bisogno di «contare» su una figura estremamente positiva in cui identificarsi, sentendosi rassicurati, trovando conforto e conferma alla propria abilità nel gestire il ruolo di madre e di padre.

L'adolescenza nei genitori e nel figlio

Mai come in questa fase il ragazzo si interroga sulla propria identità, e tali interrogativi lo pongono di fronte sia al passato che al futuro. Ricordiamo inoltre le forti spinte del ragazzo all'autoaffermazione in questo periodo. I normali tentativi di crearsi piccoli spazi d'indipendenza dai genitori sono vissuti in modo ambivalente e fanno spesso riaffiorare problemi non risolti. Se i genitori sono poco disponibili ad affrontarli, l'adolescente si sente in balia degli eventi perché privo di appoggio, e quindi tende a rivolgersi al passato per cercare un punto di riferimento. Il ritorno al passato non significa rifiuto del presente, ma ha a che fare con la ricerca di un'identità che lo rassicuri. La situazione assomiglia molto a quella in cui il ragazzo si è trovato al momento del primo abbandono. Riaffiorano quindi l'aggressività e le provocazioni, la sfiducia in sé stesso. Nello stesso tempo, anche nei genitori si ripresentano antiche paure e insicurezze. I rapporti sono messi nuovamente in crisi, e il nucleo familiare deve avere la capacità di operare cambiamenti per uscire dalla fase di stallo e ristabilire un buon equilibrio (Ursino, 2000). A tale scopo, è necessario non promuovere nel figlio l'oblio del passato. La verità sull'origine del ragazzo va affrontata, ma ciò molto spesso non accade in queste famiglie, come illustrato dai dati della nostra ricerca, perché in queste famiglie si tende a voler dimenticare alla svelta e da entrambe le parti tutto ciò che è avvenuto prima dell'incontro con il ragazzo. Da lavori di ricerca recenti effettuati in quest'area è risultato che sia i padri, sia le madri, sia i figli adottivi raramente discutono tra loro del passato preadottivo (Spano, 2001). Dai racconti dei genitori sembra che, poiché i ragazzi non chiedono nulla al riguardo, allora non se ne parli. Sappiamo però che il dimenticare porta con sé anche aspetti negativi e «svalutanti» circa il passato di questi nuclei familiari. Esiste quindi *una storia da rispettare* sia nell'adolescente, sia nei genitori adottivi, sia anche nei genitori biologici. La ricostruzione di un passato individuale al quale dare un significato e una nuova interpretazione, così come il riconoscimento della sofferenza della storia passata e/o attuale dell'altro, senza negazione della propria, fa parte dei compiti adolescenziali, ma come tutti i compiti evolutivi può essere svolto a livelli diversi senza ricorrere al mito che la parola può onnipotentemente risolvere ogni nodo e ogni complessità.

Quindi, le difficoltà legate al «tempo» non sono vissute solo dai figli ma anche dai genitori. Anche dalla letteratura emerge come ogni genitore, attraverso le fasi di sviluppo che connotano la crescita del figlio, sia portato a rivivere e, in qualche modo, reinterpretare le esperienze significative della propria infanzia e giovinezza. Da parte della coppia dei genitori, il sopraggiungere dell'adolescenza del figlio propone un cambiamento della funzione parentale, che ha avuto inizio con la modalità dell'adozione e che quindi può rivelarsi precaria, e riproporre vissuti di fallimento, come in qualsiasi famiglia. La situazione è però più complessa nelle famiglie adottive, per il permanere del fantasma della famiglia biologica, come responsabile almeno in parte, se non addirittura in toto, dei problemi, ma anche per la gelosia e i timori di perdita di amore privilegiato che le fantasie di ricerca delle origini, spesso rinnovate da parte dei figli adolescenti, possono provocare.

Si deve aggiungere che sia l'adolescente sia i genitori sono impegnati in questo periodo nelle riattivazioni edipiche, che portano con sé fantasie incestuose. Nel caso dell'adozione, tali fantasie non risultano essere sufficientemente protette dalla situazione reale, in quanto i membri della famiglia non sono biologicamente genitori e figli. Il fatto che i padri del nostro campione siano stati classificati per la maggior parte come Ambivalenti rispetto all'attaccamento può essere interpretato alla luce di una seconda «crisi» adolescenziale, analoga a quella dei loro figli, che questi soggetti stanno affrontando: una sorta di momentaneo sconvolgimento, di messa in discussione dell'immagine di sé come uomini e come genitori, che può condurre a ripercorrere in modo spesso passivo e conflittuale le fasi pregresse della propria vita.

Concludendo, in accordo con Loschi e Vandelli (1999), con il superamento delle immagini tradizionali di paternità molti padri si sentono confusi e insicuri, non sanno come comportarsi, faticano a conoscere la propria funzione e non hanno chiaro il significato del proprio ruolo. Il padre si trova ad affrontare il difficile compito dell'essere genitore senza poter fare affidamento sul modello comportamentale tramandatogli dal proprio padre, considerato non più attuale. Proprio per questo, fatica sempre più ad adeguare le proprie potenzialità relazionali alle diverse esigenze dei figli, e a proporsi come riferimento per le generazioni future.

Confrontando il campione delle madri adottive con quello dei padri nella stessa condizione, dall'analisi dei dati risulta che le prime hanno una buona stima di sé come genitore, mentre i padri, al contrario, sono un po' più autocritici e pessimisti. È anche vero che l'adolescenza dei figli mette a dura prova l'autostima dei padri adottivi, ed è soprattutto in questa fase che, come scrive Ursino (2000), «il padre impara dal proprio figlio a mettere a confronto e ad adattare i propri bisogni con i suoi».

Capitolo 15

Crescere insieme: i protagonisti del processo adottivo

Francesca Garufi e Graziella Fava Vizziello

Quanto costa alla madre, in termini di sicurezza, l'ingresso del figlio adottivo nella fase dell'adolescenza? Per rispondere a questa domanda sono state prese in esame le modalità con cui le madri adottive si rapportano ai figli adolescenti. Particolare attenzione è stata dedicata al fatto che l'adolescenza del figlio, e tutto ciò che essa comporta, può far rinascere nella madre antiche paure, prima fra tutte quella riguardante l'idea di aver «rubato», in passato, il figlio a un'altra donna e di doverlo adesso restituire (Farri Monaco e Peila Castellani, 1994).

Anche la rappresentazione del genitore dello stesso sesso, della madre, quindi, è stata oggetto di studio, in quanto pensiamo che in tale delicata fase sia di essenziale importanza per la madre adottiva poter usufruire di una buona figura di riferimento con cui potersi identificare, anche se idealizzata (Fava Vizziello e Landini, 1988). Quest'ultimo aspetto viene analizzato attraverso lo studio dei pattern di attaccamento delle madri del campione, partendo dal presupposto che a una presentazione della figura di una madre estremamente positiva non necessariamente corrisponda anche un attaccamento sicuro.

Abbiamo anche studiato quali caratteristiche psicologiche la madre si attribuisca, la sua concezione della genitorialità e delle paure e dei desideri a essa connessi, in quanto si ipotizza che l'adolescenza del figlio e un'eventuale scarsa sicurezza in sé stessa come madre possano essere tra le cause dell'irigidirsi di una relazione che fino a poco tempo prima poteva essere giudicata soddisfacente.

Avendo come presupposto fondamentale l'idea che l'adozione abbia avuto esito positivo e che, quindi, il figlio abbia già da tempo un proprio spazio all'interno del mondo rappresentazionale della madre, questo studio si propone, inoltre, di indagare quanto i cambiamenti che inevitabilmente l'adolescenza comporta possano influenzare ed eventualmente mettere in crisi tale equilibrio.

In questa prospettiva, e sulla base dei dati forniti in proposito dalla letteratura, ci si propone di individuare le caratteristiche che contraddistinguono le madri adottive durante l'adolescenza dei figli, le reazioni comportamentali a questa nuova fase del rapporto e le eventuali somiglianze o differenze significative con madri che si trovano nella stessa situazione, dovendo, però, rapportarsi a figli naturali.

La ricerca è stata condotta su un campione di dieci madri adottive, facendo riferimento a un gruppo di controllo di dieci madri con figli biologici.

Attraverso la lettura delle cartelle cliniche sono state selezionate tutte le famiglie in cui il figlio adottato era attualmente in età adolescenziale, considerando la fascia d'età dai 15 ai 17 anni circa. Si è quindi partiti dal presupposto di focalizzare maggiormente l'attenzione sulle problematiche di una fascia d'età piuttosto ristretta.

Le madri dei ragazzi del campione di controllo sono state sorteggiate da un più vasto campione oggetto d'indagine del medesimo gruppo di lavoro su adolescenti biologici, ottenuto in seguito alla somministrazione dell'intervista in diverse scuole superiori di Padova.

Sia per il campione delle madri adottive che per il campione delle madri biologiche, inoltre, si è cercato di rappresentare in modo equilibrato i due sessi dei figli.

Le madri adottive del campione hanno un'età compresa tra i 43 e i 55 anni, con un'età media di 47,1.

Le madri biologiche del campione hanno un'età compresa fra i 33 e i 49 anni, con un'età media di 42,6.

Il campione delle madri adottive si situa a un livello di scolarità media, mentre il campione delle madri biologiche si situa a un livello di scolarità medio-alta.

Le condizioni socioeconomiche del campione delle madri adottive sono di livello medio; le donne, infatti, sono in prevalenza casalinghe.

Le condizioni socioeconomiche delle madri biologiche sono più alte che nelle madri adottive, pur restando, comunque, a un livello medio; le donne, infatti, sono in prevalenza impiegate o casalinghe.

Le ipotesi di ricerca erano le seguenti:

1) Partendo dal presupposto che l'ingresso del figlio adottivo nell'adolescenza sia naturalmente caratterizzato dall'insorgere di curiosità riguardanti le proprie origini e la propria storia, si ipotizza di riscontrare nelle madri un possibile risveglio degli antichi e sopiti fantasmi legati al lutto per la perdita della possibilità di generare un figlio proprio (Farri Monaco e Peila Castellani, 1994; Natali, Bari e Carau, 1985; Morall Colajanni e Spano, 1985; Lebovici e Soulé, 1970). Tali sentimenti troverebbero sfogo nello sviluppo di paure relative a un possibile abbandono da parte del figlio e quindi di eccessive manifestazioni di ansia nei momenti di naturale separazione dal figlio (Brinich, 1980; Farri Monaco e Peila Castellani, 1994; Fava Vizziello e Landini, 1988).

2) In base a quanto esposto nell'ipotesi 1, si ipotizza di riscontrare nelle madri adottive un maggiore senso di insicurezza nei confronti dell'immagine di sé come madre (Farri Monaco e Peila Castellani, 1994; Lebovici e Soulé, 1970; Bal Filoramo, 1996). Tale stato d'animo si potrebbe manifestare attraverso una maggiore quantità di espressioni relative ad ansie e paure circa il proprio ruolo genitoriale.

3) In seguito alle maggiori ansie dovute all'adolescenza del figlio adottivo e a tutto ciò che essa comporta, e alla paura di non riuscire a essere, di conseguenza, in grado di garantire una madre perfetta (Fenu, Federici e Chiarelli, 1995), si ipotizza di riscontrare nelle donne del campione una percezione di maggiore insicurezza circa la relazione con il figlio. In particolar modo, l'attenzione è stata focalizzata sulle paure riguardanti la percezione della suddetta relazione nel futuro della coppia madre-figlio, ipotizzando di riscontrare preoccupazioni dovute essenzialmente alla natura «esterna» del figlio, piuttosto che a eventuali deficit o mancanze personali.

4) Considerando che la storia della relazione tra la madre adottiva e il figlio adottivo è caratterizzata dalla presenza di momenti emotivi positivi molto forti e intensi (Ozoux Teffaine, 1991), comunque paralleli alla storia della relazione tra madre biologica e figlio biologico, si ipotizza che tali vissuti emotivi siano ricordati con maggiore frequenza e consapevolezza dalla «parte adottiva». In particolar modo, si suppone di riscontrare una maggiore verbalizzazione riguardante la soddisfazione della donna nel ruolo di madre.

5) Supponendo, come sostenuto al punto 2, che l'adolescenza del figlio risvegli nella madre adottiva sentimenti di incapacità e vissuti di perdita del controllo sul figlio stesso e sulla relazione con lui, si ipotizza che, in tale delicata fase, la donna ricerchi nella propria madre la presenza di una figura rassicurante con cui potersi identificare. Tale figura verrebbe, quindi, idealizzata al fine di rendere possibile la restituzione di un'immagine di sé estremamente positiva e dunque confortante (Deutsch, 1945).

6) Si ipotizza tuttavia che alla costruzione di una figura genitoriale perfetta non corrisponda una figura altrettanto positiva nella realtà, ma che, al contrario, questa abbia una funzione puramente autorassicurante e funga da maschera a un'immagine inconscia di una madre punitiva che non ha permesso alla donna di avere bambini, e quindi di poterla eguagliare (Bal Filoramo, 1996). Tale ipotesi verrebbe verificata attraverso lo studio dei pattern di attaccamento delle madri adottive, che si suppone siano caratterizzati da una maggiore preoccupazione e insicurezza.

Le narrazioni ottenute in seguito alla somministrazione della AAI (George, Main e Kaplan, 1985) sono state studiate a livello contenutistico in seguito alla creazione di un'apposita griglia di codifica.

In particolare, è stata focalizzata l'attenzione su tre campi di indagine:

a) le caratteristiche psicologiche che la donna si attribuisce, le modalità con cui vive il ruolo materno e i desideri e le paure a esso connessi (*sé come genitore*);
b) le caratteristiche psicologiche che la donna attribuisce alla propria madre e le eventuali identificazioni (*relazione con la propria madre*);
c) le caratteristiche che la donna attribuisce alla sua relazione con il figlio, i desideri per lui e le eventuali paure (*relazione con il figlio*).

Queste tre macroaree, a loro volta, sono state suddivise in una serie di sottocategorie, allo scopo di rendere possibile la tabulazione delle interviste (tab. 15.1).

A livello esplorativo sono stati oggetti di studio anche i pattern di attaccamento ottenuti con la AAI.

Una volta effettuate la codifica e la classificazione di tutte le interviste, è stato utilizzato il test di Mann-Whitney in ognuna delle tre macroaree d'indagine, allo scopo di verificare le eventuali differenze significative tra il gruppo delle madri adottive e il gruppo delle madri biologiche nelle frequenze con cui ogni donna «nominava» ognuna delle categorie.

I risultati ottenuti confermano in larga parte le ipotesi di partenza.

Le interviste delle madri adottive, infatti, sembrano essere caratterizzate dalla tendenza a ricercare nella figura della propria madre tutti quegli aspetti positivi su cui potersi basare per costruire un'immagine di sé come genitrice affettuosa, disponibile e premurosa, in grado, quindi, di crescere dei bambini, pur non avendo avuto la possibilità di avere figli biologici. A conferma, nel gruppo di controllo si osserva una maggiore presenza di connotazioni negative nei confronti della propria madre, quasi a dimostrare la consapevolezza che la relazione con lei è stata caratterizzata da momenti positivi, ma anche da momenti negativi.

L'analisi dei pattern di attaccamento ottenuti con la AAI mette ulteriormente in luce la non-veridicità di tale immagine perfetta; l'attaccamento delle madri adottive, infatti, nella maggior parte del campione, non risulta sicuro come ci si aspetterebbe dalla lettura delle sole analisi dei contenuti. La tipologia di attaccamento predominante, invece, risulta essere quella preoccupata (E), solitamente assegnata ai soggetti che presentano un quadro confuso della propria esperienza passata e che manifestano un coinvolgimento, anche nel momento attuale, nelle relazioni familiari e con le figure di attaccamento, dalle quali non sono capaci di distanziarsi (Main, 1991b). Tutto ciò conferma l'idea che il comportamento di queste donne sia guidato dal bisogno di identificarsi con una figura buona e amorevole, probabilmente per avere la possibilità di non portare alla coscienza aspetti di sé negativi che potrebbero risvegliare un senso di inadeguatezza e incapacità genitoriale, collegato ai maggiori timori e difficoltà che un figlio o una figlia adottati possono manifestare nel periodo adolescenziale.

Differenze significative non sono state, invece, riscontrate nell'area riguardante l'immagine che le donne hanno di sé come madre; entrambi i gruppi

Tabella 15.1
Descrittori relativi alle caratteristiche psicologiche del *Sé come genitore*

Codice	Categorie	Definizioni	Esempi
SG1	Paure per sé come genitore e come donna	Descrittori riferiti alle paure riguardanti sé stessi e/o il proprio ruolo genitoriale	«Mi sono venuti centomila dubbi e ho pianto, perché ho detto: "Sarò all'altezza di fare la mamma?"» «Poi di me chi si occuperà?»
SG2	Desideri per sé come genitore e come donna	Descrittori riferiti ai desideri riguardanti sé stessi e/o il proprio ruolo genitoriale	«Penso di tirarlo su bene, poi speriamo che, che... di avere un riscontro un domani»
SG3	Severa, esigente, controllante	Descrittori di sé come genitore che riguardano comportamenti direttivi nei confronti del figlio	«Con l'adulto, l'insegnante, l'ho un pochettino repressa» «Non la lascio andare in giro in discoteca con le sue amiche la domenica pomeriggio»
SG4	Tranquilla, paziente, sicura	Descrittori di sé come genitore che riguardano comportamenti di tranquillità e pazienza	«So essere tranquilla secondo quello che mi dice» «Gli trasmettevo la sicurezza con le favole»
SG5	Agitazione, ansia, preoccupazione	Descrittori di sé come genitore che si riferiscono a comportamenti e stati d'ansia, agitazione e preoccupazione	«Mi sento che sono una tipa abbastanza apprensiva» «La mia preoccupazione è proprio questa, ecco, alla sua prima uscita che cosa farà? Lì probabilmente sarà il momento della resa dei conti»
SG6	Equilibrata, giusta	Descrittori di sé come genitore che riguardano l'equilibrio e la coerenza personale	«Cerco di lasciarla libera il più possibile nei limiti di come vedo io il mondo»
SG7	Disponibile, comprensiva	Descrittori di sé come genitore che si riferiscono a comportamenti di generosità e disponibilità nei confronti del figlio	«L'adulto dovrebbe, qualche volta, anche capire quando c'è... così, un atteggiamento di rivalsa del figlio... ci si deve chiedere sempre perché la chiede questa cosa, insomma» «Gli ho sempre lasciato fare, dire quello che voleva... ma in certi limiti»
SG8	Soddisfatta del ruolo	Espressioni che denotano soddisfazione riguardo all'immagine che la donna ha di sé come madre	«Penso di essere fortunata e di avere due bravi ragazzi» «Vedo sinceramente che sono contenta dei miei figli»
SG9	Insoddisfatta del ruolo	Espressioni che denotano insoddisfazione riguardo all'immagine che la donna ha di sé come madre	
SG10	Presente	Descrittori di sé come genitore che riguardano la partecipazione alla vita del figlio	«Mia figlia la capisco subito» «C'è bisogno di essere amiche dei propri figli, per poter parlare, per poter discutere dei loro problemi»
SG11	Amorevole	Descrittori di sé come genitore che riguardano comportamenti connotati affettivamente	«Sono affettuosissima» «Io adoro le mie figlie... ho un rapporto tutto per loro»

sono caratterizzati da quella che potrebbe essere definita una «buona autostima». L'unica variabile in cui è evidente una differenza è quella riguardante la soddisfazione nel ruolo di madre; in questo caso le donne che hanno adottato un bambino sembrano voler sottolineare quanto il poter diventare madre sia stato bello e importante per loro, a tal punto che, anche nella fase dell'adolescenza del figlio, tutto è ancora vissuto come nei primi giorni insieme.

La relazione con il figlio, invece, appare dipinta in termini molto più ansiosi rispetto al gruppo delle madri biologiche. Come teorizzato da molti studiosi, infatti, le madri adottive sono caratterizzate da una maggiore preoccupazione riguardo alla relazione futura con il figlio e da maggiori paure nel momento della separazione da lui. Questo fatto può trovare due spiegazioni dicotomiche: da un lato la maggiore ansia può mascherare istinti aggressivi nei confronti del ragazzo, il quale rappresenta la prova vivente che qualcosa in lei non ha funzionato come avrebbe dovuto; dall'altro le nuove richieste del figlio possono far rinascere in lei la paura di aver rubato il bambino e di doverlo restituire nel momento in cui il figlio se ne renderà conto. O forse ancora la madre adottiva è di fronte a maggiori difficoltà evidenziate dai figli e non può che esserne preoccupata.

La metodologia e gli strumenti usati in questa ricerca, infine, hanno permesso di mettere in luce quanto possa essere flessibile l'uso di un'intervista semistrutturata quale la Adult Attachment Interview.

Capitolo 16

Il Sé degli adolescenti adottati

Zdenka Zouharová e Graziella Fava Vizziello

Il nostro lavoro, dedicato all'analisi del contenuto narrativo della AAI, parte dal modello teorico che definisce il Sé come una rappresentazione costituita da percezioni e immagini che *il soggetto presume* gli altri significativi abbiano di lui. Tale significato autoattribuitosi dal soggetto deriva dalle disposizioni innate e dalle interazioni sociali lungo l'arco della vita.

Hartmann definisce il Sé come una rappresentazione all'interno dell'Io che nasce da scambi interpersonali e agisce come mediatore tra l'individuo e l'ambiente mediamente prevedibile (Greenberg e Mitchell, 1983). Edith Jacobson (1964) scrive che la relazione tra il Sé e il mondo oggettuale influisce sull'Io. Il Sé deluso precocemente porta alla svalutazione dell'oggetto, e l'oggetto idealizzato diventa una meta irraggiungibile. Margaret Mahler (1968) ipotizza rappresentazioni di sé gerarchicamente stratificate grazie alla madre normale e affezionata. La madre sufficientemente buona di Winnicott (1986) permette, attraverso processi relazionali, l'emergere del vero Sé. Secondo Kohut (1978), sono gli oggetti-Sé che permettono, attraverso una relazione, lo sviluppo del Sé. Il bisogno di relazioni, secondo questo autore, dura tutta la vita: non si è mai completamente autonomi e indipendenti.

Stern (1985) postula un'integrazione tra intrapsichico e interpersonale. Esperienze sensoriali permettono la formazione del senso di sé. Si tratta della costruzione attiva, da parte del soggetto, di rappresentazioni di sé-con-l'altro. Per Kernberg (1976) il Sé è una struttura che ha origine dall'Io, si evolve nella struttura sovraordinata e incorpora funzioni mnemoniche e cognitive. Il Sé diventa sovraordinatore di funzioni dell'Io.

Sappiamo che essere visti positivamente è un bisogno universale.

La rappresentazione, costituita da percezioni e immagini che *il soggetto presume* gli altri significativi abbiano di lui, condiziona il suo modo di interagire con gli altri. Sappiamo che nell'adolescenza vi è un'acuità percettiva esasperata, attenzione a ogni minima modificazione corporea, a ogni nuova esperienza affettiva. L'organizzazione del Sé deve adattarsi alla tappa evolutiva, viene meno il senso di continuità, la percepita fragilità dà origine alle difese inconsce e automatiche per far fronte all'ansia pervasiva che deriva da questo momento in cui nulla è prestabilito, nulla è definito a priori (Gaddini, 1981; Greenberg e Mitchell, 1983). Si tratta di un momento evolutivo importantissimo proprio perché permette la rivisitazione delle rappresentazioni non adeguate del Sé e la loro eventuale elaborazione e integrazione (Pietropolli Charmet, 2000). Tale esperienza viene però raccontata dall'adolescente adottato con toni di apparente indifferenza. In tutti i protocolli dei nostri soggetti adottati possiamo leggere che non vi è alcuna differenza tra un ragazzo adottato e gli altri. Come se volessero dire che hanno imparato ad adattarsi alle condizioni più sfavorevoli; il peggio è stato superato, e ora nulla li sorprende, nessuna difficoltà li coglie impreparati.

In realtà sappiamo che gli adolescenti adottati, con le loro storie di abbandoni precoci e istituzionalizzazioni, sono particolarmente vulnerabili di fronte ai nuovi vissuti interni, relazionali ed esterni. La disorganizzazione e la perdita di coesione dei vari Sé fase-specifici richiede un nuovo adattamento che porta alla luce il bisogno irrinunciabile di trovare intorno conferme positive da parte di figure significative. La coesione dei molteplici Sé è resa possibile solo attraverso una relazione attiva, ricca di affettività. Il Sé che si sta riorganizzando ha bisogno degli altri: non più i genitori, da cui è necessario staccarsi, ma soprattutto i coetanei, con i quali misurarsi alla pari.

L'integrazione dei diversi Sé fase-specifici: Sé sessuato, Sé corporeo, Sé interpersonale, Sé gruppale, è più faticosa negli adolescenti adottati, a causa del vissuto passato che getta ombra sui legami affettivi e sociali attuali, spingendo spesso verso la chiusura e l'isolamento.

Il Sé psichico, percepito come vulnerabile al rifiuto, tende a diffidare degli altri per paura di rivivere il vecchio trauma. L'attaccamento, quindi, talvolta non viene più indirizzato verso gli oggetti esterni, percepiti come frustranti, ma incanalato verso un ideale dell'Io onnipotente, idealizzato e irraggiungibile, oppure verso un Io narcisistico. Lo spostamento dell'attaccamento dagli oggetti esterni – che vengono *evitati* – verso il proprio mondo interno, verso un ideale dell'Io onnipotente, può risultare in un vissuto di inadeguatezza dovuto a un ideale irraggiungibile (Crittenden, 1997b). Un'altra modalità di difesa da un oggetto vissuto come troppo frustrante, poco disponibile, è una rappresentazione di sé al centro del mondo, che non permette di cogliere un punto di vista diverso dal proprio, coinvolgendo gli oggetti esterni in un gioco di attaccamento *ambivalente* per imporre il proprio punto di vista (*ibid.*). Si è in presenza di difese inconsce che servono sia da protezione contro il mondo popolato da oggetti vissuti come inadeguati, rifiutanti, sia come una forma di massimo controllo sulla presenza costante dell'oggetto di attaccamento.

Il pericolo, nel caso di un ideale dell'Io irraggiungibile, onnipotente, osservabile nei soggetti con *attaccamento evitante*, è un violento passaggio dall'idealizzazione al rifiuto, alla svalutazione e ad agiti autolesionistici (Crittenden, 1999). Nei soggetti che tendono a porre in primo piano il Sé narcisistico, che si manifesta con *attaccamento ambivalente* verso la figura di riferimento, il pericolo è l'incapacità di vedere il mondo da una prospettiva diversa dalla propria. Questo significa imporre agli altri le proprie regole oppure rimanere isolati con il sentimento di essere vittima di altri (*ibid.*).

I risultati dell'analisi qualitativa dei descrittori positivi e negativi riferiti al Sé e al nucleo familiare, così come si presentavano nelle AAI del nostro campione, sono i seguenti:

1) L'adolescente adottato descrive il Sé, nella relazione con il genitore biologico, prevalentemente come rifiutato, non amato, insufficiente, deludente, per cui è stato abbandonato. La scissione e la negazione degli aspetti positivi del genitore biologico si associano all'idealizzazione del genitore adottivo. Possiamo osservare che l'adolescente adottato tende a idealizzare il genitore adottivo – soprattutto il genitore adottivo del sesso opposto – probabilmente per proteggersi dal vissuto destrutturante di sentirsi rifiutato, in un quadro in cui l'incesto di per sé è pensabile. L'ansia che deriva dalla perdita subita, non mediata, del legame primario è presente, più o meno rimossa, nell'adolescente adottato. Il compito di separazione, caratteristico di questa tappa evolutiva, e il raggiungimento della propria autonomia, diventano faticosi per questi ragazzi perché rievocano il drammatico strappo, la lacerazione originaria.

2) La scissione tra le parti buone e le parti negative nelle rappresentazioni interiorizzate, talvolta eccessivamente rigide, può coinvolgere anche le rappresentazione di diversi Sé fase-specifici: Sé corporeo, Sé sessuato, Sé gruppale ecc. Quanto più il mondo oggettuale esterno è sostituito dall'ideale perfetto, onnipotente, tanto maggiore sarà la tendenza a rappresentarsi il proprio Sé come inadeguato, tendenza che può portare a un isolamento autoimposto. Gli adolescenti del nostro campione hanno prevalentemente un atteggiamento molto selettivo e critico verso gli oggetti esterni. A volte il loro racconto descrive le loro relazioni sociali come *apparentemente* ricche e numerose, ma osservando con attenzione si rileva che gli scambi sono a senso unico. Gli adottati fanno spesso da «infermieri» agli altri ma fanno poco affidamento sul loro mondo interno. Tanto più siamo in presenza di vissuti di sofferenza e di abbandono non elaborati, tanto maggiore è la richiesta di una relazione diadica esclusiva con l'amico, l'amica del cuore. I risultati indicano che i nostri soggetti preferiscono una relazione diadica con l'amico del cuore, sul quale esercitano un maggior controllo. L'amico del cuore viene scelto dopo una severissima selezione tra gli aspiranti a tale ruolo. Solo 2 soggetti su 14 del nostro campione dichiarano di accettare le regole del gruppo.

3) L'adolescente adottato è particolarmente sensibile ai «no» da parte di un gruppo di coetanei. Il Sé sociale non tollera le umiliazioni, le critiche. Gli ado-

lescenti raccontano che sono spesso i loro genitori adottivi a persuaderli a partecipare ad attività sociali. Potremmo pensare che le difficoltà di stabilire relazioni soddisfacenti a livello del gruppo di coetanei siano dovute a eccessive aspettative di attenzione e di conferme da parte del gruppo, aspettative che vengono ripetutamente frustrate.

4) La relazione corporea intersoggettiva fa parte della ricerca della propria identità. La stagione di innocenti carezze, abbracci, coccole con il genitore adottivo è spesso molto breve, e questa brevità sorprende e coglie impreparato l'adolescente. Le carezze e le coccole da parte del genitore adottivo difficilmente colmano il vuoto lasciato dall'esperienza della relazione primaria con il corpo della madre biologica, mentre possono talvolta risvegliare le vecchie sofferenze dovute all'insufficiente contatto corporeo e quindi essere bruscamente rifiutate senza alcuna spiegazione o preavviso. Sono soprattutto i padri a non comprendere un inaspettato voltafaccia delle figlie e a lamentarsi del brusco cambiamento nella relazione. L'eccitamento sessuale, che talvolta viene ricercato precocemente per rifarsi della mancata relazione corpo-corpo tra la madre e il bambino, non è condivisibile con il genitore adottivo, e perciò obbliga a una ricerca di oggetti nuovi, aprendo la fase dei segreti. La precoce curiosità sessuale rivolta verso oggetti esterni, che «tradisce» il genitore adottivo, può indurre sensi di colpa nell'adolescente. Può prevalere il senso di essere portati a distruggere la relazione con le persone dalle quali si dipende.

5) La sessualità può, talvolta, essere usata come un mezzo per controllare e per imporre la distanza tra sé e gli altri (Pietropolli Charmet, 2000), come una difesa dalla paura di essere nuovamente esposti ai vissuti di abbandono. Il corpo viene usato come uno strumento di legittima difesa contro l'angoscia dell'abbandono. Ne può derivare la necessità di sedurre, attirare l'attenzione, per poi abbandonare per non essere abbandonati, di trasformare in azione il proprio vissuto inconscio di passività. Il corpo sessuato è utilizzato per ricordare e risolvere un antico problema portatore di gravi sofferenze. Sedurre per abbandonare può diventare un imperativo. Diventare padroni di seduzione e di abbandono, essere desiderati dagli altri ma imporre le proprie regole, la propria distanza, diventa una forma di vendetta.

6) Gli adolescenti in generale hanno bisogno di un adulto, non più la figura genitoriale, che approvi e legittimi i tentativi di autonomia. La nomina a tale ruolo di tutore viene riservata solitamente a capi scout, allenatori, professori ecc. Gli adolescenti adottati scelgono ancora una volta le figure più affidabili dal punto di vista del rifornimento narcisistico e più vicine nello spazio – *i nonni acquisiti* – che rivestono un ruolo importantissimo nei momenti di crisi.

7) Il vissuto di rifiuto e di abbandono, impresso nella psiche del ragazzo adottato, mobilita nei genitori adottivi affetti riparatori e onnipotenti. La maggior parte dei genitori del nostro campione descrivono il proprio ruolo genitoriale con toni di devozione sacrificale. Dai protocolli emerge il bisogno di

conferma del proprio operato, il bisogno di un'immagine buona di sé ottenuta attraverso il ruolo genitoriale. Tuttavia il periodo dell'adolescenza propone la fine del ruolo del genitore-capo. Il passaggio dalla devozione sacrificale all'accettazione della necessaria separazione viene associato, in molti protocolli del nostro campione, a sentimenti di forte dubbio sul proprio operato e a vissuti di fallimento del proprio ruolo di educatore e di guida. Nei racconti dei genitori si osserva l'ansia per la propria assoluta impotenza a controllare le influenze dei contesti. I valori nuovi, non in linea con la tradizione familiare, vengono temuti e guardati con sospetto. L'elemento importante e apprezzabile è il fatto che tali vissuti vengono verbalizzati con una certa facilità. Sono soprattutto le madri che tendono a idealizzare i figli adottivi, e la figlia è descritta con toni più positivi rispetto al maschio. Possiamo assumere che una simile idealizzazione funga, da una parte, come il rifornimento narcisistico positivo per il ragazzo/la ragazza; ma, se non sufficientemente moderata, espone l'adolescente al rischio di frustrazioni fuori dalla famiglia, dove incontra una drastica riduzione di ammiratori. Dal confronto delle frequenze percentuali di descrittori positivi e negativi risulta che le madri adottive costruiscono un racconto sui figli (sia maschi che femmine) e sul Sé meno equilibrato, più emotivamente coinvolto, rispetto ai padri adottivi.

8) I genitori i cui racconti contengono episodi che descrivono maggiori disagi nella loro infanzia, che hanno dovuto superare difficoltà anche gravi nelle loro famiglie di origine, e hanno nel tempo elaborato e accettato le proprie sconfitte, dimostrano una maggiore sensibilità verso le antiche ferite dei figli adottivi.

9) L'aggressività e il rifiuto sono i due vissuti sentiti spesso come minacciosi all'interno del nucleo familiare adottivo, da parte sia dei genitori sia dei figli presenti nel nostro campione. Ma se ci poniamo la domanda: quando si può considerare riuscita un'adozione?, non sarà la famiglia idealizzata del «Mulino bianco» che costituirà il modello di una buona riuscita, bensì un nucleo familiare con le relazioni interpersonali caratterizzate innanzitutto dalla solidità e solidarietà della coppia e dal suo adattamento ai cambiamenti richiesti dalle tappe evolutive, così come la capacità dei genitori di tollerare e metabolizzare i ripetuti episodi destabilizzanti di messa alla prova da parte dei ragazzi.

Quando un adolescente ha interiorizzato, attraverso ripetute esperienze, un vissuto di sufficiente sicurezza per poter *esprimere* – non agire – la propria aggressività verso i genitori adottivi – talvolta le uniche persone di riferimento!! – e quindi diventa sufficientemente sicuro di non essere per questo rifiutato, punito, annientato, allora possiamo ipotizzare che l'adozione abbia raggiunto pienamente il proprio obiettivo.

Capitolo 17

Il tempo raccontato

Angela Spano e Graziella Fava Vizziello

La ricerca: i ricordi costruiti degli adolescenti adottati

In un celebre testo di Jean Bernard (1997) intitolato *Le jour où le temps s'est arrêté*, attraverso splendidi piccoli racconti, vere e proprie pennellate di vita, ci si può rendere conto di quante e quali cose si verificherebbero se il tempo improvvisamente si fermasse, e come queste cose riguarderebbero tutte le diverse facce della persona. Molte volte ci è capitato di pensare che l'adozione, che porta un bambino da un mondo familiare a un altro, a volte a migliaia di chilometri di distanza e a secoli di differenza nell'organizzazione sociale, sia una vera e propria interruzione del tempo e della vita di alcuni (e forse di tutti) gli adottati. Per alcuni il tempo congela e seppellisce per sempre il passato, per altri lo congela per farlo risorgere più tardi.

A un livello qualitativo-esplorativo abbiamo analizzato il contenuto di 20 AAI estratte da un campione più ampio di adolescenti che hanno alle loro spalle storie di abbandoni e di gravi deprivazioni. Nel 75 per cento del campione si è trattato di adozioni internazionali. Di questi ragazzi, solo 9 ricordano il loro passato preadottivo in modo ricco e vivo, gli altri hanno solo pochi e vaghi ricordi o anche nessun ricordo.

Ci si è proposti di analizzare, sul piano della *temporalità*, come tali giovani abbiano reagito e si siano adattati ai principali cambiamenti avvenuti nel corso della loro vita, concentrandoci maggiormente su alcuni aspetti del loro passato, i ricordi di luoghi e persone del tempo preadottivo, ossia i ricordi «ordinari» (Stern, 1993b), e come vengano vissute quelle «spaccature» del tempo che interrompono in modo improvviso e drammatico lo spazio del quotidiano: i lutti e le perdite. Abbiamo poi verificato se la maggior parte dei nostri giovani riconoscono una qualche influenza delle esperienze passate e dell'adozione sulla propria personalità attuale, e come la percepiscono. Inoltre, sempre riguardo al «presente», si è voluto vedere se questi ragazzi, in quanto adolescenti adottati, ritengono di essere stati «penalizzati» o ostacolati in qualche modo nell'integrazione a scuola e al lavoro e/o nei rapporti con i coetanei.

Infine, abbiamo cercato di vedere se tra questi giovani esistono aspetti in comune per quanto riguarda la percezione del loro futuro e la proiezione nell'avvenire e di sé stessi come genitori, e se le categorie di attaccamento loro attribuite possono influire su tutti questi aspetti.

Si è utilizzata l'analisi del contenuto per agevolare il confronto tra i soggetti del campione nelle aree indagate. La griglia utilizzata comprende 12 variabili categoriali e 35 sottocategorie realizzate in base alle risposte dei soggetti, alle ipotesi di lavoro e ai concetti teorici della teoria dell'attaccamento. Si è applicata la statistica del Chi quadrato e si è proceduto poi al riepilogo e all'interpretazione dei dati soprattutto a livello qualitativo. L'applicazione statistica ha una pura valenza orientativa.

Sono state individuate diverse caratteristiche: alcune tipiche di un singolo pattern di attaccamento, altre invece riscontrabili nell'intero campione.

I temi esplorati sono stati raggruppati in tre grandi aree:

1) Ricordi relativi al passato.
2) Percezione del presente.
3) Prospettive e desideri per il futuro.

Interpretazione dei risultati

I bambini comprendono progressivamente di far parte di una vita che si svolge nel tempo, con un passato e un futuro dilatato o accorciato negli anni, che modifica il momento presente o ne viene modificato. Acquisiscono implicitamente tale coscienza dai loro genitori, accorgendosi di essere inseriti in una famiglia che a sua volta si inscrive nella continuità di questo tempo tramite la successione delle generazioni e la trasmissione ereditaria dei valori (Prieur, 1998b). Ciò succede nella maggior parte delle famiglie.

Tale continuità storica non è però «scontata», dato che nella storia delle famiglie adottive vi sono numerose interruzioni del tempo, prima fra tutte quella dell'adozione: a un certo punto nella vita delle famiglie coinvolte si produce un arresto, ciò che Prieur chiama «frattura», nel passaggio da una generazione all'altra per i genitori biologici, per gli adottanti e per il bambino adottato. Tali rotture impediscono agli individui (e non solo ai ragazzi adottati, ma anche ai loro genitori) di avere una percezione di sé continuativa nel tempo. Ecco che diventa difficile ancorare il futuro a un passato, e il presente sembra immobile e sospeso.

È questa l'impressione che danno i ragazzi intervistati, ostacolati nella ricostruzione della propria storia personale da una visione «a frammenti» e da «buchi» d'ignoto nel loro passato. Anche la memoria (o l'oblio) allunga (o accorcia) la vita vissuta. Alcuni di questi ragazzi hanno addirittura «il nulla» alle loro spalle: sono i ragazzi senza ricordi preadottivi. Romina, 16 anni, adottata a 2,5 anni, dice: «Non ho ricordi di prima, di quando ero in istituto, e quindi i ricordi partono da quando c'era questa famiglia, non ricordo altro.» I ragazzi che conservano la memoria del passato preadottivo ricordano meglio degli altri il momento della «frattura» che hanno subìto al momento dell'adozione:

Laura: «Se ero arrabbiata vuol dire che non accettavo questo fatto.»
Marco: «Quando sono stato adottato che sono venuti a casa a prendermi e, io e mio fratello non sapevamo neanche cosa stesse succedendo e ci siamo messi a piangere.»
Regina (*episodio della partenza per l'Italia*): «Appena arrivata ero disperata, cioè ho avuto un brutto impatto e quindi avevo chiamato subito in... (*altro continente*).»

Tuttavia la vivida memoria dello «sradicamento» è presente anche in chi conserva una reminiscenza parziale del passato preadottivo, ossia non ricorda la famiglia d'origine ma solo l'istituto in cui ha vissuto per un certo periodo:

Carlo: «So che non c'erano tutti i ragazzi dell'orfanotrofio: le suore c'erano tutte e sono state le poche persone che ho salutato.»
Luigi (*il primo periodo nella nuova famiglia*): «Mi nascondevo sempre, mi ritiravo al buio, sentivo un vuoto totale, tremavo tutto e stavo lì per dieci minuti al massimo e dopo riuscivo a calmarmi...»

La sofferenza è presente anche in casi come questi ultimi, dove vi è stato un distacco da persone importanti a cui i ragazzi erano affezionati, anche se tali persone erano suore o preti e non la mamma.

A questo proposito, abbiamo individuato una categoria, il *fatto adottivo*, e due sottocategorie, *ricordi di luoghi* e *ricordi di persone*, dalla cui analisi sono emersi i risultati riportati di seguito.

Per quanto riguarda il passato

Volevamo vedere *se prevalevano i ricordi di luoghi precedenti l'adozione oppure i ricordi di persone*, e se i ragazzi manifestavano curiosità verso il loro Paese d'origine: è emerso che ricordano in ugual numero sia luoghi che persone del periodo preadottivo, anche se il rapporto con le persone è descritto da alcuni in modo più approfondito e vivido. Lo spazio invece sembra agire da «sfondo» a persone e azioni. È come se i luoghi aiutassero a fissare il tempo, agevolando il ricordo, ma fossero secondari rispetto ai rapporti con le persone. Luoghi e persone sono tuttavia molto legati nella costruzione degli eventi passati, anche se spesso alcuni luoghi sono solo nominati. Nel racconto dei ragazzi vengono riportati e descritti meglio e in maggior quantità i *luoghi chiusi* (le abitazione dei nonni o dei genitori naturali, gli istituti) rispetto a quelli aperti (i campi dove si lavorava, i luoghi in cui giocavano ecc.).

È uno spazio «autocentrato» e della *quotidianità*.

I Sicuri ricordano di più le «altre persone» che non i genitori biologici (da cui ricevevano meno appoggio e protezione). I genitori naturali sono i più svalutati, e specialmente la madre, descritta dalla maggior parte come distaccata e fredda. Verso il padre biologico sembra esserci più clemenza, anche se violento e maltrattante. Questo sembra dimostrare ancora una volta come i bambini alla freddezza e all'assenza di contatto preferiscano piuttosto un genitore talvolta maltrattante ma che in qualche modo entri in rapporto con loro.

Gli adolescenti «senza memoria» non hanno espresso il desiderio di conoscere il Paese d'origine e/o la famiglia biologica. Tra i ragazzi che ricordano, solo i Sicuri (e la maggior parte di essi) hanno espresso il desiderio di rivedere persone e luoghi del Paese d'origine, e alcuni lo hanno già fatto. Invece probabilmente i Distanzianti hanno voluto tagliare definitivamente con il passato. Considerando l'intero campione, sono veramente pochi gli adolescenti che vogliono avere un qualsiasi contatto con il loro passato preadottivo (30%). Possiamo inoltre ipotizzare che questi giovani non esprimano tale bisogno anche perché temono di fare un «torto» ai genitori adottivi, o perché non lo vivono ancora come un problema, oppure semplicemente perché non è stato richiesto loro esplicitamente. Nel campione di 20 soggetti di Farri Monaco e Niro (1999), ben 16 ragazzi avevano espresso il desiderio di conoscere le loro «radici»; questo, però, solamente in risposta a una domanda, specifica per tale area, posta dai ricercatori, che utilizzavano come strumento il colloquio psicologico.

È invece presente il desiderio di «dimenticare il passato» in più della metà dei ragazzi che ne ricordano almeno qualcosa (non necessariamente la famiglia biologica). In Ludovico, ad esempio, tale desiderio coincide con quello della madre adottiva. Invece il padre di Maria vorrebbe che lei non pensasse più alla madre naturale, ma la ragazza non ne ha alcuna intenzione. Caterina dice: «Cerco di non pensare a lei», e lo fa sul serio, perlomeno coscientemente; infatti quando le si chiede da chi era composta la sua famiglia lei «dimentica» la madre biologica; la nomina però nella risposta alla domanda successiva. Riportiamo alcuni stralci del racconto dei ragazzi che sembrano voler vivere unicamente nel presente:

Cinzia (F): «Io non scuso nessuno»; «per me loro non esistono più, nel senso che non ho più rimpianti né nostalgia, non mi interessa più»; «ci hanno devastato».
Ludovico (Ds): «Cercava (*la madre adottiva*) di farmi dimenticare quando ero in Brasile»; «a volte quando mi offendono, così i miei compagni, io mi incavolo e gliele do. Poi gli dico: "Perché non provi tu a essere nella mia stessa situazione di com'ero una volta", allora stanno zitti» (*il ragazzo non riesce a pensare al suo passato di povertà senza arrabbiarsi e soffrirne, probabilmente vorrebbe dimenticarlo ma non ci riesce*).
Caterina (Ds): Domanda: «Chi faceva parte della tua famiglia?» Risposta: «Eravamo tre fratelli io, D. e S., e poi non avevamo il papà.» Domanda: «Con chi vivevi, nel ricordo?» Risposta: «Io mi ricordo che abitavo con la mamma.»
Daniela (Ds): «Brutti pensieri che rimarranno sempre sempre impressi nella mia mente e quindi me li ricorderò sempre, mi faranno sentire male, perché non è una cosa bella.»
Claudio (E): «C'era un rapporto di una vera famiglia (...) provavo una sensazione, una liberazione totale, come se si stesse allontanando quella parte scura di me.»

Carlo (DS), adottato a 10 anni (*insiste molto sul non-ricordo*): «No non mi ricordo niente, sono rimasto in orfanotrofio da solo (...) sono rimasto in orfanotrofio per (*pausa di 5 secondi*), non ricordo tanto, poi sono venuti...»

Questi adolescenti, se potessero, si libererebbero molto volentieri del loro passato, pensando di poter fare a meno di ciò che evidentemente considerano qualcosa di doloroso da dimenticare, come fanno le lucertole, che di fronte ai pericoli si liberano della coda. Per Claudio infatti il passato è «quella parte scura» che vorrebbe scomparisse dalla sua vita; sembra quasi una parte in più, un'inutile zavorra dolorosa. Qualcosa di simile sembra voler dire Pamela (F), che pure riferisce di non ricordare nulla del passato preadottivo: «Anche se ricordo, mi fa un po' stare male, allora cerco di non pensare tanto al passato»; «Sì, perché è una parte buona di me (...) ho un vuoto, mi ricordo fino a dieci anni al massimo.»

Consideriamo adesso gli eventi e gli episodi che interrompevano il «normale» svolgimento quotidiano del tempo e della vita a cui i ragazzi, nel bene o nel male, si erano adeguati e adattati, e le reazioni a tali difficoltà cioè a *lutti e traumi*.

In seguito a questi eventi, i giovani hanno dovuto riorganizzare sé stessi e la loro vita e adattarsi ai cambiamenti del Sé anche delle persone che stavano loro vicino e che soffrivano della stessa perdita. La maggior parte di questi ragazzi, tuttavia, da bambini non hanno avuto quest'ultima preoccupazione: erano soli di fronte ai lutti e nessuno spiegava loro nulla, oppure erano rimasti soli a causa della perdita. Mancava loro una figura di riferimento che li aiutasse a gestire sentimenti così intensi, devastanti e nuovi.

La prima grande frattura per questi giovani è stata l'abbandono, considerato dalla maggior parte come indipendente dalla volontà del genitore (cause attribuite a morte o a povertà). Il rifiuto è ammesso solo da pochissimi soggetti. L'adozione nei primi tempi è stata vissuta dalla maggior parte come uno «sradicamento». I lutti successivi si sono sommati, mettendo a dura prova la capacità del bambino di «sperare ancora». Eppure la maggior parte sono riusciti a elaborare il lutto in modo positivo, si suppone «a posteriori», grazie soprattutto anche all'aiuto della famiglia adottiva (solo il 25% degli «irrisolti rispetto ai traumi»). Sorprendono sempre le innumerevoli risorse dei bambini che, anche di fronte a gravi difficoltà e a situazioni di grave deprivazione o carenza, riescono a «prendersi cura di sé stessi» e a non perdere la *speranza*, elemento essenziale per la crescita e il proseguimento della vita verso il futuro. Di fronte ai lutti, però, è come se il tempo si «spezzasse» e ogni cosa si dissolvesse rapidamente. Esiste il rischio che la realtà vissuta soffochi tale anelito e che ci si lasci andare a non sperare più. In questi ragazzi sembra esistere invece la modalità opposta, quella che Minkowski (1933) chiama di *presente-passato*, caratteristica a volte di una riflessione sulla propria vita, e anche di un'elaborazione del lutto. Quando è stata elaborata, la morte viene integrata nel normale svolgimento della vita, che prosegue il suo cammino. La «speranza» sopravvive e fa guardare al futuro.

Abbiamo preso in considerazione i diversi modi di reagire ai lutti, a partire dai racconti dei soggetti esaminati.

Le differenze significative tra Sicuri, Distanzianti e Preoccupati sono state suddivise tra *reazioni al momento dell'evento* e *vissuti attuali* rispetto a tale lutto. I Preoccupati riferiscono di aver provato «senso di colpa», «paura» e di «non essersi sentiti al sicuro». Attualmente, rispetto a quell'evento, appaiono ancora impauriti: tuttora riferiscono «sensi di colpa», «paura dei funerali», «mi sembra di toccare ancora questa ferita» ecc. Sembra valere per questi giovani ciò che Crittenden (1999) sostiene a proposito dei Preoccupati in generale, e cioè che restino *attivati e ipervigili*, conservando quante più possibile informazioni sensoriali ancora allo stato «grezzo», utili in futuro per consentire loro nuove ricostruzioni dell'evento.

I Distanzianti si comportano come se il lutto non avesse importanza per loro o fosse cosa di poco conto. Sembra che abbiano «voluto» dimenticare la reazione al momento dell'evento, in modo da attribuirvi meno importanza nel presente. Il 30 per cento delle «non-risposte» a tale domanda, se ci riferiamo all'intero campione, provengono interamente dai Distanzianti, che «banalizzano» e si esprimono per frasi fatte; sono frequenti le «non-risposte» o le risposte prive di «affettività», più simili a cronache dell'evento.

I Sicuri, per quanto riguarda il «vissuto attuale» relativo al passato, sembrano averlo rielaborato, trasformando i sentimenti intensi e negativi provati in precedenza in stati emozionali più complessi e variegati, come ad esempio l'accettazione e il rimpianto. Ricordiamo che il rimpianto è definito da Minkowski un sentimento vivo nel presente, ma per cose che riguardano il passato, e che può fare da «ponte» con il futuro. È definito un evento esterno e indipendente da sé stesso, che è accaduto e che fa tuttora soffrire; tuttavia, quando non si presenta come una sterile contemplazione del passato, come nel caso del ricordo banale, è nello stesso tempo rivolto verso l'avvenire e ha lo scopo di integrare ciò che è stato fatto, pur negativo, al cammino della vita verso l'avvenire e verso il meglio.

Per quanto riguarda il presente

Il presente è un modo di vivere il tempo del tutto diverso da quello che caratterizza il passato; il presente integra, dispiega, amalgama, in modo da aprire davanti a noi l'orizzonte dell'avvenire. Il passato invece ci sembra sempre, per i «tagli» e lo «spezzettamento» che lo caratterizzano, come amputato di qualcosa rispetto al presente vissuto. Tuttavia il passato influenza il presente e anche il futuro (Minkowski, 1933), anche se non se ne ha memoria.

Il 75 per cento degli adolescenti del campione riconoscono che il passato ha esercitato un'influenza sulla propria personalità. Sono emerse influenze riconosciute come positive sia del passato preadottivo, sia di quello adottivo. All'infanzia post-adottiva sono attribuite solo *influenze positive* sul presente. La maggior parte dei soggetti tendono a non ammettere influenze negative del passato preadottivo. Circa la metà del campione idealizza tali influenze («mi ha aiutato a crescere», «mi ha formato», «ringrazio l'educazione molto buona dei miei genitori biologici», «non si è adulti se non si è passati dalla povertà»). Probabilmente c'è in questi ragazzi il bisogno di «impreziosire» l'esperienza fatta, salvando in parte le proprie radici biologiche, in modo da non avere la sensazione di aver sofferto invano e inutilmente, provenendo dalla «vita precedente» con un bagaglio fatto solo di negatività, con la sensazione di non avere nulla da offrire agli altri e ai genitori che tanto amorevolmente li hanno «salvati» e verso i quali provano molta riconoscenza.

I soggetti il cui attaccamento è stato classificato come Sicuro riferiscono contemporaneamente influenze negative e positive del passato preadottivo; manifestano in questo modo la capacità di considerare situazioni e persone da più punti di vista, sebbene ne siano stati, spesso, danneggiati.

Meno della metà dei giovani ammettono l'influenza dell'adozione sulla personalità, e ciò sembra essere dovuto al desiderio dell'adolescente adottato di non sentirsi diverso dai suoi coetanei nati e cresciuti nella loro famiglia d'origine.

Nella percezione attuale di sé stessi, le caratteristiche comuni alla maggior parte del campione sono la diffidenza, la *selettività*, la chiusura (a eccezione dei Sicuri) e il *sentirsi «diversi»* (anche nei ragazzi di origine italiana). La maggior parte dei ragazzi parlano di diversità somatiche dovute al colore della pelle, mentre i ragazzi italiani le attribuiscono alla condizione adottiva. I Preoccupati parlano di «diversità» nel senso di sentirsi «superiori agli altri»: probabilmente una difesa; i Distanzianti, in più, tendono a «idealizzare sé stessi» e a parlare di «cambiamento» personale nel tempo (naturalmente nel senso di un miglioramento). I Sicuri sembrano avere una maggiore capacità di riflettere su sé stessi, di darsi spiegazioni, e non parlano di sensi di colpa o di paure particolari. Il *desiderio di autonomia e di indipendenza* è espresso solo dal 35 per cento dei ragazzi. Tale desiderio non è presente in nessuno dei Preoccupati.

Sembra che i giovani adottati desiderino rimanere il più a lungo possibile con la famiglia adottiva, per il timore di affrontare un'altra separazione e di «rivivere» il dolore provato all'abbandono.

I ragazzi del campione risultano piuttosto bene integrati nell'ambiente scolastico, per quanto riguarda sia i rapporti con i compagni di classe, sia il profitto, anche se non è sempre stato così. Il 25 per cento lavorano con impegno; gli altri, data l'età, frequentano ancora le superiori e alcuni la scuola media inferiore. Per quanto riguarda il rapporto con i pari, l'85 per cento riferiscono di avere un amico del cuore, mentre il 60 per cento dichiarano anche di avere «la compagnia». I giovani in questione dunque frequentano le loro amicizie, ma sono piuttosto selettivi nella scelta e tendono ad avere un rapporto preferenziale con un amico. Sono molto esigenti nei confronti dei loro amici, e dunque più esposti di altri a eventuali delusioni. Preferiscono avere amici «pochi ma buoni». Negli altri apprezzano soprattutto la lealtà e la confidenza.

Sono piuttosto ben integrati anche nella famiglia, con la quale hanno un buon rapporto, fatto di dialogo e confidenza, nonostante le difficoltà e la chiusura iniziale dichiarate.

Per quanto riguarda il futuro

I ragazzi riferiscono di desiderare una famiglia che assomigli a quella attuale. In questo non ci sono differenze sostanziali fra Sicuri, Distanzianti e Preoccupati. Vorrebbero avere tutti una famiglia in cui vi sia affetto, comprensione e dialogo, e più della metà dei ragazzi vorrebbero diventare genitori simili ai propri genitori attuali. La maggior parte dei Sicuri lo dichiarano esplicitamente, mentre fra i Distanzianti nessuno nomina direttamente i genitori adottivi; tuttavia per descrivere sé stessi come genitori il 50 per cento usano gli stessi aggettivi che avevano attribuito, nel corso dell'intervista, ai propri genitori.

I Sicuri forniscono un'immagine di sé come genitore che appare più «realistica» rispetto agli altri ragazzi. Riconoscono la difficoltà della domanda, però rispondono ugualmente. Tra i Distanzianti c'è, invece, chi non si immagina genitore, chi riferisce incertezza e incapacità a rispondere. Distanzianti e Preoccupati tendono ad assumere nelle loro risposte punti di vista genitoriali, palesando così una difficoltà a separarsi dalla propria famiglia anche sul piano del pensiero. Nonostante questo, il 30 per cento dei Distanzianti vorrebbero essere genitori di figli «autonomi e liberi nelle loro scelte», e una percentuale un po' più alta li vorrebbe viziare, a differenza di Sicuri e Preoccupati.

La categoria di attaccamento sembra influire sul modo di progettare il proprio futuro. I Sicuri desiderano una vita stabile e comune. La «normalità» e il quotidiano li rassicurano, e il lavoro sembra un «mezzo» per ottenere tale sicurezza; per questo si può ritenere che i giovani, a parte qualche eccezione, vi facciano riferimento solo in modo generico («un buon lavoro»). Si riscontra un modo più uniforme di progettare il futuro. La maggior parte desiderano sposarsi, e tutti vogliono avere dei figli. Più della metà dei Sicuri vorrebbero avere in futuro contatti con persone appartenenti al loro passato, o rivedere il Paese natale.

I Distanzianti tendono a riferire desideri più «fantasiosi», infantili e difficilmente realizzabili. Tendono così a idealizzare il futuro, e fantasticano molto su di esso fornendo risposte precise e ricche di dettagli. Una buona parte fanno riferimento a uno specifico lavoro per il proprio futuro, e alcuni nominano la scuola. Questo non succede nei Sicuri e nei Preoccupati. Per i Distanzianti il lavoro sembra più un «punto di arrivo» attraverso cui realizzarsi che non un «mezzo» attraverso il quale realizzare altre cose (come per i Sicuri).

Anche questi giovani desiderano sposarsi e avere figli, ma in percentuale più bassa dei Sicuri. Frequenti anche le prospettive umanitarie per il futuro («fare il dottore», «distribuire parte del denaro in beneficenza» ecc.).

Ciò che accomuna i Preoccupati è l'incapacità di figurarsi un futuro in assenza della famiglia attuale. Non manifestano il desiderio di rivedere persone del passato, non parlano di lavoro, non fanno riferimento alla scuola, hanno molte incertezze: non sanno se si sposeranno o se avranno dei bambini. Appaiono ancora troppo «coinvolti» dal loro passato per pensare all'avvenire.

La professione o il titolo di studio dei genitori adottivi non sembrano influire sui loro ragazzi riguardo: *a*) l'ambizione e i desideri per il futuro; *b*) il lavoro che vorrebbero intraprendere in futuro; *c*) il profitto scolastico.

I legami tra il livello socioculturale dei genitori e la «progettualità» dei figli risultano deboli. Forse, a influire sono le caratteristiche di personalità dei genitori e la loro spinta al successo, «combinate» con quelle dei figli.

La maggior parte dei ragazzi sembrano vivere soprattutto nel presente, perché è in esso che investono, studiano e lavorano, e quindi si preparano per il futuro. Dell'avvenire riescono a delineare solo alcuni contorni («una bella famiglia», circa la metà anche «un buon lavoro», altri invece «non so se mi sposerò», «non so se avrò dei figli», «spero di sposarmi»). In ogni caso, i ragazzi «fatalisti» sono solo due.

Questo vuol dire che, nonostante i ragazzi del campione non abbiano le idee chiare sul futuro e non ritengano necessario pianificarne le tappe, non ne risultano impauriti e non rinunciano a fare progetti per timore che il destino o la sfortuna possano danneggiarli (come per i fatalisti).

Dato che caratteristiche simili sono emerse anche da ricerche condotte su ragazzi non adottati (Buzzi, Cavalli e De Lillo, 1997), la scarsa progettualità può non essere attribuibile alla sola condizione adottiva. Probabilmente quella che può sembrare «superficialità» rivela una capacità di adattamento a un mondo in continua evoluzione come lo è il nostro, dove i progetti che hanno più possibilità di realizzarsi sono quelli a breve scadenza. Oppure ciò che conta davvero per i giovani del campione è continuare a possedere anche in futuro una famiglia stabile e comune e una vita «il più normale possibile» ma che dia loro la sicurezza e l'affetto finalmente conosciuti e conquistati dopo molta fatica e il «lungo viaggio».

Altre considerazioni

Da quanto detto, emerge una figura di adolescente abbastanza integrato nella propria famiglia, nel gruppo dei pari, a scuola, al lavoro, sensibile ai problemi della povertà e della sofferenza altrui. Tale immagine è molto diversa da quella presentata da molti studiosi e terapeuti di adolescenti adottati. Prieur (1998a) riferisce che tra i ragazzi adottati sono frequenti problemi come violenza, devianza, depressione, disturbi di apprendimento, tossicodipendenza. Queste differenze crediamo siano dovute al fatto che Prieur e molti altri terapeuti si basano sui casi forse più negativi, perché il loro campione è costituito da soggetti clinici, nuclei familiari in difficoltà che si rivolgevano a loro per un aiuto. Il nostro campione è costituito invece da soggetti che hanno accettato di partecipare alla ricerca. Ipotizziamo che le famiglie adottive in cui sono presenti ragazzi con problemi gravi a livello psicosociale o comportamentale possano non aver accettato di partecipare alla nostra ricerca per timore che si scoprissero fatti o eventuali inadeguatezze dei genitori attuali. In base a informazioni raccolte nella zona, le famiglie con adolescenti o giovani adulti molto problematici non hanno accettato di sottoporsi all'intervista. Sarebbe interessante vedere anche la realtà della «fascia intermedia», ossia quei giovani che non partecipano a ricerche o che non seguono una terapia.

Sarebbe stato interessante per noi confrontare, dal punto di vista della temporalità, il nostro campione con un gruppo di soggetti nati e cresciuti nella famiglia naturale, ma ciò non è stato possibile per l'inesistenza di altre ricerche che prendessero in considerazione la problematica «tempo» in adolescenti non adottati, avvalendosi della AAI e dell'analisi del contenuto. Lasciamo quindi a ricerche future il compito di confrontare empiricamente il campione degli adolescenti adottati con un altro campione estratto dalla popolazione «normale», dal punto di vista della temporalità, in modo da vedere se emergono più differenze sostanziali o similitudini, e inferire quanto sia dovuto alla condizione adottiva e quanto invece sia attribuibile alla fase adolescenziale, o a entrambe. Pur basandoci, quindi, su un numero limitato di casi, riteniamo possibile una sintesi sui seguenti punti:

1) L'importanza di aiutare i genitori adottivi a non colludere con il desiderio del ragazzo di dimenticare il proprio passato preadottivo, e sostenerli nella costruzione della verità narrabile.

2) La necessità di riallacciare le fila del tempo nelle famiglie adottive. La vita della famiglia non comincia quando il figlio adottivo e i genitori attuali si sono incontrati, e non termina quando i figli se ne vanno di casa. Prieur (1998b) insiste sulla necessità di ristabilire la *temporalità* in queste famiglie, e di «*riannodare le fila del tempo, della durata e della storia*». L'adozione è avvenuta in un determinato periodo di tempo; esistono quindi un «prima» e un «dopo» sia per i genitori sia per i figli. Reintrodurre il tempo e la storia significa comprendere che vi è stato un passato per gli uni e per gli altri: non soltanto quello doloroso del ragazzo, ma anche il passato dei genitori. Reintrodurre la temporalità ha anche la funzione di mostrare che esiste un avvenire per entrambi e, così come la vita non è cominciata per genitori e figli al momento dell'adozione, essa non terminerà per i genitori quando gli adolescenti usciranno di casa per crearsi una vita con una nuova famiglia. Di questo è bene che prendano coscienza sia i genitori sia i figli, soprattutto quelli che, nel campione,

dimostrano una bassa progettualità e vorrebbero rimanere «sempre» con l'attuale famiglia. A tale proposito, dalla nostra ricerca risulta che anche i genitori sembrano trovarsi in difficoltà nel periodo adolescenziale dei figli, dato che si è riscontrato il 26 per cento di Preoccupati tra i genitori contro il 15 per cento tra i figli, forse perché in ansia per il fatto che il ragazzo potrebbe lasciarli presto. D'altra parte, non sempre genitori e figli adottivi sono consapevoli che il passato non può essere negato e che la famiglia non è «statica» e si sviluppa nelle movenze del tempo, con le sue rotture e i suoi ricongiungimenti. Non sempre gli adolescenti e i genitori sono in grado di tollerare i cambiamenti e le incertezze riguardanti il presente e il futuro gli uni degli altri. Un lento processo è in atto nello svolgersi della genitorialità e figlità adottiva, che consiste nel riconoscere e collegare la sofferenza passata del ragazzo con quella del genitore al fine di costruire una storia comune e non «scritta» dagli uni per l'altro o viceversa. Spesso in adolescenza questa «storia» viene modificata e rivista (*ibid.*), e crediamo sia vantaggioso approfittare di questa predisposizione al cambiamento per aiutare il ragazzo a orientarsi.

3) L'aiuto al ragazzo che ha bisogno di sapere che cosa c'era prima di lui e che cosa è avvenuto dopo, in modo da sentirsi parte di una continuità storica e generazionale. Spesso, però, l'elaborazione del ricordo di quanto è successo «prima» è troppo dolorosa, se non addirittura pericolosa, e certo queste fratture vanno rispettate. Frequenti sono le difficoltà di ricordo e i disturbi della rappresentazione del tempo. Molti studiosi sottolineano la vita frammentata del bambino adottato e la mancanza di un adulto che aiuti a ricordare, e anche il desiderio di non avere una storia prima dell'adozione; molti altri invece ritengono che tali aspetti siano insufficienti soprattutto a spiegare la rimozione delle rappresentazioni delle persone amate. Lo «scopo» di tale rimozione sembra essere il bisogno di dimenticare il dolore della separazione, di proteggersi dai sentimenti aggressivi derivati dall'essere stato abbandonato e di difendersi dai sensi di colpa per l'aggressività.

4) L'aiuto ai genitori perché accettino il passato del figlio con le sue luci e le sue ombre, perché solo così anche lui sarà in grado di farlo. Nella selezione delle coppie è importante che, in particolare per le adozioni internazionali:
a) non si scelgano persone con modalità difensive troppo rigide, che tendano a imporre la propria cultura e a far cancellare al figlio la sua;
b) valutare la capacità della coppia di essere famiglia multietnica e saper valorizzare la diversità del ragazzo. Quest'ultimo è portatore di una sua cultura, originalità e storia: è opportuno anche aiutarlo a documentarsi sul suo Paese d'origine, affinché ne diventi orgoglioso invece che provarne vergogna (Dell'Antonio, 1994a).

I ragazzi del nostro campione si sentono *diversi*. Quindi sembra che non valorizzino la propria origine e la propria diversità, poiché cercano il modo di essere «cioè sono il più normale possibile», «alcune cose come un normale figlio ce le ho...», «anche adesso me lo fanno: si girano tutti per la pelle» e così via. C'è anche chi giustifica le persone che dimostrano pregiudizi nei propri confronti perché sostengono che forse in precedenza avevano conosciuto persone con lo stesso colore di pelle che però si comportavano in modo scorretto. In effetti spesso i ragazzi imparano che la propria cultura e la propria origine sono da sottovalutare e da scartare, e considerano più vantaggioso negarle uniformandosi alle regole familiari di chi li ha accolti con tanto amore salvandoli dalla miseria e dalla solitudine. A seguito dei numerosi messaggi anche non espliciti, ma in ogni caso presenti, di negazione delle differenze e di «silenzio» circa le origini (Bramanti e Regalia, 1995), potrebbero addirittura essere portati a vergognarsi delle proprie radici, ostacolando la costruzione della propria identità.

5) Nel campione, chi non ricorda non ha espresso il desiderio di conoscere il Paese d'origine. È anche vero, però, che nella Adult Attachment Interview manca una domanda specifica in proposito. Potrebbe essere che i ragazzi utilizzino nel corso dell'intervista la medesima modalità collusiva che utilizzano nell'ambiente familiare; visto che i genitori non rivolgono loro alcuna domanda relativa al passato preadottivo, loro non ne parlano o non chiedono nulla in merito. Alcuni autori sostengono che il passato del ragazzo e il legame con la sua terra d'origine devono essere vivi, anche solo nel ricordo (Greco e Iafrate, 1992): meglio ancora se riuscisse a tornarci anche con la sua attuale famiglia per qualche tempo, in modo da avere contatti con usi e costumi locali, nonché con persone del luogo (Farri Monaco e Peila Castellani, 1994). Sostengono inoltre che, affinché il bambino giunga a essere autonomo e a costruire un adeguato senso di identità, è necessario che non rifiuti nulla della sua «vita precedente» e che, parlandone con i genitori adottivi, possa inserirli nella sua storia personale, dando alla sua origine e al suo passato la giusta importanza, in modo da «accettare la propria diversità come elemento di individuazione e non di emarginazione» (*ibid.*). Se tutto ciò, dal punto di vista delle teorie fin ad oggi a nostra disposizione, può sembrare la modalità ottimale, clinicamente non abbiamo l'impressione che lo sia per tutti; siamo anzi convinte del pericolo di andare a cercare scheletri nell'armadio, quando sono troppo o troppo accuratamente nascosti.

6) Inoltre, sono pochi i ragazzi che vorrebbero essere indipendenti dai genitori (35%). La consapevolezza che per poter conquistare «qualcosa» di ancora sconosciuto è necessario cominciare a perdere la dipendenza dai propri genitori, attrae, ma nello stesso tempo terrorizza. L'adolescente che ha vissuto in passato un abbandono, una perdita che si è impressa come un «marchio» indelebile nel suo vissuto ancora attuale, come è accaduto ai protagonisti della nostra ricerca, presenta maggiori difficoltà in questo senso. L'individuazione che questa tappa evolutiva porta con sé fa riecheggiare nel ragazzo il dolore e l'angoscia per l'«antica ferita». L'adolescente adottato, che spesso ha conqui-

stato da poco stabilità e sicurezza familiare, «fatica» a immaginare una separazione così vicina a quella vissuta nell'infanzia con l'abbandono, e preferisce «allungare» i tempi della dipendenza. Ma proprio perché oggi questo è un fenomeno comune alla maggior parte dei ragazzi, anche non adottati, pensiamo che qualcosa caratterizzi l'epoca di Internet, dove presente, passato e futuro, e lo spazio, hanno perso le loro dimensioni di contenitori e di rigidi organizzatori, e che ciò induca e favorisca un'accettazione solo parziale della realtà.

Sembra inoltre che i ragazzi del campione si siano adeguati fin troppo alle regole familiari, e idealizzino moltissimo i genitori. Naturalmente, non in tutte le situazioni ciò è il risultato di una condizione di vera integrazione familiare; in altre è il risultato di falsi Sé compiacenti, con cui comunque i soggetti riescono a vivere.

Farri Monaco e Niro (1999) sostengono che la tipologia delle risposte adolescenziali spesso riflette la qualità della relazione affettiva presente con i genitori adottivi: se il legame è stato intenso e molto «stretto», nel senso che tendeva a negare i tentativi di «indipendenza» e autonomia del ragazzo, quest'ultimo potrà reagire con una forte rimozione, uniformandosi passivamente alle regole e negando ogni conflitto con i genitori.

Capitolo 18

Tra due vite: uno studio qualitativo-esplorativo sul doppio attaccamento in adolescenti adottati attraverso l'analisi del contenuto delle loro AAI

Tatiana Parma e Graziella Fava Vizziello

Abbiamo scelto un campione ridotto, ma rappresentativo, di adolescenti adottati nel corso dell'infanzia. Si tratta di 9 ragazzi dai 13 ai 25 anni a cui è stato possibile somministrare una doppia Adult Attachment Interview, rispetto sia ai genitori biologici che a quelli adottivi.

Il campione è costituito da 6 femmine e 3 maschi, tutti adottati piuttosto tardi; l'età all'adozione infatti va dai 4 anni e 3 mesi ai 12, con una media di 7 anni e mezzo. Per quanto riguarda il Paese d'origine, vi sono 3 ragazzi italiani (2 femmine e 1 maschio), 3 africani (1 maschio e 1 femmina dal Burundi, 1 femmina dall'Etiopia), 2 provenienti dall'America Meridionale (1 maschio dal Brasile e 1 femmina dalla Colombia) e 1 dall'America Centrale (1 femmina di Haiti).

Per ciascun soggetto disponiamo dei dati anagrafici, delle configurazioni di attaccamento rispetto ai genitori biologici e adottivi e delle configurazioni di attaccamento dei genitori adottivi. Sono stati annotati anche i lutti e i traumi non risolti, e si è prevista la possibilità di una riorganizzazione. L'accordo tra i giudici sulle tre principali categorie di attaccamento (DS, F, E) è stato dell'82 per cento (K = 0,69) per gli adolescenti adottati e del 90,0 per cento (K = 0,84) per i genitori adottivi.

Le domande che ci siamo poste e che ci hanno accompagnate nella lettura di tutto il materiale sono state essenzialmente tre:

1) L'adozione, e con essa la possibilità di sperimentare un nuovo ambiente familiare, può favorire una rimanipolazione delle modalità di attaccamento? In altre parole, è possibile che il legame con i genitori adottivi agisca in senso retrospettivo, permettendo di avviare un processo di riorganizzazione dei pattern precedenti? Si ipotizza infatti che i modelli di attaccamento originari di questi soggetti siano caratterizzati da un attaccamento di tipo gravemente insicuro o disorganizzato, a causa di esperienze precoci negative e traumatizzanti.

2) Le modalità di attaccamento che i ragazzi sviluppano nei confronti dei genitori adottivi sono in relazione con le configurazioni di questi ultimi? In

altre parole, esiste la possibilità di una trasmissione intergenerazionale dei pattern di attaccamento fra genitori e figli adottivi?

3) I soggetti che mantengono due differenti modalità di attaccamento verso i genitori biologici e quelli adottivi appaiono più svantaggiati e problematici rispetto a quelli che sono riusciti a integrare nel corso dello sviluppo i diversi modelli operativi interni in un unico metamodello?

L'analisi del contenuto di queste doppie interviste si è rivelata un utile strumento per comprendere alcune delle dinamiche che caratterizzano il fatto adottivo, nel passaggio da una vita a un'altra. Questo lavoro non ha avuto alcuna pretesa statistica; la nostra intenzione era infatti puramente esplorativa: volevamo fare maggior luce sulla realtà dell'adolescenza adottiva e sul modo in cui le varie esperienze relazionali, introiettate sotto forma di *modelli operativi interni*, concorrono alla formazione del Sé.

Abbiamo letto tutte le interviste con un'ottica sistemica, prestando particolare attenzione alla rete sociale in cui ciascun soggetto era inserito, in quanto condividiamo l'idea che lo sviluppo individuale sia il prodotto di una continua interazione dinamica tra l'individuo e l'ambiente. Sarebbe riduttivo focalizzarci unicamente sul rapporto genitore-figlio, poiché questo ci porterebbe a non considerare l'importanza dell'ambiente di accudimento allargato. Volevamo infatti mettere in evidenza le condizioni che hanno agito in senso protettivo nella vita di questi ragazzi e che hanno bilanciato gli effetti dannosi derivati da esperienze negative e traumatizzanti.

Il quadro generale che emerge da questo lavoro è di nove adolescenti complessivamente ben adattati, ma che risentono delle problematiche relative alla fase evolutiva che stanno attraversando, nel difficile passaggio dall'infanzia all'età adulta. In particolare, per quanto riguarda la rappresentazione del Sé, emergono difficoltà a percepirsi a livello corporeo, un'osservazione che conferma l'idea che in questo periodo il corpo risenta dei conflitti e problemi tipici dell'età. A livello psichico, invece, è presente una discreta capacità riflessiva, anche se i ragazzi appaiono ancora poco propensi a utilizzarla appieno. La strategia più diffusa risulta essere infatti quella *distanziante*, in cui è presente un tentativo attivo di allontanamento del ricordo per non dover affrontare vissuti che fanno ancora soffrire.

Il rapporto con le figure parentali è piuttosto complesso, in quanto gli adottati devono essere capaci di integrare le immagini di due coppie genitoriali: quella dei genitori biologici, che li hanno messi al mondo ma li hanno poi rifiutati, e quella dei genitori adottivi che, spesso sulla base di difficoltà personali, hanno scelto di crescerli e amarli come se fossero figli loro. Questo compito, anche se difficile e doloroso, appare necessario per accedere a una rappresentazione del Sé adeguata e sviluppare un Io unificato e stabile, anche dal punto di vista dell'identità sessuale.

In genere il rapporto con i genitori biologici viene descritto come carente e negativo: i ragazzi hanno avuto difficoltà a trovare aggettivi per descrivere questa relazione.[1] Le rappresentazioni delle madri biologiche sono più nitide e strutturate rispetto a quelle dei padri, anche dal punto di vista degli episodi e delle generalizzazioni semantiche che vengono riportati. Spesso le madri biologiche sono giudicate con maggior severità rispetto ai padri. Il meccanismo usato è la *scissione*: vengono proiettati su un genitore gli aspetti positivi e sull'altro quelli negativi, vista l'impossibilità di integrarli in un'unica rappresentazione.

Crediamo che la sopravvalutazione del padre biologico, riscontrata più frequentemente nelle ragazze, sia un modo sottile ma efficace per svalutare la figura di riferimento primaria, che è la madre. I padri, infatti, mantengono una posizione piuttosto marginale, tanto che in alcuni casi si può dubitare che abbiano avuto interazioni significative con i figli. Nel caso di persone così lontane e assenti, è sicuramente più facile proiettare i propri desideri senza rischiare di rimanere delusi.

Il rapporto con i genitori adottivi è nella quasi totalità dei casi positivo; vengono anche forniti con più facilità gli aggettivi o descrittori richiesti. È interessante notare che, per quanto riguarda le madri adottive, l'aumento di tali descrittori è accompagnato da una parallela diminuzione del numero di episodi e generalizzazioni semantiche rispetto alle madri biologiche. I padri adottivi, invece, non sembrano ottenere più riferimenti degli altri, anche se ricevono più descrittori.

Questo conferma l'idea che siano le mamme le figure di riferimento più importanti per questi ragazzi. I papà, nella maggior parte dei casi, rivestono un ruolo più marginale, generalmente a causa del lavoro, che non permette loro di essere presenti quanto le mogli. Abbiamo riscontrato un atteggiamento più equilibrato, da parte del campione, nel descrivere il rapporto con il padre adottivo, anche quando è connotato positivamente. Sembra infatti che i ragazzi valutino tale relazione con più obiettività, mentre verso le madri adottive c'è una maggior tendenza all'idealizzazione.

Il rapporto con la figura materna (biologica e adottiva) appare ancora una volta l'aspetto più importante e ricercato dai ragazzi del nostro campione; forse è per questo che manifestano tratti di maggiore coinvolgimento nei suoi confronti. Crediamo, inoltre, che questo atteggiamento idealizzante risponda al bisogno di sostituire la *madre cattiva*, interiorizzata nella prima infanzia, con un oggetto *sufficientemente buono*. Il rapporto con la madre adottiva rappresenta dunque una seconda possibilità di recuperare e rielaborare, con un'azione compensatoria, i vissuti angoscianti legati alla relazione con l'oggetto primario.

[1] Una delle prime domande della AAI richiede, infatti, di fornire 5 aggettivi o parole che descrivano la relazione con ciascun genitore nell'infanzia, e di raccontare per ognuno di essi un episodio esemplificativo.

Ciò nonostante, solo due soggetti si sono sentiti rifiutati dai genitori naturali, mentre gli altri sette affermano di essersi sentiti amati da loro. Questo dato ha destato qualche perplessità, soprattutto alla luce di quanto hanno vissuto questi ragazzi. Tutti, infatti, hanno subìto qualche forma di abbandono; molti sono stati intenzionalmente allontanati dai familiari per essere dati in adozione. Ci sono solo due casi di bambini completamente orfani e senza più alcun parente al mondo.

Ammettere di essere stati rifiutati è certamente difficile, e si preferisce negare tale possibilità, soprattutto in un momento delicato come l'adolescenza, poiché rappresenta un attacco alla propria autostima e al proprio valore personale. Chi viene allontanato, infatti, si percepisce come indegno e inadeguato, biasimando sé stesso per le difficoltà nella relazione.

Viene inoltre manifestata una certa resistenza a riflettere sull'operato della coppia adottiva. I nuovi genitori, infatti, rappresentano il cambiamento, la possibilità di ricucire le proprie ferite e lenire gli antichi dolori. La coppia adottiva diventa importantissima per ripristinare un senso di fiducia e di sicurezza, e appare estremamente pericoloso giudicarla.

Se tutti i soggetti del campione hanno avuto *fratelli o sorelle biologici*, solo per tre di loro il rapporto non si è interrotto ed è rimasto tale. In questi casi, dunque, è stato possibile trovare delle famiglie disposte ad adottare entrambi i ragazzi, senza separarli. Questo ha permesso loro di sperimentare una certa continuità nel passaggio dalla famiglia biologica a quella adottiva, agendo sicuramente come fattore protettivo e favorendo l'adattamento al nuovo ambiente. La presenza di un consanguineo, inoltre, ripropone costantemente al ragazzo e ai suoi genitori il ricordo del passato e delle proprie radici, impedendo gravi mistificazioni sulla sua storia.

Per gli altri sei ragazzi del campione, invece, tale possibilità non si è verificata. Si tratta in genere di separazioni dolorose e traumatiche, dovute alla morte dei fratelli o alla disgregazione della famiglia d'origine o, ancora, all'adozione. Questi soggetti hanno quindi dovuto subire un'ulteriore perdita, oltre a quella dei genitori naturali, con un conseguente lutto da elaborare. Il legame con i fratelli biologici era in genere molto stretto. I ragazzi riportano che spesso si rivolgevano a loro in caso di difficoltà o pericolo. Nel caso dei fratelli minori, invece, erano i soggetti stessi a fungere da «base sicura», fornendo le cure e la protezione necessarie.

Anche i fratelli acquisiti dopo l'adozione si sono rivelati delle presenze importanti, favorendo l'adattamento del soggetto al nuovo ambiente. Hanno infatti rappresentato l'anello di congiunzione fra i genitori e il figlio adottivo, facilitando l'instaurarsi della relazione.

Gli «altri significativi» dell'infanzia preadottiva sono soprattutto i parenti; nella quasi totalità dei casi si tratta di legami positivi, che hanno agito come fattori protettivi, andando a compensare il rapporto poco soddisfacente con i genitori biologici. Tre ragazzi hanno trovato un'importante fonte di sicurezza e protezione nel rapporto con la *nonna*, considerata la principale figura di riferimento nell'infanzia. La possibilità di sperimentare tali vissuti può essere stata uno dei fattori che hanno aiutato, successivamente, due di questi ragazzi a riorganizzarsi verso un attaccamento sicuro.

Tre soggetti hanno vissuto sia in comunità sia presso una famiglia affidataria prima di essere adottati. In genere non si tratta di esperienze molto positive, poiché vissute con un costante senso di precarietà e di continua messa alla prova. Due ragazzi, in particolare, dichiarano di essersi sentiti inadeguati quando l'abbinamento con la famiglia affidataria non ha avuto il successo sperato. Tale sensazione riaffiora anche adesso che sono cresciuti, a dimostrazione del forte impatto che possono avere ulteriori perdite e abbandoni in soggetti già duramente provati.

Nel periodo post-adottivo, che comprende anche il momento attuale, la situazione si modifica, e si assiste a un cambiamento di tendenza nel tipo di relazioni che vengono ricercate. Gli «altri significativi» più nominati sono infatti gli amici, i compagni di scuola, gli eventuali partner. Anche i riferimenti ai familiari sono più diversificati e, accanto a nonni e zii, vengono menzionati i cugini, che sono di solito coetanei o giovani adulti. Si tratta di figure positive o molto positive. La grande quantità di riferimenti ai compagni e agli amici conferma l'importanza che riveste, al momento attuale, il gruppo dei pari nel progressivo disinvestimento delle figure parentali. Questo indica che i ragazzi sono ormai entrati nel periodo di autonomizzazione.

I soggetti considerati sono tutti adolescenti che conservano ricordi significativi sulla loro famiglia di origine. Sono decisamente pochi i ragazzi a cui è possibile somministrare una doppia AAI, poiché nella maggior parte dei casi sono presenti solo immagini confuse e sfumate relative al periodo precedente l'adozione. A tale proposito ci siamo chieste se il non poter dimenticare il passato abbia rappresentato per loro un vantaggio oppure uno svantaggio. Adolescenti di questo tipo devono continuamente combattere contro il fantasma della perdita e dell'abbandono e contro le immagini di oggetti primari vissuti come carenti e inadeguati. Questo probabilmente li ha resi meno sereni rispetto a chi, invece, non conserva alcuna memoria della propria esperienza preadottiva.

Non è però detto che, in futuro, il ricordo delle proprie origini non possa rappresentare un vantaggio, in quanto consentirà a questi ragazzi di accedere con più facilità alle loro radici, andando a colmare quel vuoto che si è creato con l'adozione, nel passaggio da una vita a un'altra. Questo potrebbe permettere loro di collocarsi in una prospettiva storica in cui ciò che si è stati, si è e si sarà andrà a formare quel senso di continuità del proprio Sé che è necessario al raggiungimento di un Io unificato e stabile. O forse chi ricorda adesso o ricorderà in futuro ha gradienti di sofferenza differenti collegati al ricordo, e relazioni attualmente più rassicuranti con le figure più significative.

In conclusione, per quanto concerne la prima ipotesi di ricerca possiamo affermare che esiste una sostanziale *continuità* fra il tipo di attaccamento dei ragazzi verso i genitori biologici e adottivi, che nella maggior parte dei casi risulta essere *distanziante*. Questo dato si presta a differenti letture:

a) si potrebbe pensare che la prevalenza di un pattern di tipo insicuro sia dovuta all'influenza negativa esercitata dalle relazioni oggettuali precoci (famiglia d'origine) su quelle attuali (famiglia adottiva);

b) la prevalenza di un attaccamento di tipo distanziante potrebbe essere una modalità adattativa: mantenere tale pattern nei confronti dei genitori biologici può essere un tentativo di allontanare da sé un passato triste e negativo; per quanto riguarda i genitori adottivi, invece, questo atteggiamento favorirebbe il progressivo distacco dalle figure parentali, agevolando il passaggio dall'infanzia all'età adulta caratteristico dell'adolescenza;

c) i pattern di attaccamento sarebbero il risultato dell'integrazione dei diversi modelli operativi interni maturati nel corso dello sviluppo, come se si creasse un metamodello dominante.

Se tutte e tre queste spiegazioni possono godere di un certo credito, propendiamo tuttavia per le ultime due, in quanto pensiamo che sia riduttivo abbracciare una logica lineare basata sulla sola influenza del passato sul presente.

Per quanto riguarda la seconda ipotesi, abbiamo confrontato i pattern di attaccamento dei ragazzi rispetto ai genitori adottivi, con quelli delle loro madri e dei loro padri. Per verificare eventuali legami abbiamo utilizzato la percentuale di accordo osservata e l'indice K di Cohen. I risultati sembrano indicare che nel nostro campione il legame fra attaccamento tra genitori e figli adottivi sia piuttosto debole; abbiamo infatti riscontrato una percentuale di accordo del 55,5 per cento fra madri e figli, con K = 0,28, e del 62,5 per cento fra padri e figli, con K = 0,35 (per essere considerato significativo e degno di attenzione l'indice K deve essere pari almeno a 0,70). Solo se si suddividono le categorie in Sicuri/Insicuri la percentuale di accordo sale al 77,7 per cento per le madri (K = 0,60) e all'87,5 per cento per i padri (K = 0,69), assumendo valori degni di attenzione.

Si può affermare, quindi, che un attaccamento sicuro nei genitori adottivi agisce in senso protettivo e riparativo sui figli; ma tale influenza è tutt'altro che semplice e lineare. Quando si considerano in modo approfondito le varie sottocategorie, infatti, la concordanza si abbassa vistosamente, e solo nel caso dei ragazzi Sicuri si è riscontrato un accordo completo con la configurazione di attaccamento dei loro genitori.

Per quanto riguarda la terza ipotesi, nel nostro campione abbiamo riscontrato solo in un ragazzo la presenza di un attaccamento diverso nei confronti dei genitori biologici e adottivi. Il fatto che la quasi totalità dei soggetti mantengano lo stesso stile di attaccamento verso entrambe le famiglie può spingerci ad affermare che si tratta di una strategia più adattativa rispetto a quella di chi non riesce a integrare in un unico pattern i suoi modelli operativi interni.

Per concludere, riteniamo opportuno sottolineare la grande importanza che ha avuto per noi la possibilità di effettuare un'analisi del contenuto delle varie interviste. I risultati ottenuti dai pochi calcoli statistici che, vista l'esiguità del campione, ci siamo azzardate a fare, sarebbero stati facilmente travisati o peggio ancora mistificati, se non avessimo deciso di svolgere uno studio approfondito dell'intero materiale.

Capitolo 19

La transculturalità nell'adozione

Alessandro Sironi e Graziella Fava Vizziello

«La cultura, metaforicamente, può essere rappresentata come un palcoscenico reso vivo dagli attori che recitano su di esso, ma che esiste anche se essi sono assenti, e che con le sue scene, con le sue dimensioni, con i suoi testi influenza in modo più che significativo la loro rappresentazione» (Galli e Viero, 2001).

Dalla letteratura sembra emergere che le «direzioni» lungo le quali una cultura può variare rispetto a un'altra sono:

a) come si esprime l'affetto;

b) come viene favorita la crescita all'interno della/e relazione/i;

c) quanto viene valorizzata la separazione rispetto alla vicinanza fusionale.

Sempre tenendo in considerazione i dati e le relative ricerche presenti in letteratura, le differenze di genere sembrano essere «universali», in quanto sono state riscontrate in molte culture e attivano «modalità» diverse nell'allevamento del bambino/a. Ma più importanti delle effettive differenze tra i sessi possono essere le interpretazioni delle figure di accudimento rispetto al comportamento, allo sviluppo e al bisogno di un bambino in funzione del genere.

I sistemi familiari variano molto da cultura a cultura per tipologie e per modelli di interazione: «Le diverse culture che hanno popolato e popolano la Terra possiedono diversi metodi per allevare i propri piccoli, anche se tutte sembrano prefigurarsi un unico scopo: far crescere i piccoli sino all'età adulta, anch'essa peraltro assai diversificata, facendo in modo che divengano membri autonomi e responsabili della propria società, capaci non solo di partecipare ad essa ma anche di contribuire al suo mantenimento e, fin dove è possibile, al suo rafforzamento» (*ibid.*).

Alla luce di quanto detto finora, lo studio qui presentato è stato un tentativo di osservare e di «confrontare» un campione di adolescenti adottati provenienti da diversi continenti: America Latina, Africa, Asia (India) ed Europa (Italia).

È importante sottolineare che la «situazione adottiva» è stata «osservata» da un particolare punto di vista, quello italiano. Tale premessa è necessaria in quanto il «carico culturale» dell'osservatore, nell'azione-studio, è particolarmente rilevante.

L'angolatura teorica attraverso la quale abbiamo cercato di mettere in luce il fenomeno adottivo, cioè la teoria dell'attaccamento, sottolinea l'importanza delle strategie che le figure di attaccamento «forniscono» (o dovrebbero fornire) ai figli al fine di «vivere con successo» nel loro ambiente.

La funzione di una strategia, in quest'ottica, dovrebbe essere la riduzione del pericolo a favore di un aumento della sicurezza (Crittenden e Claussen, 2000).

È importante però sottolineare che la «validità» di una strategia è anche in funzione del contesto in cui il pericolo stesso si presenta.

«Quindi, tutti i pattern d'attaccamento possono essere considerati "migliori" a seconda delle circostanze in cui sono stati appresi e del loro contesto d'uso» (Crittenden, 1999).

Ciò può mettere in guardia rispetto al fatto che determinati comportamenti di attaccamento possono non essere letti in modo «corretto» da adulti e da genitori appartenenti a una «cultura altra».

Nel lavoro di ricerca sono stati utilizzati i seguenti strumenti:

La Adult Attachment Interview di George, Kaplan e Main (1985).

L'analisi del contenuto «applicata» alla AAI, considerando il contenuto di un «messaggio» una finestra sulle caratteristiche sottostanti di un individuo o un gruppo di individui (Magro, 1995).

È stato possibile individuare alcune caratteristiche appartenenti ai diversi sottogruppi di ragazzi. Alcune sono tipiche di un singolo sottogruppo, altre invece sono riscontrabili nell'intero campione.

Tutti i ragazzi ricordano il periodo preadottivo come caratterizzato da un forte vissuto di solitudine e da un «fare le cose da soli».

I bambini che vengono adottati in Italia tramite adozione internazionale, provenienti da Paesi dell'America Latina, dell'Asia e dell'Africa, nel loro Paese d'origine vengono inseriti molto presto nel ciclo produttivo, e viene spesso chiesto loro, fin da piccoli, di provvedere in modo autonomo a sé stessi. Sembra anche che in questi Paesi l'attenzione che i genitori rivolgono ai bambini sia limitata; di conseguenza, la precoce spinta all'autonomia risulta forte.

A sostegno di tutto questo, i bambini provenienti da famiglie dell'Africa e dell'America Latina riferiscono che l'influenza delle esperienze passate li ha resi più forti e più maturi, permettendo loro di imparare a badare a sé stessi nelle diverse situazioni.

I ragazzi dell'Africa, per quanto riguarda la relazione con la madre, ricordano la sua vicinanza mentre lavoravano. È un ricordo del «fare» con la madre lavori in casa e nei campi. Invece, la memoria della relazione con il padre è legata all'educazione; riferiscono che il genitore utilizzava le punizioni, e nel rapporto non c'era contatto fisico.

Tali punizioni vengono giustificate dai ragazzi africani con l'affermazione che l'educazione in Africa è severa (esempio: «Se non mi avessero amato non mi avrebbero dato le punizioni»).

In questo lavoro di ricerca contenuti rilevanti nei confronti di lutti e traumi sono stati riscontrati solo nei ragazzi provenienti da famiglie africane, dal momento che hanno vissuto l'esperienza della guerra (due soggetti in particolare hanno perso i genitori proprio in questa circostanza).

I ragazzi provenienti da famiglie dell'Africa e anche da famiglie dell'America Latina spiegano il comportamento dei genitori biologici dicendo che, per quanto riguarda l'adozione, i loro genitori l'hanno fatto per amore nei confronti del figlio/a (esempio: «Se non mi amassero, penso che non mi avrebbero lasciato venire qua, mi avrebbero dato un futuro diverso. Se non mi avessero proprio voluto bene mi avrebbero mandato a lavorare. E fare qualcosa, rubare, per esempio, invece non erano i tipi da fare così»).

Da alcuni ragazzi provenienti da famiglie dell'America Latina e da famiglie italiane la relazione con la madre biologica è ricordata come mancante di attenzioni (esempio: «Lei andava sempre fuori, andava sempre via, mi lasciava da sola e io pensavo che non fosse neanche mia madre»).

Per quanto riguarda il rapporto con la figura paterna, i ragazzi italiani ricordano solo la sua assenza, e spiegano il comportamento dei genitori biologici ricordandolo come una relazione in cui l'amore era assente e nelle persone dei genitori c'era «qualcosa che non andava». Ricordano inoltre di aver ricevuto punizioni «anche se non avevi fatto niente».

Caratteristico del sottogruppo di ragazzi italiani è leggere l'influenza delle esperienze passate soprattutto su un piano negativo («sentirsi inadeguata»; «ho difficoltà a dire le cose» ecc.).

(I ragazzi provenienti da una famiglia dell'India non ricordano i momenti precedenti all'adozione.) È stato possibile riscontrare per i soggetti italiani e indiani l'assunzione di un atteggiamento di «normalizzazione» verso il futuro («riuscire a fare la vita che fanno tutti, normale»).

Nel periodo post-adottivo viene riconosciuta l'importanza delle figure genitoriali nei momenti di difficoltà, e la relazione che emerge con la figura materna è di apertura al dialogo e di presenza nell'accudimento; questo sembra, in realtà, essere un contenuto comune a tutti i ragazzi.

Nella relazione con il padre adottivo viene messa in luce una difficoltà iniziale nel «vederlo come padre» dai bambini provenienti da famiglie dell'America Latina, mentre i ragazzi provenienti dall'Africa sottolineano più volte la richiesta da parte del padre e della madre adottivi di eccessiva affettuosità e contatto fisico, ai quali i ragazzi non erano abituati (in Africa).

Sembra che questi contenuti mettano in luce le difficoltà nell'adeguarsi al nuovo ambiente familiare, difficoltà dovute allo scontro tra lo stile educativo-relazionale che il bambino ha sperimentato nei momenti precedenti all'adozione e le modalità relazionali di una cultura «altra».

Si è rilevato che le modalità di interazione ed educative nei confronti dei bambini sono caratteristiche dei vari Paesi (Convegno «Adozione internazionale tra norma e cultura», 1991).

Sembra che in India l'atteggiamento nei confronti dell'infanzia sia più orientato verso la permissività, contrariamente a quanto avviene in Africa, dove la crescita si svolge più secondo divieti e proibizioni continui. L'atteggiamento nei confronti dell'infanzia in America Latina pare situarsi in una posizione a metà strada tra Africa e India. È da tenere presente che possono esserci poi delle differenze negli stili educativi anche tra campagna e città. Queste sono delle generalizzazioni «molto forzate», però sono sicuramente un punto di partenza per approfondire le diversità relazionali caratteristiche di ciascun gruppo etnico.

Per ciò che riguarda i cambiamenti nel rapporto con i genitori adottivi, i ragazzi individuano una maggiore possibilità di parlare e discutere «su tutto» grazie al fatto che sono cresciuti.

I ragazzi adottati tramite adozione internazionale ricordano che all'inizio la comunicazione era ostacolata dalla diversità della lingua, e quasi tutti riportano vissuti sulla percezione della differenza nel colore della pelle e dei capelli rispetto alle persone incontrate nel Paese di adozione.

I ragazzi riconoscono che è stato l'amore a spingere i genitori adottivi a intraprendere il «viaggio adozione», e gli altri comportamenti nei confronti dei figli sono letti in chiave educativa, tenendo conto del tipo di educazione alla quale i genitori stessi sono stati sottoposti.

Anche per quanto riguarda la relazione con «altri significativi» nel periodo pre-adozione, si possono riscontrare delle differenze.

I ragazzi provenienti da famiglie dell'Africa e dell'America Latina ricordano che le figure di riferimento sono stati i fratelli e/o le sorelle maggiori.

I nonni sono riconosciuti come figure importanti nei momenti precedenti all'adozione da parte dei bambini provenienti sia da famiglie italiane che da una famiglia dell'America Latina.

Questo sembra mettere in luce la «struttura relazionale» che hanno sperimentato i bambini nel loro contesto originario. Così un/una fratello/sorella maggiore in Africa e in America Latina può presentarsi come «modello» e caregiver quando i genitori sono meno disponibili.

Si consideri inoltre che talvolta nel passaggio tra la famiglia biologica e quella adottiva il bambino può vivere l'esperienza dell'istituto, dove una suora e/o un prete possono fungere da figura di riferimento.

Da quanto è emerso dai bambini italiani e da quelli provenienti dall'America Latina sembra invece che siano i nonni a compensare le «mancanze» genitoriali, e sempre i nonni sono per quasi tutti i ragazzi le figure che prestano più attenzioni nel periodo post-adozione.

È importante sottolineare che nella nostra cultura i nonni svolgono un ruolo fondamentale dal punto di vista educativo e aiutano il bambino a sviluppare il senso di appartenere a una famiglia, dato che sono i rappresentanti di una storia familiare.

Riconoscere la «struttura relazionale» in cui la famiglia si colloca può essere di notevole aiuto per il bambino, perché un evento ha impatti diversi se la famiglia è inserita in una ricca rete di sostegno (nonni, parenti, scuola, persone della comunità), oppure è isolata.

Il ruolo della cultura è indubbiamente incisivo nella relazione tra genitori e figli all'interno dell'ambiente.

L'atteggiamento verso i figli è infatti da inserire all'interno di quella «cornice» che vede gli adulti «tentare di inculcare, attraverso diverse tecniche educative, le competenze cognitive, linguistiche, motivazionali e sociali che sono considerate importanti nel loro ambiente culturale» (Le Vine, 1977, in Charles e Zeanah, 1996).

Come conseguenza, è possibile ipotizzare che siano i bambini provenienti da culture molto «lontane» dalla nostra quelli che possono incontrare maggiori difficoltà nell'inserimento nel nuovo nucleo familiare, in quanto i cambiamenti ai quali è sottoposto il bambino proveniente da «un'altra terra» non riguardano solo le abitudini quotidiane, ma comprendono anche il modo diverso di rapportarsi al genitore adottivo, rispetto agli stili educativi ricevuti nella terra d'origine.

Ciò che è stato possibile individuare come «caratteristico» per ogni gruppo etnico potrebbe risultare (replicando lo studio con un campione «significativo») molto utile ai fini dell'abbinamento tra un bambino «dichiarato adottabile», le caratteristiche genitoriali della coppia in attesa di adozione e lo sviluppo del legame che si va formando all'interno della nuova famiglia.

Si è visto che la relazione stabilita con i genitori adottivi è vincolata da quanto essi sono disposti a conoscere, ad accettare, della sua storia, dalla loro capacità di portare aiuto di fronte ai problemi presentati dal bambino/ragazzo nella nuova realtà sia familiare che socioculturale.

«È stato invece messo in evidenza come i coniugi che adottano un bambino straniero tendano spesso non tanto a costruire con lui un'esperienza "nuova" per tutti i membri del nucleo adottivo, basata anche sulla storia precedente dell'uno e degli altri, quanto piuttosto a fare in modo che egli diventi al più presto "parte" della loro famiglia e del loro contesto socioculturale, dimenticando il suo passato e, per quanto possibile, la sua origine» (Dell'Antonio, 1997).

Questo per sottolineare quanto sia critico il/i momento/i in cui si va insieme a costituire l'avvio di una famiglia multirazziale. L'interazione iniziale si trasformerà in una relazione costruttiva solo a patto che le esperienze di ciascuno dei membri, a livello sia personale che relazionale, vengano integrate (grazie al loro valore) nella nuova esperienza-famiglia.

Nel caso dell'adozione tutto questo ha un ruolo importante (se non fondamentale), dato che nel passaggio dalla coppia coniugale alla triade familiare si verifica una «rottura» che dovrebbe essere seguita dalla costituzione di un nuovo equilibrio che tenga conto dei bisogni e delle peculiarità di ogni membro che la compone.

A livello «pratico», «gli "aspiranti genitori adottivi" diventano "genitori" in un contesto ambientale a loro estraneo: un Paese molto diverso per cultura, abitudini, linguaggio da quello in cui solitamente vivono, tra persone sconosciute a cui non è facile rivolgersi per essere aiutati, ma anche per condividere la nuova esperienza e il significato che essa ha per loro» (*ibid.*).

Spesso, la permanenza nel Paese del bambino è vista solo come «necessaria per averlo»; la presenza del bambino trasforma i membri della coppia in «genitori», soddisfacendo al tempo stesso un loro desiderio e offrendo un adeguato ruolo sociale.

Potrebbe risultare molto costruttivo per la relazione futura se la coppia si mostrasse «aperta» e curiosa verso la nuova realtà fisico-culturale, in modo tale da poter condividere successivamente tutto ciò con il figlio, dato che rappresenta l'inizio di una storia comune.

Al ritorno, quando il bambino arriva in Italia, si trova immerso in un altro mondo dove sono presenti differenze somatiche, linguistiche, culturali, nutrizionali e climatiche, dove il linguaggio extraverbale può essere l'unico modo di comunicare, ma il differente significato che questo assume nelle diverse culture spinge a «utilizzare modalità apprese nel passato per decodificare ciò che l'altro esprime, con la possibilità di entrare in una spirale di equivoci e malintesi che possono disturbare non solo lo stabilirsi del rapporto interpersonale ma anche lo sviluppo di appropriate forme di comunicazione reciproca» (Dell'Antonio, 1994b).

Tutte queste differenze creano un ostacolo maggiore per i bambini un po' più grandicelli, dato che è verso i quattro-cinque anni che si acquisisce l'identità sociale ed etnica. Così per i bambini di quest'età o anche più grandi si possono ipotizzare maggiori difficoltà di adattamento al nuovo ambiente (Dell'Antonio, 1986).

Infatti mediante l'adozione si inserisce il bambino all'interno di un «confronto».

All'arrivo il bambino avrà una rappresentazione del Sé relazionale che si è costruito in base alle esperienze passate vissute nella famiglia d'origine e/o nelle famiglie a lui vicine (nonni, zii, amici), oppure ancora all'interno di un istituto.

Nella famiglia adottiva si attiverà un confronto tra la nuova famiglia e le rappresentazioni delle esperienze vissute. Così le modalità relazionali proposte dai genitori adottivi, basate sulle loro caratteristiche personali e sul loro bagaglio culturale, anche se ritenute funzionali nell'ambiente in cui ci si trova, potranno presentare delle difficoltà per il bambino, in quanto sconosciute e poco consone.

Come sottolinea Dell'Antonio e come emerge dalla nostra ricerca, sembra che la linea guida per la costruzione di una relazione adottiva non debba rimanere solo nell'ottica della valutazione della coppia; risulta invece di fondamentale importanza un lavoro di informazione, sensibilizzazione e supporto (auspicabile anche al momento in cui la coppia si trova nel Paese del bambino da adottare) con la coppia che decide di «aprire la porta di casa» a un bambino di un'altra terra.

Per quanto riguarda l'adozione di un minore proveniente da una cultura «lontana» dalla nostra, sembra emergere in maniera abbastanza chiara la necessità che la coppia adottiva possieda determinate risorse.

Durante il periodo di valutazione, queste «peculiarità» sarebbero da vagliare insieme alla coppia che desidera adottare, in modo che sia la coppia stessa (insieme agli operatori) a giungere a un'autovalutazione riguardante la scelta adottiva, non vivendo quindi i colloqui «per l'idoneità» in modo passivo e sentendosi sottoposti a giudizio, ma come un'occasione per «pensare insieme» all'operatore e arrivare a una decisione condivisa.

Solo dopo aver compreso ciò che ha spinto la coppia a intraprendere il «viaggio adozione» e aver raggiunto una «potenziale» accettazione del figlio a un livello emotivo profondo, «anche se» generato da altri, potrà esserci la base dalla quale partire per la costruzione del romanzo familiare.

Perché, usando le parole di Dell'Antonio (*ibid.*), «l'importante è che il nuovo nucleo possa assumere quelle caratteristiche di interrazzialità (o meglio interculturalità) che permettono a tutti di accettarsi reciprocamente senza dover perdere nulla dei propri valori e della propria storia», dove la forma di convivenza alla quale tutti siamo chiamati è nell'ottica di un «pluralismo culturale» (Mazzara, 1996) in cui ciascuno ha diritto a mantenere e valorizzare le proprie radici.

Parte quinta

Esperienze in ambito istituzionale

Capitolo 20

L'adozione come processo evolutivo delle istituzioni preposte

Bianca Rosa Volpe e Silvia Valentini

La storia giuridica

La storia giuridica dell'adozione nazionale e internazionale mostra un percorso che riverbera i cambiamenti sociali e culturali del ruolo della famiglia e dell'infanzia e delle istituzioni di riferimento.

In Italia l'istituto dell'adozione è presente per la prima volta nel Codice Civile del 1865 (adozione ordinaria) ed è riferito solo a soggetti maggiori di 18 anni, con una funzione essenzialmente testamentaria, per coloro che non hanno eredi. Qualche decennio più tardi venne abolito il limite di età, sulla spinta dei sentimenti di compassione che i conflitti bellici di quei tempi producevano a favore degli orfani. L'adozione ordinaria, consensuale, era fondata su un contratto tra privati con effetti giuridici, ed era vietata in presenza di figli legittimi e legittimati.

Nel giugno 1923, dopo la prima guerra mondiale (in presenza di un numero considerevole di orfani), venne promulgata la legge che autorizzava l'adozione di minori illegittimi. Fino a questo momento l'adozione è stata un atto che partiva dal bisogno di un adulto di accogliere un bambino come figlio.

Nel 1967 (gli anni '60-'70 vedono un insieme di leggi sulla famiglia estremamente innovative, all'interno delle quali si accentua il ruolo affettivo ed educativo degli adulti rispetto a quelli relativi alle cure fisiche e agli aspetti economici) viene promulgata la legge N. 431 sull'«adozione speciale». Questa legge esprime un'ottica completamente nuova sul rapporto tra famiglia e istituzioni. La legge nasce in un quadro sociale caratterizzato da un rifiuto, da parte della famiglia, dell'intervento di controllo sociale dello Stato sul proprio operato. All'epoca non era pensabile un'ingerenza pubblica nella vita della famiglia, e i problemi dovevano essere risolti al suo interno o al massimo nella famiglia estesa o nella rete della microcomunità religiosa. Si affaccia in questa legge il diritto del minore a una famiglia adeguata, e comincia a tramontare la cosiddetta autonomia familiare, grazie alla quale il *paterfamilias* deteneva le leggi del gruppo. Diventava quindi possibile, indipendentemente dalla volontà dei genitori, procedere a dichiarare lo stato di adottabilità di quei bambini che apparivano in condizioni di abbandono materiale e morale. Prima dell'entrata in vigore della legge del 1967, e successivamente della legge N. 184 del 1983, l'affiliazione e l'adozione ordinaria costituivano un canale formalmente legale per la cessione di bambini tra privati con l'imprimatur del Tribunale per i Minori. In questa legge del 1967 si attribuisce un diverso ruolo alla magistratura minorile, contribuendo a sviluppare un orientamento in base al quale i giudici minorili devono porsi come garanti del diritto dei minori all'educazione, e quindi devono operare per tutelare i loro diritti (anche se l'adozione speciale riguarda solo i bambini fino agli 8 anni, bambini per i quali l'istituto dell'adozione implica una totale separazione dalla famiglia biologica e il segreto sulla nuova identità). La tutela si estrinseca anche in una serie di norme che prevedono che la futura famiglia adottiva non possa e non debba essere una famiglia qualsiasi, bensì debba possedere particolari caratteristiche quali stabilità del matrimonio, età, validità capacità affettive ed educative, possibilità economiche tali da mantenere il minore (Pavone, Tonizzo e Tortello, 1985). Viene quindi previsto che il giudice possa avvalersi dei Servizi sociali per attuare tale valutazione. Così i Servizi sociali ricevono il mandato di accertare lo stato psicologico, economico e sociale della famiglia e di sostenerla nella nuova genitorialità.

La legge N. 184 del 1983 recepisce un nuovo orientamento culturale secondo cui l'adozione è ulteriormente definita e regolamentata anche per i minori fino ai 18 anni, e viene inserito e regolamentato l'istituto dell'affido familiare. Questa legge sembra rispecchiare un modello meno idealizzato di intervento sociale di tutela del bambino, dove la complessità si affaccia in modo preponderante, in quanto da una parte si riconosce il diritto del piccolo a crescere nella propria famiglia di origine (con conseguente attivazione di interventi a tutela della relazione genitori-bambino), dall'altra il rischio del fallimento adottivo, con l'istituzione dell'anno di affido preadottivo in cui si deve contemporaneamente vigilare e supportare la neofamiglia adottiva. Inoltre, la legge comincia a trattare la complessità dell'adozione nel caso di bambini stranieri, inserendo norme che contribuiscono a limitare il traffico di minori e ipotizzando un ruolo di intermediazione tra il Paese di origine del bambino, con le sue leggi e regole, e la realtà italiana. Di fatto è un'intermediazione adozionale libera con il rispetto di alcune regole ma senza alcun vincolo di altro tipo: «Il ministro degli Affari Esteri, di concerto con il ministro di Grazia e Giustizia, può autorizzare Enti pubblici o altre organizzazioni idonee allo svolgimento delle pratiche inerenti all'adozione di minori stranieri» (art. 58).

I *Servizi locali o territoriali* hanno più compiti: riparativi, con le famiglie disfunzionali, per tutelare il minore; di valutazione psicologica e sociale delle attitudini genitoriali delle coppie che si candidano all'adozione; di individuazione, selezione e preparazione delle famiglie che si rendono disponibili all'affido familiare; di vigilanza e supporto durante l'anno di affido preadottivo; di segnalazione, come tutti i pubblici ufficiali o incaricati di pubblico servizio, delle condizioni di ogni minore in situazione di abbandono di cui vengono a conoscenza (la mancata ottemperanza implica la pena della reclusione fino a un anno o la multa fino a € 207,00), e infine di custodia del segreto sulle origini del minore adottato, per cui «se in ragione del proprio ufficio sono a conoscenza delle origini del minore adottato sono tenuti a non fornire alcuna notizia a terzi atta a rintracciare minori adottati e se trasgrediscono è prevista la reclusione da sei mesi a tre anni e la multa di € 465,00» (art. 73).

Gli *organi giudiziari*, con la finalità di tutelare il minore, attuano la funzione di nomina dei tutori e, nel caso di non-assenso dei genitori, decretano l'affido familiare, dichiarano lo stato di adottabilità del minore dopo aver disposto gli accertamenti di legge e attuato il procedimento giudiziario specifico, provvedono a ispezionare gli istituti ogni sei mesi al fine di verificare che non ci siano bambini di fatto abbandonati dai genitori; in caso di adozione, provvedono ad accertare che la coppia richiedente abbia i requisiti di legge e dispongono indagini per verificare l'attitudine a educare il minore, la situazione economica, la salute, l'ambiente familiare degli adottanti e le motivazioni all'adozione. Decretano inoltre l'affidamento preadottivo e vigilano sul suo buon andamento e, se necessario, lo revocano. Nel caso di adozione internazionale rilasciano, se ce ne sono i requisiti, la dichiarazione di idoneità, controllano e dichiarano l'efficacia della documentazione comprovante l'avvenuta adozione o affido all'estero, revocano l'adozione su domanda dell'adottato o dell'adottante (dopo i 14 anni di età dell'adottato e in caso di tentato omicidio in famiglia), attuano l'abbinamento tra minore e famiglia nel caso dell'adozione nazionale.

Il terzo attore è costituito dalle *associazioni riconosciute*, che emergono con la definizione di organizzazioni idonee allo svolgimento delle pratiche inerenti all'adozione di minori stranieri.

La legge 476 del dicembre 1998 nasce sulla necessità di ratificare e recepire la «Convenzione internazionale per la tutela dei minori e la cooperazione in materia di adozione internazionale» dell'Aia del maggio 1993 (vedi AA.VV., 1993), modificando in parte la precedente legge 184. Questa legge è il frutto di un'integrazione fra una tradizione italiana nel campo dell'adozione, in cui, almeno dal punto di vista legislativo, veniva prestata grande attenzione alla tutela dei minori e al diritto del bambino di essere inserito in una famiglia adeguata per le sue esigenze (La Greca, 1986), e l'organo giudiziario aveva un ruolo di motore centrale (al quale ci si rivolgeva in primis se si desiderava adottare), e la tradizione europea, dove l'adozione è prevalentemente un fatto amministrativo e si presta grande attenzione alla preparazione-informazione e formazione delle famiglie adottive.

Si passa, quindi, da un modello centrato prevalentemente sul controllo e sulla valutazione delle risorse della famiglia adottiva a un modello prevalentemente centrato sul supporto del processo di acquisizione della genitorialità adottiva e di nascita di una famiglia adottiva (Moro, 1995).

La legge 476 stabilisce inoltre una serie di norme e controlli atti a impedire e verificare che non ci sia, sottostante l'atto adottivo, un traffico di minori. Anche qui cambia la centralità dell'organo giudiziario, tanto che viene istituita presso la Presidenza del Consiglio dei ministri la Commissione centrale per l'adozione, che funge da organo tramite con le autorità centrali degli altri Stati in materia di adozione, collaborando, proponendo stipule di accordi bilaterali, promuovendo la cooperazione tra soggetti che operano in ambito di adozione e tutela, ma anche da organo che autorizza il funzionamento degli Enti riconosciuti (precedentemente il Ministero di Grazia e Giustizia autorizzava alcune associazioni con parte degli stessi compiti) e l'ingresso e il soggiorno permanente dei minori stranieri adottati o in affido preadottivo, certifica la conformità dell'adozione in rispetto alla Convenzione internazionale, promuove iniziative di formazione per coloro che operano nel campo dell'adozione per le attività di informazione e formazione, e collabora con gli Enti autorizzati.

Altra rilevante novità è l'istituzione degli Enti autorizzati, che ora hanno un vero e proprio profilo giuridico con competenze specifiche rispetto all'iter adottivo (con ruolo di intermediazione adozionale autorizzata) e con competenze di informazione, formazione e supporto che devono essere espletate in collaborazione con i Servizi sociosanitari.

I Servizi locali territoriali in questa legge vengono definiti, a loro volta, come Servizi socio-assistenziali degli Enti locali singoli o associati, e possono avvalersi, per quanto di competenza, delle Aziende Sanitarie Locali e Ospedaliere; a tali Servizi vengono assegnate funzioni centrate sull'informazione riguardante l'iter adottivo e di preparazione degli aspiranti all'adozione, in collaborazione con gli Enti autorizzati, di conoscenza psicologica e sociale in funzione del progetto adottivo delle coppie che si rendono disponibili, e di comunicazione di tali informazioni al Tribunale per i Minori entro quattro mesi.

Ultima grande novità è il tempo; la legge introduce la variabile del tempo entro il quale è necessario definire le azioni del percorso adottivo:

a) da parte dei Servizi, nell'attuare la conoscenza e nell'inviare il rapporto al Tribunale per i Minori;

b) da parte del Tribunale per i Minori, nel dichiarare l'idoneità all'adozione entro quattro mesi dalla domanda;

c) da parte della coppia adottiva, che deve avviare la procedura con l'incarico a un Ente autorizzato entro un anno dalla data del decreto, pena la scadenza del decreto di idoneità.

Gli attori del processo adottivo e i reciproci vissuti e rappresentazioni

Un'analisi della letteratura sull'adozione in Italia, particolarmente nell'ultimo decennio, mostra un'interessante produzione di ricerche psicologiche e sociali sui soggetti del processo adottivo: i bambini adottabili (Coiro, 1991; Dell'Antonio, 1979; Moro, 1991), le coppie che si candidano all'adozione (Dell'Antonio e Molina, 1980; Rosnati, 1988) e le famiglie adottive (vedi AA.VV., 1995; Balbi, D'Esposito e altri, 1995; Dell'Antonio, 1983; Dissegna, 1988; Lanzi, Borgatti e altri, 1987), mentre non presenta studi sistematici su atteggiamenti, vissuti o problemi professionali di coloro che si occupano dell'iter adottivo (in genere assistenti sociali e psicologi) e che quindi, in qualità di «attori» di questo percorso, lo condizionano, ne sono condizionati e possono rivestire un ruolo molto significativo rispetto al suo esito. Olivetti Manoukian (1988) evidenzia che gli esiti del lavoro degli operatori sono innanzitutto rappresentazioni che loro stessi costruiscono degli utenti e dei loro problemi, che propongono agli stessi utenti e alle istituzioni sociali, e che gli utenti possono, a loro volta, acquisire. Da ciò l'importanza di un focus d'attenzione e di consapevolezza sulle rappresentazioni che si sono formate in tale ambito e sui loro possibili risvolti operativi. Sappiamo anche dai contributi psicodinamici sui gruppi e sulle istituzioni come le rappresentazioni siano centrali nel funzionamento psichico degli individui (Funari, 1984; Sandler, 1991; Stern, 1993a).

Il processo di valutazione, così come era richiesto negli anni passati dagli organi giudiziari rispetto alle funzioni genitoriali adottive nello studio psicologico e sociale delle famiglie candidate all'adozione, subisce, come ogni atto psicologico e sociale, l'influenza dei valori personali, ed è particolarmente condizionato dal momento storico e dagli aspetti culturali e professionali in atto (Bozzo e Zucchi, 1995; Santi, 1984). Alcuni aspetti affondano le radici nel vissuto soggettivo dei singoli operatori, venendo definiti in base alle pressioni esercitate dai loro «pregiudizi» (Bryan, Ganong e altri, 1985), dalle loro «convinzioni ideologiche» (Resta, 1995) o dalle loro «trascorse esperienze familiari» (Castelfranchi e Persichetti, 1989; Morall Colajanni e Castelfranchi, 1992); da ciò l'esigenza di un'attenta elaborazione del «controtransfert» (Costantini e Esposito, 1996) e di un «lavoro in équipe» (Convertini e Galli, 1995) di operatori con diverse professionalità in grado di porsi nella relazione con chiavi di lettura differenti. Altri riferimenti, invece, appaiono espressione diretta del «processo di socializzazione» al quale gli operatori vengono indotti in quanto appartenenti a uno specifico ordine professionale (Santi, 1984).

Come le coppie candidate all'adozione vivono i Servizi sociosanitari durante il percorso adottivo? Una ricerca

Nel 1994 Pinardi e Vettori svolgono a Reggio Emilia un'indagine conoscitiva su un campione di 20 famiglie adottive riguardante i vissuti della coppia adottiva rispetto al Servizio nel corso della conoscenza, dell'attesa e dell'anno di affido preadottivo (Pinardi e Vettori, 1997). Le autrici riferiscono come spesso gli operatori lascino trasparire la loro difficoltà nel gestire le numerose richieste d'adozione e i loro pregiudizi nei confronti di questa scelta.

Le aree di indagine, affrontate con interviste semistrutturate proposte a coppie che avevano concluso l'anno di affido preadottivo da sei mesi a tre anni, riguardavano:

I vissuti della coppia rispetto al Servizio nel corso della conoscenza, dell'attesa, dell'anno di affido preadottivo e del post-decreto d'adozione.

Le figure di riferimento non istituzionali che hanno segnato il percorso adottivo (amici, genitori, associazioni private di genitori adottivi) e i motivi per i quali vi si è fatto ricorso.

Le aspettative della coppia prima e durante il percorso.

Le proposte di cambiamento del percorso adottivo alla luce dell'esperienza vissuta.

I momenti critici del percorso adottivo.

L'incontro delle coppie con il Servizio, in fase di domanda di adozione, è stato vissuto come depressivo; infatti le coppie riferiscono che spesso i colloqui informativi, se ci sono stati, non solo sono stati scarsamente informativi, ma sono stati vissuti come disincentivanti (percorso difficile, tempi lunghi, fatica nell'allevare un bambino); in altre parole, il Servizio appare loro come uno «straniero» che parla una lingua poco comprensibile e offre solo la propria realtà senza mettersi nei panni di coloro che vi si rivolgono. Viene inoltre segnalata dalle coppie una grande eterogeneità dei Servizi già nella fase informativa: alcune coppie hanno ricevuto le prime indicazioni telefonicamente, altre hanno avuto un incontro individuale, raccontato come qualcosa di sbrigativo e impersonale; ciò che per la coppia è un passo coraggioso e significativo, per il Servizio costituisce una procedura di routine. Il rapporto con il Servizio viene percepito come asimmetrico e valutante per tutto il percorso; non vi è quasi mai un tentativo di mettersi sullo stesso piano; lo psicologo o l'assistente sociale sono sempre «al di là di una scrivania rigida» e «insuperabile».

Durante lo studio psicologico-sociale delle coppie adottive emerge che il Servizio può essere vissuto come indagatore e intrusivo, oppure come qualcuno che «ascolta» passivamente e silenziosamente. Durante la fase dell'istruttoria, poi, dai racconti delle famiglie adottive risulta come i colloqui vengano condotti con modalità molto diverse a seconda del periodo, del territorio, ma in particolare degli operatori. Gli interventi sono personalizzati non rispetto agli utenti, ma rispetto alla particolare predisposizione e all'indirizzo teorico di psicologi e assistenti sociali. Sembra cioè emergere una disomogeneità istituzionalecirca gli obiettivi e le modalità di intervento.

L'attenzione agli aspetti di mancanza, alle problematiche della sterilità, al desiderio di concepire un figlio e agli aspetti emozionali sottesi viene sentita come una priorità data all'immaginario e alle «mancanze» della coppia, che aumenta il vissuto di handicap, non dando alcuna informazione sulle capacità della coppia di essere «adottiva». Il contesto valutativo, la lunghezza delle procedure, la percezione di asimmetria del rapporto consultati-consultanti, la percezione di inutilità dello studio di coppia tendono a far sì che la coppia si formi un'immagine negativa o impersonale dell'esperienza istituzionale preadottiva.

Il Tribunale fa ancora più paura, è visto come lontano e «in alto»: gli operatori non dicono nulla, quasi vi fosse qualcosa di segreto che solo loro conoscono, mentre le altre coppie «esperte» raccontano l'esperienza come spesso «spiacevole e impersonale».

Pinardi e Vettori sottolineano che l'atteggiamento di insoddisfazione e sospettosità delle coppie può indurre un forte calo delle aspettative, che permane per tutto il percorso, per cui, dal momento informativo fino all'anno di affido preadottivo, non vengono poste le basi per una relazione significativa che potrebbe essere importante nei momenti di crisi dopo l'arrivo del bambino, quando la coppia si troverà da sola ad affrontare i possibili problemi dell'interazione nascente. Vecchione (1995) commenta così questi diffusi vissuti di insoddisfazione: «In generale, le limitazioni previste dalla legge sull'adozione (art. 6 della legge N. 184/83) e le lunghe attese cui i coniugi sono soggetti per le trafile burocratiche forniscono alla coppia un'immagine piuttosto negativa dell'istituzione, che viene spesso, più o meno consapevolmente, identificata con l'autorità e vissuta, nella fantasia inconscia della coppia, come un padre/madre che premia o punisce, dando o negando il bambino.»

Quali sono le problematiche emozionali fondamentali che si celano dietro un processo adottivo? Come condizionano le relazioni fra tutti i componenti del processo?

Il lavoro che gli operatori delle strutture pubbliche svolgono nel campo dell'adozione è spesso conflittuale, in quanto contiene in sé più livelli d'analisi e di risposta: il bambino adottivo «immaginario», la coppia richiedente l'adozione e il Tribunale per i Minori, spesso vissuti come molto diversi e tra loro in disaccordo (Gasparin e Dalla Molle, 1989). Per il bambino, si tratta dell'esigenza di avere una famiglia dopo la perdita di quella d'origine; per la coppia, si tratta della richiesta di avere un figlio attraverso l'adozione e, non necessariamente, di affrontare un percorso di comprensione individuale o di coppia; per il magistrato minorile si tratta dell'avvio di un procedimento giuridico per risolvere la problematica psicosociale delle coppie che chiedono di adottare o di dare una famiglia adeguata alle esigenze di quel bambino.

La pluralità delle unità d'analisi richiede ai professionisti un difficile doppio compito istituzionale: sostenere-preparare-mobilizzare le risorse delle coppie aspiranti all'adozione, e valutare-controllare-esaminare le coppie stesse (Allegri, 1991). Per dettato legislativo sono infatti invitati dal Tribunale a effettuare un'indagine valutativa delle disposizioni genitoriali ed educative della coppia adottiva, per dettato professionale sono più portati a un compito riparativo, a fornire uno spazio non valutativo e comunque di sostegno, potenzialmente trasformativo e terapeutico, in una situazione libera da vincoli esterni e da interferenze (Bommassar, 2001). La problematicità insita nella pluralità delle unità d'analisi fa sì che il consulente metta in opera delle strategie per risolverla, per esempio spostando il focus dell'osservazione su un'unità più ristretta, il consulente e l'individuo e/o la famiglia, piuttosto che sulla complessità della struttura organizzativa (Masina e Montinari, 1995). «Ma se la preoccupazione era questa, voleva dire che noi lavoravamo con il Tribunale e non con la coppia. Insomma, comprendevamo che al di là delle intenzioni e degli atteggiamenti tenuti e voluti su un piano di consapevolezza, di fatto esisteva da parte nostra un'alleanza prioritaria con il Tribunale, e assumevamo così una funzione non nostra ma del giudice. Comprendevamo che il problema andava spostato su un altro piano: doveva essere chiaro a un livello più profondo con chi lavoravamo. La relazione doveva essere tra noi e la coppia e non poteva essere diversamente» (Bonato e Convertini, 1991).

Questa posizione tendente a risolvere la contraddizione della pluralità delle unità d'analisi, costituite da: Tribunale (committente)-operatore (consulente)-coppia adottiva (consultato), pare inserirsi in quel filone teorico che Masina e Montinari (1995) definiscono «modello dell'integrazione per scissione», in base al quale il consulente, pur rispondendo puntualmente alle richieste del giudice, si premura di mantenere ben distinti i campi di competenza, per evitare confusioni e contaminazioni: «L'obiettivo dell'intervento del consulente è quello di giungere alla comprensione della domanda dell'utente, aiutandolo a conseguire una maggiore consapevolezza rispetto a quanto sta accadendo. In questo caso il focus dell'osservazione è posto su un'unità più ristretta, il consulente e l'individuo, e/o la famiglia, piuttosto che sulla complessità della struttura organizzativa, e ci si concentra sulle esperienze interne del Sé, sulle rappresentazioni reciproche, e sui processi che le veicolano (ad esempio transfert-controtransfert), attribuendo una specifica configurazione al rapporto.»

I dati di una ricerca sull'immagine del lavoro dello psicologo nei Servizi (Berdini, De Berardinis e altri, 1992) paiono confermare tale modello: il Tribunale, in qualità di committente del lavoro dello psicologo, non rientra nel suo campo di osservazione, dal momento che la committenza è data per scontata, non è oggetto di analisi, e ha un potere forte nell'ambito della relazione con l'utente; si determina così un modello di rapporto asimmetrico tramite un processo di vera e propria delega dal committente allo psicologo. La risposta dello psicologo non tiene conto della funzione di potere che la *committenza* esercita nel suo agire professionale né delle proposte collusive che sottendono la domanda di intervento e che saranno trasferite e agite nella relazione con l'*utenza*. La relazione con il committente (pur incidendo fortemente sull'agire dello psicologo) viene rappresentata come «esterna» al suo campo di osservazione e di intervento. Agli psicologi intervistati sembra mancare un modello di riferimento atto a fornire categorie di analisi che consentano di comprendere la complessa relazione che si struttura tra committente-utente-operatore a partire dalla richiesta di intervento (*ibid.*). Queste posizioni sono state meglio elaborate negli ultimi anni, arrivando a posizioni di maggior consapevolezza e sinergia tra gli operatori delle varie istituzioni (Bommassar, 2001). Secondo Masina e Montinari (1995) sarebbe inoltre in gioco, in questo caso, un «meccanismo difensivo di scissione» avente lo scopo di proteggere il consulente «dai sentimenti di sottovalutazione e di disconferma che si attivano nella relazione con il giudice». Gli autori concludono: «Viene perseguita, infatti, attraverso il riferimento al proprio gruppo professionale, una legittimazione degli obiettivi del consulente all'interno della consultazione, che ha la finalità di riequilibrare quella che viene percepita come un'asimmetria di potere. Ne deriva una collocazione del lavoro del consulente fuori dal contesto di intervento istituito dalla domanda del giudice, che ne ostacola la comprensione e ne impedisce la modificazione.»

Il Tribunale per i Minori detiene il potere della *discrezionalità*, e può decidere diversamente rispetto alle indicazioni fornitegli dagli operatori. Questa modalità determina spesso nel consulente vissuti di frustrazione, con un peso emotivo e relazionale non indifferente (Farri Monaco e Peila Castellani, 1994): infatti, una volta inviata la relazione, il consulente ha terminato il suo compito, dato che non sono previsti momenti di confronto sui casi (AA.VV., 1983; Dell'Antonio, 1991). Molti autori (Bonato e Convertini, 1991; Farri Monaco e Peila Castellani, 1994; Sorgato, Spaliviero e Mosconi, 1990) ritengono che il rapporto instaurato dagli operatori psicosociali con il Tribunale per i Minori debba essere fatto oggetto di attenta riflessione ed elaborazione, pena la sua presenza inconsapevole ma influente nello spazio della consultazione e il rischio di danneggiare il lavoro stesso dei professionisti. Farri Monaco e Peila Castellani (1994) considerano il Tribunale per i Minori «un'istanza super-egoica presente nello spazio immaginario della consultazione»: «La frustrazione per la procedura burocratica, la sofferenza per la mancanza di un figlio, unitamente alle spinte riparative dell'operatore potenzialmente disturbate dal compito valutativo assegnatogli dal Tribunale dei Minori, possono inquinare i contenuti transferali e controtransferali presenti nei colloqui. L'operatore può sentirsi emotivamente incalzato dall'istituzione che gli chiede di verificare la disposizione genitoriale ed educativa della coppia. D'altra parte l'istituzione stessa, attribuendogli il ruolo di consulente, può decidere in un'ottica diversa dalla sua valutazione clinica. Tutto questo comporta un peso emotivo e relazionale non indifferente che richiede di essere continuamente elaborato nel controtransfert.»

Allegri (1991) sottolinea la difficoltà nel dover integrare le due funzioni del sostegno e del controllo; per questo motivo rileva che ci sono operatori che interpretano il loro ruolo come funzione di sostegno assolto a tutti i costi, demandando ad altri Servizi la funzione di controllo, e rischiando così una divisione tra «buoni e cattivi»: di fatto, il contesto di controllo è più chiaro e definito di quello di sostegno, anche se per certi versi è forse più difficile. Il contratto che può essere stipulato tra operatore e famiglia in un contesto di controllo è chiaro anche per l'utente, che non può vederlo attraverso connotazioni ambigue. In tal senso, risulta molto più difficile impostare un rapporto in termini di aiuto e trasformarlo poi in un contesto di controllo.

La seconda posizione teorica in cui il consulente può riconoscersi è quella definibile «integrazione per evitamento» (*ibid.*), che ascrive la difficoltà di integrazione alle carenze formative di giudici e consulenti, a partire dai rispettivi corsi di laurea, che non prevedono insegnamenti interdisciplinari, fino all'assenza di corsi che insegnino ai giudici e agli operatori sociali a dialogare tra loro. Questa posizione teorica prende in considerazione la struttura formale del contesto giudici-consulenti-utenti in termini di confini, princìpi di regolazione e di evoluzione nel tempo. Il focus dell'osservazione è posto sui diversi attori sociali implicati, e su una gamma piuttosto estesa di processi, mentre la prospettiva di intervento è legata alle possibilità di modificazione della struttura (*ibid.*). Secondo Masina e Montinari (1995) ambedue le posizioni teoriche sono espressive delle difficoltà di giudici e operatori di trattare in modo efficace, e realmente trasformativo, le questioni avanzate dalle famiglie problematiche. Dell'Antonio (1991), a tale proposito, sottolinea che la collaborazione tra giudici e psicologi è ritenuta da tutti necessaria sebbene susciti nella pratica diffidenze, timore di sovrapposizione e di confusione dei ruoli. D'altra parte, è proprio la nuova legge sull'adozione a parlare della necessità di raccordi tra i soggetti, istituzionali e non, preposti all'adozione.

Quando parliamo di raccordi non possiamo prescindere dal termine «raccordare» nella sua derivazione dal termine francese *raccorder* che significa «collegare», ma ricordando anche che il termine raccordo significa «elemento di giunzione» di varie vie.

Come questo è autenticamente realizzabile, quando la storia degli iter adottivi ci racconta molte difficoltà di accordo tra le parti in gioco, che invece sembrano proprio caratterizzate da *frammentazione*, *separazioni*, *scissioni*, *evitamenti* anche tra istituzioni?

Partendo dall'esperienza dei consultori familiari della Regione Veneto, che si occupano di adozione da più di vent'anni, si è potuto rilevare che i primi anni dello studio delle coppie candidate all'adozione sono stati caratterizzati da un intenso dibattito su come attuare il mandato del Tribunale per i Minori salvaguardando la *funzione curativa* rispetto a quella *paraperitale* insita nel mandato del Tribunale. Il mandato del Tribunale, come la legge prevedeva formalmente, chiedeva ai Servizi di svolgere un'indagine psicologica e sociale sulle attitudini educative della coppia candidata all'adozione, ma di fatto implicava la richiesta di esprimere un giudizio su tali attitudini. Tale richiesta ha comportato una conflittualità tra operatori e giudici su come fare le relazioni per il Tribunale, non scevra dal problema di prendere una posizione che poteva essere ritenuta a volte significativa, a volte poco rilevante. Dall'altra parte, il Tribunale per i Minori, con le sue componenti (giudici e giudici onorari), doveva valutare secondo il suo sapere le relazioni che erano costruite su una cultura sociale e psicologica, e pertanto, a seconda delle componenti in gioco, potevano essere inadeguate. Senza poi prendere in considerazione i rapporti con la Corte d'Appello, dove le relazioni dei Servizi talvolta diventavano persino *inaffidabili*.

Accadeva cioè che l'assenza di obiettivi e criteri di lavoro condivisi creava una dimensione *confusiva* per tutti, intensificando l'ansia e la stessa conflittualità.

Collegato allo stesso problema di inaffidabilità è stato il rapporto indiretto tra le associazioni riconosciute (oggi definite Enti autorizzati) e i Servizi. Gli operatori consultoriali hanno il ricordo di coppie che raccontavano di essere state sottoposte a ulteriori studi psicologici individuali e di gruppo presso le associazioni a cui si erano rivolte, nonostante avessero già fatto un analogo percorso in consultorio e avessero ottenuto un decreto di adottabilità. Le associazioni, a loro volta, motivavano la necessità di procedere a tali studi perché la loro esperienza aveva mostrato l'*inaffidabilità* delle relazioni fornite dai Servizi sulle condizioni psicologiche e sociali della coppia e sulla sua preparazione culturale all'adozione internazionale. In altri casi, le associazioni si ponevano a difesa delle coppie che desideravano i bambini attaccando i Servizi o il Tribunale quando espletavano la funzione di selezione delle coppie, oppure non prendendo in considerazione le indicazioni dei Servizi rispetto ai limiti indicati nelle relazioni. La prassi aveva portato negli anni a un funzionamento distanziato tra le parti istituzionali (consultori familiari, Tribunale per i Minori e Enti riconosciuti), che talvolta ha implicato reciprocamente la scissione e la proiezione degli aspetti disfunzionanti. Sapere che non si sapeva tutto giustificava il discredito dell'altro, e ciascuno perdeva così parte della propria specificità professionale. Una grande zona d'ombra, la «zona psicologica», è stata regolarmente utilizzata per giustificare la competizione (definendo i contenuti psicologici alla stregua di pure e semplici opinioni).

Questo sentimento generalizzato di inaffidabilità è l'espressione inconscia collettiva sottesa all'angoscia persecutoria dell'estraneità dell'uno per l'altro; il genitore per il bambino e il bambino per il genitore, al di là dei vissuti di colpa legati alle fantasie di furto di bambini a un altro Paese o ad altri genitori. Ma l'inaffidabilità è anche legata alla persecutorietà di un lutto vissuto come impossibile, per il bambini abbandonati che non possono tollerare la perdita dei genitori (Durelli, 1981) e per i genitori adottivi che non possono tollerare la perdita del bambino ideale; ognuno vive così l'altro con sospetto (De Luca e Straniero, 1995; Galli e Volpe, 1993). Si tratta di quello stesso lutto che già i Servizi si trovavano a dover fronteggiare nel rapporto con gli altri, il Tribunale per i Minori e gli Enti: il lutto di una funzione riparativa che non sempre era raggiungibile. Possiamo porre dei limiti all'adozione per ridurre i rischi di sofferenza del bambino e dei genitori, ma non sappiamo cosa accadrà poi (Galli e Volpe, 1993).

Non ci si può occupare di funzioni genitoriali se le istituzioni a loro volta non sono in grado di usare le funzioni introiettive: amarsi, cioè rispettare la professionalità dell'altro, dare fiducia all'altro senza negare e senza idealizzare, creare una dimensione interistituzionale per sperimentare insieme come vivere uno spazio per la speranza, tollerando l'angoscia depressiva di non sapere se si fa il meglio per il bambino e per la coppia adottante, e poter giungere così a un pensiero condiviso e critico. Un pensiero critico e sviluppato nel tempo che, seguendo l'evoluzione dell'adozione, possa apprendere dall'esperienza.

Per poter fare questo, è necessario che ogni parte sia in grado di individuarsi, differenziarsi e rappresentarsi rispetto alle altre. Ciò implica avviare un processo di conoscenza di sé stessi come istituzioni e degli altri soggetti in gioco, conoscenza non limitata a ciò che la legge chiede a ognuno di fare; creare circostanze che permettano di disegnare una rete organizzata per soddisfare questo bisogno assoluto che abbiamo l'uno dell'altro (lo psicologo dell'assistente sociale, ma anche del giudice) e la necessità di sviluppare attraverso questa conoscenza una fiducia reciproca (ad esempio, che nessuno farà qualcosa senza confrontarsi con l'altro) e un'autentica multidisciplinarità.

Ma ciò non è sufficiente, perché il percorso adottivo è costantemente attraversato dal sentimento dell'angoscia di un compito che da tutti è sentito difficile e talvolta impossibile: per i professionisti, capire e conoscere adeguatamente le risorse genitoriali della coppia; per la coppia, adottare un bambino e farlo divenire figlio; per il bambino abbandonato, adottare la coppia e farla divenire genitori; per il Tribunale, abbinare la famiglia più adeguata a quel bambino; per gli Enti, evitare le trappole del traffico internazionale e dare una famiglia adeguata a un bambino in stato di abbandono. Non considerare che questa è una faccenda molto angosciante significa non riconoscere i meccanismi difensivi istituzionali (scissione, negazione, idealizzazione, proiezione) e interistituzionali messi in opera per evitare questa angoscia, per farla sparire apparentemente a tutti i livelli, nei genitori adottivi, nei professionisti dei Servizi sociosanitari e dei Tribunali, oltre che in quelli che lavorano presso gli Enti autorizzati dal Tribunale.

Ma un altro fantasma attraversa tutto il percorso adottivo: quello della colpa. È diffusa la complicità di tutti nel negare l'esistenza delle diverse colpe particolari, individuali e collettive a tutti i livelli, istituzionali e non. Il Tribunale deve essere infallibile, non può sentire la colpa, la coppia non può sentire la colpa della sterilità, il bambino la colpa dell'abbandono, i Servizi la colpa di stare di fronte a un compito molto difficile e di dover dare frustrazioni o di non poter gratificare.

Ultimo elemento perturbante è la silenziosa complicità nel credere che la problematica finisca con l'avvenuta dichiarazione giudiziaria di idoneità (o sei idoneo o non lo sei). È interessante osservare che sono molto rari i contributi psicologici e sociali su come lavorare con le neo-famiglie adottive, sui trattamenti di famiglie al ritorno in Italia con il bambino; ma non ci sono neanche studi su come vanno le adozioni delle coppie che vengono dichiarate idonee solo dopo un ricorso in Corte d'Appello, né tanto meno riflessioni su come stanno le coppie a cui il Tribunale per i Minori non dà la dichiarazione di idoneità.

Lavorare nel campo dell'adozione di un «estraneo» implica la necessità di un rilevante lavoro di formazione condiviso da tutti gli attori in gioco, per avere la capacità di affrontare le angosce senza confondersi con l'altro, che sempre è un estraneo ma appartiene con noi a una stessa comunità.

Capitolo 21

I follow-up

Mario Zerilli e Bianca Rosa Volpe

La decisione di porre un bambino in adozione comporta conseguenze irreversibili che interessano il bambino stesso, i suoi genitori biologici e i futuri genitori adottivi con le rispettive famiglie. In questo capitolo si cercherà di esaminare i dati *empirici* che possono aiutare a rispondere alle seguenti domande:

Quali sono i fattori di rischio e i fattori protettivi relativamente agli esiti dell'adozione?

Per quali gruppi di bambini l'adozione si dimostra un processo maggiormente vantaggioso?

Quali dati possono aiutare i clinici nel favorire abbinamenti bambino-genitori adottivi maggiormente forieri di fattori di salute e riparazione?

Come ci possiamo attrezzare per aumentare le nostre capacità di valutazione delle risorse dei genitori e del bambino in modo da prevedere e prevenire?

Nell'analisi dei dati si darà evidenza a quelli che emergono da studi non basati su *un singolo caso* ma su *gruppi di casi*. Infatti nell'elaborare linee guida gli studi longitudinali su un singolo caso sono considerati utili per successive ricerche su campioni maggiormente rappresentativi, ma non per fornire indicazioni generali: troppi fattori casuali e troppi pregiudizi possono influenzare tali sperimentazioni.[1] Gli studi sui casi singoli non possono quindi essere generalizzati a una popolazione più ampia (Roth e Fonagy, 1996). Nella graduatoria elaborata dalla Canadian Task Force on Preventive Health Care per l'elaborazione di linee guida, il «parere di insigni clinici basato sull'esperienza» è al gradino più basso nella serie dei dati, mentre sono in posizione superiore gli studi ben progettati, preferibilmente replicati da diversi centri di ricerca, su

[1] I dati relativi a un singolo caso possono essere significativi e utili come ipotesi di ricerca, ma non possono essere generalizzati, per la possibile presenza di *biases* nella selezione dei casi e dei dati. Nell'ambito della psicologia giuridica solo ricerche con campioni ampi condotte in maniera da poter anche disconfermare le ipotesi di partenza possono far progredire la ricerca e costituire una base di conoscenze con valore giuridico.

campioni vasti, meglio se randomizzati. Pure nell'ambito della ricerca in campo psicoanalitico si osserva un'attenzione alla validazione di trattamenti con l'utilizzo di metodi che studiano gruppi di casi (Gabbard, 1994; Roth e Fonagy, 1996).

A una prima analisi di quanto la letteratura offre per rispondere alle domande sopra poste,[2] la pratica clinica degli operatori sociosanitari nell'adozione nazionale, internazionale e interetnica appare spesso caratterizzata da preziosissime informazioni cliniche acquisite e sedimentate con l'esperienza, seppure troppo spesso separate dalle conoscenze derivate da studi sistematici su gruppi di casi. L'unione delle due modalità di conoscenza (riassumibili, per semplicità, nel patrimonio esperienziale anglosassone e in quello latino) potrebbe costituire un ottimo corpus scientifico, valida base per elaborare delle linee guida. In un recente studio, recensito dalla American Psychological Association, vengono suggerite le modalità della valutazione psicologica pre-adozione dei bambini più grandicelli[3] in stato di adottabilità (Kirby e Hardesty, 1998). Gli autori, dopo aver esaminato il quadro, concludono che gli psicologi che si occupano di adozione sono «professionisti pieni di talento ma privi di indicazioni derivanti dalla ricerca» (*research derived*). Considerato che il successo di un processo si misura sulla capacità di promuovere miglioramenti persistenti nel tempo, nel tentativo di rispondere agli interrogativi sopraccitati sono stati osservati con attenzione i follow-up. In particolare, si sono analizzati lavori scientifici caratterizzati dall'uso di metanalisi (analisi che considerano statisticamente dati provenienti da follow-up diversi) e rassegne (che empiricamente traggono conclusioni fondate sull'osservazione di una replicabilità e ridondanza di dati provenienti da diversi centri di ricerca). I follow-up usano spesso strumenti facilmente applicabili e parzialmente oggettivabili di rilevazione degli eventuali problemi psicologici o comportamentali negli adottati: dati sulla *prevalenza* di sintomatologie psichiatriche desunte da registri dei Servizi di consultazione e ricovero; *questionari* compilati da genitori e insegnanti sulla presenza di comportamenti e sintomi (ad esempio la Child Behavioral Checklist) e in misura minore *questionari di autovalutazione* di soggetti adottati. In qualche raro studio compaiono metodi di osservazione più raffinati, usati dagli studiosi dell'attaccamento (Strange Situation). Tale rilievo è interessante e indispensabile. Infatti possiamo ricordare come «ogni mappa differisca dal territorio» (Bateson, 1979), e nel nostro caso la scelta degli strumenti menzionati sembra più idonea a evidenziare sofferenze psichiche espresse con disturbi *esteriorizzati* (ad esempio comportamenti oppositivi e antisociali, disturbi alimentari, dipendenze e patologie psicotiche), mentre i

[2] Sono stati esaminati gli abstract presenti nelle banche dati «Psycholit» e «Medline» nel periodo 1990-2001.

[3] Denominati «*older*». Sono minori in un range di età superiore ai 15 mesi, e in media tra i 2 e i 12 anni.

disturbi *interiorizzati* (angosce di separazione, paure sociali, disturbi psicosomatici, problemi di autostima, stati depressivi) sarebbero più difficilmente individuabili (Cramer, 1999). Tale corpus di ricerche potrebbe quindi *sottostimare* la presenza di quest'ultima tipologia di disturbi mentali.

Nella letteratura i fattori che influenzano il processo adottivo vengono classificati in alcune aree specifiche riassumibili in fattori: *genetici*, relativi alle vicende *preadottive*, legati al *processo adottivo* e correlati ai *genitori adottivi* (Peters, Atkins e McKay, 1999). Pur essendo le ricerche sui processi adottivi non così frequenti come in altri campi,[4] si vedrà che esistono sufficienti elementi per costituire un corpus iniziale di nozioni che forniscano al contempo indicazioni per ulteriori ricerche.

Fattori genetici

I bambini adottati, specie se gemelli omozigoti adottati in famiglie diverse, sono stati da sempre un fertile terreno di ricerca per approfondire i rapporti tra caratteri *innati* e *acquisiti*. Ad esempio, gli studi sui gemelli omozigoti cresciuti in famiglie adottive *diverse* indicano un'alta correlazione dei QI (Plomin, 1999). Metanalisi di studi genetici sulla *depressione maggiore* (Sullivan, Neale e Kendler, 2000), sulla *schizofrenia* (Schultz e Andreasen, 1999), sull'*alcolismo* (Heath, 1995) e sui *disturbi d'ansia* (Hettema, Neale e Kendler, 2001) indicherebbero una consistente influenza (poli)genetica[5] nella determinazione dei disturbi in interazione con i fattori ambientali.

Di recente è stata esaminata, tramite metanalisi e rassegne, la letteratura sui fattori di rischio per il comportamento antisociale (Rhee e Waldman, 1997; Peters, Atkins e McKay, 1999), e tale ambito è di grande interesse per gli operatori che si interessano di adozione, vista l'alta incidenza del disturbo tra gli adolescenti adottati. In una ricerca del 1972 si è trovato che i figli di donne criminali, adottati da estranei, avevano maggiori probabilità di ricevere una diagnosi di disturbo antisociale di personalità rispetto a un gruppo di controllo di adottati. Comunque solo il 12 per cento dei soggetti del primo gruppo avevano una diagnosi di disturbo antisociale di personalità. Ricerche analoghe sono concordi (Langbehn e Cadoret, 2001): anche se il fattore genetico non è così determinante, esisterebbe una certa correlazione tra personalità antiso-

[4] Tra gli studi italiani si segnalano quelli di Balloni e Fadiga (1978); Lanzi, Borgatti e altri (1987); Dell'Antonio (1994a,b); degli operatori dei Consultori Familiari delle USS di Verona e provincia (AA.VV., 1995); Cavallo (1995); Farri Monaco e Niro (1999); Bramanti e Rosnati (1998); Serra, Lama e altri (2001); Gallina Fiorentini, Martelli e Ragaini (2001); Galli e Viero (2001).

[5] Qualche effetto genetico non sembrerebbe specifico: ad esempio vi è una considerevole sovrapposizione tra i geni che contribuiscono ai disturbi depressivi e ai disturbi d'ansia (Owen e Cardno, 1999).

ciale dei genitori e personalità del bambino adottato. In una ricerca svedese su 862 soggetti adottati prima dei tre anni (Bohman e Sigvardsson, 1980) si rileva che i bambini adottati avevano, rispetto il gruppo di controllo, 1,6 volte più probabilità di avere disturbi da alcoldipendenza se avevano avuto un genitore alcolista, 1,9 volte più probabilità di sviluppare comportamenti criminali nel caso un genitore naturale avesse avuto tali problemi. Un'altra ricerca (Cloninger, Sigvardsson e altri, 1982) riporta un rischio di criminalità per i maschi adottati *quattro* volte superiore, se è registrato come criminale uno dei genitori naturali. Questo rischio si moltiplica per quattordici se esistono contemporaneamente caratteristiche ambientali predittive nella famiglia adottante (queste ultime, da sole, senza anamnesi parentale significativa, raddoppiano il rischio). Analoghe ricerche trovano un'influenza genetica, semplice o complessa, in interazione con variabili ambientali, anche in bambini adottati alla nascita (vedi, ad esempio, la metanalisi di Mason e Frick, 1994, su 3795 coppie di gemelli e 388 adottati). Seppur esistono problemi metodologici nello studio sull'influenza dei fattori genetici e ambientali (ad esempio esiste la possibilità che i genitori adottivi, conosciuta la provenienza dell'adottando, abbiano categorizzato – *labelled* – il figlio come a rischio di comportamenti antisociali, inconsapevolmente costituendo una *profezia che si autoavvera*), un certo ruolo dei fattori genetici sembra assodato, se non altro come *maggior vulnerabilità*.

Si segnala ad esempio una recente ricerca originale che ha sottoposto a verifica l'ipotesi che l'associazione tra il divorzio dei genitori e il successivo adattamento del bambino sia mediata da fattori genetici. Sono stati esaminati soggetti con genitori naturali e adottivi che si sono separati, all'interno di un progetto di studio longitudinale dei bambini adottati nel Colorado. Tutti i bambini erano stati adottati intorno al mese di età. Il disegno sperimentale confrontava bambini che condividevano con i genitori parte del patrimonio genetico e il contesto ambientale, con bambini che condividevano solo il contesto ambientale senza influenze genetiche. Mentre nel campione di famiglie non adottive vi era un tasso del 24 per cento di divorzi al compimento del dodicesimo compleanno del bambino esaminato, nel campione di famiglie adottive il tasso di divorzi scendeva al 13 per cento. Tale dato viene interpretato come effetto della selezione delle coppie adottive da parte dalle agenzie, che effettuano uno screening delle coppie maggiormente a rischio di separazione. I dati finali della ricerca suggeriscono la presenza di un'interazione tra caratteri ereditari e ambientali per alcuni aspetti legati all'adattamento sociale (autostima, competenze sociali e successo scolastico).[6] Ovvero questi aspetti sareb-

[6] Per le misurazioni sono stati usati gli strumenti: *autostima* (Perceived Competence Scale for Children, PCSC, con le sottoscale Scholastic, Social Acceptance, Athletic, Attractiveness, Good Conduct e Self-Acceptance), *competenze sociali* (Social Competence Subscale, dalla scala per i genitori della Child Behavior Checklist), *successo scolastico* (Reading Recognition Scale, tratta dal Peabody Individual Achievement Test (PIAT); un indice basato su una scala di autovalutazione tratta

bero in parte influenzati dal patrimonio genetico. Un altro recente studio longitudinale durato vent'anni e incentrato sulle *capacità cognitive* di 245 soggetti adottati e dei genitori biologici e adottivi ha evidenziato che, mentre nella prima infanzia i bambini assomigliano maggiormente ai genitori adottivi, nella prepubertà e nell'adolescenza si riscontra una somiglianza con i genitori biologici. Gli autori suggeriscono che i geni che influenzano il funzionamento cognitivo nell'età adulta entrino in gioco nell'adolescenza (Plomin, Fulker e altri, 1997). Uno studio condotto su 43 000 soggetti (tra cui soggetti adottati) avrebbe confermato nell'*alcolismo* la presenza di un rischio genetico importante come i fattori ambientali (Light, Irvine e Kierulf, 1996). Questo dato ha trovato diverse conferme, a partire dallo Stockholm Adoption Study (Heath, 1995). In una metanalisi degli studi effettuati con adottati e gemelli in vari contesti culturali, Heath trova una spiegazione della varianza degli effetti *genetici* fra il 39 e il 60 per cento, e un'influenza dell'ambiente della famiglia adottiva fra il 15 e il 33 per cento, a seconda della cultura di appartenenza dei soggetti. Citiamo, infine, solo alcune delle ricerche più recenti: una effettuata su 100 donne adottate alla nascita negli Stati Uniti e una effettuata in Svezia su 1200 adottati. Entrambe suggeriscono un'analoga interpretazione del ruolo del patrimonio genetico (Yates, Cadoret e altri, 1996; Sigvardsson, Bohman e Cloninger, 1996).

Alcuni autori criticano le ricerche per «gravi errori metodologici» (Joseph, 2001), e i dati sperimentali sono controversi. Si riporta una critica relativa a un metodo della ricerca statistica – *segregation analysis* – usato da alcuni genetisti in forma impropria: tale metodo sarebbe utile per ricercare la trasmissione genetica di caratteri *già* dimostrati ereditabili, ma non per distinguere, in una fase esplorativa, i fattori genetici da quelli ambientali. A riprova che tratti culturalmente trasmessi possono, con questo metodo statistico usato impropriamente, apparire ereditabili, viene citato uno studio di simulazione svolto in Inghilterra con i dati relativi ai familiari degli studenti in medicina, che dimostrerebbe l'esistenza di un carattere genetico di tipo recessivo, *iscrizione alla facoltà di medicina*!

Bisogna comunque aggiungere che, se il tema è esaminato senza pregiudizi, il paradigma *inverso* della completa determinazione della struttura della personalità da parte dell'ambiente e delle esperienze di vita è assai difficilmente dimostrabile. Inoltre, che vi siano effetti ambientali o genetici, o l'interazione dei due, rimane comunque il dato della vulnerabilità dei bambini adottati: ad esempio, uno studio che ha riguardato 14427 bambini adottati danesi rileva che se il genitore biologico ha avuto tre o più condanne penali, il figlio ha *comunque* il 25 per cento di probabilità di reiterare il comportamento genito-

dal lavoro di Jessor; un questionario per i genitori tratto dalla School Competence Scale del CBC di Achenbach.

riale (Mednick, Gabrielli e Hutchings, 1984). In questo studio non è stato possibile isolare le variabili necessarie per determinare l'influenza ambientale o ereditaria (ad esempio età di adozione, permanenza in istituto, comunicazioni ai genitori adottivi sui genitori biologici ecc.), ma il dato indica quanto questi bambini siano comunque fragili e necessitino di cure (e di *tolleranza*).

Per concludere, appare utile riassumere un'originale ricerca che richiede una precisazione, di tipo biologico, sul ruolo della funzione serotoninergica nel sistema nervoso centrale. Questa funzione, se ostacolata, è associata, nell'uomo come in altri primati, a scarsa capacità di controllo degli impulsi aggressivi etero- o autodiretti, a difficoltà a gestire le risposte di paura e anche a un più facile abuso di alcool etilico[7] (Liotti, 2001; Stoltenberg, Burmeister e altri, 1999). Liotti cita un recente esperimento: piccoli macachi portatori di un corredo genetico sfavorevole alla trasmissione di serotonina nel tessuto nervoso (che comporta etero- e autoaggressività disadattativa, predittiva di un successivo isolamento futuro e di morte), dopo sei mesi di allattamento e svezzamento in ambiente *ottimale* con le madri, presentavano una concentrazione *normale* di serotonina. Quelli invece sottoposti a sei mesi di cure carenti senza le madri continuavano ad avere basse concentrazioni di serotonina. Vediamo quindi come l'*espressione* di un carattere ereditario sia influenzata dall'ambiente. Il fatto sorprendente è che macachi *normali* (senza deficit nella funzione serotoninergica) esposti alla seconda situazione (carenziale, di rischio) avevano livelli normali di serotonina: ovvero solo gli individui vulnerabili[8] erano colpiti e danneggiati (o non riparati) dalla situazione carenziale. Per sviluppare un disturbo sarebbero quindi necessari un corredo genetico sfavorevole e relazioni di cura inadeguate. Inoltre, in situazioni di vulnerabilità genetica, condizioni (precoci) di cura adeguate non permetterebbero l'attualizzazione di disturbi, influenzando lo sviluppo delle stesse funzioni neurologiche.

Fattori legati alle vicende preadottive

Fattori di rischio preadottivi sono le esperienze di *abuso fisico e sessuale*, la *trascuratezza*, l'*età avanzata* al momento dell'adozione, il *collocamento* in *diverse famiglie adottive* (Simmel, Brooks e altri, 2001). Ovviamente diverse situazioni di interesse biologico e medico possono essere correlate allo sviluppo, come ad esempio l'esposizione del *feto* all'*alcool* o a *droghe*[9] (*ibid.*; Langbehn e Cado-

[7] Alcolismo subtipo *antisociale*.

[8] Il temperamento non sarebbe determinato da «geni del carattere» ma da geni che modulano la codifica dei neurotrasmettitori; queste configurazioni modulerebbero le modalità di ricezione degli eventi esterni.

[9] Il Toronto Adoption Study ha rilevato danni neurobiologici a lungo termine (QI e linguag-

ret, 2001). Analogamente, di comune interesse per il medico e lo psicologo possono essere i danni neurobiologici allo sviluppo del cervello. Le modificazioni dell'*arousal* e i meccanismi dissociativi presenti nel bambino che vive le drammatiche negatività ambientali che coinvolgono i genitori, se persistenti nel tempo, diventano *tratti* stabili della personalità. Ad esempio, le aree cerebrali maggiormente interessate a elaborare l'informazione in un bambino che vive in uno stato continuo di paura per l'esposizione alla violenza sarebbero diverse da quelle che si attivano in un bambino *sicuro*. Se ambedue i bambini ascoltano un insegnante, il primo sarà più facilmente focalizzato sull'informazione non verbale (l'*espressione facciale* dell'insegnante, la *gestualità*) attivando i sistemi subcorticali e le aree limbiche. Il secondo sarà focalizzato sulle parole dell'insegnante, attivando aree corticali. Il bambino che è vissuto in un ambiente violento ha imparato infatti come l'informazione non verbale sia maggiormente importante e adattativa per prevenire la violenza. In una popolazione clinica di più di 100 bambini maltrattati si registra un rilevante *splitting* nelle scale del WISC (Verbal = 82; Performance = 104) e in un campione di 400 bambini allontanati dai genitori solo il 2 per cento dei bambini hanno una differenza significativa Verbal > Performance, mentre il 39 per cento dei minori hanno una differenza significativa Performance > Verbal (in media di 12 punti. Perry, 2001). Analogamente, le strutture corticali hanno la capacità di inibire, modulare e controllare le strutture cerebrali più basse; lo sviluppo delle capacità corticali superiori è correlato con l'aumentata capacità e maturità di controllo e modulazione del comportamento violento.

Nello sviluppo, la mancanza di esperienze sensomotorie e cognitive comporta un carente sviluppo corticale. Soggetti che hanno sofferto di un ambiente fortemente trascurante possono sviluppare un'*atrofia corticale*. Ben 7 soggetti di un gruppo di 12 bambini, di età media di 8 anni, fortemente trascurati dai genitori, sono stati così diagnosticati da neuroradiologi che non ne conoscevano l'anamnesi familiare (Perry, 1997). Complessivamente l'esposizione precoce di un bambino a un ambiente dannoso comporta l'apprendimento e l'acquisizione di modalità di comportamento che sono *adattative*[10] e hanno una funzione di sopravvivenza nella famiglia biologica, ma sono maladattative e *disfunzionali* nella famiglia adottiva (Verhulst, Althaus e Verluis-den Bieman, 1992; Chisholm, 1998).

In specifico, molti dei bambini romeni adottati dopo la caduta del regime di Ceausescu sono risultati danneggiati dalle situazioni enormemente carenziali subite negli orfanotrofi e hanno riproposto agli studiosi le situazioni studiate

gio) in bambini esposti durante lo sviluppo prenatale alla cocaina e a successive carenze materne (Koren, Nulman e altri, 1998).

[10] Vedi ad esempio l'eccessiva e indiscriminata amichevolezza verso gli estranei dei bambini istituzionalizzati in Romania: tale comportamento, correlato a un attaccamento insicuro, era adattativo nell'orfanotrofio, poiché massimizzava le probabilità di ricevere le attenzioni dei pochi (1 ogni 10-20 bambini) caregiver disponibili (Chisholm, 1998).

decenni prima da Spitz. Ad esempio, i soggetti romeni adottati prima dei due anni di vita da genitori inglesi avevano un ritardo rispetto a un gruppo di controllo di bambini non adottati, tanto da essere al *terzo percentile* nelle misure di altezza, peso, circonferenza della testa e quoziente di sviluppo. A 4 anni il recupero dei bambini adottati prima dei sei mesi di vita[11] era impressionante e quasi completo, mentre, nonostante un miglioramento, i bambini adottati più tardi segnalavano ancora dei deficit. Il predittore più sicuro del livello di intelligenza era l'*età di ingresso* del minore nel Regno Unito. La causa del ritardo cognitivo erano le privazioni subite nella primissima infanzia, con quelle *psicologiche* probabilmente più importanti di quelle *nutrizionali* (Rutter e English and Romanian Adoptees Study Team, 1998). Lo studio di 130 bambini tra i 5 e i 9 anni provenienti sempre dalla Romania ha infatti rilevato che i ritardi di sviluppo, i problemi di salute e quelli caratteriali erano più frequenti nei minori che erano stati istituzionalizzati in istituto. Quelli che provenivano da famiglie avevano invece poche probabilità di accusare deficit di sviluppo, ma permanevano problemi di salute e difficoltà del sonno (Marcovitch, Cesaroni e altri, 1996).

Spesso i tecnici addetti all'adozione possono definire «difficili» o «non adatti all'adozione» bambini sopra i 5 anni di età. Questo parere clinico trova riscontro in alcune osservazioni sistematiche. In base alla soddisfazione dei genitori che avevano adottato bambini sopra i 5 anni di età, gli esiti delle adozioni sono stati classificati come segue (Kadushin, 1967):

a) positivo, nel 73 per cento dei casi;
b) di grado intermedio (9%);
c) negativo (18%).

Si nota pertanto che adottare un bambino di età superiore a 5 anni è un'esperienza non positiva per circa un quarto dei genitori.

La distruzione del legame adottivo (nota in Italia come *fallimento adottivo*) viene stimata negli Stati Uniti nella percentuale dell'11 per cento, e i fattori di rischio sarebbero: un precedente fallimento adottivo, numerosi disturbi comportamentali, una madre adottiva cresciuta in collegio. Non essere adottato da un genitore affidatario è pure un fattore di rischio (Barth e Berry, 1990). Come descritto per i bambini romeni, l'*istituzionalizzazione* è un fattore di rischio: uno studio longitudinale rileva, a un follow-up all'età di 11 anni, che *tutti* i bambini adottati che erano stati istituzionalizzati avevano sviluppato sintomi di disadattamento (Bohman e Sigvardsson, 1980). È comunque da sottolineare che, nonostante i ragazzi adottati dopo un'istituzionalizzazione abbiano diversi problemi sociali ed emotivi rispetto al gruppo di controllo, hanno meno problemi dei ragazzi che sono rimasti in istituto o che sono stati ricollocati nelle famiglie naturali o in affido (Hodges e Tizard, 1989). Questi autori hanno studiato longitudinalmente fino ai 16 anni bambini collocati in istituto prima dei

[11] Un analogo studio rileva che l'essere adottati prima dei sei mesi è il punto di *cut-off* per discriminare i bambini romeni con un indice prognostico di buon adattamento futuro (Thompson, 2001).

4 anni e poi, dopo almeno due anni, dimessi per un'adozione o riaffidati alle famiglie di origine o reinseriti in un istituto.

Diversi studi e ricerche concordano sul fatto che, sebbene nei bambini adottati a età superiori ai 6 mesi si osservino più problemi psicosociali che nei loro coetanei che hanno vissuto con i genitori naturali, i primi dimostrerebbero comunque minori difficoltà comportamentali rispetto ai bambini nati illegittimi o che sono stati ospiti di comunità e strutture (Howe, 1997). Un follow-up ha interessato i bambini *nati* in Gran Bretagna in una settimana dell'aprile 1970 per due valutazioni a 5 e a 10 anni (Haugaard, 1998). I bambini sono stati divisi in tre gruppi: quelli adottati, quelli posti in affido e quelli che avevano vissuto con i loro genitori naturali. Tutte le misure hanno dimostrato che i minori *in affido* o *in istituto* erano più problematici.

L'adozione di bambini con gravi ferite psicologiche potrebbe essere quindi definita un farmaco che, mentre lenisce alcuni aspetti della malattia, è in qualche caso impotente a curarne altri. Un dato che ben rappresenta questa metafora è stato rilevato da Fergusson, Lynskey e Horwood (1995) in Nuova Zelanda: i ragazzi adottati avevano guadagnato con la nuova famiglia ricchezza di esperienze, stabilità familiare, un buon livello di cure sanitarie e una buona interazione con la madre adottiva. Presentavano comunque disturbi del comportamento in misura *maggiore* rispetto al gruppo di controllo (famiglie biologiche con due genitori), ma in misura *minore* rispetto ai bambini allevati in una famiglia monoparentale. Il dato viene da una ricerca che ha interessato ben 1265 soggetti, valutati dalla nascita fino ai sedici anni.

Non è l'età *tout court*, però, a influenzare il disadattamento successivo. L'età, se depurata dalle esperienze negative preadottive, non è predittiva dei successivi problemi, mentre lo sono invece le esperienze preadottive di *trascuratezza* e *abuso* e il *numero dei cambiamenti* di ambiente extrafamiliare (Berry e Barth, 1989). D'altronde queste esperienze sono fattori associati nella letteratura a disturbi mentali acuti e cronici in età adulta, e la presenza e la gravità dei sintomi dipenderebbero dalla pervasività e dalla gravità degli stress, dalle differenze individuali e dall'interazione con successivi stressor (Maughan e McCarthy, 1997). Una ricerca effettuata su tutti i bambini adottati negli anni dal 1972 al 1975 in Olanda e provenienti da Paesi esteri conferma che l'età, se depurata dalle esperienze traumatiche, non è predittiva del disadattamento. Come risulta dalla tabella 21.1, le esperienze di abuso, trascuratezza, collocazione in diversi ambienti extrafamiliari sono statisticamente predittive.

Fattori legati al processo adottivo

L'adozione stessa potrebbe essere un fattore di stress e di enorme rischio. Il bambino perde i genitori biologici per acquisire dei genitori adottivi che spesso

Tabella 15.1
Percentuale di soggetti adottati risultati problematici alla Child Behavior Checklist

	Numero di collocamenti				Trascuratezza			Abusi		
	0	1-2	3-4	Più di 5	No	Qualche volta	Grave	No	Qualche volta	Grave
N soggetti	652	675	69	10	755	352	269	996	96	49
% soggetti problematici	13	14	28	50	12	15	24	12	27	31

Fonte: Verhulst, Althaus e Verluis-den-Bieman (1992).[12]

hanno problemi e conflitti relativi all'infertilità. Lo stress psicologico relativo allo stato di bambino adottivo è stato a volte ipotizzato come fonte di disagio.

Non vi sono prove che i bambini o gli adolescenti adottati abbiano sentimenti di depressione o dolore mentale in misura maggiore dei coetanei non adottati. Sintomi depressivi sono stati invece rilevati nei bambini che, dopo essere stati adottati, *sono ritornati* nelle famiglie biologiche (Hodges e Tizard, 1989; Peters, Atkins e McKay, 1999). Analogamente, fantasie sui genitori biologici non sembrano così prevalenti, almeno a livello conscio, in uno studio retrospettivo (8% dei soggetti adottati, Eldered, Rosenthal e altri, 1976).

L'adozione da parte di genitori di altra razza non pare essere un problema almeno nelle società con una tradizione multietnica come gli Stati Uniti e l'Inghilterra (Bagley, 1993; Baden, 2001), e l'adozione trans-razziale potrebbe essere considerata per tutti i bambini per cui non vi sia disponibilità di genitori adottivi della stessa razza, ma naturalmente la valutazione dell'opportunità va rivista caso per caso.

Alcuni autori ipotizzano un attaccamento meno frequentemente *sicuro* nei soggetti adottati, per la distruzione della relazione biologica genitori-figlio. Invero le mamme adottive sembrano comportarsi in maniera sollecita ed essere amorevoli e protettive nei confronti dei loro bimbi adottati, anche quando questi si dimostrano maggiormente svantaggiati (ad esempio con un QI basso, Plomin e Defries, 1983). Tale dato è suggerito anche da studi su popolazioni di genitori non adottivi: la relazione di attaccamento in genere non dipende dalla situazione svantaggiata del bambino con problemi. In questo ultimo caso le mamme riuscirebbero a compensare il potenziale handicap nella relazione diadica. Nei campioni con bambini svantaggiati le distribuzioni dei quattro tipi di attaccamento sarebbero nella norma (van Ijzendoorn, Goldberg e altri, 1992).

[12] Le condizioni di salute fisica, riportate originariamente nell'articolo, non sono qui presentate poiché non influiscono sull'adattamento.

Juffer e Rosenboom (1997) hanno studiato 80 madri olandesi e i loro bambini adottati, in famiglie *con* e *senza* figli biologici. I bambini erano stati adottati *prima dei sei mesi*, in media a 11 settimane, ed erano di razza non caucasica. Le osservazioni a 6 mesi e a 12 mesi e il test della Strange Situation non portavano a una classificazione del tipo di attaccamento *diversa* da quella riscontrabile nella norma. Ovvero i bambini insicuri erano presenti in misura simile a quella delle famiglie con figli naturali. L'adozione, di per sé, senza l'effetto *cumulativo* dell'abuso, della trascuratezza, dell'istituzionalizzazione o dei ripetuti collocamenti in affido, non sarebbe un fattore di rischio, perlomeno a un follow-up così immediato. Si noti che la modalità di attaccamento è relativamente stabile nel tempo e che l'attaccamento *sicuro* è, secondo alcuni, un fattore di salute in età adulta (Maunder e Hunter, 2001).

La stessa Juffer, comunque, in un studio successivo, riporta che a un follow-up all'età di 7 anni i bambini adottati (adozione trans-razziale), soprattutto maschi, erano classificati dai genitori come *problematici* (alla Child Behavioral Checklist). I dati suggerirebbero che l'influenza positiva della sensibilità e responsività genitoriale adottiva declini nella transizione dalla prima alla seconda infanzia. In generale, comunque, in contrasto con la valutazione genitoriale, l'adattamento socioemotivo e i risultati scolastici degli adottati sarebbero *ottimi*. Si pensi che, ad esempio, nel campione studiato il 30 per cento degli adottati hanno un QI superiore a 120.[13] A questo proposito si suggerisce l'ipotesi che i genitori adottivi forniscano ai loro figli *più* stimolazioni cognitive. Analogamente, il 30 per cento delle bambine adottate sono definite «popolari» dai compagni di classe, contro il 13 per cento nella popolazione normale (Stam, Juffer e altri, 2000).

Dunque le famiglie adottive (con un bambino adottato alla nascita) non differiscono dalle famiglie *biologiche* e da quelle che hanno usato mezzi *artificiali* per favorire il concepimento (fertilizzazione in vitro e inseminazione eterologa): la qualità della funzione genitoriale, misurata con 12 scale, non differisce significativamente nei quattro gruppi (Golombock, Cook e altri, 1995). Nello stesso studio, una valutazione dei figli (età variabile dai 4 agli 8 anni) nei quattro gruppi (i tre gruppi sopraccitati e gruppo di genitori biologici) non riscontra differenze al Separation Anxiety Test, al Family Relation Test e alla Pictorial Scale of Perceived Competence and Social Acceptance. Gli autori concludono che i legami biologici sembrano essere meno importanti del desiderio di paternità e maternità per il funzionamento di una famiglia. Tale dato suggerisce che sperimentare la mancanza di fertilità non sia *necessariamente* un fattore determinante un rischio. Potrebbe esserlo in assenza di elaborazione psichica del lutto nel genitore.

[13] Si noti comunque che all'estero i bambini adottati svantaggiati intellettivamente frequentano scuole speciali e non rientrano in queste percentuali, come si vedrà in un successivo studio.

La psicoanalista infantile Steele rileva, in un gruppo di genitori adottivi di bambini con gravi problemi mentali o psicologici, ben il 96 per cento di genitori che nell'infanzia o nell'età adulta hanno subìto la perdita di una persona molto vicina (genitore, coniuge, fratello, figlio). I dati anamnestici e la Adult Attachment Interview sembrano confermare alcune indicazioni della letteratura, ovvero che i soggetti che, dopo aver superato una selezione, scelgono di adottare un bambino con bisogni speciali hanno ricordi di traumi e avversità. Le adozioni studiate longitudinalmente dalla Steele procedevano con successo (ovvero i rapporti adottivi non erano stati interrotti e i bambini erano stati osservati procedere lungo le pietre miliari dello sviluppo entro lo spettro delle loro possibilità), nonostante il 70 per cento dei genitori *non* fossero classificati come *sicuri* alla AAI (Steele, Kaniuk e altri, 1999; Macaskill, 1985).

La rappresentazione della madre nei bambini adottati sarebbe comunque deteriorata: uno studio clinico psicoanalitico effettuato in Israele ha rivelato che questa immagine è più concreta e meno benigna di quanto non accada per i bambini non adottati. La madre naturale sarebbe caricata di aspetti negativi della madre adottiva scissi e proiettati. Ciò viene correlato dai clinici ai disturbi della condotta (Priel, Kantor e Besser, 2000).

In Italia la legge prevede la chiusura definitiva dei rapporti tra famiglia adottiva e famiglia naturale almeno fino ai 25 anni dell'adottato.[14] Negli Stati Uniti esiste invece una normativa diversa, e alcune agenzie incoraggiano gli scambi tra genitori adottivi e genitori biologici. Questi sono definiti come due *sistemi* che comunque influenzano l'ambiente in cui il bambino cresce. I gradi di comunicazione tra i due sistemi variano in una scala che va da:

a) *nessuna* informazione scambiata;

b) *scambio* di informazioni con *mediazione*, in modo da mantenere sconosciuta l'identità;

c) *scambio aperto* di informazioni con un'iniziale mediazione dell'agenzia.

Le due ultime modalità di scambio possono mutare nel tempo ed essere *limitate* nel tempo o *continue* (Wrobel, Kohler e altri, 1998). Un primo follow-up di questo tipo di adozioni (denominate *open*) segnala il nascere di un rapporto empatico tra la famiglia adottiva e la madre naturale, con un certo costo emozionale per le madri adottive (Sykes, 2001). Le conseguenze di questa plasticità sul benessere dei minori dovrebbero essere approfondite, e non sono monitorate da ricerche. Sono comunque ora citate come esempio della necessità, in Italia, di non *appiattire* la ricerca psicologica alle forme giuridiche che la società si costruisce. Si veda ad esempio quanto rilevato in Inghilterra: circa il 40 per cento dei minori adottati con una decisione della Corte di Giustizia contro il volere dei genitori naturali (31 soggetti su 74), diventati adulti, hanno affermato in un questionario retrospettivo di aver *continuato a tenere contatti* con

[14] In alcuni casi, raggiunta la maggiore età, come disposto dalla Legge 28/3/2001 N. 149.

almeno uno dei genitori naturali e con familiari come nonni o fratelli. Quest'area così sottovalutata nelle ricerche non può non richiedere ulteriori approfondimenti (Ryburn, 1996). Alcune rotture dei legami con i genitori, tra fratelli o con i parenti comporterebbero un'innaturale fine di rapporti, a cui il minore contrappone una segreta comunicazione al di là delle intenzioni di tribunali e operatori.

Fattori legati alla famiglia adottiva e al sistema operatori

Certo non tutte le famiglie naturali possono svolgere una funzione adottiva. Una ricerca sull'interazione tra fattori genetico-biologici e fattori ambientali illustra quanto precedentemente sottolineato. Cadoret e Cain (1980) hanno studiato 190 soggetti adottati con uno o due genitori adottivi che avevano un disturbo mentale o un disturbo comportamentale correlabile. Questo gruppo fu confrontato con un altro gruppo di soggetti adottati i cui genitori biologici non avevano disturbi mentali. I due gruppi erano comparabili per età, sesso ed età della madre biologica, e tempo passato prima dell'adozione in una situazione sostitutiva dell'ambiente familiare. Un'analisi statistica (regressione multipla) indicò sia due predittori biologici del comportamento antisociale (*comportamento antisociale* e *alcolismo di almeno un genitore biologico*) sia due predittori ambientali (*disturbi mentali in un familiare adottivo* e *tempo passato in un istituto*). Venne rilevata una correlazione *sesso/ambiente*: gli adottati maschi avevano più alti punteggi di comportamento antisociale *solo se* un membro della famiglia adottiva aveva disturbi mentali.

Analogamente, questo dato è replicato da altre ricerche. Quella di Coon, Carey e altri (1992), in particolare, segnala che il *fattore di rischio* temperamentale del minore adottato si attualizza nel caso che i genitori adottivi riportino *loro stessi* retrospettivamente disturbi della condotta e instabilità nel loro ambiente (*affido* o *alcolismo* o *problemi emotivi*).

Anche la struttura della famiglia può influenzare gli esiti dell'adozione e, per un certo verso *sorprendentemente*, una rassegna di studi longitudinali rivela che le famiglie con figli biologici hanno *minori* probabilità di successo rispetto a quelle che hanno solo bambini adottati (Bart e Brooks, 1997). Come vedremo più avanti, tale risultato è stato reiterato in altre ricerche (Howe, 1997).

Riportiamo uno studio su un caso singolo effettuato negli Stati Uniti (Masten e O'Connor, 1989) per documentare la necessità di approfondire la potenziale iatrogenicità di affidamenti e adozioni poco mirati e la terapeuticità di abbinamenti adottivi avveduti. Sara, una bambina piccola, presentava un grave disturbo fisico e psichico successivo a un affido familiare avvenuto all'età di un giorno di vita. La famiglia affidataria che la accolse aveva già una figlia naturale di 14 anni e tre bambini in affido: un'altra neonata e due piccoli di 2 anni.

Sara si attaccò particolarmente al padre affidatario, che purtroppo morì dopo una breve malattia quando la piccola aveva 15 mesi. La madre affidataria rifiutò Sara affermando che le si attaccava troppo, e così la bambina fu affidata a un'altra famiglia affidataria per poi essere diagnosticata come *microcefala*, con un *ritardo generalizzato nella crescita* e *comportamenti autistici con regressioni*. Dopo due mesi di ricovero in ospedale, fu data in adozione, all'età di 28 mesi, a una famiglia con le seguenti caratteristiche: *nessuna presenza di bambini più piccoli di Sara o vicini di età*, una madre *con disponibilità di accudimento a tempo pieno*, nessun *progetto di trasferimento* della famiglia per un congruo numero di anni (negli Stati Uniti ciò non è così scontato), l'accettazione della possibilità che la bambina adottata potesse essere *a rischio* poiché figlia di una madre «*mentalmente e biologicamente malata*». La famiglia adottiva, con due figli naturali maschi di 8 e 12 anni, accolse Sara, e i follow-up a tre anni e mezzo e a sei anni, effettuati da clinici (medici e psicologi psicometrici) all'oscuro degli accadimenti precedenti, *non rilevarono particolari problemi* fisici o mentali (questi ultimi misurati con test di livello, visuomotori, di struttura di personalità: TAT, e descrittivi: Child Behavior Checklist).

Se questa è la situazione, è possibile potenziare le capacità genitoriali adottive per migliorare l'attaccamento dei figli adottati? Una psicologa sperimentò vari programmi di interventi psicoeducativi ispirati alla teoria dell'attaccamento. Un tipo di intervento risultò particolarmente efficace, anche se solo a breve termine. Prevedeva la consegna di una guida con consigli sulle modalità di accudimento più efficaci e tre videosedute registrate in casa (video con feedback successivo effettuato con la mamma). Comunque un follow-up a sette anni *non* faceva rilevare effetti significativi del training (Juffer, Hocksbergen e altri, 1997; Stam, Juffer e altri, 2001). C'è da notare che l'intervento interessava i genitori di minori adottati prima dei sei mesi, di altra nazione e razza. Questa tipologia di adottati non appare quella a più alto rischio, e sarebbe utile sperimentare interventi preventivi su famiglie con bambini adottati a maggior rischio di sviluppare seri disturbi mentali, ovvero bambini a rischio, *older* e con *poor start*.[15] Un esperimento effettuato con famiglie che avevano adottato bambini con gravi problemi (handicap, malattie, disturbi psichici) rilevò, seppure non al livello della significatività statistica,[16] una certa efficacia di un *trattamento terapeutico familiare breve* (Bondy, 1997). Un altro studio condotto con famiglie adottive di bambini con analoghi problemi (follow-up a 1 e a 2 anni, 133 famiglie adottive) rilevò che il trattamento psicoterapeutico dei bambini fu maggiormente efficace nel caso di partecipazione a *gruppi di sostegno*, e in generale il *contatto con altri genitori* in situazioni simili fu *più efficace* della *terapia*. In

[15] Per la definizione di *inizio di vita con problemi «poor start»* vedi oltre, p. 330.

[16] I due gruppi erano numericamente ridotti (gruppo sperimentale $N = 41$, gruppo di controllo $N = 20$), e ciò richiede grandi differenze negli output per rilevare differenze statistiche significative.

ogni caso queste adozioni, con il tempo, si rivelarono via via più difficili (Groze, 1996).

Alcuni autori suggeriscono una terapia che protegge i bambini adottati dalla *moltitudine* di terapeuti che possono interessarsi allo stesso caso: la Parent Co-Therapy utilizza i genitori come coterapeuti, ma questo modello non è supportato da dati clinici sull'efficacia del trattamento (Hart e Thomas, 2000).

L'età adolescenziale del minore adottato è vista come una fase cruciale nel ciclo di vita dell'individuo e della sua famiglia, un momento che può catalizzare gli effetti cumulativi di diversi fattori di rischio: l'adolescente ha tra i suoi compiti evolutivi quello di integrare la sua storia personale in un contesto che gli permetta di darle significato, e contemporaneamente quello di differenziarsi per divenire parte di un contesto sociale più ampio. Il ragazzo adottato deve confrontarsi con il dato di essere stato abbandonato e con le esperienze iniziali di abuso e/o trascuratezza. Tutto questo può diminuire il sentimento di autostima. Non va trascurato il dato che percepirsi *diversi*, magari anche di diversa nazionalità ed etnia, può influire, in una fase in cui il confronto con gli altri membri della famiglia e con i pari è così importante (Lanz, Iafrate e altri, 1999). Alcuni autori riscontrano una più bassa *autostima*[17] nei soggetti adolescenti adottati, ma anche una *comunicazione* più positiva di questi adolescenti con i genitori adottivi, rispetto a quanto accade nelle famiglie con genitori biologici. Questo dato era stato già rilevato da un altro studio italiano (Rosnati e Marta, 1997) dal quale risulta che figli adolescenti sentono i loro padri adottivi più vicini di quanto non accada nelle famiglie con figli biologici. In Italia il padre sembra essere maggiormente coinvolto e partecipe nel processo adottivo, probabilmente a causa della necessità di condividere i compiti addizionali imposti dalla scelta adottiva. Questi ultimi fattori possono essere considerati, secondo le autrici, protettivi rispetto al rischio psicosociale in adolescenza. Complessivamente, questo sentire i genitori adottivi più vicini di quanto non li sentano i loro coetanei non adottati potrebbe essere collegato a un dato più contraddittorio. La riconoscenza per essere stati adottati e la necessità di salvaguardare la famiglia (dopo che se ne è già persa una) potrebbero influire inibendo l'espressione degli inevitabili conflitti tra genitori e figli adolescenti propri del processo di differenziazione del giovane.

Un follow-up che ha interessato 3159 bambini adottati in Olanda rileva che gli adottati durante l'adolescenza praticano sport e frequentano associazioni legate a svariati interessi e al tempo libero, in misura *maggiore* che i loro coetanei. Gli autori ipotizzano che questo possa accadere per compensazione dei minori successi scolastici. Nella coorte studiata, infatti, il tasso di bambini frequentanti scuole speciali saliva dal 4,4 per cento dei figli non adottati al 13,2 per cento degli adottati (Peters, Atkins e McKay, 1999).

[17] Misurata tramite la Rosenberg's Self-Esteem Scale.

Una metanalisi di 66 studi pubblicati evidenzia che comunque il maggior numero di disturbi si riscontrano nell'età adolescenziale dei soggetti adottati, mentre questo effetto si riduce nell'età della prima infanzia e nella maturità (Wierzbicki, 1993). Fino a che punto i genitori adottivi influiscono nella genesi e nel mantenimento dei disturbi dei loro figli adolescenti adottati? L'ipotesi che i problemi psichiatrici e comportamentali degli adolescenti adottati siano frequentemente dovuti a relazioni scarse e disturbate tra genitori e figli adottivi, è confutata dalle ricerche. I genitori adottivi dimostrano buone qualità genitoriali e soddisfazione nell'esercitarle (Peters, Atkins e McKay, 1999), e sebbene compaiano casi molto difficili, *in genere* le famiglie adottive hanno una *maggiore* tolleranza verso i comportamenti distruttivi dei loro figli adottati, di quanto non si rilevi nei genitori biologici. Questo dato è contraddittorio, e stride sia con l'esperienza clinica italiana, ove si rilevano fallimenti adottivi specie in età adolescenziale, sia con i dati rilevati negli Stati Uniti dove, nei casi difficili e problematici che esitano in procedimenti penali, si riscontrano più richieste di collocamento in istituto di adolescenti adottati con problemi della condotta e richieste ai tribunali di sentenze severe, che non in gruppi di controllo composti da soggetti non adottati (Lewis, Balla e altri, 1975).

Sempre a proposito di casi patologici, l'osservazione dell'ospedalizzazione in un reparto psichiatrico di adolescenti adottati ($N = 140$) riscontra come fattore precipitante per la crisi che porta al ricorso un *conflitto* dell'adottato con i genitori, in misura maggiore che nel gruppo di controllo. Spesso i genitori adottivi si vedrebbero negare l'accesso al figlio in reparto, riceverebbero meno indicazioni a frequentare le riunioni dei gruppi di autoaiuto e supporto per genitori. Ciò suggerisce che in questi casi lo staff percepisca un grave deterioramento delle relazioni figlio-genitori (Weiss, 1984) o giudichi i genitori adottivi più negativamente dei genitori biologici (Nickman e Lewis, 1994), tanto che questo fatto costituirebbe un pregiudizio (*bias*) che influirebbe negativamente sull'andamento dei processi (*make thing worse*). Durante l'adolescenza di un soggetto adottato tardivamente (*older*), alcuni operatori sarebbero più *dannosi* che utili alle famiglie adottive, specie quando non sono capaci di supportare e rafforzare i legami intrafamiliari esistenti (e ne favorirebbero la rottura classificando come negativi i genitori adottivi o gli adottati).

Vi è inoltre la possibilità che ulteriori pregiudizi influenzino la segnalazione di bambini adottati ai Servizi: i genitori adottivi possono essere maggiormente *vigilanti* intorno ai sintomi dei loro figli adottivi; i bambini abusati o trascurati prima dell'adozione possono aver già intrapreso un iter diagnostico riabilitativo che può facilitare la loro successiva ripresa nel periodo post-adottivo; le credenze dei medici e degli insegnanti sui bambini adottati *facilitano* l'invio a servizi specialistici nel caso che i genitori adottivi si lamentino di problemi (Haugaard, 1998).

Una delle ipotesi avanzate per spiegare la contraddittorietà dei dati provenienti dai *campioni clinici*, che vedono una sovrarappresentazione dei soggetti adottati, e di alcuni follow-up con *campioni non clinici*, che registrano una sostanziale normalità degli adottati, è che l'adozione non abbia un'influenza negativa, ma che un piccolo numero di soggetti portatori di seri disturbi mentali, anche precedenti l'evento adottivo, influenzino le osservazioni.

Tale ipotesi è esplorata da uno studio longitudinale effettuato in Colorado tramite osservazioni a 4, 5, 6, 7 e 9 anni con bambini adottati a un'età media di un mese. Coon, Carey e altri (1992) hanno trovato, tramite la Child Behavior Check List, soggetti con disturbi della condotta in misura *significativamente* maggiore che in un gruppo di controllo di bambini con i genitori biologici, ma il gruppo patologico di adottati era composto da *solo 11 dei 233 ragazzi* esaminati, mentre nessuna delle 241 ragazze era a rischio. Successive osservazioni confermarono la stabilità di questa classificazione per gli 8 ragazzi. In questo caso non vi erano influenze ereditarie (non fu trovata nessuna correlazione con i genitori biologici), e il dato era quindi riferibile ad aspetti ambientali. In particolare, i genitori adottivi con figli problematici erano, rispetto ai genitori adottivi nella norma, caratterizzati loro stessi da un'anamnesi con problemi comportamentali e un ambiente instabile nell'infanzia (problemi di condotta a scuola, mancata frequenza e mortalità scolastica, fughe da casa, periodi di affido, genitori con problemi emotivi e di dipendenza dall'alcool). Gli stessi genitori erano caratterizzati nei primi tre anni di vita dei loro piccoli adottati da una maggiore spinta a conseguire risultati nelle tappe dello sviluppo, ricercando la perfezione e l'eccellenza per i loro figli. Se tale dato fosse confermato da altri studi, potremmo pensare, secondo il modello suggerito da Haugaard (1998), che «l'adozione ha una piccola influenza negativa generale, e sono presenti alcuni soggetti adottati gravemente disturbati». Le curve di distribuzione presentate in figura 21.1 potrebbero spiegare le contraddizioni trovate. Vi sono una *vasta* area di soggetti relativamente immuni da significative patologie o resilienti, e un'area *ristretta* di soggetti maggiormente bisognosi di attenzione da parte dei Servizi sanitari e sociali per via di fattori genetici (*vulnerabilità*), preadottivi (*abusi e trascuratezza*, *istituzionalizzazione*, *cambiamenti di caregiver*), legati al processo adottivo e alla famiglia adottiva (*problemi infantili degli stessi genitori adottivi*) e alla loro interazione. Nelle curve di distribuzione presentate nella figura 21.1, vediamo in basso a sinistra le due aree che rappresentano l'adattamento disturbato.

Un esempio

È stato effettuato in Gran Bretagna (Howe, 1997) un follow-up finalizzato dalla ricerca dei fattori protettivi e di rischio. Sono stati intervistati i genitori adottivi di 211 soggetti almeno diciottenni adottati da bambini. Le aree del-

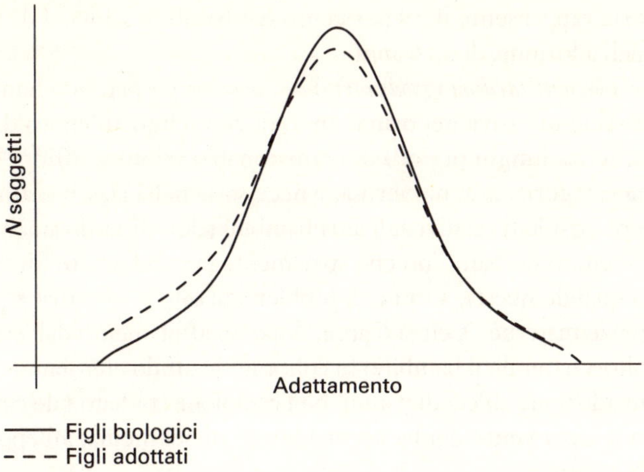

Figura 21.1

l'intervista vertevano su problemi comportamentali durante l'infanzia (autoaggressività, problemi e disturbi alimentari, menzogne e comportamenti antisociali, mancata frequenza scolastica,[18] sospensioni dalle lezioni, fughe da casa per una o più notti, problemi di abuso di alcolici e droghe,[19] furti, comportamenti aggressivi sanzionabili, aggressività fisica in famiglia), su problemi di apprendimento (ad esempio concentrazione e attenzione), su problemi comportamentali di insicurezza di fronte a cambiamenti (come i cambiamenti di scuola, casa, vacanze, routine domestiche ecc.). Il campione di genitori è stato raccolto con una modalità di campionamento denominata *palla di neve*, che tende a sottorappresentare le adozioni «fallite» (ovvero breakdown ove le difficoltà comportano una distruzione del legame genitoriale e una necessità di collocamento extrafamiliare del minore). In questo campione i fallimenti adottivi sono pertanto solo l'1 per cento, contro una stima superiore per i minori adottati tardivamente (*older*) (fino al 10% a seconda dell'età di adozione, Borland, O'Hara e Triseliotis, 1991). Interessante per le capacità predittive è la classificazione elaborata da Howe dei soggetti adottati a seconda della qualità delle cure ricevute nel periodo preadottivo. La classificazione individua tre gruppi di bambini adottati:

1) *Adozioni di neonati* (*baby adoption*). I bambini sono dati in adozione prima dei 6 mesi senza aver subìto gravi stress, se si eccettua l'essere trasferiti direttamente ai genitori adottivi o attraverso un breve periodo di affido. Nel cam-

[18] «Marinare» la scuola almeno tre volte.

[19] L'item veniva contrassegnato con risposta positiva se il ragazzo tornava a casa regolarmente ubriaco o era stato fermato dalla polizia per ubriachezza o aveva consumato droghe che non fossero la cannabis.

pione tale categoria rappresenta il 58 per cento dei bambini adottati di età media, all'epoca dell'adozione, di 0,16 anni.

2) *Buon inizio e adozione tardiva* (*good start*, *late adoptions*). I bambini hanno sperimentato cure non negative nel primo anno di vita o fino all'epoca dell'allontanamento, senza lunghi periodi di istituzionalizzazione o affido. La presenza di questa categoria, non numerosa, è necessaria nella classificazione per non confondere i risultati relativi agli altri bambini adottati tardivamente. Ad esempio, viene citato un bambino che sperimenta cure adeguate fornite dalla nonna fino a quando questa, a causa di problemi di salute, non riesce più a surrogare le carenze materne. A circa 6 anni, dopo un affidamento dall'esito infruttuoso ai genitori naturali, il bambino fu collocato in affido eterofamiliare per 8 mesi e poi in adozione all'età di 7 anni. Nel campione studiato tale categoria rappresenta il 9 per cento dei bambini adottati di età media, all'epoca dell'adozione, di 8,3 anni.

3) *Inizio carente e adozione tardiva* (*poor start*, *late adoptions*). I bambini sperimentano cure negative nel primo anno di vita o fino all'epoca dell'allontanamento. Nel campione tale categoria rappresenta il 33 per cento dei bambini adottati di età media, all'epoca dell'adozione, di 4,3 anni.

I risultati della ricerca sono articolati. Proponiamo innanzitutto lo schema relativo alla presenza di problemi comportamentali (tab. 21.2). Questi sono registrati come presenti quando si riscontra almeno un problema comportamentale oppure un invio a uno psichiatra o psicologo, o manifestazioni eccessive di ostilità e rabbia contro i genitori.

Come si nota dalla tabella, l'essere *adottati da neonati* è in genere un fattore protettivo, mentre l'essere *adottati tardivamente*, dopo avere sperimentato *cure avverse*, è in genere un fattore di rischio. I bambini che hanno sperimentato buone cure genitoriali iniziali, seppur adottati tardivamente, sono meno problematici, ma più facilmente, come si vedrà, si sentiranno a rischio e insicuri in occasione di cambiamenti relativi al ciclo di vita.

Ma quali sono i fattori di rischio nel caso di adozioni *baby*? Mentre la presenza di altri bambini adottati è un lieve fattore protettivo, il rischio di problemi di comportamento aumenta di tre volte nel caso di un *bambino biologico* nato *successivamente* all'adozione, e di due volte nel caso di un figlio biologico già presente.

Tabella 21.2
Presenza di problemi comportamentali per il tipo di adozione

Problemi comportamentali	Baby adoptions	Good start, late adoptions	Poor start, late adoptions
assenti	75%	65%	27%
presenti	25%	35%	73%

Tabella 21.3
Percentuali di adolescenti con problemi comportamentali

Problemi comportamentali	Baby adoptions	Good start, late adoptions	Poor start, late adoptions	*p*
Automutilazioni	2,5	0,0	5,8	n.s.
Disturbi dell'alimentazione	1,6	10,0	10,1	<0,03
Menzogne	10,7	5,0	34,8	<0,001
Marinare la scuola	7,4	10,0	17,4	0,10
Sospensione dalla scuola	3,3	10,0	18,8	<0,001
Fughe da casa	9,0	0,0	20,3	<0,02
Abuso di alcool e/o droghe	4,9	5,0	32,0	<0,001
Furti in casa	9,0	5,0	32,0	<0,001
Comportamenti penalmente sanzionabili	13,9	0,0	32,0	<,001
Violenza a casa	5,7	10,0	23,2	<0,01
Media punteggi (range 0-10)	0,66	0,60	2,22	<,001

I fattori protettivi relativi ai bambini con cure avverse e adozione tardiva sono l'età e il sesso. Più è tardiva è l'adozione, maggiori sono le probabilità di rilevare problemi nelle femmine. L'86 per cento delle ragazze adottate dopo i 4 anni fanno rilevare un problema comportamentale, mentre problemi simili si rilevano nel 43 per cento di quelle adottate prima di questa età.

Come si evince dalla tabella 21.3, i bambini che hanno vissuto in un ambiente ostile e/o carente soffrono spesso di *problemi di comportamento* e *disturbi psichiatrici*, mentre gli autori segnalano che i bambini che hanno inizialmente sperimentato cure adeguate soffrono di *comportamenti ansiosi e insicuri* in occasione di cambiamenti (vacanze, traslochi, cambiamenti di scuola ecc.).

Concludendo, si delinea un corpus di ricerche che, coniugato alla pratica clinica, permette di fornire alcune risposte alle domande che inizialmente ci eravamo posti. Il numero degli abusi e trascuratezze subiti dal bambino adottato è certamente un *fattore di rischio*, come la vulnerabilità del bambino dovuta alla familiarità per disturbi psichiatrici; *fattori protettivi* sono il sesso (le femmine presentano in genere meno problemi *esteriorizzati*), l'assenza di abusi o di cambiamenti di affido nel periodo preadottivo, la precocità del processo adottivo. Per il *processo di abbinamento* tra bambino e genitori adottivi sono da considerare attentamente le possibili interazioni tra problemi genitoriali (soprattutto nell'infanzia), intenzioni procreative per il futuro e situazioni di rischio legate al minore. Sebbene i bambini adottati precocemente siano quelli generalmente meno abusati e che godranno maggiormente degli effetti benefici dell'adozione, anche il gruppo dei bambini adottati tardivamente e traumatizzati, seppur problematici, avrà migliori possibilità di sviluppo nella nuova famiglia che non in istituto o in affido. In alcuni casi, ancora scarsamente documentati attraverso ricerche sistematiche, la totale rottura dei legami familiari naturali appare inopportuna e può essere accompagnata da comportamenti criptici di resistenza da parte del minore.

I clinici hanno a disposizione strumenti sufficienti per effettuare uno studio approfondito della coppia aspirante all'adozione, che faccia risaltare le risorse personali e ambientali[20] fornendo precise indicazioni per il miglior abbinamento. Queste indicazioni permettono di ridurre i rischi di fallimento adottivo. Dal punto di vista etico bisognerebbe, nei limiti del possibile, garantire a bambini già sfavoriti situazioni di sviluppo relativamente favorevoli. Nel periodo post-adottivo è possibile prevedere le situazioni maggiormente complesse e contribuire a prevenirle. Nelle situazioni di rischio, particolare attenzione andrebbe posta nel sostenere la famiglia, specie nel periodo adolescenziale, evitando di fraintendere le crisi evolutive come *equivalenti* di rotture insanabili. I gruppi di genitori possono essere una risorsa per il sostegno. Naturalmente i genitori e gli operatori devono dare prova di una particolare *tolleranza*, devono essere capaci di offrire *conforto* e di infondere *speranza* nelle situazioni che non potranno andare esenti da seri problemi; e del resto queste qualità sono richieste anche nel caso della genitorialità naturale e in tutte le vicende che accompagnano la nostra vita.

[20] A titolo di esempio si può far notare che alcuni bambini adottati avranno bisogno di servizi sociosanitari accessibili, di genitori con disponibilità di tempo per accudirli, di stabilità e di contesti ambientali culturalmente attrezzati nell'accoglienza a soggetti di razze diverse.

Capitolo 22

Nella catamnesi: l'adozione quindici anni dopo

Graziella Fava Vizziello, Giovanni Barbiero, Bianca Frigoli e Marcella Valzorio

Ciò che avviene nei bambini adottati è misterioso, e contraddice in qualche modo molte nostre teorie sui traumi precoci, sull'irrecuperabilità delle situazioni gravi nei primi anni di vita e sulla priorità del trattamento o dell'educazione in molte forme psicopatologiche. Gli adolescenti che abbiamo avuto modo di conoscere abbastanza a fondo nella nostra ricerca non si discostano di molto, nell'adattamento e nel comportamento, dalla corrispondente popolazione generale, nonostante le sconvolgenti storie che hanno colpito la loro infanzia e il trauma stesso dell'adozione. Sono sopravvissuti, raggiungendo – senza trattamento – equilibri che non ci appaiono particolarmente precari. Ancora più interessante – e lo vedremo a fondo in questo capitolo – è il fatto che anche genitori con gravi problemi di personalità e di attaccamento hanno potuto aiutare i figli adottivi. Ci proponiamo qui di chiarire alcuni fattori e forse di delineare qualche abbozzo della nuova semeiotica che ci sembra più idonea agli interventi richiesti ai Servizi.

Nel primo anno di affido accompagnavamo le famiglie e supportavamo le situazioni problematiche in cui si trovavano alcuni bambini e la frustrazione dei genitori adottivi che venivano messi duramente alla prova da loro. Il cambiamento – nell'adozione – avviene molto in fretta, con un aiuto molto limitato della Natura e della Cultura. Anche l'adozione di un neonato o di un bambino molto piccolo esige che la madre ritrovi nel proprio corpo rappresentazioni con contenuti psicosensoriali infantili, non sempre disponibili o elicitati da un bambino che – dopo esperienze istituzionali anche brevi – è scarsamente dotato di *cuddleness*.

Abbiamo utilizzato l'intervista Mate-R (Fava Vizziello e Invernizzi, 1997) per più di dieci anni in studi longitudinali, applicandola a diversi tipi di genitorialità (biologica, adottiva, genitori di bambini nati pretermine, genitori tossicodipendenti) e abbiamo rilevato che essa ha forti capacità predittive riguardo all'evoluzione dei genitori in quanto tali e ai rapporti tra genitorialità e sviluppo dei figli. Riguardo alla genitorialità adottiva, l'intervista Mate-R viene valutata da ricercatori che non hanno compiti decisionali durante lo studio di coppia ma che, sulla base dell'intervista, classificano le coppie in «idonee», «non idonee» e «incerte». L'aspetto più interessante è stata la coincidenza tra il giudizio dei clinici e quello dei ricercatori. Ed è stato interessante anche il fatto che i rifiuti di idoneità da parte dei Servizi coincidevano con l'idealizzazione del bambino all'intervista Ad-Mate-R (Fava Vizziello, Antonioli e Volpe, 1994), con l'idealizzazione di sé stessi come genitori, con la difficoltà a pensare lo spazio per un terzo con bisogni non estremi nella famiglia e quindi con l'incapacità di prevedere e accogliere i cambiamenti coniugali conseguenti all'arrivo del bambino. L'uso dell'intervista Ad-Mate-R per lo studio preadottivo ha permesso di studiare meglio nel tempo come si attiva il cambiamento e di considerare la resistenza a esso e la permanenza di idealizzazioni di sé stessi come genitori e del bambino come fattori che particolarmente rendono necessario un aiuto al cambiamento.

La riflessione sul cambiamento nell'ambito degli studi di coppia è stata ritenuta fondamentale nei consultori familiari in cui è stata proposta, a tal punto che gli operatori hanno sentito il bisogno di fermarsi, nel turbinio di azioni quotidiane che costituisce il normale iter di selezione delle coppie, per riflettere sul loro agire professionale e sulla situazione delle famiglie; con questo percorso è stato rivisto, altresì, il ruolo dell'assistente sociale, in quanto la metodologia utilizzata prevede la stretta collaborazione tra lo psicologo e l'assistente sociale, anch'egli impegnato non a rilevare solo i «fatti» ma a comprendere e dare un senso agli avvenimenti.

Alcuni anni più tardi abbiamo iniziato una catamnesi in alcuni consultori della Lombardia e del Veneto, riaprendo le vecchie cartelle degli studi di coppia, attivando la memoria degli operatori e richiamando a colloquio le famiglie adottive. Sono stati scelti ragazzi adottati di età compresa fra i 13 e i 24 anni. Abbiamo inviato alle famiglie un questionario in cui chiedevamo notizie sull'evoluzione dell'adozione, sulle aspettative dei coniugi e sulla situazione generale del ragazzo. Successivamente, gli operatori hanno incontrato personalmente le famiglie per intervistare i figli adottivi.

Non è stato facile motivare le famiglie alla ricerca, e le ringraziamo tutte per il grande sforzo che hanno fatto, pensando che la loro esperienza potesse servire ad altri: in queste famiglie la difficoltà ad accostarsi di nuovo ai Servizi è legata all'intrusione (se pure «a fin di bene») in una storia che, molti anni prima, era cominciata sulla base di valutazioni e giudizi su tematiche intime e personali; un'intrusione nello spazio privato della costruzione di un legame che è molto difficile sia per i genitori che per i bambini. L'esplorazione delle competenze relazionali secondo le metodologie di follow-up affettivo-relazionale non può che interferire con un legame partito in modo così particolare, in cui il desiderio è dovuto passare, per realizzarsi, attraverso un giudice, uno psicologo e un assistente sociale, e talvolta in situazione di estraneità culturale: un follow-up di questo tipo richiede perciò a coloro che utilizzano questi strumenti la capacità di raccogliere le ansie e le incertezze, dando alle famiglie anche una sintesi di ciò che pensano di aver capito.

Vi è stata un'importante autoselezione del campione: oltre il 25 per cento delle famiglie contattate si sono rifiutate di prendere parte alla ricerca; attraverso le cartelle e gli operatori, abbiamo saputo che le maggiori problematiche si concentravano proprio su queste famiglie, famiglie forse già troppo segnate da storie fallimentari rispetto alla propria funzione genitoriale per utilizzare la ricerca come occasione per chiedere aiuto ai Servizi. In questo non-show-up sono probabilmente presenti le situazioni più patologiche. Disgraziatamente noi non sappiamo – sulla base della semeiotica attuale – chi appartiene a questo 25 per cento e quindi avrebbe avuto bisogno di «altro» che l'educazione nella nuova famiglia, e chi invece appartiene al restante 75 per cento, di cui stiamo scrivendo.

D'altra parte, abbiamo constatato che il maggior numero di adesioni venivano dalle zone in cui era presente lo stesso operatore che dieci o quindici anni prima aveva seguito l'adozione: in questi casi, la fiducia verso l'operatore – che introduceva il lavoro con una telefonata o incontrava preliminarmente la famiglia – ha avuto il sopravvento sulla paura del giudizio. Così, il reclutamento è stato percentualmente diverso da zona a zona: il 70-80 per cento di adesioni nelle zone dove il Servizio aveva «tenuto»; dove invece non c'è stata continuità di Servizio (ovvero, dove i genitori sono stati contattati da operatori diversi rispetto a quelli incontrati nell'iter adottivo) la percentuale delle adesioni è scesa al 30-40 per cento.

In terzo luogo, la scelta del momento evolutivo dell'adolescenza può aver incentivato le famiglie ad aderire alla ricerca, in quanto questo periodo di sviluppo è di per sé abbastanza problematico ed è spesso vissuto dai genitori come una messa alla prova del percorso adottivo.

Una ricerca clinica

La proposta di ricerche ai Servizi territoriali da parte dell'Università trova sempre una risposta entusiastica, anche e in particolare nei Servizi in cui gli operatori si sono autoprocurati (come sempre avviene nel territorio) una notevole quantità di lavoro. È quindi una responsabilità notevole quella della scelta di ricerche che possano avere un impatto sufficientemente immediato sia sulla formazione che sulla programmazione o ri-programmazione dei Servizi. Nel caso dei follow-up o degli studi catamnestici le ricadute operative sono talmente evidenti che bisogna chiedersi perché questo tipo di studi non faccia parte integrante dell'attività dei Servizi e perché non trovi la possibilità di una concreta applicazione; probabilmente ciò avviene per svariate cause tra cui la mancanza di un mandato preciso a livello istituzionale o l'accentuarsi continuo di un controllo sulla quantità più che sulla qualità dell'offerta da parte dei vertici dei Servizi. La caratteristica insita nel ruolo degli operatori è quella dell'accumulazione delle esperienze, di analisi, di riflessione e di interpretazione dei risultati, di generalizzazione di alcune idee-forza che rappresentano le costanti positive; non raramente, di fatto, questo processo viene accantonato e diventa limite e alibi della paralisi operativa.

Piano della ricerca

Il progetto di questa ricerca per quanto riguarda i Servizi della provincia di Brescia, dove gli operatori hanno partecipato in prima persona formandosi in itinere ai nuovi strumenti (intervista Ad-Mate-R e Adult Attachment Interview) all'interno di un gruppo di lavoro e creando insieme al supervisore e ai laureandi un questionario (vedi Appendice 4), è maturato molto lentamente e in parallelo a una sensazione di inadeguatezza rispetto al lavoro svolto con le coppie adottive. Lo stesso protocollo di ricerca è stato impiegato anche in due consultori familiari di Padova.

Durante il confronto sui nuovi nuclei familiari che si presentavano per le adozioni, quando si cominciava a pensare alla possibilità di recuperare una serie di informazioni dalle adozioni seguite negli anni, si è posto il problema delle finalità di un lavoro di questo genere, che di fatto andava a riprendere e riallacciare rapporti conclusisi ormai da molti anni. La definizione degli obiettivi e di tutto l'impianto della ricerca è stata frutto di discussioni, ma ha permesso di avere sempre presente il percorso logico e cronologico da seguire, indispensabile per non perdersi nell'intreccio delle emozioni e dei sentimenti che via via emergevano.

Gli obiettivi prefissati sono stati dunque:

1) Valutare con strumenti adeguati lo stile di attaccamento del figlio adottato partendo dall'analisi della coppia adottiva e attraverso la comparazione, ove possibile, dei fratelli biologici e/o adottivi presenti nella famiglia.

2) Acquisire strumenti più idonei per la valutazione della genitorialità.

3) Elaborare una metodologia complessiva e omogenea di lavoro con le famiglie adottive.

4) Rivedere, in seguito alle indicazioni emerse dalla ricerca, l'organizzazione interna del Servizio adozioni.

5) Aprire spazi esterni di consultazione e confronto per favorire un approccio comune alla tematica dell'adozione con:

a) Tribunale per i Minori;

b) Enti autorizzati a occuparsi dell'adozione internazionale;

c) associazioni delle famiglie adottive;

d) altre agenzie (scuole, associazioni di volontariato, ambasciate ecc.).

6) Promuovere attività di prevenzione sulla base dei risultati emersi dalla ricerca. Questa è la fase più delicata e difficile da portare avanti, in quanto si tratta di coinvolgere tutte le agenzie educative che si occupano di minori, tutti i Servizi per la famiglia, pubblici, privati e del terzo settore, i «tecnici» e i politici.

Metodologia

I partecipanti

La ricerca si è svolta – alla fine delle varie tappe – su un gruppo di 40 adolescenti adottati (16 maschi e 24 femmine) e i loro genitori adottivi. Il gruppo è costituito da famiglie che hanno seguito l'iter di valutazione per l'idoneità all'adozione in sette diversi consultori familiari delle Provincie di Padova e di Brescia.

I ragazzi adottati hanno un'età compresa fra i 13 e i 24 anni (età media = 16,5). La loro età all'adozione è compresa fra 16 giorni e 10,5 anni, e sono di diversa nazionalità: 13 provengono dall'Italia, 13 dall'Asia, 8 dall'America e 6 dall'Africa.

Nonostante sia spesso difficile conoscere e ricostruire la storia passata dei ragazzi adottati, dal questionario somministrato, dai contenuti delle interviste e dai commenti spontanei fatti dai ragazzi stessi e dai loro genitori adottivi emergono storie passate connotate da esperienze e vissuti di grave trascuratezza, deprivazione e traumaticità.

Strumenti e codifica

Gli strumenti utilizzati per realizzare la ricerca sono stati:
a) cartelle psicosociali presenti nell'archivio dei consultori familiari;
b) lettera di presentazione della ricerca alle famiglie;
c) colloquio introduttivo;
d) «Questionario sull'adozione» somministrato ai genitori, volto a raccogliere informazioni di tipo socio-anagrafico sui ragazzi adottati e sulla famiglia adottiva e variabili relative all'iter adottivo suddivise per aree. Abbiamo altresì ricavato un «punteggio di adattamento» per ciascun adolescente;
e) Adult Attachment Interview (AAI, George, Kaplan e Main, 1985, rivista da Crittenden, 1999), somministrata sia ai ragazzi adottati che ai loro genitori. La AAI è un'intervista semistrutturata che valuta lo stato attuale della mente rispetto all'attaccamento.

Le domande della AAI rivolte agli adolescenti adottati sono riferite alla relazione con i genitori adottivi; per il sottogruppo di ragazzi che conservavano il ricordo dell'esperienza preadottiva, l'intervista è stata proposta anche in riferimento alla famiglia di origine. La AAI è stata valutata – in questa parte dello studio – secondo i parametri di analisi di Crittenden. La codifica è stata effet-

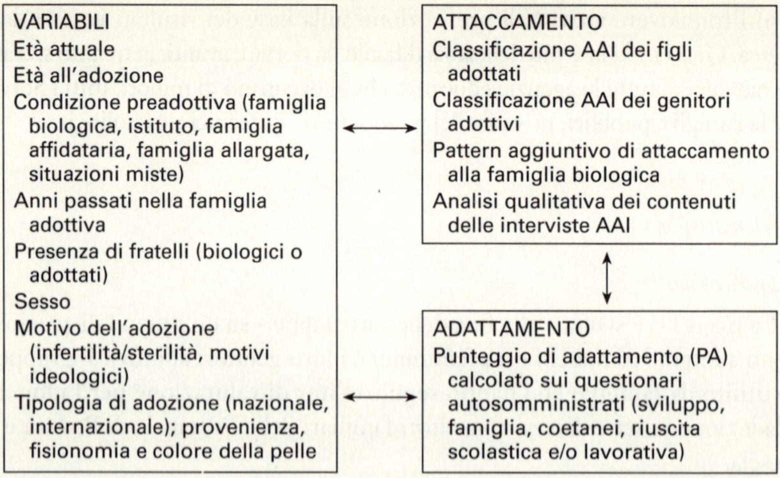

Figura 22.1

tuata da due giudici indipendenti, e i disaccordi relativi alle categorie di attaccamento sono stati oggetto di revisione comune al fine di giungere a un accordo (vedi fig. 22.1).

Fasi della ricerca

PRIMA FASE Questa fase è stata caratterizzata dalla rilettura delle vecchie cartelle presenti nell'archivio dei consultori ed è stata finalizzata alla selezione delle famiglie idonee a costituire il campione. Si è deciso di ricontattare le famiglie con le seguenti caratteristiche:
a) presenza di un decreto di adozione del Tribunale per i Minori durante il periodo compreso tra il 1983 e il 1997 (per «decreto di adozione» si intende l'atto emesso dal Tribunale per i Minori che sancisce, allo scadere dell'anno di affido preadottivo, il definitivo inserimento del minore nella famiglia adottiva, di cui diviene membro a tutti gli effetti);
b) famiglie che erano state seguite da operatori del territorio di Chiari-Rovato-Palazzolo-Iseo (per un totale di 170 000 abitanti) e di Padova.

Questa fase è stata molto complessa, poiché in alcuni casi si è trattato di recuperare cartelle compilate vent'anni prima, spesso incomplete di alcuni dati o con informazioni anagrafiche variate; e si è conclusa con la definizione di un campione con le caratteristiche sopra elencate, formato da 50 famiglie.

SECONDA FASE Alle 50 famiglie del campione sono stati inviati una lettera di presentazione delle finalità della ricerca e il questionario sopra citato, lasciando una settimana di tempo per la compilazione.

TERZA FASE Gli operatori o i laureandi coinvolti nella ricerca si sono recati personalmente a casa delle famiglie per ritirare i questionari. Tale momento è stato particolarmente importante, in quanto è servito ad approfondire gli obiettivi della ricerca e a chiedere ai membri della famiglia l'ulteriore disponibilità per la somministrazione della Adult Attachment Interview.

QUARTA FASE 7 famiglie hanno rifiutato decisamente; il questionario è stato quindi restituito da 43 famiglie del campione ed è stato compilato dai genitori, a volte con la collaborazione dei figli. Da notare che alcune famiglie hanno più di un figlio adottivo.

In merito alle 7 famiglie che hanno rifiutato si segnala che quattro di esse non sono state contattate dall'operatore che aveva seguito l'adozione, bensì da un operatore che non conoscevano.

Altre famiglie hanno accettato la AAI per i genitori e non per i figli. Tutte hanno rifiutato di sottoporre a intervista i figli biologici quando presenti. Specifichiamo questi aspetti perché lavoreremo su popolazioni con numero di soggetti diverso se parliamo di genitori o di figli, oltre al fatto che alcune AAI non hanno potuto essere interpretate per banali problemi di sbobinatura. Non abbiamo però voluto rinunciare a una sola informazione nel nome della pretesa purezza statistica, perché questo materiale è preziosissimo in sé. La ricerca che qui discuteremo si è svolta su 33 famiglie che hanno accettato la somministrazione della Adult Attachment Interview, opportunamente modificata per genitori, figli naturali, figli adottivi «con ricordi del periodo precedente l'adozione», figli adottivi «senza ricordi».

Ogni intervista è stata registrata interamente su nastro e in seguito sbobinata.

QUINTA FASE L'elaborazione statistica dei dati del questionario è stata curata dalle laureande, ora dottoresse, Susanna Seppi e Mara Vivaldi presso il Centro di calcolo dell'Università degli Studi di Padova.

SESTA FASE È costituita dal complesso lavoro di analisi delle interviste AAI su due livelli: 1) lettura qualitativa delle interviste e del loro contenuto, relativamente al Sé come figli, ai propri genitori adottivi, al Sé come genitori, al tempo, alla transculturalità, alla doppia figlità; 2) analisi delle AAI secondo i costrutti di Crittenden, in base al modello dinamico-maturativo basato sulla espressione linguistica e sulla funzione del discorso.

Chi sono le famiglie che abbiamo «studiato»

Il questionario

Il «Questionario di verifica sull'adozione nazionale e internazionale» è stato costruito dal gruppo di lavoro «Ambito Intermedio 4 – ASL BS» con la supervisione di Graziella Fava Vizziello. Deriva dall'integrazione del questionario per famiglie adottive di Cavallo (1995) e del «Questionario di verifica sull'adozione internazionale» di Dell'Antonio (1994a). Un ulteriore arricchimento è stato apportato con la formulazione di domande considerate interessanti dagli operatori (vedi Appendice 4).

L'obiettivo del questionario è di tracciare un profilo che accomuni le esperienze adottive nel momento in cui il rapporto tra famiglie e istituzioni si è da tempo concluso. Il questionario offre, da un lato, un profilo socioculturale della famiglia adottiva, e dall'altro uno specchio delle rappresentazioni e dei ricordi che i genitori hanno dell'adozione; indaga sui bisogni e i problemi dei bambini al momento dell'adozione e le risorse messe in opera dai genitori per farvi fronte.

La prima parte rileva i dati socio-anagrafici dei genitori adottivi e degli eventuali figli biologici della coppia. La seconda parte si compone di 125 item articolati in domande dicotomiche, a risposta multipla e aperte. Le informazioni raccolte riguardano le seguenti aree di indagine:

Notizie sul figlio adottivo.
Motivazione all'adozione.
Caratteristiche della coppia e della famiglia estesa.
Adattamento iniziale del figlio adottivo.
Adattamento complessivo del figlio adottivo.
Relazione genitore-figlio.
Stato adottivo.
Famiglia naturale.
Assistenza.

Alcuni dati socio-demografici sulle famiglie adottive

Età dei genitori Nel momento in cui sono stati contattati i soggetti dell'indagine, l'età media delle madri è di 47 anni, con la presenza di numerose donne giovani (37 anni) e di una madre adottiva ormai anziana (71 anni). L'età media dei padri è risultata lievemente più elevata (50 anni), e varia da un minimo di 41 anni a un massimo di 63.

Al momento dell'adozione l'età media delle madri risulta essere di 35 anni, passando da un minimo di 25 anni a un massimo di 50. L'età media dei padri all'adozione risulta essere di 38 anni, con una variabilità da un minimo di 27 anni a un massimo di 49. La spiegazione di questa tendenza a una media elevata è da ricercarsi in un singolo caso di adozione, per così dire, «perfezionata» dopo l'entrata in vigore della legge 184. A questi coniugi, la cui età superava quella consentita dalla legge (la signora aveva infatti 50 anni, alcuni più del marito) era stata affidata dall'Ente provinciale che sosteneva le ragazze madri una bimba di pochi anni, divenuta poi loro figlia legittima.

Istruzione dei genitori I titoli di studio più alti conseguiti dai genitori hanno la distribuzione percentuale illustrata nelle tabelle 22.1 e 22.2.

Tabella 22.1
Distribuzione percentuale dei massimi titoli di studio conseguiti dai genitori

	Madri	Padri
Licenza elementare	28%	19%
Licenza media	33%	24%
Diploma istituto professionale	8%	16%
Diploma istituto superiore	17%	30%
Diploma universitario	6%	3%
Laurea	6%	3%
Specializzazione post-lauream	2%	5%
Totale	100%	100%

Tabella 22.2
Condizione professionale dei genitori

	Madri	Padri
Imprenditore/libero professionista	4%	16%
Lavoratore in proprio	6%	11%
Coadiuvante	4%	–
Dirigente	–	10%
Impiegato	12%	28%
Altri lavori dipendenti	12%	19%
Casalinga	50%	–
Ritirato dal lavoro	12%	16%
Totale	100%	100%

La distribuzione dei lavoratori dipendenti (66,4%) e autonomi (33,6%) del nostro campione tende verso i valori medi nazionali, ottenuti dalle rilevazioni Istat relative all'anno 1995 (71,2-28,8%).

La ripresa del lavoro da parte delle madri Dopo l'arrivo del bambino le madri hanno ripreso il lavoro secondo la distribuzione illustrata nella tabella 22.3.

Tabella 22.3
Tempi di ripresa del lavoro da parte delle madri

	%
Meno di un mese	16%
Da un mese a un anno dopo	20%
Dopo più di un anno	12%
Hanno abbandonato il lavoro definitivamente	22%
Non lavoravano	30%
Totale	100%

Anni di matrimonio La maggior parte delle coppie al momento dell'adozione risultano coniugate da 6-10 anni (34%); seguono le coppie coniugate da

11-15 anni (28%), 16-20 anni (18%), meno di 5 anni (14%), più di 20 anni (6%).

Differenza di età fra genitori e figli Resta invece pressoché stabile la differenza di età fra genitori e figli adottivi, assumendo i valori medi di 31 anni nelle madri e 34 anni nei padri.

Presenza di figli naturali Le famiglie hanno intrapreso il percorso adottivo in assenza di figli propri nell'89 per cento dei casi, confermando in buona parte l'analisi effettuata circa le motivazioni che spingono le coppie a presentare la domanda di adozione.

In circa la metà dei casi (51%) il figlio adottivo rimane figlio unico, seguendo una tendenza consolidata anche presso le famiglie biologiche; nel 19 per cento dei casi viene intrapresa una seconda adozione, mentre nel 14 per cento dei casi sono stati adottati contemporaneamente due fratelli. Nell'11 per cento dei casi le famiglie hanno intrapreso il percorso adottivo in presenza di figli naturali. Nel 5 per cento dei casi il figlio naturale è nato alcuni anni dopo l'adozione, avvalorando la tesi secondo la quale l'evento adottivo «sbloccherebbe» forme di infertilità definibili come «psicogene».

Alcuni dati socio-anagrafici sui figli adottivi

Il gruppo dei figli è composto da 50 soggetti; quelli di sesso femminile sono 31 (62%), quelli di sesso maschile 19 (38%).

Età attuale L'età media dei figli al momento dell'indagine è di 16 anni. L'età – in questa prima fase della ricerca – varia da un minimo di 8 anni a un massimo di 32 anni ed è così distribuita: 8-10 anni (12%), 10-13 anni (30%), 14-22 anni (48%), 23-32 anni (10%).

Età all'adozione L'età media dei figli al momento dell'adozione è di 3 anni e 7 mesi. Essa varia da un minimo di 5 giorni (in questo caso la coppia è stata contattata poco prima del parto dall'Ente che seguiva la pratica all'estero) a un massimo di 11 anni.

Analizzando la situazione a seguito dell'entrata in vigore della legge N. 184/83 notiamo che l'età del bambino all'adozione si è progressivamente innalzata, passando da una media di 1 anno e 8 mesi alla media di 4 anni.

Provenienza dei figli adottivi Il 32 per cento dei figli adottivi sono di provenienza nazionale e il 68 per cento di provenienza internazionale (fig. 22.2).

La distribuzione per provenienza nazionale delle adozioni del nostro campione rispecchia la distribuzione nazionale.

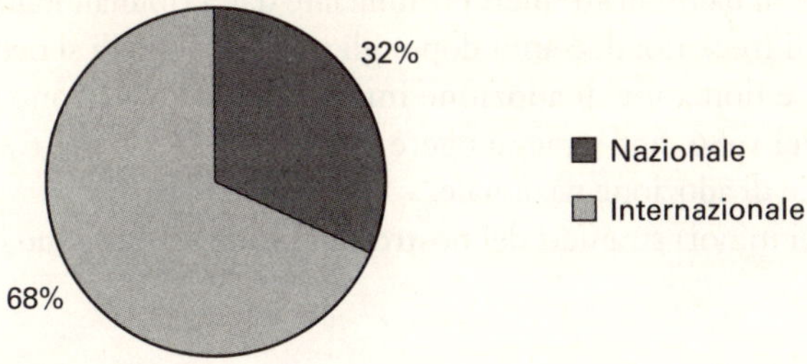

Figura 22.2

Tabella 22.4
Provvedimenti di adozione di minori italiani e stranieri emessi dal Tribunale per i Minori (anni 1992-96).

Anni	Minori italiani	Minori stranieri	Totale
1992	24,5%	75,5%	100%
1993	32,0%	68,0%	100%
1994	40,0%	60,0%	100%
1995	34,5%	65,5%	100%
1996	34,1%	65,9%	100%

Fonte: Annuario Statistico Italiano (1997).

Ben diverso appare il rapporto fra adozioni nazionali e internazionali se si prende in considerazione il periodo che precede la regolamentazione in materia di adozioni internazionali e quello che lo segue. Prima dell'entrata in vigore della legge N. 184/83, il 100 per cento dei bambini adottati sono di provenienza nazionale. Dopo il 1983 la tendenza si rovescia, con un 70 per cento di adozioni internazionali e un 30 per cento di adozioni nazionali. Questo andamento non risulta esclusivo della presente indagine, ma riflette un fenomeno ampiamente riconosciuto a livello nazionale.

Tabella 22.5
Provenienza dei minori adottati

Russia	2%
Albania	2%
Ex Jugoslavia	2%
Etiopia	2%
Madagascar	6%
Messico	2%
Colombia	4%
Salvador	2%
Brasile	8%
Perù	22%
India	16%
Italia	32%
Totale	100%

Nel 1982 le adozioni di bambini stranieri pronunciate dai Tribunali italiani furono in tutto meno di trecento; due anni dopo, gli stessi Tribunali si occuparono di mille casi. Le domande di adozione internazionale passarono da 2300 nel 1984 a 6000 nel 1986, fino a raggiungere la quota di 12 000 nel 1991, contro le 6000 domande di adozione nazionale.

La maggior parte dei minori stranieri del nostro campione provengono dal Sudamerica (tab. 22.5).

Titolo di studio Il titolo di studio più alto conseguito fino al momento della rilevazione dagli adolescenti adottati è espresso nella tabella 22.6. Solo tre sono i figli che hanno abbandonato gli studi superiori fermandosi alla scuola dell'obbligo.

Tabella 22.6
Titolo di studio

Licenza scuola elementare	33%
Licenza scuola media	44%
Diploma istituto professionale	5%
Diploma istituto superiore	16%
Laurea	2%
Totale	100%

Al momento dell'indagine gli studenti del nostro campione sono distribuiti come è illustrato nella tabella 22.7.

Tabella 22.7
Scuola frequentata

Scuola elementare	20%
Scuola media	32%
Istituto professionale	5%
Istituto superiore	32%
Università	8%
Specializzazione post-lauream	3%
Totale	100%

Condizione professionale Al momento dell'indagine, le attività professionali dei figli adottivi sono quelle illustrate nella tabella 22.8.

Tabella 22.8
Professione

Lavoratore in proprio	2%
Coadiuvante	2%
Lavoratore dipendente	10%
In cerca di prima occupazione	4%
Studente	80%
Casalinga	2%
Totale	100%

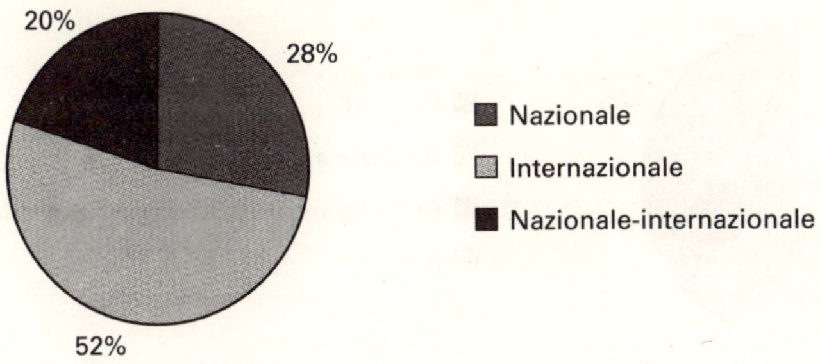

Figura 22.3

L'evento adottivo

Il 52 per cento del campione si è rivolto esclusivamente all'adozione internazionale, il 28 per cento esclusivamente all'adozione nazionale e il 20 per cento a entrambe (fig. 22.3).

«Uno dei punti più delicati e complessi attraverso l'esperienza di questi anni concerne la disciplina dell'attività di intermediazione che si sviluppa attorno all'adozione internazionale, sia nei Paesi d'origine che nel Paese di destinazione. La necessità di entrare in contatto con le autorità e con gli Enti di un Paese straniero – e di svolgervi attività talvolta assai costose e sempre assai complesse dal punto di vista legale e anche pratico – favorisce grandemente il sorgere di attività di intermediazione da parte di associazioni, gruppi privati, singole persone. È di estrema importanza garantirne l'affidabilità, la competenza e la capacità professionale» (Ministero di Grazia e Giustizia, Ufficio per la Giustizia Minorile, 1991).

Le domande di adozione nazionale e internazionale rilevate dall'Ufficio per la Giustizia Minorile del Ministero di Grazia e Giustizia nel 1991 appaiono nella tabella 22.9.

Tabella 22.9
Domande di adozione nazionale e internazionale

Anni	1984	1985	1986	1987	1988	1989	Totale
Nazionale	6531	6569	7608	6730	6697	6051	40 186
Internazionale	2601	3009	5800	7770	8316	9769	37 265
Totale	9132	9578	13 408	14 500	15 013	15 820	77 451

La scelta adottiva I genitori adducono a motivo della scelta adottiva le seguenti affermazioni:

«Non potevamo avere figli» (68%).

«Motivi umanitari» (2%).

«Non potevamo avere figli + Motivi umanitari» (10%).

«Altri motivi» (16%).

«Altri motivi + Motivi umanitari» (4%).

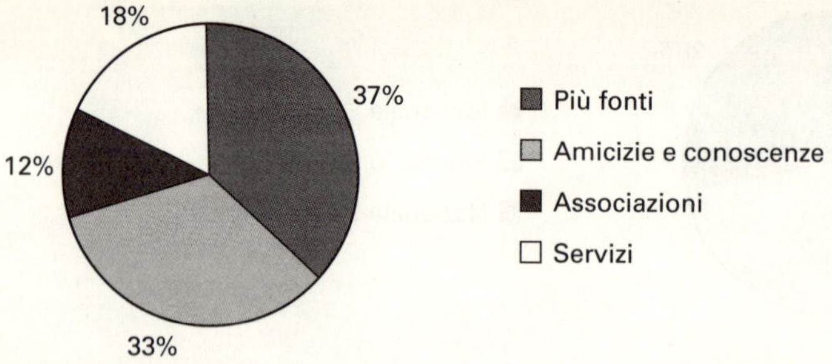

Figura 22.4
Fonti delle informazioni sull'iter adottivo.

Nel 6 per cento dei casi la prima a pensare di adottare è stata la moglie, nel 28 per cento dei casi il marito, e nel 66 per cento dei casi si è trattato di un pensiero comune.

La maggior parte delle coppie conoscevano altre famiglie adottive (68%). Il 32 per cento non hanno avuto contatti con altre coppie adottive. Il 56% delle coppie definiscono utile il confronto con altre famiglie adottive.

La fonte principale di informazioni relative all'iter adottivo è di tipo informale, cioè amicizie e conoscenze (33%); seguono i Servizi (18%) e le associazioni (12%). Nel 37 per cento dei casi l'informazione è giunta da più fonti (fig. 22.4).

Generalmente la coppia adottiva ha ricevuto l'approvazione dei propri genitori (92%) e dei propri parenti (72%). Ha ricevuto la collaborazione dei genitori nel 74 per cento dei casi. La discrepanza tra l'approvazione e la collaborazione da parte dei genitori è determinata da un 4 per cento di decessi sopravvenuti e da un 14 per cento di rifiuto o impossibilità effettiva a collaborare.

L'istituto è il luogo in cui più frequentemente avviene il primo incontro con il bambino (50%), seguito dalla casa della famiglia adottiva (12%). Il rimanente 38 per cento comprende una molteplicità di altri luoghi quali: ospedale, tribunale, aeroporto, parrocchia ecc.

Al primo contatto è seguito immediatamente l'affidamento preadottivo nel 52 per cento dei casi. Nel 48 per cento dei casi l'affidamente preadottivo è stato preceduto da più incontri.

L'adattamento

L'inserimento in famiglia In merito al primo periodo di convivenza con il figlio adottivo, tutti i genitori ricordano come facile l'entrata del bambino nella nuova casa. L'80 per cento dei genitori parlano di un adattamento immediato; il 14 per cento riferiscono che il bambino si è «abbastanza adattato» e solo il 6 per cento non hanno rilevato l'adattamento.

Un'attenzione particolare va rivolta all'item sulle irregolarità nel comportamento presentate dai figli adottivi. Escludendo quattro questionari aventi una risposta mancante, nel 50 per cento dei casi i genitori riferiscono di non aver riscontrato nessun tipo di irregolarità. Per il restante 50 per cento la maggior parte delle irregolarità riferite riguardano l'area del linguaggio (in 4 casi, tali difficoltà potrebbero ricollegarsi alla provenienza da Paesi stranieri).

Nessuna irregolarità (50%).
Sonno (9%).
Alimentazione (7%).
Controllo sfinteri (9%).
Linguaggio (11%).
Malori (7%).
Mangia intonaco (5%).
Altro (2%).

In tre casi i genitori hanno riferito una compresenza di disturbi:
Sonno-linguaggio.
Sonno-linguaggio-controllo sfinteri-alimentazione.
Sonno-alimentazione.

I genitori riferiscono che la maggior parte delle irregolarità sono state superate subito o in breve tempo (tab. 22.10).

Tabella 22.10
Superamento delle irregolarità nel tempo

Subito superata	36%
Entro un anno	27%
Dopo molto tempo	18%
Solo in parte	14%
Non guaribile	5%

Per i problemi sorti negli anni successivi all'adozione, il 64 per cento dei genitori non hanno sentito l'esigenza di rivolgersi a specialisti. Il 6 per cento hanno consultato più specialisti, il 24 per cento lo psicologo e il 6 per cento il medico. Non emerge se si sia trattato dello stesso operatore dello studio di coppia o di specialisti esterni alla relazione (fig. 22.5).

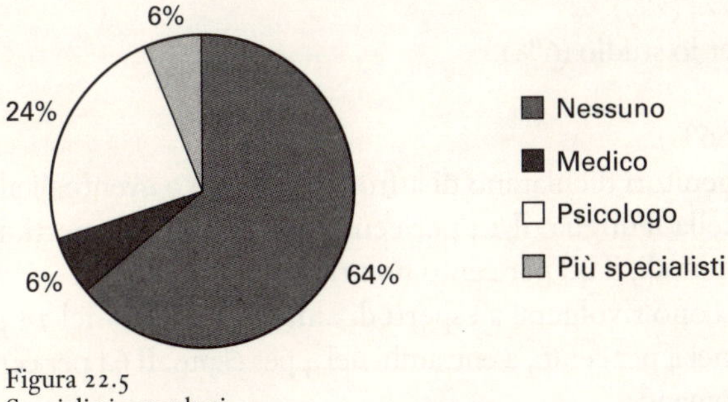

Figura 22.5
Specialisti consultati.

Gioco e amicizie Il 94 per cento dei genitori riferiscono che il figlio giocava volentieri. Il 90 per cento affermano che «tutti i compagni di scuola hanno subito accettato la situazione del figlio», l'8 per cento «non tutti» e il 2 per cento non sanno rispondere. Il 40 per cento dei genitori riferiscono che il figlio ha «molti amici», il 48 per cento «abbastanza» e il 12 per cento «pochi». L'84 per cento dei figli adottivi praticano sport e la metà frequentano gruppi scout o associazioni, anche se non è stato rilevato se l'inserimento in questi gruppi o attività sia stato frutto di una libera scelta o di una forzatura da parte dei genitori.

Scuola I genitori dichiarano quasi all'unanimità (94%) che i loro figli «vanno volentieri a scuola». Non si sono presentate nel ragazzo difficoltà iniziali che i genitori non sapessero spiegarsi (82%). Il rendimento scolastico riferito è buono per il 68 per cento dei genitori, sufficiente per il 26 per cento e insufficiente per il 6 per cento. Il 12 per cento dei figli adottivi hanno subìto bocciature.

La relazione genitore-figlio Dopo l'arrivo del bambino, il 68 per cento dei genitori hanno visto confermate le proprie previsioni di difficoltà, il 16 per cento hanno avuto difficoltà superiori alle aspettative e il 16 per cento difficoltà inferiori alle aspettative. Il 98 per cento dei genitori affermano di non aver sentito il bambino come un intruso, il 2 per cento lo hanno sentito come un intruso in alcune circostanze. L'88 per cento affermano di non essersi mai sentiti come intrusi rispetto al bambino, mentre il 12 per cento si sono sentiti tali solo in alcune circostanze. I genitori valutano il rapporto tra il figlio adottivo e la madre «buono» per il 76 per cento e «abbastanza buono» per il 24 per cento. Valutano il rapporto tra il figlio adottivo e il padre «buono» per il 74 per cento e «abbastanza buono» per il 26 per cento.

Al 66 per cento dei genitori sembra che il figlio adottivo non abbia particolari problemi; il 4 per cento non rispondono, mentre il restante 30 per cento riconoscono alcune problematiche:

Il figlio adottivo non studia e ha difficoltà nelle amicizie (10%).
Ha difficoltà nel coltivare amicizie (4%).
Soffre di irrequietezza (2%).
Non ha interesse per lo studio (6%).
È timido (8%).
Nessun problema (66%).

Il 32 per cento dei genitori dichiarano di affrontare queste o eventuali altre difficoltà all'interno della famiglia, il 14 per cento con l'aiuto di esperti, il 6 per cento in entrambi i modi, il 48 per cento non rispondono all'item.

Le famiglie preferiscono rivolgersi a esperti di ambito pubblico nel 28 per cento dei casi, a privati nel 4 per cento, a entrambi nel 4 per cento. Il 64 per cento non rispondono alla domanda.

I genitori dichiarano che i ragazzi hanno pienamente risposto alle loro aspettative nel 42 per cento dei casi. Il 34 per cento dei genitori rispondono che i ragazzi non hanno risposto alle loro aspettative nei seguenti ambiti:

Scuola (12%).

Carattere (12%).

Relazioni sociali (4%).

Rapporti con i genitori + Carattere (2%).

Rapporti con i genitori + Carattere + Scuola (2%).

Rapporti con i genitori + Carattere + Scuola + Relazioni sociali (2%).

Il 18 per cento dei genitori non sanno cosa rispondere alla domanda sulle aspettative, mentre il 6 per cento non hanno risposto.

L'84 per cento dei genitori sostengono di essere soddisfatti della riuscita scolastica o professionale del figlio, il 16 per cento si dichiarano insoddisfatti.

Nei casi in cui vi sono state o permangono difficoltà nella relazione fra le due generazioni, queste sono relative a entrambi i genitori nel 10% dei casi, in misura lievemente minore alle sole madri (8%) e quasi mai ai soli padri (2%).

La famiglia naturale

In base a quanto riferito dai genitori, il 40 per cento dei figli adottivi ricordano la famiglia d'origine. I genitori però ribadiscono che, anche nei casi in cui non esiste alcun ricordo, non era loro intenzione tenere segreto il fatto adottivo. Il 10 per cento dei genitori hanno temuto che degli estranei potessero informare i figli del loro stato adottivo. Nel 58 per cento dei casi entrambi i genitori hanno rivelato al figlio che era stato adottato; nel 12 per cento dei casi è stata la sola madre a farsi carico della rivelazione. Nel 30 per cento dei casi, il figlio lo sapeva già.

La tabella 22.11 illustra la distribuzione percentuale dei figli adottati secondo l'età della rivelazione della condizione adottiva.

Tabella 22.11
Età della rivelazione della condizione adottiva

Lo sapeva già	30%
L'ha saputo appena adottato	38%
A due anni	6%
A tre anni	4%
A quattro anni	6%
A cinque anni	14%
A sei anni	2%
Totale	100%

L'88 per cento dei minori non hanno avuto – nell'opinione dei genitori – nessuna particolare reazione dopo aver saputo di essere stati adottati; nel 4 per cento dei casi le conseguenze della rivelazione si sono presentate successivamente, in adolescenza.

Il 54 per cento dei figli non fanno domande sulla propria storia adottiva, il 26 per cento rivolgono domande principalmente alla madre, il 18 per cento a entrambi i genitori, il 2 per cento non rispondono alla domanda.

Il 62 per cento dei figli hanno rivolto ai genitori adottivi domande sul proprio passato e in particolare sulle seguenti figure: madre biologica (45%), padre biologico (15%), fratelli (30%), altro (10%).

I genitori adottivi affermano di parlare dell'adozione nel 78 per cento dei casi; non affrontano l'argomento il 10 per cento. Il 12 per cento dei genitori non hanno risposto a questo item.

Rispetto all'adozione internazionale, il 40 per cento dei genitori parlano del Paese d'origine del figlio; il 24 per cento lo fanno a seguito di documentari o trasmissioni televisive. In un solo caso l'occasione in cui i genitori parlano del Paese d'origine è «se la figlia fa la cattiva».

Il 79 per cento delle famiglie dichiarano di volersi recare nuovamente nel Paese d'origine del figlio adottivo. Il 9 per cento vi sono tornate per una seconda adozione. Il 12 per cento non manifestano la volontà di intraprendere un altro viaggio. Il 16 per cento dei genitori dichiarano di aver paura di essere rintracciati dalla famiglia naturale del figlio adottivo. Nel 10 per cento dei casi i genitori naturali sono effettivamente venuti a contatto con quelli adottivi. In solo due casi (6%) sono stati i genitori adottivi a cercare quelli naturali.

Il rifiuto

Caratteristiche e motivazioni diverse hanno spinto i soggetti a optare per il rifiuto di partecipare alla ricerca. In mancanza di dati certi, ma basandoci sulla conoscenza diretta delle persone che hanno rifiutato tutto o parte del contatto, possiamo ritenere che ciò sia attribuibile a fattori quali:

Atteggiamenti di eccessiva protezione: in alcuni casi i genitori hanno compilato il questionario accettando l'intervista per sé ma preservando i figli adottivi da questa esperienza. È interessante, a questo proposito, che nessun figlio biologico della coppia adottiva abbia potuto essere sottoposto a intervista.

Desiderio di nascondere situazioni difficili: difficoltà scolastiche, relazionali e comportamentali durante l'adolescenza, successive difficoltà di inserimento lavorativo, fughe da casa, forme varie di devianza. In un caso, la madre adottiva aveva recentemente subìto la perdita, per una grave malattia, del proprio figlio biologico di 3 anni).

Paura di riattualizzare un trauma non risolto: considerare l'indagine una fonte di eccessivo disturbo può celare un percorso monco, una genitorialità e una filiazione forse non pienamente compiute.

Scarsa disponibilità a rimettere in discussione un equilibrio faticosamente raggiunto.

Divario fra le aspettative iniziali e la situazione reale, con l'impossibilità di verbalizzare questo vissuto.

Esperienze negative con i Servizi: il timore di un nuovo esame e di un'eventuale bocciatura da parte dei Servizi, dei quali non si conoscono i parametri di valutazione.

Non escludiamo neppure che rifiutare possa anche essere segno di una visione della vita forse più lungimirante di altre.

Un dato significativo riguarda il maggior numero di rifiuti, seppur legittimi, alla proposta di partecipare alla ricerca che arrivava da operatori che non coincidevano con quelli del percorso preadottivo: si può anche ipotizzare che una parte degli intervistati abbiano accettato di aderire alla ricerca per compiacere l'operatore precedentemente conosciuto.

Altri dati

Il rapporto con l'operatore e i Servizi Riprendendo una delle prime domande del questionario, prima di intraprendere il proprio percorso il 68 per cento delle coppie conoscevano altre famiglie adottive e il 56 per cento definiscono questo contatto «utile». La fonte principale di informazioni relative all'iter adottivo è di tipo informale, cioè amicizie e conoscenze (33%); seguono i Servizi (18%) e le associazioni (12%). Nel 37% l'informazione giunge da più fonti (vedi fig. 22.4), ma in ogni caso l'83 per cento delle famiglie hanno avuto rapporti con i Servizi di zona.

Nel questionario, la relazione con i Servizi durante l'anno di affido preadottivo non pare particolarmente pregnante, né viene auspicato il prolungamento del periodo fino a oggi previsto. Poiché sono in aumento richieste di relazioni periodiche da parte di Enti autorizzati che intrattengono rapporti con Paesi che hanno legislazioni diverse da quella italiana, si dovrà forse ricollocare contrattualmente la posizione dei Servizi.

La maggior parte delle famiglie adottive pensano di potersela «cavare da sé» dopo l'anno di affido preadottivo, e la nuova legge ha accolto questa istanza corale limitando l'osservazione degli operatori. La ricerca di autonomia dai Servizi può avere una valenza positiva, e coincide con l'opinione dell'équipe che i problemi più profondi solitamente non emergono durante il primo periodo di convivenza.

Si può anche presumere che un buon accompagnamento iniziale porti alla costruzione di un'alleanza tra famiglia e Servizi che difficilmente si conclude con l'arrivo del bambino. Il 30 per cento delle famiglie hanno mantenuto i rapporti con i referenti del Servizio e a loro, in caso di necessità, si sono rivolte per difficoltà successive quali:

Problemi scolastici (39%).
Problemi relazionali (39%).
Inserimento di un secondo figlio adottivo (10%).
Disagio in adolescenza (6%).
Lutto del padre adottivo (6%).

Si registrano da parte degli operatori lodevoli tentativi di interessamento verso i coniugi affidatari, ma perlopiù la loro azione ha aperto interrogativi rispetto all'eventuale sdoppiamento di alcune funzioni proprie dei Servizi sociali.

L'87 per cento degli intervistati si dichiarano soddisfatti del rapporto con il Tribunale per i Minori, nonostante spesso si sia trattato di un unico fugace colloquio. Ciò pone l'accento su quanto siano diverse le aspettative poste su ogni attore del cammino preadottivo. Il Tribunale per i Minori rappresenta la «cicogna formale» che deve solo, nel modo più veloce e gentile, porre fine a una lunga attesa. Il tutore è stato conosciuto, durante l'anno di affido preadottivo, dal 61 per cento delle famiglie. Di queste, il 67 per cento ritengono che ciò non li abbia «effettivamente aiutati».

Il 50 per cento dei genitori ritengono necessario avere più informazioni sul bambino. Il 54 per cento non hanno cercato di ottenere ulteriori informazioni sul bambino; il 14 per cento si sono attivati con indagini personali; il 10 per cento hanno chiesto informazioni presso il Tribunale per i Minori; il 6 per cento si sono rivolti al Servizio sociale e il restante 16 per cento hanno consultato più fonti.

L'impegno assunto dal legislatore nel nuovo testo correttivo della legge N. 184/83 dovrebbe uniformare le informazioni fornite ai nuovi genitori, anche se spesso ciò è reso impossibile dalla storia del minore.

Riassumendo, i genitori adottivi hanno espresso alcune esigenze quale quella di poter accedere a una preparazione che preceda l'ingresso del figlio adottivo nella nuova famiglia (68%), sottolineando la necessità di qualcuno che sia disposto a fornire consigli nei primi tempi dopo l'adozione (64%). Conclusi i rapporti con il Tribunale, il 50 per cento dei genitori pensano che sia utile mantenere rapporti continuativi con una figura di sostegno.

Motivi dell'adozione Al momento dell'adozione le coppie risultavano coniugate da meno di 5 anni (14%), 6-10 anni (34%), 11-15 anni (28%), 16-20 anni (18%), più di 20 anni (6%).

L'89 per cento delle coppie si sono rivolte all'istituto dell'adozione in mancanza di figli propri, e quindi in questi casi ci troviamo davanti a persone che spesso hanno prima appianato la propria posizione familiare, lavorativa e abitativa.

Successivamente le energie sono state dedicate ad analizzare le ragioni della sterilità e infertilità, e quindi si sono susseguiti i tentativi per realizzare la maternità biologica. Questa fase è caratterizzata da maggior o minor accanimento relativamente a più variabili che in questo contesto non sono state analizzate:

Desiderio di un figlio proprio.

Valori religiosi che impediscono il ricorso a pratiche mediche giudicate eticamente inaccettabili e innaturali.

«Sterilità di genere» (difficoltà a sottoporsi ad accertamenti più completi quando la sterilità o infertilità è attribuibile al marito).

Ostilità di uno dei coniugi o delle famiglie estese verso l'adozione.

Problemi di salute o costi eccessivi nell'affrontare spese mediche.

Insofferenza verso tecniche invasive.

Molte coppie, anche oggi, assicurano di aver sempre desiderato un figlio adottivo, ancor prima di conoscere la propria sterilità o infertilità, e di essere spinte anche da motivi umanitari, cioè dal desiderio di offrire un futuro migliore a dei bambini con una vita disastrata.

All'interrogativo «che cosa colma un figlio adottivo per ogni membro della coppia?», il 66 per cento degli intervistati dichiarano di aver avuto contemporaneamente l'idea dell'adozione, anche se tale simultaneità è probabilmente una ricostruzione a posteriori in buona fede; nel 28 per cento dei casi l'idea sarebbe stata del marito, nel 6 per cento dei casi della moglie, ma anche questa ricostruzione ci sembra singolare.

Sarebbe interessante conoscere la correlazione fra la sterilità e l'iniziativa adottiva. Si può ipotizzare che sia il partner sterile a proporre un atto «riparativo» o, viceversa, che sia il partner fecondo a offrire la propria alleanza, rinunciando alla genitorialità biologica. Anche in questo caso, l'approfondimento in sede di studio di coppia non è fine a sé stesso, ma diventa una proposta per partire da un poco più avanti di quanto solitamente propone la coppia, trascurando l'importanza di condividere con gli operatori del Servizio il percorso interno.

La ripresa del lavoro da parte delle madri Il livello socioeconomico delle famiglie osservate è definito «medio», e buona parte delle future madri progettano in sede di colloqui preadottivi di lasciare il lavoro o di ridurre drasticamente l'orario. I dati mostrano che il 22 per cento delle madri hanno abbandonato il lavoro definitivamente, il 16 per cento riprendono a lavorare in meno di un mese, il 20 per cento dopo un mese o un anno, il 12 per cento dopo più di un anno, il 30 per cento non lavoravano; addirittura, in alcuni casi, le madri cercano un'attività lavorativa extrafamiliare dopo l'arrivo del figlio. La lettura di questo dato è complessa e andrebbe incrociata con informazioni che non possediamo. Ci si chiede per esempio se l'età del bambino, al momento del suo arrivo, corrisponde solo al desiderio esplicitato verbalmente o alle reali capacità/bisogni della coppia adottiva.

Un diverso e più approfondito discorso meriterebbe l'affidamento o il forte coinvolgimento della nonna materna che, in alcuni casi, ha fatto pensare alla «saldatura di un anello mancante», al recupero di rapporti non completamente evoluti sui quali aveva ulteriormente pesato la patologia della genitorialità.

È ipotizzabile che, nel momento in cui la madre percepisce il bambino come «troppo invadente», chieda aiuto anche ad altri: istituzioni, asilo nido, scuola materna, centri ricreativi. Ipotizziamo che il ricorso ad «altri» avvenga sia per facilitare la socializzazione e l'integrazione del minore adottato (ad esempio, nell'acquisizione della nuova lingua, nel caso si tratti di un minore straniero), sia anche per condividere la responsabilità e attenuare il peso della presenza del bambino.

Le reazioni dei figli all'evento adottivo A fronte di sorprendenti recuperi fisici ed evolutivi, i genitori dimenticano con entusiasmo la data in cui il figlio è arrivato. Quest'ansia contraddice quanto spesso dichiarato in sede di colloqui preadottivi circa la consapevolezza che il trauma dell'abbandono può necessitare di tempi imprevedibili e ricomparire a distanza; la convinzione dei genitori è che l'amore sia una medicina sufficientemente forte per guarire ogni trauma, e non siamo sicuri di poter dare loro torto per la maggior parte delle situazioni. Il lavoro degli operatori sarà – dopo l'arrivo del minore – quello di permettere al genitore adottivo di distanziarsi dal bambino, così come fanno o cercano di fare tutti i genitori biologici, evitando di considerarsi l'unica fonte di benessere o malessere del proprio figlio. Anche se nell'adozione ciò è molto difficile e si colora di valenze ancora più ambivalenti, rispetto alla genitorialità biologica, perché i genitori adottivi iniziano la relazione con un investimento diverso e il bambino ha estremo bisogno di figure di accudimento.

Il 50 per cento dei bambini sono stati incontrati in istituto; non emerge dai dati in nostro possesso se questa fosse l'ultima residenza o solo il luogo deputato all'incontro.

L'istituto, per quanto evochi in noi immagini di angoscia e abbandono, può diventare il luogo della mediazione e del possibile controllo. La nuova legge sull'adozione prevede un forte impegno da parte degli Enti autorizzati che, in autonomia, gestiranno i rapporti con i Paesi esteri e dovranno decidere gli abbinamenti. Agli Enti sarà richiesto uno sforzo perché gli istituti accolgano adeguatamente i bambini in stato di abbandono, ricostruendo per quanto possibile il loro pezzo di storia. Si chiederà inoltre di mediare un abbinamento il più possibile consono alle caratteristiche delle coppie italiane.

È senz'altro molto difficile stabilire, ammesso che sia possibile, qual è l'età del «bilancio» per comprendere se l'adozione sia riuscita o meno. Un atteggiamento comunemente rilevato dagli adulti che vengono a contatto con gli adolescenti è quello di stigmatizzare alcuni comportamenti tipici degli adolescenti o sottovalutare i problemi posti dai figli considerandoli atteggiamenti di richiamo e ritenendoli solo frutto dell'età «balorda» o, ancora, considerando alcune loro condotte «irrecuperabili», spiegandole – è il caso di molti genitori adottivi – come derivate «automaticamente» della storia disastrosa che questi ragazzi adottati hanno alle spalle. Ciò avviene soprattutto se i genitori adottivi non sono stati adeguatamente sostenuti nel racconto delle origini del figlio, della sua «verità narrabile», che in adolescenza necessita – per tutti – di essere rivisitata per poter aggiungere parti nuove grazie alle quali avere la forza per continuare il cammino. Si ritiene che periodici gruppi guidati o di auto-aiuto potrebbero supportare adeguatamente le famiglie, creando una situazione più tranquillizzante rispetto al rapporto singolo e favorendo lo scambio e il recupero di esperienze analoghe. Sono molteplici le ragioni che spingono gli operatori a ritenere che questa modalità di lavoro andrebbe riconosciuta e adeguatamente ampliata. Sia nella fase precedente all'adozione, sia durante l'attesa sia dopo l'arrivo del bambino, un lavoro di gruppo specifico per ogni fase consentirebbe un grosso risparmio in termini di tempo e risorse impiegate. La letteratura, inoltre, sostiene tali interventi, che consentono al singolo di esprimere più liberamente i propri vissuti rispetto a quanto avviene in un rapporto diadico. Inoltre, il gruppo favorisce rapporti di conoscenza e di solidarietà, innescando il meccanismo di condivisione e una «gestione collettiva» dell'evento adottivo.

Adattamento dei figli riferito dai genitori riguardo al periodo attuale I figli adottivi sembrano ben inseriti, hanno amici e frequentano associazioni sportivo-ricreative; non presentano problemi di apprendimento. Il 12 per cento hanno però subìto bocciature, e questo dato, riferito alla scuola media secondaria, pare leggermente superiore alla media nazionale. Le difficoltà relazionali fra generazioni sono perlopiù relative a entrambi i genitori.

La vicenda adottiva, così carica di emozioni inizialmente negative e poi positive, in genere rinsalda il rapporto di coppia e modifica l'abituale divisione dei ruoli: il bambino sceglie – sulla base dell'esperienza passata – il padre o la madre come figura di riferimento; questo spiegherebbe anche il conflitto maggiormente indifferenziato rispetto a quanto da noi riconosciuto nei figli biologici. Gli ingaggi con la madre e con il padre adottivo, comunque, seguono dinamiche complesse per le molte variabili in gioco, prima fra tutte – appunto – l'esperienza preadottiva.

Al 66 per cento dei genitori sembra che il figlio adottivo attualmente non abbia particolari problemi; il 4 per cento non rispondono, mentre il restante 30 per cento riconoscono alcune problematiche. Per il 10 per cento il figlio non studia e ha difficoltà nelle amicizie, il 4 per cento riconoscono la difficoltà nel coltivare le amicizie; il 2 per cento dei figli soffrono – secondo i genitori – di irrequietezza, mentre il 6 per cento non hanno interesse per lo studio. L'8 per cento sono timidi. I dati coincidono con le dichiarazioni del 94 per cento dei genitori, secondo i quali i figli vanno volentieri a scuola, con un rendimento giudicato insufficiente solo dal 6 per cento di essi.

«*In quale misura vostro figlio ha risposto alle vostre aspettative?*» A questa difficile domanda il 12 per cento degli intervistati rispondono: «Intorno al 50 per cento», il 68 per cento rispondono: «Più del 75 per cento», il 20 per cento non rispondono. Solo il 4 per cento rispondono alla domanda successiva: «Non so se lo riadotterei.» La possibilità di riflessione e ripensamento di una famiglia adottiva è probabilmente un aspetto più impegnativo rispetto a una famiglia biologica, soprattutto davanti al comportamento spesso imprevedibile e sconcertante degli adolescenti. Il lavoro con gli operatori consente l'analisi delle aspettative proiettate nel futuro proprio e dei propri figli. Anche in questo caso il gruppo, dove possono essere compresenti genitori con figli di diversa età, assolverebbe a una funzione sdrammatizzante e benefica.

Secondo i genitori adottivi quasi la metà dei loro figli ricordano la famiglia di origine, ma questa opinione dei genitori non è stata suffragata dalle interviste nella fase successiva della ricerca.

La rivelazione dell'adozione, spesso fonte di ansia e discussioni nel momento dell'affido preadottivo, è poi riferita come un momento perlopiù gestito da entrambi i genitori (nel 58% dei casi) e che non ha causato alcuna reazione (88%). La letteratura propone molte sollecitazioni in merito a un momento così delicato, di fatto non collocabile in un tempo fisso e preciso. Sentirsi adottato è un vissuto che può anche essere agito nel momento critico dell'adolescenza o può riemergere come una ferita aperta in qualunque momento durante l'arco della vita. L'impressione è che i genitori adottivi, al contrario, pensino di aver assolto al loro compito parlando dell'arrivo «fisico» del figlio, corredando di foto e filmati questo momento, considerato come una nascita a tutti gli effetti. Il problema è probabilmente legato a come il genitore ha accettato l'altra famiglia, come accetta di avere un antagonista su cui sarebbe possibile proiettare le parti negative del figlio.

La questione degli adolescenti che parlano del proprio passato preadottivo ripropone l'irrisolto interrogativo della correlazione fra età e difficoltà di integrazione. Il bambino piccolo è mentalizzato come «figlio proprio», quando i caratteri somatici e le caratteristiche spesso ricordano che non è così? Il bambino grande è in grado di parlare: ma il genitore è in grado di ascoltare e di sintonizzarsi su bisogni già formati? Sulla questione del «parlare/non parlare», i genitori si esprimono così: «Sta bene, non ne ha bisogno», «non vogliamo che ne parli», «vorrei che ne parlasse ma non so se devo sollecitarlo».

Il punteggio di adattamento

A un secondo livello di analisi del questionario, si è utilizzata una scala numerica per la valutazione delle risposte dei genitori: per ogni adolescente adottato è stato calcolato un «punteggio di adattamento» costruito su 32 item dei 125 totali, selezionati perché considerati in grado di fornire informazioni sul grado di adattamento raggiunto dall'adolescente. Per «adattamento» abbiamo inteso un buon inserimento nel nuovo ambiente familiare e sociale, la costituzione di relazioni non problematiche con le figure di riferimento in famiglia e con i coetanei, e la riuscita scolastica e/o lavorativa. Alle risposte ai 32 item selezionati abbiamo assegnato un punteggio 2 per «assenza di problemi, buona riuscita nell'ambito indagato»; un punteggio 1 per «problemi non gravi, risolti in breve tempo, sufficiente riuscita nell'ambito indagato», un punteggio 0 per «presenza di problemi risolti dopo lungo tempo o non risolti, riuscita insufficiente o al di sotto delle aspettative nell'ambito indagato».

Abbiamo ottenuto un massimo teorico di 64 punti, valore effettivamente presentatosi per due soggetti e che esprime il massimo grado di adattamento raggiungibile su questa scala, e un minimo teorico di 0 punti, caso non presentatosi e che esprime il minimo grado di adattamento possibile sulla scala (il minimo presentatosi in un soggetto è PA = 40). La distribuzione complessiva dei punteggi di adattamento si è caratterizzata quindi come simile alla curva normale, con una lieve asimmetria verso il polo di maggiore adattamento (punteggi più alti) e una media di 55 punti (deviazione standard = 6,82).[1]

L'analisi successiva effettuata sui dati è il calcolo dei punteggi medi ottenuti dai gruppi di adolescenti suddivisi secondo le variabili «sesso», «età all'adozione» (0-3 anni/dopo i 3 anni), «tipologia di adozione (nazionale/internazionale)», «motivo dell'adozione (infertilità/sterilità; motivi umanitari; altro)», «presenza di fratelli» (figlio unico; presenza di altri figli adottati; presenza di altri figli biologici), «fisionomia» (simile; abbastanza simile; diversa), «colore della pelle» (simile; abbastanza simile; diversa). Il confronto di questi punteggi effettuato con i test non parametrici di Kruskal-Wallis e di Mann-Whitney ha evidenziato che la differenza fra le medie risulta significativa per tre variabili: «età all'adozione», «fisionomia» e «colore della pelle».

I risultati della prima fase dello studio relativo all'adattamento sono i seguenti:

1) La maggior parte dei ragazzi adottati hanno una vita abbastanza ben adattata, mentre sembra – da informazioni laterali – che i ragazzi che non siamo riusciti a vedere fossero partiti da una situazione iniziale particolarmente pesante o che vivessero attualmente un momento di difficoltà. Questi adolescenti e queste famiglie non si erano mai rivolti ai Servizi.

[1] Si è verificata la consistenza interna della scala mediante la Reliability Analysis. I risultati sono stati soddisfacenti (Alpha di Cronbach = 0,82, indice di buona affidabilità dello strumento). Per quanto riguarda i singoli item, le correlazioni con il totale della scala sono risultate sempre positive; solo in tre casi la correlazione item/totale ha presentato valori inferiori a 0,20, ma questi item sono stati comunque mantenuti poiché ininfluenti sull'Alpha totale (variazione massima con un item in meno da Alpha = 0,8244 a Alpha = 0,8282). I risultati indicano che la scala ha una buona affidabilità e discrimina effettivamente i soggetti in base al loro grado di adattamento.

2) Neanche la maggior parte dei nostri adolescenti – quelli che hanno risposto al follow-up – si erano rivolti in passato ai Servizi, ma sapevano della loro esistenza, e avevano fatto delle apparizioni in alcuni momenti e in maniera molto breve e puntuale. Questo è un aspetto significativo: ragazzi con storie così problematiche alle spalle riescono a recuperare da sé e con l'aiuto della famiglia.

Capitolo 23

L'inquietante cambiamento

Graziella Fava Vizziello e Giovanni Barbiero[1]

Le categorie dell'attaccamento sono stili di elaborazione mentale dell'informazione (stili che sono per una parte caratteristica dell'individuo e per una parte caratteristica della relazione), i quali creano un modello della realtà e muovono il comportamento. Le informazioni che si ricavano dalla Adult Attachment Interview – nonostante i tentativi di allargare le ricerche sull'attaccamento ad altre relazioni di «base sicura» – rimangono elettivamente legate all'ambito della genitorialità. Nell'affrontare questa sfida alla propria identità personale che è l'accesso al ruolo genitoriale, i genitori si rivolgono alle figure di attaccamento reali e interiorizzate: il feedback riguardante il loro vissuto e il loro comportamento genitoriale rispecchia il ricordo della strategia mentale e comportamentale messa in atto con i loro genitori dell'infanzia, come pure riorganizzazioni attuali dei modelli che derivano dalla gestione di circostanze in cui essi si sono trovati impegnati in un periodo successivo rispetto alla relazione primaria con i loro genitori.

Abbiamo perciò letto le interviste che riguardano la genitorialità ricordata dei figli e dei genitori e abbiamo cercato di indagare, attraverso la semiotica dell'attaccamento, i meccanismi e le strategie che i figli hanno messo in atto davanti al pericolo di famiglie maltrattanti e abbandonanti o di istituzionalizzazioni, al progredire dello sviluppo dell'esperienza preadottiva e all'adattamento nella nuova famiglia. Abbiamo studiato i meccanismi e le strategie che le famiglie adottive – che sono famiglie modificate nella funzione genitoriale a

[1] Hanno partecipato attivamente alla ricerca F. Petenà, S. Pagotto, A. Penzavalli, P. Zancato, A. Guerri. I lavori già pubblicati o in via di pubblicazione sono: Fava Vizziello, Boccanegra e altri (1999); Fava Vizziello, Penzavalli e Petenà (2000); Fava Vizziello, Burba e altri (in corso di stampa). In questa sede, dato l'indirizzo clinico relativo al cambiamento che caratterizza l'insieme del testo, la lettura con il metodo Main utilizzato è risultata meno utile e talvolta contraddittoria. Rimandiamo quindi agli articoli citati per maggiori chiarimenti, e ringraziamo i colleghi per il lavoro fatto.

causa dello scarto tra «ideale» e «realtà» – utilizzano per prendersi cura di questi bambini, i quali a loro volta hanno sperimentato una funzione genitoriale modificata rispetto ai percorsi consueti.

Vi sono molti modi di valutare i ragazzi e la fase evolutiva dell'adolescenza: il costrutto teorico dell'attaccamento – che noi abbiamo scelto – è uno di questi. Ma, a tale scopo, siamo dovuti uscire dal modello di lettura di Main e Goldwyin (1994) ed entrare in un modello in cui le sottocategorie – così come oggi si cominciano a definire – sono più numerose e articolate sulla base di nuove variabili raggruppate nei cinque sistemi di memoria (procedurale, per immagini, semantica, episodica, memoria di lavoro) tra cui l'affettività espressa, la relazione con l'intervistatore, diverse possibilità di metacognizione ecc. Il criterio di valutazione dei pattern lungo le dimensioni «integrazione/non-integrazione», «affettività vera/falsa», «cognitività vera/falsa» permette una lettura clinicamente più utilizzabile del transcript e la focalizzazione sulla funzione che un comportamento svolge all'interno della relazione ai fini protettivi e adattativi, piuttosto che sulla sua morfologia nel singolo individuo. In questa prospettiva, molte idee che vengono espresse nel modello dinamico-maturativo di Crittenden hanno ricadute per la comprensione dell'individuo e delle sue relazioni che vanno oltre il costrutto dell'attaccamento così come è nato e permettono di apprezzare aspetti dell'attaccamento più clinici, ovvero il ruolo che il legame svolge nell'organizzare il funzionamento individuale e familiare.

Gli adolescenti

La distribuzione degli adolescenti rispetto alle categorie di attaccamento è illustrata nella tabella 23.1.

Poco più della metà del campione degli adolescenti adottati (55%) presentano un pattern insicuro-evitante; un quarto (27,5%) è rappresentato dai soggetti «sicuri».

Possiamo avanzare due ipotesi riguardo all'evidenza che i nostri ragazzi decidono di organizzare la propria storia secondo una modalità evitante. A noi sembra che lo facciano sia in quanto adolescenti sia in quanto adolescenti adottati:

1) Una caratteristica dell'adolescente è quella di essere una persona che reclama la propria autonomia e individualità ma che resta ancora profondamente dipendente dalla famiglia e dall'infanzia. Vuole chiudere con l'infanzia e aprire un nuovo capitolo della vita ma, parallelamente, continua ad avere bisogno dei genitori. In corrispondenza con i primi tentativi di distacco mentale dalla famiglia si ha un avvicinamento agli amici: l'adolescenza è infatti il momento in cui i ragazzi parlano poco dei propri genitori, perché gli investi-

Tabella 23.1
Distribuzione degli adolescenti rispetto alle categorie di attaccamento*

	Pattern									
	A			B		C		A/C	CC	TOT
Sub-pattern	A0	A1-2	A+	B1-2	B3-4-5	C1-2	C+			
Frequenze osservate	3	12	7	7	4	5	0	1	1	40
Percentuali	37,5%		17,5%	27,5%		12,5%	–	2,5%	2,5%	100%
	55%					12,5%				
						C pari 5 C dispari 0				
Pattern A+, C+, AC, C			7 17,5%				0 –	1 2,5%	1 2,5%	9 22,5%
U loss / U trauma										

In R** Riorganizzazione
(frequenze osservate: 4, percentuali: 10%)

N = 1 da A2 (Inès)	Femmina di 10 anni, adottata a 6 anni, istituto, una sorella biologica	Madre B2; Padre A4
N = 1 da A4 (Saverio)	Maschio di 21 anni, adottato a 18 mesi, istituto	Madre C2 (Dp); Padre A0
N = 1 da A4 (Paolo)	Maschio di 23 anni adottato a 12 anni, istituto + famiglia affidataria + esperienza adottiva fallita, un fratello (biologico) adottato	Madre B4; Padre B3; Michele B5
N = 1 da C2 (Hilenia)	Femmina di 16 anni adottata a 6 anni famiglia biologica e istituto, un fratello adottato	Madre C3; Padre B4; Matteo A2

* Le categorie A/C, C+ e A+ raggruppano gli attaccamenti più problematici: gli adolescenti del nostro campione utilizzano come modalità preoccupata solo la strategia A+, mentre la strategia C+ non è rappresentata.

** 3 su 4 soggetti «in R» hanno un fratello o una sorella adottata; il fratello di Paolo è anche fratello biologico; 3 su 4 soggetti «in R» hanno almeno un genitore «sicuro» in famiglia; 3 su 4 soggetti «in R» sono stati adottati nella fascia 0-6 anni; la condizione preadottiva invece è diversa per ognuno. La categoria «in corso di riorganizzazione» è una delle categorie dinamico-maturative (Crittenden, 1999) ed è basata su elementi teorici e osservazioni cliniche mediante AAI sostenute da caratteristiche del discorso. I soggetti «in R» stanno cambiando attivamente la loro comprensione delle esperienze passate e attuali; la configurazione difensiva sta subendo una modificazione verso una configurazione equilibrata.

menti sono diretti altrove, verso il mondo esterno e i coetanei. Per questo, nelle risposte alla Adult Attachment Interview, sono presenti una modalità distanziante rispetto alla storia passata, una ridotta metacognizione attraverso il rifiuto di considerare con attenzione le domande, il passare oltre rispetto alle discrepanze logiche temporali o causali (hanno avuto ragione i genitori o io?) o accantonare i punti importanti trattandoli con estrema brevità oppure spiegandoli in modo semplicistico, con idee di altri o del senso comune. Un aumento – sebbene non significativo – del pattern evitante (che si accompagna alla riduzione della percentuale dei «sicuri») si riscontra anche nel confronto tra la popolazione di adolescenti e la popolazione adulta (gli adulti a cui si fa riferimento sono costituiti dal campione di genitori esaminato nella metanalisi di van Ijzendoorn e Bakermans-Kranenburg, 1997); il pattern evitante è ampiamente rappresentato anche in un nostro campione di adolescenti cresciuti nella loro famiglia (1/4), che in questa sede non prendiamo come gruppo di controllo ma al quale comunque rimandiamo (Fava Vizziello, Burba e altri, in corso di stampa) per approfondimenti delle dinamiche.

2) Specificamente negli adottati, la modalità distanziante potrebbe derivare da un duplice meccanismo:
a) l'ottica di comprensione del funzionamento distanziante rispetto al passato si basa sul presupposto che la storia personale di questi adolescenti è per la maggior parte costellata da esperienze precoci negative e/o traumatizzanti (abbandoni, abusi fisici, promiscuità sessuale della madre, precoci istituzionalizzazioni ecc.): perciò, è probabile che il distanziamento sia stato la modalità maggiormente adattativa utilizzata nel passato per difendersi da relazioni deficitarie o disfunzionali, e che abbia dimostrato la sua efficacia e, quindi, che tale modalità venga riattualizzata nella relazione con la famiglia adottiva;
b) se spostiamo ora il focus dal periodo preadottivo al periodo post-adozione, dobbiamo considerare che gli adolescenti adottati hanno dovuto integrare una «doppia genealogia». Con l'acquisizione del pensiero formale e della capacità metacognitiva, le distinzioni mentali, i quattro genitori al posto di due, l'infanzia così diversa e scollegata rispetto all'attualità, possono avere un potenziale rischioso per l'equilibrio dei soggetti. Quando alcune informazioni rispetto ai genitori biologici sono risultate essere per questi ragazzi – che allora erano bambini – indici di rifiuto-trascuratezza-abuso o contraddittoriamente inattendibili o non valide, possono essere scartate nell'incipiente processo integrativo che ha inizio proprio in adolescenza. Ciò può far sì che l'adolescente adottato costruisca modelli rappresentativi che contengono meno complessità e richiedono meno integrazioni sottili. Il risultato sarebbe il distanziamento mentale anche dai genitori adottivi, nei quali questi ragazzi sono restii a riporre fiducia; la diffidenza ha la funzione di allontanarsi dall'esperienza preadottiva limitandone attivamente l'influenza sulla propria vita attuale per non essere sopraffatti da affetti difficili da gestire (tra questi, appunto, anche la capacità di fidarsi e di attaccarsi ai nuovi genitori). In questo senso, riguardo alla ridotta capacità metacognitiva che abbiamo visto essere una caratteristica dei racconti del sottogruppo evitante, si potrebbe formulare l'ipotesi che questi adolescenti siano riusciti ad

adattarsi e a crescere senza troppi problemi a condizione di accantonare sicuramente la condizione precedente e forse anche di escludere e normalizzare la maggior parte dell'elaborazione mentale riguardo ai genitori adottivi («tutto bene, famiglia perfetta, non è cambiato niente con la crescita»). In altre parole, il pattern evitante potrebbe doppiamente configurarsi, nel corso del successivo sviluppo, come una strategia di adattamento: i ragazzi sceglierebbero di continuare a distanziarsi dai loro vissuti ancora per molto tempo o per sempre; oppure, una così massiccia modalità evitante sarebbe limitata solo a questa fase di sviluppo (l'adolescenza), e ciò significherebbe, quindi, che tale strategia rappresenta una situazione di partenza (una modalità meglio adattata di altre) per un processo di integrazione delle informazioni sui genitori che potrebbe avvenire solo più tardi, quando l'adolescente – magari sulla spinta di altre relazioni significative o eventi reali – avrà la capacità di costruire modi più sofisticati di utilizzare le rappresentazioni dell'infanzia.

Il distanziamento – negli adolescenti che nel nostro campione presentano un pattern evitante – assume due forme: per il 68 per cento si realizza attraverso l'idealizzazione, la normalizzante e il Sé forte (A1-2-0); per il 32 per cento il distanziamento dal Sé e dalla propria storia prende la forma dell'assunzione del punto di vista genitoriale e dell'acquiescenza nei confronti dei genitori adottivi (A+). In entrambe le forme, il distanziamento si manifesta con un deficit della capacità metacognitiva nella direzione di un'integrazione accantonata (A0-1-2) o nella direzione di una metacognizione fallita (A+).

Chi usa una modalità fortemente distanziante (A1-2) non parla della propria condizione di adottato (*«non so, non mi ricordo, bisognerebbe chiederlo ai miei, si sono comportati così perché mi volevano bene»);* oppure si concentra sul presente e non dice nulla del «processo» verso la consapevolezza di essere stato adottato; idealizza i genitori adottivi o normalizza l'attuale esperienza, nega qualsiasi influenza del passato sul presente. La funzione è di escludere qualsiasi elaborazione mentale.

«C'è qualcosa che hai imparato dalla tua esperienza di bambina?»
«Sì, fidarsi sempre dei miei genitori che sono... anche nei consigli e nelle cose che fanno sono sempre le uniche persone che non ti tradiscono mai. Cioè, per esempio, anche se ti fai un'amica, magari c'è sempre un momento in cui le fai comodo; invece i genitori sei sicura che non lo faranno mai ma stanno sempre lì con te perché ti vogliono molto bene» (idealizzazione).

«Pensi che le esperienze della tua infanzia abbiano influenzato la tua personalità?»
«No, niente, non mi faccio domande così. Cresco con i consigli che mi danno i miei genitori come tutti gli altri, cerco di accettarli il meglio possibile e basta» (normalizzazione).

Solo 3 soggetti su 15 adolescenti evitanti usano la svalutazione dell'attaccamento (A0): questo è sicuramente un modo per andare con i piedi di piombo sui carboni ardenti dell'accordare la fiducia ai genitori e per ridurre, di conseguenza, la probabilità che il Sé si trovi impreparato al rifiuto genitoriale, così come è successo in passato.

«Mi dava fastidio (la mamma) *perché era troppo buona con me, quando voleva darmi tutto.»*

«Non mi sono mai piaciute le persone che si preoccupano troppo per me: da piccolo vomitavo il suo latte.»

Tuttavia, il pattern Ao è rappresentato in una percentuale davvero minima nel campione degli adottati (7,5%) mentre – nel confronto con due altri nostri campioni di adolescenti – è più rappresentato tra i figli cresciuti in famiglia e tra gli adolescenti in comunità. Negli adottati Ao, inoltre, più che la modalità sprezzante si ritrovano sentimenti di Sé forte in cui il ragazzo dice di cavarsela grazie alla propria abilità di risolvere le situazioni.

«Adesso io mi sento sempre maturo ad affrontare situazioni sia difficili che altre cose, riesco in qualche modo a risolvere queste situazioni.»

«Con tutte le cose che ho passato, adesso sono capace di cavarmela in tutto.»

I soggetti evitanti A+ considerano, invece, la propria storia in modo più articolato e ricco di ragioni, ipotesi, prove e giustificazioni, ma non portano a termine il processo integrativo, che si blocca perché, pur non negando le difficoltà derivate dalla condizione di adottati, non riconoscono le possibili influenze sullo sviluppo attuale e spiegano la loro storia assumendo il punto di vista dei genitori adottivi e negando il proprio.

«Penso forse che mia mamma mi abbia desiderata più che voluta in quanto sono arrivata dopo un anno di documenti e compilazioni di moduli per cui penso si sia comportata così perché mi aspettava tanto e mi voleva con tutta sé stessa.»

«Anche quando mi sgridano io lo so che mi vogliono bene, altrimenti non mi avrebbero preso.»

«Loro hanno aspettato tanto e hanno fatto una fatica enorme... io mi sono già trovata tutto fatto...»

Oppure mediante intellettualizzazioni che esplicitano che sono ancora impegnati nel tentativo di correggere le proprie esperienze:

«Essere stato adottato sicuramente mi ha influenzato, a me non sembra di sentirlo però probabilmente sono io che credo di non sentirlo. C'è alla base un rifiuto, non te ne accorgi; è un'assunzione incosciente all'inizio, poi cosciente, poi lo sai e diventa un'abitudine.»

Rispetto agli evitanti, i ragazzi sicuri e coinvolti (nel nostro campione, rispettivamente il 27,5 e il 12,5%) raccontano in maniera diversa – a seconda del diverso grado di integrazione – il lavoro verso la consapevolezza della propria condizione adottiva.

Un soggetto sicuro descrive con ordine temporale e causale il processo in cui a poco a poco la rappresentazione dei nuovi genitori cambia: i genitori dapprima sono persone sconosciute che lo incontrano in istituto; poi, le visite si ripetono; poi, diventano i suoi genitori. Di conseguenza, a fronte del mutamento degli accadimenti reali, vi è il riconoscimento del cambiamento rappresentativo del

Sé, per cui ciò che pensava l'altro ieri dei genitori non lo pensava ieri, e ciò che pensava ieri non lo pensa oggi.

«Ti ricordi il momento in cui hai capito di essere stato adottato?»

«È stata un po' a scalare la cosa, nel senso che prima sono venute delle persone che mi hanno detto che sarei stato adottato ma io sinceramente non capivo cosa volesse dire adottato, fino ad ora non avevo mai sentito questa parola qua. Dopo, pian piano, venivano i miei attuali genitori di adesso a visitarmi in istituto, venivano sempre di più; poi mi hanno detto che quelli sarebbero stati i miei genitori. Ma non capivo ancora cosa significava adozione; ho capito davvero di essere stato adottato da... quando... mi ha abbracciato mia madre.»

Ancora, la gradualità nella comprensione della propria condizione viene descritta «au ralenti» da un altro adolescente «sicuro», senza evitare il momento del passaggio dall'istituto alla famiglia adottiva (l'adolescente distanziante – se è disposto a raccontarci qualcosa della sua esperienza preadottiva – omette di norma il momento del passaggio; vi è un buco tra l'istituto e la nuova casa; come i bambini evitanti nella Strange Situation, che abbassano gli occhi nel momento della separazione e si concentrano sui giocattoli, l'adolescente C può parlarci del momento del passaggio ma raccontarlo in modo coinvolto e disordinato). Inoltre vi è la metacognizione rispetto alla confusione di quel momento. Ecco il racconto di un adolescente B:

«Quando sono venuti l'ultima volta all'istituto, no, ero lì, dovevo andare a scuola, è venuta 'sta signora e mi ha detto: "Andiamo via"; e io non capivo, non riuscivo a capire, dopo dicevo: "Mah, questa persona qua era già venuta, mi aveva spiegato un sacco di cose, che mi porterà via, sarà la mia nuova mamma." Allora ho capito che insomma questa gente mi voleva bene e allora ho capito che forse sarebbe cambiata molto la mia vita ed ero felice, per cui dalla felicità la prima cosa che ho fatto è che ho abbracciato mia mamma e le ho detto "Mamma".»

I soggetti C ricorrono invece a pseudo-metacognizioni per razionalizzare i propri vissuti nei quali si trovano ancora fortemente invischiati: per ridurne la carica affettiva e tentare di chiarire a sé stessi la propria esperienza, si danno spiegazioni (razionalizzazioni) che consentono di mantenere un unico punto di vista (il proprio), escludendo ogni ulteriore riflessione.
Così, si oscilla nel chiedersi se l'esperienza passata abbia portato più svantaggi o più aspetti positivi:

«Cioè, in certa parte li devo ringraziare i miei genitori di prima perché se ho un carattere più aperto, riesco a capire più cose è grazie a quello che combinavano i miei. Sono, mi reputo una persona fortunata perché tutte le volte che conosco persone solo a guardarle negli occhi riesco a capire se hanno avuto qualche problema se... eh... sono quelli più fortunati in un certo senso quelli che hanno avuto delle difficoltà da piccoli, mano a mano che crescono riescono a migliorare i rapporti con la loro gente che gli sta attorno» (una sensibilità che comunque si gioca sull'intuito e sul non verbale, ovvero sull'espressività C).

Oppure si fa attribuzione esterna riguardo alla confusione che si sente dentro, e si afferma questa confusione dicendo che essere adottati implica un lavoro più difficile per trovare il bandolo del proprio carattere: un lavoro che deriva dalla paura di aver interiorizzato le caratteristiche negative del carattere dei genitori naturali (razionalizzazione psicologistica).

«*Forse un po' di educazione doveva darmela un pochino prima* (si riferisce alla madre naturale). *Non so se è vero o se non era vero. Quando* **sei** *bambino piccolo, quando è proprio piccolo le prime cose che impara dai genitori poi le tiene... Io sono un po' una testa... un po' una testa matta, ancora adesso che ho ventun anni. Ogni tanto dico: "Sì, ci devo riuscire" e poi non ci riesco. Non riesco a capire neanch'io perché, forse è un fatto di debolezza o che, o che mi fa comodo, non so cosa dire... Ogni tanto dico: "E se fosse colpa anche di quella frase che mi dicono: Guarda che quando eri piccolino non hai avuto la... la... l'educazione corretta di un bambino?"*»

Una metacognizione solo scarsamente adeguata l'abbiamo trovata anche in più della metà dei soggetti «sicuri»: infatti il 64 per cento degli adolescenti «sicuri» (7 su 11 soggetti «B») sono «B riservati» (a basso indice, B1-2); concisi, poco disposti a fornire informazioni sulla propria storia, presentano un lento riscaldamento nel corso dell'intervista, arrivano direttamente al punto con poche parole e senza soffermarsi sui dettagli (B1, la più distanziante delle configurazioni equilibrate); tuttavia, non omettono né negano informazioni negative sui genitori, né idealizzano. Forniscono meno episodi concreti per supportare le affermazioni semantiche, e buona è la logica temporale e causale. Tuttavia, riescono solo parzialmente a fare una buona integrazione: vale a dire sono sicuri del proprio punto di vista, attribuiscono a sé la buona riuscita della relazione o la capacità di aver superato le difficoltà del passato. Dato che hanno sentimenti di efficienza per il Sé, non spiegano gli effetti interattivi delle relazioni, a volte enfatizzano la propria capacità di controllare le circostanze sopravvalutandola rispetto alla realtà, e si concentrano sul presente; ciò ha la funzione di impedire loro di essere preoccupati riguardo ad aspetti del passato che non possono essere modificati e che ancora influiscono su di loro. Si concentrano su quel che c'è stato di buono nella propria esperienza – riconoscono quel che di cattivo c'è stato, ma non vi si soffermano e non lo spiegano – e la vedono attraverso una sorta di «occhiali rosa». L'evidenza che il 64 per cento dei soggetti B sono «riservati» (B1-2) indica che anche gli adottati «sicuri» rimangono per la maggior parte su un livello di metacognizione mediamente basso, evidenza che si aggiunge al 55 per cento di adolescenti distanzianti.

Attaccamento ed età all'adozione

L'età dei soggetti al momento dell'adozione varia da 5 giorni a 11 anni (tab. 23.2).

Dell'intero campione, 8 soggetti conservano ricordi sufficientemente lucidi del periodo preadottivo, e perciò è stato possibile proporre loro la AAI anche

Tabella 23.2
L'età dei soggetti al momento dell'adozione

	Pattern								
Età all'adozione	A0-1-2	B1-2	B3-4-5	C1-2	C+	A+	A/C	DX CC	TOT
0-18 mesi	2	2	1	1		2	1		9
18 mesi-3 anni	2	2		1		1			6
3-6 anni	6	3		1					10
Totale adottati 0-6	10	7	1	3		3	1		25
	40%	32%		12%	16% (di cui il 12% A+)				100%
6-9 anni	4		2	2		2			10
9-15 anni	1		1			2		1	5
Totale adottati 6-15	5		3	2		4		1	15
	33,3%	20%		13,4%	33,3% (di cui il 26,6% A+)				100%

rispetto alla famiglia d'origine. Gli attaccamenti alla famiglia d'origine – compresenti agli attaccamenti verso la famiglia adottiva – sono distribuiti lungo le due fasce d'età all'adozione, come illustra la tabella 23.3.

Considerando quindi le due fasce di età all'adozione (0-6 e 6-15 anni), emergono tre evidenze:

1) I soggetti «sicuri» (B) si concentrano tra gli adolescenti che sono stati adottati prima dei 6 anni di età (32% del gruppo 0-6 *vs.* 20% del gruppo 6-15).

2) In entrambe le fasce d'età, la modalità prevalente è quella evitante a basso indice: tuttavia, mentre gli adolescenti della fascia 0-6 (40%) si limitano a usare modalità evitanti più lineari (idealizzazione e normalizzazione, pattern evitanti a basso indice A1-2), gli adolescenti adottati dopo i 6 anni – accanto alla modalità A1-2 utilizzata dalla maggior parte (33,3%) – fanno uso (in una quota di poco inferiore) di strategie evitanti più complesse quali l'accudimento e l'acquiescenza compulsivi, considerate meno efficaci dal punto di vista protettivo (A+, 26,6%). Le configurazioni A+ (distanzianti compulsive) della AAI sono simili alle configurazioni comportamentali nella Strange Situation di bambini disturbati. In altre parole, la strategia A+ è utilizzata da 1/8 degli adolescenti che sono stati adottati nella prima e nella seconda infanzia, mentre nella fascia 6-15 anni la utilizza un adolescente su quattro (1/4).

Tabella 23.3
Attaccamenti alla famiglia d'origine

	A0	A1-2	B1-2	B3-4-5	C1-2	C+	A+	A/C AC	TOT
Adottati 0-6 anni	1								1
Adottati 6-15 anni			1 *			3	1	2	7

* Attaccamento nei confronti di altre figure nel periodo preadottivo (suora).

3) Riguardo ai pattern più disfunzionali (C+, A+, A/C), questi si concentrano nel sottogruppo di adolescenti adottati a 6-15 anni: tuttavia, la percentuale di questi pattern risulta spiegata quasi totalmente (4 soggetti su 5) attraverso il peso degli attaccamenti A+, di cui si è detto al punto 2. In entrambe le fasce d'età non vi sono pattern C+ ossessivi, mentre il peso dei pattern A/C e CC (1 soggetto per sottogruppo), pur essendo minimo, ha qualitativamente una forte importanza.

I pattern problematici C+ ossessivi e A/C misti si presentano esclusivamente nel sottogruppo di adolescenti adottati a 6-15 anni, in 5 soggetti dei 7 che possiedono un secondo attaccamento verso la famiglia biologica, ovvero una modalità di racconto del periodo precedente all'adozione che si presenta in maniera diversa nel confronto con il racconto dell'esperienza adottiva.

Relativamente all'intero campione, gli indici dei pattern coinvolti (C) sono sempre pari (5 soggetti C2 a fronte di nessun caso di C1): i sentimenti che organizzano gli attaccamenti si collocano, quindi, sul versante del desiderio di conforto. I pattern C+ (coercitivamente collerici) sono presenti solo in alcuni attaccamenti relativi alla famiglia d'origine: tra questi attaccamenti verso i genitori biologici, oltre al gradiente «pari» che va dal desiderio di conforto, alla manifestazione di debolezza, alla paura (2 C4 e 1 A3/C4), è rappresentato anche il versante «dispari», collerico-vendicativo (1 A4/C1 e 1 C5).

Pattern aggiuntivo di attaccamento alla famiglia d'origine

La presenza di 8 attaccamenti ai genitori biologici (7 nella fascia di età all'adozione 6-15 anni; 1 soltanto nella fascia 0-6 anni) e l'evidenza che questi attaccamenti compresenti all'attaccamento attuale sono costituiti dai pattern più problematici, conducono ad affermare che alcuni adolescenti si portano nella nuova famiglia:

a) una quota di rabbia (C3+) e di paura (C4+) nei confronti di genitori biologici apertamente minacciosi (abusanti) o pericolosamente assenti (abbandono fisico e/o psicologico);

b) una combinazione della strategia evitante e coinvolta che si esplicita in un pattern misto A/C originato dall'incoerenza delle figure genitoriali, che tendevano a giustapporre informazioni incompatibili (pericolo/sicurezza-benessere);

c) in due casi, l'attaccamento alla famiglia biologica risulta meno problematico e si esplicita attraverso il disprezzo (A0) o l'acquiescenza compulsiva (A4).

La presenza di attaccamenti relativi alla famiglia biologica indica che il soggetto non è stato in grado di integrare le diverse esperienze per costruire una rappresentazione unitaria di sé in relazione con il genitore, esprimibile attraverso un unico pattern di attaccamento. In questi casi ci è sembrato che l'elaborazione delle informazioni rispetto all'esperienza di attaccamento dell'infanzia

Tabella 23.4

oggetti	Sesso	Età	Età di adozione	Condizione preadottiva/ adottiva	Anni in famiglia adottiva	Nazionalità	Fratria	Attaccamento famiglia biologica	Attaccamento famiglia adottiva
arco*	M	21	8	istituto + famiglia affidataria	13	Italia	1 fratello adottivo; 2 fratelli biologici	C5 2 Utr (p)	A0
ucia*	F	18	4,3	istituto + famiglia affidataria	14	Italia	1 fratello adottivo; 2 fratelli biologici	A0	B2
ariana	F	16	8	famiglia biologica fino a 4 anni + istituto	8	Colombia	–	C4 Ul (p)	C2
annine	F	16,5	7	famiglia biologica + istituto	9,5	Haiti	1 fratello biologico	A4	A1
ashida	F	13	9	famiglia biologica	4	Etiopia	–	A4C1	A4
aolo	M	23	12	più istituti; due affidamenti; un'adozione fallita	11	Italia	1 fratello adottivo	C4 Utr (p)	A4 in R
amantha	F	25	10,5	famiglia biologica; famiglia affidataria; istituto	15,5	Italia	–	A3/C4 Utr (p)	B5
lvin	M	18	8	istituto	10	Perù	1 fratello adottivo	B1 (educatore)	B4

* Famiglia adottiva e famiglia biologica comuni.

con il genitore rifiutante-incoerente-abbandonante-abusante sia sospesa, più che conclusa. Questa «sospensione di giudizio» avviene comunemente quando il bambino si trova davanti a un pericolo: ogniqualvolta la probabilità di pericolo supera la soglia interna, si sospende l'elaborazione delle informazioni e si attua il comportamento protettivo (più o meno efficace); quando l'individuo è al sicuro, l'elaborazione può essere ripresa. L'adattamento risulta dall'aggiunta graduale di nuove informazioni sul pericolo – raccolte dall'esperienza della risposta al pericolo che è stata messa in atto – per preparare mentalmente una risposta più adattativa nel caso che il pericolo dovesse ripresentarsi. In quest'ottica, la presenza dell'attaccamento verso i genitori biologici e l'incapacità del bambino adottato di articolare una sufficiente integrazione del modello di attaccamento primario con il nuovo modello inducono a pensare che l'individuo non consideri conclusa quella passata esperienza e che mantenga uno stato di allerta (di «sospensione»), funzionale a manifestare il comportamento protettivo anche in situazioni di assenza di pericolo. In altre parole, il lavoro di unificazione tra i modelli in questi casi non verrebbe completato, perché il soggetto probabilmente ritiene ancora utile disporre delle passate rappresentazioni mentali che muovono a determinati comportamenti autoprotettivi. Perciò, gli attaccamenti alla famiglia d'origine si configurerebbero come traumi irrisolti, nuclei scissi rispetto all'esperienza con i genitori biologici che non possono essere né negati con l'evitamento né integrati nel pattern di attaccamento attuale.

In questa direzione andrebbe l'evidenza che i 7 soggetti – sui 15 adolescenti adottati dopo i 6 anni – che non presentano l'attaccamento alla famiglia d'origine hanno un pattern A, A+ o B verso la famiglia adottiva, ma mai un pattern C. Ovvero: o gli aspetti precedenti all'adozione vengono negati (e il soggetto presenta una strategia evitante A1-2); o l'adolescente riconosce le vecchie relazioni ma fallisce nella metacognizione (A+) e non riesce a spiegarsi gli effetti che tali relazioni hanno avuto; o, non negando l'attaccamento ai genitori biologici, riesce a integrarlo nel nuovo pattern (e questa è una caratteristica degli attaccamenti sicuri). La soluzione preferita dai 7 adolescenti adottati tardivamente, che quindi dovrebbero ricordarsi della precedente esperienza – e invece non ricordano nulla dell'esperienza preadottiva – è in 6 casi su 8 un evitamento (3 soggetti A0-2; 2 soggetti A4; 1 soggetto CC, in cui il non-ricordo è massiccio rispetto ad ambedue le famiglie poiché l'intervista è avvenuta a soli due anni dall'adozione); solo 2 soggetti hanno integrato il precedente attaccamento e presentano attualmente un pattern sicuro o «in riorganizzazione».

Inoltre, il fatto che le uniche cinque classificazioni aggiuntive Ul o Utr (lutto o trauma non risolto) dell'intero campione sono concentrate nel sottogruppo di 8 soggetti che conservano l'attaccamento del periodo preadottivo porta a pensare che davvero il mantenimento del pattern di attaccamento verso i genitori biologici possa essere considerato come una mancata risoluzione del pericolo, che emerge in un modo qualitativamente diverso – non possiamo dire se più o meno grave – rispetto alla classica classificazione Ul o Utr. Recuperiamo, in questo contesto, la distinzione fra trauma puntuale e trauma cumulativo: la morte di una figura di attaccamento, un abbandono, un abuso sarebbero traumi puntuali; una relazione con un genitore rifiutante-incoerente-abbandonante-abusante sarebbe un trauma cumulativo che mette in pericolo il Sé del bambino per un periodo continuato e che richiede uno sforzo esteso nel tempo per farvi fronte. In questo senso, il trauma cumulativo degli adottati produrrebbe una soluzione di natura diversa rispetto al trauma puntuale, che pure è presente nella metà di questi soggetti (ovvero, la conservazione dell'attaccamento ai genitori biologici «cattivi» come nucleo scisso *vs.* la classificazione classica Ul/Utr).

Nel sottogruppo degli adolescenti che conservano l'attaccamento verso la famiglia biologica, è presente anche l'unica configurazione «AC alternante» dell'intero campione, che è considerata meno integrata rispetto alla configurazione «A/C miscelata»: il soggetto fa uso in modo scisso e alternante sia della strategia preoccupata sia di quella distanziante per momenti diversi della relazione con una madre fortemente incoerente e che usava falsa cognitività nei suoi confronti.

Rispetto alla variabile «condizione preadottiva», 6 soggetti su 8 (75%) che presentano i due attaccamenti compresenti provengono da situazioni «miste»

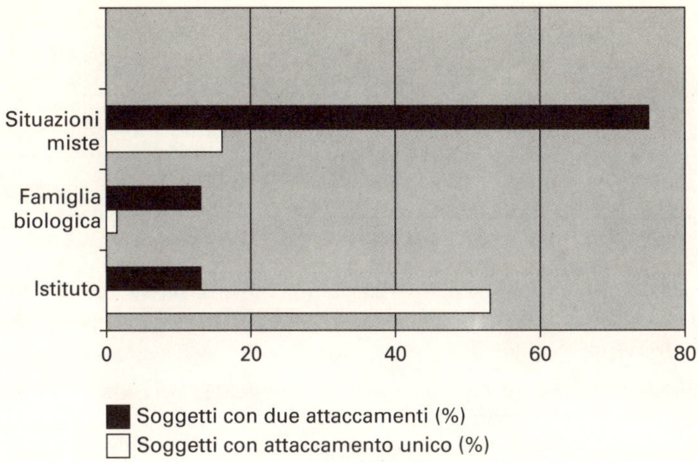

Figura 23.1

(famiglia biologica + famiglia affidataria + istituto; oppure, famiglia biologica + istituto; oppure, più famiglie affidatarie; oppure, due istituti + due famiglie affidatarie + un'esperienza adottiva fallita). Al contrario, nel sottogruppo di adolescenti che presentano un unico pattern di attaccamento verso la famiglia adottiva, le situazioni preadottive «miste» sono solo il 15,6 per cento (5 soggetti su 32) (fig. 23.1).

Le storie di questi ragazzi che si trovano ancora impegnati con la doppia genealogia, nonostante una media di quasi 11 anni trascorsi nella famiglia adottiva, descrivono dinamiche diverse tra l'attaccamento «vecchio» e quello «nuovo».

Marco (21 anni) e *Lucia* (18 anni), entrambi con due attaccamenti, sono fratelli biologici che condividono la stessa famiglia adottiva. Lui riesce a «curare» l'attaccamento fortemente problematico che si porta dall'esperienza preadottiva (C5) prendendo – nella famiglia adottiva – l'attaccamento che la sorella ha attualmente verso la famiglia biologica (Ao). Il pattern Ao mantiene gli aspetti di collera della classificazione C5 ma toglie la sensazione di essere stati vittimizzati (e quindi giustificati nella vendetta). Al contrario, la rabbia dei C5 si stempera nella configurazione Ao e viene rivolta verso l'esterno: da qui, la modalità sprezzante e la svalutazione dell'attaccamento. Parallelamente, i sentimenti di vulnerabilità dei C5 (desiderio di conforto e paura) vengono presentati come invulnerabilità e Sé forte. L'attaccamento preadottivo C5 ha potuto trasformarsi in Ao, probabilmente anche grazie all'attrazione esercitata dal pattern evitante a basso indice A2 della madre: l'avvicinamento del nuovo pattern del figlio a quello della madre è stato probabilmente facilitato dall'apporto di sicurezza del pattern B1 del padre.

Mariana. Con il passaggio dalla famiglia biologica alla famiglia adottiva, l'intensità affettiva dell'attaccamento di Mariana diminuisce: l'incompetenza e la paura generalizzata (C4, Ul (p) morte del padre biologico) per una famiglia estremamente pericolosa si trasformano – con l'esperienza adottiva – in desiderio di conforto (C2) e, come tali, vengono rivolte a un oggetto:
«C'è qualcosa che hai imparato dalla tua esperienza di bambina?»
«Che quando succede una cosa, insomma che capita... io prima se succedeva qualcosa mi mettevo a vagare, invece qui se succede qualcosa so che è meglio chiedere aiuto.» La paura e la vulnerabilità al rifiuto, tuttavia, si sono mantenute per lungo tempo anche nella famiglia adottiva: «*Papà* (si riferisce al padre adottivo) *lo prendevo sempre per la camicia e allora si è arrabbiato con me e allora ho cominciato a pensare che fosse anche lui come il mio patrigno. Mi rifiutava.*»

Jeannine. L'attaccamento verso la famiglia biologica è A4; A1 nei confronti della famiglia adottiva. Con i genitori naturali Jeannine faceva buon viso a cattiva sorte e accettava in un quadro di distanziamento (acquiescenza compulsiva, A4) la situazione fortemente problematica della famiglia biologica (una storia di inversione di ruolo nei confronti della madre ed episodi di lesioni e botte con il padre). Ora, adotta una soluzione idealizzante (ancora più distanziante) per descrivere il capovolgimento in positivo della situazione che vive con la nuova famiglia: nel suo racconto, Jeannine è ancora impegnata nella sua storia precedente e quindi non riesce a motivare con evidenze concrete ed episodi la nuova esperienza né a riflettere su di essa in modo efficace, ma si limita a dire: «*Quanto sono fortunata*» (conservando così, dal pattern A4 precedente, una metacognizione fallita quando – nelle domande integrative – è stimolata a confrontare il passato con il presente).

Rashida. Stempera con la famiglia adottiva gli aspetti preoccupati del pattern misto che aveva con la famiglia biologica (da A4/C1 a A4) grazie all'apporto dei genitori adottivi, che sono entrambi B a basso indice. L'attuale strategia evitante-acquiescente di Rashida, che ha origine nel precedente attaccamento misto, rappresenta una modalità singolare di collegare insieme le sue due «vite» – quella passata e quella presente – e i suoi quattro genitori. Abbiamo considerato questa modalità come una tappa lungo la linea evolutiva che porta a rappresentarsi i propri genitori che cambiano.

Paolo (vedi oltre, p. 402).

Elvin (vedi oltre, Johnny, pp. 400 sg.).

Samantha. Passa da un attaccamento fortemente problematico (A3/C4 Utr) rispetto a una madre biologica che la ingannava circa le sue intenzioni, attraverso un affidamento temporaneo e poi l'istituto, a un pattern B5 grazie a un intervento quasi pedagogico della mamma adottiva B1, che si serviva della nipote per attutire le sgridate rivolte a Samantha. Quanta fatica ci ha messo Samantha per fidarsi dei suoi genitori: all'inizio li vedeva come dei nemici, «*della gente che di nuovo voleva sbattermi via se io non andavo bene*», come la famiglia affidataria in cui è vissuta per un po'. Quanta fatica, dall'altra parte, hanno fatto i genitori nel fingere di non farsi intimorire dai biglietti intimidatori che per quasi tutto il primo anno Samantha seminava per la casa: «*Mi siete antipatici, vi detesto; io me ne vado*», scriveva su questi biglietti. Dopo qualche anno, tuttavia, il desiderio di conforto la spuntò sulla diffidenza e allora... «*e allora, dall'inizio delle superiori, magari se c'era qualcosa che non andava bene, cominciavo a piangere come una pazza e a confidarmi con mia madre*».

Nella fascia di adolescenti adottati da 0 a 6 anni di età, solo un soggetto (su 25) presenta l'attaccamento alla famiglia biologica compresente all'attaccamento alla famiglia adottiva. Questo ragazzo è stato adottato a 4,5 anni. In generale, è verosimile pensare che sotto i due-tre anni di età non vi siano ricordi: la memoria semantica comincia a svilupparsi durante il secondo anno di vita e la memoria episodica non si sviluppa fino ai tre anni circa. Riguardo alla primissima infanzia, abbiamo a disposizione solo immagini (la memoria per immagini è funzionante da subito); ma è pur vero che è difficile recuperare i ricordi, anche sotto forma di immagini, che riguardano il periodo precedente i tre anni. Tuttavia, i 10 adolescenti del sottogruppo adottato dai 3 ai 6 anni (presi dal sottocampione di 25 soggetti adottati 0-6 anni) hanno una media di età all'adozione di 4,4 anni (di questi, un soggetto è stato adottato a 6 anni, due soggetti a 5 anni, cinque soggetti tra i 4 e i 4,5 anni).

Perché tra questi adolescenti – adottati in media dai 4 anni in su e che, quindi, dovrebbero avere dei ricordi – solo uno ricorda il periodo precedente l'adozione? Se consideriamo gli attaccamenti dei restanti 9 adolescenti adottati a 3-6 anni, emerge che 6 soggetti (66,6%) scelgono una soluzione massicciamente distanziante rispetto alla famiglia attuale e rispetto al Sé: questa scelta spiegherebbe anche l'amnesia rispetto all'esperienza preadottiva, amnesia che probabilmente per questi soggetti è la condizione necessaria per sopravvivere; d'altra parte, l'unico adottato della fascia 3-6 anni che ricorda la storia precedente condivide la famiglia adottiva con il fratello biologico – di 3 anni più grande – e per questo può avere beneficiato del rinforzo al ricordo dovuto alla presenza del fratello.

Al contrario, gli adottati nella fascia 0-3 anni (il restante sottogruppo), oltre a non utilizzare la strategia distanziante in maniera così massiccia (solo 4 soggetti 0-3 su 15: 26,6%), presentano una distribuzione di pattern più variata (fig. 23.2).

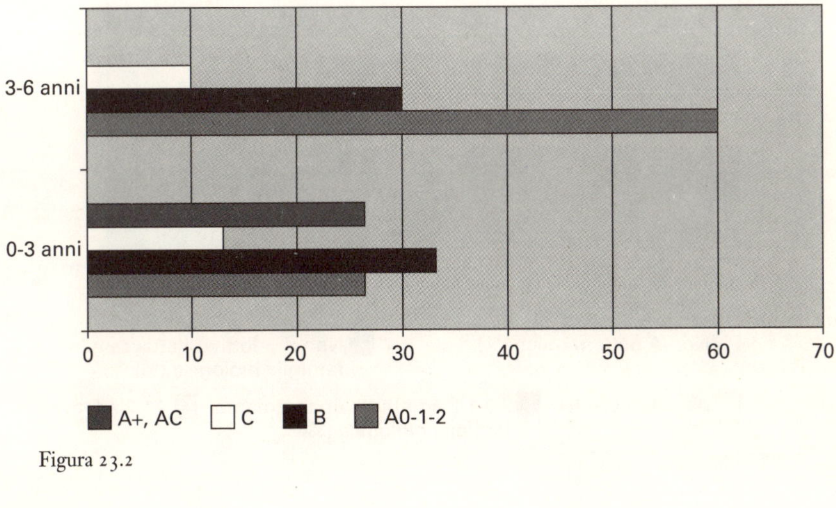

Figura 23.2

Gli adolescenti adottati nella fascia 7-15 anni non ce la fanno a usare la strategia massicciamente distanziante (solo 3 su 15, cioè il 20%, hanno un attaccamento A1-2); dei 12 rimanenti:

1 soggetto utilizza una strategia distanziante-idealizzante verso la famiglia adottiva (A1), conservando però un attaccamento distanziante compulsivo (A4) verso la famiglia biologica;

1 soggetto presenta una soluzione distanziante-sprezzante verso la famiglia adottiva (A0), che rappresenta probabilmente l'unico modo per «evolvere» da un attaccamento molto problematico (C5) verso la famiglia biologica e da due lutti. Infatti i pattern A0 e C5 utilizzano entrambi il meccanismo della scissione al fine di assegnare caratteristiche negative alla figura di attaccamento: soltanto che nel pattern C5 i sentimenti di vulnerabilità vengono trasformati in collera e vendetta, mentre nel pattern A0 vengono presentati come svalutazione per il legame di attaccamento e sentimenti di efficienza per il Sé e Sé forte;

4 soggetti presentano una strategia evitante compulsiva (A4): in due casi essa è compresente a un attaccamento preadottivo A/C e C+;

3 soggetti presentano un attaccamento per la famiglia adottiva «non-A» e un attaccamento diverso per la famiglia biologica (vedi la discussione sull'attaccamento doppio);

i restanti soggetti «non-A» adottati nella fascia 7-15 anni (3 su 15) presentano un pattern unico di attaccamento (fig. 23.3).

Al di là dell'analisi qualitativa dei sottogruppi appena descritti, l'evidenza che emerge è una prevalenza della strategia A0-1-2 negli adolescenti adottati dai 3 ai 6 anni e – rispetto a questi (ma non rispetto al sottogruppo più esteso adottato a 0-6 anni) – una prevalenza della strategia A+ negli adottati nella fascia 6-15.

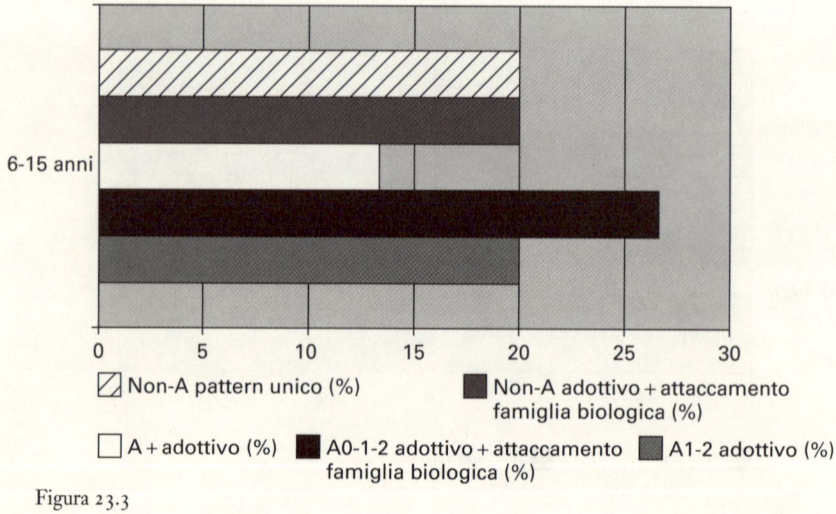

Figura 23.3

Il sottogruppo 0-3 e 3-6 anni si differenzia quindi per il fatto che gli adolescenti adottati più tardi (a 3-6 anni) devono utilizzare in maniera massiccia (quasi del doppio) una strategia evitante (A0-1-2).

Queste risultanze sulla strategia evitante (A a basso e ad alto indice) sono da leggersi complementarmente all'evidenza che nel campione 0-6 i soggetti sicuri sono 1 su 3 (33,3%), mentre nel campione 6-15 vi è 1 soggetto sicuro su 5 (20%) (fig. 23.4).

Attaccamento e condizione preadottiva

La peculiarità di ogni adolescente è che il suo sviluppo si realizza, in questa fase più che in altre, secondo la dimensione della discontinuità sia a livello corporeo (caratteri sessuali secondari, altezza ecc.) sia a livello della mente (aspetti emotivo-relazionali, aspetti cognitivi come astrazione, simbolizzazione, pensiero ipotetico-deduttivo). Ogni adolescente, perciò, si trova a dover fare i conti con il fatto che non è nato in quel momento come persona fisica e psichica, che esisteva già da prima e ha visto trasformarsi alcune parti di sé: questi aspetti connessi alla ricerca della propria identità, tipici del periodo adolescenziale, si collegano nell'adolescente adottato alla questione della ricerca delle proprie origini e all'incipiente o recente consapevolezza – originata dalla capacità di riconoscere il cambiamento rappresentativo nel tempo – che la propria storia e la propria memoria contengono in sé un salto brusco e traumatico, ovvero il passaggio dalla condizione preadottiva (qualunque essa sia stata) a una nuova condizione. Ognuno utilizza una strategia diversa per raccontare a sé stesso la propria storia: più o meno, le strategie narrative corrispondono ai pattern di attaccamento attuale, mentre alcuni soggetti – come già detto – scelgono due modi diversi di raccontare, uno relativo alla storia precedente e uno relativo alla storia con i genitori adottivi.

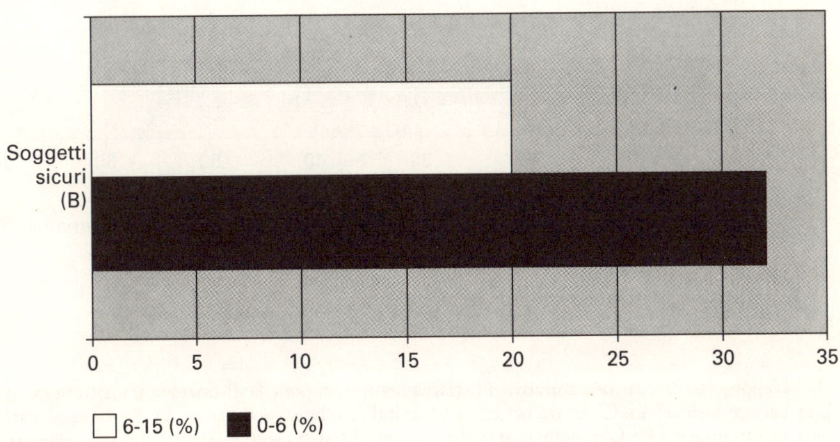

Figura 23.4

Le tre situazioni più largamente rappresentate tra gli adolescenti del nostro campione sono le seguenti: il 45 per cento (18 soggetti) provengono da un istituto; il 27,5 per cento (11 soggetti) sono stati adottati direttamente dai genitori naturali; il restante 27,5 per cento provengono da situazioni «miste», ovvero «famiglia biologica + istituto», «più istituti», «più famiglie affidatarie», «esperienze adottive fallite».

I dati percentuali evidenziano una certa logica causale tra pattern di attaccamento attuale e condizione preadottiva solo per gli adottati nella prima e nella seconda infanzia (0-6 anni). Specificamente, dei 10 adolescenti adottati prima dei 18 mesi, il 30 per cento sono «sicuri», un altro 30 per cento sono «distanzianti a basso indice» (ovvero la forma di evitamento considerata come «stile temperamentale» *vs.* le forme di distanziamento problematico A+ quali l'acquiescenza, la modalità curante o autosufficientemente isolata): entrambi questi sottogruppi («sicuri» e con un distanziamento a basso indice) provengono dalla famiglia biologica. Complementarmente, i soggetti che hanno trascorso i primi 18 mesi in istituto (40%) stabiliscono con la famiglia adottiva pattern A+, A/C (cioè pattern problematici) e – in un solo caso – C1-2 (cioè pattern coinvolti a basso indice, considerati anch'essi – come i pattern evitanti a basso indice – «convenzionali» a uno stile di relazione condiviso) (fig. 23.5).[2]

Negli adottati dai 18 mesi ai 6 anni, i pattern si invertono rispetto alla fascia d'età precedente: la permanenza in istituto non è più condizione necessaria

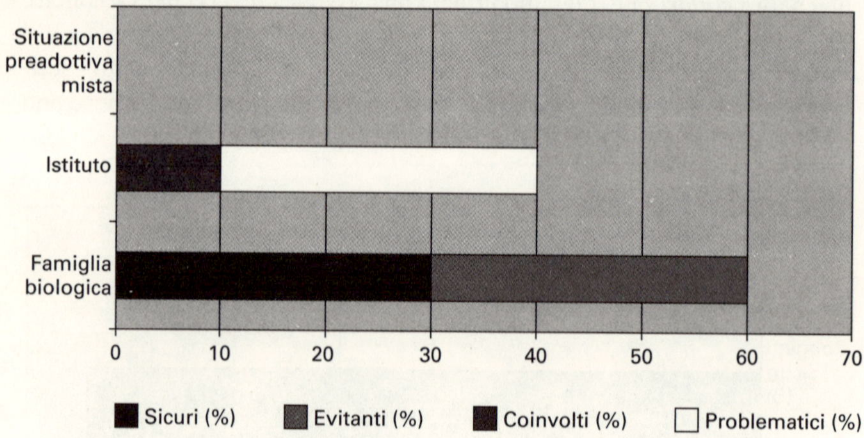

Figura 23.5
Fascia 0-18 mesi: attaccamento e condizione preadottiva.

[2] L'approccio dinamico-maturativo all'attaccamento non pone la distinzione tra pattern sicuri B *vs.* pattern insicuri A e C, ma tra pattern a basso indice o basso potenziale, A1-2 e C1-2 *vs.* pattern ad alto indice A+ e C+: mette così in discussione che siano solo i soggetti con attaccamento sicuro ad avere più possibilità di adattamento per fare fronte alla realtà quando questa è complessa.

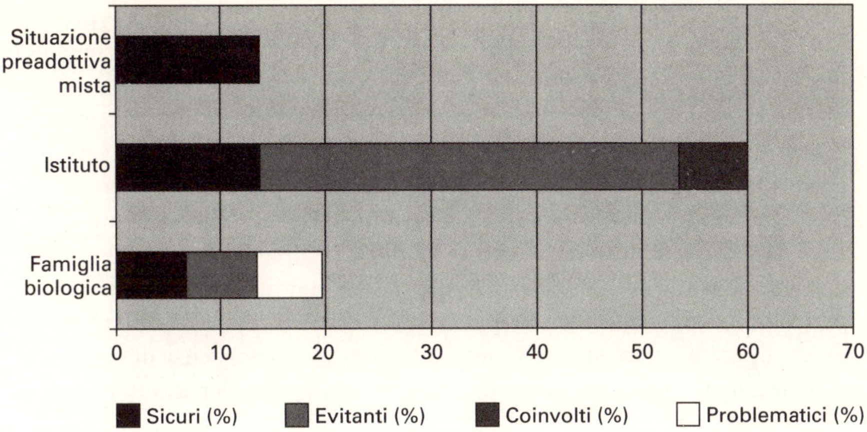

Figura 23.6
Fascia 18 mesi-6 anni: attaccamento e condizione preadottiva.

per attaccamenti coinvolti (C) e problematici (A+ e A/C), e infatti il 53,3 per cento (8 su 15) dei soggetti adottati nella fascia 18 mesi-6 anni provengono dall'istituto, e purtuttavia non rimangono coinvolti in questo tipo di esperienza preadottiva ma riescono a stabilire con i genitori attuali attaccamenti A0-1-2 e B (fig. 23.6).

Nella fascia successiva (età all'adozione 6-9 anni), gli attaccamenti si dispongono in maniera casuale rispetto alla variabile «condizione preadottiva»: una evidenza controintuitiva e interessante è che gli unici due adottati a 6-9 anni e provenienti dalla famiglia biologica stabiliscono nei confronti della famiglia adottiva attaccamenti problematici (AC e A4).

Sembra perciò che in età precoce – quando la relazione è impegnata nel lavoro di costruzione del legame di attaccamento – il discrimine fra tipologie di attaccamento:

a) non stia solo nella valutazione della «qualità» della relazione di attaccamento (evitante, sicuro, coinvolto-ambivalente) ma anche nella valutazione dell'«intensità» della relazione lungo la dimensione «forza/debolezza» del legame di attaccamento. Secondo questa lettura, abbiamo considerato gli attaccamenti «coinvolti» come i più «forti» (si sta facendo sempre un discorso sulla «quantità/intensità» e non sulla «qualità» del legame) e il quantum di problematicità degli attaccamenti A+, C+ e AC sta proprio in un «surplus» di legame che porta alla sua distorsione: allora, se il legame di attaccamento viene misurato anche attraverso la forza della relazione – oltre che attraverso la sua qualità «A-B-C» – si trova che molti dei bambini ansioso-ambivalenti (C) hanno «forti» attaccamenti alle loro madri (criterio quantitativo), eppure sono tra i bambini meno competenti (criterio qualitativo). Nel nostro campione, gli adolescenti che da bambini sono stati in istituto nel periodo di costruzione del legame di attaccamento (cioè quelli compresi nella fascia 0-18 mesi) – ovvero quelli che non hanno fatto esperienza dei genitori naturali – si attaccano in modo quantitativamente più forte (e in modo qualitativamente diverso) ai genitori adottivi (pattern coinvolti e problematici);[3]

b) in secondo luogo, sembra che la discriminazione tra attaccamenti «B» e «A» da una parte[4] e attaccamenti coinvolti e complessi (C e A+, C+ e AC) dall'altra non stia nella dimensione «situazioni di protezione *vs.* situazioni di pericolo» nella prima infanzia, quanto piuttosto nella dimensione «presenza di una figura di attaccamento (famiglia biologica)» *vs.* «assenza di una figura di attaccamento specifica (istituto)». Questa seconda evidenza, tuttavia, è un luogo classico della teoria dell'attaccamento: una madre inadeguata o che instaura una relazione fortemente distorta con i figli è meglio dell'assenza di qualsiasi figura di attaccamento.

Sembrerebbe allora che, quando il legame di attaccamento si è ormai formato e quando le tracce mnestiche episodiche e semantiche cominciano a mettere in ordine le esperienze secondo un modello narrativo (la costituzione del Sé narrativo viene collocata intorno ai 24 mesi, vedi Stern, 1985), il fattore discriminante non sia l'esperienza in sé ma l'elaborazione delle informazioni effettuata dal bambino relativamente alla figura di attaccamento e alle diverse situazioni (abuso fisico, trascuratezza fisica, abuso e trascuratezza, abuso sessuale, maltrattamento psicologico, trascuratezza psicologica): per cui, un bambino in istituto può aver vissuto comunque in una situazione di sicurezza percepita oppure può far fronte in maniera più efficace al pericolo o alla trascuratezza grazie all'apporto cognitivo, cioè all'attribuzione di significato semantico ed episodico alle esperienze; così, anche storie preadottive «miste» possono essere ricucite insieme – grazie a questa acquisita capacità di elaborazione mentale – e permettere la costruzione di un pattern sicuro, come avviene in due casi del nostro campione; e, viceversa, una permanenza nella propria famiglia biologica disfunzionale porta alla costruzione di pattern problematici.

[3] Attribuiamo agli attaccamenti B e A un'intensità «meno forte» rispetto agli attaccamenti C e A+, C+, AC, in quanto i bambini B hanno una sufficiente capacità di libero movimento e di autonomia rispetto alla figura di attaccamento, e i bambini A, non avendo imparato come suscitare le cure che desiderano, sono disposti a inibire l'espressione affettiva e a funzionare in maniera separata dalla madre. Attribuiamo agli attaccamenti C e A+, C+, AC un'intensità «forte» poiché questi soggetti – che nell'infanzia hanno imparato che gli effetti della loro affettività modificano il comportamento dei genitori e, specificamente per i pattern C, C+ e AC, lo modificano in maniera confusa e imprevedibile – si trovano continuamente impegnati e ancora coinvolti nel modificare i comportamenti delle figure significative, reali e interiorizzate.

[4] Attribuiamo in questa sede una qualità maggiormente adattativa al pattern A1-2 rispetto al pattern C1-2 nel funzionare in alcune condizioni solo rispetto a indici «comportamentali», perché i soggetti A1-2 sono capaci di stare da soli.

Gli attaccamenti degli adottati nell'ultima fascia di età (6-15 anni) si dispongono ancora in maniera casuale, e la condizione preadottiva non discrimina alcunché, salvo produrre due attaccamenti problematici (A+) relativi agli unici 2 soggetti adottati a 6 e 9 anni provenienti dalla famiglia biologica (tra questi, un soggetto si porta dal periodo preadottivo un attaccamento misto che non riesce a integrare nel nuovo attaccamento). La variabile «famiglia biologica», che in età precoce era condizione favorevole per evitare pattern problematici, in latenza diventa condizione a rischio per l'instaurarsi di pattern disfunzionali.

Queste evidenze, secondo noi, rimescolano le carte e spostano il problema dal semplice criterio «età all'adozione» e «condizione preadottiva» a un'interazione tra queste due variabili. Il legante tra queste due variabili – che sposta verso un pattern di attaccamento piuttosto che verso un altro – è la quota individuale che il soggetto mette nell'elaborazione di queste due variabili e di molte altre.

Ovviamente, riguardo a quanto abbiamo detto in questo paragrafo, postuliamo una qualche continuità tra l'attaccamento infantile e l'attaccamento attuale.

Attaccamento e anni passati nella famiglia adottiva

Quando la famiglia adottiva inizia il suo nuovo cammino, lo studio di coppia, il decreto di adottabilità, l'idoneità per i genitori e l'abbinamento sono ormai alle spalle. Se si è trattato di un'adozione internazionale, i genitori raccontano quasi sempre l'incontro con il bambino nel suo Paese d'origine come uno dei momenti fondamentali per la costruzione del nuovo legame (e lo ricordano più spesso come il più bello, anche se difficile e drammatico a causa delle condizioni fisiche del bambino). Da questo momento, i genitori tirano un sospiro di sollievo, guardano avanti: il loro stato d'animo è un misto di ansia e di trepidazione. Anche il bambino guarda avanti, anche se con meno slancio dei genitori, perché ha ancora gli occhi rivolti al passato che lascia, un passato conosciuto ancorché inadeguato: se proviene dalla famiglia d'origine, l'adozione per lui non vuol dire soltanto essere desiderato ma anche che i genitori naturali non l'hanno saputo amare, gli hanno fatto del male o – nel migliore dei casi – non potevano mantenerlo e accudirlo; se è stato abbandonato, si lascia alle spalle un lungo periodo trascorso nell'ambiente freddo e impersonale di un istituto, di una comunità o di una casa-famiglia. Con questo pesante bagaglio, il bambino deve ripartire da zero nella costruzione di un nuovo legame con degli adulti sconosciuti. Tutto il discorso dell'adozione ruota attorno all'assunto che i genitori naturali – ovvero gli attaccamenti primari – possono essere sostituiti da altre persone. A proposito di questo, ci chiediamo se si possa parlare di «spostamento» o di costruzione ex novo del legame di attaccamento. Comunque si voglia definire questo processo, sembra probabile che esso non avvenga all'improvviso, al cambiare delle figure di attaccamento. In situazioni di normalità, lo spostamento dei legami di attaccamento avviene lungo il ciclo della vita, quando il bambino a partire dai tre anni sente in sé una spinta all'affiliazione con i pari; avviene in preadolescenza, verso un coetaneo dello stesso sesso; e più tardi, in adolescenza, la separazione dalle figure primarie ha una motivazione sentimentale e sessuale, con l'innamoramento. Ma è chiaro che queste situazioni non si possono in alcun modo paragonare al fatto adottivo. Anzitutto, nei tre casi citati, il bambino e l'adolescente partono da una base sicura – che è quella delle cure adeguate e dell'amore dei genitori – per esplorare i nuovi legami. In secondo luogo, nelle relazioni tra pari, nella ricerca dell'«amico preferito» prima e del partner sentimentale poi, le relazioni sono prevalentemente simmetriche (quanto all'età e quanto alla reciprocità); viceversa, il bambino adottato deve ricostruire una relazione che assolve importanti funzioni di accudimento, deve tornare a fidarsi, deve tollerare di occupare di nuovo una posizione in cui ha già sperimentato la propria vulnerabilità attraverso una dipendenza che, fino a quel momento, non ha assolto funzioni protettive ma che, al contrario, l'ha messo in pericolo.

È probabile, quindi, che il legame con la famiglia adottiva necessiti di un lungo periodo e di una negoziazione diversa, data anche la diffidenza, che in questi bambini non sembra mai essere compensata appieno. È possibile stabilire in modo approssimativo il periodo di sviluppo necessario perché si stabilisca il nuovo legame di attaccamento?

Natan ha 13 anni ed è nella famiglia adottiva da due anni; l'intervista è CC (inclassificabile) nei confronti della famiglia adottiva e A1 nei confronti della suora che l'ha accudito in istituto. Ha passato undici anni in istituto: troppi per poterli raccontare, troppo vicini per esserseli già raccontati da quando è in Italia. Durante l'intervista quasi non parla, sbadiglia, si annoia. Dal poco che dice e dal racconto dei genitori – che pure loro sanno poco della sua storia passata – sappiamo che ha cambiato due istituti in India e nel cambiamento, avvenuto a sei anni, ha sofferto molto. Parla dei vecchi compagni e dei giochi: ma i pochi ricordi che ha si riferiscono al primo istituto. L'unica figura che emerge nella storia preadottiva (a fatica, data la scarsa quantità di parole che è disposto a dire) è sister M., ma non ci sono elementi sufficienti perché possiamo valutarla come figura di attaccamento. Anche se appare talvolta infastidito dalle domande, la mancanza di ricordo non sembra essere usata in modo oppositivo ma come estrema protezione da una ricostruzione che non ha fatto neppure a sé stesso, in questi due anni di adozione. Il controllo sugli eventi passati è così massiccio che in un solo punto comincia a ricordare i fratelli – dai quali in istituto è stato separato – ma subito si blocca. Non risponde alle domande sulla famiglia attuale, e della madre dice solo di ricordarsi quando lo portava a giocare a pallone.

Solo tre anni fa è stata adottata *Michaela*, anche lei indiana; oggi ha 10 anni. La sua intervista è A2-normalizzante ai limiti della classificabilità. Non ha mai avuto i genitori, in istituto le botte e le punizioni erano all'ordine del giorno, il cibo era scarso e le donne che si occupavano di lei si limitavano strettamente a fornire le cure strumentali (vestiti, pulizia, cibo): però a quelle donne lei pensa ancora; il primo anno chiedeva di tornare in India, chiedeva di tornare in istituto, che era stato – bene o male – la sua grande famiglia da quando era nata e per i primi sette anni della sua vita. Nella descrizione della madre adottiva, Michaela non si è ancora inserita appieno nella nuova famiglia, è molto timorosa con le persone che non conosce e in ambienti nuovi, a scuola ha difficoltà di apprendimento. Durante l'intervista, parla a voce molto bassa, molte sue risposte sono «sì-sì-no-no» e, per il resto, monosillabi, frasi appena coordinate, disfluenze, mancanza di ricordi. In generale, normalizza la sua esperienza, e l'intervista è ai limiti della classificabilità. Massiccio è l'uso del pensiero concreto, che blocca ogni informazione personale: un esempio fra tutti è la domanda sulle amicizie: «Hai delle amiche o degli amici?», «Sì, in classe siamo in ventitré.»

Lo step successivo nella scala «anni passati in famiglia» è il gradino dei quattro anni dall'adozione: *Marion* attualmente ha sedici anni e ha stabilito un attaccamento evitante a basso indice verso la famiglia adottiva (A1); l'accesso alla memoria semantica è buono anche se distorto in forma idealizzante, mentre la rievocazione di episodi è limitata.
A quattro anni dall'adozione c'è anche *Ramar*, che invece utilizza una strategia evitante ad alto indice (A4) verso la famiglia adottiva e conserva un attaccamento misto verso i genitori biologici. L'attaccamento A4/C1 verso la famiglia d'origine, tuttavia, non è problematico nel versante coinvolto (pattern C1); inoltre, anche questo attaccamento misto tende verso il distanziamento, poiché la strategia principale è quella «A», e solo secondariamente viene utilizzata la strategia «C». Ramar sta ancora tentando di aggiustare la propria esperienza, dice di essere legata alla sua terra d'origine e alla sua famiglia, ma la modalità distanziante prescelta per raccontare la sua esperienza attuale (A4) è singolare: collega insieme le sue due «vite», quella passata e quella presente.
«Se tu avessi tre desideri per il futuro, quali sarebbero?»
«Io vorrei avere una casa qua e una in Etiopia e vorrei, questa è un po' troppo grande ma te la dico lo stesso, vorrei diventare ambasciatrice di Etiopia per l'Italia, così son sempre legata qua e là. Poi vorrei che i miei genitori si conoscessero, insomma anche mia madre avrebbe il desiderio di conoscere mia madre e allora mi piacerebbe un giorno farle incontrare.»
«Tu vorresti rimanere qua o tornare in Etiopia?»
«Qua sicuramente vivrei meglio, agiata, avrei tutto; però là eh non so, cioè vorrei tornare là, perché qua non servirei a nessuno, non sento che potrei essere utile a qualcuno, mentre se torno là, in ogni caso, che torni senza lavoro o con un lavoro, sarei comunque utile cioè sarei messa comunque meglio di com'ero prima, quindi potrei comunque aiutarli; se resto qua invece insomma e comunque voglio tornarci.»

Quali conclusioni possiamo trarre da questi primi gradini della scala che rappresenta gli anni passati nella nuova famiglia? Ci siamo chiesti se il tempo di due anni, in cui Marion non è riuscito ancora a organizzare una modalità di racconto per la propria storia, possa configurarsi come uno spazio potenziale, un tempo di sviluppo prossimale, una sorta di «periodo finestra» necessario per poter prendere le distanze dalla precedente esperienza, *conditio sine qua non* per l'instaurarsi di un nuovo legame di attaccamento. Del resto, così avviene nello sviluppo normale: non è una novità, infatti, che nello sviluppo infantile – se è vero che l'interesse per i pari si sviluppa precocemente – è solo a partire dai tre anni che i bambini sono capaci di sostenere interazioni prolungate e complesse con i coetanei, ora regolate da obiettivi e non più come «semplice prossimità fisica». E lo stesso avviene in adolescenza, quando una relazione stabile e duratura con un pari è possibile solo attraverso una sufficiente separatezza dai genitori, e per l'instaurarsi successivo di una relazione sentimental-sessuale.

Tornando agli adolescenti adottati, dopo questo spazio potenziale di circa due anni in cui la AAI verso la famiglia adottiva viene classificata «*cannot classify*», a tre anni dall'adozione si passa a un pattern A2-normalizzante (verso la famiglia adottiva) e purtuttavia ancora ai limiti della classificabilità per la povertà del transcript; a quattro anni dall'adozione, la modalità evitante non ha più bisogno necessariamente della normalizzazione, ma può avere inizio una costruzione rappresentativa dei genitori, ancorché secondo una modalità distorta idealizzante («tutto bene, genitori buoni, non è cambiato niente con la crescita»). Sempre a quattro anni dall'adozione, per altri soggetti è invece arrivato il momento di tentare il confronto tra la storia preadottiva e quella attuale: e la fatica di rappresentare sé stessi in relazione al passato e al presente, a quattro anni dall'adozione si fa più articolata. È il caso di Ramar, che dice di volerli tutti e due in contemporanea, i genitori; la mamma deve conoscere la mamma, io voglio essere sia lì che qui... appunto, ambasciatrice d'Etiopia per l'Italia. Ovvero, più lì che qui! L'esempio di Ramar ci sembra la massima rappresentazione di una fase di questo processo di passaggio da una condizione all'altra, in cui tutto può essere ricomposto. E nei bambini più piccoli questo tentativo lo si vede attraverso i disegni, in cui tutto è doppio: disegnano due case, due alberi, anche gli uccellini sono doppi e i fiori nascono in coppia nel prato. Il bambino è davvero sospeso tra il conflitto del prima e del dopo: tra quei genitori che – seppur inadeguati – gli consentivano di appartenere a qualcuno; tra quei compagni di istituto con cui giocava e che erano i suoi fratelli. Sospeso tra quel che conosce e la paura del nuovo. Per rifarci all'esempio dei disegni, i bambini rappresentano questo conflitto con lo sdoppiamento delle cose, i più grandi lo raccontano attraverso soluzioni che dimostrano la fatica di spiegarsi i genitori che cambiano. Un'altra ragazzina ha detto: «*Io sto studiando due lingue a scuola, francese e inglese, per insegnarle ai bambini; mi piacerebbe fare il dottore per andare a T. (nome della nazione di provenienza, in Polinesia) a curare le persone malate.*»

Ci sembra quindi che il nuovo legame non venga costruito tutto in una volta; piuttosto, le funzioni dell'attaccamento vengono spostate gradualmente, e la funzione di «base sicura» potrebbe essere l'ultima a essere trasferita: dopo l'esplorazione, dopo la ricerca di vicinanza dettata inizialmente dalla paura e per colmare il desiderio di conforto, dopo la fiducia. Insomma, una linea evolutiva dalla diffidenza alla fiducia che gli adottati descrivono come molto difficile, e che peraltro varia a seconda dell'età.

«Poi col tempo riuscivo a capire che importanza aveva una persona da un'altra e chi veramente mi voleva bene da chi invece non aveva nessun interesse per me. Che poi invece erano tutte mie supposizioni che facevo all'inizio, perché avevo sempre quell'idea fissa nel senso che se c'è qualcuno che mi vuole bene ci doveva essere qualcun altro che invece non mi voleva. Ma alla fine era un'idea sbagliata, perché alla fine se mi volevano bene i miei, mi volevano anche tutti gli altri, come i miei nonni, i miei zii.»

«Avevo un po' di paura che fossimo di nuovo mandati via, cioè...» «No, attento – dicevo. – Cavoli, se io mi comporto così, potrei compromettere tutto», «Speriamo che vada tutto bene, nel senso... mi comporto bene, non faccio arrabbiare nessuno, quella era la mia unica preoccupazione.»

«Pensi che le esperienze della tua infanzia abbiano in quale modo influenzato la tua personalità attuale?»
«Sì, quello sì. So che all'inizio, quando ero piccolino, otto anni, ero molto diffidente, non mi fidavo quasi di nessuno perché ero sempre attento, cioè cercavo di capire la persona con cui dialogavo, ero sempre sull'attenzione, la cosa era naturale. Eh, cavoli, come faccio a fidarmi delle persone dopo aver fatto delle esperienze molto forti quando ero sulla strada. Cosa strana fidarsi. Piuttosto, ero bravo a cavarmela da piccolino sulla strada. Poi mi hanno adottato e ho incominciato a vivere questa vita qua e la cosa è cambiata, cioè sembrava una cosa così strana fiducia di una persona, ecco.»

Tempi lunghi per fidarsi anche nelle relazioni amicali. Un ragazzo dice: «*Uno è il mio migliore amico, sono legato a lui anche se lo conosco da appena tre anni.*»

Per chi è nella famiglia d'origine da più anni e ha già fatto un percorso lungo questa linea evolutiva che porta dalla diffidenza alla fiducia, l'adattamento alla nuova famiglia utilizza una strategia ben consolidata per organizzare l'esperienza presente e passata. Questa strategia ha origine dal temperamento e, complementarmente, dal nuovo legame di attaccamento. La questione di «chiedere/non chiedere», «toccare o non toccare il passato» da parte dei genitori diventa allora importante rispetto all'adattamento alla nuova situazione, e impegna la mente dei genitori, i quali non sanno come comportarsi. Secondo i genitori del nostro campione la quasi totalità degli adolescenti non parlano con loro della storia passata (in accordo con i nostri dati, secondo i quali il 55% degli adolescenti adottati sono distanzianti, a cui si deve aggiungere il 17,5% di sicuri-riservati, che centrano la loro attenzione sul presente). Tuttavia, la tendenza a non parlare dell'esperienza preadottiva non è presente solo nei figli con pattern di attaccamento evitante – evidenza tautologica – ma anche nel restante campione: la scelta di non parlare dei genitori biologici e della terra d'origine da parte degli adolescenti può incontrare genitori che si adeguano a questa modalità evitante («mia figlia non chiede dei suoi genitori e dunque non se ne parla»), genitori che non vogliono che si parli della famiglia del passato, genitori che continuano a parlarne eccessivamente.

«*Io sono stato più stretto con lui* (il padre) *per il semplice motivo che lui non mi chiedeva e anch'io non volevo parlare, non volevo dire nulla e forse lui rispettava cioè non andava a cercare ancora contro la mia volontà quello che non volevo dire.*» «*Forse perché anche lui secondo me non voleva andare oltre le mie vicende del passato, lui non mi chiedeva mai, quindi io forse per questo motivo andavo d'accordo, io e lui siamo simili di carattere*» (A4).

«*Mia madre cercava di tirarmi fuori delle parole perché io non aprivo bocca per niente, quindi stava sempre più addosso a me: "Perché non parli?", "Cos'hai?" e quindi... man mano questo rapporto si è migliorato, è diventato più forte*» (B4).

Una mamma B2 a una figlia A2 «in R»: «*Quando abbiamo visto il suo irrigidimento, allora lì abbiamo dovuto fare una riflessione. Forse in effetti ne parlavamo troppo di sua madre e di suo padre, per eccessiva confidenza, del Brasile, di questo e di quest'altro. Quindi ne parlavamo e poi si arrivava sempre sul discorso dell'adozione, anche lei ne parlava ma probabilmente era forzata da questo dialogo che si svolgeva in casa. Noi pensavamo di fare bene e invece probabilmente abbiamo fatto male perché poi lei ha cominciato a usarli come motivo di ricatto (...) E allora le abbiamo fatto un discorsetto, "che sia l'ultimo... ho detto": "Cerca di capire, di attenzione te ne do già tanta, devi capire che la vita non è solo che tutti stanno dietro a te perché sei appena arrivata e... oppure tu povera bambina hai avuto le tue storie, cioè devi capire che la vita passa, le esperienze si dimenticano, le cose brutte si mettono in un angolo e si pensa solo alle cose belle che ora tu sei qua".*»

I genitori adottivi

La distribuzione delle madri adottive rispetto alle categorie di attaccamento è illustrata nella tabella 23.5.

La distribuzione dei padri adottivi rispetto alle categorie di attaccamento è illustrata nella tabella 23.6.

La distribuzione complessiva dei genitori è illustrata nella tabella 23.7.

Nei genitori è prevalente il pattern B-sicuro, ma con uno scarto minimo (4 soggetti) rispetto al pattern C-coinvolto (24 B *vs.* 20 C). Sulla prevalenza

Tabella 23.5
La distribuzione delle madri adottive rispetto alle categorie di attaccamento

	Pattern								
	A		B		C		AC A/C	DX CC	TOT
Madri	A0-1-2	A+	B1-2	B4-5	C1-2	C+			
Frequenze osservate	1	1	5	7	9	3	6	0	32
Percentuali	3,1%	3,1%	15,6%	22%	28,1%	9,4%	18,7%	–	100%
			37,6%		37,5%				
Pattern		1				3	6	0	10
A+, C+, AC, CC		3,1%				9,4%	18,7%	–	31,2%

Tabella 23.6
La distribuzione dei padri adottivi rispetto alle categorie di attaccamento

	Pattern								
	A		B		C		AC A/C	DX CC	TOT
Padri	A0-1-2	A+	B1-2	B4-5	C1-2	C+			
Frequenze osservate	4	4	3	9	4	4	2	0	30
Percentuali	13,3%	13,3%	10%	30%	13,4%	13,3%	6,7%	–	100%
			40%		26,7%				
Pattern		4				4	2	0	10
A+, C+, AC, CC		13,3%				13,3%	6,7%	–	33,3%

Tabella 23.7
La distribuzione complessiva dei genitori adottivi rispetto alle categorie di attaccamento

	Pattern								
	A		B		C		AC A/C	DX CC	TOT
Totali	A0-1-2	A+	B1-2	B4-5	C1-2	C+			
Frequenze osservate	5	5	8	16	13	7	8	0	62
Percentuali	8%	8%	12,9%	25,9%	21%	11,3%	12,9%	–	100%
			38,8%		32,3%				
Pattern		5				7	8	0	20
A+, C+, AC, CC		8%				11,3%	12,9%	–	32,2%

degli attaccamenti B nel campione generale pesa il sottogruppo dei padri, che per il 40 per cento sono «sicuri» mentre per il 26,7 per cento sono «coinvolti» (solo 1/4); quindi, ciò che fa avvicinare la percentuale di «coinvolti» a quella di «sicuri» nel campione generale è il sottogruppo delle madri, in cui gli attaccamenti B e C sono ugualmente rappresentati (37,5%). Complementarmente, il pattern A «evitante» (A e A+) è presente solo in 9 genitori su 62 (14,5%), e ciò conferma che la soluzione distanziante è una strategia che svolge una funzione solamente per gli adolescenti adottati e non per i genitori adottivi.

Dei 9 genitori evitanti, le madri sono solo 2. Questa evidenza mostra che le madri adottive hanno tutte una forte valutazione dell'attaccamento (B4-5 «reattivo» e C preoccupato: 59,5%): in altre parole, è tutt'altro che «inibito» in loro il desiderio di attaccamento che la AAI misura nei confronti dei genitori dell'infanzia e che ha trovato soddisfazione, per la via della genitorialità adottiva, in modo temporalmente differito e indubbiamente sofferto.

Inoltre, il rapporto tra pattern B a basso indice (distanzianti dal passato-riservati emotivamente) e B «caldi» (reattivi-accettazione lamentosa) è di 1 : 2. La prevalenza degli attaccamenti «sicuri-reattivi» sui «sicuri-riservati» e l'evidenza che i pattern C e C+ costituiscono la seconda configurazione di attaccamento maggiormente rappresentata nel campione generale (seguita a molta distanza dall'8% di attaccamenti A0-1-2) tendono a dimostrare che l'attaccamento nei genitori adottivi ha una connotazione esplicitamente «calda» e coinvolta: e ciò viene confermato dal confronto con i dati normativi dei genitori naturali tratti dalla metanalisi di van Ijzendoorn e Bakermans-Kranenburg (1996), che utilizzano le categorie di classificazione di Main e Goldwyn.[5]

Uno degli assunti della teoria dell'attaccamento prevede che le relazioni di attaccamento si modellino lungo l'intero corso della vita in funzione di esperienze emotive molto intense. Ci è davvero difficile pensare che la presenza di pattern C sia legata ancora alla difficoltà di accettazione della propria sterilità (ancorché presente e non elaborata); pensiamo piuttosto che sia legata all'amplificazione delle difficoltà proprie di tutti i genitori di adolescenti nel vissuto rispetto alla genitorialità dei figli, vissuto che a questo punto diventa possibile, risvegliando particolari fantasie e timori sull'ereditarietà dei comportamenti,

[5] Usando una classificazione forzata degli attaccamenti secondo il sistema Crittenden nelle categorie originali Ds-F-E di Main e Goldwyn, gli A+ vanno considerati F4-5. «Quando il sistema Main e Goldwyn viene usato senza modifiche, le configurazioni compulsive A+ sono classificate erroneamente come F. Le classificazioni A+ sono simili alle configurazioni comportamentali nella Strange Situation di bambini disturbati che erano originariamente classificati in modo erroneo come "sicuri"» (Crittenden, 1999). Per cui la percentuale di genitori adottivi inclusi nella categoria «sicuri» con Main sale a 46,8 per cento. Queste le percentuali del campione normativo: Ds 23 per cento, F 60 per cento, E 17 per cento; queste le percentuali del campione di genitori adottivi: Ds 8 per cento, F 46,8 per cento, E 45,2 per cento. La differenza tra le due distribuzioni è risultata statisticamente significativa (Chi quadrato (2) = 34,55 > Chi quadrato (critico) = 13,816; Alpha = 0,001; 2 gradi di libertà).

sulle possibilità incestuose e sulla maggior eventualità di perdita dei figli nella rielaborazione adolescenziale degli oggetti di attaccamento. Le pesanti incertezze di questo L-*moment* nei genitori adottivi possono quindi trovare una cassa di risonanza in ciò che il loro sistema di memoria permette di riattivare del rapporto con i genitori dell'infanzia (pattern coinvolti alla AAI). O, forse, potremmo ipotizzare che ben prima dell'evento adottivo questi genitori avessero aspetti coinvolti che hanno anche potuto avere un ruolo sulla stessa presenza di sterilità/infertilità. Meno ipoteticamente, il tentativo di aggiustare nel presente le situazioni del passato – proprio del soggetto coinvolto – porta il genitore a considerare il figlio adottato come la compensazione finalmente trovata all'intenso e ambivalente bisogno affettivo di intimità e desiderio di conforto. Questo meccanismo sarebbe maggiormente presente nelle madri – che vivono nella biologia la genitorialità – e ciò spiegherebbe il maggior numero di attaccamenti coinvolti delle madri rispetto ai padri: 56 per cento delle madri *vs.* 36 per cento dei padri, ovvero 18 madri *vs.* 11 padri.

Nel nostro campione di genitori adottivi emerge il 32,2 per cento (1/3, 20 soggetti su 62) rappresentato dalle categorie che raggruppano gli attaccamenti considerati più problematici dal modello dinamico-maturativo di Crittenden: rispettivamente, 8 per cento di A+, 11,3 per cento di C+, 12,9 per cento di AC. Tra questi attaccamenti, la percentuale dei pattern A/C (12,9%) è la più elevata nel campione generale (madri + padri), mentre nel campione delle madri è doppia (18,7%) rispetto alla categoria C+ (9,4%); rispetto alla categoria A+ (3,1%), il rapporto diminuisce (1 : 6).

Un terzo di pattern problematici nell'intero campione di genitori ci appare davvero eccessivo per essere spiegato secondo l'ipotesi retrospettivo-ricostruttiva, che vede nelle esperienze con i genitori dell'infanzia prima e nella genitorialità fallita poi i presupposti e i fattori facilitanti il mantenimento di questi pattern disfunzionali. L'ipotesi della genitorialità mancata è quella classica della «ferita narcisistica» che, nei termini della teoria dell'attaccamento, può essere riformulata come il fallimento rispetto a uno dei due compiti fondamentali che ogni specie deve assolvere: rimanere al sicuro (sopravvivere) e riprodursi. I genitori adottivi, per la maggior parte, sono persone che hanno avuto accesso mentalmente alla genitorialità – ovvero, che desiderano un figlio – ma non possono procreare. L'impossibilità di procreare – per individui che desiderano un figlio – sarebbe allora una sfida fallita alla propria identità psicologica personale come individui e come partner.

Tuttavia, quattro questioni ci portano a considerare solo molto parzialmente l'ipotesi che abbiamo chiamato «retrospettivo-ricostruttiva» e che spiega in modo solo «disfunzionale» la quota degli attaccamenti considerati «problematici» dalla teoria dell'attaccamento:

1) I dati normativi presenti in letteratura descrivono perlopiù l'attaccamento genitoriale al momento della genitorialità in gravidanza o nei primi anni di vita, al fine di studiarne la concordanza con l'attaccamento del bambino. Il dato che abbiamo è che i campioni non clinici di genitori biologici (di bambini piccoli) sono più evitanti, più sicuri e molto meno coinvolti rispetto al nostro campione di genitori adottivi con figli adolescenti. Quindi, la prima ipotesi che avanziamo sul grande numero di attaccamenti coinvolti-problematici non è legata in modo specifico all'adozione ma alla fase evolutiva dell'adolescenza in generale, e chiamerebbe in causa una sorta di «adolescentizzazione» dei genitori nel corso dell'adolescenza dei figli, fenomeno in cui i dati sociologici collocano quei comportamenti per nulla rari di madri che, ad esempio, provano invidia per la figlia adolescente, di madri che entrano precocemente in menopausa, di padri che si comprano la moto, e del più generale gioco di proiezioni reciproche che si instaurano tra genitori e figli adolescenti, provocando scatti di aggressività, incapacità di mantenere la distanza, incomprensioni e angosce difficilmente gestibili: in altre parole, la relazione durante l'adolescenza dei figli si fa spesso più «coinvolta». Per i genitori adottivi, che hanno a lungo sostenuto il complicato compito di ristabilire un legame d'attaccamento con bambini che avevano precedentemente vissuto situazioni molto traumatiche, nel momento del passaggio all'età adolescenziale e quindi della rimessa in discussione dei legami primari (nel registro immaginario) e dell'incipiente autonomia dei figli (nel registro reale) possono insorgere un coinvolgimento e una situazione di conflittualità acuta che necessitano di un nuovo tipo di elaborazione di ciò che sta accadendo. Inoltre, nel periodo adolescenziale dei figli si riattiva nei genitori la sofferenza relativa alla sterilità.

2) Abbiamo constatato che questi genitori hanno comunque «funzionato» con i propri figli, anche in situazioni iniziali fortemente problematiche e anche in momenti in cui gli equilibri familiari erano precari (il passaggio dei figli dalla scuola media alle superiori, i comportamenti dei figli adolescenti mossi dal desiderio di autonomia, l'abbandono della scuola, qualche condotta antisociale dei figli); e quindi ci sembra semplicistico leggere in un'ottica solo problematica (rispetto alla storia dell'infanzia o alla genitorialità mancata) i pattern genitoriali C+, A/C e A+, i quali sono stati comunque funzionali al mantenimento di una discreta relazione.

3) La prospettiva teorica dalla quale ci muoviamo non è unidirezionale nell'approccio alla causalità psichica, e perciò crediamo che bambini e adolescenti differiscano tra loro nella capacità di evocare risposte genitoriali, e che il legame di attaccamento – la sua stabilità o il suo cambiamento – rifletta aspetti della natura della relazione, piuttosto che caratteristiche del genitore o del bambino. È possibile pensare che vi sia stata allora un'azione dei figli adolescenti – che sono figli difficili – e che l'attaccamento genitoriale si sia spostato verso pattern «coinvolti-problematici» sotto l'impatto dell'adolescenza dei

figli. Si può pensare quindi che il processo presente nel campione normativo, che evidenzia un attaccamento genitoriale più coinvolto dall'infanzia dei figli fino alla loro adolescenza, riguardi anche il campione dei genitori adottivi: ma lo riguardi, ovviamente, in maniera amplificata, e in questo senso non dia ragione solo dell'uguaglianza della percentuale di B e C nelle madri ma arrivi a giustificare anche quel terzo di attaccamenti A+, C+ e A/C. Forse, l'unico modo per tenere questi figli e per far fronte all'«adolescenza adottiva» (che ha delle specificità rispetto all'adolescenza dei figli cresciuti in famiglia) è l'«invischiarsi» nei loro problemi e spostare l'attaccamento verso la categoria che Main definisce «entangled», appunto «invischiata» (verso i genitori dell'infanzia ma anche verso la genitorialità in senso lato e, specificamente, verso la propria genitorialità). La relazione con il figlio richiama – com'è noto – conflitti e problematiche che i genitori hanno vissuto, nella loro esperienza di figli, con i rispettivi genitori; e, inoltre, un figlio adolescente potrebbe far riemergere le ferite per la propria sterilità, nel momento in cui è necessario raccontarla al figlio. Il fatto che i genitori possano modificare il loro attaccamento è l'assunto base del sistema dinamico-maturativo di Crittenden e delle elaborazioni più recenti della teoria dell'attaccamento, che non assume più in maniera massiccia la continuità dell'organizzazione mentale della prima infanzia lungo tutto l'arco della vita, quanto piuttosto ipotesi più complesse come quelle del cambiamento e della discontinuità.

4) Ultima – ma forse più importante – è l'evidenza che la quota di attaccamenti problematici A+, C+, A/C è spiegata in percentuale maggiore dal pattern A/C nel campione totale (anche se con un distacco minimo rispetto al pattern C+) e – dato ancor più interessante – in quasi la metà nel sottogruppo delle madri. Questa importante quota di A/C all'interno degli attaccamenti «problematici» ci ha portati ad attribuire ai pattern C+ e A/C un diverso significato. La configurazione A/C negli adulti (alla Adult Attachment Interview) è molto diversa rispetto alla medesima classificazione nella prima e nella seconda infanzia (alla Strange Situation). Nell'infanzia la maggior parte dei bambini classificati come A/C ricevono cure genitoriali di bassissima qualità o hanno madri maltrattanti, abusanti, che trascurano l'accudimento, spesso per depressione: nella prima infanzia, i bambini A/C tendono quindi a essere molto sofferenti. Nell'età adulta, viceversa, l'attaccamento A/C può diventare una possibilità in più. Gli adulti A/C hanno raggiunto un equilibrio come risultato di precedenti integrazioni di realtà difficili e sono più duttili e malleabili nel modificarsi di fronte a dure e difficili realtà attuali (verso le quali i pattern A e C si dimostrano rigidi nella loro strategia). Ciò può portare il vantaggio dell'adattamento a una gamma più ampia di condizioni. Nei genitori adottivi le vicende connesse alla genitorialità fallimentare (che poi si espandono all'identità di partner e all'identità personale) sono state certamente tortuose; inoltre, una volta che l'adozione è avvenuta, questi genitori devono fare in

modo di tollerare l'incertezza di un «figlio sconosciuto», non potendolo inscrivere lungo la linea materna o paterna per «gestirne l'estraneità», non sapendo sempre come il figlio si comporterà, sentendosi così continuamente messi in gioco e non potendo disporre delle «armi» e delle sicurezze dei genitori biologici. Devono inoltre accettare la scommessa dell'adozione a occhi chiusi, il più delle volte partendo da situazioni iniziali disastrose.

Dato tutto questo, i genitori A/C potrebbero essere in grado di accettare il rischio di agire anche quando il risultato non può essere certo, anche quando il contesto relazionale non è prevedibile; potrebbero essere in grado di accettare la scommessa della genitorialità adottiva forse meglio di genitori che possiedono altre organizzazioni dello stato della mente. «Meglio di», «al pari di»? Probabilmente non in maniera peggiore rispetto ai pattern semplici; sicuramente, in maniera migliore rispetto ai pattern C+, dove la psicopatologia è maggiormente presente. Quindi, i genitori che sono A/C (o che lo divengono nel corso dello sviluppo dei loro figli adottati) da una parte aumentano la forma di adattabilità dell'abbinamento genitore-figlio e possono essere più duttili e malleabili rispetto al bambino. D'altra parte i genitori A/C, gestendo la separazione in un modo sempre diverso mediante un meccanismo di attachment/detachment che è specifico della configurazione mista, potrebbero funzionare bene con questi ragazzi che in adolescenza non sanno da chi e come separarsi... perché separarsi dai genitori attuali rischia di buttarli nelle braccia dei genitori cattivi che, tutto sommato e con fatica, sono stati archiviati: i genitori A/C potrebbero riuscire a promuovere nei figli adottati la separazione, senza farli tornare indietro e senza spingerli verso l'acquiescenza (che, come abbiamo visto, è tipica del pattern A+, rappresentato da un buon numero di adolescenti adottati) o a strappi della relazione; o potrebbero essere quelli che reagiscono meglio alla minaccia dei figli di cercare gli «altri» genitori o di fare confronti con i genitori del passato, minaccia espressa in forma velata solo da uno o due ragazzini[6] ma sempre presente nella mente dei genitori. A titolo di esempio riportiamo il racconto di un adolescente (A4) che parla di come la madre A4/C2 ha gestito un episodio di attachment/detachment:

«*Quella volta, era all'inizio, avevamo litigato e io volevo andare fuori sul campetto con gli amici* (il ragazzo mette in atto un comportamento di evitamento-rifiuto: «andarmene fuori al campetto» come reazione al rifiuto della madre: il litigio), *il cielo era grigio quindi anche noi eravamo scuri, avevamo litigato e io non volevo più tornare in questa casa, andarmene da dov'ero venuto, cioè avevo detto: "Appena esco da*

[6] Tra i ragazzi, infatti, non abbiamo trovato un solo C rivendicativo (C dispari) nei confronti della famiglia adottiva.

quel cancello non ritorno più." Poi in quel momento mi è capitata questa parola qua, cioè mia madre mi ha detto: "Quando ritorni parleremo" (aggancio della madre che non risponde al rifiuto con il rifiuto, ovvero non risponde con un affetto negativo a un affetto negativo del figlio né con un affetto positivo: andargli subito incontro, parlargli adesso, ma con la cognitività, grazie alla componente evitante del pattern misto) *e avevo paura di tornare a casa e affrontare questo, ho sbattuto il cancello* (comportamento resistente) *e sono andato via triste, per tutta la giornata sono stato triste. Dopo lei è venuta a chiedermi spiegazioni: "Son qua, cosa c'è..."* (all'aggancio nel registro della cognitività, la madre fa seguire – a una certa distanza temporale – un comportamento attivo di avvicinamento) *perché mi comportavo così e adesso che ci penso... mi è stata, forse il mio aiuto principale è stata lei perché voleva andare alla ricerca di un aiuto per me dalla psicologa per aiutarmi e invece ci è riuscita lei, quindi per lei è una vittoria e anche per me.»*

La continuità di relazione, per alcuni di questi ragazzi che provengono da storie di trascuratezza o incoerenza genitoriale, forse può essere recuperata solo attraverso comportamenti genitoriali misti, né troppo vicini né troppo lontani... almeno nei primi tempi, almeno fino a quando i ragazzi avranno cominciato a fidarsi. Viceversa, comportamenti di affetto continuo ma mite e mai manifestato in modo non necessario, tipici dei genitori «sicuri», ad esempio B1-2 («*molto sbrigativa nelle decisioni*», «*cercava di sdrammatizzare qualsiasi cosa... un'influenza, diceva: "Cosa vuoi che sia. Stai a letto, mettiti là, pensa e domani ti passa. Sembrava che non desse importanza alle cose"*»), possono essere insufficienti («*ma come fa ad essere così tranquilla e non accorgersi che io sto male*», «*non veniva mai a dirmi: "Sei preoccupato", lei diceva: "Vedrai che la prossima volta che vado via di nuovo starai più tranquillo, io vado poi torno, vado torno." E andava bene così (...) dopo un po' mi tranquillizzava*»), possono essere poco empatici addirittura per un ragazzo B5 – caratterizzato da una forte valutazione dell'attaccamento – ma risultare funzionali, per esempio, a stemperare l'eccessivo desiderio di conforto di un C4.

Oppure, l'ambivalenza dei genitori A/C sul tema della separazione dei figli («*mia figlia mi piacerebbe che restasse in paese; non che non si sposasse ma che stia sempre qui anche quando si sposerà. Però poi penso che è normale sposarsi e vivere lontano dalla famiglia... e poi ripenso anche a me da piccola che sono ancora oggi tatona con mia madre...*», A2/C2) potrebbe incastrarsi con l'ambivalenza dei figli, che è tipica della fase adolescenziale e che, per gli adolescenti adottati, dev'essere probabilmente gestita con un «tira e molla» sia per la loro tendenza all'acquiescenza, sia per non far rivivere loro il rifiuto già vissuto: anche una normalissima frase della mamma che spinge T. all'autonomia di diciottenne, le fa rivivere il rifiuto: «*Mia mamma mi dice: "Puoi contare su di me", poi invece ti dice: "Eh, arrangiati un po' da sola, hai diciotto anni!" e allora forse mi è rimasto sempre in mente il ricordo... di mia mamma.*» Questa confusione sull'autonomia-indipendenza si riflette su alcuni ragionamenti dei ragazzi circa la genitorialità futura: *«Se io dico che voglio lasciare i miei figli più liberi o dico loro di essere autonomi è quasi come dire che io non so fare il genitore.»* I giochi degli ingaggi tra genitori e figli adottati sono quindi molto più complessi rispetto a quelli che vengono rappresentati nello scenario delle famiglie naturali.

A conferma della diversa lettura che abbiamo dato ai C+ (C ad alto indice) e agli A/C e del fatto che – secondo noi – i due pattern assumono un significato diverso all'interno della categoria «attaccamenti problematici», sta l'evidenza che i figli che hanno un genitore A/C non sono mai né C né A/C; al contrario, la metà delle coppie genitoriali con un genitore C+ hanno figli C. Sembra cioè che con i genitori C ad alto indice (C+) salti la tendenza riscontrata nel 90 per cento dei genitori C a basso indice (C1-2), che vede figli A o A+ abbinati a genitori C1-2).

Per inciso, la quota degli attaccamenti A/C non era evidente nel sistema di Main e Goldwyn, che attribuiva a questo tipo di interviste il pattern «non classificabile» (*can't classify*, CC), cosicché la categoria CC cresceva a dismisura fino a comprendere metà o più dei campioni non normativi. Sicuramente, la funzione che la configurazione A/C ha per l'organizzazione dello stato della mente e per le relazioni è un aspetto da approfondire.

L'attaccamento tra figli adottati e genitori adottivi

Apriamo il capitolo degli abbinamenti, che in questa sede chiameremo «ingaggi», per porre la distinzione rispetto al termine «abbinamenti»: e tuttavia quello che diremo coniuga concetti, quali i bisogni dei minori e la capacità genitoriale a rispondervi, che hanno moltissimi risvolti sulla questione dell'idoneità genitoriale e degli abbinamenti in fase di percorso preadottivo.

La genitorialità con un bambino di tre mesi è diversa dalla genitorialità con un bambino di un anno, di tre, di sei o di dieci anni. Consideriamo brevemente queste tappe.

1) Il tatto, il contatto oculare, il sorriso della madre, il riconoscimento della voce materna – così importanti in età precoce – ovvero la regolazione dell'interazione per via procedurale e della memoria per immagini (siano esse immagini visive, uditive, tattili, olfattive) lascia il posto, verso la fine del secondo anno di vita, con la comparsa del linguaggio, alla regolazione dell'interazione per via semantica.

2) I bambini preoperatori comprendono il linguaggio materno attraverso il realismo intellettuale che li caratterizza senza possibili alternative, e l'aspetto non verbale e il contatto fisico svolgono ancora una parte importante nella relazione con i genitori.

3) Dall'età scolare, i bambini imparano a usare la mente e il linguaggio per regolare in maniera sofisticata e manipolativa l'altrui comportamento, mentre

la relazione con il genitore si fa meno percettiva in concomitanza con l'esplorazione del mondo dei pari e l'interesse per le acquisizioni intellettive.

4) In adolescenza, il ragazzo chiede l'opposto del «genitore percettivo», anzi rifugge la prossimità con il genitore, a cui richiede una capacità di comprensione a livello dei propri bisogni mentali e «astratti», ricercando invece una sempre più spiccata autonomia dal genitore «fisico».

Il difficile lavoro di sintonizzazione che il genitore deve compiere nei confronti del proprio figlio che cambia presuppone che il genitore cambi la rappresentazione che ha di lui nel corso della sua evoluzione, e che cambi anche la rappresentazione che ha di sé come genitore.

Allo stesso modo, un bambino che viene adottato precocemente ha bisogni che invece un bambino adottato in età scolare o a dieci anni non ha; e viceversa. Complementarmente, la genitorialità che un adulto deve mettere in atto con un bambino in età precoce si basa sulla «pelle», sui ricordi procedurali, sugli schemi sensomotori – in termini piagetiani – di come il genitore dell'infanzia lo ha preso in braccio o dell'immagine del volto della mamma, degli odori, del tatto, del gusto, del suono della voce su cui i comportamenti genitoriali si modellano nella relazione con il proprio bambino. Questi sono gli aspetti dell'interazione-relazione maggiormente legati alla costruzione del legame di attaccamento, nella sua duplice accezione di regolazione fisiologica e psicologica del bisogno di cure e di protezione. Al contrario, la sintonizzazione affettiva che un bambino di 8 o di 11 anni chiede al genitore avviene su un altro livello: non tattile, non strumentale ma «mentale» rispetto alla comprensione dei nuovi bisogni del preadolescente. La genitorialità di un bambino più grande si basa sul pensiero, più che sulla percezione; e la capacità genitoriale del genitore adesso si organizza sul modo in cui il proprio genitore lo ha pensato e lo pensa come figlio, ora adulto e a sua volta genitore, piuttosto che sul ricordo di come – bambino – il genitore lo ha preso in braccio. A tal proposito, si potrebbero far corrispondere questi due «momenti» della genitorialità al concetto di «responsività materna» di Ainsworth (come «Sé genitoriale contenente») e, dall'altra parte, al concetto di «funzione riflessiva» di Fonagy (come «Sé genitoriale pensante» capace di rappresentarsi il bambino di 7 anni come un'entità mentale con sentimenti propri e diversi da sé e bisogni autonomi). È evidente che questi due tipi di «Sé genitoriale» devono essere compresenti sia nella genitorialità precoce che in quella più avanzata: e, tuttavia, essi hanno una diversa prevalenza nelle varie età, perché diversa è la modalità di sintonizzarsi e di rispondere empaticamente a un bambino di sei mesi, di tre anni o di sette anni.

A tal proposito, l'adozione di un bambino neonato o nel primo anno di vita può essere ugualmente difficile o anche più difficile rispetto all'adozione di un bambino più grande: il problema è quello della relazione che si instaura tra il bambino e la coppia adottiva. Alla madre adottiva che adotta un bambino piccolo è richiesta la capacità, per poter rispondere al bambino, di attivare la memoria di rappresentazioni corporee percettivo-motorie che si rifanno alla

Tabella 23.8
La distribuzione degli attaccamenti degli adolescenti adottati da 0 a 6 anni e delle loro madri

	Madri				
Figli 0-6 anni	A0-1-2	B	C1-2	A+	C+, A/C
A0-1-2		Inès	*Alessia* *Dorina* *Antonella* *Lia* *Sheila*		*Matteo* *Cecilia* *Steve*
B	Fatja	Sonia, Vania, Lucia	Leonardo, Marta	Agata	Esmeralda
C1-2			Rosa, Ireneo		Kazmina (con madre C4)
A+		Nomita	*Saverio*		*Lucas* (con madre A4/C1)
C+, A/C		Safyra			

In corsivo: trasmissione inversa.

sua esperienza precoce. Questo processo che nella genitorialità biologica è supportato dalla fisiologia, si pone ben diversamente nella genitorialità adottiva. E non è detto che tutte le madri adottive riescano a regredire, e che la relazione con un figlio più grande sia necessariamente più difficile.

Gli incroci tra pattern di attaccamento dei figli e pattern di attaccamento dei genitori hanno evidenziato la distribuzione illustrata nella tabella 23.8.

La distribuzione degli attaccamenti degli adolescenti adottati da 0 a 6 anni e delle loro madri segue una certa logica lineare o diretta o inversa, tra il pattern della madre e il pattern del figlio. Il 41,6 per cento (10 soggetti su 24) delle coppie madre-figlio abbinate in età precoce seguono un ingaggio inverso (figlio A *vs.* madre C; figlio A+ *vs.* madre C+ o A/C; figlio A+ *vs.* madre C; figlio A+ *vs.* madre A/C); il 25 per cento (6 su 24) degli adottati a 0-6 anni presentano lo stesso pattern della madre (B-B o C-C, mai A-A); la distribuzione degli attaccamenti per il 10 per cento delle coppie madre-figlio (8 su 24) è casuale.

I soggetti adottati più tardi, e quindi con alle spalle un'esperienza preadottiva più difficile o mista, oppure i soggetti che conservano un attaccamento alla famiglia biologica – indipendentemente dal pattern che hanno stabilito verso la famiglia adottiva – hanno madri B o madri A+C: le prime offrono relazioni di sicurezza e sostegno, le seconde sono capaci di agganciare i figli con gli aspetti curanti e acquiescenti (A+) del pattern misto. È verosimile che i soggetti che partono da esperienze preadottive più difficili si avvantaggino di questo tipo di madri (tab. 23.9).

Tabella 23.9
La distribuzione degli attaccamenti degli adolescenti adottati da 6 a 15 anni e delle loro madri

	Madri				
Figli 6-15 anni	A0-1-2	B	C1-2	A+	C+, A/C
A0-1-2		*Dahri,* *Marco* *)	Diego		Jeannine* con madre A3/C3 *Michaela*
B		*Michele,* *Samantha**			Elvin* con madre A4/C2
C1-2		*Mariana**		Hilenia	
A+		*Flavio,* *Rashida** *Paolo**			Johnny con madre A4/C2
C+, A/C					Nidal (CC) con madre A3/C2

In corsivo: trasmissione inversa.
* Attaccamento alla famiglia biologica compresente all'attaccamento alla famiglia adottiva.

Al contrario, i padri (nella cui genitorialità è di gran lunga inferiore l'aspetto fisiologico delle cure materiali) si pongono con i figli piccoli subito nella dimensione mentale e perciò, già nella fascia 0-6 anni, l'ingaggio figli-padri prevalente è con padri B o A+ oppure A+C; con i primi, i figli instaurano relazioni di sicurezza con cui tentano di riparare la precedente esperienza; i secondi riescono a instaurare una relazione con questi figli «difficili» grazie agli aspetti curanti e acquiescenti (A+) del pattern misto (tab. 23.10).

Tabella 23.10
La distribuzione degli attaccamenti degli adolescenti adottati da 0 a 6 anni e dei loro padri

	Padri				
Figli 0-6 anni	A0-1-2	B	C1-2	A+	C+, A/C
A0-1-2		*Dorina* *Matteo* *Cecilia* *Steve*		Inès	Alessia, con padre A4/C2 Antonella, con padre A4/C1 Sheila, con padre C3
B	Lucia	*Sonia* *Esmeralda* *Marta*		Vania	Lucas, con padre C3 Leonardo, con padre A4/C2
C1-2		*Ireneo*		Kazmina	Rosa, con padre C3
A+	Saverio		Flavio	Nomita	
C+, A/C		*Safyra*			

In corsivo: trasmissione inversa.

Nel restante sottogruppo di adottati nella fascia 6-15, gli ingaggi padre-figlio si dispongono in maniera casuale.

Questa particolare distribuzione dei pattern (chi si avvantaggia di chi? di quale genitore il bambino ha bisogno?) – come dicevamo – ci sembra importante dal punto di vista della semiotica degli abbinamenti: quando i genitori chiedono un bambino di pochi mesi o, al contrario, di 6-7 anni le capacità genitoriali richieste per sintonizzarsi con i due bambini sono molto diverse. A 3 mesi quello che conta è come il genitore sa prendere in braccio il bambino, e quindi la qualità della sintonizzazione segue le regole classiche della trasmissione diretta del pattern di attaccamento (secondo cui si può generalizzare dicendo che una madre sicura alleva figli sicuri e una madre insicura alleva figli insicuri) o inversa (secondo cui un bambino evitante può avvantaggiarsi di una madre coinvolta; nel nostro campione non avviene mai il contrario); per gli abbinamenti in età precoce, la genitorialità si connota come funzione relativamente autonoma e le cure strumentali seguono meno gli aspetti di personalità – più o meno disfunzionale – mentre riproducono maggiormente la linea dell'attaccamento verso i propri genitori dell'infanzia (fino al caso in cui una madre ansiosa/ambivalente può servire ad «affettivizzare» un bambino adottato evitante e stabilire con lui una relazione riparatoria). A 7 anni quello che conta nella relazione genitoriale non è più la capacità di handling o lo holding che si esplica attraverso le cure strumentali e la responsività materna, ma lo holding psicologico, ovvero come la madre ricostruisce dentro di sé il bambino, in modo da rispondere ai suoi bisogni «mentali» adattandosi alle richieste, che si giocano su un piano diverso rispetto alla prima e alla seconda infanzia. Così, quando l'adozione avviene a un'età più avanzata, la bontà della relazione non segue più il criterio della trasmissione inversa o diretta dell'attaccamento, ma risulta che le madri che riescono a «tenere» la relazione con il proprio figlio adottato tardivamente – e che perciò ha alle spalle un maggior tempo di abbandono o proviene da situazioni preadottive miste o non ha integrato l'esperienza preadottiva – sono quelle che lo «pensano bene» (le madri B, «sicure») o lo pensano come soggetto totalmente bisognoso o come soggetto difficile, per cui gli aspetti curanti e acquiescenti del loro pattern misto (A+/C) sono funzionali ad agganciare il figlio nella relazione e a offrirgli le basi per una relazione riparativa. Probabilmente il pattern A/C, che dal punto di vista dell'organizzazione della personalità è considerato problematico, dal punto di vista della genitorialità offre la base per non fare sgusciare fuori dalla relazione questi adolescenti (gli adolescenti adottati) così particolari.

D'altra parte, sono i genitori sicuri che riescono in un numero ancora maggiore di casi, rispetto ai genitori A/C (9 madri B su 4 A/C), a far evolvere in positivo gli adolescenti che sono stati adottati dopo i 6 anni. Per i padri, lo stesso discorso parte già in età precoce, dato che la relazione padre-figlio non procede attraverso le cure strumentali e, di conseguenza, segue in minima parte le leggi dell'attaccamento.

Non risulta concordanza tra la classificazione dell'attaccamento degli adolescenti e la classificazione dell'attaccamento dei genitori rispetto alle quattro categorie principali, A0-1-2 (evitanti a basso indice), B (sicuri), C1-2 (coinvolti a basso indice), preoccupati e misti (A+, C+, A/C): per le madri, l'indice di accordo Kappa di Cohen è K = 0,076; per i padri, K = 0,037. La mancanza di accordo fra gli stili di attaccamento genitori-figli non sarebbe da intendersi come una caratteristica legata all'adozione, poiché la letteratura sulla popolazione normale conferma solo relativamente la trasmissione intergenerazionale del pattern.

Rispetto al campione delle madri, risulta tuttavia un valore di segno negativo che, nonostante non si possa assumere come statisticamente significativo per una concordanza inversa, indica che i pattern tra madri adottive e figli adottati tendono a incrociarsi in maniera complementare.

Considerando il campione delle madri:

Il 71 per cento di figli A0-1-2 hanno madri «coinvolte» (C) e «preoccupate/miste» (A+, C+, A/C): questa quota è spiegata da un 60 per cento di madri C1-2, da un 20 per cento di madri A/C e da un altro 20 per cento di madri C+. L'ingaggio prevalente è perciò «evitante a basso indice *vs.* coinvolto a basso indice».

Tuttavia, questa complementarità negli attaccamenti (spiegabile secondo una logica di correlazione inversa) non si registra con i figli «coinvolti» (C) e «preoccupati/misti» (A+, C+, A/C), i quali non hanno mai madri A. Possiamo quindi dire – più precisamente – che l'ingaggio prevalente è «figlio evitante a basso indice *vs.* madre coinvolta a basso indice».

I figli «C» e «A+, C+, A/C» (coinvolti e preoccupati/misti) hanno per il 57,7 per cento madri con lo stesso pattern «coinvolto» o «preoccupato/misto».

Considerando il campione dei padri, la concordanza inversa riscontrata nelle madri si verifica solo per la metà dei figli evitanti (figli A0-1-2 *vs.* padri C1-2 e «A+, C+, AC»). Su tutte le categorie di attaccamento dei figli, il maggior numero di ingaggi si stabiliscono con padri sicuri (B), mentre nelle madri la percentuale di ingaggi sicuri si abbassa e gli incroci «madre-figlio» sono spiegati anche dal peso della trasmissione inversa e diretta del pattern. Abbiamo già spiegato questa evidenza che, secondo noi, avrebbe origine dal fatto che la relazione con la madre segue più o meno le leggi classiche dell'attaccamento (trasmissione diretta o inversa), soprattutto se i bambini sono stati adottati nella prima e nella seconda infanzia, quando la genitorialità si esplica nelle cure materne; viceversa, la relazione tra la madre e un figlio adottato più tardi e la relazione tra padre e figlio sono sganciate dalle leggi dell'attaccamento e si avvantaggiano di madri e padri che riescono a pensare il proprio figlio rispetto ai suoi bisogni perché possiedono attaccamenti sicuri o, possedendo attaccamenti misti, riescono ad agganciare il figlio difficile attraverso gli aspetti curanti e acquiescenti del loro pattern A+/C.

In conclusione, l'equilibrio delle famiglie del nostro campione e il discreto adattamento degli adolescenti adottati sono spiegati per il 42 per cento dagli attaccamenti sicuri dei genitori e per il 58 per cento da «altri ingaggi» (in questa quota sono compresi anche ingaggi con i pattern genitoriali considerati «problematici», ovvero «A+, C+, A/C»).

Attaccamento e genere sessuale

Ragionando sui legami che si stabiliscono in successivi momenti dello sviluppo rispetto alla relazione primaria con la madre, ci siamo chiesti fino a che punto questi legami siano influenzati da processi di identificazione, che invece non hanno peso nella costituzione «normale» del legame di attaccamento, in quanto l'attaccamento si innesca sulla base dei bisogni primari di regolazione fisiologica e di protezione. I legami che si instaurano con «altri significativi» nella fase successiva ai primi momenti dello sviluppo possono avere le caratteristiche dei legami di attaccamento;[7] tuttavia, tali legami successivi utilizzano sin da subito il meccanismo dell'identificazione secondaria, perché – in questi casi – l'oggetto dell'identificazione primaria è diverso (al contrario, nel legame di attaccamento alla madre l'oggetto dell'identificazione primaria e l'oggetto dell'identificazione secondaria coincidono); nel caso degli adottati, l'oggetto dell'identificazione primaria è indisponibile (la madre biologica non c'è più), cosa che non avviene – per esempio – quando si parla di attaccamento al primo partner sentimental-sessuale, perché l'adolescente parte comunque dalla «base sicura» dell'attaccamento primario. Ci siamo chiesti, insomma, quanto questi nuovi legami risentano di fenomeni di identificazione, oltre ad avere come meta il soddisfacimento del bisogno di protezione; laddove per «identificazione» intendiamo, in senso debole, quel meccanismo attraverso il quale un individuo si modifica in seguito a un rapporto significativo, mutuando per la propria rappresentazione del Sé attributi reali o fantasticati dell'oggetto. Uno di questi attributi è il genere dei genitori. Ci siamo chiesti, allora, se il genere del genitore adottivo abbia un peso per lo stabilirsi di questo tardivo legame di

[7] I criteri proposti da Howe per le relazioni di attaccamento alternative sono: *a*) soddisfacimento dei bisogni fisici ed emotivi del bambino da parte del caregiver; *b*) le cure prestate devono essere continue e consistenti nel tempo; *c*) dev'esserci un investimento emotivo sul bambino da parte del caregiver.

attaccamento, nella cui costruzione non sono più implicati solamente fattori di regolazione fisiologica e di protezione, ma una dinamica molto più articolata di rapporto tra il Sé e l'oggetto, dinamica a cui il bambino può accedere (e che può gestire) grazie all'età più matura. In altre parole, ci siamo chiesti se il bambino mutui il pattern di attaccamento dal genitore omologo (le femmine dalla madre, i maschi dal padre) a fronte della qualità dei nuovi attaccamenti (semplici o problematici) o a fronte di altri fattori legati alla propria storia preadottiva o alla famiglia attuale.

Considerando il sottogruppo degli adolescenti maschi ($N = 15$), emergono tre cliché: 1) gli adolescenti che presentano lo stesso attaccamento del padre; 2) gli adolescenti che presentano un attaccamento diverso rispetto a quello di entrambi i genitori e dei fratelli; 3) un solo adolescente maschio utilizza l'attaccamento della madre come matrice positiva per la costruzione del nuovo legame (tabb. 23.11 e 23.12).

I quattro soggetti che presentano lo stesso pattern del padre e l'unico adolescente maschio che presenta lo stesso pattern della madre hanno attaccamenti sicuri (B) o semplici (A e C a basso indice). I 9 soggetti che non mutuano l'attaccamento da nessuno dei due genitori – e che lo costruiscono ex novo – presentano attaccamenti problematici (A+, CC) oppure presentano – in 4 casi – attaccamenti evitanti a basso indice o sicuri (1 caso), ma nei loro nuclei familiari sono presenti fratelli. Viceversa, la presenza di fratelli non sembra influenzare o disturbare il processo di trasmissione dell'attaccamento dal genitore omologo nei tre casi in cui il nuovo attaccamento si organizza in una strategia non

Tabella 23.11
Adolescenti maschi che mutuano il pattern di attaccamento all'interno della famiglia adottiva

Adolescenti maschi che mutuano il pattern dal padre						
Soggetto	Attaccamento biologico	Attaccamento adottivo	Attaccamento padre	Attaccamento madre	Attaccamento fratello	Attaccamento sorella
Diego	–	A2	A2	C2	–	–
Elvin	B1 (educatore)	B4	B1	A4C2	A4	–
Marco	C5 Utr	A0	A2	B1	–	A0 biologico; B2 adottivo
Michele	–	B5	B3	B4 A4 «in R» ado (Paolo)	C4 Utr biologico	–
Adolescenti maschi che mutuano il pattern dalla madre						
Soggetto	Attaccamento biologico	Attaccamento adottivo	Attaccamento padre	Attaccamento madre	Attaccamento fratello	Attaccamento sorella
Ireneo	–	C2	B4	C1		A2

Tabella 23.12
Adolescenti maschi che non mutuano il pattern di attaccamento da nessun membro della famiglia

Soggetto	Attaccamento biologico	Attaccamento adottivo	Attaccamento padre	Attaccamento madre	Attaccamento fratello	Attaccamento sorella
Johnny	–	A4	B1	A4C2	B1 bio; B4 ado	–
Lucas	–	A3	C2	A4C1	–	–
Flavio	–	A4	C1	B4	–	–
Paolo	C4 Utr	A4 «in R»	B3	B4	B5 (Michele)	–
Saverio	–	A4 «in R»	A0	C2 (Dp)	–	–
Nidal	–	CC	A0	A3C2 Utr	–	–
Dahri	–	A0	A6	B2	–	B1 (Vania)
Matteo	–	A2	B4	C3	–	C2 «in R» (Hilenia)
Steve	–	A0	B4	A1C2	non disponibile	
Leonardo	–	B2	A4C2	C2	–	A2 (Alessia)

Le interviste dei genitori di Damiano (A2) non sono disponibili.

problematica A0-1-2, B, C1-2 (nell'unico caso di compresenza di un attaccamento coinvolto C1-2 e fratria, il nuovo attaccamento del figlio maschio non viene costruito sul modello paterno ma su quello materno, mantenendosi così nell'alveo dei modelli disponibili in famiglia).

Il quantum di complessità che porta alla costruzione ex novo di un legame di attaccamento (non mutuato dai genitori adottivi) potrebbe essere rappresentato dagli attaccamenti ai genitori biologici e/o dalla presenza dei fratelli nella nuova famiglia. Logicamente, queste due variabili «intervenienti» hanno un peso diverso nella costruzione del nuovo legame di attaccamento: il peso degli attaccamenti ai genitori biologici è presumibilmente negativo, e perciò i nuovi attaccamenti non possono essere che problematici (A+); il peso degli attaccamenti dei fratelli nella nuova famiglia è presumibilmente «evolutivo», e perciò i nuovi attaccamenti che ne risultano sono non problematici («A a basso indice» o «B»).

Poniamo il focus sugli adolescenti che non mutuano il pattern da nessun membro della famiglia.

Johnny non ha ricordi della famiglia biologica perché è andato in istituto molto presto: riguardo al periodo preadottivo, parla della relazione con un educatore dell'istituto in modo evitante, ma non ci sono elementi sufficienti perché la relazione si configuri come un legame di attaccamento alternativo. Gli è indisponibile dentro di sé una qualsiasi rappresentazione di relazione con il padre biologico – nemmeno come oggetto di conflitto – e perciò non mutua l'attaccamento dal padre adottivo che non riesce a far funzionare come «appoggio» e verso il quale, al contrario, ha un ruolo «up-role reversal» quando gli consiglia ripetutamente di smettere di fumare e lo consola per la morte di un amico. Il fratello (Elvin) ha stabilito un attaccamento sicuro-riservato (B1) verso un educatore dell'istituto, ma è più grande di Johnny di tre anni ed è un po' diverso da lui: ha avuto un altro modo di reagire nel passato (attraverso una modalità di efficienza per il Sé classificata come B1) e ora il suo attaccamento verso la famiglia adottiva è diventato un «B reattivo» (B4). La modalità di reagire del fratello (Johnny) è invece molto diversa da quella del fratello: ha alle spalle un'esperienza di vuoto istituzionale con ritiri simil-autistici nei primo periodo dell'adozione, in cui – al buio – faceva andare avanti e indietro le gambe sotto il tavolo come per riempire il suo vuoto interiore. Probabilmente il fratello maggiore non ha mai funzionato come figura di condivisione per Elvin, perché, a fronte della medesima esperienza preadottiva (l'istituto, l'educatore), la modalità di reagire alle difficoltà era diversa: efficienza per il Sé in un quadro relativamente sicuro per il fratello più grande, forte evitamento per il fratello più piccolo. Il «vuoto» di Johnny – che emerge dal racconto – non poteva riempirlo né un padre B1 né un fratello adottivo B4: solo gli elementi «preoccupati-caregiver» A+ e gli elementi coinvolti (C2) del modello di attaccamento della madre hanno potuto funzionare come relazione riparativa; il pattern misto della madre ha agganciato con gli aspetti caregiver e acquiescenti (A4) l'anestesia interiore che Johnny descrive riguardo al periodo di permanenza in istituto, affettivizzandola con gli aspetti coinvolti (C2).

Lucas, tra un attaccamento coinvolto del padre (C2) e un pattern misto della madre (A+/C1), sceglie come compromesso la soluzione A+, depurando dagli aspetti coinvolti (C) il modello di attaccamento materno.

Ireneo, 20 anni (C2) sceglie il coinvolgimento della madre (C1) al posto della sicurezza del padre, nonostante anche il padre si attesti sul versante «reattivo» degli attaccamenti sicuri (B4). Anche Lia (A2), la sorella adottiva, non sceglie l'attaccamento del padre ma utilizza il pattern della madre come matrice negativa.

Matteo (A2) non sceglie l'attaccamento sicuro del padre adottivo (B4) ma, al tempo stesso, riesce a non mutuare dalla madre un attaccamento molto problematico (C3); lascia l'identificazione con la madre adottiva alla sorella, che presenta – come la madre – un pattern coinvolto (C2).

Steve (A0) si aggancia al pattern misto della madre (A1/C2), di cui conserva gli aspetti scissi ma configurandoli in un modello maggiormente integrato (A0). Il pattern A0, infatti, rappresenta la soluzione meno scissa del pattern misto, del quale conserva gli aspetti arrabbiati (che l'A0 deaffettivizza, ovvero li razionalizza – attraverso l'uso della cognitività – come disprezzo) e gli aspetti evitanti (che l'A0 esprime nella forma più articolata di Sé forte). Probabilmente, in questo processo ha avuto un ruolo l'attaccamento sicuro del padre, mentre non sappiamo il peso che ha avuto il fratello adottivo, di cui non abbiamo l'intervista.

Flavio fa la media degli attaccamenti genitoriali (padre C1, madre B4); ne risulta un pattern A4 in cui gli aspetti coinvolti del padre e quelli «sicuri-reattivi» della madre vengono collocati in un pattern preoccupato del registro evitante (A4). È probabile che, senza l'apporto di sicurezza proveniente dalla madre, la preoccupazione non sarebbe stata configurata in un pattern preoccupato del registro evitante (A4), ma avrebbe preso la forma di un pattern preoccupato del registro coinvolto (C+).

L'attaccamento di *Leonardo* è sicuro-riservato (B2), a fronte di un pattern coinvolto della madre (C2) e di un pattern misto del padre; è verosimile pensare che nello spostare l'attaccamento di Leonardo verso la sicurezza – ancorché riservata – abbia avuto un peso l'attaccamento A2 (evitante-normalizzante) della sorella. Infatti, nel modello classificatorio dell'attaccamento dell'adulto, A2 è la configurazione distanziante più vicina a quelle equilibrate; e anche nel sistema di codifica dell'attaccamento del bambino, la classificazione A2 alla Strange Situation ha molti elementi di similitudine con la classificazione B2, eccezion fatta per il secondo ricongiungimento madre-bambino (ottavo episodio), che nel pattern B2 è «più sentito» rispetto alla prima riunione (quinto episodio).

I genitori di *Paolo* hanno un legame di attaccamento sicuro nei confronti dei propri genitori dell'infanzia. L'attaccamento della madre verso la propria madre è sicuro-reattivo (B4), un «B caldo». La larvata trascuratezza (non rifiuto) che la madre le ha riservato nell'infanzia ha elicitato in lei – come conseguenza – una forte valutazione dell'attaccamento nei confronti della madre (che si traduce in un pattern B-reattivo); tuttavia, con i figli, agisce il modello operativo ereditato dalla propria madre e cioè quello di una «riservatezza nell'accudimento». Questa modalità di accudimento riservato e mai troppo esplicitato da una parte e, dall'altra, il bisogno di attaccamento-contatto-vicinanza mai colmato nella relazione con la madre, le ha permesso di agganciare i figli negli aspetti della paura e del desiderio di conforto; complementarmente, la modalità di accudimento riservata e mai troppo esplicitata ereditata dalla propria madre le ha permesso di depotenziare le manifestazioni abnormi di paura e desiderio di conforto che i figli manifestavano agli inizi dell'adozione (a fronte delle esperienze preadottive di istituzionalizzazione), riuscendo – grazie alla qualità sicura del suo attaccamento – a non rispondervi «con la stessa moneta» (probabilmente, una risposta materna nello stesso registro dei bisogni dei figli avrebbe promosso ancora di più la vulnerabilità ed elicitato un desiderio di conforto maggiormente amplificato) e fornendo una relazione di accudimento mite ma continuo: quella continuità che i due ragazzi desideravano, perché non si ripetesse l'ennesimo rifiuto (dopo l'abbandono dei genitori naturali, due istituti, la comunità, un'esperienza di affidamento fallita e il ritorno in istituto).

Un buon compromesso lo raggiunge *Saverio* rispetto agli attaccamenti dei suoi genitori «adottati». Il padre (Ao) racconta una storia di punizioni fisiche da parte della matrigna, da cui a dodici anni si è difeso anche in modo violento. La madre (C2), ultima di quattro fratelli, dice di essersi sentita «adottata» – e di avere coltivato questo sospetto per molto tempo nell'infanzia – a causa della posizione secondaria attribuitale nella famiglia d'origine, posizione che continua a occupare nella famiglia che si è costruita; nella sua intervista vi sono anche indicatori di depressione (Dp). Il pattern «A4 in R» che Saverio ha stabilito nei confronti della famiglia adottiva risulta essere l'incastro perfetto rispetto all'iperprotezione che la madre dimostra nei suoi confronti, coinvolgendolo in una dinamica di relazione più infantile rispetto ai suoi ventun anni e inducendo in lui vissuti di responsabilizzazione-role reversal *(«sono l'unico figlio, non poteva averne altri, ha rinunciato a tutto quello che aveva»)*. Gli aspetti di riorganizzazione sembrano promossi dal padre e dalla sua ideologia sprezzante (Ao) verso le donne (in primis, la sua matrigna dell'infanzia): il padre sembra aver passato questa modalità al figlio (vedi, ad esempio, la risposta di Saverio sulla fidanzatina) e, tuttavia, questa modalità ha per Saverio una funzione positiva, ossia gli serve per svalutare un poco l'attaccamento materno e per ribellarsi all'iperprotettività della madre; tuttavia, dopo la svalutazione, Saverio è solito chiudere con un disegno positivo acquiescente *«la mamma è sempre la mamma»*, *«bisogna portare pazienza»*.

Dahri (A0) assomiglia al padre, sia perché ha visto nel padre la capacità di tenere sotto controllo i propri sentimenti mostrando pochissime manifestazioni affettive, sia perché a diciotto anni alcuni adolescenti sono così, sia in conseguenza della sua storia passata. Dahri mostra un «Sé forte» dietro al quale ogni tanto si affaccia. E però, rispetto al padre A6, presenta un pattern evitante a basso indice (A0) – cioè meno problematico – grazie al quale riesce a entrare in contatto anche con la rabbia, sotto forma di svalutazione dell'attaccamento: un A6 invece non mostra affetti negativi, tranne forse tristezza rassegnata per come il passato ha influito sul presente e per come si è oggi. Dahri è rimasto nella configurazione evitante del padre, ma la sicurezza riservata della madre (B2) lo ha aiutato a non esitare in una strategia evitante «ad alto indice».

Considerando ora gli attaccamenti delle adolescenti e mettendoli a confronto con gli attaccamenti dei rispettivi genitori adottivi, il sottogruppo ($N = 24$) può essere suddiviso ulteriormente in tre parti:

1) Le femmine che presentano un pattern di attaccamento uguale a quello di un membro della famiglia adottiva (10 soggetti) per l'80 per cento hanno attaccamenti sicuri (6) o sono «in riorganizzazione» (2) da «A» o «C» a basso indice. Di queste, 5 mutuano l'attaccamento dalla madre e 1 prende l'attaccamento sicuro sia dalla madre che dal padre (tab. 23.13). Nei due casi in cui la madre ha un attaccamento coinvolto (C1-2) o problematico-misto (C+ o A/C), le femmine che riescono a organizzarsi nella sicurezza utilizzano il pattern sicuro del padre (tab. 23.14). Ma questo avviene solo se il pattern del padre è sicuro: Kaz-

Tabella 23.13

Soggetto	Attaccamento biologico	Attaccamento adottivo	Attaccamento madre	Attaccamento padre	Attaccamento sorella	Attaccamento fratello
Vania	–	B1	B2	A6	–	A0 (Dahri)
Samantha	A3C4	B5	B1	non disponibile		
Lucia	A0	B2	B1	A2	–	C5 biologico A0 adottivo
Inès*	–	A2 «in R»	B2	A4	–	–
Hilenia**	–	C2 «in R»	C3	B4	–	A2 (Matteo)
Sonia		–	B2	B5	B4	–

* Si assume l'uguaglianza tra i pattern A2 «in R» e B2 poiché il pattern A2 è la configurazione distanziante più vicina a quelle equilibrate. Il modificatore «in R» avvicina ancora di più lo stato della mente di Inès alla strategia B2 della madre.

** Hilenia – che è «in riorganizzazione» da C2 – non è al momento capace di utilizzare il pattern sicuro del padre per diventare sicura (anche a fronte delle vicende di guerra vissute nell'infanzia, unite alla trascuratezza dei genitori) e si mantiene nel registro coinvolto della madre (C2), riuscendo tuttavia a trasformare il C3 materno in C2.

Tabella 23.14

Soggetto	Attaccamento biologico	Attaccamento adottivo	Attaccamento madre	Attaccamento padre	Attaccamento sorella	Attaccamento fratello
Marta	–	B2	C2	B4	–	–
Esmeralda	–	B1	A2/C1	B2	–	non disponibile

Tabella 23.15

Soggetto	Attaccamento biologico	Attaccamento adottivo	Attaccamento madre	Attaccamento padre	Attaccamento sorella	Attaccamento fratello
Kazmina	–	C2	C4	A3	–	–

Tabella 23.16

Soggetto	Attaccamento biologico	Attaccamento adottivo	Attaccamento madre	Attaccamento padre	Attaccamento sorella	Attaccamento fratello
Rosa	–	C2	C2	C3		–

mina, infatti, preferisce mantenersi nella strategia coinvolta della madre (C4) poiché, evidentemente, per lei non è conveniente abbandonare la linea materna – anche se così deve fare i conti con l'attaccamento problematico C4 della madre – per avvicinarsi al pattern del padre, che è sempre problematico (A3) (tab. 23.15). Anche nell'unico caso in cui i genitori hanno entrambi un pattern coinvolto, l'attaccamento della figlia segue l'attaccamento materno (tab. 23.16).

2) Un terzo del sottogruppo degli adolescenti di sesso femminile (8 soggetti) scelgono l'attaccamento dei genitori adottivi come matrice negativa per la costruzione del proprio legame di attaccamento. L'attaccamento inverso rispetto a quello della madre è presente in 7 soggetti; 4 di queste femmine presentano un pattern complementare anche rispetto all'attaccamento del padre; una sola femmina prende come matrice negativa il pattern del padre (ma l'intervista è ai limiti della classificabilità perché Michaela, al momento dell'intervista, ha trascorso solo tre anni nella famiglia adottiva e con la testa è ancora «ferma al prima») (tab. 23.17).

3) Un quarto del sottogruppo di ragazze adottate (6 su 24) presentano un pattern di attaccamento che non segue una continuità (inversa o diretta) rispetto agli attaccamenti dei genitori; questi soggetti sono accomunati dal fatto che all'interno del nucleo familiare hanno un genitore sicuro (tab. 23.18).

In conclusione, possiamo dire che le femmine presentano una maggiore continuità rispetto agli attaccamenti dei genitori adottivi: le ragazze che mutuano l'attaccamento da uno dei genitori (secondo una linearità inversa o diretta) sono il 75 per cento, i maschi il 33,3 per cento; e negli altri casi i gio-

Tabella 23.17

Soggetto	Attaccamento biologico	Attaccamento adottivo	Attaccamento madre	Attaccamento padre	Attaccamento sorella	Attaccamento fratello
Cecilia	–	A1	C4	B5	–	–
Dorina	–	A2	C2	B4		
Lia	–	A2	C1	B4	C2	
Sheila	–	A1	C1	C3	–	–
Jeannine	A4	A1	A3C3	C1	–	–
Antonella	–	A2	C2	A4C1	–	–
Alessia	–	A2	C2	A4C2	–	B2 (Leonardo)
Michaela	–	A2	B3	C1	–	–

Tabella 23.18

Soggetto	Attaccamento biologico	Attaccamento adottivo	Attaccamento madre	Attaccamento padre	Attaccamento sorella	Attaccamento fratello
Mariana	C4	C2	B4	non disponibile	–	–
Rashida	A4C1	A4	B1	B2	–	–
Nomita	–	A3	B4	A4	–	–
Fatja	–	B1	A2	non disponibile	non disponibile	
Agata	–	B3	A4	C3 Utr	–	–
Safyra	–	A4C2	B4	B4	–	non disponibile

chi dell'attaccamento seguono dinamiche diverse, che abbiamo cercato di tratteggiare brevemente caso per caso. La maggiore continuità delle femmine rispetto agli attaccamenti genitoriali forse può essere spiegata con l'evidenza che nel sottogruppo delle femmine c'è una percentuale di gran lunga inferiore di attaccamenti complessi-problematici A+, AC, C+ (12,5% nelle femmine *vs.* 37,5% nei maschi) e – come già detto – nel campione dei maschi gli attaccamenti problematici sono risultati essere i pattern in cui si verifica una maggiore discontinuità tra l'attaccamento dei genitori e l'attaccamento dei figli.

Il maggior numero di attaccamenti problematici nei maschi del nostro campione potrebbe tuttavia avere origine in un mero fatto di reclutamento: i maschi reclutati provengono da storie preadottive più disastrate (una percentuale di gran lunga superiore di istituzionalizzazioni ed esperienze preadottive miste), mentre, al contrario, le femmine provengono per il 40 per cento (*vs.* 12,5 dei maschi) dalla famiglia biologica.

I genitori con attaccamento sicuro (B) hanno un ruolo positivo nei confronti del legame di attaccamento dei figli, rispettivamente per il 46,8 per cento delle femmine e per il 40 per cento dei maschi. In queste percentuali sono rappresentati gli adolescenti che – avendo nel nucleo familiare almeno un genitore B – sono B essi stessi, o gli adolescenti che migliorano il proprio pattern rispetto all'attaccamento preadottivo o riescono a stemperare l'attaccamento problematico del genitore non-B.

In questo sottogruppo – che riesce a utilizzare il pattern di attaccamento di un genitore sicuro per migliorare – non si apprezzano differenze numeriche tra maschi e femmine rispetto all'utilizzo del pattern del padre o della madre: il pattern sicuro del padre viene utilizzato dalle femmine a fronte di un attaccamento problematico della madre; e viceversa per i maschi. Tale evidenza – confermata anche a livello di contenuti delle interviste – fa emergere una figura di padre adottivo più attivo e coinvolto nel ruolo genitoriale, e coppie con un grado di condivisione della genitorialità maggiore rispetto alle coppie di genitori biologici.

Gli adolescenti che non hanno almeno un genitore «sicuro» costituiscono un terzo del campione (13 soggetti su 39): a questi vanno aggiunti 9 adolescenti che non si avvantaggiano – per migliorare il proprio pattern – del genitore con attaccamento sicuro presente nel nucleo familiare. Questo significa che esiste un 56,5 per cento di adolescenti per i quali i giochi interni e familiari non dipendono dalla sicurezza del pattern dei genitori: in questo sottogruppo di famiglie, troviamo molti madri e padri con attaccamenti problematici ma nessun attaccamento problematico nei figli (considerando un soggetto «in riorganizzazione» da A4 e un transcript «CC-non classificabile» che è tale perché il soggetto è stato adottato da soli due anni).

Sembrano andare nella stessa direzione le seguenti evidenze:

1) c'è omogeneità (riguardo ai pattern dei figli) nella composizione dei gruppi «famiglie composte da un genitore con pattern problematico e un genitore B» e «famiglie composte da un genitore con pattern problematico e un geni-

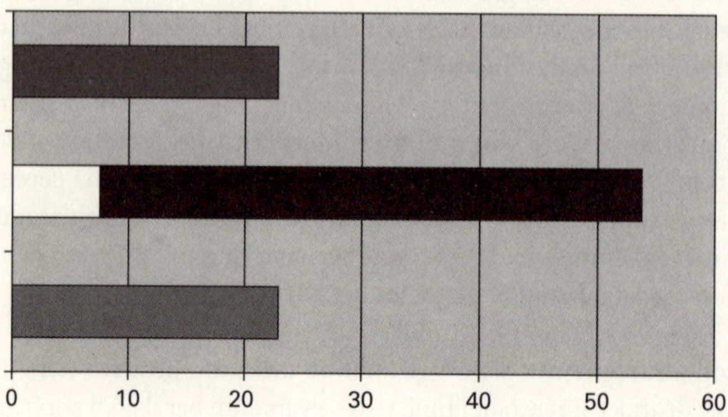

Figura 23.7

tore non-B». In altre parole, i figli di un genitore con pattern problematico che non dispone della quota di sicurezza del partner non hanno attaccamenti più problematici;
2) la percentuale di pattern genitoriali problematici (A+, C+ e A/C) che inducono pattern problematici nei figli è molto ridotta (14%).

Nel 23 per cento dei casi (9 soggetti) l'attaccamento «sicuro» di un genitore (o di tutti e due i genitori) ha un peso evidente nel processo di costruzione del legame di attaccamento del figlio, portando a stemperare un pattern preadottivo problematico o – meno spesso – a organizzare l'attaccamento del figlio adolescente secondo una modalità sicura o «in riorganizzazione».

Poco più della metà degli adolescenti (21 soggetti su 39) hanno in famiglia un genitore con attaccamento A/C, C+ e A+ (con netta prevalenza del pattern misto). Solo in tre di questi casi il pattern genitoriale problematico induce nel figlio un attaccamento problematico (7,7%) ma nei restanti 18 casi (46,2% dell'intero campione) i figli di genitori con attaccamento problematico non presentano pattern «problematici»; e precisamente non presentano un attaccamento problematico sia i 9 adolescenti il cui genitore con attaccamento problematico ha un partner «sicuro», sia i restanti 9 adolescenti il cui genitore con attaccamento problematico ha un partner «insicuro-evitante» o «insicuro-ambivalente». Il pattern problematico del genitore non svolge un ruolo patogeno per l'attaccamento del figlio neppure quando all'interno della famiglia non sia «compensato» da un quantum di sicurezza derivante dall'attaccamento dell'altro genitore.

Nel 23 per cento (9 famiglie) si evidenziano altre configurazioni di attaccamento tra genitori e figli: di queste, 6 famiglie hanno al proprio interno un genitore «sicuro», ma l'attaccamento del figlio sembra che si costruisca sulla matrice negativa o positiva del pattern dell'altro genitore o segua ancora un'altra logica.

Il cambiamento, tra adattamento e attaccamento

Lo scopo generale di questa ricerca era quello di fornire una catamnesi a distanza dell'adozione, considerando il grado di adattamento familiare e sociale degli adolescenti e la qualità dell'attaccamento di figli e genitori, due variabili che nella lettura dell'esperienza adottiva abbiamo considerato giustapposte perché si riferiscono e uniscono l'interpersonale e l'intrapsichico, il funzionamento comportamentale (adeguatezza/inadeguatezza nelle relazioni familiari e sociali, difficoltà scolastiche, insuccesso lavorativo ecc.) e i modelli operativi interni che li guidano. Da questa duplice prospettiva ovvero, da una parte, la funzione del comportamento a scopo protettivo all'interno della relazione (esplicitata dal pattern di attaccamento), e dall'altra la morfologia del comportamento nell'individuo (misurata attraverso la variabile «adattamento»), abbiamo fotografato la seguente situazione:

1) La maggior parte degli adolescenti adottati del nostro campione risultano avere – secondo la curva di distribuzione dei punteggi di adattamento – una vita abbastanza adattata, un dato che è in sintonia con ciò che emerge a livello descrittivo, e cioè che il 66 per cento dei figli (nel giudizio dei genitori al questionario) sembrano non avere particolari problemi e il 30 per cento hanno principalmente problemi di studio e «difficoltà nel fare amicizie» o «irrequietezza» o «timidezza». Il discreto adattamento del nostro campione è confermato anche dal fatto che si sono rivolti ai Servizi, dopo l'anno di affido preadottivo, solo il 30 per cento dei soggetti: e di questo sottogruppo, hanno utilizzato i Servizi il 39 per cento per problemi scolastici, un altro 39 per cento per generici «problemi relazionali», il 10 per cento per l'inserimento di un secondo figlio adottivo, il 7 per cento per disagio adolescenziale o altro. Questo a noi sembra un aspetto significativo: ragazzi con storie così problematiche, abbandoni, maltrattamenti e istituzionalizzazioni, ci aspettavamo che stessero peggio; mentre portavamo avanti questa ricerca avevamo già capito che il piccolo campione di adottati a cui nella nostra mente facevamo riferimento e cioè l'utenza della Neuropsichiatria infantile, non era rappresentativo, come invece pensavamo prima; e tuttavia ci aspettavamo rigidità e inibizioni gravi o acting-out nei bambini che avevano alle spalle storie di maltrattamento fisico e abuso; ci aspettavamo disturbi comportamentali, disturbi dell'alimentazione, quadri depressivi, comportamenti isolati o, al contrario, promiscui, o inibizioni intellettive gravi. E invece i problemi relazionali sono risultati di lieve entità, i problemi scolastici sono perlopiù problemi di apprendimento e di concentrazione: nulla, insomma, che impedisse a questi adolescenti di riuscire a fare quelle cose che si richiedeva loro di fare, ovvero di proseguire senza infamia e senza lode gli studi – tranne qualche eccezione – o di cominciare a mantenersi con un lavoro. A noi sembra significativo che ragazzi con storie così problematiche riescano a recuperare attraverso la sola relazione educativa: solo attraverso la relazione con i genitori e senza apporti psicologico-clinici.

2) Riguardo all'attaccamento, i dati percentuali sulle distribuzioni dei campioni di adolescenti adottati e degli adolescenti cresciuti nella famiglia d'origine evidenziano a livello statistico una sostanziale omogeneità fra le categorie di attaccamento (Chi quadrato (2) = 2,36 < Chi quadrato (critico) = 5,99; Alpha = 0,05; 2 gradi di libertà). A livello descrittivo, tuttavia, gli adottati risultano essere più distanzianti (Ds – Ao-1-2) degli adolescenti cresciuti in famiglia, e meno sicuri (F – B), mentre la percentuale di coinvolti (E – C) è pressoché uguale nei due campioni.[8] Ciò che differenzia gli attaccamenti degli adole-

[8] Ds 27 per cento negli adolescenti cresciuti in famiglia *vs.* 37,5 per cento negli adottati; F 56 per cento negli adolescenti cresciuti in famiglia *vs.* 45 per cento negli adottati (includendo negli

scenti adottati è allora una quota superiore di distanziamento a basso indice, una notevole quota di distanziamento ad alto indice (A+) attraverso la modalità acquiescente, e una comprensibile minore sicurezza. La quota di attaccamenti problematici è esaurita dai pattern A+, e non vi sono adolescenti con attaccamento C+ (categoria in cui si colloca il rischio di psicopatologia più pesante); vi è un solo A/C, e un CC che è tale perché al momento dell'intervista aveva trascorso solo due anni nella nuova famiglia. Non vi sono pattern disorganizzati (Dx): gli aspetti disorganizzati di questi ragazzi al momento dell'adolescenza – ovvero al momento della nostra intervista – sembrano essere stati già organizzati in una strategia coerente. Anche laddove sono presenti nuclei non elaborati (nei casi dei ragazzi che conservano la modalità di attaccamento verso la famiglia biologica), questi non impediscono di costruire – grazie alla riorganizzazione adolescenziale spontanea o per l'esperienza adottiva riparativa – strategie funzionali di attaccamento nei confronti dei nuovi genitori. Le classificazioni aggiuntive di lutti e traumi non risolti (U trauma-U loss) o i pattern C+ e A/C si ritrovano solo in alcuni attaccamenti relativi all'esperienza preadottiva (un solo attaccamento A/C verso la famiglia adottiva nell'intero campione) e non sono mai aggiuntivi all'attaccamento attuale. Possiamo dunque dire che la distribuzione degli attaccamenti adottivi non si discosta molto dalla distribuzione degli adolescenti che sono cresciuti in famiglia e che, soprattutto, non hanno avuto situazioni iniziali così pesanti e così perniciose per quanto riguarda le possibilità di evoluzione; diciamo che la maggior parte dei ragazzi (55% A e A+) si distanziano, secondo diverse modalità, dall'esperienza preadottiva per costruire il nuovo legame, e grazie a questo distanziamento riescono a integrare le esperienze pre- e post-adottiva – così diverse tra loro – e a costruirsi una modalità generale di attaccamento che è quella che attualmente contraddistingue il loro modo di rapportarsi ai genitori attuali. La peculiarità è che alcuni adolescenti adottati più tardivamente mantengono due modalità diverse di attaccamento rispetto al passato e al presente.

Un secondo dato riguarda l'età in cui i bambini sono stati adottati. La letteratura dice che più tardi un bambino viene adottato, peggio è. A noi risulta che questo è vero soltanto se confrontiamo le fasce 0-3 anni e 3-6 anni (test di Mann-Whitney, sign. 0,01): ovvero, nel nostro campione risulta significativa

F anche gli A+ di Crittenden); E 17 per cento *vs.* 17,5 per cento negli adottati (il riferimento è ai dati normativi della metanalisi di van Ijzendoorn e Bakermans-Kranenburg, 1996). La sostanziale sovrapponibilità delle distribuzioni dei due campioni – a fronte della quota di A+ che a livello qualitativo fa la differenza tra normativi e adottati – ha origine dal fatto che per il confronto statistico abbiamo utilizzato una classificazione forzata degli attaccamenti secondo il sistema Crittenden nei tre pattern originali Ds-F-E di Main e Goldwyn (per cui gli A+ di Crittenden vanno in linea generale considerati F4-5 nel passaggio al sistema Main): questa classificazione forzata si è resa necessaria perché non disponiamo ancora di dati normativi sulla popolazione adolescente classificati con il sistema Crittenden. Il dato statistico deve quindi coniugarsi con una lettura descrittiva delle percentuali, che la distribuzione classica secondo Main e Goldwyn non permette di apprezzare.

la differenza tra la media del punteggio di adattamento dei bambini adottati a 0-3 anni rispetto alla media dei bambini adottati a 3-6 anni, per cui gli adolescenti che sono stati adottati prima dei 3 anni hanno un punteggio di adattamento diverso e superiore.[9] Ma non risulta alcuna differenza nel punteggio di adattamento se confrontiamo le fasce 0-6 e 6-15 anni: l'adattamento generale al mondo esterno è sostanzialmente lo stesso sia nei ragazzi adottati prima dei 6 anni che in quelli adottati dopo. Ciò che cambia sono due cose: 1) i pattern di attaccamento funzionali a mantenere questo adattamento (ovvero i meccanismi sottostanti l'adattamento); 2) il conservare o meno il legame di attaccamento verso la famiglia biologica.

1) Infatti, le percentuali dei pattern «A-evitanti» evidenziano che la qualità del distanziamento è diversa a seconda dell'età di adozione. I bambini adottati prima dei 6 anni hanno una prevalenza di pattern distanzianti a basso indice, per cui il distanziamento prende la forma della normalizzazione o dell'idealizzazione. Nei bambini adottati dopo i 6 anni la quota di pattern distanzianti a basso indice diminuisce fino a eguagliare la quota di pattern distanzianti ad alto indice e di pattern misti (1 A/C). Per cui possiamo dire che le strategie di distanziamento basate sull'acquiescenza compulsiva e sull'esonero rispetto a eventuali deficit genitoriali (pattern A+) sono maggiormente presenti nel sottogruppo 6-15 anni rispetto al sottogruppo dei bambini adottati prima dei 6 anni.

2) In secondo luogo, a parità di grado di adattamento, il 46 per cento degli adolescenti adottati dopo i 6 anni conservano un attaccamento verso la famiglia biologica che non sono riusciti a integrare in un pattern unitario attuale, e che si configura come un trauma irrisolto, un nucleo scisso rispetto ai genitori naturali e all'esperienza preadottiva.

L'adattamento degli adolescenti adottati dai 6 ai 15 anni che eguaglia l'adattamento degli adottati prima dei 6 anni e il discreto punteggio di adattamento comportano però il prezzo dell'utilizzo di meccanismi di difesa A+ (che il modello dell'attaccamento teorizzato da Crittenden chiama «compulsivi»), basati principalmente sull'acquiescenza e in misura minore su modalità curanti, i quali si differenziano dagli attaccamenti A e C «a basso indice» e dagli attaccamenti «sicuri» perché costituiscono una modalità indubbiamente più complessa di processamento delle informazioni riguardo alla protezione del Sé e al pericolo. Come esemplificazione del meccanismo «adattamento ed equilibrio a caro prezzo» facciamo riferimento ai bambini che hanno subìto un abuso o

[9] Poniamo il focus sulla fascia 0-6 anni di età all'adozione. La differenza di adattamento tra le fasce 0-3 e 3-6 di età all'adozione (ma non tra le fasce 0-6 e 6-15 anni) si coniuga con l'evidenza della diversità di strategia distanziante utilizzata dai due sottogruppi. Ovvero, una prevalenza della strategia A0-1-2 negli adolescenti dai 3 ai 6 anni e – rispetto a questi, ma non rispetto al sottogruppo più esteso degli adottati a 0-6 anni – una prevalenza della strategia A+ negli adottati della fascia 6-15. Il sottogruppo 0-3 e 3-6 anni si differenzia quindi perché gli adolescenti adottati più tardi (a 3-6 anni) devono utilizzare in maniera massiccia (quasi il doppio) una strategia A0-1-2.

un maltrattamento fisico e che possono diventare «meno difficili» ma più acquiescenti e inibiti; una tendenza evolutiva di questo tipo differisce da quella dei bambini cresciuti in situazioni buone, dai quali ci si aspetta che mostrino un aumento di iniziativa, reciprocità ed emozioni positive e assertività in funzione dell'età.

Acquiescenza con il punto di vista genitoriale (A4): «*Direi ai genitori di non lasciare troppa libertà, anche se poi noi ci lamentiamo, però secondo me è giusto cioè aiutano a non frequentare amici sbagliati.*»

«*Non ci sono tanti litigi. È sempre stato un buon rapporto. Ci sono dei momenti in cui litighi però dopo si chiarisce tutto quando si parla. Perché sono stato fortunato io di essere stato adottato.*»

Modalità curante nei confronti dei genitori (A3): «*Perché io come figlio se vedo mia madre che è triste, io mi sento giù di morale perché cerco anch'io di chiedermi che cos'ha.*»

Gli adottati sono più acquiescenti di fronte alle pressioni genitoriali e alle preoccupazioni materne perché devono «fare la scorta» prima di stufarsi! (Racconta la prima separazione): «*Era una cosa nuova per me e da un certo lato ero felice perché, insomma, quando vedi sempre le stesse persone, dici: "Eh, meno male che adesso per un po' non li vedi più"; ma dopo due o tre giorni, anche meno, due giorni dopo ti mancano, insomma; forse perché li senti sempre e se non senti sempre le stesse cose, tipo che ti sgridano o ti stanno dietro o ti dicono le solite raccomandazioni, ti mancano anche quando... anche se senti sempre la stessa barba.*»

Oltre che soddisfare le esigenze genitoriali, l'acquiescenza è funzionale anche a stemperare la paura. «*Avevo un po' di paura che fossimo di nuovo mandati via, cioè... "No, attento – dicevo – cavoli, se io mi comporto così, potrei compromettere tutto", "speriamo che vada tutto bene, nel senso... mi comporto bene, non faccio arrabbiare nessuno", quella era la mia unica preoccupazione.*»

A tal proposito vogliamo ribadire che al momento attuale nessuna entità diagnostica può essere sicuramente messa in relazione con un particolare stile di attaccamento; ma, in generale, stanno diventando sempre più forti le prove che un attaccamento «ad alto indice» (A+, C+) e misto potrebbe essere un precursore dello sviluppo di psicopatologia o coincidere con essa. Aggiungiamo che la quota di problematicità nel nostro campione di adolescenti adottati viene esaurita totalmente dagli attaccamenti distanzianti A+, mentre sono assenti gli attaccamenti fortemente problematici C+. Secondo l'approccio dinamico-maturativo, nessuna delle configurazioni di attaccamento è considerata intrinsecamente meno appropriata delle altre; la maggiore disfunzionalità dei pattern problematici rispetto all'adattamento è definita piuttosto dall'interazione di sviluppo (età), strategia e contesto rispetto a una situazione ambientale (Crittenden, 1999). Quando una strategia sviluppata in un dato contesto e a una data età viene applicata in un altro contesto o in età successive, può risultare non più adattativa (*ibid.*). Per cui, se attualmente gli adolescenti del nostro campione risultano adattati al mondo che la teoria dell'attaccamento chiama esterno e in discreto equilibrio interno a condizione di poter mantenere «strategie compulsive A+», può essere che – modificandosi il contesto interno ed esterno rispetto all'età cronologica e alla situazione ambientale – l'interazione di sviluppo-strategia-situazione ambientale si destrutturi in particolari fasi di transizione del ciclo di vita, per esempio nel passaggio all'università o al mondo del lavoro, in relazione a un partner sentimentale, a un fallimento amoroso, alla morte di uno dei genitori o, infine, all'assunzione del ruolo genitoriale, quando i pattern disfunzionali potranno incidere sulle motivazioni e sulla scelta di avere o non avere figli. Ma allo stato attuale osserviamo che, grazie alla riorganizzazione adolescenziale spontanea a cui gli adolescenti adottati hanno retto bene e soprattutto grazie alla «terapia educativa» nella nuova famiglia, non solo gli adolescenti con pattern di attaccamento A1-2, B, C1-2 (che, rispetto a uno stile convenzionale di relazione, consideriamo come grandi prototipi dello stato mentale dei soggetti) ma anche gli adolescenti che hanno un pattern problematico hanno un relativo buon adattamento.

I dati normativi statunitensi indicano che una popolazione oscillante intorno al 25 per cento dei soggetti adolescenti ha disturbi comportamentali ed emozionali tali da richiedere un trattamento: considerando tuttavia che l'articolazione psicopatologica della teoria dell'attaccamento alla quale ci riferiamo non si rifà alle diagnosi e ai sintomi comunemente usati, possiamo assumere che la quota suddetta di patologia sia spiegata più o meno dal 30 per cento delle famiglie che si sono rifiutate di prendere parte alla nostra ricerca e che, attraverso una verifica per altre vie, abbiamo saputo avere le problematiche più gravi e, talune, con diagnosi secondo *DSM* o *ICD*.

A questo sottogruppo «patologico e sintomatico» si aggiunge un sottogruppo «patologico a patologia non segnalata» che spiega il 22,5 per cento degli attaccamenti considerati problematici dalla teoria dell'attaccamento, i quali – essendo meno lineari e più mobili – possono avere un'evoluzione di strategia e di comportamento a breve termine (dato che è probabile che l'adolescenza degli adottati sia in qualche modo prolungata) o in epoche successive, oppure possono mantenere l'equilibrio attuale.

Quello che colpisce è che, durante l'adolescenza dei figli, sono i genitori a essere molto ambivalenti. L'esperienza clinica di bambini e genitori faceva scrivere a Winnicott (1986): «I genitori adottivi hanno essi stessi problemi particolari quando i loro figli arrivano alla pubertà (...) in quanto non possono identificarsi con i loro figli adottati come con i loro figli naturali.» Cioè, l'adolescenza di questi figli che i genitori non conoscono fino in fondo perché non possono inscriverli nella linea paterna o materna, che i genitori non sanno bene come si comporteranno (sentendosi sempre messi in gioco e non potendo disporre delle «armi» e delle sicurezze di qualsiasi altro genitore), l'adolescenza di questi figli, che è per loro il momento dell'acquisizione piena del proprio abbandono; la paura, nei genitori, del confronto rispetto alla famiglia d'origine, del fatto che nel momento dell'adolescenza i figli se ne vadano o cerchino altrove: ebbene, è difficile vivere la crisi adolescenziale nel contesto dell'adozione! Inoltre, nel periodo adolescenziale dei figli si riattiva nei genitori la sofferenza relativa alla sterilità. Abbiamo già spiegato le nostre ipotesi riguardo alla percentuale di genitori coinvolti, che diventa il secondo pattern dopo la categoria dei «sicuri» e che nel sottogruppo delle madri arriva a eguagliare la percentuale dei «sicuri»; e così pure la notevole quantità di attaccamenti problematici, la quale è spiegata in percentuale superiore dal pattern A/C (anche se con un distacco minimo dal pattern C+) nel campione totale e in quasi la metà nel sottogruppo delle madri. Abbiamo anche avanzato l'ipotesi di un'azione diretta dei figli sui genitori: dato che per gli adolescenti adottati la normale presa di distanza dai genitori è più difficile, l'ambivalenza tra affetto e aggressività trattenuta, le lamentele sui deficit genitoriali mascherate in forma esonerante e acquiescente e vengono soffocate per motivi di forza maggiore da frasi del tipo: «Però sono stato molto fortunato a essere stato adottato...», la dinamica tra identificazione e differenziazione è più controversa e più ardua da superare sia per i figli che per i genitori, anche in funzione del controatteggiamento dei genitori stessi, nei quali può affiorare, di fronte alle difficoltà dei figli, la sensazione di essere inadeguati e di avere sbagliato in qualcosa.

Si è reso evidente come i giochi dell'attaccamento tra genitori adottivi e figli adottati siano molto complessi: non è il legame di attaccamento genitoriale la sola componente che rende un'adozione riuscita, problematica o fallita; ovvero, i genitori «B» non sono la soluzione più idonea per tutti gli adottati, perché abbiamo visto genitori C+ e A/C riuscire in qualcosa che è molto più difficile che non lavorare su un figlio naturale. E da qui ribadiamo che il successo dell'adozione è legato all'abbinamento con la famiglia adatta. E un genitore adatto non è necessariamente colui che ha chiuso, elaborato o risolto la propria storia con i genitori dell'infanzia: quote ancora libere del desiderio infantile di conforto, rabbia rispetto alla storia passata, sentimenti misti rispetto ai propri genitori, accudimento compulsivo, in una parola, genitori che si trovano ancora impegnati a correggere le proprie esperienze possono rappresentare per alcuni adottati (non per altri) l'abbinamento adatto. La nostra ricerca ha dimostrato che esisterebbero famiglie in cui uno dei membri ha un attaccamento problematico, nell'ambito delle quali il bambino non avrebbe difficoltà e riuscirebbe a fare esperienza di una relazione riparativa grazie alla quale raggiungere un buon adattamento; e famiglie con attaccamenti sicuri o «a basso indice» il cui figlio ha un attaccamento problematico. Ciò, secondo noi, deriva da una ragione: se è vero che l'attaccamento verso i genitori dell'infanzia copre una porzione dello stato della mente e non tutto lo stato della mente, ossia copre quell'aspetto della personalità che ha a che fare con la genitorialità (e forse con la relazione di coppia), è vero tuttavia che il modello della relazione con la famiglia d'origine è solo parzialmente sovrapponibile con la qualità delle cure fornite ai figli e con il legame di attaccamento del figlio al genitore. Nei genitori adottivi il *gap* tra l'attaccamento dell'infanzia e il modello delle cure fornite ai figli risulta ancora maggiore per il peso della sterilità, e perché non è possibile rivolgersi ai propri genitori come modelli di identificazione; ma anche in forza delle adozioni precedenti o delle gravidanze precedenti e successive, in quei casi in cui la sterilità non è organica o è motivata da ragioni «umanitarie» (il caso di una madre B1 che si distanzia dal passato e si concentra sul presente in modo da essere molto protettiva e ansiosa verso il figlio adottivo, uno stile che afferma di non aver avuto con i figli naturali).[10] Così, per i numerosi fattori intervenienti, le dinamiche che legano l'attaccamento genitoriale, il modello delle cure fornite ai figli e il legame di attaccamento del figlio adottato ai genitori adottivi sono improntate al cambiamento e alla discontinuità piuttosto che alla continuità: gli ingaggi tra genitori e figli adottati seguono la linearità tra pattern di attaccamento in misura ancora minore rispetto ai campioni di genitori e figli naturali, e anzi, nel nostro campione, è emerso – ancorché in modo non statisticamente significativo – che la modalità di ingaggio prevalente è quella inversa, secondo il cliché «genitore C-C+ *vs.* figlio A». Questa complementarità spiega in parte la caratteristica educativo-riparativa di cui siamo convinti essere connotato il fatto adottivo.

I giochi, quindi, si rimescolano tra genitori adottivi e figli adottati: il figlio non può essere inscritto nella linea paterna e materna, il genitore non può rifarsi all'esperienza della propria madre o del proprio padre per gestire una genitorialità così speciale e diversa. Abbiamo avanzato l'ipotesi, allora, che la grande quota riscontrata di madri e padri A/C rappresenti genitori duttili e malleabili, che accettano di farsi cambiare sotto l'azione dei figli adottati (prima) e adottati-adolescenti (adesso): che, insomma, un pattern A/C – così come, in età adulta, può portare il vantaggio dell'adattamento a una gamma più ampia di condizioni – possa essere una modalità qualitativamente diversa per affrontare l'incertezza dell'adozione e le sfide che essa comporta.

[10] Nel sottogruppo di famiglie «bis», ovvero quelle che hanno adottato una seconda volta o che hanno avuto anche figli naturali, la percentuale degli attaccamenti materni ad alto indice e misti (C+, A+, AC) costituisce il 53 per cento *vs.* il 13 per cento nel restante gruppo di madri. Inoltre, considerando le quattro categorie «A», «B», «C» e «A+, C+, AC», le distribuzioni dei due sottogruppi di madri sono statisticamente differenti (Chi quadrato = 23,456 > Chi quadrato (critico) = 16,26, Alpha 0,001, 3 gradi di libertà); al contrario, la distribuzione dei padri «bis» risulta omogenea con la distribuzione dei padri che hanno solo un figlio adottato. Se assumiamo che la misura del legame di attaccamento verso i genitori dell'infanzia copra quella particolare porzione dello stato della mente relativa alla genitorialità, da questo dato possiamo dedurre che l'investimento sulla genitorialità ha un'intensità maggiore o qualitativamente diversa nelle madri che adottano per la seconda volta o che hanno anche figli naturali.

I giochi si rimescolano, l'attaccamento degli adolescenti può essere spiegato attraverso gli attaccamenti ai genitori naturali (anche nei casi in cui questi sono stati integrati nel pattern attuale), e la linea «attaccamento dei genitori → modello di cure fornito ai figli → attaccamento del figlio» segue dinamiche complesse: così, un genitore evitante nel legame con la famiglia d'origine può non solo arrivare a vivere un rapporto di tipo ansioso-ambivalente con il figlio ma addirittura trasformare nel tempo il legame con la famiglia d'origine in ansioso-ambivalente o aggiungere delle quote A o C costruendo un pattern misto; e, viceversa, genitori arrabbiati e coercitivi nel rapporto con i propri genitori invertono la strategia e diventano acquiescenti nel rapporto con i figli. L'atteggiamento maggiormente conciliante, che evita i bracci di ferro educativi, è una tendenza che abbiamo trovato nella maggior parte dei genitori del nostro campione, ed è trasversale rispetto ai pattern di attaccamento. Abbiamo ipotizzato che derivi sia da elementi di realtà, ovvero dalla consapevolezza che il bambino adottato ne ha passate di brutte fino al momento in cui trova due genitori che lo accolgono (*«è stato un bambino umiliato dalla sua famiglia d'origine, la sua mamma non lo voleva più»; «mi sono arrabbiato, qualche volta ma quando sei arrabbiato magari pensi: "Mah, se mi comporto male allora che cosa sono andato a prenderli a fare, potevano stare là, i calci nel sedere li prendevano anche là"»; «ti sforzi di comportarti bene, lo hai preso con il concetto "aiutiamolo" e allora quando viene l'istinto qualche volta di dare un calcio o uno scappellotto non lo fai»)*, sia da elementi immaginari, ovvero da una genitorialità più insicura, per comprensibili ragioni interne ai genitori e anche a quei figli che usano comportamenti arrabbiati e sfidanti per chiedere conforto (*«era un continuo metterci alla prova, ci lasciava i bigliettini con scritto "Vi odio" per la casa, faceva i dispetti e questo ci ha fatto sentire insicuri, con la paura di sbagliare, timore che qualcosa non andasse bene, avere paura di non essere accettati. E per questo portavamo pazienza: sapevamo che i dispetti erano messaggi di ostilità ma anche di aiuto»*), sia perché vi è un abbassamento delle aspettative riguardo al figlio e quindi, per esempio, una riuscita scolastica stentata viene accettata più serenamente (*«non ho aspettative cioè non pretendo da loro chissà che cosa... Vorrei solo che siano contente della vita che hanno...»; «non andava bene a scuola, ha fatto due anni di superiori... gli abbiamo detto che poteva lavorare se voleva»; «se penso che era sulla strada e che ha anche rubato per mangiare, poteva prendere qualche brutta piega... con la droga che gira, l'anno scorso frequentava degli amici che non ci piacevano, fumavano, ma poi ha smesso...»*).

Possiamo riassumere come segue la combinazione tra l'atteggiamento conciliante dei genitori e l'acquiescenza dei figli adottati:

1) Nei genitori, questo atteggiamento che tende a evitare i bracci di ferro educativi potrebbe essere stato facilitato da un meccanismo di annullamento di situazioni drammatiche, che li avrebbe portati ad accettare, minimizzare e gestire con pazienza le irregolarità lungo la storia evolutiva del bambino, a fronte dell'aspettativa iniziale con la quale avevano intrapreso l'iter per l'adozione e a fronte della condizione stessa in cui il bambino si è presentato a loro

la prima volta.[11] Paradossalmente, più il genitore si aspetta che il bambino sia diverso da lui e in condizioni di partenza peggiori (tutti i casi delle adozioni internazionali), più l'aspettativa è bassa, più alto risulta il punteggio di adattamento percepito dal genitore stesso. In quest'ottica abbiamo spiegato le ultime due evidenze statisticamente significative relative al punteggio di adattamento, evidenze la cui discussione abbiamo finora rinviato: il punteggio medio di adattamento (ci si riferisce sempre alla percezione che il genitore esprime dell'adattamento del figlio al questionario) è superiore per i ragazzi con fisionomia (sign. 0,01) e colore della pelle (sign. 0,05) «abbastanza simili» a quelli dei genitori; è più basso per i ragazzi con fisionomia «diversa»; risulta ancora inferiore per i ragazzi con fisionomia e colore della pelle «simili» a quelli dei genitori. Il dato singolare è il terzo: come spiegare il peggior adattamento dei ragazzi con fisionomia simile a quella dei genitori adottivi? È ovvio che un bambino «estraneo» che il genitore definisce con «fisionomia simile» alla propria, un bambino che il genitore vuol confondere con un figlio naturale, esplicita un quantum di investimento narcisistico che non permette al genitore stesso di adottare quel minimale «laissez-faire» circa la crescita del ragazzo o la riuscita/non-riuscita scolastica: le aspettative sono più alte, e il genitore è portato a valutare più negativamente l'adattamento del figlio e gli eventuali problemi.

2) A fronte della situazione di annullamento da situazioni drammatiche, che secondo noi favorisce l'accomodamento dei genitori adottivi ai figli (nelle famiglie naturali è più facile che, al contrario, si tenda all'assimilazione dei figli da parte dei genitori), negli adolescenti adottati c'è un meccanismo – complementare – di idealizzazione della condizione adottiva (*«io non mi aspettavo dei genitori... per me sono stati troppo buoni; anche se io combino qualcosa, loro mi cercano, non usano le maniere cattive per farmi capire le cose... semplicemente con le parole»; «devo dire che sono stato molto fortunato perché una fortuna così, sinceramente, a quell'epoca quand'ero in istituto non me la sarei mai aspettata. Ora, cioè... di fronte ai ricordi che ho... sono veramente molto felice che sia successo»*, o di acquiescenza (*«loro cercano sempre di capirmi, io lo so che fanno di tutto per farmi una vita bella, anche quando mi sgridano lo fanno per il mio bene»; «io, quando faccio qualcosa, penso sempre di stare attenta perché... come posso dire, sono stata adottata, quindi non voglio... cioè sto attenta e... e dico "io sono stata molto fortunata, insomma"»; «come desiderio vorrei che, qualsiasi cosa succeda, i miei genitori mi aiutino sempre»; «*(il fatto di essere adottato mi ha influenzato) *tantissimo. E infatti non so neanche come sarebbe andata la mia vita se non fossi stato adottato, sento tante volte che... non so cosa avrei fatto... non so... i soldi non c'erano per studiare... sarei andato a lavorare in qualche campo, se andava bene. Loro sono buoni con me»*).

[11] Molti genitori, alla domanda: «Qual è il suo ricordo più brutto dell'adozione?» parlano dello stato fisico, di salute, di paura e mutismo del bambino durante il primo incontro; altri genitori raccontano dei comportamenti strani e diffidenti dei primi periodi, che facevano presagire molte difficoltà nella costruzione della relazione.

Conclusioni

Abbiamo constatato che, passata la trafila degli accertamenti per ottenere l'idoneità e conclusa la serie dei contatti con i Servizi per le relazioni al Tribunale per i Minori durante l'anno di affido preadottivo, è molto difficile reperire negli anni che seguono ulteriori informazioni sull'andamento delle adozioni. Dalle storie, abbiamo cercato di far emergere i meccanismi di organizzazione e di difesa (le «strategie», così le chiama la teoria dell'attaccamento) che i ragazzi utilizzano per adattarsi al cambiamento, e il controadattamento dei genitori, in un'avventura da costruire giorno per giorno senza aiuti né modelli, mossi solo da un bisogno che – nella maggior parte dei casi – riesce a trasformarsi in desiderio.

Abbiamo parlato con ragazzi e genitori in un periodo, quello adolescenziale, complicato dalla ricerca della propria identità – tipica di quest'età – che per gli adolescenti adottati porta con sé la ricerca delle origini; e complicato dalla difficoltà di prendere distanza dai modelli genitoriali attuali per non essere ributtati nelle braccia dei genitori cattivi che sono stati archiviati o per non confondere la separatezza con la trascuratezza e l'abbandono.

Il reclutamento degli adottati nelle famiglie – attraverso i Servizi territoriali – ci ha fatto rivedere la distorsione professionale consolidata in vent'anni di lavoro nei Servizi di Neuropsichiatria infantile, dove avevamo visto soltanto casi di minori adottati con disturbi del comportamento molto gravi.

Non abbiamo individuato se vi sia una forma di attaccamento genitoriale che può meglio bilanciare particolari carenze nell'adottato: il successo dell'adozione è legato alla transazione familiare. In linea di massima, gli attaccamenti genitoriali «sicuri» sono «terapeutici» in alcune situazioni, mentre in altre sembrano avere un effetto minore; è emerso un cluster di figli evitanti con genitori coinvolti; è emersa la malleabilità degli attaccamenti misti genitoriali; gli attaccamenti «problematici» dei genitori non necessariamente portano il figlio a organizzare un pattern problematico.

Non abbiamo rafforzato il «mito degli attaccamenti sicuri», né lo abbiamo disconfermato: un dato interessante è comunque che per più della metà degli adolescenti i giochi interni e familiari non dipendono dalla sicurezza del pattern dei genitori. Gli ingaggi che funzionano con gli adottati nella prima e nella seconda infanzia seguono una certa logica lineare tra il pattern della madre e il pattern del figlio, più inversa che diretta; i soggetti adottati più tardi, e quindi con un'esperienza preadottiva più difficile o mista, oppure i soggetti che conservano un attaccamento alla famiglia biologica, si avvantaggiano di madri «sicure» o, al contrario, di madri con attaccamenti misti con pattern «A+/C» (le madri sicure offrono relazioni di sicurezza e sostegno, quelle del secondo tipo sono capaci di agganciare i figli con gli aspetti curanti e acquiescenti «A+» del pattern misto). Del resto, i bisogni di un bambino di pochi mesi non sono gli stessi di un bambino di cinque anni, le richieste che un bambino adottato a cinque anni muove a un adulto non sono le stesse di uno di otto: e allora abbiamo ipotizzato che la prevalenza degli ingaggi «diretti» o «inversi» per le adozioni più precoci stesse a significare che esiste una genitorialità agita, fatta di tatto e di odori, mentre per le adozioni più tardive gli effetti terapeutici venissero dispensati attraverso una genitorialità «pensata» (cioè una genitorialità «B» o «A+/C» capace di agganciare i figli in base a specifici aspetti «mentali», rispettivamente caregiver o acquiescenti), una genitorialità che potesse offrire agli adottati più grandi una pensabilità delle vicende separative e traumatiche.

Ognuno fa il suo ingaggio, le variabili in gioco sono molteplici, la «doppia genealogia» continua a pesare sia quando gli attaccamenti della famiglia naturale vengono integrati nel nuovo pattern sia quando rimangono scissi; gli abbinamenti perfetti «capitano», ma raramente si possono preventivare; e quelli perfetti – pensando di scegliere il miglior genitore – magari non sono più adatti di quelli che si sono scartati in base a questa o quella teoria della personalità, e tanto più in base a un pattern di attaccamento!

L'adozione nella longitudinalità

Quali casi visti da piccoli avremmo pensato di prendere in carico? Rifacendoci al nostro studio precedente che ci ha impegnati per anni e che seguiva il normale lavoro dei consultori familiari veneti di selezione delle coppie per l'idoneità e poi di accompagnamento e di supporto durante l'affido preadottivo, ci sembrava che molti bambini avessero bisogno di un qualche tipo di intervento: ma, per fortuna, la legge prevedeva un termine all'affido, e i genitori in genere non chiedevano di continuare il lavoro psicologico. Allora, trovavamo questa cosa molto ingiusta per alcune situazioni; ma quindici anni dopo ci domandiamo fino a che punto quell'intervento che auspicavamo sarebbe stato veramente necessario, come ci appariva allora, o addirittura avrebbe potuto nuocere, come sempre gli interventi inutili.

Riaprendo le cartelle e rivedendo i ragazzi e i loro genitori, di fronte a quadri iniziali molto problematici che sembravano avere davanti a sé evoluzioni infauste, di fronte a bambini che avevano interiorizzato relazioni oggettuali alquanto disturbate, che avevano sperimentato ripetute rotture di legami, abbandoni, maltrattamenti e istituzionalizzazioni prolungate, siamo stati spettatori di quanto queste situazioni si siano modificate spontaneamente. Ci siamo resi conto che vi sono situazioni in cui i maggiori cambiamenti si possono introdurre attraverso l'educazione, e che normalmente, invece, vengono considerate situazioni che necessitano di un intervento psicologico in senso stretto. Siamo convinti della valenza mutativa dell'adozione: se terapeutica o educativa, è da definire. Forse questa tanto controversa differenza è, una volta di più, solo legata all'organizzazione delle nostre agenzie di risposta, o forse in età evolutiva c'è qualcosa di comune a tutti i tipi di intervento – comunque vogliamo chiamarli e qualunque finalità essi abbiano, siano di sostegno, strutturanti, terapeutici, pedagogici – che è la messa a disposizione di modelli e affetti accessibili.

Non stiamo parlando, ovviamente, del 25-30 per cento circa di non-show up che sono stati contattati ma non hanno partecipato alla ricerca e che quasi certamente oggi necessiterebbero di un intervento psicologico specifico. Stiamo parlando del nostro campione, compresi gli attaccamenti problematici, nel quale abbiamo visto che situazioni di partenza veramente negative – alcune disastrose – si sono modificate attraverso l'educazione nella famiglia adottiva, senza richiedere un intervento di valenza psicologica o psicoterapeutica, che eventualmente è stato dispensato attraverso contatti sporadici in cui il terapeuta si è posto come consulente del genitore: e in cui, in realtà, è stato il genitore a fornire il vero e proprio intervento mutativo. A tal proposito, siamo convinti che da parte degli «psic» vi siano molti pericoli di intervenire poco, ma che ci siano molti più pericoli a figurarsi di dover intervenire troppo, specialmente in questi casi.

In altre parole, ci chiediamo quanto il nostro intervento possa avvenire anche in situazioni di accompagnamento aspecifiche e in situazioni educative (come nel caso di una nuova famiglia che riesce a portare il bambino adottato a integrare aspetti di sé molto contraddittori), oltre che in situazioni di intervento psicologico specifico; e quanto a noi, in situazioni del genere, rimanga il compito di sostenere e accompagnare l'intervento educativo tramite la consulenza clinica (Disnan e Fava Vizziello, 2001) – magari con la capacità di prevedere il cambiamento o la conflittualità più prossima – ovvero di intervenire qua e là, ora o domani, mediante interventi brevi e mirati nella rete familiare o in situazioni di crisi, dando però un chiaro indice di presenza alle famiglie, in un setting di attesa che solo Servizi territoriali ben organizzati possono creare. Per «attesa» intendiamo la continua costruzione di una rete di servizi educativi e psicosociali, per cui non ci siano difficoltà a intervenire puntualmente quando necessario, perché gli operatori contengono la narrazione dei percorsi, per quanto complessi essi siano.

Quali i casi che, da adolescenti, prenderemmo in carico? Ovvero, a livello prognostico, come possiamo utilizzare le evidenze che sono emerse dal nostro studio? Fino a che punto, quando vediamo un adolescente con queste caratteristiche, pensiamo che abbia bisogno di un intervento? E l'intervento che siamo capaci di fornire è quello di cui l'adolescente può avvantaggiarsi? Queste domande ci portano a riflettere sui tipi di intervento che facciamo con gli adolescenti: dalla presa in carico di situazioni fisiche gravi o gravissime e che non fanno parte delle situazioni che noi normalmente trattiamo dal punto di vista psicologico, a disturbi comportamentali importanti che sono stati il campanello d'allarme per far scattare la presa in carico, a situazioni di counseling in cui, più semplicemente, si pongono domande e si rimane in attesa, a situazioni che vengono viste solo per caso e solo perché si creano dei punti di informazione e consulenza nelle scuole e che altrimenti passerebbero sotto silenzio, agli interventi che non sono attuati dallo «psic» ma da altri operatori a cui lo «psic» fa da consulente, agli interventi non fatti o mancati.

E allora, fino a che punto, quando vediamo un adolescente con caratteristiche simili a quelle dei ragazzi adottati del nostro campione, pensiamo che abbia bisogno di un intervento? Non sappiamo se questi adolescenti attualmente abbiano bisogno di un intervento aggiuntivo «psic», oltre all'intervento educativo che hanno ricevuto dalla famiglia adottiva: la cosa certa è che questi adolescenti non hanno mai posto domande ai Servizi o ne hanno poste in maniera molto puntuale e per brevissimo tempo; probabilmente alcuni di essi potranno avere qualche problema in futuro (magari nel passaggio all'università o al mondo del lavoro o dell'università fuori casa, oppure in relazione a un partner sentimental-sessuale, a un fallimento amoroso, alla morte di uno dei genitori, nel momento della genitorialità); ma, per il momento, si tengono ben lontani dai Servizi, e anche il fatto di averli disturbati con le nostre «Adult Attachment Interviews» non ha fatto assolutamente nascere in loro il desiderio di poterci vedere più a lungo e porci delle domande.

Parte sesta

Appendici

Appendice 1

Intervista «R». Domanda di adozione

I – DOMANDE APERTE

1) Mi racconti la storia del suo progetto di adozione.
Se necessario integrare con: «Come mai la domanda di adozione proprio in questo periodo della sua vita?»

2) Come è stata accolta la notizia
- dalla famiglia di origine
- dalla famiglia acquisita
- da amici e conoscenti
- dai suoi figli (eventualmente da altri figli adottivi).

3) Come immagina questo periodo?
- Quanto lungo lo immagina?
- Quali problemi pensa di dover affrontare prima dell'arrivo di un bambino adottivo?

II – DESCRIZIONE DEL BAMBINO

DESCRIZIONE VERBALE SPONTANEA

Mi può descrivere come si immagina (com'è) il suo bambino?
(chiedere cinque aggettivi)

DESCRIZIONE VERBALE SUGGERITA

(Se ha difficoltà a dire spontaneamente tutti gli aggettivi): Ha incluso tutte le caratteristiche, positive e negative? Ce ne sono altre che ha tralasciato?

4) Pensa di lasciare il nome al bambino o di cambiarlo?

5) Come immagina l'incontro con il bambino e chi sarà presente all'incontro?

SI: DESCRIZIONE PERCETTIVA DEL BAMBINO

Passivo .... Attivo
Calmo .... Eccitato

Aggressivo	....	Pacifico
Chiuso	....	Socievole
Intraprendente	....	Timido
Allegro	....	Triste
Difficile	....	Facile
Bello	....	Brutto
Non intelligente	....	Intelligente
Accettante	....	Rifiutante
Distaccato	....	Affettuoso
Indipendente	....	Dipendente
Pauroso	....	Fiducioso
Vivace	....	Spento
Forte	....	Debole
Invadente	....	Non invadente
Malato	....	Sano

DESCRIZIONE EPISODICA *VS.* DESCRIZIONE SEMANTICA

In riferimento alla S1: «Scelga due aggettivi significativi e fornisca per ognuno un esempio.»

SOMIGLIANZE FAMILIARI

Racconto verbale

Persona a cui vorrebbe somigliasse il bambino
Per quali tratti sia fisici sia temperamentali

Domande aperte

Ci sono caratteristiche della sua famiglia o di quella del suo partner che vorrebbe o non vorrebbe per suo figlio?

6) Ci sono caratteristiche della famiglia di suo marito/sua moglie che vorrebbe o non vorrebbe appartenessero a suo figlio?
7) Come immagina la famiglia di origine del bambino?

III – LA COPPIA CONIUGALE

S2: DESCRIZIONE PERCETTIVA DI SÉ COME DONNA (O SÉ COME UOMO)
(la scala 2 ha gli stessi aggettivi della scala 1)

S3: DESCRIZIONE PERCETTIVA DEL PARTNER COME UOMO (O PARTNER COME DONNA)
(la scala 3 ha gli stessi aggettivi della scala 1)

CAMBIAMENTO NELLA RELAZIONE CON IL PARTNER

Ogni domanda è preceduta da: «Da quando ha deciso di adottare...» (oppure: «Da quando c'è il bambino...»).

Coinvolgimento – 1

... crede che la quantità di contatto fra lei e suo marito [sua moglie] sia cambiata (intendendo per contatto: vedersi, telefonarsi, chiacchierare più o meno spesso)?
Minor contatto .... maggior contatto

Coinvolgimento – 2

... le capita di pensare di più a com'è il comportamento di suo marito (sua moglie) nei suoi confronti?
Lo pensa di meno .... Lo pensa di più

Coinvolgimento – 3

... si sente più vicino o più lontano da suo marito (sua moglie)?
Più distante .... Più vicino

Coinvolgimento – 4

... prova sentimenti più positivi o più negativi nei confronti di suo marito (sua moglie)?
Sentimenti più negativi .... Sentimenti più positivi

Coinvolgimento – 5

... è cambiata la sua relazione verso di lui/lei? È più o meno stretta o uguale a prima?
Meno coinvolta/o nel ruolo di partner .... Più coinvolta/o nel ruolo di partner

Coinvolgimento – 6

... crede di avere una migliore comprensione e un diverso modo di vedere suo marito (sua moglie) come partner e come persona?
Più comprensione .... Meno comprensione

Coinvolgimento – 7

... prova un maggiore/minore/uguale interesse sessuale nei suoi confronti?
Minore interesse sessuale .... Maggiore interesse sessuale

IV – RUOLO DI IMPORTANTI EVENTI NELLA STORIA DEL PROGETTO ADOTTIVO

Ci sono stati eventi positivi o negativi che sono accaduti nel periodo precedente la decisione di adottare?

V – DESCRIZIONE DI SÉ COME MADRE / SÉ COME PADRE

Descrizione verbale spontanea **Descrizione verbale suggerita**

(chiedere al soggetto cinque aggettivi)

Domande aperte

8) Quali difficoltà pensa che il bambino potrà avere dopo l'arrivo?
9) Come pensa di affrontarle?
10) Come pensa di organizzare la vita lavorativa e sociale dopo l'arrivo del bambino?

S4: DESCRIZIONE PERCETTIVA DI SÉ COME MADRE

Non affettuosa/o	....	Affettuosa/o
Accettante	....	Rifiutante

Insicura/o	....	Sicura
Disponibile	....	Occupata/o in altre cose
Flessibile	....	Inflessibile
Preoccupata/o	....	Distaccata/o
Impaziente	....	Paziente
Autoritaria/o	....	Permissiva/o
Seria/o	....	Giocosa/o
Che controlla	....	Che lascia fare
Tirchia/o	....	Generosa/o
Soddisfatta/o nel ruolo	....	Insoddisfatta/o nel ruolo
di genitore	....	di genitore
Trova gravoso il ruolo	....	Trova non gravoso il ruolo
di genitore	....	di genitore
Tranquilla/o	....	Nervosa/o
Indipendente	....	Dipendente
Giusta/o	....	Ingiusta/o
Delusa/o	....	Orgogliosa/o
Felice	....	Infelice

DESCRIZIONE EPISODICA *VS.* DESCRIZIONE SEMANTICA

In riferimento alla s4: «Scelga due aggettivi significativi e riferisca per ognuno un esempio.»

VI – DESCRIZIONE DEL PARTNER COME PADRE / COME MADRE

Descrizione verbale spontanea **Descrizione verbale suggerita**

(chiedere cinque aggettivi)

S5: DESCRIZIONE PERCETTIVA DEL PARTNER COME PADRE / COME MADRE
(La scala 5 ha gli stessi aggettivi della scala 4)

DESCRIZIONE EPISODICA *VS.* DESCRIZIONE SEMANTICA

In riferimento alla s5: «Scelga due aggettivi significativi e riferisca per ognuno un esempio.»

VII – DESCRIZIONE DELLA PROPRIA MADRE / DEL PROPRIO PADRE

Descrizione verbale spontanea **Descrizione verbale suggerita**

(chiedere cinque aggettivi)

Domanda aperta

11) In che cosa si immagina sarà simile e diversa da sua madre con suo figlio? (*se l'intervista viene fatta al padre, «in che cosa si immagina sarà simile o diverso da suo padre con suo figlio?»*)

S6 – DESCRIZIONE PERCETTIVA DELLA PROPRIA MADRE / PROPRIO PADRE
(La scala 6 ha gli stessi aggettivi della scala 4)

DESCRIZIONE EPISODICA *VS.* DESCRIZIONE SEMANTICA

In riferimento alla s6: «Scelga due aggettivi significativi e riferisca per ognuno un esempio.»

CAMBIAMENTO NELLA RELAZIONE CON LA PROPRIA MADRE / PROPRIO PADRE

Ogni domanda è preceduta nello studio di coppia da: «Da quando ha deciso di adottare...» (oppure: «Da quando c'è il bambino...»).

Coinvolgimento – 1

...le capita di pensare di più a com'era sua madre (suo padre) nei suoi confronti quand'era bambino?
La pensa di meno .... La pensa di più

Coinvolgimento – 2

... si sente più vicino o più lontano a sua madre (suo padre)?
Più distante .... Più vicino

Coinvolgimento – 3

... crede di avere avuto una migliore comprensione e un diverso modo di vedere sua madre (suo padre) come genitore e come persona?
Più comprensione .... Meno comprensione
(Nel caso sia deceduto, solo la 1 e la 3).

VIII – DESIDERI E PAURE

12) Quali sono i suoi desideri più forti per il suo bambino nel futuro?

13) Quando pensa al bambino adottivo, ha qualche paura per il suo futuro?

14) Quali sono i suoi desideri più forti per sé come madre nel futuro?

15) Ha qualche timore rispetto alla sua funzione materna?

IX – ALTRO

Abbiamo parlato del suo progetto adottivo: ci sono altri aspetti dell'adozione di cui desidera parlare?

X – OSSERVAZIONI DELL'INTERVISTATORE

Appendice 2

Lo Sceno-Test

Foglio di notazione

A. *Caratteristiche del soggetto*

Osservazione dell'atteggiamento verso l'ambiente:
1) verso l'esaminatore;
2) verso la nuova situazione.

Osservazione dell'atteggiamento nel gioco:
1) uso del materiale dello Sceno-Test (iniziativa, padronanza di sé, inibizioni ecc.);
2) struttura del gioco (produttività e piacere creativo, originalità e fantasia, autonomia, prevalenza del sentimento, senso del colore, senso della realtà ecc.);
3) intelligenza nel gioco (in rapporto all'età, adeguamento al materiale, capacità di individuare le particolarità tecniche del materiale per la struttura espressiva, per la mimica e per la costruzione scenica);
4) attenzione (tenacia e vigilanza, intensità, costanza ecc.);
5) ritmo individuale e caratteri particolari della motricità generale;
6) abilità manuale.

B. *Problematica particolare del soggetto*
Osservazione delle prese di posizione consce del soggetto verso i singoli personaggi del test:
1) scelta delle figure che devono entrare nel gioco e assegnazione dei ruoli;
2) modo di trattare le singole figure nel corso della rappresentazione.

Osservazione delle prese di posizione inconsce del soggetto verso le figure del test: nella costruzione globale della scena, nei gesti, nel loro modo di agire, nel modo di stabilire i rapporti dei personaggi tra loro.

Osservazione dell'uso del materiale accessorio:
1) per la realizzazione della scenografia e dell'azione;
2) per la caratterizzazione delle figure che compaiono nel gioco a raffigurare determinate persone;
3) come espressione di tendenze consce e inconsce nell'azione e nella scenografia.

Sono da includere nell'osservazione commenti spontanei alla scena, idee a cui il soggetto è giunto dietro esortazione.

Protocollo

Luogo dell'esame: Data:
Nome e cognome del soggetto: Età:
Sintomatologia:
Schizzo o fotografia della scena:
Le figure rappresentano:

Breve descrizione della scena:
dal punto di vista formale:
dal punto di vista del contenuto:

Sigla:
Comportamento del soggetto durante la prova:
Osservazioni spontanee del soggetto, idee e risposte che gli vengono in mente quando lo si interroga:
Tematica dello Sceno-Test:
Particolari indicazioni sulla problematica (tenendo conto dell'anamnesi):
Nome dell'esaminatore:

Griglia di osservazione (Fava Vizziello e Calvo, 1992)

PRIMA PARTE. GENITORE E BAMBINO ASSIEME

La prima parte ha inizio nel momento in cui lo sperimentatore apre la scatola del test e finisce quando, su sua segnalazione, dopo otto minuti la madre lascia la stanza. La consegna che viene data alla diade è quella di costruire una storia utilizzando ciò che preferiscono del contenuto della scatola dello Sceno-Test e invitandoli a utilizzare il coperchio della scatola per l'ambientazione della loro storia. Le variabili dall'8 al 18, definite *variabili generali*, vengono codificate osservando l'intera prima parte, mentre per le prime 7 variabili si rimanda a quanto scritto per ognuna esse.

1) SCALA DELL'ANSIA DEL BAMBINO

Questa variabile (Palacio-Espasa e Cramer, 1989; Massie, Campbell e Campbell, 1983) viene valutata nei primi 10 secondi dall'inizio del test.
a) A disagio, angosciato
Postura: il bambino non si muove oppure agita le gambe senza che ciò sia finalizzato a migliorare il gioco.
Gesti: automanipolazioni intermittenti o tremiti.
Verbalizzazioni: il bambino piange, si lamenta, piagnucola.
Viso: fa il broncio con le labbra in avanti o tremanti, può avere un'espressione di pianto.
b) Leggermente teso
Postura: immobile o animata.
Gesti: attività esplorativa irrequieta.
Verbalizzazioni: di disagio o di imbarazzo.
Viso: contratto o teso.
c) Disteso, calmo, a proprio agio, sereno
Postura: normale.

Gesti: assenza di tremori e di auto-manipolazioni; non rivelano stati di tensione.
Verbalizzazioni: tono di voce normale, senza tremiti e piagnucolii.
Viso: caratterizzato dall'assenza di tensione.

2) GRADO DI ADATTAMENTO DEL GENITORE ALLA SITUAZIONE

Questa variabile viene codificata prendendo in considerazione i primi trenta secondi dall'inizio del test.

a) A disagio

Il genitore si mostra preoccupato, rigido, non spontaneo, imbarazzato (esempio: guarda verso la telecamera, sorride nervosamente ecc.).

b) Leggermente teso

Il genitore si mostra un po' imbarazzato, innervosito dalla situazione (esempio: guarda molto in giro, tentenna ecc.) ma non appare troppo rigido o preoccupato.

c) A proprio agio

Il genitore si mostra tranquillo, disinvolto, spontaneo.

3) INIZIO DELL'AZIONE

La codifica di questa variabile permette di rilevare chi compie la prima azione dopo la presentazione dello Sceno-Test fatta dallo sperimentatore. Ciò che interessa sapere è chi tenta il primo approccio al test.

a) Genitore

b) Bambino

4) REAZIONE DEL PARTNER

Questa variabile codifica le possibili reazioni che un membro della diade può avere di fronte alla prima azione dell'altro; essa valuta, quindi, solo quanto succede in risposta all'azione codificata nella variabile 3.

a) Rifiuto, opposizione

La reazione all'iniziativa è caratterizzata da un'azione di netto rifiuto e/o di opposizione; l'iniziativa viene, quindi, screditata, svalutata (esempio: la madre porge un personaggio al bambino e questi lo getta lontano o dice espressamente di non gradirlo).

b) Indifferenza

L'iniziativa viene ignorata dall'individuo a cui viene rivolta, il quale compie un gesto non in sintonia con la proposta (esempio: il bambino porge un personaggio alla madre e questa ne prende un altro) oppure ignora l'iniziativa (esempio: il bambino porge un personaggio alla madre e questa non fa e non dice niente).

c) Accettazione, partecipazione

La reazione all'iniziativa è in sintonia con la proposta, attivamente (o due cominciano a giocare assieme) o passivamente (uno accetta il gioco solitario dell'altro, mostrandosi interessato all'attività ludica).

5) TIPO DI AZIONE DEL BAMBINO

Questa variabile viene osservata nei primi tre minuti del test. L'attenzione è posta sull'azione svolta dal bambino.

a) Temporeggiamento, esplorazione, manipolazione

Il bambino non ricerca un accordo con il genitore né inizia autonomamente il gioco, ma attende (esempio: l'iniziativa della madre o il suo incoraggiamento) soffermandosi o meno a esplorare i giocattoli e/o a manipolarli.

b) Azione non negoziata

Il bambino comincia direttamente e autonomamente a giocare, senza ricercare un accordo con la madre sul compito comune.

c) Azione negoziata
Il bambino si rivolge alla madre in modo attivo, ricercando un accordo su come intraprendere il compito comune, facendo delle proposte che vengono poi negoziate.

6) TIPO DI AZIONE DEL GENITORE

Anche questa variabile viene osservata nei primi tre minuti del test, ma l'attenzione è posta sull'azione svolta dalla madre.
a) Temporeggiamento, esplorazione
Il genitore non ricerca un accordo con il bambino né inizia autonomamente il gioco, ma attende (esempio: l'iniziativa del bambino) soffermandosi o meno a esplorare i giocattoli disponibili.
b) Azione non negoziata
Il genitore non ricerca un accordo con il bambino su come intraprendere il compito comune, ma inizia direttamente il gioco.
c) Azione negoziata
Il genitore si rivolge al bambino ricercando un accordo su come intraprendere il compito comune (esempio: fa delle proposte al bambino, lo sollecita a fare proposte o a prendere l'iniziativa ecc.). Il genitore non imposta lo svolgimento del gioco in maniera rigida e prefissata, ma ricerca attivamente la collaborazione del bambino per iniziare il gioco e per continuarlo.

7) USO DELL'OGGETTO DA PARTE DEL BAMBINO

Anche per questa variabile si osservano i primi tre minuti di interazione.
a) Uso manipolativo
Il bambino usa gli oggetti prevalentemente per esplorarli, manipolandoli senza utilizzarli da un punto di vista funzionale.
b) Uso manipolativo e funzionale
Il bambino usa gli oggetti in modo funzionale, lasciando un certo spazio anche alla manipolazione.
c) Uso funzionale
Il bambino usa gli oggetti in modo funzionale senza soffermarsi particolarmente sulla loro manipolazione.

Le variabili seguenti (dalla 8 alla 18), definite *variabili generali*, vengono codificate osservando l'intera prima parte dell'interazione genitore-bambino.

8) TIPO DI INTERAZIONE GENITORE-BAMBINO (Kreisler e Cramer, 1983; Kreisler, 1984; Cassibba, 1989)

a) Insufficiente
I due partner non interagiscono, oppure, sebbene fisicamente insieme, non hanno un'interazione in comune. Si rasenta l'assenza interattiva.
b) Incoerente
L'interazione si caratterizza per la sua discontinuità, per le sue modalità contraddittorie. Presenza un'alternanza tra interazione e rifiuto a interagire, tra contatto insufficiente e sovraccarico.
c) Soddisfacente
L'interazione è presente, continua, coerente e armonica. I due partner partecipano l'uno in rapporto all'altro e non mostrano segni di rifiuto o di evitamento.
d) Sovraccarica-forzata
L'interazione è presente ma non è armonica. I due partner si trovano in un rapporto di disequilibrio: uno dei due intrude nelle azioni, nei comportamenti dell'altro.

9) ATTIVITÀ LUDICA DELLA DIADE

a) Indipendente
L'attività ludica della diade non è condivisa, ma è indipendente. I componenti della diade non sembrano riuscire a trovare tra loro un contatto: possono giocare separatamente, non giocare, oppure uno dei due può tentare un approccio ludico con l'altro, ma fallisce o viene ignorato.
b) Discontinua, intermittente
L'attività ludica è presente a tratti, è discontinua o episodicamente condivisa: i componenti della diade sembrano alternare momenti di condivisione del gioco a momenti in cui uno dei due partner viene escluso dal gioco comune, o a momenti in cui i due non giocano.
b) Condivisa
L'attività ludica della diade è presente, continua, condivisa. Entrambi i componenti della diade sono coinvolti nel gioco: il bambino e la madre giocano insieme (il genitore è partner attivo del bambino), oppure mentre il bambino gioca la madre appare costantemente interessata al gioco svolto e interviene sollecitamente qualora il bambino richieda la sua partecipazione o si trovi in difficoltà. La modalità del genitore o del bambino di mettersi in relazione con l'altro può anche essere invasiva, ma viene accettata e tollerata dall'altro, che si lascia coinvolgere.

10) MODALITÀ DI PARTECIPAZIONE DEL BAMBINO ALL'ATTIVITÀ LUDICA

a) Scarsa
Il bambino si limita a manipolare gli oggetti. Non dimostra piacere né coinvolgimento all'attività che svolge.
b) Passiva
Il bambino appare interessato alla situazione di gioco ma la sua partecipazione all'attività ludica appare parziale, non autonoma.
Il bambino manipola i giocattoli e/o esplora il materiale a disposizione ma necessita di essere stimolato e/o incitato dalla madre perché si dimostri attivo e partecipe al gioco.
c) Attiva
Il bambino intraprende un'attività di gioco con la madre o da solo, dimostrandosi partecipe e attivo. Appare interessato e coinvolto nell'attività che spontaneamente svolge e che arricchisce con il suo contributo personale. Non necessita di essere stimolato o incitato dal genitore.

11) MODALITÀ DI PARTECIPAZIONE DEL GENITORE ALL'ATTIVITÀ LUDICA

a) Distaccata
La madre non sembra essere coinvolta nel gioco del bambino; partecipa senza proporre elementi e nuovi spunti per il gioco e non interviene in alcun modo quando il bambino sembra richiedere la sua partecipazione (per esempio con una richiesta esplicita oppure mostrandosi in difficoltà). Il contributo personale della madre allo svolgimento dell'attività ludica è nullo o quasi.
b) Discontinua
La madre alterna momenti in cui si mostra partecipe al gioco (fornendo un contributo personale all'attività ludica) a momenti in cui interrompe l'attività (ad esempio rivolgendosi allo sperimentatore) e/o svolge il compito non traendo piacere dall'attività di gioco e non proponendo elementi e nuovi spunti validi per essa.
c) Coinvolta
La madre è piacevolmente coinvolta nel gioco, che arricchisce con il suo contributo

personale, oppure non gioca se il bambino è impegnato autonomamente in un'attività che lo interessa e che non necessita della partecipazione attiva del genitore; questi appare comunque sempre interessato, partecipe e divertito.

12) RUOLO DEL BAMBINO NEL GIOCO

a) Aiutante
Il bambino svolge nel gioco il ruolo di aiutante del genitore a cui «delega» (o si trova costretto a delegare) la maggior parte delle decisioni e delle iniziative. Si usa tale categoria anche quando il bambino non gioca.

b) Partner
Il bambino svolge nel gioco il ruolo di partner del genitore, condividendo e negoziando con questi la maggior parte delle iniziative e delle decisioni relative al gioco; altre volte il bambino porta avanti autonomamente l'attività.

c) Protagonista
Il bambino svolge nel gioco il ruolo di protagonista assumendo una posizione di primo piano e riservando al genitore un ruolo secondario. Prende autonomamente decisioni e iniziative riguardanti il gioco comune, oppure esclude la madre dalla sua attività limitandone la partecipazione.

13) RUOLO DEL GENITORE NEL GIOCO

a) Aiutante
Il genitore svolge nel gioco il ruolo di aiutante del bambino a cui «delega» (o si trova costretto a delegare) la maggior parte delle decisioni e delle iniziative. Si usa tale categoria anche quando il genitore non gioca.

b) Partner
Il genitore svolge nel gioco il ruolo di partner del bambino, condividendo e negoziando con lui la maggior parte delle iniziative e delle decisioni relative al gioco; altre volte il genitore porta avanti autonomamente l'attività.

c) Regista
Il genitore svolge nel gioco il ruolo di regista: controlla l'attività ludica della coppia, indirizza e corregge il bambino. Il genitore prende più spazio decisionale rispetto al bambino.

14) TIPO DI RACCONTO PRODOTTO

Questa variabile codifica quello che si può considerare il «prodotto» della diade nella prima parte del test (ricordiamo che nella consegna viene chiesto loro di inventare una storia). Questo prodotto comune viene in questa sede chiamato genericamente *racconto*, utilizzando quindi tale termine in un'accezione più ampia rispetto al significato corrente, in cui viene sottolineato solo l'aspetto della narrazione verbale.

a) Racconto non strutturato
Il bambino o la diade sembrano scegliere in maniera casuale gli oggetti che vengono posti sul piano di gioco. Il racconto prodotto, nonostante gli eventuali tentativi effettuati da uno dei partner per ordinare la struttura della narrazione, non riesce a formare coerentemente una scena o una storia in cui le varie parti siano in relazione tra loro.

b) Scena
Il bambino o la diade costruiscono sul piano di gioco una «scena», cioè scelgono dei personaggi, creano un'ambientazione per il racconto, ma non rappresentano una vera e propria successione di eventi. Il racconto, quindi, appare statico, collocato in una dimensione atemporale in cui non è possibile distinguere un prima o un dopo.

c) Storia
Il bambino o la diade costruiscono sul piano di gioco una «storia», cioè scelgono dei

personaggi, creano un'ambientazione per il racconto e rappresentano una vera e propria successione di eventi. Il racconto possiede una trama, la cui dimensione temporale è evidenziabile dalla logica della successione degli eventi e/o da commenti verbali.

15) COERENZA DEL RACCONTO

Secondo Main e Goldwyn (1994), con riferimento ai lavori di Grice (1975), la coerenza di una narrazione può essere considerata come la consistenza e la congruenza tra le sue varie parti nel formare un'unità logica. Nel valutare la coerenza, vengono considerati in primo luogo i requisiti «positivi» necessari a formare una narrazione coerente e in secondo luogo gli aspetti che possono rendere il racconto incoerente. I requisiti positivi sono la capacità o l'abilità del soggetto (o della diade) di rendere facilmente comprensibile la narrazione e di permettere poche o nessuna interpretazione alternativa. La narrazione può però essere resa incoerente dalla presenza di violazioni dei princìpi o massime della coerenza descritte da Grice:
violazione della massima della qualità («sia evidente quello che dici»; esempio: contraddizioni non riconosciute);
violazione della massima della quantità («sii succinto e tuttavia completo»);
violazione della massima della rilevanza («esempio: preminenza di dettagli non appropriati);
violazione della massima della chiarezza («procedere in maniera chiara e ordinata»).
a) Racconto incoerente
L'incoerenza del racconto costringe l'osservatore a compiere un intenso sforzo per cercare di capire e interpretare l'argomento: gli oggetti e/o eventi che formano il racconto non legano tra loro, sono sconnessi, e non vi è da parte della diade un tentativo riuscito, espresso verbalmente, di ristabilire la coerenza.
b) Racconto episodicamente coerente
Gli oggetti e/o gli eventi sono episodicamente connessi o, almeno, sono resi coerenti dalle verbalizzazioni della diade.
c) Racconto coerente
Gli oggetti e/o gli eventi sono connessi o perlomeno sono resi coerenti dalle verbalizzazioni della diade.

16) TENTATIVI DA PARTE DEL GENITORE DI RISTABILIRE LA COERENZA DEL RACCONTO

a) Assenti
Il genitore non interviene mai per ristabilire la coerenza del racconto.
b) Presenti
Il genitore interviene verbalmente, almeno una volta, per ristabilire la coerenza del racconto.

17) MODALITÀ DI VERBALIZZAZIONE DEL BAMBINO

a) Assenza di verbalizzazioni
Il bambino non verbalizza durante il gioco.
c) Verbalizzazione timida
Indipendente dalla quantità dei messaggi emessi, la modalità di espressione è timida, il tono di voce è basso e la comunicazione è rivolta esclusivamente al genitore.
d) Verbalizzazione aperta
Indipendente dalla quantità di messaggi emessi, la modalità di espressione è aperta, il tono di voce è normale o alto e la comunicazione non risente della presenza degli sperimentatori.

18) REAZIONE DEL BAMBINO ALL'ANNUNCIO DELLA SEPARAZIONE DAL GENITORE

a) Rifiuto
Il bambino rifiuta la separazione e attua molto tentativi per trattenere la madre o seguirla.
b) Resistenza iniziale
Il bambino inizialmente rifiuta la separazione, ma poi, in breve tempo, si tranquillizza.
c) Accettazione
Il bambino accetta tranquillamente la separazione.

SECONDA PARTE. IL BAMBINO RIMANE CON LO SPERIMENTATORE DOPO LA SEPARAZIONE

La seconda parte ha inizio quando il genitore lascia la stanza e termina dopo tre minuti, al suo rientro. In questo tempo lo sperimentatore invita il bambino a continuare con lui la storia o il gioco cominciati con il genitore. Il compito dello sperimentatore è quello di supportare il bambino nelle sue scelte di gioco e, quando necessario, di stimolarlo se si mostra particolarmente bisognoso di aiuto e/o teso per l'assenza della madre. Le variabili di questa seconda parte vengono codificate osservando quanto avviene globalmente nei tre minuti, escluso quando è specificato diversamente.

19) SCALA DELL'ANSIA DEL BAMBINO

Questa variabile viene valutata nei primi 10 secondi dall'uscita del genitore dalla stanza (Palacio-Espasa e Cramer, 1989; Massie, Campbell e Campbell, 1983). Per la descrizione completa delle categorie riferirsi alla variabile 1.
a) A disagio, angosciato
b) Leggermente teso
c) Disteso, calmo, a proprio agio, sereno

20) CAMBIAMENTO DI STATO AFFETTIVO

L'affetto può rimanere stabile o variare in seguito alla separazione. Se si evidenzia un cambiamento, lo caratterizzeremo secondo la sua polarizzazione in positivo o in negativo (Palacio-Espasa, 1989).
a) No
b) Sì, in negativo
c) Sì, in positivo

21) USO DELL'OGGETTO DA PARTE DEL BAMBINO

(Per la descrizione completa delle categorie riferirsi alla variabile 7)
a) Uso manipolativo
b) Uso manipolativo e funzionale
c) Uso funzionale

22) CONTINUAZIONE DEL RACCONTO QUANDO IL BAMBINO È SOLO CON LO SPERIMENTATORE

a) Blocco dell'attività di gioco
Il bambino interrompe l'attività di gioco e, nonostante i tentativi fatti dallo sperimentatore di riprendere il racconto, appare incapace di cominciare o proseguire qualsiasi tipo di gioco. Può apparire o meno angosciato e teso.

b) Gioco non finalizzato al racconto
Il bambino toglie e/o aggiunge personaggi dal piano di gioco e/o modifica la disposizione degli oggetti che sono già presenti, ma non riesce a strutturare un racconto né a proseguire l'attività precedente.
c) Narrazione completamente slegata dalle precedenti
Il bambino inizia con lo sperimentatore un racconto completamente diverso da quello costruito con la collaborazione o in presenza del genitore. Si usa tale categoria anche se la narrazione fatta con lo sperimentatore è l'unica prodotta fino a questo momento.
d) Sviluppo della narrazione precedente
Il bambino manifestamente continua la storia cominciata con la madre.

23) MODALITÀ DI VERBALIZZAZIONE DEL BAMBINO ALL'ATTIVITÀ LUDICA

(Per la descrizione completa delle categorie riferirsi alla variabile 17)
a) Scarsa
b) Passiva
c) Attiva

24) TIPO DI VERBALIZZAZIONE DEL BAMBINO

a) Assente
Il bambino, quand'è solo con lo sperimentatore, non accompagna le azioni di gioco con verbalizzazioni, ma rimane in silenzio.
b) Di commento
Il bambino esprime verbalmente dei commenti sui personaggi, sugli oggetti (ad esempio «che bella mucca»), ma non utilizza il linguaggio verbale per descrivere l'ambientazione e/o lo svolgimento del racconto.
c) Di gioco
Il bambino accompagna e arricchisce verbalmente lo svolgimento del racconto: narra quello che sta avvenendo, dà voce ai personaggi ecc. Il linguaggio diventa parte integrante del suo gioco.

25) TIPO DI RACCONTO PRODOTTO

Questa variabile codifica quello che si può considerare «prodotto» della diade nella seconda parte del test (ricordiamo che lo sperimentatore chiede per prima cosa di continuare assieme la storia che il bambino stava creando con il genitore). Questo «prodotto» è stato definito già in precedenza *racconto*.
(Per la descrizione completa delle categorie riferirsi alla variabile 14)
a) Racconto non strutturato
b) Scena
c) Storia

26) COERENZA DEL RACCONTO

(Per la descrizione completa delle categorie riferirsi alla variabile 15)
a) Racconto incoerente
b) Racconto episodicamente coerente
c) Racconto coerente

TERZA PARTE. RIENTRO DEL GENITORE

La terza parte ha inizio al rientro del genitore e termina dopo tre minuti, quando lo sperimentatore invita a riporre i giochi usati nell'apposita scatola. La consegna data al genitore è quella di chiedere al bambino di raccontare ciò che si è fatto in sua assenza, com'è proseguito il gioco con lo sperimentatore. Le variabili di questa parte vengono codificate considerando globalmente ciò che avviene nei tre minuti; per la variabile 30 si rimanda a quanto specificato per essa.

27) CAMBIAMENTO DI STATO AFFETTIVO DEL BAMBINO

a) *No*
b) *Sì, in negativo*
c) *Sì, in positivo*

28) REAZIONE DEL BAMBINO AL RIENTRO DEL GENITORE

a) *Indifferenza*
Il bambino resta immerso nel gioco; può notare il rientro del genitore nella stanza ma non mostra nessuna particolare reazione spontanea nei suoi confronti (ad esempio con un sorriso, un saluto, una domanda ecc.).
b) *Interesse*
Il bambino accoglie la madre con un sorriso e/o un saluto verbale e/o una domanda.

29) RACCONTO DELLA STORIA DA PARTE DEL BAMBINO

a) *Nessun racconto*
Il bambino non racconta ma continua la sua precedente attività.
b) *Racconto parziale*
Il bambino racconta di non aver continuato la storia, oppure, dietro richiesta della madre, descrive gli oggetti che ha aggiunto sul piano di gioco.
c) *Narrazione*
Il bambino racconta la continuazione della storia intrapresa durante l'assenza della madre.

30) TIPO DI RACCONTO PRODOTTO

Questa variabile codifica il «prodotto» *racconto* della diade globalmente; in particolare si osserva la capacità della diade di riformulare ed eventualmente completare quanto creato nella prima e/o nella seconda parte.
(Per la descrizione completa delle categorie riferirsi alla variabile 14)
a) *Racconto non strutturato*
b) *Scena*
c) *Storia*

31) RICCHEZZA DEL MATERIALE UTILIZZATO

a) *Povero*
b) *Medio*
c) *Ricco*

32) SCELTA DEGLI OGGETTI DA PARTE DEL BAMBINO

Qui l'attenzione viene posta sulla qualità del materiale utilizzato dal bambino.
a) *Nessuna preferenza*

b) Oggetti o piante
c) Animali
d) Personaggi umani

33) ORDINE-DISORDINE DEGLI OGGETTI SUL PIANO DI GIOCO

a) Disordine
Gli oggetti non sono distribuiti sul piano di gioco secondo un preciso ordine spaziale; la visione d'insieme del materiale utilizzato è disordinata: gli oggetti appaiono ammassati o sparpagliati.
b) Medio
Gli oggetti sono disposti sul piano di gioco in modo abbastanza ordinato, anche se una parte del piano e/o una zona esterna a esso possono essere riservate all'accumulo di giochi rifiutati, ma pronti per essere riutilizzati.
c) Ordine
Gli oggetti sul piano di gioco sono disposti secondo un preciso ordine spaziale; la visione d'insieme del materiale utilizzato è ordinata: gli oggetti appaiono coerentemente raggruppati.

34) PRESENZA DI UN PROTAGONISTA NEL RACCONTO

a) No
b) Sì

VARIABILI GLOBALI

Sono definite *globali* le variabili utilizzate per la codifica dell'intero Sceno-Test, variabili che emergono, quindi, dall'analisi dell'intera sequenza di interazione. Tali variabili sono state suddivise in due scale: le Scale della disponibilità emotiva e le Scale di valutazione della co-costruzione.

SCALE DELLA DISPONIBILITÀ EMOTIVA

Le Scale della disponibilità emotiva consistono in tre misure generali della disponibilità emotiva della madre verso il bambino e del bambino nei confronti della madre. Queste sono la sensibilità materna, l'intrusività materna e la responsività/coinvolgimento del bambino verso la madre (nel caso in cui il genitore sia il padre, si farà riferimento agli stessi aspetti paterni). Questi costrutti sono intesi come variabili relazionali; in altre parole, una madre è sensibile, intrusiva, o un dato bambino è responsivo, coinvolto nel contesto di una particolare relazione. Non sono, quindi, variabili che fanno riferimento al «tratto» della disponibilità emotiva, ma sono evidenziate all'interno di un contesto relazionale. Le Scale hanno una graduazione su 9 livelli: vengono definiti solo i punteggi dispari, ma si possono usare anche i punteggi intermedi.

A) Scala della sensibilità materna

Questa scala valuta la responsività della madre verso il bambino, la sua abilità nel consolarlo quando è in difficoltà, la capacità di seguire la traccia data dal bambino, mantenendo però le interazioni stimolanti e interessanti, e l'abilità nel trovare un modo interessante per giocare. Viene anche presa in considerazione l'abilità della madre nel mostrare flessibilità e adattabilità nel comportamento, a seconda di ciò che sta succedendo in un particolare momento. Gli affetti materni sono giudicati appropriati se sono

positivi, spontanei e autentici. Una madre che mostra aspetti positivi non ride o sorride tutte le volte che il bambino fa qualcosa di positivo, ma è in generale positiva e mostra varie gradazioni dell'affetto positivo.
Nelle situazioni di conflitto o negoziazione che richiedono di porre dei limiti e di essere direttivi, la madre sensibile mostra fermezza, senza essere eccessivamente dura; usa generalmente richieste indirette piuttosto che proibizioni dirette e rigide, ottenendo un rispetto delle regole in modo appropriato al contesto e senza disturbare eccessivamente la relazione. La sensibilità è un indice che rileva non tanto la quantità di comportamenti sensibili, ma la qualità del comportamento materno verso il bambino.
9) *Alta sensibilità*
La madre segue l'iniziativa del bambino durante l'interazione, risponde prontamente alle difficoltà, consola affettuosamente ed è capace di prevedere come al bambino piacerebbe giocare con un particolare oggetto. Il comportamento materno appare flessibile rispetto alle esigenze della situazione. Il passaggio da un'attività all'altra sembra molto fluido. Il suo affetto è positivo in maniera appropriata. La sensibilità dipende anche dalle direttive e dal compito richiesto; per esempio, in una situazione strutturata in cui viene data alla madre la consegna di assumere un ruolo di secondo piano durante la fase di esplorazione del bambino, la madre stessa non dovrebbe apparire eccessivamente coinvolta.
7) *Moderatamente sensibile*
La madre a cui viene attribuito questo punteggio può possedere la maggior parte delle caratteristiche menzionate per la madre con punteggio pari a 9, ma con un'intensità più bassa per un aspetto. Se due delle qualità che caratterizzano l'alta sensibilità non sono ottimali, dovrebbe essere attribuito un punteggio pari a 6. D'altra parte è sempre importante considerare il contesto.
5) *Incoerente e meno che moderatamente sensibile*
Qualche volta sembra essere sensibile, ma altre no. Il suo affetto può essere un po' meno giocoso di quanto sarebbe appropriato, o può essere eccessivamente passiva, o, al contrario, eccessivamente intrusiva. Per esempio, la madre può essere giocosa e interattiva per una parte della situazione, ma essere passiva in tutto il resto. In altre parole, mostra alcuni segni di sensibilità ma non è chiaramente sensibile.
3) *Piuttosto insensibile*
La madre, ad esempio, ha un modo di proporre gli oggetti che non desta grande interesse nel bambino; il suo affetto può essere significativamente meno positivo rispetto a quello di una madre che riceve un punteggio più alto, oppure può essere altamente non interattiva o eccessivamente intrusiva. Durante il gioco, può non percepire la noia del bambino o altri segnali. Il suo stile interattivo potrebbe essere definito pratico, tipo rapporto di lavoro. In questo tipo di interazioni non si riscontrano l'alternanza dei turni e la reciprocità.
1) *Insensibile*
È la tipologia di madre meno sensibile. La madre non è capace di attirare nel modo giusto l'attenzione del bambino, non riesce a seguirlo nell'interazione e non è in grado di far fronte alle sue difficoltà, alla sua noia o al suo disinteresse. È chiaramente rigida nell'interazione con il bambino e talmente preoccupata di sé da non far caso ai comportamenti del bambino a meno che non siano molto appariscenti. La sua manifestazione affettiva può essere esageratamente inappropriata sia quando si esprime positivamente (ride di fronte al bambino in difficoltà) che quando si esprime negativamente (utilizza un tono di voce molto duro). Può anche insistere affinché il bambino faccia qualcosa controvoglia; l'interazione tra i due può essere molto scarsa.

B) Intrusività materna

Questa scala riguarda la frequenza dei comportamenti intrusivi della madre, indipendentemente dall'adeguatezza di tali comportamenti. I comportamenti intrusivi includono (ma non sono limitati a ciò): indicare al bambino cosa deve fare, dirgli di no o di non fare certe cose, richiamare la sua attenzione su ciò che sta facendo la madre e chiamarlo ripetutamente per nome. In questa accezione, alcune forme di intrusività possono essere «benigne», come ad esempio l'essere direttivi o suggerire dei modi per giocare. L'intrusività maggiore si ha quando l'autonomia del bambino è messa in pericolo dall'ipercontrollo della madre. È importante riconoscere quando una madre è coinvolta nel gioco con il suo bambino senza essere intrusiva.

9) *Intrusività molto alta*

Si riscontra un'alta presenza di comportamenti intrusivi da parte della madre, messi in atto in modo estremamente negativo. Per esempio, la madre può rivolgersi al bambino in modo ostile, in tono alto e duro. La madre controlla interamente l'interazione e non concede al bambino alcuna autonomia.

8) *Intrusività alta*

Si evidenzia un'alta presenza di comportamenti intrusivi da parte della madre. La madre tenta di tenere le redini della situazione e nel fare questo concede al bambino poca libertà d'azione nel gioco. È costantemente direttiva e insistente. Ad esempio, può ordinare ripetutamente al bambino di fare o non fare qualcosa con un tono di voce alto e severo.

7) *Intrusività abbastanza alta*

Anche in questo caso i comportamenti intrusivi sono numerosi. La madre è spesso direttiva e insistente e il suo comportamento può a volte limitare l'autonomia del figlio. Anche se la durezza in questo caso non è una caratteristica fondamentale del suo comportamento come nei precedenti punteggi, la madre può a volte mostrarsi dura.

6) *Intrusività più che moderata*

Il comportamento intrusivo è meno evidente rispetto al punteggio 7, anche se si manifesta con frequenza considerevole. La madre è direttiva, ma non opprime costantemente il senso di autonomia del bambino e a volte sembra che lasci che il bambino conduca, anche se raramente. L'intrusività può essere «da insegnante». Questo comportamento è considerato intrusivo soprattutto quando è stato chiesto alla madre di essere non direttiva.

5) *Intrusività moderata*

Il comportamento intrusivo materno si verifica con moderata frequenza o incoerentemente, ma senza severità. La madre è a un livello intermedio per quanto riguarda la frequenza e la qualità della sua intrusività; la sua direttività può essere qualitativamente simile al comportamento «da insegnante» del punteggio 6. Occasionalmente può sopraffare il bambino, ma sono più numerosi gli episodi in cui permette al bambino di guidare l'azione.

4) *Intrusività meno che moderata*

A volte la madre può dire al bambino che cosa fare o chiamarlo ripetutamente per nome, ma senza severità o durezza della voce e con una frequenza minore rispetto al punteggio 5. La sua intrusività, però, possiede una qualità più direttiva o insistente di quella del punteggio 3.

3) *Bassa intrusività*

C'è una bassa frequenza di comportamento intrusivo materno. Sebbene la madre ne mostri alcuni aspetti, questi non sono né insistenti né direttivi. Può iniziare interazioni con il bambino e offrirgli dei suggerimenti.

2) *Intrusività minima*

Si evidenziano esempi di intrusività «dolce», come l'offrire teneri suggerimenti o il fare delle domande. Durante l'interazione la madre mantiene un ruolo di secondo piano, rispondendo ma non dirigendo né iniziando l'azione.

1) *Assenza di intrusività*

La madre lascia completamente al bambino la conduzione dell'interazione. Anche se può porgere qualche domanda non direttiva, colpiscono la sua passività e l'assenza di un contributo all'interazione. Gli scambi sono minimi; si ha la sensazione che il bambino stia giocando da solo.

C) Responsività del bambino verso la madre

Questa scala valuta la responsività del bambino verso la madre riflessa nel desiderio o nella compiacenza del bambino a impegnarsi nell'interazione con la madre, seguendo il suo suggerimento e mostrando chiari segni di piacere nel fare ciò. Quando la madre fa una proposta di interazione (facendo una domanda o proponendo un suggerimento) il bambino può scegliere di rispondere o di ignorare la proposta. Il piacere e la proporzione delle risposte accettate sono gli elementi chiave per valutare la responsività del bambino verso la madre. Il bambino responsivo spesso sceglie di rispondere alla madre e mostra un chiaro piacere nel farlo; raramente fornisce risposte negative, come la protesta. Il punteggio più alto di questa scala (9, eccessiva responsività) deve essere attribuito solo se il bambino è veramente positivo nella sua responsività e chiaramente felice nell'interazione con la madre. Questo bambino potrebbe, però, essere descritto con termini come «dipendente» o «eccessivamente compiacente». I bambini che mostrano meno piacere o che possono ignorare una giusta quantità di proposte materne potrebbero ricevere un punteggio medio. I bambini che sono molto negativi e che non rispondono alla madre ricevono un punteggio basso.

9) *Eccessiva responsività*
Il bambino è altamente responsivo verso le proposte e i suggerimenti della madre, mostrandosi sempre pronto a coinvolgersi con lei. Inoltre trae diletto da queste interazioni. Dal momento che il bambino è sempre responsivo nei confronti della madre, si evidenzia anche una diminuzione dell'autonomia del bambino. Questa configurazione è presente più spesso nelle situazioni di inversione di ruolo tra madre e bambino, dove il bambino può assumere il ruolo di caregiver anche in giovane età.

7) *Alta responsività*
Il bambino risponde spesso alle proposte materne, ma senza alcun senso di urgenza o necessità e generalmente mostrando piacere. Segue i suggerimenti della madre, ma occasionalmente può ignorare o rifiutare la sua proposta. L'autonomia del bambino è valutata come normale.

5) *Responsività moderata*
Il bambino solo raramente mostra piacere o desiderio nel rispondere alle proposte materne. Più spesso è mite o ha bisogno di essere persuaso a coinvolgersi con la madre. Ci sono momenti di chiaro piacere nell'interazione, ma che non sono affatto la norma.

3) *Responsività discretamente bassa*
Il bambino raramente mostra piacere e non è mai desideroso di coinvolgersi con la madre. È un bambino caratterizzato dalla mitezza o dalla negatività, che sembra «farsi i fatti suoi» e deve essere chiamato ripetutamente al gioco dalla madre. Un bambino può ricevere questo punteggio anche nel caso in cui la madre gli fa poche richieste di interazione, tanto che il bambino rimane «per i fatti suoi» per la maggior parte dell'episodio osservativo.

1) *Responsività molto bassa*
Il bambino non mostra mai piacere quando è coinvolto con la madre. È molto recalcitrante al coinvolgimento, reagendo anche con dure proteste che appaiono inappropriate, ed è altamente evitante rispetto alla madre. Anche il bambino che è indifferente alla madre può ottenere questo punteggio.

D) Coinvolgimento della madre da parte del bambino

Questa scala valuta il grado in cui il bambino cerca di coinvolgere la madre nel gioco e renderla partecipe al compito che sta svolgendo, attribuendole la funzione di «pubblico» a cui la sua attività è rivolta, di giocatore o di supporto. L'equilibrio tra l'autonomia del bambino e il suo bisogno di coinvolgere la madre nel gioco è l'elemento chiave per differenziare i bambini. I bambini che sono eccessivamente coinvolti con la madre appaiono dipendenti o bisognosi. La loro autonomia può sembrare compromessa poiché essi richiedono continuamente la sua presenza per aiutarli e supportarli nella loro attività. Questi bambini inoltre possono cercare il contatto fisico molto frequentemente. Il bambino che ha un alto coinvolgimento con la madre, invece, sembra molto impegnato nel compito che svolge; la sollecitazione dell'intervento materno è chiaramente secondaria nel gioco del bambino. Tuttavia, i bambini che giocano molto da soli dando poca attenzione alla madre riceveranno i punteggi più bassi nel coinvolgimento materno. I bambini le cui madri sono molto intrusive e offrono continui stimoli per il gioco possono non cercare il coinvolgimento materno perché non ne hanno bisogno; anche in questo caso verranno attribuiti punteggi bassi. Anche in questa scala il 7 potrebbe essere considerato il punteggio ottimale. Si forniscono qui le descrizioni solo di 5 punteggi, ma gli osservatori sono invitati a utilizzare anche i punteggi intermedi quando necessario.

9) *Eccessivo coinvolgimento*

Il bambino sembra avere come propria meta il mantenimento del contatto con la madre. Richiede frequentemente il suo coinvolgimento, insistendo che non può giocare da solo. Si può percepire un senso di urgenza o una spiacevole sensazione di ricerca di attenzione da parte del bambino. I giocattoli sono costantemente portati alla madre perché li esamini prima che si manifestino degli atteggiamenti esplorativi autonomi. Questo bambino può richiedere ripetutamente stretti contatti fisici, comunicando un senso di bisogno e di negatività. Riguardo all'assegnazione di questo punteggio è importante valutare quanto è il bambino a dare inizio a questo tipo di comportamento, perché in caso non sia prevalentemente lui ma la madre devono essere attribuiti punteggi più bassi.

7) *Alto coinvolgimento*

Il bambino ha un modo equilibrato di coinvolgere la madre nella sua attività. È molto interessato all'esplorazione e al gioco e integra in questi comportamenti il coinvolgimento della madre come pubblico o per richiederne l'assistenza. Non c'è alcun senso di urgenza o di ansia in queste ricerche; c'è un senso di serenità, comunicato dalla modalità che il bambino adotta per coinvolgere la madre.

5) *Coinvolgimento moderato*

Il bambino mostra più interesse per il compito che sta svolgendo da solo e richiede saltuariamente l'attenzione della madre. Sembra un bambino abbastanza autonomo, competente, ma richiede l'aiuto della madre quando pensa di essere in difficoltà. L'equilibrio qui è chiaramente spostato verso il gioco autonomo e la madre può apparire come uno strumento che il bambino utilizza quando ne ha bisogno. Si possono riscontrare più metodi indiretti per coinvolgere la madre.

3) *Basso coinvolgimento*

La madre viene coinvolta raramente. Quando sorge una difficoltà il bambino lascia il compito piuttosto che chiedere aiuto alla madre, quindi non la utilizza come aiuto esterno come nel caso del bambino di livello 5. Si possono anche osservare comportamenti di evitamento. A volte il bambino esprime anche attraverso il linguaggio del corpo (esempio: con la schiena rivolta alla madre) il fatto di non aver bisogno di lei.

1) *Coinvolgimento molto basso*

Il bambino non si gira verso la madre o non inizia un'interazione con lei per tutta la durata dell'episodio. La madre può tentare di coinvolgere il bambino e può ricevere da lui qualche risposta, ma il bambino non tenta di elaborare questi scambi e non dà inizio a sua volta a degli scambi. Può anche non esserci alcuna espressione di interesse reciproco.

SCALE DI VALUTAZIONE DELLA CO-COSTRUZIONE DI GENITORE E BAMBINO

La codifica delle Scale di co-costruzione di genitore e bambino avviene in più passaggi. Il primo consiste nel formarsi un'iniziale impressione del video che non costituisca un «pregiudizio» ma una cornice per le valutazioni seguenti. Il secondo passaggio serve per prendere appunti dettagliati (si consiglia di fermare spesso il nastro). Dopo questo passaggio si provi a codificare tutte le scale, anche se è probabile che si renda necessaria una terza visione di fronte ad alcune incertezze. Una terza visione è comunque sempre consigliata per conferma. Spesso si renderà necessaria anche una quarta visione. Alcuni processi di valutazione descritti richiedono che chi valuta giudichi se la qualità dell'interazione è determinata principalmente dal genitore o dal bambino. Tale giudizio è di particolare importanza nelle interazioni che non appaiono molto buone ed è necessario per stabilire l'«appropriatezza» di alcuni comportamenti. Se, per esempio, si ha l'impressione che il bambino sia facilmente distraibile, uno stile genitoriale controllante può essere adeguato molto più che rispetto ad altri bambini. È chiaramente difficile capire da un'istantanea dell'interazione chi dirige l'altro, ma uno sguardo attento può essere d'aiuto. Ad esempio, se sembra che il genitore sia poco «strutturante» e che questo faccia sì che il bambino non produca, si può cercare nel video quei momenti in cui il genitore struttura un po' di più e osservare se il bambino reagisce meglio. Anche queste scale hanno una graduazione, che però ha un diverso numero di livelli nelle diverse scale.

E) Aiuto del genitore nel guidare la narrazione

Questa è una scala globale che combina assieme i punteggi delle seguenti scale: qualità della guida genitoriale, *emotional scaffolding*, condivisione affettiva da parte del genitore, qualità del comportamento comunicativo. I punteggi possono essere molto vari e diversi da una scala all'altra. Questa scala richiede di formulare una valutazione globale basata sull'impressione generale di quanto bene sia stata fatta la costruzione, quanto sia stato un divertimento per il bambino e il genitore, quanto sia stata un'attività congiunta e quanto calore ci sia tra i due partner. Questa scala va codificata dopo quelle che la compongono.

1) *Genitore non aiutante*
Il genitore interferisce o dà un aiuto insufficiente. Ad esempio usa le domande in modo inappropriato, fa troppe domande in generale o sui sentimenti o sui pensieri, o domande distraenti o che non aiutano il bambino a sviluppare la narrazione.

2) *Genitore poco aiutante*
Il genitore mostra alcuni comportamenti descritti in 1, combinati con qualche comportamento d'aiuto.

3) *Genitore aiutante*
Il genitore aiuta il bambino a sviluppare la narrazione.

4) *Genitore molto aiutante*
Il genitore è di grande aiuto per il bambino.

F) Qualità della guida genitoriale

Il genitore dovrebbe adattare il suo contributo e il suo tipo di aiuto nella co-costruzione al livello di sviluppo e alle capacità del bambino. La sensibilità del genitore viene valutata in base a due aspetti: *a*) il livello del bambino e il suo conseguente bisogno di aiuto; *b*) quanto la situazione sia ottimale rispetto all'apprendimento per il bambino (assumendo che la partecipazione attiva con un supporto adeguato sia ottimale). Bisogna considerare che il compito richiede al genitore dei cambiamenti nella sua guida: generalmente i genitori sono abbastanza direttivi all'inizio, per avviare la narrazione. Il genitore può lasciare poco spazio tra il suo livello di «intervento» e il livello del bambino, oppure può lasciarne troppo, rendendo la situazione troppo stimolante e poco supportiva (punteggi 1-3). Un'interazione equilibrata ha un punteggio di 4-5. La valutazione della qualità della guida genitoriale implica una valutazione implicita del livello di abilità del bambino.

1) *Molto scarsa*

Il genitore lascia al bambino troppa o troppo poca opportunità di contribuire alla narrazione. La situazione è, dunque, o per niente stimolante o troppo stimolante, quindi non rappresenta per il bambino una buona occasione di apprendimento. Ad esempio, il genitore racconta tutta la storia senza lasciar partecipare il bambino, o si aspetta che il bambino narri tutto da solo.

2) *Scarsa*

Il genitore lascia al bambino un'opportunità minima di narrazione, rimanendo comunque eccessivamente stimolante, o al contrario crea un leggero supporto, ancora insufficiente.

3) *Sufficiente*

Il genitore crea qualche possibilità per bambino di contribuire, ma si ha l'impressione che il bambino avrebbe potuto produrre molto di più se il genitore gli avesse lasciato più spazio o gli avesse offerto una struttura o una guida adeguate.

4) *Buona*

Nel complesso c'è un buon equilibrio tra la partecipazione del bambino e quella del genitore alla narrazione. Il genitore è generalmente sensibile agli indizi dati dal bambino su quanto aiuto ha bisogno. Possono esserci alcune mancanze nella sensibilità genitoriale, ma queste sono poco frequenti e brevi.

5) *Ottima*

C'è un ottimo equilibrio tra la partecipazione del bambino e del genitore alla narrazione. Il genitore è molto sensibile agli indizi dati dal bambino su quanto aiuto ha bisogno e non ci sono mancanze rilevanti.

G) *Emotional scaffolding*

Questa scala misura l'abilità del genitore nell'utilizzare le emozioni per attirare e mantenere l'attenzione del bambino e per mantenerlo impegnato nel compito. Le emozioni possono essere espresse in molti modi: attraverso le inflessioni della voce, la prossimità e le espressioni facciali. Un uso tipico delle emozioni consiste nell'utilizzare volutamente un tono di voce alto per aiutare il bambino a mantenere l'attenzione.

1) *Molto scarsa*

Espressione emotiva povera e piatta. Oppure, il genitore usa le emozioni in maniera intrusiva, esagerata, distraente. Oppure, esprime l'affetto sbagliato, incoerente. Oppure, il genitore usa le emozioni poco frequentemente come sostegno.

2) *Scarsa*

Il genitore usa l'affetto per puntualizzare la narrazione, ma poco frequentemente o con scarsa efficacia (ad esempio, l'intensità è troppo bassa, oppure ci sono delle opportunità mancate, o le emozioni sono intrusive, eccessive o distraenti).

3) *Buona*

Il genitore sostiene e puntualizza la narrazione con emozioni frequentemente, con efficacia e appropriatamente. Possono però esserci alcune mancanze (ad esempio, puntualizzazioni nel momento sbagliato, intrusive o poco efficaci).

4) *Ottima*

Il genitore è molto bravo nel sostenere la narrazione attraverso le emozioni. Gli affetti appaiono particolarmente sinceri e il genitore segue il livello di arousal del bambino. Questo punteggio denota anche una maggiore intensità rispetto al punteggio 3, quando l'intensità è appropriata. Il genitore può utilizzare differenti modalità di espressione affettiva come la voce, i gesti, il corpo.

H) Livello di intersoggettività

Questa scala misura il livello di intersoggettività tra genitore e bambino. Si pensa che l'intersoggettività cresca durante l'interazione, a partire dalla condivisione dell'attenzione e dello sguardo, seguita da atti condivisi e infine dalla condivisione dei significati. Condividere un atto richiede più che la condivisione di focus o di sguardo, dal momento che è necessario che entrambi i partner abbiano un accordo implicito sul compito e sul suo sviluppo; a un atto condiviso partecipano entrambi i partner. La condivisione di un significato richiede ancora di più che quella di un atto, perché implica che entrambi siano attivamente coinvolti nel compito e vicini all'altro. Si ha la netta sensazione di un lavoro comune e armonico tra i due partner, che sembrano condividere la stessa idea.

Nota: se un partner, di solito il genitore, sembra fare la maggior parte dello sforzo necessario per mantenere un certo livello di intersoggettività mentre l'altro partner (il bambino) è passivo, si tenderà ad abbassare la valutazione di un punto, perché idealmente entrambi i partner dovrebbero darsi da fare per mantenere l'intersoggettività a un determinato livello.

1) *Intersoggettività molto bassa*

Poca condivisione di focus o di interesse. Il bambino non è interessato al compito o sembra non capirne lo scopo. Per esempio, il bambino è oppositivo o molto distratto e può, ma non sempre, mantenere l'attenzione al compito solo attraverso misure estreme come il fatto che il genitore lo tiri o lo trattenga fisicamente. Questo avviene molte volte durante la co-costruzione. Questo punteggio può venire assegnato anche se compaiono alcuni momenti di attenzione condivisa.

2) *Intersoggettività bassa*

Attenzione e focus sono condivisi, ma non c'è condivisione di atti. Il bambino può mostrare di partecipare poco o di comprendere poco il compito. Il genitore deve sforzarsi continuamente per mantenere il coinvolgimento del bambino e può non riuscirci sempre. Il genitore e il bambino possono avere lunghi momenti di condivisione di attenzione e focus, o brevi periodi in cui condividono atti e significati ma senza una reale coerenza.

3) *Intersoggettività media*

Nel quadro di una buona condivisione di atti o di un generale accordo sul lavorare insieme ci sono alcuni momenti di atti non condivisi. Può esserci una leggera forma di condivisione di significato.

4) *Intersoggettività alta*

Entrambi, bambino e genitore, sono coinvolti e contribuiscono alla co-costruzione. Si verificano solo uno o due momenti di atti non condivisi in un contesto di buona condivisione di atti e significato. Ad esempio, il bambino è un po' passivo oppure uno dei partner introduce nella storia qualcosa che è al di fuori della possibilità di comprensione dell'altro.

5) *Intersoggettività molto alta*

Ottima condivisione di significato senza mancanze o con una mancanza minima. I due partner stanno veramente lavorando insieme attivamente e armoniosamente.

I) e L) Condivisione affettiva da parte del genitore

Queste due scale misurano quanto il genitore condivide le espressioni affettive del bambino. Si vuole valutare la capacità del genitore di riflettere l'affetto del bambino, creando un momento in cui entrambi i partner condividono l'affetto. Alcune domande che l'esaminatore può porsi e che guidano l'attribuzione del punteggio sono: C'è stata sufficiente condivisione affettiva per sostenere il bambino nel processo di co-costruzione? Per farlo sentire sicuro? Sarebbe stato diverso per il bambino se la condivisione di affetto fosse stata maggiore? Se voi foste il bambino, avreste sentito di ricevere abbastanza? La scala I riguarda gli aspetti positivi e la scala L gli affetti negativi.

I) Condivisione degli affetti positivi
1) *Molto scarsa*
Troppo poca condivisione di affetti positivi, con molte opportunità mancate.
2) *Scarsa*
Ci sono alcuni momenti di condivisione affettiva, ma la loro qualità o intensità, oppure la frequenza di occasioni mancate, conducono al giudizio che non ci sia comunque sufficiente condivisione di affetti positivi.
3) *Sufficiente*
C'è una sufficiente condivisione; anche se non è la situazione ottimale, si ha l'impressione che il bambino stia ricevendo abbastanza.
4) *Buona*
Buona condivisione di affetti positivi.
5) *Ottima*
Eccezionale condivisione di affetti positivi.
L) Condivisione di affetti negativi
La condivisione di affetti negativi non riguarda le situazioni in cui i partner sono arrabbiati tra loro, ma situazioni in cui condividono una sensazione negativa (esempio: dopo che il bambino dice che la rana era triste, il genitore dice al bambino: «Era tanto triste»).
6) *Molto scarsa*
Troppo poca condivisione di affetti negativi, con molte opportunità mancate.
7) *Scarsa*
Ci sono alcuni momenti di condivisione affettiva, ma la loro qualità o intensità, oppure la frequenza di occasioni mancate, conducono al giudizio che non ci sia comunque sufficiente condivisione di affetti negativi.
8) *Sufficiente*
C'è una sufficiente condivisione; anche se non è la situazione ottimale, si ha l'impressione che il bambino stia ricevendo abbastanza.
9) *Buona*
Buona condivisione di affetti negativi.
10) *Ottima*
Eccezionale condivisione di affetti negativi.

M) N) O) P) Qualità del comportamento qualitativo

Per codificare questa scala è necessaria una visione spezzettata del video, fermando il nastro ogni volta che si incontra un «turno» di conversazione; ogni turno viene giudicato in base al suo contenuto e al contesto affettivo-interpersonale in cui avviene. Generalmente si giudica se il turno migliora la qualità della conversazione rendendola più positiva, più reciproca e/o armonica; o se al contrario peggiora la qualità della conversazione rendendola meno in sincronia, più negativa o conflittuale. I contributi di genitore e/o bambino alla qualità della comunicazione sono codificati separatamente, come anche l'inibizione e la facilitazione del processo comunicativo. Nel codificare il video non vanno presi in considerazione i momenti in cui il genitore sta dirigendo il bambino sul compito o glielo sta spiegando.
M) Inibizione della comunicazione (genitore)
1) *Non inibisce*
Non si evidenziano comportamenti inibenti.
2) *Inibisce leggermente*
Possono esserci uno o due atti un po' inibenti, oppure il genitore ignora il bambino.
3) *Inibisce*
Più di due atti inibenti. Assomiglia al genitore valutato 4, ma il comportamento inibente non è così negativo, intenso e frequente.

4) *Inibisce molto*
Il genitore è freddo, critico con il suo bambino, oppure rifiuta i contributi del bambino o lo interrompe spesso. Pochi «turni» negativi o ostili del genitore possono essere sufficienti per dare il punteggio di 4 se sono forti.
N) Facilitazione della comunicazione (genitore)
1) *Non facilitante*
Anche se il genitore ha alcuni comportamenti facilitanti, questi non sono abbastanza frequenti.
2) *Leggermente facilitante*
Mostra alcuni comportamenti facilitanti, ma si ha ancora l'impressione che il bambino avrebbe bisogno di qualcosa in più.
3) *Facilitante*
Il genitore accetta e conferma il bambino, accetta le sue idee, gli dà lo spazio per esprimersi, lo sostiene e lo incoraggia. La differenza tra 3 e 4 è che 4 descrive un genitore estremamente bravo che può far sembrare il bambino più bravo di quello che è.
4) *Molto facilitante*
I contributi del genitore alla comunicazione riflettono l'accettazione profonda di base del bambino e il rispetto dei contributi di quest'ultimo alla narrazione. In certi casi i contributi del genitore fanno sembrare il bambino migliore di quello che è.
O) Inibizione della comunicazione (bambino)
1) *Non inibisce la comunicazione*
Non si evidenziano comportamenti inibenti.
2) *Inibisce leggermente*
Il bambino mostra alcuni momenti di comportamento negativo (ignora, discute, distrae) ma è, per la maggior parte del tempo, abbastanza responsivo.
3) *Inibisce*
Il bambino interrompe, ignora, si oppone, ma questi momenti non sono così frequenti come in 4 e sono bilanciati maggiormente da interazioni in cui il bambino è perlomeno responsivo.
4) *Inibisce molto*
Il bambino interrompe, ignora, si oppone molto spesso al genitore e non si mostra responsivo. Possono esserci uno o due momenti in cui il bambino risponde, ma sono minimi rispetto ai suoi contributi negativi.

P) Facilitazione della comunicazione (bambino)
1) *Non facilitante*
2) *Leggermente facilitante*
Ad esempio, risponde in modo telegrafico alle domande.
3) *Facilitante*
Il bambino accetta in genere la guida del genitore. La differenza fra 3 e 4 è che 4 descrive un bambino che è un eccezionale partner comunicativo, in alcuni casi facendo sembrare il genitore più facilitante di quello che è, mentre i bambini con punteggio 3 sono semplicemente bravi.
4) *Molto facilitante*
Il bambino mostra un'accettazione di base del genitore, soprattutto nel suo ruolo di guida: è molto responsivo verso il genitore e in modo caloroso. È un partner comunicativo che segue la direzione del genitore, elaborando o contribuendo con materiale originale. Un punteggio 4 è assegnato anche a quei bambini che si sforzano tanto per compensare l'insensibilità del genitore: questi bambini possono cercare di tirare su il morale al genitore o di essere sempre d'accordo con lui. Per avere un punteggio 4 non è necessario che il risultato della co-costruzione sia molto buono.

Appendice 3

Test del Disegno della figura umana e del Disegno della famiglia

Disegno della figura umana. Variabili di analisi

A DIMENSIONE DELLA FIGURA RISPETTO AL FOGLIO
AC corretta (i 2/3 del foglio)
AP piccola (minore dei 2/3 del foglio)
AG grande (maggiore dei 2/3 del foglio)

B COLLOCAZIONE DEL DISEGNO SUL FOGLIO
BS sinistra
BC centro
BD destra

C PRESENZA DI CIELO E PRATO
CE entrambi
CC cielo
CP prato

D ESPRESSIONE DEL PERSONAGGIO
DS sorridente
DT triste
DA angosciato
Dg aggressivo

E TESTA
EC corretta (compresa fra _ e 1/10 del tronco)
EP piccola
EG grande

F OCCHI
FP puntiformi
FC curati
FN corretti

G BOCCA
GC corretta
GA assente
GP aperta
GG grande

H NASO
HP presente
HA assente
HU puntiforme

L ORECCHIE
LP presenti
LA assenti

M CAPELLI
MP presenti
MA assenti

N COLLO
NP presente
NA assente

O BRACCIA
OL lunghe
OC corte
ON corrette

P MANI
PP presenti
PA assenti
PG grandi
PI piccole

Q DITA
QP presenti
QA assenti
QC n. corretto

R ABBIGLIAMENTO
RT trasparente
RM monocolore
RN normale
RA assente
RV vistoso
RD dettagliato

S OMISSIONI
SB bocca
SN naso
SR orecchie
SC capelli
SO collo
SM mani
SD dita
SA nessuna omissione

T PRESENZA DI ALTRI OGGETTI
TS sole
TF fiori
TC casa
TA animali
TP altre persone
TN nome
TL altro

Disegno della famiglia. Variabili di analisi

A COMPOSIZIONE DELLA FAMIGLIA
AC famiglia completa
AN famiglia non completa

B COLLOCAZIONE DEL BAMBINO IN RAPPORTO AI FAMILIARI
BR componenti ravvicinati
BM bambino vicino alla madre
BP bambino vicino al padre
BI bambino isolato
BA altro personaggio isolato

C PERSONAGGIO VALORIZZATO
CB bambino
CM madre
CP padre
CF fratello/sorella

D PERSONAGGIO SVALORIZZATO
CB bambino
CM madre
CP padre
CF fratello/sorella

E PERSONAGGIO AGGIUNTO
EF bambino fantastico
EC altro componente
EA animale

F PERSONAGGIO OMESSO
CB bambino
CM madre
CP padre
CF fratello/sorella

G PERSONAGGI COLLOCATI IN ALTRI LUOGHI
GB bambino
GG genitori

H PRESENZA DI ALTRI OGGETTI
HC casa
HS sole
HF fiori

Appendice 4

Questionario sull'adozione

QUESTIONARIO SULL'ADOZIONE

A – NOTIZIE SULLA FAMIGLIA

Madre

età _______ età all'adozione _______ grado di istruzione _________________
professione __________________

Padre

età _______ età all'adozione _______ grado di istruzione _________________
professione __________________

Eventuali altri figli adottati

sesso _______ età attuale _______ età all'adozione _______
provenienza __________________
sesso _______ età attuale _______ età all'adozione _______
provenienza __________________
sesso _______ età attuale _______ età all'adozione _______
provenienza __________________

Eventuali altri figli biologici

sesso _______ età _______
sesso _______ età _______

Motivazione dell'adozione

L'impossibilità di avere figli a cosa è legata?

Eventuali aborti spontanei _______

B – NOTIZIE SUL FIGLIO ADOTTATO

Età _______ età all'adozione _______ sesso _______
provenienza _________________
Scuola/classe attualmente frequentata: ______________________________
Professione attualmente svolta: ____________________________________
Ultima classe frequentata: ____
Condizione preadottiva: famiglia biologica _______
allargata (zii, nonni ecc.) _______ affidataria _______ istituto _______

C – PERCEZIONE DEL GRADO DI SALUTE PASSATA E ATTUALE

1) Vostro figlio è sempre stato bene fisicamente o vi sono stati in questi anni disturbi particolari? Quali e a che età (disturbi del sonno, alimentazione, mal di pancia, stipsi, diarrea, mal di testa, vomiti, asma, dermatiti ed eczemi ecc.)? Il ragazzo ha dovuto assumere frequentemente farmaci o vi sono state ospedalizzazioni?

   E attualmente?

a) Nel caso vi siano o vi siano stati *disturbi del sonno*, chiedere se

   ha dormito sin da subito da solo in camera;
   si addormentava da solo la sera o richiedeva la presenza di qualcuno;
   vi sono cose che fa abitualmente prima di andare a letto;
   dormiva tranquillamente tutta la notte oppure si svegliava di frequente (e se sì, per quale motivo: incubi o altri disturbi);
   si svegliava facilmente al mattino o faceva difficoltà;
   durante la notte si teneva pulito.

b) Nel caso vi siano stati *disturbi dell'alimentazione*, chiedere se

   è stato un bambino che ha fatto difficoltà a mangiare, e che tipo di difficoltà (mangiava poco, rifiutava determinati cibi, era molto lento, controllava i cibi ecc.);
   mangiava da solo o richiedeva spesso il l'aiuto del genitore.

c) Nel caso di *allergie, dermatiti o eczemi, asma* indagare se i bambini sono arrivati con queste malattie o se queste sono sopraggiunte in un secondo momento e gli eventuali eventi reali concomitanti. Informarsi sulla natura delle allergie (ad esempio respiratorie, cutanee, alimentari ecc.) e sulla durata e l'intensità delle crisi.

D – ADATTAMENTO

a) Rendimento scolastico

2) Vostro figlio è sempre andato bene a scuola?

b) Amicizie

3) Ha amici? (indagare non solo il tipo di amicizie ma anche se sono realmente amici).

4) È stato facile per lui farsi degli amici o ci sono stati momenti in cui è stato più complicato?

5) Ci sono stati momenti in cui voi avete avuto delle paure per le frequentazioni di vostro figlio?

c) Rapporto genitore-figlio

6) Quali sono stati i momenti più difficili della vostra relazione con lui? E quali i più facili?

d) Rapporto con gli altri fratelli/sorelle

7) Quando è arrivato in famiglia come si sono comportati gli altri figli? C'è stata la solita gelosia o cos'altro?

e) Stato psico-affettivo e comportamento

8) Vostro figlio ha mai avuto qualche difficoltà con gli altri? Dei momenti in cui era difficile avvicinarsi a lui (indagare su eventuali episodi di aggressività)?
E attualmente?

9) Ha passato dei momenti difficili, per esempio in cui era molto triste, in cui era molto timido e tendeva a restare da solo?
È un bambino prevedibile, che è stato sempre uguale a sé stesso come carattere, o ci sono stati dei periodi in cui era difficile sapere che umore aveva?
Quali sono stati i momenti più difficili? (indagare sullo stato dell'umore, depressione, instabilità emotiva)?
E attualmente?

10) Vostro figlio ha avuto delle preoccupazioni ricorrenti (indagare su problematiche relative all'ansia)? Su cosa si preoccupa, quando è particolarmente preoccupato se deve fare qualcosa?
E attualmente?

11) Vi siete rivolti a qualcuno per i problemi di vostro figlio?

f) Altro

12) Quanto tempo ha impiegato a parlare correttamente la lingua italiana? (se straniero)

13) Vostro figlio parlava spontaneamente e/o chiedeva informazioni sulla sua esperienza precedente l'adozione?

D – CONSEGUENZE DELL'ADOZIONE

14) Avete scelto di parlare spontaneamente a vostro figlio della sua condizione di adottato? Se sì, a quale età? Se non l'avete informato voi, da chi è venuto a conoscenza della sua condizione?

15) Avete paura che i genitori naturali di vostro figlio possano cercarlo? O che vostro figlio vada a cercarli?

16) Avete cambiato il nome al bambino? E se sì, perché?

E – SITUAZIONE ATTUALE

17) Attualmente studia o lavora? ____________________

a) Lavoro

18) A che età ha cominciato a lavorare? ____________________

Quanti posti ha cambiato e perché li ha cambiati?

19) Ci va volentieri (indagare sui rapporti con i superiori, con i colleghi e sull'accettazione delle regole)? C'è qualche cosa di cui si lamenta quando torna a casa?

b) Scuola

20) Sta frequentando la classe corrispondente all'età? ____________________

21) Ci va volentieri o ha delle difficoltà? È ben accetto a scuola dai compagni? Ha antipatia per qualche insegnante? C'è qualcosa di cui si lamenta e che racconta quando torna a casa (indagare sui rapporti con gli insegnanti e con i compagni)?

22) Ha delle materie in cui incontra difficoltà?

E quali invece gli piacciono in particolare?

23) Ha imparato facilmente a scrivere? Come svolge i compiti a casa (è svogliato, impiega parecchio tempo, si stanca presto, si arrabbia se non riesce in qualcosa o ha la pazienza di ricominciare, bisogna che qualcuno lo aiuti a fare i compiti: eventualmente fare un confronto con gli anni passati).

24) Cosa pensate voi genitori e cosa pensano gli insegnanti di lui?

c) Rapporto con i genitori

25) Parla in casa? Cosa dice (racconta, per esempio, quello che gli è successo a scuola?)

d) Rapporti con i ragazzi della sua età al di fuori della scuola

26) Dopo la scuola, trascorre altro tempo con i ragazzi della sua età? Ha più amici a scuola o all'esterno? I suoi amici sono «amici personali» o «amici degli amici»?

27) Sta volentieri con loro?

28) Risponde subito quando gli amici gli chiedono di uscire? Accetta o si nega?

29) C'è qualcosa di cui si lamenta e che racconta quando ritorna a casa?

30) Ha un amico del cuore, un'amica del cuore?

e) Comportamento fuori della scuola

31) Che tipo di hobby ha? Come impiega il tempo libero?

32) Ha l'abitudine di stare tante ore davanti alla televisione o al computer? Ha l'abitudine di ascoltare musica da solo nella sua camera?

33) Ama fare attività di movimento o preferisce quelle più tranquille?

F - PAURE

34) C'è qualcosa di cui il bambino ha particolarmente paura? E se sì, quando sono iniziate queste paure? (la notte, il buio, certi animali, automobili, rumori improvvisi, vuoto, persone estranee, altro)

35) C'è qualcosa che rifiuta assolutamente di fare o che ha rifiutato in passato per lungo tempo?

36) Ha avuto o ha attualmente alcune abitudini che vi inquietano? (per esempio quando era piccolo si dondolava, batteva la testa, metteva in bocca delle cose o altro)

G - ALTRO

37) Quando ha cominciato ad avere i primi segreti? Ha molti segreti, adesso? E nei riguardi di chi (cioè a chi non li dice)?

38) Attualmente vostro figlio parla spontaneamente e/o chiede informazioni sulli sua situazione precedente l'adozione? E cos'è che vuole sapere?

39) In che misura vostro figlio ha risposto alle vostre aspettative? (indagare su quali siano le aspettative di loro come genitori e chiedere cosa pensano che piaccia fare al ragazzo)

40) In che cosa vorreste che vostro figlio cambiasse?

Bibliografia

AA. VV., Atti del Convegno triveneto sull'adozione e l'affido familiare, Padova 1974.
AA. VV., *L'attuazione della nuova legge sull'adozione e l'affidamento familiare. Proposte a confronto tra magistrati, amministratori di Regioni e di Enti locali, operatori e movimenti di base*, Atti del Convegno «Adozione e affidamento. Proposte per l'attuazione della nuova legge», Rosenberg & Sellier, Torino 1983.
AA. VV., «Prospettive Sociali e Sanitarie», N. 21-22 (1984).
AA. VV., Atti del Convegno internazionale sull'adozione internazionale, Provincia di Milano, Milano 1989.
AA. VV., *Il progetto di Convenzione dell'Aia sull'adozione internazionale*, Prosp. soc. sanit., vol. 8, 10-12 (1993).
AA. VV., Atti del Convegno nazionale «L'adozione in bianco e nero», Verona novembre 1995, Consult. fam., vol. 9, N. 1-2 (1995).
AA. VV., *I criteri predittivi della buona genitorialità adottiva*, Minori Giust., N. 4 (2000a).
AA. VV., Atti del Convegno «Quale tutela per i genitori?», ULLS 17 Regione Veneto, 2000b.
AA. VV., Atti del Convegno «Nelle famiglie e nei Servizi», Osservatorio Regionale del Veneto per l'infanzia e l'adolescenza, Bassano del Grappa 2001a.
AA. VV., Atti del Convegno internazionale «Il futuro della psicoterapia. Il ritorno alla clinica» (Milano ottobre 2000), CD Rom, Associazione per la Ricerca in Psicologia Clinica, Milano 2001b.
AA. VV., Atti del Corso regionale sull'adozione, Regione Veneto, Venezia 2002.
Abelin E. L., *Some Further Observations and Comments on the Earliest Role of the Father*, Int. J. Psycho-Anal., vol. 56, 293-301 (1975).
Ainsworth M. D. S., Blehar M., Waters E. e Wall S., *Patterns of Attachment*, Erlbaum, Hillsdale 1978.
– e Wittig B., *Attachment and Exploratory Behavior of One-Year-Olds in a Strange Situation*, in Foss (1969).
Allegri E., *Il ruolo dei servizi sociali*, Bambino incompiuto, N. 3, 57-66 (1991).
Alloway T. M., Krames L. e Piner P. (a cura di), *Advances in the Study of Communication and Affect*, vol. 3, *The Development of Social Attachment*, Plenum, Greenberg & Erting, New York 1983.

American Psychiatric Association, *Diagnostic and Statistical Manual of Mental Disorders*, 4th Edition, Washington 1994 [trad. it. *DSM-IV. Manuale diagnostico e statistico dei disturbi mentali*, Masson, Milano 1994].
Ammaniti M. (a cura di), *La gravidanza tra fantasia e realtà*, Il Pensiero Scientifico, Roma 1995.
– Candelori C., Dazzi N., De Coro A., Muscetta S., Ortu F., Pola M., Speranza A.M., Tambelli R. e Zampino F., *IAL. Intervista sull'attaccamento nella latenza*, inedito, Roma 1990.
– e Stern D.N. (a cura di), *Rappresentazioni e narrazioni*, Laterza, Roma-Bari 1991.
– – (a cura di), *Attaccamento e psicoanalisi*, Laterza, Roma-Bari 1992.
Annichiarico A., *Ritratto di un protagonista assente: il bambino*, tesi di laurea, Università di Padova, 1986.
Antonioli M.E. e Volpe B.M., *Dalla sterilità alla genitorialità*, in Fava Vizziello e Pigatto (1994).
Atkinson L. e Zuckerman K.J. (a cura di), *Attachment and Psychopathology*, Guilford, New York 1997.
Avery R., *Perceptions and Practices: Agency Effort for the Hardest to Place Children*, Child Youth Serv. Rev., vol. 22, N. 6, 399-420 (2000).
Axia G. (a cura di), *La valutazione dello sviluppo*, La Nuova Italia Scientifica, Roma 2000.
Baden A., *Psychological Adjustment of Transracial Adoptees: Applying the Cultural Racial Identity Model*, American Psychological Association on Line, 2001.
Bagley C., *Transracial Adoption in Britain: a Follow-up Study, with Policy Considerations*, Child Welfare, vol. 72, N. 3, 285-99 (1993).
Bal Filoramo L., *L'adozione difficile: il bambino restituito*, Borla, Roma 1996.
Balbi S., D'Esposito M.R., Golia F. e Pane A., *Le adozioni in Campania. Un'indagine campionaria*, in Cavallo (1995).
Balloni A. e Fadiga L., *Ambiente, ritardo mentale, devianza*, Patron, Bologna 1978.
Baraldi C., *Le forme sociali della paternità (e della maternità)* (2000), in Maggioni (2000a).
Bart R. e Brooks D., *A Longitudinal Study of Family Structure and Size and Adoption Outcomes*, Adopt. Q., vol. 1, 29-56 (1997).
Barth R. e Berry M., *Preventing Adoption Disruption*, Prevent. hum. Serv., vol. 9, N. 1, 205-22 (1990).
Bateson G., *Mente e natura* (1979), Adelphi, Milano 1979.
Battistello S., *Il bambino adottivo tra l'immaginario e la realtà*, tesi di laurea, Università di Padova, 1996.
Belsky J., Campbell S.B., Cohn J.F. e Moore G., *Instability of Infant-Parent Attachment Security*, Dev. Psychol., vol. 32, N. 5, 921-24 (1996).
– e Isabella R.A., *Interactional Synchrony and the Origins of Infant-Mother Attachment: a Replication Study*, Child Dev., vol. 62, 373-84 (1991).
Bennet A.J. e altri, *Serotonin Transporter Gene Variation and Early Deleterious Rearing Environment Affects CNS Serotonin Functioning, Aggression and Alcohol Consumption in Rhesus Monkeys* (in preparazione).
Berdini G., De Berardinis D., Masina E., Mazzotta M., Orgiana C., Rubino A. e Tavazza G., *Immagine del lavoro dello psicologo nei Servizi*, Riv. Psicol. clin., vol. 2, 212-36 (1992).
Bernard J., *Le jour où le temps s'est arrêté*, Odile Jacob, Paris 1997.
Berry M. e Barth R., *Behavior Problems of Children Adopted when Older*, Child Youth Serv. Rev., vol. 11, 221-38 (1989).

Bertalanffy L. von, *General Systems Theory*, Braziller, New York 1968.
Bohman M. e Sigvardsson S., *A Prospective Longitudinal Study of Chidlren Registered for Adoption. A 15 Years Follow-up*, Acta psychiat. scand., vol. 61, 339-55 (1980).
– – *Lessons from Longitudinal Studies*, in Brodzinsky e Schechter (1990).
Bolasco S., *Analisi multidimensionale dei dati. Metodi, strategie e criteri d'interpretazione*, Carocci, Roma 1999.
Bommassar R., *La consulenza clinica al Tribunale dei Minori*, in Disnan e Fava Vizziello (2001).
Bonato R. e Convertini A., *La «restituzione» nello studio di coppia per l'adozione*, Consult. fam., vol. 5, N. 2, 105-12 (1991).
Bondy D., *The Effectiveness of Brief Family Therapy with Families Adopting Special Needs Children*, Diss. Abst. int. Sect. B. Sci. Engin., vol. 58 (4-B) (ottobre 1997).
Bonichini S. e Axia G., *L'osservazione*, Carocci, Roma 2001.
Borland M., O'Hara G. e Triseliotis J., *Placement Outcomes for Children with Special Needs*, Adopt. Foster., vol. 15, 18-28 (1991).
Bowen M., *Dalla famiglia all'individuo*, Astrolabio, Roma 1979.
Bowlby J., *Attachment and Loss*, vol. 1, *Attachment*, Basic Books, New York 1969/1982 [trad. it. *Attaccamento e perdita*, vol. 1, *L'attaccamento alla madre*, Bollati Boringhieri, Torino 1999].
– *Attachment and Loss*, vol. 2, *Separation: Anxiety and Anger*, Basic Books, New York 1973 [trad. it. *Attaccamento e perdita*, vol. 2, *La separazione dalla madre*, Bollati Boringhieri, Torino 2000].
– *Attachment and Loss*, vol. 3, *Loss, Sadness and Depression*, Basic Books, New York 1980 [trad. it. *Attaccamento e perdita*, vol. 3, *La perdita della madre*, Bollati Boringhieri, Torino 2000].
Bozzo M.T. e Zucchi E., *Aspetti psicologici e giuridici dell'adozione*, in Quadrio e De Leo (1995).
Bramanti D. e Regalia C., *Cura familiare*, in Scabini e Donati (1995).
– e Rosnati R. (a cura di), *Il patto adottivo*, Angeli, Milano 1998.
Brazelton T.B. e Greenspan J.I., *I bisogni irrinunciabili dei bambini*, Cortina, Milano 2001.
– e Yogman M. (a cura di), *Affective Development in Infancy*, Ablex, Norwood 1986.
Bressani E., *Di padre in figlio*, tesi di laurea, Università di Padova, 2000.
Bretherton I., *Attachment Theory: Retrospect and Prospect*, in Bretherton e Waters (1985).
– Ridgeway D. e Cassidy J., *Assessing Internal Working Models of the Attachment Relationships: an Attachment Story Completion Task for 3-Years-Old*, in Greenberg, Cicchetti e Cummings (1990).
– e Waters E. (a cura di), *Growing Points in Attachment Theory and Research*, Monog. Soc. Res. Child Dev., vol. 50 (1985).
Brinich P.M., *Some Potential Effects of Adoption on Self and Object Representation*, Psychoanal. St. Child, vol. 35, 107-33 (1980).
Brodzinsky D. e Schechter (a cura di), *The Psychology of Adoption*, Oxford University Press, Oxford 1990.
Brown A.L., Bransford J.D., Ferrara R.A. e Campione J.C., *Learning, Remembering and Understanding*, in Flavell e Markman (1983).
Bryan S.H., Ganong L.H., Coleman M. e Bryan L.R., *Counselors' Perceptions of Stepparents and Stepchildren*, J. counsel. Psychol., vol. 32, N. 2, 279-82 (1985).

Buzzi C., Cavalli A. e De Lillo A., *Giovani verso il Duemila*, Il Mulino, Bologna 1997.

Cadoret R. e Cain C., *Sex Differences in Predictors of Antisocial Behavior in Adoptees*, Arch. gen. Psychiat., vol. 37, 1171-75 (1980).

Call J.D., Galenson E. e Tyson R.L. (a cura di), *Frontiers of Infant Psychiatry*, Basic Books, New York 1983.

Calvo V., *Interazione e partecipazione nella seconda infanzia*, tesi di laurea, Università di Padova, 1992.

– *La valutazione dell'attaccamento in età scolare: tre metodi a confronto*, tesi di dottorato, Università di Padova, 1999.

– e Fava Vizziello G.M., *La valutazione dell'attaccamento nel bambino e nell'adulto: Strange Situation e Adult Attachment Interview*, in Del Corno e Lang (1997).

– e Simonelli A., *La valutazione dell'attaccamento in adolescenza e nell'età adulta*, in Axia (2000).

Carau B. e Nicolò A.M., *Collusione di coppia e scelta adottiva*, Psichiat. Inf. Adol., vol. 52, 383-92 (1985).

Carini R. e Guidi D., *La famiglia d'origine: da cancellare o da condividere?*, in Kaneklin Saviane (1995).

Cassibba R., *Modalità di riorganizzazione in seguito a separazione nel bambino dai 9 ai 30 mesi*, tesi di laurea, Università di Padova, 1989.

– e D'Odorico L., *La valutazione dell'attaccamento nella prima infanzia. L'adattamento italiano dell'Attachment Q-Sort (AQS) di Everett Waters*, Angeli, Milano 2000.

Cassidy J., *Theoretical and Methodological Considerations in the Study of Attachment and the Self in Young Children*, in Greenberg, Cicchetti e Cummings (1990).

– e Marvin R.S., *A System for Coding the Organization of Attachment Behavior in 3- and 4-Year-Old Children*, relazione alla International Conference on Infant Studies, Washington 1988.

– e Shaver P.R. (a cura di), *Handbook of Attachment*, Guilford, New York 1999.

Castelfranchi L. e Persichetti R., *Crescere insieme. I protagonisti del processo adottivo*, Armando, Roma 1989.

Cavallo M. (a cura di), *Adozioni dietro le quinte*, Unicopli, Milano 1995.

Chabrol C., *Que peut-on demander à l'analyse du discours?*, Connexions, vol. 12 (1974).

Charles H. e Zeanah J. (a cura di), *Manuale di salute mentale infantile*, Masson, Milano 1996.

Chisholm K., *A Three Year Follow-up of Attachment and Indiscriminate Friendliness in Children Adopted from Romanian Orphanages*, Child Dev., vol. 69, N. 4, 1092-106 (1998).

Cicchetti D., Cummings E.M., Greenberg M.T. e Marvin R.S., *An Organizational Perspective on Attachment beyond Infancy: Implications for Theory, Measurement, and Research*, in Greenberg, Cicchetti e Cummings (1990).

Cigoli V., *Intrecci famigliari. Realtà interiore e scenario relazionale*, Cortina, Milano 1997.

– e Galbusera Colombo T., *Coppie in attesa del primo figlio: come si «programma» la vita?*, Ter. fam., N. 7 (1980).

Cloninger R., Sigvardsson S., Bohman M. e von Knorring A., *Predisposition to Petty Criminality in Swedish Adoptees*, pt. 2, *Cross Fostering Analysis of Gene-Environment Interaction*, Arch. gen. Psychiat., vol. 9, 1242-47 (1982).

Cocci V., *Gravidanza e maternità tra vissuto e narrato*, tesi di laurea, Università di Padova, 1990-91.

Coiro M. C., *La socializzazione spezzata. Indagine sulla costruzione sociale della realtà dei minori disagiati*, Bambino incompiuto, N. 1, 13-25 (1991).

Cole P. e Moran J. L. (a cura di), *Syntax and Semantics III: Speech Acts*, Academic Press, New York 1975.

Convertini A. e Galli J., *L'esperienza emotiva degli operatori nella relazione con le coppie adottive*, in AA.VV. (1995).

Coon H., Carey G., Corley R. e Fulker D., *Identifying Children in the Colorado Adoption Project at Risk for Conduct Disorders*, J. am. Acad. Child Adol. Psychiat., vol. 31, N. 3, 503-11 (1992).

Corboz-Warnéry A., Fivaz-Depeursinge E., Gertsch-Bettens C. e Favez N., *Systemic Analysis of Father-Mother-Baby Interaction: the Lausanne Triadic Play*, Inf. ment. Hlth. J., vol. 14, N. 4, 298-316 (1993).

– Forni P. e Fivaz-Depeursinge E., *Le jeu à trois entre père, mère et bébé: une méthode d'analyse des interactions visuelles triadiques*, Neuropsychiat. Enf., vol. 37, N. 1, 23-33 (1989).

– e Gertsch-Bettens C., *L'alliance triadique dans l'interaction père-mère-bébé: constitution, crises et reprises évolutives*, in Kerbrat-Orecchioni (1995).

Corman L., *Le test du Dessin de la famille dans la pratique médico-pédagogique*, Presses Universitaires de France, Paris 1967 [trad. it. *Il disegno della famiglia: test per bambini*, Boringhieri, Torino 1970].

Costantini M. V. e Esposito C., *Vorremmo adottare un bambino: il legame di coppia nel controtransfert degli operatori*, Consult. fam., vol. 10, N. 1-2, 27-41 (1996).

Cramer B., *Que deviendront nos bébés?*, Odile Jacob, Paris 1999 [trad. it. *Cosa diventeranno i nostri bambini?*, Cortina, Milano 2000].

Crittenden P. M., *Coding Manual. Classification of Quality of Attachment for Preschool-Aged Children*, inedito, Family Research Laboratory, University of New Hampshire, 1992.

– *Nuove prospettive sull'attaccamento*, Guerini, Milano 1994.

– *Pericolo, sviluppo e adattamento*, a cura di S. Goldberg, R. Muir e J. Kerr, Masson, Milano 1997a.

– *L'effetto delle esperienze relazionali precoci sulle relazioni dell'età adulta* (1997b), in Goldberg, Muir e Kerr (1997).

– *L'attaccamento in età adulta. L'approccio dinamico-maturativo all'Adult Attachment Interview*, Cortina, Milano 1999.

– *Training al sistema di codifica dell'AAI*, Dipartimento di Psicologia dello sviluppo e della socializzazione, Università di Padova, 2000.

– e Claussen A., *The Organization of Attachment Relationships*, Cambridge University Press, Cambridge, UK 2000.

D'Alessandro A., *Dimmi che cognome vuoi... Stabilità e cambiamento nel percorso verso la genitorialità*, tesi di laurea, Università di Padova, 2002.

De Felice E. (a cura di), *Nomi e cultura*, Marsilio, Venezia 1987.

Del Corno F. e Lang M. (a cura di), *La diagnosi testologica. Test neuropsicologici, test d'intelligenza, test di personalità, testing computerizzato*, Angeli, Milano 1997.

De Lillo A., *L'analisi del contenuto*, Il Mulino, Bologna 1971.

Dell'Antonio A., *Dinamiche depressive e conflittualità con il nucleo di origine in bambini proposti per l'adozione*, Neuropsichiat. inf. (1979).

– *Cambiare genitori. Le problematiche psicologiche dell'adozione*, Feltrinelli, Milano 1980.

– *Selezione, preparazione e sostegno delle famiglie adottive*, in AA.VV. (1983).

– *Selezione, preparazione e sostegno della famiglia adottiva*, Bambino incompiuto, N. 1, 48-55 (1984).
– *Le problematiche psicologiche dell'adozione nazionale e internazionale*, Giuffrè, Milano 1986.
– Intervento al Convegno «Servizi sociosanitari e magistratura: un'esperienza di lavoro a favore del minore», USL Roma 12, Roma 1991.
– *Bambini di colore in affido e in adozione*, Cortina, Milano 1994a.
– *Fratelli naturali e fratelli acquisiti nell'adozione*, Bambino incompiuto, N. 34, 19-27 (1994b).
– *Adozione internazionale e famiglia multietnica*, Giuffrè, Milano 1997.
– e De Leo G. (a cura di), *Il bambino, l'adolescente e la legge*, Giuffrè, Milano 1986.
– e Molina P., *Atteggiamenti ed aspettative di coniugi che desiderano adottare un bambino*, Neuropsichiat. inf. (1980).
De Luca V. e Straniero G., *Un figlio ad ogni costo? Le adozioni in Italia tra racconti ed esperienze. Le leggi e il parere degli esperti*, SEI, Torino 1995.
Deutsch H., *Psicologia della donna*, vol. 2, *La donna adulta e madre* (1945), Boringhieri, Torino 1957.
De Wolff M. e van Ijzendoorn M.H., *Sensitivity and Attachment: a Meta-Analysis on Parental Antecedents of Infant Attachment*, Child Dev., vol. 68, 571-91 (1997).
Di Maria F. e Lavanco G., *Al di là dell'individuo. Letture di gruppoanalisi*, La Palma, Palermo 1993.
Disnan G. e Fava Vizziello G.M. (a cura di), *La consulenza clinica psicologica*, Masson, Milano 2001.
Dissegna A., *Esperienze di adozione speciale nel territorio di Bassano del Grappa: una verifica dei risultati*, Bambino incompiuto, N. 3, 89-105 (1988).
Di Vincenzo N., *Il percorso del bambino adottivo nella diade genitoriale: primo anno di vita e affido preadottivo a confronto*, tesi di laurea, Università di Padova, 1997.
D'Odorico L., *L'osservazione del comportamento infantile*, Cortina, Milano 1990.
– e Cassibba R., *Osservare per educare*, Carocci, Roma 2001.
Dolci E., *Divenire genitori adottivi: il percorso verso l'acquisizione della genitorialità*, tesi di laurea, Università di Padova, 1996.
Durelli G., *I vissuti dell'abbandono e dell'adozione da parte del bambino*, Documenti CISF, N. 25, 3-9 (1981).
Eldered C., Rosenthal D., Wender P.H., Kety S., Schulsinger F., Welner J. e Jacobsen B., *Some Aspects of Adoption in Selected Samples of Adult Adoptees*, Am. J. Orthopsychiat., vol. 46, 279-90 (1976).
Eley T., Deater D., Fombone E., Fulker D. e Plomin R., *An Adoption Study of Depressive Symptoms in Middle Childhood*, J. Child Psychol. Psychiat. all. Disc., vol. 39, vol. 3, 337-45 (1998).
Esteve J.O., *Il compito delle organizzazioni: stress o salute* (2001), in AA.VV. (2001a).
Farri Monaco M. e Niro M.T., *Adolescenti e adozione*, Centro Scientifico Torinese, Torino 1999.
– e Peila Castellani P., *Il figlio del desiderio. Quale genitore per l'adozione?*, Bollati Boringhieri, Torino 1994.
Fava Vizziello G.M., *Tra ricerca e clinica: dalla gravidanza al bambino*, Consult. fam., vol. 7, N. 2, 145-62 (1993).
– *Follow-up e studi longitudinali*, G. Neuropsichiat. Età evol., vol. 14, N. 1, 45-50 (1994).
– *L'aiuto ai genitori tra educazione e terapia* (2000), in AA.VV. (2000b).

– *Manuale di psicopatologia dello sviluppo*, Il Mulino, Bologna 2003.
– Antonioli M., Bartoli S., Volpe B.R. e Zancato P., *Genitorialità biologica ed adottiva: analogie e differenze dei percorsi rappresentativi*, Consult. fam., vol. 10, N. 3, 33-55 (1996).
– – Cocci V. e Invernizzi R., *Dal mito al bambino reale*, in Ammaniti (1995).
– – e Volpe B.R., *L'intervista «R» Adozione*, in Fava Vizziello e Pigatto (1994).
– Boccanegra T., Simonelli A., Calvo V., Penzavalli A. e Petenà F., *Adozione e attaccamento: studio dei modelli di attaccamento in adolescenti adottati*, Psichiat. Inf. Adol., vol. 66, 647-58 (1999).
– Bricca P. e Chicconi I., *Infant Observation. Microanalisi delle registrazioni: setting, finalità e risorse in campo clinico*, Età evol., vol. 28, 73-77 (1987).
– Burba C., Calvo V. e Simonelli A., *Fattori di rischio psico-sociale: sfidare le premesse*, Psichiat. Inf. Adol. (in corso di stampa).
– e Calvo V., *Griglia di osservazione dello Sceno Test*, inedito, Università di Padova, 1992.
– – e Cadrobbi M., *Prematurità e psicopatologia in età prescolare*, Psicol. clin. Svil., vol. 4, N. 3 (2000).
– – e Simonelli A., *Sicurezza e insicurezza dell'attaccamento nella prima infanzia in una prospettiva interculturale*, Età evol. (2003).
– Disnan G. e Colucci M.R., *Genitori psicotici*, Bollati Boringhieri, Torino 1991.
– e Invernizzi R., *L'intervista Mate-R*, in Fava Vizziello e Stocco (1997).
– e Landini F., *La rivelazione dell'adozione*, Psichiat. Inf. Adol., vol. 55, 25-33 (1988).
– Palacio-Espasa F. e Cassibba R., *Modalités de réorganisation des enfants de 9 à 30 mois suite à la séparation des parents à la crèche*, Neuropsychiat. Enf., vol. 40, N. 8-9, 431-48 (1992).
– Penzavalli A. e Petenà F., *I bambini adottati crescono*, Psicol. clin. Svil., vol. 4, N. 1, 145-53 (2000).
– e Pigatto A. (a cura di), *I percorsi della dipendenza*, Cleup, Padova 1994.
– Pullini F. e Simonelli A., *Metodologie di valutazione dell'attaccamento nell'infanzia: la Strange Situation ed il Test di Completamento di Storie*, in Fava Vizziello e Stocco (1997).
– e Stern D.N. (a cura di), *Dalle cure materne all'interpretazione*, Cortina, Milano 1992.
– e Stocco P. (a cura di), *Tra genitori e figli: la tossicodipendenza*, Masson, Milano 1997.
– Zorzi C. e Bottos M., *Figli delle macchine*, Masson, Milano 1991.
Favez N., Gertsch-Bettens C., Corboz-Warnéry A. e Fivaz-Depeursinge E., *Processus d'interaction visuelle dans la triade précoce père-mère-bébé: une étude préliminaire*, Neuropsychiat. Enf., vol. 40, N. 10, 521-30 (1992).
Feigelman W., *Adjustments of transracially and intraracially Adopted Young Adults*, Child Adol. soc. Work J., vol. 17, N. 13, 165-83 (2000).
Fenu M.A., Federici C. e Chiarelli R., *Il Sé del bambino adottivo*, Psichiat. Inf. Adol., vol. 52, 363-73 (1995).
Fergusson D., Lynskey M. e Horwood L., *The Adolescent Outcomes of Adoption: a 16-Year Longitudinal Study*, J. Child Psychol. Psychiat. all. Disc., vol. 36, N. 4, 597-615 (1995).
Fivaz Depeursinge E., *Infant's Triangulation Strategies: a New Issue in Development*, Signals, vol. 6, N. 2 (1989).
– e Corboz-Warnéry A., *The Primary Triangle*, Basic Books, New York 1999 [trad. it. *Il triangolo primario*, Cortina, Milano 2000].
– Frascarolo F. e Corboz-Warnéry A., *Assessing the Triadic Alliance between Father, Mother and Infant Play*, in McHale e Cowan (1996).

Flavell J.H., *Metacognition and Cognitive Monitoring: a New Area of Cognitive-Developmental Inquiry*, Am. Psychol., vol. 34, 906-11 (1979).

– e Markman E.M. (a cura di), *Handbook of Child Psychology*, vol. 3, *Cognitive Development*, Wiley, New York 1983.

Foss B. (a cura di), *Determinants of Infant Behavior*, vol. 4, Methuen, London 1969.

Fradelloni I.J., *Rielaborazione dell'attaccamento nel divenire genitore adottivo*, tesi di laurea, Università di Padova, 1997.

Friedlander M., Larney C., Skau M., Hotaling M., Cutting M. e Schwam M., *Bicultural Identification: Experiences of internationally Adopted Children and Their Parents*, J. counsel. Psychol., vol. 47, N. 2, 187-98 (2000).

Funari E., *Natura e destino della rappresentazione*, Cortina, Milano 1984.

Gabbard G.O., *Psychodynamic Psychiatry. Clinical Practice DSM-IV*, American Psychiatric Press, Washington 1994 [trad. it. *Psichiatria psicodinamica*, Cortina, Milano 1999].

Gaddini E., *Note sul problema mente-corpo*, Riv. Psicoanal., vol. 27, 3-29 (1981).

Galli J.E. e Viero F., *Fallimenti adottivi*, Armando, Roma 2001.

– e Volpe B.R., *Dalla sterilità all'adozione: la maternità e la paternità a rischio psicologico*, relazione al Congresso «Consultorio familiare», Rimini 1990.

– – *Lo studio dei candidati all'adozione internazionale: una proposta di un protocollo*, Inf. Sociedad, N. 2 (1991).

– – *Lo studio psicologico dei candidati nell'adozione internazionale: una proposta di protocollo*, Inf. Soc., vol. 2, 1-12 (1993).

Gallina Fiorentini P., Martelli F. e Ragaini C., *Idoneità degli adottanti e disagio del minore adottato attraverso una ricerca in Lombardia*, Minori Giust., vol. 1 (2001).

Garufi F., *Crescere insieme: i protagonisti del processo adottivo*, tesi di laurea, Università di Padova, 2001.

Gasparin C. e Dalla Molle A., *Lo studio delle coppie adottanti*, Consult. fam., vol. 3, N. 2, 113-29 (1989).

George C., Kaplan N. e Main M., *Adult Attachment Interview*, inedito, University of California, Berkeley 1985.

Gilli G., Greco O., Regalia C. e Banzatti G., *Il Disegno simbolico dello spazio di vita famigliare*, Quad. Centro Fam., N. 9 (1990).

Goldberg S., Muir R. e Kerr J. (a cura di), *Pericolo, sviluppo e adattamento*, Masson, Milano 1997.

Golombock S., Cook R., Bish A. e Murray C., *Families Created by the New Reproductive Technologies: Quality of Parenting and Social and Emotional Development of Children*, Child Dev., vol. 66, 285-98 (1995).

Greco O. e Iafrate R., *Tra i meandri dell'affido. Un percorso di ricerca*, Vita e Pensiero, Milano 1992.

– e Rosnati R., *Alla ricerca di un patto adottivo*, in Bramanti e Rosnati (1998).

Greenberg J.R. e Mitchell S.A., *Le relazioni oggettuali nella teoria psicoanalitica* (1983), Il Mulino, Bologna 1986.

Greenberg M.T., Cicchetti D. e Cummings E.M. (a cura di), *Attachment in the Preschool Years: Theory, Research and Intervention*, University of Chicago Press, Chicago 1990.

– DeKlyen M., Speltz M.L. e Endriga M.C., *The Role of Attachment Processes in Externalizing Psychopathology in Young Children*, in Atkinson e Zuckerman (1997).

Greimas A., *Del senso*, Bompiani, Milano 1974.

Grice H.P., *Logic and Conversation*, in Cole e Moran (1975).

Grimaldi S. (a cura di), *Adozione: teoria e pratica dell'intervento psicologico*, Angeli, Milano 1996.

Groze V., *A 1 and 2 Year Follow-up Study of Adoptive Families and Special Needs Children*, Child Youth Serv. Rev., vol. 18, N. 1-2, 57-82 (1996).

Harrison W., *I diritti dei bambini in adozione: l'incontro-scontro tra due culture*, in AA.VV. (1989).

Hart A. e Thomas H., *Controversial Attachments: the Indirect Treatment of Fostered and Adopted Children via Parent Co-Therapy*, Attach. hum. Dev., vol. 2, N. 3, 306-27 (2000).

Harvey J. e Kosofsky B., *Cocaine Effects on the Developing Brain*, Ann. N.Y. Acad. Sci., 306-13 (1998).

Haugaard J.H., *Is Adoption a Risk Factor for the Development of Adjustment Problems?*, Clin. psychol. Rev., vol. 18, N. 1, 47-69 (1998).

Heath A., *Genetic Influences on Alcoholism Risk: a Review of Adoption and Twin Studies*, Alcohol Hlth. Res. World, vol. 19, N. 3, 166-71 (1995).

Hesse E., *Discourse, Memory and the Adult Attachment Interview: a Note with Emphasis on the Emerging Cannot Classify Category*, Inf. ment. Hlth. J., vol. 17, 4-11 (1996).

Hettema J., Neale M. e Kendler K., *A Review of Meta-Analysis of the Genetic Epidemiology of Anxiety Disorders*, Am. J. Psychiat., vol. 158, N. 10, 1168-78 (2001).

Hodges J.E. e Tizard B., *IQ and Behavioral Adjustment of Ex-Institutional Adolescent*, J. Child Psychol. Psychiat., vol. 38, N. 4, 401-11 (1989).

Howe D., *Parent-Reported Problems in 211 Adopted Children: Some Risks and Protective Factors*, J. Child Psychol. Psychiat., vol. 38, N. 4, 401-11 (1997).

Howes C. e altri, *Attachment and Child Care: Relationships with Mother and Caregiver*, Early Child. Res. Q., vol. 3, 403-16 (1988).

Ingersoll B., *Psychiatric Disorders among Adopted Children: a Review and Commentary*, Adopt. Q., vol. 1, N. 1, 57-73 (1997).

Jacobson E., *Il Sé e il mondo oggettuale* (1964), Martinelli, Firenze 1974.

Jolissaint V., *La transition à la parentalité: exploration du lien entre les représentations prénatales et les interactions post-natales dans la triade père-mère-bébé*, tesi di laurea, Université de Genève, 1997.

Joseph J., *Problems in Psychiatric Genetic Research: a Reply to Faraone and Biederman*, Dev. Rev., 582-93 (2000).

– *Is Crime in the Genes? A Critical Review of Twin and Adoptive Studies of Criminality and Antisocial Behavior*, J. Mind Behav., vol. 22, N. 2, 179-218 (2001).

Juffer F., Hoksbergen R., Riksen-Walraven J. e Kohnstamm G., *Early Intervention in Adoptive Families: Supporting Maternal Sensitive Responsiveness, Infant-Mother Attachment, and Infant Competence*, J. Child Psychol. Psychiat. all. Disc., vol. 38, N. 8, 1039-50 (1997).

– e Rosenboom L., *Infant-Mother Attachment of internationally Adopted Children in the Neetherlands*, Int. J. behav. Dev., vol. 20, N. 1, 93-107 (1997).

Jung C.G. e Kerényi K., *Prolegomeni allo studio scientifico della mitologia*, Boringhieri, Torino 1972.

Kadushin A., *A Follow-up Study of Children Adopted when Older: Criteria of Success*, Am. J. Orthopsychiat., vol. 37, 530-39 (1967).

Kaës R., Faimberg H., Enriquès M. e Baranès J.J., *Trasmissione della vita psichica tra generazioni*, Borla, Roma 1995.

Kaneklin Saviane L. (a cura di), *Adozione e affido a confronto: una lettura clinica*, Angeli, Milano 1995.

Kerbrat-Orecchioni (a cura di), *Le trilogue*, Presses Universitaires de Lyon, Lyon 1995.
Kernberg O.F., *Teoria della relazione oggettuale e clinica psicoanalitica* (1976), Boringhieri, Torino 1980.
Kirby K. e Hardesty P., *Evaluating Older Pre-Adoptive Foster Children*, Prof. Psychol. Res. Pract., vol. 29, N. 5, 428-36 (1998).
Kohut H., *La ricerca del Sé* (1978), Boringhieri, Torino 1982.
Koren G., Nulman I., Rovet J., Greenbaum R., Loebstein M. e Einarson T., *Long Term Neurodevelopmental Risks in Children Exposed in Utero to Cocaine. The Toronto Adoption Study* (1998), in Langbehn e Cadoret (2001).
Kreisler L., *Problèmes spécifiques des classifications en psychiatrie dans le premier âge*, Confront. psychiat., vol. 24 (1984).
– e Cramer B., *Infant Psychopathology: Guidelines of Examination, Nosological Proposition*, in Call, Galenson e Tyson (1983).
Krippendorff K., *Content Analysis: an Introduction to Its Methodology*, Sage, London 1980.
Krüll M., *Padre e figlio. Vita familiare di Freud* (1979), Boringhieri, Torino 1982.
La Greca G., *Evoluzione del concetto di interesse del minore nella legislazione italiana*, in Dell'Antonio e De Leo (1986).
Lamb M.E. (a cura di), *The Role of Father in Child Development*, Wiley, New York 1981a.
– *Father and Child Development: an Integrative Overview* (1981b), in Lamb (1981a).
– *The Father as a Member of the Child's Social Network* (1981c), in Lamb (1981a).
Langbehn D. e Cadoret R. (a cura di), *The Adult Antisocial Syndrome with and without Antecedent Conduct Disorder: Comparisons from an Adoption Study*, Compreh. Psychiat., vol. 24, N. 4, 272-82 (2001).
Lanz M., Iafrate R., Rosnati R. e Scabini E., *Parent-Child Communication and Adolescent Self-Esteem in Separated, Intercountry Adoptive and Intact Non-Adoptive Families*, J. Adol., vol. 22, 785-94 (1999).
Lanzi G., Borgatti R., Carpani A., Rossi G., Veggiotti P. e Barbarito G., *Riflessioni su uno studio epidemiologico-catamnestico nel campo delle adozioni*, Bambino incompiuto, N. 3, 85-98 (1987).
Lebovici S. e Soulé M., *La connaissance de l'enfant par la psychanalyse*, Presses Universitaires de France, Paris 1970 [trad. it. *La conoscenza del bambino e la psicoanalisi*, Feltrinelli, Milano 1972].
Lemaire-Arnaud E., *Utilité du Génogramme pour la mise au jour des phénomènes transgénérationnels*, Dialogue, N. 89 (1985).
Lewin K., *Field Theory in Social Science: Selected Theoretical Papers*, Harper & Row, New York 1951 [trad. it. *Teoria e sperimentazione in psicologia sociale*, Il Mulino, Bologna 1972].
Lewis D., Balla D., Lewis M. e Gore R., *The Treatment of Adopted versus Neglected and Delinquent Children in the Court: a Problem in Reciprocal Attachment*, Am. J. Psychiat., vol. 132, 142-45 (1975).
Light J., Irvine K. e Kierulf L., *Estimating Genetic and Environmental Effects of Alcohol Use and Dependence from a National Survey: a «quasi Adoption» Study*, J. St. Alcohol., vol. 57, N. 5, 507-20 (1996).
Liotti G., *Disorganizzazione dell'attaccamento e predisposizione allo sviluppo di disturbi funzionali della coscienza*, in Ammaniti e Stern (1992).
– *Interazioni tra corredo genetico, esperienza relazionale e biochimica cerebrale: commenti a un'indagine sperimentale*, Ter. fam., N. 66-67, 141-56 (2001).

Lis A. (a cura di), *Tecniche proiettive per l'indagine della personalità*, Il Mulino, Bologna 1998.
– Venuti P. e De Zordo M. (a cura di), *Il colloquio come strumento psicologico*, Giunti, Firenze 1995.
– e Zennaro A., *Metodologia della ricerca in psicologia clinica*, La Nuova Italia Scientifica, Roma 1997.
Lord R. e Cox C., *Adoption and Identity: a Case Study*, Psychoanal. St. Child, vol. 46, 355-67 (1991).
Loschi T. e Vandelli G., *Essere padre, fare il padre*, Calderini, Bologna 1999.
Macaskill C., *Against the Odds: Adopting mentally Handicapped Children*, BAAAF, London 1985.
Macciardi F., *Modelli non deterministici delle attività psichiche* (2001), relazione al Convegno internazionale «Il futuro della psicoterapia. Il ritorno alla clinica» (2001), in AA.VV. (2001b).
Maccoby E.E. e Feldman S.S., *Mother-Attachment and Stranger-Reactions in the Third Year of Life*, Monog. Soc. Res. Child Dev., vol. 37, N. 146, 185 (1972).
Machover K., *Personality Projection in the Drawings of the Human Figure*, Thomas, Springfield 1949 [trad. it. *Il disegno della figura umana*, OS, Firenze 1978].
Maggioni G. (a cura di), *Padri nei nostri tempi. Ruoli, identità, esperienza*, Donzelli, Roma 2000a.
– *Immagini di paternità tra un secolo e l'altro* (2000b), in Maggioni (2000a).
Magro T., *L'analisi del contenuto*, in Lis, Venuti e De Zordo (1995).
Mahler M.S., *Le psicosi infantili* (1968), Boringhieri, Torino 1972.
Main M., *Recording and Transcribing the Adult Attachment Interview*, inedito, Department of Psychology, University of California, Berkeley 1991a.
– *Conoscenza metacognitiva, monitoraggio metacognitivo e modello di attaccamento unitario (coerente) vs. modello di attaccamento multiplo (incoerente): dati e indicazioni per la futura ricerca* (1991b), in Parkes, Stevenson-Hinde e Marris (1991).
– *Attaccamento: teoria, ricerca e clinica*, Il Pensiero Scientifico, Roma 1995.
– e Cassidy J., *Reunion-Based Classifications of Child-Parent Attachment Organization at Six-Years of Age*, inedito, University of California, Berkeley 1987.
– – *Categories of Response to Reunion with the Parent at Age Six: Predictable from Infant Attachment Classification and Stable over a One-Month Period*, Dev. Psychol., vol. 24, 415-26 (1988).
– e Goldwyn R., *Predicting Rejection of Her Infants from Mother's Representation and Her Own Experience: Implications for Abused-Abusing Intergenerational Cycle*, Int. J. Child Abuse Neglect, vol. 8, 203-17 (1984).
– – *Adult Attachment Classification System*, inedito, University of California, Berkeley 1994.
– e Hesse E., *Parents' Unresolved Traumatic Experiences Are Related to Infant Disorganized Attachment Status: Is Frightened and/or Frightening Parental Behavior the Linking Mechanism?*, in Greenberg, Cicchetti e Cummings (1990).
– Kaplan K. e Cassidy J., *Security in Infancy, Childhood and Adulthood: a Move to the Level of Representation*, in Bretherton e Waters (1985) [trad. it. *La sicurezza nella prima infanzia, nella seconda infanzia e nell'età adulta: il livello rappresentazionale*, in Riva Crugnola (1993)].
– e Solomon J., *Discovery of a New, Insicure-Disorganized/Disoriented Attachment Pattern*, in Brazelton e Yogman (1986).

– – *Procedures for Identifying Infants as Disorganized/Disoriented during the Ainsworth Strange Situation*, in Greenberg, Cicchetti e Cummings (1990).
Malandain C., *Le Scéno Test en phase de latence*, Bull. Psychol., vol. 43 (1990).
Marchese A., *L'officina del racconto. Semeiotica della narratività*, Mondadori, Milano 1983.
Marcoli A., *Il bambino nascosto: favole per capire la psicologia nostra e dei nostri figli*, Mondadori, Milano 1993.
Marcovitch S., Cesaroni L., Roberts W. e Swanson C., *Romanian Adoption: Parent's Dreams, Nightmares and Realities*, Child Welfare, vol. 74, N. 5, 993-1017 (1996).
Marvin R.S., *An Ethological Cognitive Model for the Attenuation of Mother-Child Attachment Behavior* (1977), in Alloway, Krames e Piner (1983).
Masina E. e Montinari G., *Fra realtà interna e realtà esterna: le dinamiche collusive del contesto relazionale giudici-consulenti-famiglie*, in Kaneklin Saviane (1995).
Mason D. e Frick P., *The Heritability of Antisocial Behavior: a Meta-Analysis of Twin and Adoption Studies*, J. Psychopathol. behav. Assmt., vol. 16, N. 4, 301-23 (1994).
Massie H.N., Campbell M.D. e Campbell R.K., *The Massie-Campbell Scale of Mother-Infant Attachment Indicators during Stress*, in Call, Galenson e Tyson (1983).
Masten A. e O'Connor M., *Vulnerability, Stress, and Resilience in the Early Development of a High Risk Child*, Am. Acad. Child Adol. Psychiat., vol. 28, N. 2, 274-78 (1989).
Maughan B. e McCarthy G., *Childhood Adversities and Psychosocial Disorders*, Br. med. Bull., vol. 53, N. 1, 156-69 (1997).
Maunder R. e Hunter J., *Attachment and Psychosomatic Medicine: Developmental Contributions to Stress and Disease*, Psychosom. Med., vol. 63, N. 4 (2001).
Mazzara B., *Appartenenza e pregiudizio*, La Nuova Italia Scientifica, Roma 1996.
McDonough S.C., *L'aiuto all'interazione: una tecnica per il trattamento dei disturbi delle relazioni precoci*, in Fava Vizziello e Stern (1992).
McGoldrick M. e Gerson R., *Genograms in Family Assessment*, Norton, New York 1985.
McHale J.P. e Cowan P.A. (a cura di), *La recherche clinique en psychopathologie*, Presses Universitaires de France, Paris 1996.
Mead G.H., *Mind, Self and Society*, University of Chicago Press, Chicago 1934 [trad. it. *Mente, Sé e società*, Giunti, Firenze 1972].
Mednick S., Gabrielli W. e Hutchings B., *Genetic Influence in Criminal Convictions: Evidence from an Adoption Cohort*, Science, 891-94 (1984).
Meltzer D. e Harris M., *Il ruolo educativo della famiglia. Un modello psicoanalitico dei processi di cambiamento* (1983), Centro Scientifico Torinese, Torino 1986.
Meneghelli P. e Scudellaro M., *Caratteristiche psicologiche delle coppie adottive*, Consult. fam., vol. 9, N. 1-2, 79-110 (1995).
Minkowski E., *Il tempo vissuto* (1933), Einaudi, Torino 1971.
Montagano S. e Pazzagli A., *Il Genogramma. Teatro di alchimie familiari*, Angeli, Milano 2000.
Morall Colajanni C. e Castelfranchi L., *Apprendere dall'adozione*, Il Pensiero Scientifico, Roma 1992.
– e Spano E., *Complementarietà delle fantasie inconsce nella relazione adottiva: un caso clinico*, Psichiat. Inf. Adol., vol. 52, 421-28 (1985).
Moro A.C., *L'accertamento della situazione di abbandono condizione irrinunciabile per un'adozione corretta*, Bambino incompiuto, N. 1, 33-40 (1991).
– *Quale riforma per l'adozione?*, Bambino incompiuto, N. 6, 7-17 (1995).
– *Una grande sfida. La legge sull'adozione internazionale*, Quad. Centro naz. Doc. Anal. Inf. Adol. Firenze, N. 16 (2000).

Mostwin D. (a cura di), *Life Space Approach to the Study and Treatment of a Family*, Catholic University Press, Washington 1980.
– *Life Space Ecological Model of Family Treatment*, Int. J. Fam. Psychiat., vol. 2, N. 1-2 (1982).
Natali B., Bari E. e Carau B., *Dinamiche di coppia dell'adozione*, Riv. Psichiat. Inf. Adol., vol. 52, 375-81 (1985).
Nickman S. e Lewis R., *Adoptive Families and Professionals: when the Experts Make Things worse*, J. am. Acad. Child Adol. Psychiat., vol. 33, 753-55 (1994).
Nigel G. e Lee M., *Using Computers in Qualitative Research*, Sage, London 1991.
O'Connor T., Caspi A., De Fries J. e Plomin R., *Are Associations between Parental Divorce and Children's Adjustment genetically Mediated? An Adoption Study*, Dev. Psychol., vol. 36, N. 4, 429-37 (2000).
Oliverio Ferraris A., *Il significato del disegno infantile*, Boringhieri, Torino 1973.
Olivetti Manoukian F., *Stato dei Servizi. Un'analisi psicosociologica dei servizi sociosanitari*, Il Mulino, Bologna 1988.
Osofsky J. (a cura di), *Children, Youth and Violence: the Search for Solutions*, Guilford, New York 1997.
Owen M. e Cardno A., *Psychiatric Genetics: Progress, Problems and Potential*, Lancet, N. 354, 11-14 (1999).
Ozoux Teffaine O., *Prima e dopo l'adozione: il bambino fra due vite*, Consult. fam., vol. 5, 121-28 (1991).
Palacio-Espasa F. e Cramer B., *Psychothérapie de la relation mère-enfant*, Rev. Méd. Psychosom., vol. 19, 59-70 (1989).
Palmade J., *L'analyse de contenu comme processus et ses déterminations contextuelles*, Connexions, vol. 12 (1974).
Paradiso L., *Prepararsi all'adozione*, Unicopli, Milano 1999.
Parkes C.M., Stevenson-Hinde J. e Marris P. (a cura di), *L'attaccamento nel ciclo della vita* (1991), Il Pensiero Scientifico, Roma 1995.
Pavone M., Tonizzo F. e Tortello M., *Dalla parte dei bambini: guida pratica per l'adozione e l'affidamento familiare*, Rosenberg & Sellier, Torino 1985.
Perry B.D., *Incubated in Terror: Neurodevelopmental Factors in the «Cycle of Violence»*, in Osofsky (1997).
– *The Neurodevelopmental Impact of Violence in Childhood*, in Schetky e Benedek (2001).
Peters B., Atkins M. e McKay M., *Adopted Children's Behavior Problems: a Review of Five Explanatory Models*, Clin. Psychol. Rev., vol. 19, N. 3 (1999).
Pietropolli Charmet G., *Adolescenti in crisi, genitori in difficoltà*, Angeli, Milano 1995a.
– *Un nuovo padre. Il rapporto padre-figlio nell'adolescenza*, Mondadori, Milano 1995b.
– *I nuovi adolescenti. Padri e madri di fronte a una sfida*, Cortina, Milano 2000.
Pinardi I. e Vettori D., *Percorso Adozione: narrazione di un incontro. Indagine conoscitiva con coppie reggiane sull'esperienza di adozione in rapporto ai compiti dei servizi territoriali*, Consult. fam., vol. 11, N. 3, 7-30 (1997).
Plomin R., *Genetics of Childhood Disorders*, pt. 3, *Genetics and Intelligence*, J. am. Acad. Child Adol. Psychiat., vol. 36, 786-88 (1999).
– e Defries J., *The Colorado Adoption Project*, Child Dev., vol. 54, 276-89 (1983).
– Fulker D., Corley R. e Defries J., *Nature, Nurture and Cognitive Development from 1 to 16 Years: a Parent-Offspring Adoption Study*, Psychol. Sci., vol. 8, N. 6, 442-47 (1997).

Popping R., *Computer-Assisted Text Analysis*, Sage, London 2000.
Priel B., Kantor B. e Besser A., *Two Maternal Representations: a Study of Israeli Adopted Children*, Psychoanal. Psychol., vol. 17, N. 1, 128-45 (2000).
Prieur B., *L'adoption, une aventure familiale*, ESF, Paris 1998a.
– *Le fratture del tempo nelle famiglie adottive*, Ecol. Mente, vol. 21, N. 1, 21-41 (1998b).
Quadrio A. e De Leo G. (a cura di), *Manuale di psicologia giuridica*, Edizioni Universitarie LED, Milano 1995.
Radke-Yarrow M., Cummings E.M., Kuczynski L. e Chapman M., *Patterns of Attachment in Two- and Three-Year-Olds in Normal Families and Families with Parental Depression*, Child Dev., vol. 56, 884-93 (1985).
Resta D., *La diagnosi come processo dialettico*, in Kaneklin Saviane (1995).
Rhee S.R. e Waldman H., *A Meta-Analysis of Twin and Adoption Studies Examining Antisocial Behavior*, Behav. Genet., vol. 27 (1997).
Riva Crugnola C. (a cura di), *Lo sviluppo affettivo del bambino*, Cortina, Milano 1993.
Rosnati R., *Motivazioni ed aspettative delle coppie nei confronti dell'adozione: un'analisi empirica*, Bambino incompiuto, N. 2, 77-98 (1988).
– *La costruzione del legame adottivo*, in Bramanti e Rosnati (1998).
– e Marta E., *Parent-Child Relationships as a Protective Factor in Preventing Adolescents' Psychological Risk in Inter-Racial Adoptive and Non-Adoptive Families*, J. Adol., vol. 20, 617-31 (1997).
Roth A. e Fonagy P., *What's Work for whom? A Critical Review of Psychotherapy Research*, Guilford, New York 1996 [trad. it. *Psicoterapie e prove di efficacia*, Il Pensiero Scientifico, Roma 1997].
Rousseau C., Said T., Gagné M.J. e Bibeau G., *Resilience in Unaccompained Minors from the North of Somalia*, Psychoanal. Rev., vol. 85, N. 4, 615-37 (1998).
Rutter M. e English and Romanian Adoptees Study Team, *Developmental Catch-up and Deficit Following Adoption after Severe Global Early Privation*, J. Child Psychol. Psychiat., vol. 39, N. 4, 465-76 (1998).
Ryburn M., *A Study of Post-Adoption Contact in Compulsory Adoptions*, Br. J. soc. Work, vol. 26, N. 5, 627-46 (1996).
Sandler J., *L'inconscio e il mondo rappresentazionale*, in Ammaniti e Stern (1991).
Sanguineti E., *L'omonimia culturale*, prefazione a De Felice (1987).
Santi G., *Adozione e sistema familiare: strumenti e tecniche di valutazione*, Giuffrè, Milano 1984.
Scabini E. e Donati P. (a cura di), *Nuovo lessico familiare*, Vita e Pensiero, Milano 1995.
Schneider B., Wheeler J.K. e Cox J.F., *A Passion for Service: Using Content Analysis to Explicate Service Climate Themes* (1992).
Schneider-Rosen K., *The Developmental Reorganization of Attachment Relationships: Guidelines for Classification beyond Infancy*, in Greenberg, Cicchetti e Cummings (1990).
Schetky D. e Benedek E. (a cura di), *Textbook of Child and Adolescent Forensic Psychiatry*, American Psychiatric Press, Washington 2001.
Schultz S. e Andreasen N., *Schizophrenia*, Lancet, N. 353, 1425-30 (1999).
Segalen M. e Zonabend F., *Familles en France*, in *Histoire de la famille*, Colin, Paris 1986.
Serra P., Lama R., Mancini M., Mondini M. e Valetta M., *Una ricerca bolognese sull'esito delle adozioni*, Minori Giust., vol. 1 (2001).
Shapiro J.L., *Il padre in attesa*, Psicol. contemp., vol. 16, 33-37 (1989).
Sigvardsson S., Bohman M. e Cloninger C., *Replication of the Stockholm Adoption Study of Alcoholism: Confirmatory Cross-Fostering Analysis*, Arch. gen. Psychiat., vol. 53, N. 8, 681-87 (1996).

Simmel C., Brooks D., Barth R. e Hinshaw S., *Externalizing Symptomatology among Adoptive Youth: Prevalence and Preadoption Risk*, J. abnorm. Child Psychol., vol. 29, N. 1, 57-69 (2001).

Simonelli A., *Problematiche teoriche e metodologiche nello studio dell'attaccamento: gli Internal Working Models e la loro valutazione attraverso l'Adult Attachment Interview*, Psicol. clin. Svil., vol. 4, N. 1, 7-42 (2000).

– e Calvo V., *L'attaccamento: teoria e metodi di valutazione*, Carocci, Roma 2002.

– e Rollo A., *Attaccamento e narrazione: una modifica dello ASCT*, inedito, Università di Padova, 2002.

Sorgato R., Spaliviero T. e Mosconi A., *Selezione delle coppie adottive. Studio delle variabili sistemiche*, pt. 1, Prosp. soc. sanit., vol. 12, 4-6 (1990).

Soulé M., Noël J. e Bouchard F., *La selezione dei genitori adottivi*, Matern. Inf., N. 7-8 (1967).

Spano A., *Il tempo raccontato. I ricordi costruiti degli adolescenti adottati*, tesi di laurea, Università di Padova, 2001.

Stam G., Juffer F., Rispens J. e Hoksbergen R., *The Development and Adjustment of 7 Year Old Children Adopted in Infancy*, J. Child Psychol. Psychiat. all. Disc., vol. 41, N. 8, 1025-37 (2000).

– – van Ijzendoorn M. e Hocksbergen R., *Attachment-Based Intervention in Adoptive Families in Infancy and Children's Development at Age 7: Two Follow-up Studies*, Br. J. dev. Psychol., vol. 19, N. 2, 159-80 (2001).

Steele M., Kaniuk J., Hodges J., Hawort C. e Huss S., *The Use of the Adult Attachment Interview: Implications of Adoption and Foster Care*, in *Assessment, Preparation and Support: Implications from Research*, British Agencies for Adoption and Fostering Press, London 1999.

Stern D.N., *Il mondo interpersonale del bambino* (1985), Bollati Boringhieri, Torino 1987.

– *La costellazione materna. Il trattamento psicoterapeutico della coppia madre-bambino* (1993a), Bollati Boringhieri, Torino 1995.

– *La memoria della relazione*, relazione al Convegno internazionale, Padova 27-28 maggio 1993b.

Stoltenberg S., Burmeister M., Closser M. e Zucker R., *Potential Associations among Genetic Markers in the Serotoninergic System and the Antisocial Alcoholism Subtype*, Exper. clin. Psychopharmacol., vol. 7, N. 2, 103-21 (1999).

Sullivan H.S., *The Psychiatric Interview*, Norton, New York 1954 [trad. it. *Il colloquio psichiatrico*, Feltrinelli, Milano 1962].

Sullivan P., Neale M. e Kendler K., *Genetic Epidemiology of Major Depression: Review and Meta-Analysis*, Am. J. Psychiat., vol. 157, N. 10, 1152-62 (2000).

– Wells J. e Bushnell J., *Adoption Is a Risk Factor for Mental Disorders*, Acta psychiat. scand., vol. 92, N. 2, 119-24 (1996).

Sykes M., *Adoption with Contact: a Study of Adoptive Parents and the Impact of Continuing Contact with Families of Origin*, J. Fam. Ther., vol. 23, N. 3, 296-316 (2001).

Thoburn J., *Success and Failure in Permanent Family Placements*, Avebury, Aldershot 1990.

Thompson S., *The Social Skills of previously Institutionalized Children Adopted from Romania*, Diss. Abst. int. Sect. B. Sci. Engin., vol. 61, 7-B (2001).

Tonizzo F. e Micucci D., *Adozione perché e come*, Utet, Torino 1994.

Trevi M., Introduzione a Jung e Kerényi (1972).

Triseliotis J. e Hill M., *Contrasting Adoption, Foster Care and Residential Rearing*, in Brodzinsky e Schechter (1990).

Trognon A., *Sur l'analyse du contenu des interlocutions*, Psychol. Educat., vol. 10, N. 1, 21-48 (1986).

Tulving E., *Episodic and Semantic Memory*, in Tulving e Donaldson (1972).

– *Elements of Episodic Memory*, Oxford University Press, New York 1983.

– e Donaldson W. (a cura di), *Organization of Memory*, Academic Press, New York 1972.

Ursino S., *Storie di padri adottivi*, Ancora, Roma 2000.

van Ijzendoorn M.H., *Adult Attachment Representations, Parental Responsivenes, and Infant Attachment: a Meta-Analysis on the Predictive Validity of the Adult Attachment Interview*, Psychol. Bull., vol. 117, 387-403 (1995).

– e Bakermans-Kranenburg M.J., *Attachment Representations in Mothers, Fathers, Adolescents and Clinical Groups: a Meta-Analytic Search for Normative Data*, J. consult. clin. Psychol., vol. 64, 8-21 (1996).

– – *Intergenerational Transmission of Attachment*, in Atkinson e Zuckerman (1997).

– – Zwart-Woudstra H.A., Van Busschbach A.M. e Lamberman M.W.E., *Parental Attachment and Children's Socio-Emotional Development: Some Findings on the Validity of the Adult Attachment Interview in the Netherlands*, Int. J. behav. Dev., vol. 14, 375-94 (1991).

– Dijkstra J. e Bus A.G., *Attachment, Intelligence, and Language: a Meta-Analysis*, Soc. Dev., vol. 4, 115-28 (1995).

– Goldberg S., Kroonenberg P.M. e Frenkel O.J., *The Relative Effects of Maternal and Child Problems on the Quality of Attachment: a Meta-Analysis of Attachment in Clinical Samples*, Child Dev., vol. 63, 840-58 (1992).

Vecchione F., *L'adozione dietro le carte*, in Cavallo (1995).

Verhulst F., Althaus M. e Verluis-den Bieman M., *Problem Behavior in International Adoptees*, pt. 1, *An Epidemiological Study*, J. am. Acad. Child Adol. Psychiat., vol. 29, 94-103 (1990a).

– – – *Problem Behavior in International Adoptees*, pt. 2, *Age at Placement*, J. am. Acad. Child Adol. Psychiat., vol. 29, 104-11 (1990b).

– – – *Damaging Backgrounds: Later Adjustment of International Adoptees*, J. am. Acad. Child Adol. Psychiat., vol. 31, 518-24 (1992).

Vezzani B., *Esercizi di gruppo*, Unipress, Padova 2000.

von Staabs G., *Lo Sceno-Test*, OS, Firenze 1971.

Warren S., *Lower Threshold for Referral for Psychiatric Treatment for Adopted Adolescents*, J. am. Acad. Child Adol. Psychiat., vol. 31, 512-27 (1992).

Waters E. e Deane K.E., *Defining and Assessing Individual Differences in Attachment Relationships: Q-Methodology and the Organization of Behavior in Infancy and Early Childhood*, in Bretherton e Waters (1985).

Watson L., Lord C., Schaffer B. e Schopler E., *Teaching Spontaneous Communication to Autistic and developmentally Handicaped Children*, Pro-Ed., Austin 1989 [trad. it. *La comunicazione spontanea nell'autismo*, Erickson, Trento 1998].

Weiss A., *Parent-Child Relationships of Adopted Adolescents in a Psychiatric Hospital*, Adolescence, vol. 19, 77-88 (1984).

Wierzbicki M., *Psychological Adjustment of Adoptees: a Meta-Analysis*, J. clin. Child Psychol., vol. 22, N. 4, 447-54 (1993).

Winnicott D.W., *Il bambino deprivato*, Cortina, Milano 1986.
– *Bambini* (1996), Cortina, Milano 1997.
Wrobel G.M.W., Kohler J., Grotevant H. e McRoy R., *Factors Related to Patterns of Information Exchange between Adoptive Parents and Children in Mediated Adoptions*, J. app. dev. Psychol., vol. 19, N. 4, 641-57 (1998).
Yates W., Cadoret R., Troughton E. e Stewart M., *An Adoption Study of DSM-III-R Alcohol and Drug Dependence Severity*, Drug Alcohol Depend., vol. 41, N. 1, 9-15 (1996).
Yourcenar M., *Archivi del nord*, Einaudi, Torino 1982.
Zanaldi A., *Il colloquio sull'adozione*, Angeli, Milano 1999.
Zoja L., *Il gesto di Ettore*, Bollati Boringhieri, Torino 2000.
Zouharova Z., *Un figlio con quattro genitori*, tesi di laurea, Università di Padova, 2001.

Indice degli autori